中国企业改革与发展研究会 ◎ 编

THE BLUE BOOK OF
CHINA ENTERPRISE
REFORM AND DEVELOPMENT

中国企业改革发展
2019蓝皮书

中国商务出版社
CHINA COMMERCE AND TRADE PRESS

图书在版编目（ＣＩＰ）数据

中国企业改革发展2019蓝皮书 / 中国企业改革与发展研究会编. -- 北京：中国商务出版社, 2019.12

ISBN 978-7-5103-3232-6

Ⅰ.①中⋯ Ⅱ.①中⋯ Ⅲ.①企业改革—研究报告—中国—2019 Ⅳ.①F279.211

中国版本图书馆CIP数据核字(2019)第274934号

中国企业改革发展2019蓝皮书

ZHONGGUO QIYE GAIGEFAZHAN 2019 LANPISHU

中国企业改革与发展研究会　编

出　　版：中国商务出版社

地　　址：北京市东城区安定门外大街东后巷28号　　邮　　编：100710

责任部门：数字出版事业部（010-64255636）

责任编辑：杨晨

总 发 行：中国商务出版社（010-64515150）

网　　址：http://www.cctpress.com

邮　　箱：szcb2016cctp@163.com

排　　版：苑冬兴

印　　刷：天津联城印刷有限公司

开　　本：889毫米 × 1194毫米　1/16

印　　张：35.25　　　　　　　　　　字　　数：688千字

版　　次：2019 年12月第1版　　　　印　　次：2019 年12月第1次印刷

书　　号：ISBN 978-7-5103-3232-6

定　　价：260.00 元

中国企业改革发展 2019 蓝皮书编委会

序　言

今年是新中国 70 年华诞，70 年筚路蓝缕以启山林，70 载栉风沐雨砥砺奋进。

70 年前，苦难的中华民族饱受欺辱，国土四分五裂，民众痛不欲生。1949 年，中华民族迎来了新中国的诞生，在中国共产党领导下，奋力扭转百年积贫积弱，将半殖民地半封建分裂贫弱的农业穷国建设成为独立自由民主富强并屹立于世界东方的现代化大国。根据 Conference Board 数据库 126 个国家的数据，1950 年，中国人均 GDP 的水平位于倒数第 7 位，居于世界上落后贫困国家之列。新中国诞生三年后的 1952 年，尽管国内生产总值已经超过解放前的最高年份，但也仅为 679 亿元，人均国内生产总值为 119 元，可见经济基础极度薄弱，这就是新中国经济的起点，无论人均 GDP，还是人均工业产品，均不如印度。1954 年 6 月，毛泽东主席曾忧虑地说到，"我们现在能造什么？能造桌子凳子，能造茶碗茶壶，能种粮食把它磨成面粉，还能造纸。但是一辆汽车、一架飞机、一辆坦克、一辆拖拉机都不能造"。历经艰难曲折，1978 年，国内生产总值增加到 3679 亿元，占世界经济的比重为 1.8%。改革开放后的 1986 年，经济总量突破 1 万亿元，2000 年突破 10 万亿元大关，2010 年达到 412119 亿元，并连年稳居世界第二。党的十八大以来，我国综合国力持续提升，近三年经济总量连续跨越 70 万、80 万和 90 万亿元大关，占世界经济的比重接近 16%，而经济增量对全球的贡献超过 30%。2018 年我国人均国民总收入达到 9732 美元，高于中等收入国家平均水平。过去的 70 年，中国发展日新月异，与解放前相比，方方面面都可以说是已有云泥之别，中华民族实现了从站起来到富起来，并走向强起来！

2019 年，面对世界经济低迷和国内经济下行压力，各级政府按照党的十九大战略部署，深入贯彻新发展理念，锐意改革创新，着力推动新旧动能转换，鼓励企业运用新技术新模式改造提升传统产业，鼓励企业增加研发投入，加快创新成果转化应用；大力支持新兴产业、服务业发展，用市场化法治化手段淘汰落后产能，推动一二三产业融合发展，实现中国制造、中国服务品质革命。

2019 年，对国有企业是改革政策落地、试点探路、重点突破、全面深化的一年。党的十八大以来的新一轮国企改革，历经了从"1+N"顶层设计，到"四项改革"试点，再到"十项改革"试点，再到"双百行动"、培育世界一流企业，以及加强国企党建、"不忘初心，牢记使命"主题教育，强化监督问责追责，国企改革工作在多个重要领域和关键环节取得了突破性进展，并探索出了一系列可复制、可推广的经验。

在国有资本授权经营改革方面，以国资委权力责任清单为基础，以改革国有资本授权经营体制为重要举措，以国有资本投资运营公司为主要载体，以精简监管事项、优化监管方式为保障，加快实现从管企业向管资本转变。在混合所有制改革方面，新确立的第 4 批混改试点企业为 160 家，试点企业资产总量超过 2.5 万亿元，试点工作仍将坚持因地施策、因业施策、因企施策、一企一策原则，探索形成更多可复制可推广的经验。在国企改革"双百行动"方面，入围"双百企业"名单的 444 户央企子企业和地方国有骨干企业，已累计完成全部改革任务的 30% 以上，不少"双百企业"在落实董事会职权、开展混合所有制改革、经理层任期制和契约化管理、建立职业经理人制度、实施中长期激励等方面都迈出了实质性步伐。在中央企业压缩管理层级、减少法人户数方面，国资委和中央企业坚决贯彻党中央、国务院重大决策部署，敢于动真碰硬、攻坚克难，采取一系列有力有效措施，实现中央企业存量法人减少超过 14000 户，减少比例达 26.9%，超额完成 3 年压减 20% 的目标任务。

2019 年，对民营企业是定心稳神、收获希望的一年。开年以来，多部委推出支持民营企业发展的新政，各地促进民营经济发展政策也纷纷出台，自去年民营企业座谈会召开后，民营企业再次吃下政策"定心丸"。

在减税降费方面，将在去年完成减税降费 1.3 万亿元的基础上，实施更大规模减税降费，将减轻企业税收和社保缴费负担近 2 万亿元。截至 6 月底，全国各级政府部门和大型国有企业共清偿拖欠民营企业中小企业账款超过 3800 亿元。在缓解民营企业融资难方面，2019 年两会的政府工作报告要求帮助包括中小微企业在内的企业解决中长期贷款问题。在优化营商环境方面，简化审批，提供优质服务，提供更大的便利，来更好地保护民营企业的合法权益，包括知识产权、合法的财产权和其他的相关权益，促进民营企业能够安心创业、发展。上半年民营工业企业增加值增长 8.7%，同比加快 2.7 个百分点，比整体工业高 2.7 个百分点。

《中国企业改革发展 2019 蓝皮书》包括总报告、分报告、企业案例、企业改革发展大事记和附录，其中，总报告为中国企业改革与发展现状、问题与对策研究，分报告包括企业创新创业发展、企业信用建设、企业可持续发展、上市公司治理和企业党建等多篇研究报告；企业案例选择了一些非常有影响的企业改革发展创新实践研究报告；企业改革发展大事记是当年发生的大的事件、有影响的会议、重要的成果等组成；附录则收集列入当年重要的指导规范性文件、领导重要讲话、相关榜单名录等。

船到中流浪更急，人到半山路更陡，对于中国经济发展振兴历史，2019 年必会是浓墨重彩的一年，大事多、喜事多、风险多、挑战多，"百年未有之大变革"，中美经贸摩擦不断、国际形势复杂严峻，在此重大关头，我们必须坚定信心，笃定航向，科学判断，稳妥应对，用奋斗、用实干、用中国智慧，为建国 70 年献礼！为迎接"两个一百年"不断谱写新的篇章！

宋志平
2019 年 12 月

目　录

Ⅰ 总报告

Ⅱ 分报告

III 企业案例

IV 大事记

V 附　录

（一）领导讲话及指导文献

后　记

总报告

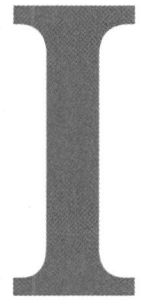

2019 中国企业改革与发展现状、问题与对策研究

一、中国企业改革与发展现状

近年来，在"两个毫不动摇"方针政策指导下，供给侧结构性改革不断深化，通过进一步加大"破、立、降"力度，不断释放实体经济活力。在"破"的层面，以处置"僵尸企业"为突破口，持续推进钢铁、煤电行业化解过剩产能，提前完成去产能任务。在"立"的层面，随着供给侧结构性改革扎实推进，双创升级版在加快打造，新动能成长较快，市场新主体大量增加。在"降"的层面，根据国家发展改革委会同有关部门联合印发的《关于做好 2018 年降成本重点工作的通知》要求，各地区、各部门陆续出台了一批建制度、管长远、见实效的新举措。

2108 年改革力度和开放力度不断加大，企业发展动力得到进一步增强。在深化改革层面，不断深化了国资国企改革，实施了国有企业优化重组，国有企业提质增效取得新进展。针对民营企业发展遇到的困难和问题，千方百计帮助解忧纾困。在扩大开放层面，国家推出了对外开放一系列重大举措，共建"一带一路"引领效应持续释放，同沿线国家的合作机制不断健全，经贸合作和人文交流加快推进；出台了稳外贸政策，货物通关时间压缩一半以上；下调了部分商品进口关税，关税总水平由 9.8% 降至 7.5%；新设了一批跨境电商综合试验区；复制推广了自贸试验区改革经验；大幅压缩了外资准入负面清单，扩大了金融、汽车等行业开放；一批重大外资项目落地，新设外资企业增长近 70%。

（一）总体发展情况

1. 全国营商环境持续改善，新注册企业法人数与注销法人数均有显著增长

随着国有企业不断优化重组以及商事制度改革的不断推进，各类型企业法人单位数具有不同程度的增长。截止 2017 年年底，全国企业法人数达到 18097682 户，其中国有及国有控股企业法人单位数 278479 户，集体及集体控股企业法人数 249946 户，私人控股企业法人

数 16204143 户①。据全国第四次经济普查报告显示，仅从第二产业和第三产业看，2018 年末，全国共有从事第二产业和第三产业活动的法人单位 2178.9 万个，与 2013 年第三次全国经济普查相比，增长 100.7%。2018 年末，全国共有第二产业和第三产业的企业法人单位 1857.0 万个，比 2013 年末增加 1036.2 万个，增长 126.2%。其中，内资企业占 98.8%，港、澳、台商投资企业占 0.6%，外商投资企业占 0.6%。内资企业中，国有企业占全部企业法人单位的 0.4%，私营企业占 84.1%。

表 1 截至 2018 年年末全国第二产业和第三产业按登记注册类型分组的企业法人单位数

	单位数（万个）	比重（%）
合　计	1857.0	100.0
内资企业	1834.8	98.8
国有企业	7.2	0.4
集体企业	9.8	0.5
股份合作企业	2.5	0.1
联营企业	0.7	0.0
有限责任公司	233.4	12.6
股份有限公司	19.7	1.1
私营企业	1561.4	84.1
其他企业	0.1	0.0
港、澳、台商投资企业	11.9	0.6
外商投资企业	10.3	0.6

注：数据来源于国家统计局发布的 2018 年全国经济普查报告（一）（二）。

2018 年商事制度改革效果持续显现，2018 年世行评价营商环境，我国排名 46 位，比 2017 年上升 32 位，企业开办时间指标排名 28 位，较 2017 年上升了 65 位。企业开办环节从原来 7 个环节变为 4 个环节，时间由原来 22.9 天变成 8.6 天。据统计，到 2018 年底，全国实有市场主体达 1.1 亿户，其中企业是 3474.2 万户。2018 年新增市场主体 2149.58 万户，新增企业 670 万户，平均每天新增企业 1.83 万户。与此同时，商事制度改革也优化市场主体的退出机制，注销企业数量也较改革前有所增长。2014 至 2018 年，年度注销企业数分别为 50.59 万、78.84 万、97.46 万、124.35 万和 181.35 万。从注销和新设企业比例来看，2018 年新设企业与注销企业的数量比为 3.69 比 1，即平均每进入市场 3.69 户企业，就有 1 户企业通过注销退出市场②。国家市场监督管理总局副局长马

---

① 数据来源：统计年鉴（2019）.

② 市场监管总局：2018 年全国新增企业 670 万中国日报网，2019 年 1 月 10 日.

正其指出，"这充分说明目前企业通过注销退出市场的渠道是畅通的，整个市场"新陈代谢"率保持在一个正常稳定的水平"。

表 2　2016—2018 年全国市场主体情况　　　　　单位：万户

年份	期末实有数				新增市场主体数量			
	总计	企业	个体工商户	农民专业合作社	总计	企业	个体工商户	农民专业合作社
2018 年	11020.0	3474.2	7328.6	217.3	2149.6	670.0	1456.4	23.1
2017 年	9814.8	3033.7	6579.4	201.7	1289.8	607.4	1289.8	27.8
2016 年	8705.4	2596.1	5930.0	179.4	1068.9	552.8	1068.9	29.6

注：资料来源于国家市场监督管理局网站。

2. 国有控股固定资产投资与民间固定资产投资齐头并进，民间投资对投资增长的拉动作用凸显

新中国成立 70 年来，全国固定资产投资保持了持续快速增长，年均增长 15.6%。新中国成立初期，百业待兴，国家经济基础十分薄弱，固定资产投资保持较快增长。1953—1980 年，全国全民所有制单位固定资产投资年均增长 10.7%，建成一批国家工业化必需的冶金、汽车、机械、煤炭、石油、电力、化学及国防等基础产业项目，保障国民经济生产活动步入正轨。党的十一届三中全会提出"以经济建设为中心，大力发展生产力"，固定资产投资呈现高速增长的态势，投资增速明显加快，1981—2012 年，全社会固定资产投资年均增长 21.1%。党的十八大以来，投资保持平稳增长，投资结构持续改善，投资质量不断提高，2013—2018 年，全社会固定资产投资年均增长 10.7%。改革开放前，全民所有制单位投资居绝对主导地位，其他主体投资比重较低。改革开放后，随着社会主义市场经济体制不断完善，各种市场主体的投资热情被激发，国有、集体、股份制、私营、外资等多种所有制投资"百花齐放"的格局逐步形成。2018 年，全社会固定资产投资 645675 亿元，内资企业固定资产投资 616619.63 亿元，外资企业固定资产投资 24041.57 亿元。内资企业全社会固定资产投资占贡献占 95.5%，其中国有经济和集体经济投资占 28.6%，股份制经济投资占 30.1%，私营个体经济投资占 34.6%。2003—2018 年，民间投资年均增速达 22.4%，比全社会投资高 2.8 个百分点，民间投资占比由 2003 年的 38.1% 升至 2018 年的 62.6%，成为拉动投资增长的重要力量。①

---

① 国家统计局，固定资产投资水平不断提升对发展的关键性作用持续发挥——新中国成70周年经济社会发展成就系列报告之九，国家统计局网站，2019 年 7 月 29 日。

表3　2012-2018 年内资企业固定资产投资（不含农户）　　单位：亿元

固定资产投资指标	2012 年	2013 年	2014 年	2015 年	2016 年	2017 年	2018 年 *
内资企业固定资产投资	344031.14	413589.4	478277.78	528913.25	570431.22	606767.76	616619.63
港澳台商投资企业固定资产投资	10275.88	11027.65	11934.53	11930.44	14223.21	13604	29055.37
外商投资企业固定资产投资	10547.13	11130.33	11052.57	10746.34	11846.32	11312.2	
国有控股固定资产投资	124558.15	144133.6	161379.67	178933.06	213775.53	233586.16	184663.05
集体控股固定资产投资	20402.46	22092.72	24144.54	24141.69	19397.67	15450.89	
股份有限公司固定资产投资	21484.86	23257.29	22371.49	20832.37	17820.34	17304.41	19434.82
私人控股固定资产投资	176774.17	215150.1	252472.41	279032.49	291678	306614.99	223403.55

注：本表数据来源于统计年鉴（2013-2018）、国家统计局网站专项报告。

　　* 2018 年数据根据国家统计局公布的《2018 年国民经济和社会发展统计公报》和《新中国成立 70 周年社会经济发展系列报告之九》中数据计算整理所得。

　　2019 年 1-7 月份，全国固定资产投资（不含农户）348892 亿元，同比增长 5.7%，增速比 1-6 月份回落 0.1 个百分点。从环比速度看，7 月份固定资产投资（不含农户）增长 0.43%。内资企业固定资产投资同比增长 5.9%，增速比 1-6 月份回落 0.1 个百分点，其中，国有控股企业投资，238024.3 元，同比增长 7.1%，民间固定资产投资 210267 亿元，同比增长 5.4%，增速比 1-6 月份回落 0.3 个百分点。港澳台商投资企业固定资产投资增长 1.9%，增速提高 0.8 个百分点；外商投资企业固定资产投资增长 3.6%，增速提高 2.4 个百分点。[①]

表4　2019 年 1-7 月份固定资产投资（不含农户）主要数据　　单位：%

指　标	同比增长
固定资产投资（不含农户）	5.7
内资企业固定资产投资	5.9
其中：国有控股	7.1
其中：民间投资	5.4
港澳台商投资企业固定资产投资	1.9
外商投资企业固定资产投资	3.6

数据来源：国家统计局网站。

　　3. 全国规模以上工业企业增加值增长速度放缓，私营企业增加值继续呈现增长态势

　　国家统计局 2019 年 1 月 21 日公布 2018 年经济数据显示，2018 年全国规模以上工业

　　[①] 国家统计局，2019 年 1-7 月份全国固定资产投资（不含农户）增长 5.7%，国家统计局网站，2019 年 8 月 14 日。

企业增加值总计 305160.2 亿元，较 2017 年 26832.2 亿元，增幅为 8.79%；规模以上工业企业增加值增长速度为 6.2%，较 2107 年回落了 0.4 个百分点，增速缓中趋稳。2018 年 12 月份，规模以上工业增加值同比实际增长 5.7%（以下增加值增速均为扣除价格因素的实际增长率），增速比 11 月份加快 0.3 个百分点；环比增长 0.54%。

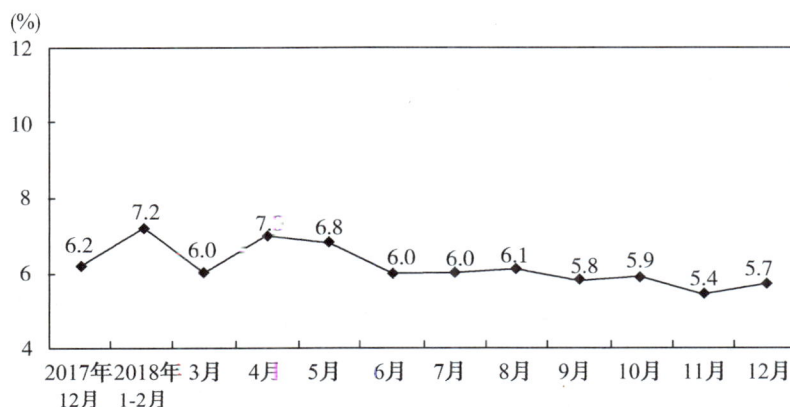

图 1　2017 年底到 2018 年底全国规模以上工业企业增加值增长速度

　　分经济类型看，国有控股企业增加值增长 6.2%，私营企业增加值增长 6.2%，集体企业下降 1.2%，股份制企业增长 6.6%，外商及港澳台商投资企业增长 4.8%。2018 年 12 月份，国有控股企业增加值同比增长 3.6%；集体企业下降 1.4%，股份制企业增长 7.0%，外商及港澳台商投资企业增长 1.7%。

表 5　2012 年至 2018 年全国工业企业增加值增长速度情况　　单位：%

年份	工业增加值	国有及国有控股企业	私营企业	股份制企业	外商及港澳台投资企业
2012 年	10	6.4	14.6	11.8	6.3
2013 年	9.7	8.3	12.4	10.8	8.3
2014 年	8.3	4.9	10.2	9.7	6.3
2015 年	6.1	1.4	8.6	7.3	3.7
2016 年	6	2	7.5	6.9	4.5
2017 年	6.6	6.5	5.9	6.6	6.9
2018 年	6.2	6.2	6.2	6.6	4.8

注：数据来源于统计年鉴（2012-2018）、国家统计局网站发布的 2018 年经济运行数据。

　　4. 规模以上工业企业中股份制企业盈利能力不断增强，外资企业盈利能力下滑显著

　　2018 年全国规模以上工业企业实现利润总额 66351.4 亿元，比上年增长 10.3%；2018 年，规模以上工业企业中，国有控股企业实现利润总额 18583.1 亿元，比上年增长

12.6%；集体企业实现利润总额 102.2 亿元，下降 1%；股份制企业实现利润总额 46975.1 亿元，增长 14.4%；外商及港澳台商投资企业实现利润总额 16775.5 亿元，增长 1.9%；私营企业实现利润总额 17137 亿元，增长 11.9%。

表6 2012-2018 年全国规模以上工业企业实现利润情况   单位：亿元

企业类别	2012 年	2013 年	2014 年	2015 年	2016 年	2017 年	2018 年 *
全国	55578	62831	64715	63554	68803.2	75187.1	66351.4
国有控股	14163	15194.1	14006.7	10944	11751.1	16651.2	18583.1
集体	819	825.4	538	507.5	476.9	399.9	102.2
股份制	32867	37285.3	42962.8	42981.4	47196.8	52404.4	46975.1
外资企业	12688	14599.2	15971.8	15726.1	17351.9	18752.9	16775.5
私营企业	18172	20876.2	22322.6	23221.6	24325.3	23753.1	17137

注：数据来源国家统计局公布的各年经济运行数据。

 * 考虑统计制度规定的口径调整、统计执法增强、剔除重复数据、企业改革剥离等因素影响，2018 年数据按可比口径计算所得。规模以上工业企业利润总额、主营业务收入等指标的增速均按可比口径计算。报告期数据与上年所公布的同指标数据之间有不可比因素，不能直接相比计算增速。其主要原因是：（一）根据统计制度，每年定期对规模以上工业企业调查范围进行调整。每年有部分企业达到规模标准纳入调查范围，也有部分企业因规模变小而退出调查范围，还有新建投产企业、破产、注（吊）销企业等变化。（二）加强统计执法，对统计执法检查中发现的不符合规模以上工业统计要求的企业进行了清理，对相关基数依规进行了修正。（三）加强数据质量管理，剔除跨地区、跨行业重复统计数据。根据国家统计局最新开展的企业组织结构调查情况，2017 年四季度开始，对企业集团（公司）跨地区、跨行业重复计算进行了剔重。（四）"营改增"政策实施后，服务业企业改交增值税且税率较低，工业企业逐步将内部非工业生产经营活动剥离，转向服务业，使工业企业财务数据有所减小。

5. 民营企业进出口比重不断提升，与外资企业基本持平，国有企业保持高速增长

面临严峻的国际贸易形势，2018 年，我国各类型企业进出口总额再创新高，超过 30 万亿元，比 2017 年的历史高位多 2.7 万亿元。

表7 2005 年、2010 年、2018 年中国外贸进出口情况

2005 年	首次超过 10 万亿元
2010 年	超过 20 万亿元
2018 年	突破 30 万亿元

2018 年，全国各类企业总的出口总额达 24800 亿元，较 2017 年增长了 294 亿元，增幅为 1.25%，整体出口受国际贸易环境影响较大。

表 8 2012-2018 年全国对外贸易各类企业出口情况 单位：亿美元

年份	出口总值	国有企业	民营企业	外资企业
2012 年	20484.2	2564.2	7686.4	10233.6
2013 年	22100	2356.8	9300.5	10442.7
2014 年	23427	2342.6	12665.8	10526.2
2015 年	22800	2424	10295	10047
2016 年	22366.8	2288.3	10274.4	9836
2017 年	23506*	2797*	10933*	9776
2018 年	24800			

注：数据来源于商务部。

*2017 年数据来自于中国海关总署 2018 年 1 月 12 日发布的 2017 年我国进出口情况数据，但由于海关总署发布的数据单位是人民币，按照 2017 年 12 月 29 日人民币比美元汇率估算当年的出口总额和民营企业出口总额。2017 年国有企业出口额＝出口总额估算-民营企业出口估算-外资企业出口额。

2018 年，我国民营企业进出口 12.1 万亿元，增长 12.9%，占我国进出口总值的 39.7%，比 2017 年提升 1.1 个百分点，其中，出口 7.87 万亿元，增长 10.4%，占出口总值的 48%，比重提升 1.4 个百分点，继续保持第一大出口主体地位；进口 4.23 万亿元，增长 18.1%。2018 年，我国民营企业对外贸进出口增长的贡献度超过 50%，成为我国外贸发展的一大亮点。同期，外商投资企业进出口 12.99 万亿元，增长 4.3%，占 42.6%；国有企业进出口 5.3 万亿元，增长 16.8%，占 17.4%。①

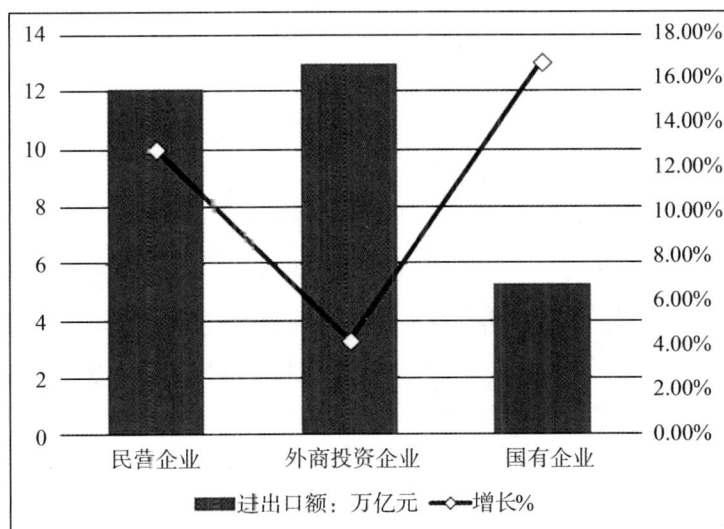

图 2 2018 年三大类型企业进出口额及增长率情况

① 2018 年我国外贸进出口情况及 2019 年中国外贸发展趋势预测 [N]. 中国产业信息网，2019 年 1 月 17 日.

6. 入围世界 500 强的中国企业数量和质量持续改善①

财富中文网于北京时间 2019 年 7 月 22 日与全球同步发布了最新的《财富》世界 500 强排行榜。中国大公司数量首次与美国并驾齐驱,世界最大的 500 家企业中,有 129 家来自中国,历史上首次超过美国(121 家)。即使不计算中国台湾地区企业,中国大陆企业(包括中国香港企业)也达到 119 家,与美国数量旗鼓相当。其中,中国石化、中国石油、国家电网跻身前十,分列第二、第四、第五。新上榜的中国公司有 13 家,占总数的一半以上。分别是:国家开发银行、中国中车集团、青山控股集团、金川集团、珠海格力电器股份有限公司、安徽海螺集团、华夏保险公司、铜陵有色金属集团、山西焦煤集团、小米集团、海亮集团有限公司、中国通用技术(集团)控股有限责任公司、台塑石化股份有限公司。排名跃升最快的前十家公司中有六家都来自中国大陆,分别是碧桂园(上升 176 位)、阿里巴巴(上升 118 位)、阳光龙净集团(上升 96 位)、腾讯(上升 94 位)、苏宁易购集团(上升 94 位)、中国恒大(上升 92 位)。中国公司的整体体量持续提升。在持续上榜的公司中,有 77 家中国公司排位比去年上升。中国公司在销售收益率和净资产收益率两个指标上已经扭转了近年来的下行趋势。2019 年,入榜的中国企业(不计中国台湾地区企业)119 家,平均销售收入 665 亿美元,平均净资产 354 亿美元,平均利润 35 亿美元。与世界 500 强横向比较,2018 年,中国上榜企业平均销售收入与净资产两项指标也与世界 500 强上榜企业数值基本持平;与传统经济大国的上榜企业相比,上榜中国企业在销售规模和资产规模已经不输日本、英国、法国与德国企业。

(二)国有及其控股企业的改革与发展

2018 年是国有企业又一深化改革年,中共中央、国务院、中共中央办公厅、国务院办公厅、财政部、科技部、国资委等多个部门先后出台了 15 余份政策性文件,不仅为中央企业实施深化改革提供了强有力的指导,同时也为各级地方国资委推进国有企业改革提供了宝贵的参考意见。2018 年 1 月 14 日,《中共中央关于建立国务院向全国人大常委会报告国有资产管理情况制度的意见》发布。2018 年 5 月 18 日,《上市公司国有股权监督管理办法》发布。2018 年 5 月 25 日,《国务院关于改革国有企业工资决定机制的意见》(国发〔2018〕16 号)发布。2018 年 5 月 28 日,科技部、国资委印发《关于进一步推进中央企业创新发展的意见》的通知。2018 年 6 月 30 日,《关于完善国有金融资本管理的指导意见》印发。2018 年 7 月 18 日,财政部关于贯彻落实《中共中央 国务院关于完善国有金融资本管理的指导意见》的通知发布。2018 年 7 月 26 日,《国务院办公厅关于调整国务院国有企业改革领导小组组成人员的通知》(国办发〔2018〕64 号)发布。

---

① 2019 世界 500 强 129 家中国企业、448 家中央企业上榜〔N〕. 国务院国资委网站,2019-07-23. http://www.sasac.gov.cn/n2588025/n2588119/c11796407/content.html.

2018 年 7 月 30 日，《国务院关于推进国有资本投资、运营公司改革试点的实施意见》（国发〔2018〕23 号）发布。2018 年 7 月 30 日，国资委印发《中央企业违规经营投资责任追究实施办法（试行）》。2018 年 8 月 8 日，《2018 年降低企业杠杆率工作要点》发布。2018 年 8 月 14 日，《关于进一步明确规范金融机构资产管理业务指导意见有关事项的通知》发布。2018 年 8 月 17 日，国务院国企改革领导小组办公室召开国企改革"双百行动"动员部署视频会，国务院国企改革领导小组办公室主任、国资委主任肖亚庆会上宣布，国企改革"双百行动"已经正式启动。2018 年 9 月 13 日，中共中央办公厅、国务院办公厅印发《关于加强国有企业资产负债约束的指导意见》。2018 年 9 月 29 日，中共中央办公厅、国务院办公厅印发《中央企业领导人员管理规定》。2018 年 11 月 9 日，《中央企业合规管理指引（试行）》发布。在上述政策文件的指导下，全国国有企业不断深化改革，破除发展障碍，取得显著成效。

1. 全国国有及国有控股企业经济运行继续保持较好态势

2018 年 1-12 月，全国国有及国有控股企业盈利能力和偿债能力比上年同期均有所提升，利润增幅高于收入 2.9 个百分点。2018 年 1-12 月，国有企业营业总收入 587500.7 亿元，同比增长 10.0%，其中，中央企业 338781.8 亿元，同比增长 9.8%，地方国有企业 248718.9 亿元，同比增长 10.4%；国有企业营业总成本 570431.9 亿元，同比增长 9.8%，其中中央企业 325798.6 亿元，同比增长 9.6%，地方国有企业 244633.3 亿元，同比增长 10.1%；国有企业实现利润总额 33877.7 亿元，同比增长 12.9%，其中中央企业 20399.1 亿元，同比增长 12.7%，地方国有企业 13478.6 亿元，同比增长 13.2%；国有企业实现税后净利润 24653.7 亿元，增长 12.1%，归属于母公司所有者的净利润 15311.6 亿元，增长 10.1%，其中中央企业实现利润 14583.4 亿元，增长 11.8%，地方国有企业实现利润 10070.3 亿元，增长 12.8%；国有企业应交税金为 46089.7 亿元，同比增长 8.84%，其中中央企业 32409.3 亿元，同比增长 5.18%，地方国有企业 13680.4 亿元，同比增长 18.62%①；国有企业资产总额、负债总额、所有者权益合计分别为 1787482.9 亿元、1156474.8 亿元、所有者权益合计 631008.1 亿元，同比分别增长 8.4%、8.1%、9.0%，其中中央企业资产总额、负债总额、所有者权益合计分别为 803391.7 亿元、543908.6 亿、259483.1 亿元，同比分别增长 6.7%、6.3%、7.5%，地方国有企业资产总额、负债总额、所有者权益合计 984091.2 亿元、612566.2 亿元、371525.0 亿元，同比分别增长 9.8%、9.6%、10.1%；国有企业净资产收益率 3.9%，增长 0.1 个百分点，其中中央企业 5.6%，增长 0.2 个百分点，地方国有企业 2.7%，增长 0.1 个百分点；国有企业资产负债率 64.7%，降低 0.2 个百分点，其中中央企业 67.7%，降低 0.3 个百分点，地方国有企业 62.3%，降低 0.1 个百分点。

---

① 国有企业应交税金同比增长情况并未按照财政部公布的数据填写，而是根据 2017 年和 2018 年实际发生数额测算所得。

表9 2012 年至 2017 年全国国有及国有控股企业经济效益情况　　　单位：亿元

	2012 年	2013 年	2014 年	2015 年	2016 年	2017 年	2018 年
营业收入	423769.6	464749.2	480636.4	454704.1	458978	522014.9	587500.7
实现利润	21959.6	24950.5	24765.4	23027.5	23157.8	28985.9	33877.7
应交税金	33496.3	36812	37860.8	38598.7	38076.1	42345.5	46089.7
资产总额	806943*	911038.6	1021187.8	1192048.8	1317174.5	1517115.4	1787482.9
负债总额	520321.5*	593166.5	665558.4	790670.6	870377.3	997157.4	1156474.8

注：数据来源于财政部网站。

* 该数据依据 2013 年数据推算得到。

2. 规模以上国有及国有控股工业企业盈利能力和偿债能力高于全国国有及国有控股企业平均水平

2018 年，规模以上工业企业中，国有及国有控股企业实现主营业收入 273760.2 亿元，同比增长 3.15%，同期全国国有及国有企业主营业收入同比增长 10%，而同期规模以上国有及国有控股工业企业实现利润总额为 18583.1 亿元，比上年增长 12.6%，同期全国国有控股企业实现同比增长 12.9%。从主营收利润比看，规模以上国有及国有控股工业企业为 6.79%，同期全国国有及国有控股企业为 6.08%，表明规模以上国有及国有控股工业企业盈利能力得到显著提升。

2018 年，规模以上工业企业中，国有及国有控股企业总资产 429764.8 亿元，同比减少 2.24%，国有及国有控股企业总负债 252272 亿元，同比减少 5.2%。规模以上国有及国有控股工业企业总资产和总负债出现双下降局面，负债下降幅度显著高于资产下降幅度，总体资产负债率为 58.7%，低于全国国有及国有控股企业 64.7 的水平，表明规模以上国有及国有控股工业企业偿债能力高于全国国有及国有控股企业平均水平。

表10 2012-2018 年全国规模以上国有及国有控股工业企业运行情况　　　单位：亿元

	2012 年	2013 年	2014 年	2015 年	2016 年	2017 年	2018 年
主营业务收入	245075.97	257816.87	—	241668.91	238990.23	265393.01	273760.2
实现利润	15175.99	15917.68	14508.02	11416.72	12324.34	17215.49	18583.1
总资产	312094.37	343985.88	371308.84	397403.65	417704.16	439622.86	429764.8*
总负债	191349.97	214230.57	230132.08	246147.12	257235.38	266097.89	252272*

注：本表数据来源于统计年鉴（2013-2018）。

* 2018 年规模以上国有及国有控股工业企业总资产和总负债依据国家统计局发布的 2018 年 1-12 月规模以上工业企业运行情况中的每百元资产主营业收入指标和资产负债率指标测算所得。

3. 国有建筑企业各项指标持续向好，投资扩张呈现缩减态势

截至 2018 年底，全国共有建筑业企业 95400 个，比上年增加 7341 个，增速为 8.34%，比上年增加了 2.26 个百分点，增速连续三年增加。国有及国有控股建筑业企业 6880 个，比上年增加 80 个，占建筑业企业总数的 7.21%，比上年下降了 0.51 个百分点。① 全年全社会建筑业增加值 61808 亿元，比上年增长 4.5%。全国具有资质等级的总承包和专业承包建筑业企业利润 8104 亿元，比上年增长 8.2%，其中国有控股企业 2470 亿元，增长 8.5%。②

从具体的出资性质看：2018 年，全国建筑业企业中，国有企业 3080 个，占全部建筑业企业比重仅为 3.2%，比 1996 年减少 6029 个，占比下降 18.8 个百分点；年末从业人员 428 万人，占全部建筑业企业比重为 7.7%，比 1996 年减少 428 万人，占比下降 32.6 个百分点。集体建筑业企业 2430 个，占全部建筑业企业比重为 2.5%，比 1996 年减少 2.7 万个，占比下降 67.7 个百分点；年末从业人员 131 万人，占全部建筑业企业比重为 2.4%，比 1996 年减少 1040 万人，占比下降 52.8 个百分点。股份制建筑业企业 2.2 万个，占全部建筑业企业比重为 23.1%，比 1996 年增加 2 万多个，占比提高 19.2 个百分点；年末从业人员 1865 万人，占全部建筑业企业比重为 33.5%，比 1996 年增加 1805 万人，占比提高 30.7 个百分点。私营建筑业企业 6.7 万个，占全部建筑业企业比重达到 70.6%，比 1996 年增加 6.7 万个，占比提高 69.3 个百分点；年末从业人员 3113 万人，占全部建筑业企业比重为 56.0%，比 1996 年增加 3105 万人，占比提高 55.6 个百分点。③

从完成的各项指标看：2018 年全年全国国有及国有控股建筑企业总产值累计完成 75949.6 亿元，同比增长 12.09%；建筑工程产值累计完成 68191.91 亿元，同比增长 12.4%；安装工程产值累计完成 5857.86 亿元，同比增长 8.17%；装修装饰产值累计完成 1963.12 亿元，同比增长 9.8%；完成的产值累计 36653.74 亿元，同比增长 12.06 亿元；建筑业竣工产值累计 27372.54 亿元，同比增长 2.6%；其他产值累计 1899.83 亿元，同比增长 12.41%。从 2018 年各指标增长情况看，除装修装饰产值指标向好外，其余指标与 2017 年相比呈现不同程度的缩减，表明国有及国有控股建筑企业扩张势头得到有效控制。

---

① 中国建筑业协会，2018 年建筑业发展统计分析 [R]. 2019 年 5 月 6 日.

② 国家统计局，2018 年国民经济和社会发展统计公报 [R]. 国家统计局网站，2019 年 2 月 28 日.

③ 国家统计局：建筑业持续快速发展 城乡面貌显著改善——新中国成立 70 周年经济社会发展成就系列报告之十 [R]. 国家统计局网站，2019 年 7 月 31 日.

表 11　2015-2019 年第二季度全国国有及国有控股建筑业企业运行情况　　单位：亿元

指标	2019 年二季度	2019 年一季度	2018 年四季度	2017 年四季度	2016 年四季度	2015 年四季度
总产值累计值	36308.37	13572.25	75949.60	67756.39	59517.89	54874.92
建筑工程产值累计值	32650.95	12161.81	68191.91	60651	53312.04	48839.23
安装工程产值累计值	2772.52	1080.09	5857.86	5415.29	4782.73	4653.49
其他产值累计值（亿元）	884.89	330.35	1899.83	1690.1	1423.12	1382.2
装饰装修产值累计值	956.37	305.48	1963.12	67756.39	59517.89	54874.92
在外省完成的产值累计值	17941.69	6553.27	36653.74	1787.12	1858.05	1648.28
建筑业竣工产值累计值	9003.32	3561.29	27372.54	32708.69	28618.79	25770.11

注：数据来源于国家统计局网站。

4. 2019 年 1-7 月全国国有及国有控股企业运行态势较好①

2019 年 1-7 月，全国国有及国有控股企业主要经济指标继续保持增长态势，应交税费低速增长，减税降费政策效果显著。

营业总收入：国有企业营业总收入 344700.0 亿元，同比②增长 7.7%，其中中央企业 199482.0 亿元，同比增长 6.2%，地方国有企业 145218.0 亿元，同比增长 10.0%。

营业总成本：国有企业营业总成本 332526.5 亿元，同比增长 7.9%，其中中央企业 189516.5 亿元，同比增长 6.3%，地方国有企业 143010.0 亿元，同比增长 10.2%。

利润总额：国有企业利润总额 21366.2 亿元，同比增长 7.3%，其中中央企业 14119.0 亿元，同比增长 7.7%，地方国有企业 7247.2 亿元，同比增长 6.6%；国有企业税后净利润 16002.5 亿元，同比增长 8.5%，归属于母公司所有者的净利润 9881.2 亿元，其中中央企业 10595.1 亿元，同比增长 9.7%，归属于母公司所有者的净利润 6744.9 亿元，地方国有企业 5407.4 亿元，同比增长 6.1%，归属于母公司所有者的净利润 3136.3 亿元。

应交税费：国有企业应交税费 26645.6 亿元，同比增长 0.5%，其中中央企业 19070.9 亿元，同比增长 0.8%，地方国有企业 7574.7 亿元，同比下降 0.1%。

成本费用利润率：国有企业成本费用利润率 6.5%，与上年同期基本持平，其中中央企业 7.6%，增长 0.1 个百分点，地方国有企业 5.1%，下降 0.2 个百分点。

资产负债率：国有企业资产负债率 64.4%，下降 0.2 个百分点，其中中央企业 67.5%，下降 0.3 个百分点，地方国有企业 62.1%，下降 0.1 个百分点。

---

① 财政部. 2019 年 1-7 月全国国有及国有控股企业经济运行情况［N］. 财政部网站，2019 年 8 月 26 日.

5. 国有企业世界 500 强实力进一步增强①

挺进世界 500 强，打造具有全球竞争力的世界一流企业，央企一直在进步。2012 年，世界 500 强中国企业上榜数量 79 家，其中，国务院国资委监管的中央企业 43 家；2013 年，世界 500 强中国企业上榜数量 95 家，其中，国务院国资委监管的中央企业 44 家；2014 年，世界 500 强中国企业上榜数量 100 家，其中，国务院国资委监管的中央企业 47 家；2015 年，世界 500 强中国企业上榜数量 106 家，其中，国务院国资委监管的中央企业 47 家；2016 年，世界 500 强中国企业上榜数量 110 家，其中，国务院国资委监管的中央企业 50 家。2017 年，世界 500 强中国企业上榜数量 115 家，其中，国务院国资委监管的中央企业 48 家。受央企战略重组的影响，2016 年上榜的中国五矿和中国中冶经战略重组，在 2017 年上榜中央企业中体现为中国五矿。2018 年，世界 500 强中国企业上榜数量 120 家，其中，国务院国资委监管的中央企业为 48 家。受央企战略重组的影响，2017 年上榜的中国国电集团公司（397 位）与神华集团有限责任公司（276 位）已经战略重组，在 2018 年上榜中央企业中体现为国家能源投资集团有限责任公司（101 位）。招商局集团首次申请并上榜。2019 年，世界 500 强中国企业上榜数量 129 家，其中，国务院国资委监管的中央企业仍为 48 家。2018 年上榜的中国中车股份有限公司，2019 年体现为中国中车集团有限公司；2019 年，中国通用技术（集团）控股有限责任公司新上榜。

（三）民营企业的发展

2018 年，国家不仅面向全国经济体主体出台了持续深化经济体制改革政策，还出台了一系列专门针对民营企业发展问题的众多政策。2018 年 1 月 9 日，国家发改委、中央军委战略规划办公室印发了《经济建设与国防密切相关的建设项目贯彻国方要求管理办法（试行）》，明确了军民融合及管理方式；2018 年 5 月 4 日，国务院办公厅印发了《关于开展涉及产权保护的规章、规范性文件清理工作的通知》，清理了产权保护方面各种不当规章制度；2018 年 5 月 18 日，科技部、全国工商联印发了《关于推动民企创新发展的指导意见》，全方位加大了对民营企业创新的扶持力度；2018 年 6 月 26 日，中国人民银行、银保监会等五部委联合印发了《关于进一步深化小微企业金融服务的意见》，对如何向小微企业提供金融扶持给出了明确的指导意见；2018 年 8 月 3 日，国务院办公厅印发了《关于部分地方优化营商环境典型做法的通报》，及时传播了打造优良营商环境的经验；2018 年 8 月 11 日，银保监会印发了《加强监管引领打通货币政策传导机制 提高金融服务实体经济水平》的文件，进一步明确了金融服务民营企业的方式方法；2018 年 9 月 6 日，财政部印发了《关于金融机构小微企业贷款利息收入免征增值税政策的通

---

① 2019 世界 500 强 129 家中国企业、448 家中央企业上榜［N］. 国务院国资委网站，2019-07-23. http：//www. sasac. gov. cn/n2588025/n2588119/c11796407/content. html.

知》，降低了小微企业的运行成本，缓解了小微企业融资难问题；2018 年 10 月 26 日，上海证券交易所发布了《深化债券市场功能，助力民营企业健康发展》的文件，为民营企业融资难问题提供了新的解决渠道和办法；2018 年 11 月 8 日，国务院办公厅印发了《关于聚焦企业关切，进一步推动优化营商环境政策落实的通知》，全方位推动了优化营商环境政策的落实与监管工作。上述政策涵盖了产权保护、民营企业创新、金融扶持、军民融合和优化营商环境等五各方面，进一步激发了民营经济活力，释放了民营经济发展潜能。

1. 民营企业数量增加迅猛，注册资本持续增长

据国家市场监督管理总局统计，全国市场主体 2018 年期末实有数达 1.1 亿户，比 2017 年增长了 1205.2 万户；企业主体 2018 年期末实有数 3474.2 万户，较 2017 年增加了 440.5 万户，个体工商户 2018 年期末实有数 7328.6 万户，比 2017 年增加了 749.2 万户。在全国国有及国有控股企业优化重组、提质增效的深化的改革背景下，可以初步断定：2018 年市场主体数量变化的贡献主要来自于新增的股份制企业、私营企业及个体工商户。

表 12　2017-2018 年年末各类市场主体数量　　　　　　　　　　单位：万户

项目		期末实有		新登记	
年份		2017 年	2018 年	2017 年	2018 年
市场主体		9814.8	11020	1924.9	2149.58
其中	企业	3033.7	3474.2	607.4	670
	个体工商户	6579.4	7328.6	1289.8	1456.4
	农民专业合作社	201.7	217.3	27.8	23.1

数据来源：国家市场监督管理总局。

到 2016 年年底，民营企业中私营企业注册资本金达到 1305000 亿元，个体工商户注册资本金达到 44400 亿元。据不完全统计，截止 2017 年年底，民营企业注册资本金超过了 165 万亿元。

表 13　2012 年至 2017 年私营企业和个体工商户注册资金

年份	私营企业注册资金（亿元）	增长率（%）	户均注册资金（万元）	个体工商户注册资金（亿元）	增长率（%）	户均注册资金（万元）
2012 年	311000	20.6	286.5	19766.7	22.2	4.9
2013 年	393000	26.4	313.4	24300	23.1	5.5
2014 年	592000	50.6	382.8	29300	20.6	5.8
2015 年	906000	53	474.7	36938	34.5	6.5
2016 年	1305000	44.1	565.1	44400	20.2	7.5
2017 年	≥1650000					

注：本表数据来自于国家市场监督管理总局。

2. 全国规模以上私营工业企业经济效益指标回升，但资产负债率有所增加

2018 年，全国规模以上私营工业企业主营业务收入累计 306392.6 亿元，同比增长 8.4%，同期全国规模以上工业企业实现主营业务收入累计 1022241.1 亿元，同比增长 8.5%，低于全国 0.1 个百分点；全年全国规模以上私营工业企业实现利润总额 17137 亿元，同比增长 11.9%，同期全国规模以上工业企业累计实现利润 66351.4 亿元，同比增长 10.3%，高于全国 1.6 个百分点；全年规模以上私营工业资产负债率为 56.4%，同期全国规模以上工业企业资产负债率为 56.5%。[①]

表 14　2012-2018 年全国规模以上私营工业企业运行情况　　　　单位：亿元

	2012 年	2013 年	2014 年	2015 年	2016 年	2017 年	2018 年
主营业务收入	285621.48	342002.6	372175.7	386394.6	410188.06	381034.44	306392.6（8.4%）
利润总额	20191.9	23327.08	23550.42	24249.73	25494.9	23043（11.7%）	17137.0（11.9%）
资产总计	152548.13	187704.4	213114.42	229006.48	239542.71	242636.74	229507.57 *
负债总计	82699.28	101333.98	111130.1	118651.48	121386.12	127610.46	129442.27 *

注：本表数据来源于统计年鉴（2013-2018）、国家统计局公布的 2018 年规模以上工业企业主要财务指标；括号内的数据是国家统计局公布的 2018 年规模以上工业企业的增长数值。

　　＊根据国家统计局公布的 2018 年规模以上工业企业主要财务指标中的每百元资产实现主营业务收入和资产负债率指标计算所得。

2019 年 1-7 月份，全国规模以上私营工业企业累计实现营业收入 182328.6 亿元，同比增长 8%，比全国平均水平提高 3.1 个百分点；实现利润总额 8849.1 亿元，同比增长 7%，比全国平均水平提高 8.7 个百分点；资产负债率为 58.1%，比全国平均水平高 1.3 个百分点。

表 15　2019 年 1-7 月份规模以上私营工业企业主要财务指标

分　组	营业收入		利润总额		资产总额 *	负债总额 *
	1-7 月（亿元）	同比增长（%）	1-7 月（亿元）	同比增长（%）	1-7 月（亿元）	1-7 月（%）
全国	595769.4	4.9	34977.0	-1.7	654691.65	56.8
私营企业	182328.6	8.0	8849.1	7.0	135964.65	58.1

注：本表数据来源于统计年鉴（2013-2013）、国家统计局公布的 2018 年规模以上工业企业主要财务指标。

　　＊根据国家统计局公布的 2018 年规模以上工业企业主要财务指标中的每百元资产实现主营业务收入和资产负债率指标计算所得。

---

① 增长利率来自于统计数据。

4. 民营企业①总体税收贡献凸显，税收增加贡献率超过 100%

2017 年，全国民营企业累计实现税收收入 82062.06 亿元，占全国税收收入 52.6%，2018 年，全国民营企业累计实现税收收入 96465.52 亿元，占全部税收收入的 56.80%，较 2017 年同期提高 4.2 个百分点。2017 年，全国民营企业累计实现税收增加额 9699.69 亿元，占全国税收增加额 63.66%，2018 年，全国民营企业税收增加额 14403.46 亿元，占全部税收增加额的 101.3%。

表 16　2017-2018 全国及全国民营企业实现税收收入及增加额情况　　单位：亿元

年份	2017 年		2018 年	
	收入额	增加额	收入额	增加额
全国	155734.72	15235.68	169833.66	14098.94
民营企业	82062.06	9699.69	96465.52	14403.46

注：数据来源于《2018 年民进投资与民营经济发展重要数据分析报告》第 2 页、第 78、第 79 页。

5. 民营企业对外贸易

据海关总署公布数据显示，2018 年，我国民营企业进出口 12.1 万亿元，增长 12.9%，占我国进出口总值 39.7%，比 2017 年提升 1.1 个百分点。其中，出口 7.87 万亿元，增长 10.4%，占出口总值 48%，比重提升 1.4 个百分点，继续保持第一大出口主体地位；进口 4.23 万亿元，增长 18.1%。民营企业对外贸进出口增长的贡献度超过 50%，成为我国外贸发展的一大亮点。

表 17　2017-2018 年我国民营企业进出口情况

指标	2017 年	2018 年
进品：万亿元	3.6	4.23
出口：万亿元	7.1	7.87
进出口总额：万亿元	10.7	12.1
有进口实绩的民营企业数：家	36.5	37.2

注：资料来源：中国海关。

2018 年，我国民营企业的进出口增速和占比均有所上升。据统计，2018 年我国有进出口实绩的民营企业共 37.2 万家，占同期有进出口实绩企业总数的 79.1%，比 2017 年上升 2.0 个百分点。从区域分布看，2018 年中部、西部和东北地区的民营企业进出口增速分别达到了 20.3%、18.9% 和 16.7%，高于东部的 12.1%，呈现出梯次发展的态势，

---

① 这里的民营企业是除国有及国有控股企业、外资及港澳台投资企业以外的其他类型企业。

民营企业区域分布更趋优化。同时民营企业进出口商品结构更趋优化。2018 年民营企业机电产品出口占民营企业出口值的四成以上，其中集成电路、手机、液晶显示板出口分别增长 51%、16.8% 和 34.1%。

6. 民营企业巨头不断涌现，影响力逐渐增强

2018 年，在中国企业 500 强排行榜中，中国民营企业有 237 家民营企业，比上年增加了 11 家，占比为 47.40%；在 2018 年中国民营企业 500 强的排行榜中有 42 家企业营业收入总额超过 1000 亿元，比 2017 年增加 15 家①。从盈利能力看，上榜民营企业 500 强的销售净利率、资产净利率、净资产收益率较上一年相比均有上升。在 2018 年世界 500 强企业中，中国民营企业达到 21 家，其中，营收最多的民营企业是鸿海精密工业股份有限公司，营收 1546.99 亿美元，大陆地区营收最多的民营企业是华为，营收 893.11 亿美元。我国民营经济已经成为推动我国乃至世界经济发展不可或缺的力量。

2019 年世界 500 强排行榜一共有 31 家民营企业，在排名位次的变化上，上升最快的是中国的碧桂园，上升 176 位。值得一提的是，排名跃升最快的前十家公司中有六家都是民营企业，除了碧桂园，其余五家是：阿里巴巴（上升 118 位）、阳光龙净集团（上升 96 位）、腾讯（上升 94 位）、苏宁易购集团（上升 94 位）、中国恒大（上升 92 位）。

表 18   2019 年世界 500 强中民营企业排名情况

序号	公司	排名	上年排名
1	鸿海精密工业股份有限公司	23	24
2	中国平安保险（集团）股份有限公司	29	29
3	中国银行	44	46
4	华为投资控股有限公司	61	72
5	太平洋建设集团	97	96
6	正威国际集团	119	111
7	中国恒大集团	138	130
8	京东集团	139	181
9	碧桂园控股有限公司	177	353
10	恒力集团	181	235
11	阿里巴巴集团	182	300
12	联想集团	212	240
13	浙江吉利控股集团	220	267
14	中国民生银行	232	251
15	腾讯控股有限公司	237	331

① 民营经济投资和发展报告重要数据分析报告 2018。

序号	公司	排名	上年排名
16	万科企业股份有限公司	254	232
17	和硕	259	285
18	山东魏桥创业集团	273	185
19	怡和集团	280	283
20	雪松控股集团	301	361
21	美的集团股份有限公司	312	323
22	苏宁易购集团	333	427
23	长江和记实业有限公司	352	374
24	青山控股集团	361	
25	台积公司	363	368
26	广达电脑公司	365	354
27	阳光龙净集团有限公司	368	464
28	新疆广汇实业投资（集团）有限责任公司	439	456
29	小米集团	468	
30	海亮集团有限公司	473	
31	泰康保险集团	498	489

3. 混合所有制企业总体情况

2018 年依然没有关于混合所有制企业的专门统计数据，因此，本报告沿用《中国企业改革与发展报告 2018》中的方法对相关数据进行采集和分析，即"对混合所有制企业发展的考察将采用国家资本金在除国有和集体企业以外的其他企业中资本份额作为依据；同样的逻辑，将民营资本在除民营企业以外的其他类型企业中资本份额作为考察民营资本参与混合所有制的程度，以此类推"。基于数据的可获得性，本报告依然以工业中各类资本金数据作为分析对象，对国家资本金、集体资本、私人资本金、港澳台资本、外商资本在各类型企业中的分布进行具体分析。

受国内和国际经济环境的影响，各类型资本金在不同类型的工业企业中呈现了不同分布状态。其中国有资本金表现最为活跃，在各类型工业企业中均有不同程度的扩张，与此相比，其余四种类型资本金则呈现有减有增的态势，其中集体资本金在外商投资在企业中有所增长，私营资本金和港澳台资本金则在国有独资公司工业企业和股份有限公司工业企业中有所增长，外商资本金在国有工业企业中有所增长。从各类资本金总量上看，由国家资本金形成扩张所形成的混合所有制本金扩张非常显著，这充分表明，在 2017 年的混合所有制改革，国有资本扮演者主要角色，其他资本金观望情绪依然存在。

（1）国家资本金呈现全面持续扩张趋势

2017 年，国家资本金在除国有、集体及联营企业以外的各类型工业企业中均呈现增长趋势。其中在其有限责任公司工业企业中增长了 17734.88 亿元，增幅为 101.5%；在股份由公司工业企业中增长了 424.08 亿元，增幅为 42%；在私营工业企业中增长了 99.88 亿元，增幅为 46.3%；在港澳台投资工业企业中增长了 286 亿元，增幅为 29.7%；在外商投资工业企业中增长了 269.82 亿元，增幅为 12.7%。

表 19　2012-2017 年国家资本金在其他类型工业企业中的分布情况　　单位：亿元

国家资本金分类	2012 年	2013 年	2014 年	2015 年	2016 年	2017 年
其他有限责任公司工业企业	5061.31	9188.05	11619.22	14341.73	17464.73	35199.61
股份有限公司工业企业	7666.2	8573.79	9495.23	9790.48	10101	10525.08
私营工业企业	131.34	150.78	178.38	-	215.7	315.58
港、澳、台商投资工业企业	467.79	637.88	815.13	931.44	953.91	1237.52
外商投资工业企业	1520.4	1869.64	1896.43	1775.4	2129.16	2398.98

2. 集体资本金仅在外商投资工业企业中呈现扩张趋势

2016 年以前，集体资本金在除国有、集体及联营工业企业中的分布虽然表现并不稳定，但整体呈现扩张趋势，但是 2017 年则全面呈现收缩趋势。其中在其他有限责任公司工业企业中下降了 64.09 亿元，降幅为 3.9%；在股份有限公司工业企业中下降了 178.57 亿元，降幅为 18.1%；在私营工业企业中下降了 33.25 亿元，降幅为 5%；在港澳台商投资工业企业中下降了 13.37 亿元，降幅为 7.6%；在外商投资工业企业中增长了 27.02 亿元，增幅为 11.6%。

表 20　2012-2017 年集体资本金在其他类型工业企业中的分布情况　　单位：亿元

集体资本金分类	2012 年	2013 年	2014 年	2015 年	2016 年	2017 年
其他有限责任公司工业企业	873.53	1416.77	1263.73	1959.00	1657.07	1592.98
股份有限公司工业企业	544.33	668.15	775.44	755.42	985.05	806.48
私营工业企业	574.33	413.74	482.84	557.32	668.24	634.99
港、澳、台商投资工业企业	144.32	147.64	140.67	141.98	175.75	162.38
外商投资工业企业	159.47	221.22	238.99	263.4	232.94	259.96

3. 私人资本金仅在股份制工业企业中呈现扩张趋势

2012 年至 2017 年，私人资本金，在国有工业企业、集体工业企业、股份合作工业企业和联营工业企业中的份额呈现逐年递减趋势，其中在集体工业企业、股份合作工业企业、联营工业企业下降最为显著；在国有独资公司工业企业中 2102 年至 2015 年呈现扩张趋势，但 2016 年和 2017 年也呈现下降趋势；在股份有限公司工业企业中则一直呈现扩展趋势。

表 21 2012-2017 年私人资本金在其他类型工业企业中的分布情况 单位：亿元

个人资本金分类	2012 年	2013 年	2014 年	2015 年	2016 年	2017 年
国有工业企业	235.95	98.06	148.96	73.09	32.09	32.24
集体工业企业	182.09	147.47	149.22	129.84	120.47	100.98
股份合作工业企业	215.69	100.84	102.39	96.45	80.72	70.27
联营工业企业	22.39	15.03	9.01	10.32	12.98	6.27
国有独资公司工业企业	23.2	109.58	157.62	160.45	125.07	114.91
股份有限公司工业企业	3488.24	4094.73	4470.36	5954.8	6542.1	6938.27

4. 港澳台资本金在国有独资公司工业企业和股份有限公司工业企业中呈现扩张趋势

2017 年，港澳台资本金国有工业企业、集体工业企业、股份合作工业企业和联营工业企业中呈现收缩趋势，其中在国有工业企业和联营工业企业中其资本金下降为 0，仅在国有独资公司工业企业和股份有限公司工业企业呈现扩张趋势，增幅大于 5%。

表 22 2012-2017 年港澳台资本金在其他类型工业企业中的分布情况 单位：亿元

港澳台资本金指标	2012 年	2013 年	2014 年	2015 年	2016 年	2017 年
国有工业企业	18.94	6.01	2.91	1.64	0.8	0
集体工业企业	5.94	6.76	3.96	4.69	3.04	1.19
股份合作工业企业	0.4	0.4	0.41	0.41	0.87	0.03
联营工业企业	0.81	1	0	0.05		0
国有独资公司工业企业	36.2	67.99	45.76	43.04	48.36	53.15
股份有限公司工业企业	156.7	176.32	148.23	166.38	218.52	237.53

5. 外商资本金在国有工业企业和集体工业企业中呈现扩张趋势

2017 年，外商资本金持续在国有工业企业和集体工业企业中扩张，扩张幅度超过 100%；在国有独资公司工业企业呈现持续收缩趋势；在股份有限公司工业企业中，再次出现拐点，2017 年较 2016 年下降了 62.23 亿元，降幅为 24.9%。

表23　2012—2017 年外商资本金在其他类型工业企业中的分布情况　　单位：亿元

外商资本金指标	2012 年	2013 年	2014 年	2015 年	2016 年	2017 年
国有工业企业	69.04	13.03	13.29	19.32	4.98	25.80
集体工业企业	4.03	2.52	1.54	1.06	1.16	2.62
股份合作工业企业	0.73	0.26	0.2	0.2		0
联营工业企业	1.07	0	0.4	0		0
国有独资公司工业企业	78.55	107.25	113.85	113.13	110.6	109.19
股份有限公司工业企业	196.53	217.96	210.78	222.14	249.89	187.66

6.2018 年混合所有制改革进展

2019 年 3 月 9 日，国务院国资委在十三届全国人大二次会议记者会上公布了 2018 年混合所有制改革的总体情况。2018 年混合所有制改革有序推进，上市公司已经成为中央企业运营的主体，中央企业资产的 65%、营业收入的 61%、利润总额来源的 88% 都在上市公司。2018 年，央企和地方企业新增了 2880 户混合所有制改革的企业。据《中央企业社会责任蓝皮书》显示，2018 年，中央企业新增混合所有制户数达 1003 户，地方国有企业新增 1877 户。

混合所有制改革是国有企业改革的突破口。国资委表示下一步，要贯彻落实党中央、国务院的决策部署，进一步在混合所有制改革上积极稳妥地加以推进。2019 年，按照中央经济工作会议精神和《政府工作报告》的总体要求，加大分类推进混合所有制改革。商业一类的国有企业，国有资本投资公司、国有资本运营公司，创建世界一流示范企业，都要加大混合所有制改革力度。去年推出的"双百行动"入选企业也要积极推进混合所有制改革。另外，扩大重点领域的混合所有制改革。第四批会有一百多家混合所有制的企业，在重点领域进一步推出。更重要的是，要深化混合所有制改革的内涵，更加注重混改的质量和效果。深化混合所有制为涵，发挥国有企业的优势、也发挥民营企业的优势，这两个优势组合起来，形成新的优势，在这方面要进一步做好工作，真正做到各取所长，共同发展。

二、2018 年国有企业改革与发展存在的主要问题与对策

（一）当前国有企业改革与发展存在的主要问题

1. 国有投资运营公司取得显著成效，但还存在一些亟待解决的问题

改组组建国有资本投资、运营公司，是以管资本为主改革国有资本授权经营体制的重要举措。按照《中共中央 国务院关于深化国有企业改革的指导意见》《国务院关于改革和完善国有资产管理体制的若干意见》有关要求和党中央、国务院工作部署，为加快

推进国有资本投资、运营公司改革试点工作，由国务院下发了《国务院关于推进国有资本投资、运营公司改革试点的实施意见（国发〔2018〕23 号）》，在《实施意见》指导下，各级国资委积极推进国有资本投资、运营公司改革试点工作，截至 2019 年 1 月，全国范围内已经选择在 21 家中央企业和 122 家地方国有企业开展国有资本投资、运营公司试点，在试体制、试机制、试模式等方面进行了探索实践①。

2018 年 11 月 19 日，在国务院国有企业改革领导小组办公室召开国有资本投资、运营公司座谈会上，国务院国资委领导指出，"党的十八届三中全会以来，中央企业和地方国有企业分别开展国有资本投资、运营公司试点，在试体制、试机制、试模式等方面进行了大量探索实践，在授权放权、组织架构、运营模式、经营机制、党的建设等方面取得了积极成效，积累了宝贵经验"，"但在向国有资本投资、运营公司授予哪些权力、如何把授权放权与加强监管结合起来等方面，国资委还需要继续深入研究和探索"，"在试点企业如何综合实施国有企业改革政策措施，哪些政策可以在哪个层级运用；国有资本投资、运营公司可以运用哪些金融手段，产融结合边界如何界定，需要国资委和金融监管机构深入进行研究；如何加大对试点企业的资本金支持，如何充分发挥市场化资本运作平台作用，需要在实践中不断探索"。

2. 应深化混合所有制改革的内涵，更加注重混改的质量和效果

2018 年，"混改"不断向纵深推进。央企层面领域拓宽、层级提升，地方国企更趋活跃；更重要的是，"混改"企业在产权变革的同时，把更多注意力放到了形成新的经营机制上面来，促进国有资本与社会资本真正发生"化学反应"。2019 年一季度央企经济运行情况发布会上国务院国资委秘书长彭华岗公布了 2018 年年底国有企业混合所有制改革数据。从数量上看，2018 年，中央企业新增混合所有制户数是 1003 户，地方国有企业新增是 1877 户，国资委系统的中央企业和地方国有企业一共是 2880 户。2018 年末，中央企业的所有者权益是 19.9 万亿，归属母公司的利润是 12.7 万亿，归属社会各类资本的利润是 7.2 万亿，占到整个所有者权益 36%。目前对外参股的混合所有制企业超过了 5000 户。

可以说，国有企业混合所有制改革成效十分显著，但正如国务院国资委领导在 2019 年 3 月 9 日举行的十三届全国人大二次会议记者会上指出的，混合所有制改革是国有企业改革的突破口，混合所有制只是改革的方式之一，不是私有化，也不可能"一混了之""一混就灵"，在贯彻落实党中央、国务院的决策部署积极稳妥推进混合所有制改革的同时，更要深化混合所有制改革的内涵，更加注重混改的质量和效果。深化混合所有制内涵，发挥国有企业的优势、也发挥民营企业的优势，这两个优势组合起来，形成新的优势，在这方面要进一步做好工作，真正做到各取所长，共同发展。

---

① 2018 年地方国资国企改革分析报告［R］.国资报告杂志，2019 年 4 月 12 日。

3. 以高质量发展为国有企业更高层次改革与发展目标要培育自主意识

2018 年，各级国资委在提升国有企业运行质量方面做了大量工作，取得了显著效果。国务院国资委积极推动中央企业按照高质量发展的要求，紧紧围绕"培育具有全球竞争力的世界一流企业"的目标，以推进供给侧结构性改革为主线，以提高质量效益和核心竞争力为中心，不断深化企业改革，加快创新发展，调整优化布局结构，做强做优实业主业，企业内生活力和发展动力不断增强，高质量发展基础进一步夯实。国务院国资委 2019 年 1 月 17 日在国新办发布会上发布的数据显示，中央企业通过大力推进瘦身健体行动，减少了 12829 户法人单位，通过强化科技创新能力，51 家中央央企共获得 2018 年度国家科学技术奖励 98 项，占中央企业获奖总数的 40.8%，大大提高了中央企业运行质量。

地方国有企业在方案制定和路径选择上更加聚焦主业、实业，告别"铺摊子"，专注"上台阶"，以质量变革、效率变革、动力变革三轮驱动，夯实稳的基础，突显进的势头。例如，安徽省坚持稳中求进，以提高质量效益和核心竞争力为中心，通过供给侧结构性改革、完善法人治理结构、有序推进混合所有制改革、企业重组整合等举措，省属企业稳中有进、进中提质的态势更加巩固；辽宁省出"实招、硬招"，围绕高质量发展中突出存在的市场化运营机制不完善、国有经济结构布局失衡、历史包袱沉重等短板得到有效治理。①

但是应该认识到，各级国资委在提升国有企业运行质量上带有强烈的行政任务特征。企业高质量运行是市场经济对市场主体的基本要求，任何低质量运行的市场主体很难在市场中长期存续，作为中国特色社会主义市场经济重要主体的国有企业也同样要受到市场经济运行机制的约束，其高质量运行必须源自于企业内在自发机制，不能仅靠行政命令实现，不应该只根据政策采取行动，而是由企业内部的管理团队根据市场要求自发的实现，在当前情况下，各类国有企业应该尽快理解和吸收国家政策的内在含义，努力把自己建设成为具有自主意识的高质量运行团队。

4. 国有企业财务杠杆有所缓解，但依然保持在较高水平

2018 年，国务院向国资委及其他相关部门下发了《2018 年降低企业杠杆率工作要点》，从建立风险防范机制、市场化债转股、"僵尸企业"债务处置、兼并重组降杠杆、配套政策、服务监督机制等六个方面提出了降低国有企业杠杆率的指导性意见。从实际运行看，全国国有企业整体杠杆率有所下降，但下降幅度比较小。据财政部公布的数据显示，到 2018 年年底，全国国有企业资产负债率 64.7%，降低 0.2 个百分点，其中中央企业 67.7%，降低 0.3 个百分点，地方国有企业 62.3%，降低 0.1 个百分点；2019 年 1—7 月份，全国国有企业资产负债率 64.4%，下降 0.2 个百分点，其中中央企业 67.5%，下

---

① 2018 年地方国资国企改革分析报告［R］. 国资报告杂志，2019 年 4 月 12 日。

降 0.3 个百分点，地方国有企业 62.1%，下降 0.1 个百分点。中央和地方国有企业平均资产负债率均有所下降，但均维持在 50% 以上的高位水平。据国务院国资委网站提问回复显示，截止目前，国务院国资委已有 19 家央企与银行签订了债转股协议，设计债务金额约为 5000 亿元，按 2018 年年末中央企业负债总额 543908.6 亿元估算，债转股完成降低中央企业资产负债率约为 0.1%。也就是说，2019 年 1-7 月，中央企业杠杆率下降的 0.3 个百分点中有 0.1 个百分点来自于债转股。

自 2017 年开始国有企业降杠杆工作以来，国有企业资产负债率呈现逐渐下降趋势，但下降的速度并不快，这与国有企业自身的债务结构有着直接关系。国有企业债务呈现三高特点，即流动债务高、间接债务高、不良债务比重高。在这一特点下，银行参与债转股无法消化三高债务，通过兼并重组也不能改善这一问题，从而导致目前国有企业去杠杆进程较为缓慢，在当前国内国际经济大环境下，上述三高特点表现得将更加突出，这将给国有企业去杠杆任务增加巨大压力。

5. 清理僵尸企业要解决好资金供给和人员安置问题

"僵尸企业"大都是已停产半停产、连年亏损、资不抵债，靠政府补贴和银行续贷维持经营的企业，主要集中在一些产能过剩的行业。据 2016 年 7 月 28 日中国人民大学国家发展与战略研究院发布报告称，目前全国工业部门中僵尸企业数量约占工业企业总数的 7.51%。按企业规模所作的不完全统计，大型、中型和小型企业中僵尸企业数量分别约 1 万家、5 万家和 13 万家。经过近几年的努力，不少"僵尸企业"，或退出市场或重焕新生。据国务院国资委新闻发言人彭华岗介绍，2018 年末纳入专项工作范围的僵尸特困企业比 2017 年减亏增利 373 亿元，比 2015 年减亏增利 2007 亿元，有超过 1900 户的僵尸特困企业完成处置处理的主体任务，占全部僵尸企业 1%。

上述情况表情，清理僵尸企业任重道远，其中最为关键的问题就是如何解决僵尸企业债务问题和清理后的人员安置问题。对于债务问题，中国社科院工业所工业运行研究室副主任江飞涛认为，"僵尸企业"的债权债务关系复杂，处理不好可能引发系统性风险；一些地方政府担心本地就业和社会稳定，存在畏难情绪，处置中进行行政干预；一些企业账目不清，加之国内金融机构风险管理能力较弱，很难知晓企业的资产真实状况；一些金融机构负责人不愿意已发放贷款变成坏账，对"僵尸企业"网开一面，等等，种种复杂因素为处置"僵尸企业"的启动和实施带来阻碍。对于人员安置问题，江飞涛认为，目前企业内部挖潜、转岗就业创业、内部退养、公益性岗位托底等多种渠道分流安置正在进行，但难以发挥市场作用，有关部门要做好社会保障、生活救助等托底工作。

（二）未来国有企业改革与发展的政策建议

2019 年政府工作报告对国资国企改革提出了明确要求：加强和完善国有资产监管，推进国有资本投资、运营公司改革试点，促进国有资产保值增值；积极稳妥推进混合所有制改革；完善公司治理结构，健全市场化经营机制，建立职业经理人等制度；依法处置"僵尸企业"；深化电力、油气、铁路等领域改革，自然垄断行业要根据不同行业特点实行网运分开，将竞争性业务全面推向市场；国有企业要通过改革创新、强身健体，不断增强发展活力和核心竞争力。根据上述要求，国务院国资委紧紧围绕着增强活力、提高效率、坚持问题导向、突出重点、难点和关键环节，以"伤其十指不如断其一指"的思路，提出了国资国企改革新举措：

1. 要加快实现从管企业向管资本转变

总的原则是：在强化监管、防止流失的前提下，把更多的精力放在增强企业活力、激发企业家干事创业上来，要加快推进国资监管机构的职能转变，完善出资人监督的权力和责任清单，依法落实企业的法人财产权和经营自主权。要创新监管的方式手段，全面建成国资国企在线监管系统，强化事中、事后监管，切实减少事前审批和核准事项。

2019 年 4 月 28 日，《改革国有资本授权经营体制方案》（下称《方案》）的正式公布，标志着这一改革再次向纵深推进。《方案》把党的十九大提出的"管资本"为主的要求予以政策化、制度化。从"管企业"向"管资本"转变，核心要义是出资人要对所出资的资本进行负责，主要关注国有资本的布局、国有资本的运营、国有资本的收益，具体的经营事务由企业依法自行履职。同时，还要防止国有资产的流失。按照《方案》提出的目标，到 2022 年，基本建成与中国特色现代国有企业制度相适应的国有资本授权经营体制，出资人代表机构与国家出资企业的权责边界界定清晰，授权放权机制运行有效，国有资产监管实现制度完备、标准统一、管理规范、实时在线、精准有力，国有企业的活力、创造力、市场竞争力和风险防控能力明显增强。中国社会科学院工业经济研究所所长黄群慧表示，新时代国企改革"1+N"政策体系，以《中共中央、国务院关于深化国有企业改革的指导意见》为统领，包括国有经济战略布局调整、以混改为核心的产权制度改革、以管资本为主的国有资产管理体制和现代公司治理结构 4 大块内容。《方案》是"1+N"体系中又一个具体的制度，以管资本为主改革国有资本授权经营体制，着力转变出资人代表机构职能，即国资委的职能从管企业向管资本为主转变。

2. 要加快改组组建国有资本投资运营公司

要继续深化国有资本授权经营体制改革，建立授权调整机制，探索将部分出资人的权力授予试点企业。要推动国有资本投资运营公司的组织构架、管控模式的改革，进一步打造市场化运作的专业平台，在国有经济战略性重组和布局结构的优化当中发挥更大的作用。

加快推进国有资本授权经营体制改革，是贯彻以管资本为主加强国有资产监管、转变出资人代表机构职能和履职方式、打造现代国有企业的重要举措。在 2019 年 4 月 29 日召开的国新办召开国务院政策例行吹风会上，国务院国资委副主任翁杰明将《方案》举措概括为五方面，即"一个明确""四个确保"：一是确定了权责边界，明确了"谁来授权、授权给谁"。明确了国资委、财政部或其他部门机构根据国务院委托作为授权主体，要依法科学界定职责定位，依据股权关系对国家出资企业开展授权放权。将依法应由企业自主经营决策的事项归位于企业，将延伸到子企业的管理事项原则上归位于一级企业。二是分类开展授权放权，确保"授得准"。对国有资本投资运营公司，在战略规划和主业管理、选人用人和股权激励、工资总额和重大财务事项等方面，一企一策有侧重、分先后地向符合条件的企业赋予更多自主权。三是加强企业行权能力建设，确保"接得住"。四是完善监督监管体系，确保"管得好"。健全并严格执行国有企业违规经营投资责任追究制度，"如果企业在重大投资项目上，由于程序不完整、尽调不深入等造成了失误，那决策者就要承担相应责任。"五是坚持和加强党的全面领导，确保"党建强"。

翁杰明表示，具体授权工作将秉承严谨务实的原则，不搞"一刀切"，不简单地设时间表，而是成熟一家、授权一家。出资人代表机构将更多实行清单管理"出资人代表机构代表国家，事先制定各种清单、列出各种规范。在清单之外，出资人代表机构不做干预；清单之内，也要尽可能减少事前审批、事前备案，切实给企业减负。"

3. 要积极推进混合所有制和股权多样化改革

对于国有资本投资运营公司的出资企业，对主业处于竞争领域的商业类企业，要鼓励加大混合所有制的改革力度，进一步扩大重点领域的混改试点，要以混促改，加快转换企业经营机制，特别是要在完善公司治理、市场化选人用人、加强激励有效性等方面取得实质性的进展。同时，也要进一步探索中央企业集团层面的股权多样化，要积极探索有别于国有独资企业的公司治理和监管模式。

发展混合所有制的主要目的是实现不同所有制资本间的共同发展和有效制衡，核心是国有企业经营机制的成功转换。总结相关混合所有制改革案例，破解改革实践中遇到的难题，为持续推进混合所有制改革相关工作，需要在工作实践中准确理解和重点把握以下 5 个方面的事项：体制方面，进一步加强混合所有制改革具体配套制度建设；决策机制方面，深入贯彻落实好"两个一以贯之"；激励机制方面，进一步采取措施调动经理人和业务骨干的积极性；利益分配方面，进一步兼顾国有资本和民营资本的利益；企业文化方面，进一步实现国有企业和民营企业管理优势的有效融合。[①]

经国务院国有企业改革领导小组会议审议同意，2017 年 11 月，国家发展改革委员会同财政部、国资委等 7 部门联合印发《关于深化混合所有制改革试点若干政策的意见》，聚焦试点过程中国有资产定价、员工持股等 10 项具体政策难点，提出了具体举措。为抓好落实，还印发了《落实〈关于深化混合所有制改革试点若干政策的意见〉工作方案》，进一步细化解决各政策难点的时间表、路线图，为深入推进混改试点提供持续有力的政策保障，通过聚焦问题、完善试点配套政策、以调促督抓好落实、加强试点统筹协调、

---

① 推进混合所有制改革的重点和方式 [N]. 学习时报，2019 年 5 月 30 日.

发挥典型案例示范效应等举措，大大推进重点领域混合所有制改革，取得了重要阶段性成效。①

在中央企业集团股权多元化方面，在 2018 年 3 月 10 日十三届全国人大一次会议记者发布会上，国资委表示，2017 年中央企业集团层面按照公司法注册完成了公司制改革，国务院国资委将在此基础上进一步推进集团的股权多元化，进一步深入推进混合所有制改革。

4. 要加快完善市场化经营机制

要深入推进中国特色现代国有企业制度的建设，把加强党的建设和完善公司治理统一起来，深化落实董事会职权，在授权、放权上取得看得见的进展。要开展三项制度改革的专项行动，推动完善市场化选人用人的激励约束机制，在更大范围、更大力度地推行经理层的任期制和契约化。加快建立职业经理人制度，要积极探索建立与市场接轨的经理层的激励制度，差异化的薪酬体系。

2016 年 10 月，习近平总书记在全国国有企业党的建设工作会议上指出，中国特色现代国有企业制度，"特"就特在把党的领导融入公司治理各环节，把企业党组织内嵌到公司治理结构之中，明确和落实党组织在公司法人治理结构中的法定地位，做到组织落实、干部到位、职责明确、监督严格。2018 年 10 月 10 日，国资委党委书记郝鹏在国务院国资委党委召开习近平总书记全国国有企业党的建设工作会议讲话时指出，要持续推动坚持党的领导与完善公司治理深度融合。努力实现党委（党组）把关定向与董事会科学决策有机统一，党的组织力与经理层的执行力有机统一，党组织协调各方监督力量与构建企业全方位、立体化监督格局有机统一，坚持党管干部原则与市场化选人用人机制有机统一，既充分发挥企业党委（党组）领导作用，也不要把党组织直接作为企业生产经营的决策和指挥中心，不断推动中国特色现代国有企业制度建设取得更大突破。

2019 年 1 月，国务院国资委制定印发了《中央企业工资总额管理办法》，提出了改革管理方式，完善了决定机制，赋予了企业更大自主权。国资委下一步将会贯彻落实好《中央企业工资总额管理办法》，积极构建与社会主义市场经济相适应的企业工资分配制度，强化正向激励，推动企业经济效益和劳动生产率提升的同时，实现职工收入同步增长。开展三项制度改革专项行动，推动企业真正实现能上能下、能进能出、能增能减。

国资委将积极酝酿建立职业经理人制度，积极探索建立与市场接轨的经理层激励制度、差异化薪酬体系，将在央企二级企业和地方国企扩大试点，逐步增加国企高管的市场化选聘比例。分析人士认为国有企业职业经理人制度建立的难点，是现有企业管理人员身份转换和定位的问题，重点是确保职业经理人制度长期有效运行的问题。目前要加

① 十项改革试点分析之部分重要领域混合所有制改革试点［R］. 国资报告杂志，2019 年 7 月 11 日.

快改革，突出市场导向，要逐步建立职业经理人制度，推进员工持股的试点，建立起国有企业经营管理人员激励约束长效机制，激发积极性。此外，改革的配套措施也要跟上，缩短政策落地期。

5. 要深入推进综合性改革，增强改革的系统性、整体性、协同性，形成政策合力和综合效应

要继续抓好"十项改革试点"，国企改革"双百行动"和"区域性国资国企综合改革的实验"三个示范工程，把十项改革试点所积累的经验更多用在面上改革上，有效综合利用现有的政策包和工具箱，打造改革尖兵，发挥示范作用，推动各项改革的持续深化，同时要积极推进东北地区综合改革试点，力争在增活力、提效率方面形成更多好的经验、做法，努力发挥国企改革在东北振兴中的龙头作用。

2019 年 7 月，国资报告杂志先后发布了兼并重组试点、国有资本投资运营公司试点、重点领域混合所有制改革试点、中央企业员工持股试点、剥离企业办社会职能和解决历史遗留问题试点等五个方面的分析报告。报告显示，在兼并重组试点工作中，国务院国资委按照"成熟一户、推进一户"的原则，从服务国家需要，顺应市场规律出发，实施了放管结合与人岗相应、聚焦实业主业与强化内外协同，党建领航铸魂与文化兼容并包等举措实施；在国有资本投资运营公司试点工作中，全面加强党对国有企业的领导，切实加强国有企业党的建设，积极推进综合改革，加大授权力度，优化监管方式，在管理体制、经营机制、运营模式等方面取得积极成效；在重点领域混合所有制改革试点工作中，国务院国有企业改革领导小组相关负责人多次主持召开混合所有制改革试点专题会议，听取试点工作进展情况，对做好混改试点工作提出明确要求，同时，研究制定了《部分重要领域混合所有制改革试点工作方案》，明确试点的目标、原则、任务、工作机制和进度安排，保障试点工作有力有序推进；在中央企业员工持股试点工作中，国资委严格按照《关于国有控股混合所有制企业开展员工持股试点的意见》规定，认真贯彻落实五大发展理念和供给侧结构性改革总体要求，严格条件，优选试点企业，加强指导，明确具体要求，落实责任，稳妥推进试点；在剥离企业办社会职能和解决历史遗留问题试点工作中，实施了加强组织与制度先行、加强督导与跟踪考核、以人为本与凝聚合力、因此施策与创新思路等多项举措。

翁杰明赴徐州召开外向型"双百企业"现场交流会时指出，国有企业特别是外向型国有企业要充分认识深化改革、实施国际化经营的重要意义，坚持创新驱动发展，坚持深化改革增强活力，坚持打造一流人才队伍，坚持加强党的领导、党的建设，以国际化经营推动综合改革、实现高质量发展的好经验、好做法，更好推动本企业综合性改革取得扎实成效，当好改革落实落地的先锋。要更加注重提升国际化经营能力和水平，充分利用好国内国际两个市场。要更加注重完善治理结构和管理体系，不断建立健全中国特色现代国有企业制度。要更加注重国际化人才队伍建设，培养高水平高质量的人才队伍。

要更加注重强化激励、激发活力，从更深层次激发各类人才干事创业的积极性和主动性。要更加注重加强党的领导、党的建设，确保正确的改革发展方向。

国新办就中央企业 2019 年上半年经济运行情况举行发布会。彭华岗在回答相关问题时作出上述表述。在推动混合所有制改革方面，"双百"企业目前有 113 家在本级企业开展混合所有制改革，引入非国有资本 5384 亿，有 3466 家子企业开展混改；在完善机制方面，现在有 80% 的"双百"企业领导班子薪酬拉开差距，最高最低相差 1.2 倍以上，超过一半"双百"企业在本级或者所属企业选聘 2700 名职业经理人；在加强董事会建设方面，特别是中央企业集团层面和地方国资委在落实董事会职权方面都有积极进展。

6. 要全面提升党建工作质量，坚决推动全面从严治党向纵深发展

持续加强政治建设，树牢"四个意识"，增强"四个自信"，坚决做到"两个维护"，勇于担当作为，坚决不折不扣贯彻落实习近平总书记重要指示批示和党中央决策部署；持续深入学习贯彻习近平新时代中国特色社会主义思想，按照党中央部署组织开展好"不忘初心、牢记使命"主题教育，切实做到学思用贯通、知信行合一；持续加强党对国有企业的全面领导，贯彻"两个一以贯之"要求，推动加强党的领导和完善公司治理有机统一，充分发挥党委（党组）把方向、管大局、保落实的领导作用；持续提升履职尽责的能力和水平，按照党中央提出的国有企业领导干部"20 字"标准，努力在"选育用管"上下功夫，加快培育高素质专业化干部队伍；持续打造坚强战斗堡垒，扎实开展好"中央企业基层党建推进年"专项行动，切实推动基层党组织全面进步、全面过硬；持续推进党风廉政建设和反腐败斗争，集中整治形式主义、官僚主义，严肃查处重点领域腐败问题，强化全面从严治党主体责任，全面巩固风清气正的政治生态，以高质量党建引领高质量发展，为国资国企改革发展提供坚强政治保证。

三、民营企业发展存在的问题与对策

自国家提出"两个毫不动摇"以来，国家对民营企业发展支持力度不断加大，民营经济取得了巨大进步，对国民经济发展做出的重要贡献。2018 年 11 月 1 日，习近平总书记在民营企业座谈会上指出，"改革开放 40 年来，我国民营经济从小到大、从弱到强，不断发展壮大。截至 2017 年底，我国民营企业数量超过 2700 万家，个体工商户超过 6500 万户，注册资本超过 165 万亿元。概括起来说，民营经济具有'五六七八九'的特征，即贡献了 50% 以上的税收，60% 以上的国内生产总值，70% 以上的技术创新成果，80% 以上的城镇劳动就业，90% 以上的企业数量。在世界 500 强企业中，我国民营企业由 2010 年的 1 家增加到 2018 年的 28 家。我国民营经济已经成为推动我国发展不可或缺的力量，成为创业就业的主要领域、技术创新的重要主体、国家税收的重要来源，为我国社会主义市场经济发展、政府职能转变、农村富余劳动力转移、国际市场开拓等发挥了

重要作用。"

但是，民营企业发展依然面临重重困难，使得民营企业发展受到极大束缚，特别是在 2018 年国内经济下行压力依然存在和国际投资贸易环境恶化的背景下，民营企业发展问题表现得更为突出。这其中既有外部发展环境问题，也有民营企业自身问题。

（一）民营企业外部发展环境问题

1. 税费负担重

民营企业税费负担主要表现为高增值税、高个人所得税和高社保费。据《民间投资与民营经济发展重要数据分析报告 2018》（下称《报告》）显示，2018 年 1-11 月，民营企业税收累计同比增长 17.6%，较 2017 年同期提高了 1.7 个百分点。这其中一个重要原因就是"营改增"。据《报告》显示，"营改增"后，民营企业增值税增加额比全部增值税增加额多 870.94 亿元。《2019 中国民营企业营商环境报告》显示，人力、社保、税收三项成本给民营企业家带来的负担最重，制约企业进一步发展的空间。①

2. 市场公平问题

2018 年 11 月 1 日，习近平总书记在民营企业座谈会上指出，要营造公平竞争环境，打破各种各样的"卷帘门""玻璃门""旋转门"。《21 世纪经济报道》针对这一问题采访了多名民营企业家。百步亭集团董事局主席茅永红表示，要把民营企业家的积极性调动起来，在中央出台相关政策的基础上，民营企业普遍关注创新民营企业发展理念、法律公正、资源平等等问题。一位西部民营企业家表示，一些粮食和工业原料的配额申领和分配上需要进一步改进。江苏一制造业民企总经理也对 21 世纪经济报道记者提到，公司在多个领域的产品创新、技术能力都十分有竞争力，但业务开展上多采取了与国企合作成立合资公司或分包其承接的业务，"主要业务都是我们做的，但主要是国企有这些业务的资质"。

3. 融资难、融资贵

2018 年 11 月 1 日，在习近平总书记主持的民营企业座谈会上，东软集团有限公司董事长刘积仁结合自身的发展提出了民营企业融资难的现实问题，他说，"我们医疗公司的分拆，由于国内资本市场政策面不支持，不得不选择更复杂、更长的路线去寻求海外上市"；"中国的资本市场应该成为中国科技企业的强大助力"。青岛大学党委书记、山东大学"区域金融改革与发展研究中心"主任胡金焱指出，一段时间以来，一些民营企业在经营发展中遇到了"融资的高山"，其成因是多方面的，其中，既有 2008 年国际金融危机的后续影响，也有我国经济加快转入高质量发展轨道产生的内在压力，还有金融体

---

① 大成企业研究院. 2018 年民间投资与民营经济发展重要数据分析报告 [R]. 社会科学文献出版社，2019，81-82.

系不完善等问题。中国社会科学院财经战略研究院院长何德旭通过调查研究发现，当前我国民营企业融资需求具有三个突出的结构性特征：一是流动性资金需求大于投资性资金需求；二是技术升级资金需求大于产能扩张资金需求；三是融资扩张需求强烈，但投资需求受到市场预期和企业成本偏高的抑制。①

4. 政府和国有企业欠债

时代集团公司总裁王小兰在 2018 年 11 月 1 日习近平总书记主持的民营企业座谈会上发言时反映金融市场环境趋紧、中小企业应收账款居高不下等问题，提到大企业拖欠中小企业货款现象；山东和同信息科技股份有限公司董事长耿哲也反映了大型国企和有关政府机构拖欠货款问题。习近平总书记回应说，"这个问题值得关注，政府机构和国有企业都不能打白条，店大欺客不行。这个事，有关部门要好好抓一下"。习总书记强调，"新的中小企业促进法规定，怎么落实怎么执行？今后清理'老赖'也要清理政府'老赖'"，根据八项规定"这些都属于违反规定的问题，政府'老赖'也得列入黑名单"。

(二) 民营企业自身问题

1. 民营企业等靠要心态日趋严重

一直以来，"等、靠、要"成为了国有企业发展不良标签，给民营企业参与市场竞争带来了极大的"心里不平衡"，于是，民营企业渐渐的开始攀比国有企业对国家政策、资金等方面的支持，也开始"等、靠、要"。但是十八届三中全会以来，国家全方位、多角度推行国有企业改革，努力使国有企业成为真正的市场主体，经过一段时间的改革，国有企业在运行机制上发生了巨大变化，不再向国家伸手要钱，而是向市场要效益；不再"等"国家的政策，而是主动采取资源整合的方式，该破的破，该缩的缩，该剥离的剥离；不在"靠"国家的救济，而是主动在市场中寻找合作伙伴，弥补企业运行的流动性不足问题。在这场国有企业的巨大变革中，一部分民营企业表现出了与国有企业完全相反的心态。面对企业经济效益下滑，民营企业并没有果断地采取破产等止损方式挽救企业，而是依然存在侥幸心理，希望政府能伸出援助之手，这种心态极大地限制了民营企业发展。

2. 民营市场主导意识不足

从理论上讲，民营企业是市场经济条件下自发形成的经济主体，它们对市场规律的敏感性应该超过国有企业。然而，在当前国际国内市场经济环境瞬息万变的情况下，有些民营企业跟不上节奏，很难适应市场的变化。有些民营企业家怨声载道，抱怨自身缺少技术、缺少资金很难适应市场节奏，并借此试图获得相关领域的支持。实际上，这样的民营企业作为市场主体是不合格的，按照市场经济规律，是应该被淘汰的。民营企业

---

① 人民日报：破解民营企业融资难融资贵问题. 人民日报，2018 年 12 月 09 日.

应该成为市场发展趋势的先驱者和主导者，而当前的情况是，一部分民营企业成为了跟随者，仅有少数民营企业在充当领跑者。民营企业家在企业成立之初便应该打消仅仅将企业作为赚钱工具的想法，民营企业家应该具有战略眼光、长远谋划，紧紧跟随世界经济形势和国内经济形势，与时俱进，提早做好自身用于科技创新的技术储备、人员储备和资金储备，在这方面做的比较好的当属华为企业，全国民营企业都应该像华为学习，不仅要学习他们的经营理念，还要学习他们的技术创新策略，更要学习他们对企业发展的长远规划。

3. 民营企业诚信问题

民营企业信用问题包括财务信用、市场信用、生产经营信用等多个方面。一些大型的民营企业在三大信用方面做得比较好，但是对于中小型民营企业则存在一定问题。有民营企业董事长表示，造成民营经济困难的重要原因是民企信用体系不健全、不完善。由于国内没有建立完善的信用体系予以规范和引导，使得不少经营者不讲信用，拖欠债务，恶意抢注商标，售假制假等，劣币驱逐良币。民企难以从银行金融系统获得支持也与此相关。

二、民营企业发展对策

（一）充分认识国际国内经济形势，发现有利条件，抓住发展机遇

在 2018 年 11 月 1 日习近平总书记主持的民营企业座谈会上分析和总结了当前民营企业面临的国际国内经济形势，指出，当前，我国经济运行总体平稳、稳中有进，主要指标保持在合理区间。同时，我国经济发展的不确定性明显上升，下行压力有所加大，企业经营困难增多。这些都是前进中必然遇到的问题。

面对困难挑战，我们要看到有利条件，增强对我国经济发展的必胜信心。一是我国拥有巨大的发展韧性、潜力和回旋余地，我国有 13 亿多人口的内需市场，正处于新型工业化、信息化、城镇化、农业现代化同步发展阶段，中等收入群体扩大孕育着大量消费升级需求，城乡区域发展不平衡蕴藏着可观发展空间。二是我国拥有较好的发展条件和物质基础，拥有全球最完整的产业体系和不断增强的科技创新能力，总储蓄率仍处于较高水平。三是我国人力资本丰富，有 9 亿多劳动力人口，其中超过 1.7 亿是受过高等教育或拥有专业技能的人才，每年毕业的大学生就有 800 多万，劳动力的比较优势仍然明显。四是我国国土面积辽阔，土地总量资源丰富，集约用地潜力巨大，也为经济发展提供了很好的空间支撑。五是综合各方面因素分析，我国经济发展健康稳定的基本面没有改变，支撑高质量发展的生产要素条件没有改变，长期稳中向好的总体势头没有改变，同主要经济体相比，我国经济增长仍居世界前列。六是我国拥有独特的制度优势，我们

有党的坚强领导，有集中力量办大事的政治优势，全面深化改革不断释放发展动力，宏观调控能力不断增强。

从外部环境看，世界经济整体呈现复苏回暖势头，和平与发展仍是时代潮流。今年前三季度我国进出口保持了稳定增长势头，同主要贸易伙伴进出口贸易总额均实现增长。随着共建"一带一路"扎实推进，我国同"一带一路"沿线国家的投资贸易合作加快推进，成为我们外部经济环境的新亮点。

总之，只要我们保持战略定力，坚持稳中求进工作总基调，以供给侧结构性改革为主线，全面深化改革开放，我国经济就一定能够加快转入高质量发展轨道，迎来更加光明的发展前景。

（二）民营企业发展的具体举措

在 2018 年 11 月 1 日习近平总书记主持的民营企业座谈会上强调，在我国经济发展进程中，我们要不断为民营经济营造更好发展环境，帮助民营经济解决发展中的困难，支持民营企业改革发展，变压力为动力，让民营经济创新源泉充分涌流，让民营经济创造活力充分迸发。为此，要抓好 6 个方面政策举措落实。

第一，减轻企业税费负担。要抓好供给侧结构性改革降成本行动各项工作，实质性降低企业负担。要加大减税力度。推进增值税等实质性减税，而且要简明易行好操作，增强企业获得感。对小微企业、科技型初创企业可以实施普惠性税收免除。要根据实际情况，降低社保缴费名义费率，稳定缴费方式，确保企业社保缴费实际负担有实质性下降。既要以最严格的标准防范逃避税，又要避免因为不当征税导致正常运行的企业停摆。要进一步清理、精简涉及民间投资管理的行政审批事项和涉企收费，规范中间环节、中介组织行为，减轻企业负担，加快推进涉企行政事业性收费零收费，降低企业成本。一些地方的好做法要加快在全国推广。

第二，解决民营企业融资难融资贵问题。要优先解决民营企业特别是中小企业融资难甚至融不到资问题，同时逐步降低融资成本。要改革和完善金融机构监管考核和内部激励机制，把银行业绩考核同支持民营经济发展挂钩，解决不敢贷、不愿贷的问题。要扩大金融市场准入，拓宽民营企业融资途径，发挥民营银行、小额贷款公司、风险投资、股权和债券等融资渠道作用。对有股权质押平仓风险的民营企业，有关方面和地方要抓紧研究采取特殊措施，帮助企业渡过难关，避免发生企业所有权转移等问题。对地方政府加以引导，对符合经济结构优化升级方向、有前景的民营企业进行必要财务救助。省级政府和计划单列市可以自筹资金组建政策性救助基金，综合运用多种手段，在严格防止违规举债、严格防范国有资产流失前提下，帮助区域内产业龙头、就业大户、战略新兴行业等关键重点民营企业纾困。要高度重视三角债问题，纠正一些政府部门、大企业利用优势地位以大欺小、拖欠民营企业款项的行为。

第三，营造公平竞争环境。要打破各种各样的"卷帘门""玻璃门""旋转门"，在市场准入、审批许可、经营运行、招投标、军民融合等方面，为民营企业打造公平竞争环境，给民营企业发展创造充足市场空间。要鼓励民营企业参与国有企业改革。要推进产业政策由差异化、选择性向普惠化、功能性转变，清理违反公平、开放、透明市场规则的政策文件，推进反垄断、反不正当竞争执法。

第四，完善政策执行方式。任何一项政策出台，不管初衷多么好，都要考虑可能产生的负面影响，考虑实际执行同政策初衷的差别，考虑同其他政策是不是有叠加效应，不断提高政策水平。各地区各部门要从实际出发，提高工作艺术和管理水平，加强政策协调性，细化、量化政策措施，制定相关配套举措，推动各项政策落地、落细、落实，让民营企业从政策中增强获得感。去产能、去杠杆要对各类所有制企业执行同样标准，不能戴着有色眼镜落实政策，不能不问青红皂白对民营企业断贷抽贷。要提高政府部门履职水平，按照国家宏观调控方向，在安监、环保等领域微观执法过程中避免简单化，坚持实事求是，一切从实际出发，执行政策不能搞"一刀切"。要结合改革督察工作，对中央全面深化改革委员会会议审议通过的产权保护、弘扬企业家精神、市场公平竞争审查等利好民营企业的改革方案专项督察，推动落实。

第五，构建亲清新型政商关系。各级党委和政府要把构建亲清新型政商关系的要求落到实处，把支持民营企业发展作为一项重要任务，花更多时间和精力关心民营企业发展、民营企业家成长，不能成为挂在嘴边的口号。领导干部同民营企业家打交道要守住底线、把好分寸，但并不意味着领导干部可以对民营企业家的正当要求置若罔闻，对他们的合法权益不予保护，而是要积极主动为民营企业服务。各相关部门和地方的主要负责同志要经常听取民营企业反映和诉求，特别是在民营企业遇到困难和问题情况下更要积极作为、靠前服务，帮助解决实际困难。对支持和引导国有企业、民营企业特别是中小企业克服困难、创新发展方面的工作情况，要纳入干部考核考察范围。人民团体、工商联等组织要深入民营企业了解情况，积极反映企业生产经营遇到的困难和问题，支持企业改革创新。要加强舆论引导，正确宣传党和国家大政方针，对一些错误说法要及时澄清。

第六，保护企业家人身和财产安全。稳定预期，弘扬企业家精神，安全是基本保障。我们加大反腐败斗争力度，是落实党要管党、全面从严治党的要求，是为了惩治党内腐败分子，构建良好政治生态，坚决反对和纠正以权谋私、钱权交易、贪污贿赂、吃拿卡要、欺压百姓等违纪违法行为。这有利于为民营经济发展创造健康环境。纪检监察机关在履行职责过程中，有时需要企业经营者协助调查，这种情况下，要查清问题，也要保障其合法的人身和财产权益，保障企业合法经营。对一些民营企业历史上曾经有过的一些不规范行为，要以发展的眼光看问题，按照罪刑法定、疑罪从无的原则处理，让企业家卸下思想包袱，轻装前进。

分报告

Ⅱ

机制革命是推开国企改革的最后一扇门

改革开放四十年，国资国企改革不断深化，特别是党的十八大以来，国资国企改革在理论和实践层面都取得了丰硕成果。顶层设计基本完成、改革试点取得经验、中国特色现代企业制度基本建立，当前的改革还面临最后一道藩篱—机制革命。建立企业效益和经营者、劳动者利益之间的正相关关系，打造企业与员工利益共享的平台，将是推开国企改革的最后一扇门。

一、国企改革要做好体制、制度、机制三件事

（一）国有企业改革的关键问题

2012 年，党的十八大对深化国有企业改革作出重大部署，国企改革进入新阶段，2020 年是完成阶段目标的关键节点，目前顶层设计已经基本完成，到了最后冲刺阶段。新一轮国企改革不同以往之处在于，更加注重改革的系统性、整体性和协同性，是将顶层设计与试点先行相结合的，中国建材集团承担了国资委国有资本投资公司、央企兼并重组、发展混合所有制经济、落实董事会职权、员工持股五项试点任务，四家子企业入选"双百行动"，两家入选发改委混改试点。集团试点中总结提炼了经验做法，也为改革提供了可供借鉴参考的案例。

重新梳理和思考国企改革，国企改革的目的是适应社会主义经济体制的市场化，方向是市场化改革，主要解决国企的效率问题。我国是社会主义国家，基本经济制度是公有制为主体，多种所有制共同发展，是"两个毫不动摇"。如何以公有制为主体、把公有制和多种所有制共同发展的基本经济制度跟市场接轨，探索国有经济和市场结合的有效方式，就是改革的出发点和难点所在。

十八大以来，在理论和实践上都进行了大量的探索，基本解决了这个难题，就是做好国企改革的三件事：体制、制度、机制。体制就是国有经济、国有资本、国有企业之间的关系和方式，如何让国有企业成为市场竞争主体，现在已经明确了国资委管资本，

国家出资企业管理股权，被投资企业开展市场化运营，从而建立起三层国资监管体制，这就解决了过去"政企不分"等问题。制度就是国企运作的方式，就是所有者、经营者、决策者、执行者之间的关系，就是建设中国特色现代企业制度。机制就是企业效益和经营者、劳动者利益之间的关系。

（二）建立三层国资监管体制

国有资本和市场经济到底怎么接轨，这是个世界性的难题。国是社会主义国家，我国的基本经济制度是以公有制为主体，多种经济共同发展，要坚持"两个毫不动摇"，不仅不能把国企私有化，还要理直气壮做强、做优、做大国有资本。那么在市场经济情况下，国有经济怎么和市场对接呢？这是个体制问题。党的十八届三中全会，提出了国资监管从管人、管事、管资产转变到以管资本为主，这是非常重大的一个改变。党的十九大进一步提出国资改革的"一项措施、四个目标"，其中的一项措施就是"改革国有资本授权经营体制"。2019 年国务院和国资委分别出台的《方案》和《授权清单》非常好，是国资国企改革指导思想上最深刻的变革。

国资委要实现以管资本为主，关键是转变职能、简政放权，国资委授权放权的对象就是国有资本投资、运营公司，国资委管投资、运营公司，实行清单管理，而不是泛泛地管生产企业的经营管理工作。改组组建国有资本投资、运营公司后，就形成了三层管理模式，国资委就可以归位于国有资本出资人代表位置上来，构建"国资委—国有资本投资、运营公司—产业平台"的三层管理模式：

第一层：国资委作为出资人对国有资本投资、运营公司等授权放权。通过管好投资、运营公司实现管资本为主，用资本运营的方式发展国有经济，优化国有资本战略布局，促进国有资本流动增值。

第二层：国资委授权给国有资本投资、运营公司。国有资本投资、运营公司是国家出资企业，是由受国家委托的机构直接管理的企业，就是中央管理的公司。既有国资委管理的，也有非国资委管理的金融、文化企业等。作为国家出资企业，按照《公司法》，由董事会来进行投资管理、资本运作、股权管理等，从资本收益、战略发展等角度出发，作为专业化的淡马锡，投资到产业平台，产业平台可以是独资公司，也可以是混合所有制企业（包括上市公司）。

第三层：投资公司出资的产业平台里的国家资本都是以股权形式存在，这些公司完全按照市场化规则和现代公司治理要求进行管理，可以引入职业经理人制度，在薪酬福利和激励机制等方面与市场完全接轨，是真正的市场主体。

三层管理结构模式顺理成章，让国企走通了改革之路，成为真正的市场主体。

（三）管资本要管住更要管好

对于国有资本的出资人来讲，首先要做到出资人到位。过去国有企业经历过"九龙治水"，很多部委都在管、也都不管，直到成立了国资委，有了履行国有资本出资人职责的机构，是国有出资人代表，对国有资产进入集中统一监管。那个时候，围绕着究竟该怎么管的问题，采取的是管人、管事、管资产相结合的方式，既当"婆婆"，又当"老板"。现在提出了以管资本为主，改革国有资本授权经营体制，国资委回归到国有资本出资人代表的职责上来，管好资本，管人、管事更多地交给董事会。

国资委"以管资本为主"，主要解决两个问题：

第一个是管好国有资本的布局和结构调整，使得国有资本能够做强、做优、做大，能够解决国家急需要的问题，突破"卡脖子"技术，把国有资本更多投入关系国计民生的领域，这是国有资本非常重要的功能。

第二个是要把握管住和管好的平衡，这是管理的艺术。"以管资本为主"不能简单理解成"以监督为主"。关于国有资产的监督管理，常常被简称为"监管"，"监管"往往给人的直接感觉就是"要监控、要管住"，或者"被监控、被管住"。监督管理不应只有这种"监管"含义，而应该是监督和管理两个含义。监督的同时更要注重管理，而管理又不是一味地要管住、管死，而是要管好。管好就要立足于把国有资本做强、做优、发展壮大。常用的"对国有资产的监管"还有含有"发展壮大国有资本"这一更重要的含义和目标。

做企业始终面临着促进发展与防范风险的两难。如果过于强调发展，就可能会出大风险。如果过于强调风险，公司就会止步不前，所以既要立足于发展又要防范风险。在授权、放权的过程中高度重视加强监管、风险防控，非常必要，上一轮改革中也有很多惨痛的教训。国资委作为国有资本的出资人代表，最应该关心的还是促进经济和企业的发展，保障国有经济的壮大。加强监管不应该片面强调监督功能，而应该同时把重点和主要精力放在国有资产保值、增值和发展上来。如果只强调监督、追责，可能会使很多人怕追责而不担当，不作为，那企业的经营发展就会停滞不前。在企业董事会里，赞成一个错误的决定和否决一个正确的决定，同样负有责任。否决一个正确的决定可能责任更大，因为企业错失了长远发展的机会。

（四）健全中国特色现代企业制度

现代企业制度不是一个新概念。1994年搞现代企业制度试点时，就提出了"产权清晰、权责明确、政企分开、管理科学"的十六字方针。经过这些年的发展，国有企业的现代企业制度已经基本建立起来了，董事会、监事会、经理层等运行得很好，都比较完备了，尤其是国资委主导建设的外部董事占多数的董事会，对央企的发展发挥了重要作用。不仅在合规经营上起到了重要作用，而且有效防范了风险。

党的十八大以后，更加强调中国特色现代企业制度，"特"就特在把党的领导融入公司治理各环节，把党组织内嵌到公司治理结构之中。进一步对党组织、股东会、董事会、监事会、经理层等各治理主体的权利、义务和责任进行清楚的界定，保证企业中各层级的权责明确。党组织是领导作用，把方向、管大局、保落实；董事会是决策作用，依法行使重大决策、选人用人、薪酬分配等权力；监事会是监督作用，围绕重大事项和关键环节强化当期和事中监督；经理层是经营管理作用，行使经营自主权。这几年开展了党建进章程、党委决策前置等等，也做得非常好。

建设中国特色现代企业制度要做到两个"一以贯之"，坚持党对国有企业的领导一以贯之，建立现代企业制度一以贯之。加强党的全面领导，但同时要继续完善公司治理，两件事之间要掌握好平衡，不能偏废。现在面临的问题是，应该按照公司法的要求，把董事会的权力真正落实到位，比如战略决策、选人用人、运营管理等等，这是非常重要的。最近国资委印发了《授权清单》，加大对企业授权放权的力度，又迈进了一大步，有助于进一步健全现代企业制度，让企业真正成为市场竞争的主体。

二、机制革命是国企改革的最后一扇门

（一）要让人力资本参与财富分配

当前改革中最欠缺的是机制改革，最关键的也是机制改革。2018 年 10 月份召开的国有企业改革座谈会上，刘鹤同志强调激发微观主体活力，就是要加强正向激励，健全激励机制。会议提出的"伤其九指不如断其一指"，"断其一指"指的就是机制。

回想四十年前改革开放初期，当时的机制要解决的是平均主义"大锅饭"，那时的机制改革是"劳动、分配、人事"三项制度，现在的机制革命和当初提出的不同，当时的三项制度改革可以叫"老三样"，主要是解决"干多干少一个样、干和不干一个样"的问题，能够奖勤罚懒，提高效率。现在的环境发生了很大变化，主要面临两个大问题：一是进入了科技时代，人力资本在科技时代越来越重要了，更多的不是依靠土地、厂房和机器，而是依靠人的能力、经验和智慧。二是财富的分配上两极分化更加严重，国家应该打造更庞大的中产阶层，企业是打造中产阶层的一个平台。现在提出共享机制，是让人力资本在一定程度上能够参与的财富分配。

面临新任务、新问题，要通过机制革命解决改革发展的动力问题，解决分配上的公平问题，所以要做"新三样"。新三样指的是"员工持股、管理层股票计划、科技企业分红和超额利润分红"，这是围绕人力资本，在财富分配上解决问题，而不是过去从劳动成本上考虑，这是根本的区别。

一是员工持股。中国建材集团所属合肥水泥院做得很好，合肥院所属有多家员工持股公司，都是院里持股70%，员工持股30%，每年都能有几个亿的净利润。合肥院原来在水泥行业是个小院，比他大的几家院所，有的上市了、混合了，但是没有合肥院做得好。这就说明，机制改革对企业发展是非常重要的。

二是上市公司股票计划。包括股票增值权、限制性股票和股票期权，中国建材香港上市公司很多年前做过增值权，做增值权就是要让经理层的利益和股票价格之间有正相关关系。路演的时候投资人都会问，对经理层有没有激励机制。

三是超额利润分红。中国建材所属中联水泥2018年做了超额利润分红，就是制定利润指标，超额部分提取15%，按照"118"进行分配，一把手、主要负责人10%、班子其他成员10%、员工80%。班子成员基本上都是一正两副。中联水泥2018年的利润大幅提升，2019年上半年净利润增长了150%。

"机制革命"为什么要用"革命"这个词？为什么不叫机制改革？机制层面的改革难度很大，要承认人力资本是资本，要让人力资本参与分配，这就是一场思想上的革命。过去，普遍认为企业是所有者的，认为资本只有实物形态，也就是现金、厂房、土地、机器等这些，现在认识到劳动者也是资本，这是一个重大的转变。

现在应该同意让劳动者分一块利润，也就是分一块财富，只有这样才能回答今天的社会问题。在民营企业，特别是民营高科技企业里，人力资本很多都参与了分配，给了骨干员工很多期股、期权等等。但是在国有企业里，因为非常忌讳国有资产流失，所以一直比较谨慎。由于国有企业没有做这些事情，带来两个问题，一是优秀的科技人员和管理人才大量的流失；第二个就是创新能力不强，深层次的原因是激励机制有问题。

（二）国有企业也可以有好机制

我曾在中国建材的子企业北新建材工作了23年，其中1993至2002年做了十年企业负责人。刚当厂长时，觉得厂里的工人总是精神懈怠，不好好干活。大家的回答很简单，企业好多年没涨过工资了，好多年没分过房子了。我说，工资和房子都在大家手里，企业多做一点，创造点利润，这些都不是问题。我还挂了两个气球在厂区，飘带上面写着"工资年年涨，房子年年盖"。后来职工的热情像火山一样迸发出来了，企业迅速扭亏为盈，改制上市而且发展成全球最大的新型建材公司。

今天回忆起来，我当时在北新建材讲的"工资年年涨，房子年年盖"，就是机制，企业发展是因为机制起了作用。什么叫机制？企业的效益和员工的利益之间有没有关系，如果有关系就叫有机制，如果没关系就没机制。北新那十年反败为胜，就是因为有了机制。没有机制，神仙也做不好企业；有了机制，做企业不需要神仙。正是有了北新建材的经历和体会，我才对机制的问题认识得比较深刻。

2018年我访问华为，跟任正非有过长谈。华为是家民营企业，但任正非的机制非常好。华为靠的是企业家精神加机制，企业家就是任正非，加上"财散人聚"的机制，把财富更多地分给干部和员工，从而增加了企业的凝聚力。不少人因华为没上市而误以为华为是任正非的家族公司，事实上，任正非在华为只有 1.01% 的股权，华为的工会股份持有公司 98.99% 股权，华为是近乎全员持股的公司，但它把股权和能力、贡献和年功很好地结合起来，增强了企业的向心力和凝聚力，提高了企业的创新力和竞争力。

2018 年拜访山东万华，用了半天时间调研。2018 年 6 月 13 日习近平总书记到万华视察，讲了一段特别精彩也特别精辟的话，"谁说国企搞不好？要搞好就一定要改革，抱残守缺不行，改革能成功，就能变成现代企业。"这段话虽然不长，但是醍醐灌顶，非常精辟。第一是国企一定能搞好，回答了社会上关于国企搞不搞得好的争论，因为这是个世界难题，很多西方国家都没搞好。第二是要搞好就一定要改革，不改革搞不好，回答了要搞好的方法问题。第三抱残守缺不行，抱残守缺指的是什么？就是现在那些条条框框，那些不愿意改革的顾虑，那些落后的观念，就是残和缺，抱残守缺做不好。最后一点，改革搞好了就能够成为现代企业，他讲的现代企业并不只是现代企业制度，而是世界一流企业。万华 2018 年有 640 亿元的销售收入，有 160 亿元的利润，应该说做得非常好，是个世界一流的企业。

从这两家公司会得出什么样的结论呢？民营企业华为靠机制能做好，国有企业万华，靠机制也能做好。机制并不只是民营企业才有，国有企业也可以有同样的机制，取决于所有者是否有开明的态度，取决于如何理解和看待机制。有了好的体制和制度，为机制改革铺平了道路，但是有没有机制，还取决于所有者和管理者要不要这样做。有好的体制和制度不见得一定会有好的机制。民营企业不见得都有好的机制，像华为这样的机制也并不是很多；国有企业也不见得没有好的机制，像万华就有好的机制。万华的快速发展证明，现在国有企业在体制和制度上的改革已经初见成效了，现在要集中精力要把机制这一关过去，这是国企改革的最后一扇门，必须把它打开。

（三）机制就是要让职工群众有希望、有奔头

2002 年，我出任中国建材集团一把手的时候，这家企业只有 20 亿元的收入，而且资不抵债，2018 年营业收入接近 3500 亿元，利润总额 207 亿元。在国资委经营业绩考核中，获得 2018 年度、2016-2018 年任期经营业绩双 A 级，和任期"业绩优秀、技术创新突出贡献、节能减排突出贡献"三项奖励。回顾这些年，中国建材做了一件比较重要的改革，就是发展混合所有制。中国建材用 25% 的国有资本吸引了 75% 的社会资本进行发展，撬动了 6000 亿元的总资产，形成了今天这家全球规模最大、综合实力领先的建材企业。连续第 9 年入围世界 500 强，2019 年又向前迈进了 40 位上升到 203 位，现在中国建材在五家建材行业世界 500 强企业中排在第一位，在资产总额、营业收入、息税前利润等指标上名列前茅。2019 年上半年，中国建材的各项指标也不错，营业收入增长 15%，

利润总额增长 40%，净利润增长 49%，经营活动现金流增长 40%；资产负债率、应收账款和存货均有所下降，"该升的升上去，该降的降下来"。

过去这些年发展的动力来自于混合所有制改革，今天中国建材还想继续发展，还想在科技创新上保持领先、在核心竞争力上有所建树的话，就必须进行机制上的改革，也就是要进行第二步改革。过去的混合所有制解决了体制和制度上的问题，但在今天只有在机制上进行改革，才能适应高质量发展阶段的新要求，才能吸引和留住优秀的人才，才能有更好、更多的创新成果，才能不断提升核心竞争力。要建设世界一流企业，需要一流的人才，吸引人才、激发活力需要有好的机制。相反，失去了人才，失去了人力资本，企业就会失去了竞争力。

现在，优秀人才的流失对企业影响很大。记得前几年，中国建材的一位非常优秀的财务专业的中层干部，离职了。他走的时候给我发了一条微信。他说，"我非常热爱中国建材集团，但我有两个小孩，现在公司的薪酬养不了家。我知道公司不可能单独照顾我一个人，民营企业给我三倍于集团的工资。由于家里的情况，我考虑再三，决定离开。希望您能理解和原谅。"我看完这条微信很感伤，这是他的心里话。今天这个问题已经很严峻了，如果没有很好的机制的话，高端人才、科技人才会不断流失。

企业要给为企业辛勤工作的员工未来生活的保障，尤其是现在房子这么贵，靠普通的工资几乎买不起房子了。必须回答的问题是，这些年轻的大学生来到企业，通过他们的努力，未来能不能买得起一套普通的小房子。在今天这种情况下，怎么才能让员工有房子住？怎么才能让年轻人感到有未来、有希望、有奔头。要让他们觉得，只要在企业里努力奋斗，一切都会有的。只有进行机制革命，让大家能在企业创造的财富里得到他们应得的待遇。这一份东西并不是国有资产流失，是属于劳动者的。只有这样才能解决这个问题。

三、让企业成为所有者、经营者和劳动者的共享平台

（一）好的机制才能做强做优做大国有资本

企业如果只为所有者创造财富，而没有照顾到劳动者，这是不对的。开展机制革命，要让企业成为财富共享的平台。有人会说，为什么要共享？是不是搞大锅饭？国有企业经过大锅饭、平均主义的时代，也经历过效率时代，多劳多得，让一部分人先富起来，先富带后富。现在已经进入科技时代，中国进入中等收入国家行列，应该说社会普遍的富足了。在这种情况下，在考虑企业分配的时候，既要照顾到所有者，也要照顾到经营者和劳动者。"资本+经营者+劳动者"是企业机制的基础，是做企业的"三宝"。企业财富既离不开资本的投入，也离不开经营者的努力、员工的创造，从某种程度上，甚至可

以说，企业的所有的财富都是员工创造的。所以在企业进行财富分配的时候，要在三者之间进行平衡，既要考虑到所有者，让所有者获得远高于社会平均利润的回报，所有者才会增加投资，扩大再生产。第二要奖励优秀的经营者，让他们尽心尽力做好经营，把握市场机遇，做出正确决策，把企业经营好，要给他们一些激励。同时要考虑到广大的职工群众，企业的财富都是他们的劳动创造的。这三者之间要真的达到很好的平衡，就是要有共享机制。

今天，所有者要学会分享，已经成为金融、高科技、咨询等诸多行业的共识。清代的晋商很早就明白分享制的好处，他们的做法是赚的钱归东家一份，掌柜和账房先生一份，伙计一份，各占三分之一。那个时候就知道，财富不应该只给东家，也应该给掌柜的，也就是经营者，也应该给伙计们，这样企业就比较和谐，也符合事物本身的规律。现在常讲社会主义的共同理想基石，其实就是共享，最终实现共同富裕，而不是说只让个别人富，一部分人先富起来是有当时的时代背景的，现在到了追求共同富裕的时候了。而且让广大职工分享财富，是国际一流的跨国公司通常的做法。很多跨国公司都有分红制度，到下半年的时候，经理都能根据公司的效益，算清楚每个人拿到多少钱。

举一个不太准确但容易理解的例子，就是土地所有者和长工的关系，一种是土地所有者给长工工钱，打的粮食都归土地所有者，还有一种，土地所有者收一定的租子，佃农多劳多得，这个叫分成制度。以上这两种方法操作都比较简单。机制革命是第三种分配方法，就是经营者和员工有固定的收入，同时分享一些多创造的财富，这应是一种混合分配方式，对双方都比较安全。超额的利润国家还拿大头，让员工拿一部分，也就是超额利润分红。现在中国建材就在这么做，效果非常的好。超额利润激发了职工的活力，企业里如果采购的东西贵了，大家会有意见；如果有人干活不精细，跑冒滴漏、不节约，大家会有意见；如果把东西很便宜的卖掉，大家也会有意见，因为影响了大家的收入。

过去，常认为财富是一个常量，你分了我就少了，但是今天必须把财富变成一个增量，你分得多我就会更多。共享不是简单的分饼，而是把饼烙大，让大家都受益，这就是共享的意义。只有把机器、厂房等有形资本和人力资本很好地结合起来，才能发挥干部、技术人员、员工骨干的积极性，企业才会有效益，国有资产才能保值增值，才能做强做优做大国有资本。

（二）企业不发展才是最大的国有资产流失

一提到共享或激励，有人就会想到国有资产流失。国有资产流失确实是改革者最最关注的事情。目前国有资产流失，变成了一顶帽子，把它宽泛化或者扩大化了，影响了国企改革的进展。只要按照习近平总书记所讲的"三个有利于"：有利于国有资本保值增值，有利于提高国有经济竞争力，有利于放大国有资本功能，那么这些改革就是对的。

企业不发展是最大的风险，是最大的国有资产流失。国有资产的流失，可以从两个维度去看。从静态看，由于寻租和损公肥私造成的国有资产损失是一种国有资产的流失；从动态看，国有资产不发展，或者是低于社会平均发展水平，应该说也是国有资产的一种流失。所以要把做强、做优、做大国有资本、实现国有资产保值增值作为国资监管的主要目标。

机制革命就是让劳动者参与财富的分配，而所有者得到的更多，这不叫国有资产流失。如果企业没有机制，最后员工没有积极性，企业成了一堆废铜烂铁交给国家，那才是国有资产流失。有人说，"新三样"、共享机制，把该给国家的都让个人拿走了。其实没有，共享的都是超额的部分，个人想拿的多，国家就拿的更多。机制革命，不是说今天要革哪个人的命，而是在思想深处彻底地转变观念，这就像一场革命。在国有企业，一提员工分红就和国有资产流失联系起来，归根结底是没有确立人力资本的概念。机制革命的核心是承认人力资本的存在，让人力资本和金融资本共同参与分配，要共享企业创造的财富，打造庞大的中产阶层，让社会更加公平、更加和谐。

2019 国资国企改革发展报告

2019 年是新中国成立 70 周年，是全面建成小康社会、实现第一个百年奋斗目标的关键之年，也是国资国企改革持续向纵深推进的深化期、攻坚年。2019 年国有资产管理体制方面继续突出国有资产以"管资本"为主的监管重点，继续推进国有资本投资、运营公司改革试点的落地；继续推进混合所有制和股权多样化改革；市场化经营机制方面继续推进职业经理人制度、分类考核指标、员工持股激励等事关人事、劳动、分配三项制度的改革；加大僵尸企业的退出力度；深化重点领域改革。在此基础上进一步深入推进综合性改革，增强改革的系统性、整体性、协同性，形成政策合力和综合效应。

2019 年国资国企改革主要体现在：加强和完善国有资产监管、积极稳妥推进混合所有制改革、完善公司治理结构、依法处置"僵尸企业"、深化自然垄断行业领域改革、加强国有企业党建工作等六个方面。坚持稳中求进工作总基调，坚持新发展理念，坚持推动高质量发展，坚持以供给侧结构性改革为主线，坚持深化市场化改革、扩大高水平开放，着力激发微观主体活力，创新和完善宏观调控，统筹推进稳增长、促改革、调结构、惠民生、防风险工作。保持经济持续健康发展和社会大局稳定，为全面建成小康社会收官打下决定性基础。

一、完善国有资产监管，促进国有资产保值增值

（一）完善国有资本授权经营体制

2019 年政府工作报告明确要求，加快国资国企改革，加强和完善国有资产监管，推进国有资本投资、运营公司改革试点，促进国有资产保值增值。完善国有资本授权经营体制，是以管资本为主加强国有资产监管改革的重要实施路径。十八届三中全会提出改革国有资本授权经营体制的改革任务，明确指出"组建若干国有资本运营公司，支持有条件的国有企业改组为国有资本投资公司。"特别是 2018 年国资国企改革在"1+N"政策体系搭建完成、十项改革试点多点开花、国有资本授权经营机制取得重大突破等基础

上，直面"两类公司"试点扩围、处僵治困攻坚收尾、"双百行动"综合改革等多项重任。

（二）优化国资监管职能和方式

《关于改革和完善国有资产管理体制的若干意见》（国发〔2015〕63号）提出要推进国有资产监管机构职能、国有资本授权经营体制改革，提高国有资本配置和运营效率。界定国有资产出资人监管边界，不干预企业自主经营权，以管资本为主加强国有资产监管，授权国有资本投资、运营公司等投资计划、部分产权管理和重大事项决策等权利。《国务院国资委以管资本为主推进职能转变方案》（国办发〔2017〕38号）明确了国有资产以"管资本"为主的监管重点，提出精简43项国资监管事项。该管的要科学管理，决不缺位；不该管的要依法放权，决不越位，将依法应由企业自主经营决策的事项归位于企业，将延伸到子企业的管理事项原则上归位于一级企业，将配合承担的公共管理职能归位于相关政府部门和单位。制定中央企业投资负面清单，管好投资方向，开展投资项目第三方评估，落实国有资产保值增值责任。牵头改组组建国有资本投资、运营公司，设立国企结构调整基金、国有资本风险投资基金等相关投资基金，激励约束方面业绩考核与薪酬分配协同联动，外派监事会监督防范国有资产流失。

2019年4月19日，国务院印发《改革国有资本授权经营体制方案》（国发〔2019〕9号）明确提出分类开展授权放权等改革要求。习近平总书记强调，国有企业要加大授权放权，激发微观主体活力。国务院国资委印发了《国务院国资委授权放权清单（2019年版）》（以下简称《清单》）。制定《清单》是贯彻落实总书记重要讲话精神、深入推进国有资本授权经营体制改革、完善国有资产管理体制的重要举措，也是落实由管企业向管资本转变、依法确立国有企业市场主体地位的具体要求。

国资委坚持"刀刃向内"、自我革命，按照精细严谨、稳妥推进的工作要求，将激发微观主体活力与管住管好国有资本有机结合，最大程度调动和激发企业的积极性，重点选取了5大类、35项授权放权事项列入《清单》，包括规划投资与主业管理（8项）；产权管理（12项）；选人用人（2项）；企业负责人薪酬管理、工资总额管理与中长期激励（10项）；重大财务事项管理（3项）等。与以往工作相比，2019年出台的授权放权清单主要亮点可以概括为"3个更加"：

一是更加明确相关条件和程序，确保授权放权落实落地。《清单》的每项授权都务求条件明确、程序细化、权责清晰，确保授权放权在实际工作中能够操作，切实把授权放权真正落下去。比如，《清单》全面取消了事前备案的程序，要求在实践过程中，除干部管理外，不能再有"事前备案""事前沟通一致""备案同意后实施"的情形。

二是更加聚焦企业的重点关切，确保授权放权激发活力。对于具体授权放权事项，我们事先广泛听取了企业意见，确保我们《清单》能够直接回应企业的诉求，增强企业的获得感，进一步激发微观主体活力和内生动力。需要说明的是，一些权利事项虽在其他文件中已有体现，但《清单》作了强化，有的在授权对象上进行了拓展，有的在程序方面予以细化，有的体现了鲜明的支持态度，便于企业落实。

三是更加强化分类授权，确保授权放权精准到位。《清单》提出的授权放权事项，并不是"一揽子""一刀切"地直接授予各中央企业，而是根据各中央企业的功能定位、发展阶段、行业特点等实际，将授权事项分为 4 种类型，包括适用于各中央企业的授权放权事项 21 项；适用于各类综合改革试点企业（含国有资本投资运营公司试点、创建世界一流示范企业、东北地区中央企业综合改革试点、落实董事会职权试点企业等）的授权放权事项 4 项；适用于国有资本投资、运营公司试点企业的授权放权事项 6 项；适用于少数特定企业的授权放权事项 4 项。

（三）推进国有资本投资运营公司改革试点

改组组建国有资本投资、运营公司（"两类公司"），是国企改革的重要举措，也是改革国有资本授权经营体制的重要内容。当前"两类公司"试点正持续向纵深推进。《国务院关于推进国有资本投资、运营公司改革试点的实施意见》（国发〔2018〕23 号）提出试点目标是通过改组组建国有资本投资、运营公司，构建国有资本投资、运营主体，改革国有资本授权经营体制，完善国有资产管理体制，实现国有资本所有权与企业经营权分离，实行国有资本市场化运作。制定国有资本投资负面清单，清理推出一批、重组整合一批、创新发展一批国有企业。

截止到 2019 年 10 月，中央企业层面国资委分 3 批在 21 家企业开展了"两类公司"试点，其中 2014 年第一批试点 2 家（中粮、国投），2016 年第二批试点 8 家（神华、宝武钢、五矿、招商、中交、保利、诚通、国新），2018 年底试点企业又增加了 11 家（国电投、国机集团、中国铝业、远洋海运、通用集团、中国建材、中广核、新兴际华、南光集团、中航工业、华润集团）；全国 30 个省级国资监管部门已改组组建"两类公司"76 家。试点企业在授权放权、组织架构、运营模式、经营机制等方面进行了探索，积累了经验。

作为国资监管体制不断完善的重要内容，经营性国有资产集中统一监管积极稳妥推进。目前中央层面选取了 6 家中央党政机关和事业单位开展试点，省级国资委监管经营性国有资产比例超过 90%，有 16 个地方超过了 95%。

（四）持续深化供给侧结构性改革

中央企业持续深化供给侧结构性改革，把压缩管理层级、减少法人户数（"压减"），去产能、降杠杆、减负债等任务与国资国企各项改革协同推进，更加聚焦主业实业、持续"瘦身健体"。截止到 2019 年 10 月，中央企业已累计减少存量法人户数超过

1.4 万户，减少比例达 26.9%，失企管理层级全部控制在 5 级（含）以内；已累计完成 1957 户"僵尸企业"处置和特困企业治理的主体任务，总体工作进展达 95.9%。

目前，全国国企办消防机构分类处理已全面完成，职工家属区"三供一业"（供水、供电、供热及物业管理）基本完成分离移交的占任务总量的 95.2%，为实现 2020 年前基本完成剥离国有企业办社会职能和解决历史遗留问题打下了坚实基础。国资委下一步将继续推动中央企业抓好"压减"等相关工作，不断深化供给侧结构性改革，持续优化资源配置，提升精细化管理水平，夯实央企高质量发展基础。

二、积极推进混合所有制改革，提高资本运用效率

（一）国资委出台《中央企业混合所有制改革操作指引》

党的十九届四中全会决定提出，"发展混合所有制经济，增强国有经济竞争力、创新力、控制力、影响力、抗风险能力"。为进一步贯彻落实党中央、国务院关于发展混合所有制经济的决策部署，积极稳妥有序推进中央企业混合所有制改革，在系统梳理混合所有制改革涉及的相关法律法规和支持政策，总结中央企业混合所有制改革工作的基础上，2019 年 11 月国务院国资委印发《中央企业混合所有制改革操作指引》（国资产权〔2019〕653 号，以下简称《操作指引》）。《操作指引》重点聚焦以下三个方面：

1. 规范混合所有制改革操作流程

中央企业混合所有制改革一般应履行可行性研究、制定混合所有制改革方案、履行决策审批程序、开展审计评估、引进非公资本投资者、推进企业运营机制改革等基本流程。

2. 明确通过市场化方式推进混合所有制改革

中央企业"混资本"环节要充分发挥市场在资源配置中的决定性作用，通过产权市场、股票市场等平台公开、公平、公正进行。"混资本"过程中资产审计评估、进场交易、上市公司资本运作要严格履行相关工作程序，切实防止国有资产流失。

3. 推动混改企业切实转变运营机制

包括完善公司法人治理结构和管控方式、深化三项制度改革、灵活用好多种激励约束机制和加强党的建设，明确相关工作的重点内容、有关规定和指导原则。

《操作指引》的出台，为中央企业开展混合所有制改革提供了系统的操作指南，有利于中央企业规范混合所有制改革工作流程，深化混合所有制改革内涵，以"混资本"促进"改机制"，切实提高中央企业竞争力、创新力、控制力、影响力和抗风险能力，夯实社会主义基本经济制度的微观基础。

（二）持续推进"双百行动"行动，打造国企改革尖兵

国企改革"双百行动"自 2018 年 8 月启动以来，各地各中央企业都高度重视，积极组织遴选企业、制定方案、推动改革。截止到 2019 年上半年已经有"双百"企业 444 户，"双百行动"在全国范围积极有序推进，已经成为打造国企改革尖兵的一个重要品牌。"双百"企业聚焦"五突破一加强""双百"企业在健全法人治理结构、完善市场化经营机制、推进股权多元化和混合所有制改革、健全激励约束机制、解决历史遗留问题上有所突破，进一步加强了党的建设，积极推进综合改革，取得了可喜成绩。在推动混合所有制改革方面，"双百"企业目前有 113 家在本级企业开展了混合所有制改革，引入非国有资本 5384 亿元，有 3466 家子企业开展了混改；在完善机制方面，现在有 80% 的"双百"企业领导班子薪酬拉开了差距，最高最低相差 1.2 倍以上，超过一半的"双百"企业在本级或者所属企业选聘了 2700 名职业经理人；在加强董事会建设方面，特别是中央企业集团层面和地方国资委在落实董事会职权方面都有了积极进展。更重要的是，多数"双百"企业在本地区、本集团产生了较大的影响，发挥了示范带动作用。可以说"双百"企业的示范综合改革已经进入了多点突破、全面开花的阶段，势头非常好。

为了支持鼓励"双百"企业继续加大改革创新的力度，国资委采取了一系列创新措施。专门印发了"双百九条"文件，这九条是在充分调研的基础上，针对"双百"企业改革过程中存在的问题，有针对性地解决一些改革推进中遇到的普遍性问题，特别是在推动混改、加大激励、鼓励创新等方面给予企业松绑加油，明确了一些实实在在的政策"干货"。另外，有关企业也组成了"双百"基金，部分中央企业、地方国有企业和金融机构也包括有民企参与，共同出资，组建了市场化运作的"双百"基金，想通过基金助力"双百"企业开展更深层次的市场化改革，培育一批竞争力强的行业小冠军。国资委还分别召开了科技型、工业类、外向型"双百"企业的现场交流会，组织了多次专题培训研讨，不断压实改革责任，增强改革本领，也不断推广改革经验。

广东省输变电工程有限公司（以下简称广东输变电），是广东电网有限责任公司的全资子公司，2018 年入选国务院国资委国企改革首批"双百企业"以来，广东输变电全面深入推进"双百行动"综合改革，企业活力显著增强，各项经营指标也实现了快速增长，释放了改革红利，体现了改革成效。2018 年 12 月，广东电网公司编制印发了《落实"双百行动"改革要求健全输变电公司法人治理结构实施方案》，在广东电网系统内首次由股东委派专职外部董事，建立外部董事占多数的董事会。数据显示，2018 年，广东输变电完成营业收入 29.2 亿元，值得注意的是，其中非股东业务营业收入为 12.48 亿元，非基建类的电网服务业务营业收入 3.2 亿元，充分体现了企业转型发展的成效。2018 年，输变电公司全年完成营业收入 29.2 亿元，增长 64%，实现利润总额 3499 万元，增长 132%，组织绩效考核获得广东电网公司竞争性企业 A 级，改革成效已经切实体现在各项经营指标上。

三、完善公司治理结构，推动国有企业实现高质量发展

（一）做好央企控股上市公司股权激励工作

2005 年国内资本市场进行股权分置改革以来，证监会、国资委等有关部门针对上市公司股权激励陆续出台管理办法和工作指引，持续修订和完善国有控股上市公司股权激励政策体系，推动我国资本市场股权激励制度逐步成熟。截至 2018 年年底，共有 81 户中央企业控股上市公司和 69 户地方国有控股上市公司开展了上市公司股权激励。经过 10 余年的实践探索，国有控股上市公司股权激励成效逐步显现，在促进企业引才聚才、创新创业、转换机制等方面效果明显，有效激发了企业内生动力和活力，显著提升了企业经营业绩。但也存在集团公司业绩考核过于刚性、收益封顶影响激励效果、实施普及率较低、制度体系未能及时更新等问题，难以完全适应改革发展的需要。

从法律法规来看，2018 年 10 月，全国人大常务委员会作出《关于修改〈中华人民共和国公司法〉的决定》，修订了《公司法》第一百四十二条股份回购的有关规定。2018 年 11 月，证监会、财政部、国资委《关于支持上市公司回购股份的意见》中提出，依法支持各类上市公司回购股份用于实施股权激励及员工持股计划。2016 年，《上市公司股权激励管理办法》新规发布，完善了上市公司实施股权激励的条件，在定价机制、绩效考核指标等方面赋予上市公司更多的自主性和灵活决策的空间，证监会不再审批上市公司的股权激励方案。2018 年，证监会作出《关于修改〈上市公司股权激励管理办法〉的决定》，进一步放宽对外籍员工参与股权激励计划的限制，从在境内工作的外籍员工扩大到所有外籍员工。2019 年，按照证监会《关于在上海证券交易所设立科创板并试点注册制的实施意见》的总体要求，科创板放宽针对股权激励范围、方式、总量等的相关规定条件，赋予企业更多实施股权激励计划的权力。

从国有企业来看，2010 年，国资委结合国有控股上市公司股权激励实施情况，在《试行办法》《通知》的基础上，拟定了《国有控股上市公司实施股权激励工作指引（征求意见稿）》（以下简称《工作指引》），对国有控股上市公司股权激励计划的制定、审核、实施和监管作出明确指导和规范。特别是 2012 年到 2018 年间，国资委对《工作指引》持续进行修订完善。目前，《工作指引》已成为中央企业上市公司实施股权激励政策的指导性文件、履行出资人职责机构审核股权激励计划的主要依据，以及各地方国资委监管所属企业实施股权激励的重要参考。

2019 年 4 月，国务院印发的《改革国有资本授权经营体制方案》（国发〔2019〕9 号）提出，授权国有资本投资、运营公司董事会审批子企业股权激励方案，支持所出资企业依法合规采用股票期权、股票增值权、限制性股票、分红权、员工持股以及其他方

式开展股权激励，股权激励预期收益作为投资性收入，不与其薪酬总水平挂钩。2019 年5 月，国资委召开完善激励机制、激发企业活力媒体通气会，提出结合央企集团公司实施上市公司股权激励的总体计划及相关办法，2019 年中央企业控股上市公司实施股权激励覆盖面将力争比去年新增数再增加 50%（30 户左右）。2019 年 6 月，《国资委授权放权清单（2019 年版）》印发，中央企业控股上市公司股权激励计划报国资委同意后，可由中央企业审批分期实施方案，并取消对股权激励实际收益水平的限制，明确提出不与员工个人薪酬总水平挂钩；《国务院国有企业改革领导小组办公室关于支持鼓励"双百企业"进一步加大改革创新力度有关事项的通知》（国资改办〔2019〕302 号）发布，明确实施国有控股上市公司股权激励的"双百企业"，可以结合企业改革发展情况合理设置授予业绩条件和有挑战性的行权（解锁）业绩条件。同时，适应科创板上市规则及相关政策变化，国资委将研究出台科创板中央企业控股上市公司实施股权激励的政策措施，放宽实施条件，明确业绩考核及收益方面的支持政策，取得了良好的成效，具体如下：

1. 探索形成了符合国有企业特点的股权激励方式

上市公司股权激励政策施行以来，国资委按照"规范起步、先易后难、稳妥推进、逐步完善"的总体思路，加强指导协调，严格开展审核与监督工作，确保股权激励在国有企业中有序推开。一是细化工作要求，完善制度体系。从国有控股上市公司股权激励政策文件出台的路径来看，《试行办法》主要就实施股权激励的条件、计划拟定、计划申报、考核管理等方面做出规定，构建了基础框架；《通知》进一步从实施条件、治理结构、业绩考核体系、收益水平以及计划管理等方面提出了规范意见；《工作指引》在总结试点经验的基础上，结合市场和企业实际，从操作层面上加以指导。二是创新操作方式，规范监管程序。国资委在激励实施与绩效考核、授予数量与薪酬水平、行权安排与激励约束、激励方式与公司特点等方面创新建立联动机制，持续改进操作方法，健全完善相关规定。建立上市公司国有控股股东与国有资产监管机构沟通协调机制，积极介入上市公司股权激励计划的制订和实施过程。

2. 企业实施股权激励成效较为显著

国有控股上市公司通过实施股权激励，在建立健全法人治理结构、完善薪酬分配体系、稳定核心人才、实现骨干员工收益与企业长期绩效提升相结合、促使企业员工树立整体业绩理念等方面成效显著，初步形成了出资人与管理层之间利益共享和约束机制，股权激励机制的优势逐步显现，有效推动企业实现高质量发展。一是完善法人治理结构，规范董事会建设。《试行办法》要求实行股权激励的上市公司必须公司治理结构规范，外部董事由国有控股股东依法提名推荐，且外部董事要占到董事会成员的半数以上，薪酬委员会成员全部由外部董事构成，降低了上市公司中存在的内部人控制风险。二是完善薪酬体系，稳定核心人才。中央企业上市公司股权激励累计激励总人次为 45080 人次，2018 年人均获得股权激励收益为 12.3 万元。其中，中国电科所属的海康威视解锁后人均收益最高达到 99.86 万元。企业实施股权激励后，员工流失率明显降低，员工归属感和凝聚力显著增强。三是提升经营业绩。实施股权激励的上市公司经营业绩普遍优于未实施股权激励的上市公司。据统计，2015-2017 年，A 股、港股实施股权激励的国有控股上市公司净资产收益率、净利润增长率分别为 10%、16%，高于国有上市公司整体水平（分别为 8%、10%）。从中央企业上市公司来看：营业收入快速增长，企业首次实施股权激励当年营业收入平均值为 438.1 亿元，2017 年平均值为 746.4 亿元，年均复合增长率平均值为 16.7%；盈利能力显著提升，企业首次实施股权激励当年利润总额平均值为 39.4 亿元，2017 年平均值为 74 亿元，年均复合增长率平均值为 14.6%；市值规模稳步提高，企业首次实施股权激励当年总市值平均值为 409.3 亿元，2017 年末总市值平均值为 675.3 亿元，年均复合增长率平均值为 7.0%。四是促进混合所有制改革。国有企业混合所有制改革受到社会广泛关注，民营资本、外资等非公资本积极参与。重要领域混改试点成效显著，部分企业已经完成了新公司设立、公司治理重构、激励制度建设等关键任务，涌现出中国联通等一批具有标杆意义和示范效应的试点企业。在激励制度建设方面，中国联通实施上市公司股权激励，将员工与企业利益绑定，稳定了核心骨干，提高了外部投资者信心。

（二）探索建立职业经理人制度

建立企业领导人分类分层管理制度，根据不同企业类别和层级，实行选任制、委任制、聘任制等不同选人用人方式，推行职业经理人制度，合理增加市场化选聘比例，推行企业经理层成员任期制和契约化管理。实行与市场经济相适应的薪酬分配制度。深化企业内部改革，形成企业各类管理人员能上能下，员工能进能出的合理流动机制。

中国国新在改革实践中注重拓宽选人用人渠道，建立市场化的选聘、考核评价、薪酬激励约束和退出机制，主要措施：一是市场化选聘部司负责人，推行职业经理人制度，在部分二级公司及总部部门开展内部公开竞聘工作。二是建立强激励、硬约束、差异化的考核分配管理制度。在金融、投资、基金等板块公司，在市场对标的基础上确定负责人的目标薪酬，在基金板块按照公司确定的投资回报目标水平确定考核基准，并建立奖励机制和管理费部分勾回机制。三是公司总部支持业务板块的市场化用人机制，即公司总部不直接向市场化运作的业务板块派遣总部人员，由业务板块通过市场化渠道进行招聘。四是不断优化劳动合同管理，建立市场化的用工机制，即以考核为基础，以岗位胜任度为维系劳动关系的最主要依据，做到以岗位需求、岗位胜任能力为依据开展劳动合同的周期管理。

（三）深化三项制度改革，解决"三能"问题

国有企业内部三项制度改革进一步深化，逐步建立起企业员工能进能出、管理人员

能上能下、收入能增能减的机制。建立以合同管理为核心、以岗位管理为基础的市场化用工制度。建立健全企业各类管理人员公开招聘、竞争上岗等制度，对特殊管理人员可以通过委托人才中介机构推荐等方式，拓宽选人用人视野和渠道。建立分级分类的企业员工市场化公开招聘制度，切实做到信息公开、过程公开、结果公开。构建和谐劳动关系，依法规范企业各类用工管理，真正形成企业各类管理人员能上能下、员工能进能出的合理流动机制。

中国诚通集团出台《深化劳动用工和收入分配制度改革工作方案》，选人用人全面实行市场化，收入分配实行差异化管理。大力推进组织选拔、竞争上岗和市场化选聘相结合的选人用人机制。中高级管理人员选聘形成"四项基本原则"：业绩为先，市场认可；德才兼备，群众认可；测评谈话，党委把关；公开透明，集体决策。其他人员聘用，以业绩为导向，实行能进能出、能上能下的市场化聘用机制；按照公开、公平、竞争、择优的原则，对在岗职工推行竞聘上岗，增强员工竞争意识，提高工作积极性、主动性，做到岗位与能力相匹配，实现人力资源的优化配置；对新录用职工按照市场化原则，全面推行分级分类公开招聘制度，切实做到信息公开、过程公开、结果公开。大胆探索市场化、专业化管理。国有企业结构调整基金股份有限公司，作为结构调整基金的管理团队，管理公司在组建伊始就以行业优秀基金管理公司为目标，努力打造市场化、专业化的团队。目前，公司 5 个管理部门，核心投资团队成员均为具有国内外丰富投资经验的专业化人才。在吸引优秀人才加盟的同时，也在积极内部挖潜，充分调动现有管理人员的积极性、创造性，在建立与市场化接轨的薪酬体系的同时，也建设了相配套的绩效考核方案及奖惩、调岗、淘汰措施，激发整个管理团队的主观能动性，努力实现管理团队人员"能进能出"，岗位"能上能下"，待遇"能高能低"。

（四）系统性改革国有企业工资分配制度

2018 年，国务院印发《关于改革国有企业工资决定机制的意见》，提出落实《指导意见》有关要求的具体举措，目的是进一步建立健全灵活、高效的国有企业经营机制，推动国有企业全面提升发展质量和效率。继深化国有企业负责人薪酬制度改革之后，国有企业工资决定机制改革举措的出台，初步形成了与中国特色现代国有企业制度相适应的国有企业工资分配制度框架。国务院国资委根据《工资决定机制意见》精神，结合中央企业改革发展的实际情况，制定了《中央企业工资总额管理办法》（国资委令第 39 号，以下简称《办法》），并于 2019 年 1 月 1 日开始施行。同时制定了工资总额预算管理实施方案、特殊事项管理清单实施方案、备案制预算管理实施方案、周期制预算管理实施方案作为配套制度，形成了完整政策体系。

《办法》较好地体现了《指导意见》的改革要求，体现了党的十九大提出的坚持质量第一、效益优先的发展理念，符合 2018 年国有企业改革座谈会提出的"充分认识增强微观市场主体活力的极端重要性""强化正向激励"等有关精神，符合中央关于简政放权、"放管服"的改革要求，对促进中央企业实现高质量发展、推动国有资本做强做优做大，加快培育具有全球竞争力的世界一流企业具有重要意义。《办法》规定的中央企业工资决定机制体现了四个特点：一是明确对中央企业工资总额实行分类分级管理；二是进一步建立健全"一适应、两挂钩"工资决定和正常增长机制；三是深化企业内部分配制度改革；四是强调工资总额管理的监督检查。

各地陆续出台工资决定机制指导意见。截至 2018 年底，31 个省、自治区、直辖市中已有 21 个（包括甘肃、江西、广西、浙江、北京、山东、湖北、内蒙古等）陆续出台了关于改革国有企业工资决定机制的实施意见，其余地方也已陆续出台实施意见，国有企业工资决定机制的政策体系逐步完善。

（五）积极发挥企业家精神

习近平总书记指出，市场的活力在于人，特别是来自于企业家精神。"要坚持社会主义市场经济改革方向，使市场在资源配置中起决定性作用，调动各方面积极性，发挥企业家在推动经济发展中的重要作用，充分发挥创新人才和各级干部的积极性、主动性、创造性。"习近平总书记对国有企业领导人员提出了殷切期望和更高要求，既要成为党的优秀干部，又要成为企业经营管理的行家里手，切实担当起党和国家赋予的重要使命，勇于带领广大干部职工不断开创国有企业改革发展新局面。

2017 年 9 月，中共中央、国务院印发《关于营造企业家健康成长环境、弘扬优秀企业家精神、更好发挥企业家作用的意见》（简称《意见》），《意见》指出，企业家是经济活动的重要主体，要求营造企业家健康成长环境，弘扬优秀企业家精神，更好发挥企业家作用。十九大报告强调要激发和保护企业家精神，鼓励更多社会主体投身创新创业。《意见》的出台对培养壮大我国企业家队伍，弘扬中国特色企业家精神具有重要而深远的意义。随着"对党忠诚、勇于创新、治企有方、兴企有为、清正廉洁"的国有企业家队伍的不断壮大，国资国企的改革发展必将取得新的更大的成就。《意见》提出了激发和保护国有企业家精神的举措，中央企业和地方国有企业正在抓好这些措施的落地。

四、依法处置"僵尸企业"，稳步推进企业优胜劣汰

（一）防风险、优存量的重要举措

"僵尸企业"大都是已停产半停产、连年亏损、资不抵债，靠政府补贴和银行续贷维持经营的企业，主要集中在一些产能过剩的行业。经过近几年的努力，不少"僵尸企业"或退出市场或重焕新生。2018 年末纳入专项工作范围的僵尸特困企业比 2017 年减亏增利

373 亿元，比 2015 年减亏增利 2007 亿元，有超过 1900 户的僵尸特困企业完成处置处理的主体任务。

加快处置"僵尸企业"，是深化供给侧结构性改革、推动经济高质量发展的重要举措。一方面有助于稳增长防风险。当前我国经济下行压力加大，处置"僵尸企业"短期看可能会影响一些地方的经济增速和就业岗位，带来阵痛；中长期看，却能够破除无效供给，化解产能过剩矛盾等。这其中涉及稳增长和防风险的平衡处理。另一方面推动优存量育增量。"僵尸企业"占据大量的资金、劳动力、技术等生产要素，降低资源配置效率，阻碍了新兴企业进一步发展。加快市场出清，释放大量沉淀资源，不仅包括"人、财、物"等有形资源，也包括企业家精神和创新活力这一"无形"资源，防止劣币驱逐良币，让资源从过剩领域流向更有发展潜力的领域，从低效领域流向高效领域，建立一个高质量的市场经济。

（二）坚持市场化法治化，发挥好政府引导作用

妥善处理"僵尸企业"问题要坚持市场化法治化。2018 年 12 月，发改委、工信部、财政部、国资委等 11 个部门联合发布《关于进一步做好"僵尸企业"及去产能企业债务处置工作的通知》，要求积极稳妥处置"僵尸企业"和去产能企业债务，加快"僵尸企业"出清，原则上应在 2020 年底前完成全部处置工作。

1. 坚持市场化法治化

相关市场主体依据市场化法治化原则开展债务处置，区分不同情形采取适当处置方式，自主协商形成处置方案，依法公平合理分担处置成本。充分尊重债权债务关系，依法保护企业职工、债权人、股东和投资者合法权益。

2. 发挥好政府引导作用

完善与债务处置相关的各项制度与政策，加快建立激励与约束机制，为债务处置创造良好的政策与制度环境；同时加强组织、引导和协调工作，对国有企业中的"僵尸企业"和去产能企业要制订债务处置计划并限期完成，推动金融机构和企业积极开展债务处置。

3. 有效防范债务处置中的各类风险

要稳妥有序开展各项工作，切实防止逃废债等道德风险、国有资产流失风险，维护好社会稳定，严密监测及时处理化解与债务处置相关的金融风险。

政府要做的是为"僵尸企业"的处置创造良好的政策与制度环境等，让企业在市场竞争的大浪淘沙中优胜劣汰，减少行政干预尤其是"拉郎配"式的兼并重组。近年来，针对破产审判能力不足的问题，各地法院大幅增设了清算与破产审判庭，2018 年上半年我国企业的破产立案和审结数量分别达到了 6392 件和 3311 件，较 2017 年同期大幅增长。在处置"僵尸企业"过程中要注重分类分业处置，不搞一刀切。对扭亏无望的企业进行

破产清算；对符合破产条件但仍有发展前景的，引导企业经过并购重组、股权转让、发行债券、债转股等方法，重焕新生。比如中国平煤神马集团的飞行化工、橡胶轮胎两家公司，过去装备老化、产品落后、连年亏损，按照"一企一策"的方式，如今通过盘活原有土地成立了尼龙科技公司，原来举步维艰的"僵尸企业"变成了势头强劲的科技新秀，产销率100%，年利润突破3亿元。

长远来看，除了加大力度妥善处理"僵尸企业"存量，最重要的是未雨绸缪，加快要素市场改革，形成公平竞争的市场环境，防止新的"僵尸企业"产生。

（三）完善政策与制度环境

1. 支持资产处置盘活存量资产

在防范国有资产流失的前提下，进一步明确、规范国有资产转让相关程序，提高审批效率，完善"僵尸企业"及去产能企业债务抵押物处置规则。积极利用产权交易所、租赁、资产证券化等多方式充分盘活"僵尸企业"及去产能企业有效资产，用于清偿债务。

2. 落实完善相关金融信贷政策

对债务处置不到位资产负债水平持续超出合理水平且按时偿付到期债务有困难的"僵尸企业"，监管部门应严格展期续贷、借新还旧、关联企业担保贷款等业务的实施条件，禁止给予金融机构特殊监管政策支持，并对操作不规范的金融机构实施必要的惩戒。落实去产能和"僵尸企业"债务重组政策，对债务处置过程中形成的损失做到应核尽核及时核销，并落实尽职免责。加大对兼并重组的金融支持，鼓励金融机构在依法合规和风险可控的前提下提供发放并购贷款，支持符合条件的企业发行并购票据和引入并购基金。

3. 落实并完善相关社会保障和财税政策

完善社会保障体系，充分发挥社会保障制度的兜底作用。鼓励有条件的地方探索建立破产经费多渠道筹措机制，用于破产财产不足以支付破产费用案件的管理人报酬和其他破产费用的支付。严禁政府通过财政补贴维持"僵尸企业"存续的行为。落实好现有企业破产重整的税收支持政策，并根据实际情况研究相关政策。

4. 支持有效开展土地再利用

"僵尸企业"及去产能企业依法取得的国有土地可交由地方政府收回，地方各级人民政府收回原土地使用权后的出让收入，可按规定通过预算安排用于支付企业职工安置费用。在符合规划和转让条件的前提下，土地使用权人可整体或分割转让土地使用权，涉及改变土地用途和原划拨土地使用权转让的，经批准可采取协议方式办理用地手续。转产用于国家鼓励发展的新产业新业态的，可以五年为限，继续按原用途和土地权利类型使用土地。

5. 完善重整企业信用修复机制

重整计划执行过程中，企业可申请在全国信用信息共享平台、国家企业信用信息公示系统和金融信用信息基础数据库的大事记信息中添加相关信息，以及时反映企业最近生产经营状况。重整计划执行完毕后，企业可申请增设重组完成相关信息，以提示企业的重组情况。

五、深化自然垄断行业领域改革，不断增强企业核心竞争力

李克强总理在 2019 年政府工作报告中指出，深化电力、油气、铁路等领域改革，自然垄断行业要根据不同行业特点实行网运分开，将竞争性业务全面推向市场。国有企业要通过改革创新、强身健体，不断增强发展活力和核心竞争力。

（一）持续深化电力体制改革

改革是发展的动力，我国坚持市场化改革方向，不断推进电力体制改革。70 年来，我国电力体制经历了集资办电、政企分开、厂网分开及全面深化改革等多次变迁，电力工业的发展取得了举世瞩目的成就。电力体制改革在转变电网发展方式的同时，国家电网有限公司发展方式也发生着深刻变化。国家电网有限公司是国务院国资委十家创建世界一流示范企业之一，肩负电力改革和国资国企改革两大重任，从电力体制改革到全面深化改革，在新时代展现发展新气象。

2008 年国际金融危机，使得国内经济形势出现重大变化。党的十八大以来开始推进全面深化改革，"能源革命"战略随之出现。经济形势的变化让电力体制改革也有了新的进展。2015 年 3 月，中共中央、国务院下发《关于进一步深化电力体制改革的若干意见》（中发〔2015〕9 号文件）。其核心内容概括为"三放开、一独立、三强化"，即有序放开输配以外的竞争性环节电价，有序向社会资本放开配售电业务，有序放开公益性和调节性以外的发用电计划；推进交易机构相对独立，规范运行；进一步强化政府监管，进一步强化电力统筹规划，进一步强化电力安全高效运行和可靠供应。市场化成为这轮电力体制改革的重要标签，竞争性电力市场进展急速。2016 年 3 月 1 日，北京电力交易中心有限公司成立，成为我国首家取得工商注册的电力交易机构，有力地促进了电力市场化改革进程。一系列改革举措为实体经济带来了实实在在的改革红利。2016-2018 年，全国电力市场化交易比重逐年提高，累计释放改革红利超过 1800 亿元。

2015 年 9 月，中共中央、国务院印发《关于深化国有企业改革的指导意见》，新一轮国资国企改革的四梁八柱形成。在"兼并重组""去产能""瘦身健体、提质增效"等国资国企改革在顶层设计的指引下，向更高质量纵深推进。作为关系国家能源安全与国民经济命脉的国有重点骨干企业，在推动国资国企改革的进程中，国家电网有限公司肩

负重任，建立现代企业治理制度，加快内部体制改革，着力提升企业竞争力，促进企业向高质量发展。2015-2017年，公司积极适应改革新形势新要求，持续规范董事会工作制度，进一步完善法人治理结构，加快推进建设中国特色现代国有企业制度。2017年11月30日，国家电网公司完成公司制改制的工商变更登记。公司总部和公司系统144家全民所有制企业全部提前完成公司制改制。国家电网公司由全民所有制企业改制为国有独资公司，步入深化改革新阶段。

国家电网有限公司坚持以混合所有制改革为主线，不断完善现代企业制度，在更大范围加快推进混合所有制改革，以资本融合的方式引入战略资源，以资本的"混"促进管理的"改"，多种所有制资本取长补短、相互促进，持续增强国有资本的带动力和影响力。2018年12月25日，公司发布深化改革十大举措，以混合所有制改革为突破口，着力抓好在特高压直流工程领域引入社会资本、加快推进增量配电改革试点落地见效等10项重点工作，开创全面深化改革新局面。在电网领域，公司增量配电试点引入民营资本36家，在一些省成立了15个混合所有制配售电公司；向社会资本开放抽水蓄能电站投资，已在6个省与地方资本合资建设抽水蓄能电站，总投资约532亿元。在产业领域，公司立足产业公司功能定位和核心业务，有序推进产业公司研究制定资产重组方案，开展新兴产业科创板上市研究，持续优化直属产业业务布局。在金融领域，公司加快推进金融资产上市。英大信托完成引进战略投资者工作。产业投资基金公司顺利组建。

2019年1月，国资委正式批复了南瑞集团所属上市公司国电南瑞限制性股票激励计划方案。国电南瑞向990名激励对象授予3845.1万股股票，成为国家电网有限公司首个成功实施股权激励的单位，实现了核心骨干员工利益与企业利益的紧密绑定，激发了干部员工干事创业的动力和企业活力。新时代发展的基本特征是高质量发展，国家电网有限公司深入贯彻落实党中央、国务院关于"放管服"改革部署，于2019年3月印发实施总部第一批145项"放管服"事项清单，层层推进改革措施全面落地执行。对外，国家电网有限公司优化营商环境、持续改进供电服务，推广北京、上海经验，因地制宜推行"三零""三省"办电服务模式，不断完善服务标准、创新服务手段、改进服务模式；对内，公司聚焦基层诉求强烈的管理权、项目审批权及与政府简政放权衔接的各类职权简政放权，考核评价指标由15个压缩为4个，存量报表数量精简70%，解决一线作业人员"一人多机"问题。在新一轮能源革命背景下，2019年年初，国家电网有限公司创造性地提出"三型两网、世界一流"的战略目标，被业界评为颠覆性变革。这不仅是重大的理念革命，更是新时代引领公司高质量发展的必由之路。

（二）铁路企业试行市场化公司决定机制

中国铁路总公司作为超大型中央企业集团，旗下有多家直属机构，除了铁路运输主业之外，经营业务涵盖多个行业，产业布局结构多元，各类所属企业主营业务、功能定位、运营模式各不相同。中国铁路总公司以中国铁道科学研究院集团有限公司、中国铁路设计集团有限公司等市场型非运输企业为试点，实行市场化工资决定机制改革。这是加快推动中国铁路总公司股份制改造的具体行动，是铁路公司制改革的重要措施。此外，按照政企分开、政资分开和公平竞争原则，紧密结合铁路行业特点，在深入调研论证的基础上，提出中国铁路总公司股份制改造系统建议方案，有关铁路所属企业的分类改革方案也在酝酿，可以看出改革力度将远超以往。

党中央、国务院高度重视收入分配问题，2018 年专门出台《国务院关于改革国有企业工资决定机制的意见》。中国铁路总公司认真贯彻落实中央部署，2019 年 4 月制定了《部分铁路企业试行市场化工资决定机制管理办法》。按照这一管理办法，铁路企业的工资总额受企业经济效益和工效联动指标的双重影响。其中，利润总额决定企业经济效益，利润总额、净资产收益率和人工成本投入产出率共同构成工效联动指标。实行市场化工资决定机制的企业，其经济效益增长（下降）幅度决定工资总额增长（下降）上（下）限，工效联动指标变动确定工资总额增长（下降）幅度。改革后，企业具有充分自主权，要根据工资决定机制，综合考虑企业发展战略、经济效益指标预算、人工成本承受能力等情况，自主编制年度工资总额预算方案。中国铁路总公司下一步将密切关注市场化工资决定机制试点情况，分析存在的问题，总结试点单位经验，不断完善试行方案，为铁路企业全面实行市场化工资决定机制奠定基础。

（三）油气运营机制改革方向

2019 年 3 月 19 日，中央全面深化改革委员会第七次会议审议通过了《石油天然气管网运营机制改革实施意见》等文件。会议强调，推动石油天然气管网运营机制改革，要坚持深化市场化改革、扩大高水平开放，组建国有资本控股、投资主体多元化的石油天然气管网公司，推动形成上游油气资源多主体多渠道供应、中间统一管网高效集输、下游销售市场充分竞争的油气市场体系，提高油气资源配置效率，保障油气安全稳定供应。全国两会期间，发改委在《关于 2018 年国民经济和社会发展计划执行情况与 2019 年国民经济和社会发展计划草案的报告》中提出，将组建国家石油天然气管网公司，实现管输和销售分开。放开油气勘探开采准入限制，积极吸引社会资本加大油气勘查开采力度。

目前我国原油、成品油、天然气长距离输送管道基本上由中石油和中石化下属管道公司建设，已经实质上形成了对油气管输行业的垄断。以往管道建设招标，更多地向石油系统内企业倾斜，如果管网独立，民营企业有望获得更多管道订单，管网分开将有利于增强行业的竞争力。改革可以打破垄断，释放市场活力，让资源发挥更大效用。在改革的同时，借助资本市场这个大平台，推动优质资产证券化，则不仅能为企业进一步发展融得资金，而且有利于引进社会资本，共同做大做强产业。

六、坚持党的领导，加强国有企业党建工作

（一）坚持全面从严治党，切实落实管党治党责任

加强党的领导必须全面从严治党，全面从严治党必须要增强管党治党意识，落实管党治党责任。中央企业坚持党的领导，加强党的建设，首先要旗帜鲜明讲政治，以政治建设为统领，把政治建设作为党的根本性建设来抓。认真贯彻《中共中央政治局关于加强和维护党中央集中统一领导的若干规定》精神，把维护以习近平同志为核心的党中央权威和集中统一领导作为明确的政治准则和根本的政治要求，确保中央企业始终忠诚于党、听党指挥。

企业党组织要肩负起主体责任，把抓好党建作为最大政绩，牢固树立抓好党建是本职、不抓党建是失职、抓不好党建是不称职的责任意识。企业党组织书记要把抓好党建当作分内之事、必须担当的职责，重要工作亲自研究部署，当好第一责任人，努力成为"从严治党"的书记。党组织纪委书记要坚持原则，主动作为，强化监督，执纪必严。党组织领导班子其他成员要切实履行"一岗双责"，结合业务分工抓好党建工作，积极发挥组织协调、跟踪管理、监督指导作月，把党委决策部署落到实处。

（二）深化国有企业党风廉政建设，落实主体责任和监督责任

国有企业党委或党组要履行好党风廉政建设主体责任，纪委要履行好监督责任，建立健全党风廉政建设和反腐败工作体系，努力构建企业领导人员不敢腐、不能腐、不想腐的有效机制。一是要改革完善国有企业反腐倡廉领导体制，推动国有企业纪检监察工作双重领导体制具体化、程序化、制度化，强化上级纪委对下级纪委的领导。二是要严守政治纪律和政治规矩，坚持从严治党、从严治企，领导干部特别是主要负责同志要增强政治意识、大局意识、核心意识、看齐意识，在思想上、政治上、行动上同以习近平同志为核心的党中央保持高度一致。三是要坚持从严教育、从严要求、从严管理国有企业党员领导干部，加强对企业领导人员用权行为监督，突出对关键岗位、重点人员特别是"一把手"的监督，强化对权力集中、资金密集、资源富集、资产聚集等重点部门和岗位的监督，加强对选人用人监督。认真贯彻执行《中国共产党廉洁自律准则》和《中国共产党纪律处分条例》，坚持理想信念宗旨标准，严守纪律底线，推进全面从严治党、依规治党。推进企业领导人员能上能下，及时调整不胜任、不称职的领导人员。

（三）优化选人用人机制，打造高素质领导人员队伍

面对激烈的市场竞争，国有企业党组织要结合企业自身发展实际，建立适应现代企

业制度要求和市场竞争需要的选人用人机制，着力打造培养一支高素质的企业经营管理队伍。要把党管干部原则与董事会依法选择经营管理者以及经营管理者依法行使用人权相结合，把组织考察与市场选聘经营管理者相结合。党管干部关键是党组织在企业选人用人上发挥主导作用，这既体现在党组织确定用人标准上，也体现在研究推荐人选上，还包括完善评价体系、加强监督管理、培养后备人才等方面，它贯穿在企业领导班子建设和选人用人全过程、各方面。要严格选拔任用程序，动议、发展推荐、考察、讨论决定、任职等基本程序必须按步履行，不能缺失、变通、空转。创新选人用人机制，充分发挥市场机制作用，加快推进规范董事会建设。对市场化选聘人员实行聘任制、任期制，明确责任、权利、义务，严格任期管理和目标考核，加快建立市场化退出机制。切实防止"带病提拔"，党组织要把好动议提名关，界定提名主体，明确提名方式，落实提名责任，确保提名人选得到充分酝酿，不同意见得到认真考虑。

（四）加强国有企业基层党组织建设，做好抓基层打基础工作

基层党组织是团结带领群众贯彻党的理论和路线方针政策、推动企业做强做优做大的组织资源和优势，也是发挥党的领导核心作用的坚实力量支撑。要促进党建工作与企业改革发展有机合，提高党组织创造力、凝聚力、战斗力。克服党建工作随意性，规范党组织设置，该设置党委的设党委，该设置支部的设支部，该换届的就及时换届。规范基层党组织书记配备，拓宽视野、改进方式，把政治强、懂经营、作风好、肯奉献的优秀人才选拔到书记岗位上。规范党组织活动，坚持开展好"三会一课"、组织生活会、党员活动日、党性分析、民主评议党员等活动。把党支部工作与企业中心工作紧密结合起来，使党支部成为把党建独特优势落实到基层、扎根在班组、带领党员推动企业改革发展的坚强堡垒。以建设创新型党支部为载体，注重工作思路创新、工作内容创新、工作方法创新、工作载体创新，搭建党员教育管理平台，拓宽党员交流渠道，提高党支部工作的信息化水平。

2019 中国企业创新创业发展报告

一、中国企业创新创业发展的相关政策梳理

（一）国家宏观政策

2013 年 1 月 15 日，国务院印发了《"十二五"国家自主创新能力建设规划》，提出到"十二五"末，中国自主创新能力建设的目标是：创新基础条件建设布局更加合理、重点领域创新能力明显提升、创新主体实力明显增强、区域创新能力布局不断优化、创新环境更加完善等目标；计划投入运行和在建接近 50 个重大科技基础设施、重点建设和完善 100 家国家工程中心、新建若干家国家工程（重点）实验室、推动一批创新型企业进入世界 500 强。

2013 年 5 月 30 日，国务院发布《"十二五"国家自主创新能力建设规划》提出到"十二五"末，中国自主创新能力建设要达到：创新基础条件建设布局更加合理、重点领域创新能力明显提升、创新主体实力明显增强、区域创新能力布局不断优化、创新环境更加完善。该文件指出，"十二五"时期，中国必须加强政府统筹规划指导，充分发挥市场在资源配置中的基础性作用，引导社会创新主体积极参与，重点推进科学研究实验设施和各类创新基地建设，加强科技资源整合共享和高效利用，健全国家标准、计量、检测和认证技术体系，支撑科技跨越发展；加快推进重点产业关键核心技术研发和工程化能力建设，提升重点社会领域创新能力和公共服务水平，构建各具特色、协调发展的区域创新体系，支撑经济社会创新发展；加强创新主体能力、人才队伍和制度等创新环境建设，深化国际交流与合作，强化知识产权创造、运用、保护和管理能力，激发全社会创新活力，提高创新效率和效益。

2015 年 3 月，中共中央国务院《关于深化体制机制改革加快实施创新驱动发展战略的若干意见》指出，扩大企业在国家创新决策中话语权；完善企业为主体的产业技术创新机制；提高普惠性财税政策支持力度；健全优先使用创新产品的采购政策。2015 年 9

月，中共中央办公厅、国务院办公厅印发了《深化科技体制改革实施方案》，并发出通知，要求各地区各部门结合实际认真贯彻执行。方案指出，企业是科技与经济紧密结合的主要载体，解决科技与经济结合不紧问题的关键是增强企业创新能力和协同创新的合力。要健全技术创新的市场导向机制和政府引导机制，加强产学研协同创新，引导各类创新要素向企业集聚，促进企业成为技术创新决策、研发投入、科研组织和成果转化的主体，使创新转化为实实在在的产业活动，培育新的增长点，促进经济转型升级提质增效。

2016 年 1 月 29 日，科技部、财政部、国家税务总局关于修订印发《高新技术企业认定管理办法》的通知，提出根据《中华人民共和国企业所得税法》及其实施条例有关规定，为加大对科技型企业特别是中小企业的政策扶持，有力推动大众创业、万众创新，培育创造新技术、新业态和提供新供给的生力军，促进经济升级发展。

2016 年 2 月 14 日，国务院办公厅关于加快众创空间发展服务实体经济转型升级的指导意见，提出促进众创空间专业化发展，为实施创新驱动发展战略、推进大众创业万众创新提供低成本、全方位、专业化服务，更大释放全社会创新创业活力，加快科技成果向现实生产力转化，增强实体经济发展新动能。通过龙头企业、中小微企业、科研院所、高校、创客等多方协同，打造产学研用紧密结合的众创空间，吸引更多科技人员投身科技型创新创业，促进人才、技术、资本等各类创新要素的高效配置和有效集成，推进产业链、创新链深度融合，不断提升服务创新创业的能力和水平。

2016 年 5 月，中共中央、国务院印发了《国家创新驱动发展战略纲要》。其中指出，要实现创新体系协同高效。科技与经济融合更加顺畅，创新主体充满活力，创新链条有机衔接，创新治理更加科学，创新效率大幅提高。要实现创新环境更加优化。激励创新的政策法规更加健全，知识产权保护更加严格，形成崇尚创新创业、勇于创新创业、激励创新创业的价值导向和文化氛围。同时，要明确企业创新主体功能定位。要培育世界一流的创新型企业。鼓励行业领军企业构建高水平研发机构，形成完善的研发组织体系，集聚高端创新人才。引导领军企业联合中小企业和科研单位系统布局创新链，提供产业技术创新整体解决方案。培育一批核心技术能力突出、集成创新能力强、引领重要产业发展的创新型企业，力争有一批企业进入全球百强创新型企业。要孵化培育创新型小微企业。适应小型化、智能化、专业化的产业组织新特征，推动分布式、网络化的创新，鼓励企业开展商业模式创新，引导社会资本参与建设面向小微企业的社会化技术创新公共服务平台，推动小微企业向"专精特新"发展，让大批创新活力旺盛的小微企业不断涌现。

2017 年 6 月 29 日，科技部办公厅关于印发《国家科技企业孵化器"十三五"发展规划》的通知，提出到 2020 年，围绕大众创新创业需求，完善多类型、多层次的创业孵化服务体系，汇聚国内外资源、融合全球各类孵化要素，以强化导师辅导与资本化服务促进高水平创业，以打造一支职业化孵化队伍提升服务能力、质量和效率，以孵亿未来、成就梦想的孵化文化引领更加浓厚的创新创业氛围，激发创业企业和高成长企业大量涌现，催生新技术、新服务、新产品、新产业快速发展，成为大众创新创业的主阵地、创新模式的试验田、创业文化的引领者、新经济的动力源。

2017 年 7 月 21 日，国务院关于强化实施创新驱动发展战略进一步推进大众创业万众创新深入发展的意见，提出深入推进供给侧结构性改革，全面实施创新驱动发展战略，加快新旧动能接续转换，着力振兴实体经济，必须坚持"融合、协同、共享"，推进大众创业、万众创新深入发展。要进一步优化创新创业的生态环境，着力推动"放管服"改革，构建包容创新的审慎监管机制，有效促进政府职能转变；进一步拓展创新创业的覆盖广度，着力推动创新创业群体更加多元，发挥大企业、科研院所和高等院校的领军作用，有效促进各类市场主体融通发展；进一步提升创新创业的科技内涵，着力激发专业技术人才、高技能人才等的创造潜能，强化基础研究和应用技术研究的有机衔接，加速科技成果向现实生产力转化，有效促进创新型创业蓬勃发展；进一步增强创新创业的发展实效，着力推进创新创业与实体经济发展深度融合，结合"互联网+""中国制造2025"和军民融合发展等重大举措，有效促进新技术、新业态、新模式加快发展和产业结构优化升级。

2017 年 11 月 19 日，国务院关于深化"互联网+先进制造业"发展工业互联网的指导意见，提出围绕推动互联网和实体经济深度融合，聚焦发展智能、绿色的先进制造业，按照党中央、国务院决策部署，加强统筹引导，深化简政放权、放管结合、优化服务改革，深入实施创新驱动发展战略，构建网络、平台、安全三大功能体系，增强工业互联网产业供给能力。促进行业应用，强化安全保障，完善标准体系，培育龙头企业，加快人才培养，持续提升我国工业互联网发展水平。努力打造国际领先的工业互联网，促进大众创业万众创新和大中小企业融通发展，深入推进"互联网+"，形成实体经济与网络相互促进、同步提升的良好格局，有力推动现代化经济体系建设。

2018 年 4 月 19 日，科技部、国资委印发《关于进一步推进中央企业创新发展的意见》的通知，提出全面贯彻落实党的十九大精神，以习近平新时代中国特色社会主义思想为指导，按照党中央、国务院科技创新重大决策部署要求，发挥科技创新和制度创新对中央企业创新发展的支撑推动作用，通过政策引导、机制创新、研发投入、项目实施、平台建设、人才培育、科技金融、国际合作等加强中央企业科技创新能力，充分发挥中央企业在国家安全、国民经济和社会发展等方面的基础性、引导性和骨干性作用，培育具有全球竞争力的世界一流创新型中央企业，为建设创新型国家和世界科技强国提供坚强支撑。坚持科技创新与体制机制创新双轮驱动。加强科技发展规划和创新政策引领，支持创新要素向中央企业集聚，不断增强科技创新能力。通过体制机制创新，突破瓶颈障碍，提高资源配置效率，激发创新要素活力。坚持政府引导和市场配置资源相结合。

发挥市场配置资源的决定性作用，运用市场的手段，充分调动中央企业创新发展内生动力，更好发挥政府引导作用，创新国家重大科技任务组织方式，建立健全有利于中央企业创新发展的科研管理服务机制。坚持聚焦国家发展战略布局创新资源。着眼国家战略需求和部署，强化中央企业在国家创新体系中的重要作用，在国家重大科技项目实施、创新人才培养、创新创业基地建设方面统筹考虑，整体布局，协同推进，促进科技重点领域取得重大突破和中央企业科技创新能力全面提升。坚持基础研究、应用研究和技术创新融通发展。把握科技发展趋势，完善创新生态，把原始创新摆在更加突出位置，引导中央企业围绕基础研究、应用研究和技术创新全链条部署，增加成果供给，促进成果转化，培育发展新兴产业。

2018 年 5 月 18 日，科技部、全国工商联印发《关于推动民营企业创新发展的指导意见》的通知，提出全面贯彻党的十九大精神，坚持以习近平新时代中国特色社会主义思想为根本遵循，牢固树立创新、协调、绿色、开放、共享的发展理念，贯彻落实《中共中央 国务院关于营造企业家健康成长环境弘扬优秀企业家精神更好发挥企业家作用的意见》精神，按照党中央、国务院科技创新重大决策和部署要求，发挥科技创新和制度创新对民营企业创新发展的支撑引领作用，通过政策引领、机制创新、项目实施、平台建设、人才培育、科技金融、军民融合、国际合作等加强民营企业科技创新能力，充分支持民营企业创新发展，为建设创新型国家和促进经济社会持续健康发展提供坚强支撑。加快发展科技企业孵化器、加速器、众创空间、星创天地等创新创业孵化载体，提高为民营小微企业的公共服务能力。支持行业龙头民营企业围绕主营业务，创新模式，建立一批特色鲜明、创客云集、机制灵活的专业化众创空间。建立民营企业双创导师队伍，开展灵活多样的创新创业服务。支持民营技术转移机构发展，推动建立专业化运营团队，为技术交易双方提供成果转化配套服务。依托各地科技领军人才创新驱动中心，组织高水平科技领军人才和创新团队为民营企业转型升级提供技术咨询等智力支持。推动民营小微企业参与"中国创新创业大赛"，弘扬创新创业文化。

2018 年 9 月 18 日，国务院关于推动创新创业高质量发展打造"双创"升级版的意见中提出创新是引领发展的第一动力，是建设现代化经济体系的战略支撑。近年来，大众创业万众创新持续向更大范围、更高层次和更深程度推进，创新创业与经济社会发展深度融合，对推动新旧动能转换和经济结构升级、扩大就业和改善民生、实现机会公平和社会纵向流动发挥了重要作用，为促进经济增长提供了有力支撑。当前，我国经济已由高速增长阶段转向高质量发展阶段，对推动大众创业万众创新提出了新的更高要求。推进大众创业万众创新是深入实施创新驱动发展战略的重要支撑、深入推进供给侧结构性改革的重要途径。随着大众创业万众创新蓬勃发展，创新创业环境持续改善，创新创业主体日益多元，各类支撑平台不断丰富，创新创业社会氛围更加浓厚，创新创业理念日益深入人心，取得显著成效。但同时，还存在创新创业生态不够完善、科技成果转化机制尚不健全、大中小企业融通发展还不充分、创新创业国际合作不够深入以及部分政策落实不到位等问题。打造"双创"升级版，推动创新创业高质量发展，有利于进一步增强创业带动就业能力，有利于提升科技创新和产业发展活力，有利于创造优质供给和扩大有效需求，对增强经济发展内生动力具有重要意义。以习近平新时代中国特色社会主义思想为指导，全面贯彻党的十九大和十九届二中、三中全会精神，坚持新发展理念，坚持以供给侧结构性改革为主线，按照高质量发展要求，深入实施创新驱动发展战略，通过打造"双创"升级版，进一步优化创新创业环境，大幅降低创新创业成本，提升创业带动就业能力，增强科技创新引领作用，提升支撑平台服务能力，推动形成线上线下结合、产学研用协同、大中小企业融合的创新创业格局，为加快培育发展新动能、实现更充分就业和经济高质量发展提供坚实保障。

2018 年 11 月 9 日，国务院办公厅关于聚焦企业关切进一步推动优化营商环境政策落实的通知提出大力保护产权，为创业创新营造良好环境。加快知识产权保护体系建设。知识产权局要采取措施提高专利、商标注册审查质量和效率，全面推进商标注册全程电子化，确保 2018 年底前将商标注册审查周期压缩至 6 个月、高价值专利审查周期压减10% 以上。市场监管总局要会同公安部、农业农村部、海关总署、知识产权局等有关部门在 2018 年底前制定出台对网购、进出口等重点领域加强知识产权执法的实施办法；对侵犯商业秘密、专利商标地理标志侵权假冒、网络盗版侵权等违法行为开展集中整治。知识产权局要牵头实施"互联网+"知识产权保护工作方案，引导电商平台运用"互联网+"高效处理侵权假冒投诉，在进出口环节知识产权保护工作中推进线上信息共享、办案咨询、案件协查。司法部、市场监管总局、知识产权局要积极配合加快推进专利法修订实施工作，推动建立侵权惩罚性赔偿制度，解决知识产权侵权成本低、维权成本高问题。商务部、知识产权局要加强对中小微企业知识产权海外维权的援助。加快落实各项产权保护措施。发展改革委、司法部要督促各地区、各部门抓紧完成不利于产权保护的规章、规范性文件清理工作，2018 年底前将清理情况汇总报国务院。发展改革委要配合高法院继续加大涉产权冤错案件甄别纠正力度，2019 年 6 月底前再审理公布一批有代表性、有影响力的产权纠纷申诉案件。

2018 年 11 月 21 日，工业和信息化部、国家发展改革委员会、财政部、国务院国有资产监督管理委员会印发《促进大中小企业融通发展三年行动计划》的通知。提出打造产研对接的新型产业创新模式，提高产业创新效率，提升产业自主创新能力。形成 10 个左右创新引领效应明显的平台，发挥平台对各类创新能力的集聚整合作用。鼓励大企业建立开放式产业创新平台，畅通创新能力对接转化渠道，实现大中小企业之间多维度、多触点的创新能力共享、创新成果转化和品牌协同，引领以平台赋能产业创新的融通发展模式。围绕要素汇聚、能力开放、模式创新、区域合作等领域，培育一批制造业"双创"平台试点示范项目，促进平台成为提质增效、转型升级、跨界融通的重要载体。

2018 年 12 月 14 日，科技部关于印发《科技企业孵化器管理办法》的通知。为贯彻落实《中华人民共和国中小企业促进法》《中华人民共和国促进科技成果转化法》《国家创新驱动发展战略纲要》，引导我国科技企业孵化器高质量发展，构建良好的科技企业成长生态，推动大众创业万众创新上水平，加快创新型国家建设，科技部研究制定了《科技企业孵化器管理办法》。

（二）配套政策梳理

1. 创新人才的相关政策

2011 年 7 月 26 日，科技部等七部门联合发布了《国家中长期科技人才发展规划（2010-2020 年）》，提出要造就一支具有原始创新能力的科学家队伍、重点建设优秀科技创新团队、造就一支具有国际竞争力的工程技术人才队伍、支持和培养一批中青年科技创新领军人才、重点扶持一批科技创新创业人才、重视建设科技管理与科技服务和科普等人才队伍、建设一批创新人才培养示范基地等发展目标，为中国科技人才培养明确了方向。

在具体的人才引进项目方面，国家提出了"海外高层次人才引进计划"这一创新人才长期项目；"海外高层次人才引进计划"简称"千人计划"，主要是围绕国家发展战略目标，从 2008 年开始，在国家重点创新项目、学科、实验室以及中央企业和国有商业金融机构、以高新技术产业开发区为主的各类园区等，引进 2000 名左右人才并有重点地支持一批能够突破关键技术、发展高新产业、带动新兴学科的战略科学家和领军人才来华创新创业。事实上，截至 2012 年 7 月，"千人计划"已引进各领域高端人才超过 2000 名。

2015 年 3 月，中共中央国务院《关于深化体制机制改革加快实施创新驱动发展战略的若干意见》指出，围绕建设一支规模宏大、富有创新精神、敢于承担风险的创新型人才队伍，按照创新规律培养和吸引人才，按照市场规律让人才自由流动，实现人尽其才、才尽其用、用有所成。要构建创新型人才培养模式；建立健全科研人才双向流动机制；实行更具竞争力的人才吸引制度。

党的十八届五中全会特别强调了人才对国家发展的重要作用。会议指出"加快建设人才强国，深入实施人才优先发展战略，推进人才发展体制改革和政策创新，形成具有国际竞争力的人才制度优势"，再次吹响"人才强国"的集结号。习总书记强调，人才是创新的根基，创新驱动实质上是人才驱动。要择天下英才而用之，实施更加积极的创新人才引进政策。"人才政策方面手脚还要放开一些，要集聚一批站在行业科技前沿、具有国际视野和能力的领军人才。"

2017 年 12 月 22 日，科技部关于开展 2017 年创新人才推进计划组织推荐工作的通知，提出坚持向科研一线和企业科技人才倾斜。重点支持在科研一线潜心研究的科技人才，高等学校、科研院所等法人单位的主要负责人不参加申报。对来自企业的中青年科技创新领军人才和重点领域创新团队推荐人选适当放宽推荐条件。地方推荐人选中，中青年科技创新领军人才和重点领域创新团队推荐人选来自企业的比例不低于1/5。

2. 创新投入的相关政策

2013 年，在总结中关村国家自主创新示范区试点经验基础上，财政部、税务总局联合下发了《关于研究开发费用税前加计扣除有关政策问题的通知》，将研发人员"五险一金"、研发仪器设备运行维护费等纳入加计扣除范围。

2015 年 11 月 2 日，财政部、国家税务总局、科技部联合发布《关于完善研究开发费用税前加计扣除政策的通知》；2015 年底，国家税务总局又出台《关于研究开发费用税前加计扣除政策有关问题的公告》。具体来说，一是放宽了研发活动适用范围，参照国际通行做法，除规定不适用加计扣除的活动和行业外，其余企业发生的研发活动均可以作为加计扣除的研发活动纳入到优惠范围里来。二是进一步扩大研发费用加计扣除范围，除原有允许加计扣除的费用外，将外聘研发人员劳务费、试制产品检验费、专家咨询费、高新科技研发保险费以及与研发直接相关的差旅费等纳入研发费用加计扣除范围，同时放宽原有政策中要求仪器、设备、无形资产等专门用于研发活动的限制。三是明确企业为获得创新性、创意性、突破性的产品进行创意设计活动而发生的相关费用可以税前加计扣除。四是简化对研发费用的归集和核算管理。五是减少了审核程序，调整后的程序将企业享受加计扣除优惠政策简化为事后备案管理，有关资料由企业留存备查即可，使企业能够更便捷、更直接、更高效享受优惠政策。六是明确企业符合条件的研发费用可以追溯享受政策，追溯期限最长为 3 年。

2019 年 9 月 24 日，财政部、科技部关于印发《中央引导地方科技发展资金管理办法》的通知中提出中央财政用于支持和引导地方政府落实国家创新驱动发展战略和科技改革发展政策、优化区域科技创新环境、提升区域科技创新能力的共同财政事权转移支付资金。实施期限根据科技领域中央与地方财政事权和支出责任划分改革方案等政策相应进行调整。

3. 科技成果转化的相关政策

创新成果转化一直都是困扰中国科技创新的关键难题之一，大量的研发投入形成的技术创新成果因成果转化机制不畅，而往往被企业或科研院所束之高阁。

2015 年 3 月，中共中央国务院《关于深化体制机制改革加快实施创新驱动发展战略的若干意见》指出，要强化尊重知识、尊重创新，充分体现智力劳动价值的分配导向，让科技人员在创新活动中得到合理回报，通过成果应用体现创新价值，通过成果转化创造财富。加快下放科技成果使用、处置和收益权。不断总结试点经验，结合事业单位分类改革要求，尽快将财政资金支持形成的，不涉及国防、国家安全、国家利益、重大社会公共利益的科技成果的使用权、处置权和收益权，全部下放给符合条件的项目承担单位。单位主管部门和财政部门对科技成果在境内的使用、处置不再审批或备案，科技成果转移转化所得收入全部留归单位，纳入单位预算，实行统一管理，处置收入不上缴国库。

2016 年 2 月 17 日，国务院常务会议专门讨论了科技创新成果的转化应用问题，出台五大政策支持科技成果转移转化：一是自主决定转移其持有的科技成果，原则上不需审批或备案；鼓励优先向中小微企业转移成果，支持设立专业化技术转移机构。二是成果转移收入全部留归单位，主要用于奖励科技人员和开展科研、成果转化等工作。三是通过转让或许可取得的净收入及作价投资获得的股份或出资比例，应提取不低于 50% 用于奖励，对研发和成果转化做出主要贡献人员的奖励份额不低于奖励总额的 50%；在履行尽职义务前提下，可以免除事业单位领导在科技成果定价中因成果转化后续价值变化产生的决策责任。四是科技人员可以按照规定在完成本职工作的情况下到企业兼职从事科技成果转化活动，或在 3 年内保留人事关系离岗创业，开展成果转化。五是将科技成果转化情况纳入研发机构和高校绩效考评，加快向全国推广国家自主创新示范区试点税收优惠政策，探索完善支持单位和个人科技成果转化的财税措施。

2016 年 4 月 21 日，国办印发了《促进科技成果转移转化行动方案》，要求"十三五"期间，推动一批短中期见效、有力带动产业结构优化升级的重大科技成果转化应用，企业、高校和科研院所科技成果转移转化能力显著提高，市场化的技术交易服务体系进一步健全，科技型创新创业蓬勃发展，专业化技术转移人才队伍发展壮大，多元化的科技成果转移转化投入渠道日益完善，科技成果转移转化的制度环境更加优化，功能完善、运行高效、市场化的科技成果转移转化体系全面建成；包括建设 100 个示范性国家技术转移机构，支持有条件的地方建设 10 个科技成果转移转化示范区，在重点行业领域布局建设一批支撑实体经济发展的众创空间，建成若干技术转移人才培养基地，培养 1 万名专业化技术转移人才，全国技术合同交易额力争达到 2 万亿元。

2016 年 5 月 30 日，全国科技创新大会、中国科学院第十八次院士大会和中国工程院第十三次院士大会、中国科学技术协会第九次全国代表大会在北京召开。在深化改革创新方面，他提出，要制定和落实鼓励企业技术创新各项政策，加强对中小企业技术创新支持力度。要优化科研院所和研究型大学科研布局，厚实学科基础，培育新兴交叉学科生长点。要尊重科技创新的区域集聚规律，建设若干具有强大带动力的创新型城市和区域创新中心。近两年，国家层面发布了一系列鼓励科技创新的政策，包括《关于国家重大科研基础设施和大型科研仪器向社会开放的意见》《关于改进加强中央财政科研项目和资金管理的若干意见》《关于深化中央财政科技计划（专项、基金等）管理改革的方案》《深化科技体制改革实施方案》《实施〈中华人民共和国促进科技成果转化法〉若干规定》等。

2016 年 8 月 3 日，教育部、科技部联合印发了《教育部科技部关于加强高等学校科技成果转移转化工作的若干意见》，对高校科研成果转化的具体问题做出了新的规定，完成了高校与国家科技成果转化政策的全面衔接。《加快实施创新驱动发展战略若干意见》出台，明确了未来几十年创新驱动发展的目标、方向和重点任务。其中重点提到培育世界一流创新型企业。鼓励行业领军企业构建高水平研发机构，形成完善的研发组织体系，集聚高端创新人才。引导领军企业联合中小企业和科研单位系统布局创新链，提供产业技术创新整体解决方案。

2018 年 1 月 9 日，发展改革委、教育部、科技部、工信部、知识产权局发布关于印发振兴东北科技成果转移转化专项行动实施方案的通知，提出到 2020 年，东北地区以企业为主体、市场为导向、产学研深度融合的技术创新体系基本建立，专业化、市场化、国际化的科技成果转移转化服务体系更加健全，高新技术企业和科技型中小企业不断壮大，高校、科研院所、国有企业科技成果转移转化取得明显进展，新动能培育和传统动能改造提升能力进一步增强，东北地区若干创新支点加快形成，科技创新支撑引领东北振兴发展的局面基本形成。主要指标：在东北地区建设国家科技成果转化示范区，培育建设若干个国家技术创新中心、3 家国家技术转移人才培养基地和 60 家国家技术转移示范机构，在重点行业领域布局建设 100 个支撑实体经济发展的创新创业载体，东北三省高新技术企业达到 8000 家，技术合同成交总额突破 1000 亿元。

2019 年 9 月 23 日，财政部关于进一步加大授权力度促进科技成果转化的通知中提出地方财政部门要将支持科技成果转移转化、推动科技创新作为重要职责，根据本通知精神，结合本地区经济发展、产业转型、科技创新等实际需要，制定具体规定，进一步完善科技成果国有资产管理制度。鼓励地方开拓创新，探索符合科技成果国有资产特点的管理模式，充分发挥国有资产在科技成果转移转化中的支撑作用，支持地方促进科技成果转移转化。

二、中国企业创新活动的现状

（一）中国企业创新活动特征统计分析

2018 年全国企业创新调查结果显示，近 40% 的企业有创新活动，近 8% 的企业实现了全面创新；工业企业创新成功率较高，自主研发是最主要的创新形式；规模以上高技术产业创新能力突出，在制造业中具有引领作用；合作创新助力企业提升市场竞争力；员工对企业的认同感、高素质的人才和企业内部的激励措施等是影响创新成功的主要因素；创新政策实施效果基本得到企业家群体的认可。

1. 近 40% 的企业有创新活动，近 8% 的企业实现了全面创新

2017 年开展创新活动的企业数为 29.8 万家，占全部企业的 39.8%；其中，实现创新的企业为 27.8 万家，占全部企业的 37.1%；同时实现四种创新（产品创新、工艺创新、

组织创新、营销创新）的企业达到 5.9 万家，占全部企业的 7.8%。

以实现创新企业占比为例，不同产业企业的创新活跃程度存在明显差异。工业企业的创新活跃程度最高，实现创新的企业占全部工业企业的比重达到 45.8%，建筑业和服务业分别有 27.8% 和 28.5% 的企业实现了创新。实现创新企业的占比在地域分布上存在较大差异，按东、中、西、东北地区依次递减。东部地区约有 39.7% 的企业实现了创新，而东北地区仅有 24.6% 的企业实现了创新。

2. 工业企业创新成功率较高，自主研发是最主要的创新形式

2017 年，在全部规模以上工业企业中，有 15.1 万家开展了技术创新活动，所占比重为 40.5%。从企业规模看，大型工业企业创新最为活跃，技术创新企业所占比重为 80.1%，高于中型企业的 59.0%，是小微型企业的 1.6 倍。分登记注册类型看，港澳台资和外商投资企业创新较为活跃，开展技术创新的企业占比分别为 48.3% 和 47.8%，均高于内资企业的 39.4%。共有 12.6 万家工业企业成功实现了技术创新，占开展技术创新活动企业的比重达 83.2%；有 9.9 万家和 10.3 万家企业分别成功实现了产品创新和工艺创新，占开展技术创新活动企业的比重分别为 65.4% 和 68.2%。

在实现产品创新的工业企业中，有独立开发产品的企业占比达 89.2%；在实现工艺创新的工业企业中，有独立开发工艺的企业占比为 82.6%。在进行技术创新活动的工业企业中，67.7% 开展了自主研发活动。此外企业还开展了其他多种形式的创新活动，在进行技术创新活动的工业企业中，购买了机器设备和软件的企业占 67.4%，进行相关培训的企业占 35.5%，委托外单位进行研发和购买技术的企业分别占 10.6% 和 2.1%。

3. 高技术产业创新能力突出，在制造业中具有引领作用

2017 年，在全部规模以上制造业企业中，有 14.7 万家开展了技术创新活动，所占比重为 42.1%。其中共有 12.3 万家制造业企业成功实现了技术创新，占开展技术创新活动企业的比重达 83.5%；有 9.8 万家和 10.1 万家企业分别成功实现了产品创新和工艺创新，占开展技术创新活动企业的比重分别为 66.5% 和 68.3%。就创新活动类型看，在实现产品创新的全部规模以上制造业企业中，有独立开发产品的企业占比达 89.3%；在实现工艺创新的制造业企业中，有独立开发工艺的企业占比为 83.2%。在进行技术创新活动的企业中，68.1% 开展了自主研发活动。

在规模以上高技术产业企业中，有 2.2 万家开展了技术创新活动，所占比重为 68.5%。其中有 1.9 万家高技术产业企业成功实现了技术创新，占开展技术创新活动企业的比重达 86.2%；有 1.59 万家和 1.56 万家企业分别成功实现了产品创新和工艺创新，占开展技术创新活动企业的比重分别为 72.6% 和 71.3%。就创新活动类型看，在实现产品创新的全部规模以上高技术产业企业中，有独立开发产品的企业占比达 90.7%；在实现工艺创新的高新技术产业企业中，有独立开发工艺的企业占比为 85.7%。在进行技术创新活动的企业中，78.2% 开展了自主研发活动。可以看出，在创新的活跃程度、创新

成功率，以及自主创新占比方面，规模以上高技术产业的创新能力都极为突出，在制造业企业中具有引领作用。

4. 合作创新助力企业提升市场竞争力

合作创新是指企业与其他企业或机构共同开展技术创新活动，以充分获取创新信息或实现创新资源，尤其是优势资源的有效利用。2017年，在开展技术创新活动的20.1万家企业中，有合作创新的企业为13.1万家，占65.1%，表明合作创新已成为企业开展技术创新活动的重要方式。分企业规模看，企业规模越大，其创新过程越具开放性。在开展技术创新活动的小型、中型和大型企业中，合作创新企业占比分别为62.6%、68.4%和78.8%。

产学研结合是企业合作创新的重要形式。2017年，我国开展产学研结合的企业为5万家，占合作创新企业的比重为38.5%；其中与高等学校合作的企业占合作创新企业的比重为31.2%，与研究机构合作的企业占全部合作创新企业的比重为18.6%。

5. 员工对企业的认同感、高素质的人才和企业内部的激励措施等是影响创新成功的主要因素

2017年，在开展创新活动的29.8万余家企业中，分别有74.1%、73.1%和71.8%的受访企业家认为员工对企业的认同感、高素质的人才和企业内部的激励措施对于创新成功至关重要。企业创新激励措施方面，认可度较高的措施依次为增加工资或奖金（67.8%）、岗位调整或升职机会（59.0%）、培训或深造机会（47.5%）、汽车住房等物质奖励（20.5%）、股权或期权（18.3%）。

在创新的阻碍因素方面，分别有27.7%、18.9%、17.7%的企业家认为"缺乏人才或人才流失""创新成本过高""创新意识不强"是企业创新的主要障碍。

6. 创新政策实施效果基本得到企业家认可

调查涉及的10项创新相关政策基本得到企业家的认同，但仍存在提升空间。各项政策被企业家认为效果较明显的占比依次为：创造和保护知识产权的相关政策（43.0%）、企业研发费用加计扣除税收优惠政策（41.7%）、鼓励企业吸引和培养人才的相关政策（40.3%）、高新技术企业所得税减免政策（40.0%）、优先发展产业的支持政策（38.7%）、金融支持相关政策（37.5%）、关于推进大众创业万众创新的各项政策（36.4%）、企业研发活动专用仪器设备加速折旧政策（32.3%）、技术转让、技术开发收入免征增值税和技术转让减免所得税优惠政策（29.4%）、科技创新进口税收政策（25.2%）。

从导致政策效果不明显或无效果的原因看，在10项创新政策中，企业家均认为政策门槛较高、适用范围较小，宣传力度不够、知晓度较低是主要原因。以企业研发费用加计扣除税收优惠政策为例，企业家认为导致政策不明显或无效的三项主要原因为：不具备享受该政策的资格（68.1%）、不知道此政策（10.9%）、办理手续繁琐（8.1%）。

（二）不同所有制类型工业企业的创新活动比较

习近平总书记指出，抓住了创新，就抓住了牵动经济社会发展全局的"牛鼻子"。树立创新发展理念，就必须把创新摆在国有发展全局的核心位置。中国自 2010 年以来着力布局 21 世纪全球战略性新兴产业，正沿着创新性经济方向稳步发展，效果较为显著。改革开放以来，国有企业不断调整它在科技创新中的地位、功能和模式，而这一变化不是凭空编排，而是遵循我国经济发展规律和国有企业改革步调的。党的十八届三中全会明确提出，要强化企业在科技创新中的主体地位，发挥大型企业创新骨干作用，国有资本要服务于国家战略目标，支持科技进步。国有企业大多处于关系国家安全和国名经济命脉的重要行业和关键领域，必须承担起构建国家创新体系的主力军责任，必须在科技领域担当攻坚克难的排头兵，在战略前沿技术、重大基础技术和产业共性技术等领域取得重大突破。国有企业重大科技创新是创新驱动战略的必然要求，也是提升我国国家竞争力的必然要求。近年来，国有企业不断加大对创新的投入力度，通过科研经费投入的有效增长和科研人员培养来提高科技创新能力。取得了一大批具有自主知识产权的创新成果，在载人航天、绕月探测、载人深潜水、特高压电网，支线客机、4G 标准、高速动车等诸多领域取得了突破性的科技创新。本部分将对不同所有制企业创新活动和创新成就的情况进行总结和分析。

1. 不同所有制企业创新投入的比较

（1）研发机构和 R&D 活动

表 1 是 2013-2017 年不同所有制类型企业研发机构和 R&D 活动变化情况。

表 1　不同所有制类型企业的研发机构和 R&D 活动统计

年份	国有企业		私营企业		港澳台商投资企业		外资企业	
	有研发机构的企业数（个）	有 R&D 活动的企业数（个）	有研发机构的企业数（个）	有 R&D 活动的企业数（个）	有研发机构的企业数（个）	有 R&D 活动的企业数（个）	有研发机构的企业数（个）	有 R&D 活动的企业数（个）
2013 年	433	660	21319	26036	3910	5115	4980	6153
2014 年	351	581	24471	31354	4030	5428	5338	6552
2015 年	360	579	27058	37113	4391	5857	5426	6871
2016 年	294	490	31594	44485	5483	6730	6063	7709
2017 年	271	419	36034	53668	6497	7581	6211	7966

根据表 1 的统计数据，从有研发机构的企业数目来看，2013-2017 年有研发机构的国有企业数目由 433 个变为 271 个，平均下降速度为 10.63%；同时，私营企业中有研发机

构的企业数目由 21319 个增长为 36034 个，平均增长速度为 14.04%；港澳台商投资企业中有研发机构的企业数目由 3910 个增长为 6497 个，平均增长速度为 13.84%；外资企业中有研发机构的企业数目由 4980 个增长为 6211 个，平均增长速度为 5.75%。另外从有 R&D 活动的企业数目来看，2013-2017 年有 R&D 活动的国有企业数目由 660 个变为 419 个，平均下降速度为 10.54；同时，私营企业中有 R&D 活动的企业数目由 26036 增长为 36034，平均增长速度为 19.82%；港澳台商投资企业中有 R&D 活动的企业数目由 5115 增长为 7581，平均增长速度为 10.39%；外资企业中有 R&D 活动的企业数目由 6153 增长为 7966，平均增长速度为 6.72%。

（2）R&D 人员和 R&D 经费内部支出

表 2 是 2013-2017 年不同所有制类型企业研发机构和 R&D 活动变化情况。

表 2　不同所有制类型企业的 R&D 人员和 R&D 经费统计

年份	国有企业		私营企业		港澳台商投资企业		外资企业	
	R&D 人员（人）	R&D 经费内部支出（万元）	R&D 人员（人）	R&D 经费内部支出（万元）	R&D 人员（人）	R&D 经费内部支出（万元）	R&D 人员（人）	R&D 经费内部支出（万元）
2013 年	120504	3084397	742847	16901374	352698	7722329	459052	12428864
2014 年	120884	3257061	871485	20267614	372545	8522648	466689	12984803
2015 年	118095	3223698	939895	23635823	374799	9476506	432978	13538523
2016 年	105659	2839204	1071149	28005404	395713	10135514	432762	14057332
2017 年	92915	2134367	1188072	31880597	427185	11150543	422535	14748955

根据表 2 的统计数据，从 R&D 人员数目来看，2013-2017 年国有企业的 R&D 人员数目由 120504 人下降为 92915 人，平均下降速度为 6.15%；同时，私营企业的 R&D 人员数目由 742847 人增加为 1188072 人，平均增长速度为 12.51%；港澳台商投资企业的 R&D 人员数目由 352698 人增加为 427185 人，平均增长速度为 4.94%；外资企业的 R&D 人员数目由 459052 人下降为 422535 人，平均下降速度为 1.99%。另外从 R&D 经费内部支出来看，2013-2017 年国有企业的 R&D 经费内部支出由 3084397 万元下降为 2134367 万元，平均下降速度为 8.04%；同时，私营企业的 R&D 经费内部支出由 16901374 增加为 31880597 万元，平均增长速度为 9.63%；港澳台商投资企业的 R&D 经费内部支出由 7722329 增加为 11150543 万元，平均增长速度为 4.94%；外资企业的 R&D 经费内部支出由 12428864 增加为 14748955 万元，平均增长速度为 4.37%。

（3）非研发创新投入

由于创新是一个系统性的活动行为，而研发只是创新活动行为中的重要一环，因此，非研发创新这一概念主要是针对除研发以外的其他涉及创新活动的行为概括。一些学者从创新的具体实践过程出发，发现研发只是实现创新的途径之一，或者是实现创新的环节之一，除了研发之外，现实创新活动中还存在很多基于非研发的创新活动，这些创新活动或者本身就具有创新性，或者与创新的实现有关。可以从国有工业企业技术改造经费、引进技术经费、消化吸收经费和购买国内技术经费占总非研发支出的比重分析国有企业非研发创新的结构变化情况。

表 3 是 2013-2017 年是国有企业非研发创新（引进技术经费、消化吸收经费、购买国内技术经费、技术改造经费）的变化及占总非研发支出的比重水平情况。

表 3　国有企业非研发创新统计

年份	引进技术		消化吸收		购买国内技术		技术改造	
	经费总额（万元）	占比（%）	经费总额（万元）	占比（%）	经费总额（万元）	占比（%）	经费总额（万元）	占比（%）
2013 年	59438	2.05	33362	1.15	85381	2.94	2723227	93.86
2014 年	70273	2.17	21173	0.65	71922	2.22	3069702	94.95
2015 年	337859	14.12	25596	1.07	183034	7.65	1846243	77.16
2016 年	114210	7.33	158946	10.20	68098	4.37	1217682	78.11
2017 年	198316	11.01	151731	8.42	142436	7.91	1309311	72.67

从表 3 可以看到，2013-2017 年国有企业引进技术经费总额由 59438 万元增长为 198316 万元，平均增长速度 101.61%；同时，国有企业消化吸收经费总额由 33362 万元增长为 151731 万元，平均增长速度 125.20%；国有企业购买国内技术经费总额由 85381 万元增长为 142436 万元，平均增长速度 46.27%；国有企业技术改造经费总额由 2723227 万元下降为 1309311 万元，平均下降速度 13.41%。另外可以看到国有企业引进技术经费总额占比从 2013 年的 2.05% 增加为 2017 年的 11.01%；国有企业消化吸收经费总额占比从 2013 年的 1.15% 增加为 2017 年的 8.42%；国有企业购买国内技术经费总额占比从 2013 年的 2.94% 增加为 2017 年的 7.91%；国有企业技术改造经费总额占比从 2013 年的 93.86% 下降为 2017 年的 72.67%。对于国有工业企业来说，技术改造经费比重远远高于引进技术经费、消化吸收经费和购买国内技术经费所占比重。

2. 不同所有制企业创新产出的比较

（1）新产品销售收入

表 4 是 2013-2017 年是不同所有制类型企业新产品销售收入及占比的变化情况。

表 4　不同所有制类型企业的新产品销售收入统计

年份	国有企业		私营企业		港澳台商投资企业		外资企业	
	新产品销售收入（万元）	占比（%）	新产品销售收入（万元）	占比（%）	新产品销售收入（万元）	占比（%）	新产品销售收入（万元）	占比（%）
2013 年	30625353	2.38	228237348	17.77	140216756	10.92	306968508	23.90
2014 年	39011856	2.73	273564963	19.14	166090434	11.62	318280408	22.27
2015 年	38136865	2.53	326704530	21.66	203529344	13.49	284262905	18.84
2016 年	46783703	2.68	389675620	22.32	216260034	12.39	321390718	18.41
2017 年	47571230	2.48	428471495	22.37	260442342	13.60	320302834	16.72

从表 4 可以看到，2013-2017 年国有企业新产品销售收入由 30625353 万元增加至 47571230 万元，平均增长速度为 12.37%；同时，私营企业新产品销售收入由 228237348 万元增加至 428471495 万元，平均增长速度为 17.13%；港澳台投资企业新产品销售收入由 140216756 万元增加至 260442342 万元，平均增长速度为 16.92%；外资企业新产品销售收入由 306968508 万元增加至 320302834 万元，平均增长速度为 1.43%。从不同所有制类型的企业新产品销售收入的分布情况上来看，2013 年国有、私营、港澳台投资、外资企业的新产品销售收入占比分别是 2.38%、17.77%、10.92%、23.90%；2017 年国有、私营、港澳台投资、外资企业的新产品销售收入占比分别是 2.48%、22.37%、13.60%、16.72%。

（2）专利申请数和有效发明专利数

表 5 是 2013-2017 年是不同所有制类型企业专利申请数和有效专利发明数的变化情况。

表 5　不同所有制类型企业专利统计

年份	国有企业		私营企业		港澳台商投资企业		外资企业	
	专利申请数（件）	有效发明专利数（件）	专利申请数（件）	有效发明专利数（件）	专利申请数（件）	有效发明专利数（件）	专利申请数（件）	有效发明专利数（件）
2013 年	23124	10508	174650	74757	57155	31086	66367	43487
2014 年	23324	13468	202849	103775	56575	42508	71814	55244
2015 年	23633	17748	215465	128688	57439	58214	62939	59862
2016 年	22113	23393	237820	180490	60762	68740	65627	78574
2017 年	17360	19778	270129	231885	67597	81769	60909	81151

从表 5 可以看到，2013-2017 年国有企业专利申请数由 23124 件下降至 17360 件，平均下降速度为 6.43%；同时，私营企业专利申请数由 174650 件增加至 270129 件，平均增

长速度为 11.58%；港澳台投资企业专利申请数由 57155 件增加至 67597 件，平均增长速度为 4.39%；外资企业专利申请数由 66367 件下降至 60909 件，平均下降速度为 1.76%%。从有效发明专利数来看，2013-2017 年国有企业有效发明专利数由 10508 件增长至 19778 件，平均增长速度为 19.08%；同时，私营企业有效发明专利数由 74757 件增加至 231885 件，平均增长速度为 32.89%；港澳台投资企业有效发明专利数由 31086 件增加至 81769 件，平均增长速度为 27.68%；外资企业有效发明专利数由 43487 件增长至 81151 件，平均增长速度为 17.48%。

三、中国企业创新效率的地区差异

（一）工业企业创新效率测算的指标选择

1. 企业创新产出变量的选择

一般来说，衡量企业创新产出的变量主要有两种：一是最常见的专利指标，二是新产品的销售收入。但是，这两类指标也有其各自的优势和缺点。对于专利指标来说，其明显的优势在于信息涵盖量较大，能够较为全面的反应地区各种不同类别的创新产出。但其缺陷在于，很多企业为了防止技术外漏，因此对其创新产出没有进行专利申请，所以，专利指标中将这一类的产出给漏掉了。另外，大部分专利最终是无法实现经济效益的。而新产品销售收入指标可以在一定程度上克服专利指标所存在的缺陷，但由于这一指标考虑的仅仅是大中型企业的创新成果，因此，大量的中小企业的创新成果就被忽略了，导致创新产出水平被低估。由此可以，两个指标各有利弊。为了解决这一问题，可以同时将专利和新产品收入作为产出指标。并且，在选择专利指标统计数据时，考虑到由于专利从申请到授权存在时滞问题，以及专利授权机构的效率及主观影响因素所造成的偏差，我们选择专利申请量作为专利产出的衡量指标。另外，在使用新产品销售收入指标时，为了去除通货膨胀的影响，将工业品的出厂名义价格折算成以 1998 年的价格作为基期价格的实际价格。

2. 企业创新投入变量的选择

企业创新投入可以从 R&D 人力投入、知识资本两个方面来衡量。就 R&D 人力投入来说，一般有三个相关指标，包括科技活动人员、研发人员以及研发人员全时工作当量。这个三个指标中，科技活动人员的指标过于泛泛，可能与技术创新的直接相关性没那么强。研发人员则没有充分考虑工作人员的劳动强度问题，因此，可以选取研发人员全时工作当量作为技术创新的投入指标之一。此外，选取研发经费投入作为技术创新资本投入指标，考虑到实际的作用，本研究采取研发资本投资存量，而不是采用流量。并且，借鉴吴延兵（2006）的做法，对 R&D 资本存量进行测算。由于数据获得性及连续性的原因，本文在地区样本选择上排除了西藏、中国香港、中国台湾、中国澳门地区，并以其他 30 个省、自治区、直辖市 2006-2015 年的面板数据为研究样本。这些指标的数据来源于我国《工业企业科技活动统计年鉴》，各地区的研发经费也均按照 2000 年作为基准价格进行了相应处理。

（二）工业企业静态创新效率及区域差异分析

利用 2013-2017 年我国 30 个省、市、自治区的相关数据，使用 DEA 方法逐年计算得到了各个地区的工业企业静态创新效率，计算结果见表 6。

表 6　地区工业企业静态创新效率

地区	2013 年	2014 年	2015 年	2016 年	2017 年
北京	1.00	0.95	0.99	0.92	0.98
天津	0.82	0.98	0.84	0.91	0.92
河北	0.54	0.59	0.59	0.63	0.60
山西	0.40	0.44	0.37	0.49	0.55
内蒙古	0.30	0.30	0.26	0.39	0.33
辽宁	0.68	0.83	0.71	0.70	0.73
吉林	1.00	0.47	0.97	0.90	0.89
黑龙江	0.33	0.34	0.32	0.36	0.32
上海	1.00	1.00	1.00	0.99	1.00
江苏	0.80	0.77	0.83	0.85	0.89
浙江	0.98	1.00	1.00	1.00	1.00
安徽	1.00	1.00	1.00	0.99	0.97
福建	0.61	0.50	0.56	0.63	0.64
江西	0.60	0.73	0.74	0.72	0.75
山东	0.70	0.75	0.70	0.79	0.75
河南	0.47	0.75	0.71	0.80	0.82
湖北	0.61	0.72	0.69	0.25	0.70
湖南	0.89	1.00	0.97	1.00	1.00
广东	0.70	0.71	0.74	0.72	0.77
广西	0.69	0.96	0.73	0.74	0.70
海南	0.78	0.84	0.64	0.62	0.68
重庆	1.00	1.00	1.00	0.92	1.00
四川	0.78	0.77	0.76	0.74	0.78
贵州	0.69	0.76	0.70	0.70	0.74
云南	0.59	0.54	0.62	0.74	0.80

地区	2013 年	2014 年	2015 年	2016 年	2017 年
陕西	0.41	0.42	0.36	0.42	0.46
甘肃	0.68	0.73	0.71	0.77	0.78
青海	0.28	0.43	0.44	0.42	0.44
宁夏	0.66	0.81	0.52	0.77	0.70
新疆	0.76	0.92	1.00	0.69	0.72
均值	0.69	0.74	0.72	0.72	0.75
标准差	0.22	0.21	0.22	0.20	0.19

从表 6 的计算结果可以看到：从整体上来说，从 2013-2017 年，中国 30 个地区工业企业的创新效率呈现出一个逐步提高的趋势。同时中国 30 个地区工业企业创新效率的地区差距出现一个增加后降低的趋势。从中国 30 个地区工业企业创新效率的 2013-2017 年均值来看，工业企业创新效率最高的 5 个地区分别是上海、浙江、安徽、重庆、北京，其工业企业创新效率的 2013-2017 年均值分别为 1.00、1.00、0.99、0.98、0.97。从中国 30 个地区工业企业创新效率的 2013-2017 年均值来看，工业企业创新效率最低的 5 个地区分别是内蒙古、黑龙江、青海、陕西、山西，其工业企业创新效率的 2013-2017 年均值分别为 0.32、0.33、0.40、0.41、0.45。

表 7　三大地区工业企业静态创新效率描述统计

年份	东部地区		中部地区		西部地区		全国	
	均值	标准差	均值	标准差	均值	标准差	均值	标准差
2013 年	0.78	0.16	0.66	0.27	0.62	0.22	0.69	0.22
2014 年	0.82	0.15	0.68	0.25	0.70	0.23	0.74	0.21
2015 年	0.78	0.16	0.72	0.26	0.65	0.24	0.72	0.22
2016 年	0.63	0.40	0.35	0.16	0.35	0.20	0.68	0.66
2017 年	0.72	0.89	0.76	0.71	0.91	0.21	0.20	0.41

表 7 是 2013-2017 年中国东部地区（包括北京、天津、河北、辽宁、上海、江苏、浙江、福建、山东、广东、海南）、中部地区（包括山西、吉林、黑龙江、安徽、江西、河南、湖北、湖南）、西部地区（重庆、四川、贵州、云南、陕西、甘肃、内蒙、广西、宁夏、青海、新疆）静态技术创新效率的描述性统计分析的结果。从结果中可以看到 2013-2017 年东部地区的静态技术创新效率高于中、西部地区。东部地区的静态技术创新效率高于全国平均水平，中、西部地区静态技术创新效率低于全国平均水平。东部地

区内部之间静态技术创新效率的差距呈现一个不断下降的趋势，但中、西部地区内部之间静态技术创新效率的差距是在不断上升的。

（三）工业企业动态创新效率及区域差异分析

利用 2013-2017 年我国 30 个省、市、自治区的相关数据，使用 DEA 方法逐年计算得到了各个地区的技术创新的全国 30 个地区的 Malmquist 创新生产率指数及其分解结果。

表 8　地区工业企业 Malmquist 创新生产率指数

地区	2013-2014 年	2014-2015 年	2015-2016 年	2016-2017 年
北京	0.93	1.08	1.07	1.25
天津	1.10	0.89	0.91	0.93
河北	1.01	1.02	1.08	1.09
山西	1.06	0.88	0.96	0.90
内蒙古	0.91	0.90	0.98	0.94
辽宁	1.13	0.92	0.95	0.96
吉林	0.35	2.10	1.37	1.33
黑龙江	1.00	0.97	0.93	0.99
上海	0.93	1.06	1.76	1.19
江苏	0.96	1.10	1.69	1.97
浙江	1.05	0.98	1.72	1.65
安徽	1.03	1.08	0.96	0.90
福建	0.96	0.95	0.94	0.92
江西	1.09	1.06	1.12	1.24
山东	0.99	1.00	1.08	1.03
河南	1.42	0.94	1.03	1.11
湖北	1.10	1.00	0.91	0.92
湖南	1.03	1.00	1.17	1.16
广东	1.03	1.06	1.08	1.28
广西	1.20	0.80	1.07	1.09
海南	1.06	0.78	1.05	1.06
重庆	0.99	1.04	1.12	1.39
四川	1.00	1.05	1.05	1.06
贵州	1.13	0.98	1.23	1.24
云南	1.08	1.03	1.09	1.12
陕西	1.04	0.94	0.89	0.94

地区	2013-2014 年	2014-2015 年	2015-2016 年	2016-2017 年
甘肃	0.95	1.00	0.92	0.93
青海	1.54	1.13	0.90	0.91
宁夏	1.22	0.67	0.94	0.95
新疆	1.18	1.17	0.95	0.91
均值	1.05	1.02	1.10	1.11
标准差	0.19	0.23	0.24	0.24

从表 8 的计算结果可以看到，2013-2017 年我国 30 个地区 Malmquist 技术创新生产率指数的均值均超过了 1，说明从整体的平均水平来看，全国技术创新生产率在 2013-2017 年是在不断提高的。且 2013-2017 年我国 30 个 Malmquist 技术创新生产率指数的标准差呈现一个明显的上升趋势，全国技术创新生产率指数的差距是在不断增加的。

表 9　三大地区工业企业 Malmquist 创新生产率指数描述统计

年份	东部地区		中部地区		西部地区		全国	
	均值	标准差	均值	标准差	均值	标准差	均值	标准差
2013-2014 年	1.01	0.07	1.02	0.30	1.11	0.18	1.05	0.19
2014-2015 年	0.99	0.10	1.13	0.40	0.97	0.14	1.02	0.23
2015-2016 年	1.03	0.26	1.04	0.18	1.23	0.56	1.11	0.39
2016-2017 年	1.04	0.22	1.29	0.44	1.05	0.29	1.11	0.32

从表 9 的计算结果可以看到，2013-2017 年中国东部、中部、西部地区的 Malmquist 技术创新生产率指数大体都超过了 1，说明中国东部、中部、西部地区的技术创新生产率均在不断提高。但东部地区、中部地区、西部地区内部之间 Malmquist 技术创新生产率指数的差距在增加。

表 10　地区工业企业动态创新效率

地区	2013-2014 年	2014-2015 年	2015-2016 年	2016-2017 年
北京	0.95	1.04	1.26	1.15
天津	1.19	0.86	0.88	0.72
河北	1.09	1.00	1.02	1.03
山西	1.08	0.85	0.93	0.82
内蒙古	0.99	0.87	0.81	0.81

续表

地区	2013-2014 年	2014-2015 年	2015-2016 年	2016-2017 年
辽宁	1.22	0.85	0.75	0.72
吉林	0.47	2.07	0.92	0.64
黑龙江	1.03	0.92	0.92	0.94
上海	1.00	1.00	1.16	1.39
江苏	0.97	1.07	1.17	1.14
浙江	1.03	1.00	1.13	1.11
安徽	1.00	1.00	1.01	1.05
福建	0.99	0.94	0.92	0.92
江西	1.21	1.02	1.06	1.04
山东	1.07	0.93	1.13	1.09
河南	1.58	0.95	1.06	1.08
湖北	1.17	0.96	0.99	0.93
湖南	1.12	0.97	1.19	1.09
广东	1.02	1.03	1.01	1.14
广西	1.38	0.76	1.13	1.10
海南	1.08	0.76	0.65	0.73
重庆	1.00	1.00	1.08	1.06
四川	0.99	0.99	1.02	1.09
贵州	1.09	0.92	1.29	1.64
云南	1.09	0.96	1.41	1.32
陕西	1.02	0.87	0.92	0.94
甘肃	1.07	0.98	0.76	0.72
青海	1.52	1.03	0.82	0.86
宁夏	1.24	0.64	0.95	0.75
新疆	1.21	1.09	0.71	0.75
均值	1.10	0.98	1.00	0.99
标准差	0.19	0.23	0.18	0.22

从表 10 的计算结果可以看到，2013-2017 年我国 30 个地区动态创新效率整体来说，呈现出一个不断提高，且地区之间差距不断在缩小的变化趋势。

表 11　三大地区工业企业动态创新效率描述统计

年份	东部地区		中部地区		西部地区		全国	
	均值	标准差	均值	标准差	均值	标准差	均值	标准差
2013-2014 年	1.06	0.09	1.08	0.31	1.14	0.17	1.10	0.19
2014-2015 年	0.95	0.10	1.09	0.40	0.91	0.13	0.98	0.23
2015-2016 年	1.25	0.77	1.13	0.17	1.17	0.90	0.92	0.49
2016-2017 年	1.12	0.62	1.06	0.22	1.11	0.67	0.93	0.79

从表 11 的计算结果可以看到，2006-2015 年中国东部、中部、西部地区的动态创新效率大体都超过了 1，说明中国东部、中部、西部地区的动态创新效率均在不断提高。但东部地区和西部地区内部之间动态创新效率的差距在降低，但是中部地区内部之间动态创新效率的差距在增加。

表 12　地区工业企业创新进步率计算结果

地区	2013-2014 年	2014-2015 年	2015-2016 年	2016-2017 年
北京	0.98	1.04	1.08	1.03
天津	0.92	1.04	0.97	0.92
河北	0.92	1.02	1.03	1.07
山西	0.98	1.04	0.95	0.99
内蒙古	0.92	1.03	0.84	0.88
辽宁	0.93	1.08	0.88	0.91
吉林	0.74	1.01	0.86	0.99
黑龙江	1.03	1.06	0.92	0.93
上海	0.93	1.06	1.06	1.05
江苏	0.99	1.02	0.99	1.06
浙江	1.02	0.98	1.10	1.06
安徽	1.03	1.08	1.01	1.05
福建	0.97	1.01	0.97	0.98
江西	0.90	1.04	0.92	0.90
山东	0.93	1.07	0.97	0.94
河南	0.89	1.00	1.09	1.04
湖北	0.94	1.05	0.98	0.92
湖南	0.92	1.03	1.09	1.03
广东	1.01	1.03	1.08	1.05
广西	0.87	1.05	1.03	1.07
海南	0.98	1.02	0.99	0.92

地区	2013—2014 年	2014—2015 年	2015—2016 年	2016—2017 年
重庆	0.99	1.04	1.17	1.11
四川	1.01	1.06	1.02	1.17
贵州	1.03	1.06	1.11	1.20
云南	0.99	1.08	1.26	1.13
陕西	1.02	1.08	0.96	0.98
甘肃	0.89	1.02	0.91	0.93
青海	1.01	1.10	0.99	0.91
宁夏	0.98	1.05	0.97	0.90
新疆	0.98	1.07	0.98	1.03
均值	0.96	1.04	1.01	1.02
标准差	0.06	0.03	0.09	0.09

从表 12 的计算结果可以发现，2013—2017 年我国 30 个地区技术创新技术进步率呈现一个先增加后降低的趋势。地区技术创新技术进步水平的差距在 2013—2017 年呈现出一个不断增加的趋势。

表 13　三大地区工业企业创新进步率描述统计结果

年份	东部地区		中部地区		西部地区		全国	
	均值	标准差	均值	标准差	均值	标准差	均值	标准差
2013—2014 年	0.96	0.04	0.93	0.09	0.97	0.05	0.96	0.06
2014—2015 年	1.03	0.03	1.04	0.03	1.06	0.02	1.04	0.03
2015—2016 年	0.95	0.08	0.91	0.06	1.02	0.08	0.96	0.07
2016—2017 年	0.91	0.11	0.85	0.12	1.01	0.09	0.89	0.08

从表 13 的计算结果可以发现，2013—2017 年中国东部、中部、西部地区出现了技术创新技术进步水平下降的变化趋势。中国东部、中部、西部地区的技术创新技术进步水平在区域内部之间的差异在不断扩大的趋势。

四、中国企业创新的典型案例

(一) 中国航天科工集团公司的科技创新实践

1. 中国航天科技集团的概况

中国航天科技集团有限公司是在我国战略高技术领域拥有自主知识产权和著名品牌，

创新能力突出、核心竞争力强的国有特大型高科技企业集团，世界 500 强企业之一，成立于 1999 年 7 月 1 日。其前身源于 1956 年成立的国防部第五研究院，历经第七机械工业部、航天工业部、航空航天工业部、中国航天工业总公司和中国航天科技集团公司的历史沿革。

中国航天科技集团有限公司是我国航天科技工业的主导力量，国家首批创新型企业，辖有 8 个大型科研生产联合体、11 家专业公司、13 家境内外上市公司以及若干直属单位。主要从事运载火箭、各类卫星、载人飞船、货运飞船、深空探测器、空间站等宇航产品和战略、战术导弹武器系统的研究、设计、生产、试验和发射服务。科研生产基地遍及北京、上海、天津、西安、成都、深圳、中国香港等地。中国航天科技集团有限公司致力于发展卫星应用、信息技术、新能源与新材料、航天特种技术应用、空间生物等航天技术应用产业；大力开拓卫星及其地面运营、国际宇航商业服务、航天金融投资、软件与信息服务等航天服务业，是我国境内唯一的广播通信卫星运营服务商，我国影像信息记录产业中规模最大、技术最强的产品提供商。长期以来，为国家经济社会发展、国防现代化建设和科学技术进步做出了卓越贡献。

当前，中国航天科技集团有限公司正在加快推进航天强国建设，继续实施载人航天与月球探测、北斗导航、高分辨率对地观测系统等国家重大科技专项，启动实施重型运载火箭、火星探测、小行星探测、空间飞行器在轨服务与维护、天地一体化信息网络等一批新的重大科技项目和重大工程，积极开展国内外交流与合作，锐意创新，勇于开拓，努力为和平利用太空、造福全人类的伟大事业做出新的贡献。

2. 航天科技集团的科技创新

伴随着中国航天事业的蓬勃发展和航天强国建设步伐的逐渐加快，一道难题出现在航天科技集团面前：任务量爆炸式增长和人才、理论支撑相对匮乏之间的矛盾愈显突出。要破解这道难题，就要大胆创新管理。运用产学研模式探索企校合作的长效机制，是加快科技成果转化、发挥科技生产力作用的重要路径。航天科技集团落实创新驱动发展战略，利用一流的科研实力和完善的科研设施，建成了专业化、开放式、产学研结合的技术创新体系。目前，航天科技集团以掌握具有自主知识产权的关键核心技术为目标，制定了航天核心技术计划，取得了数百项标志性成果，有力地推动了以载人航天和月球探测工程为代表的国家重大航天科技专项的立项研制。

说产学研是杯咖啡，是因为它香，它确实让合作中的各方都尝到了甜头。除了直接应用在工程中的理论支撑和技术创新之外，产学研最大的附带产品就是高质量人才。人才是创新的根基，创新驱动的实质是人才驱动。20 年来，航天科技集团在人才聚集和培养上下足了功夫，靠人才促创新，以创新促发展。为打破人才困境，航天科技集团创新人才培养机制，着力营造激励创新创造、鼓励干事成事的人才成长环境。特别是党的十八大以来，航天科技集团始终坚持党管人才原则，坚持把重大工程任务作为人才施展才华、提升能力的实践平台，注重在重点型号研制、重大技术攻关中考察发现人才、培养人才。青年是建设航天事业的主力军。为留住人才，航天科技集团开辟高校毕业生就业的绿色通道，让不少硕士、博士在参与航天联合研究的过程中找到了自己的位置，也提前进入了角色。"扶上马，送一程。"进入航天队伍之后，青年人的"绿色通道"并没有收窄，反而是不断拓宽。对于工作业绩突出、发展潜力大的青年人才，航天科技集团敢于打破年龄和资历限制，及时把他们推到总指挥和总设计师岗位，促进他们快速成长，让青年在创新思维最活跃、创新能力最旺盛的黄金期得以重用。

航天科技集团坚持发展自主知识产权的核心技术、培育自主创新能力，为知识产权强国建设和航天强国建设提供了有力支撑。截至目前，航天科技集团累计获中国专利金奖6项、银奖2项、优秀奖74项，申请专利5.1万件，授权有效专利2.4万件。这些技术倘若能够成功转化为现实生产力，将为国民经济发展作出可观贡献。党的十八大以来，知识产权与科技成果转化成为航天科技集团着力推进的一项重点工作。2014年，航天科技集团印发《关于加强知识产权转化应用激励的指导意见（试行）》，促进职务发明人和转化团队奖酬落实；2016年，航天科技集团全面贯彻落实全国科技创新大会精神，再度印发《加强科技创新若干意见》，对转化工作进行全面部署。2016年4月，航天科技集团成立航天专利基金，为所属单位转化项目提供资金支持。2017年8月，航天科技集团在原知识产权中心的基础上，增加职能设立知识产权与科技成果转化中心。中心建立了知识产权、运营管理、专家顾问和外部支持等4支队伍，全面支撑保障集团公司转化工作。在2018年召开的航天科技集团技术创新工作会上，航天科技集团党组书记、董事长吴燕生指出，回顾过去，我国航天事业创立以来，都始终把自主创新作为发展的战略。历届党组都以极大的信心和勇气持之以恒、坚持不懈地推动自主创新工作，走出了一条具有航天特色的创新发展道路。

当前，中国特色社会主义进入新时代，面对新形势、新要求，持续推进科技创新意义更加重大、影响更加深远。自主创新是实现中华民族伟大复兴的必然要求，是航天科技集团在新时代的使命担当，是世界一流航天企业集团竞争实力的具体体现。中国人生活在航天技术营造的"奇幻"生活里，不过半个世纪有余。从航天特车到抗震神器，从北斗导航到航天蔬菜，航天科技集团让中国乃至世界人民记住了"中国航天品牌"。这种创新已经成为航天科技集团成立20周年来的常态。凡是过往，皆为序章。新时代，新目标，新征程，航天科技集团将在自主创新发展上迈向新的台阶。知识产权创造、保护、运用、管理是创新的良药。航天科技集团坚持发展自主知识产权的核心技术、培育自主创新能力，为知识产权强国建设和航天强国建设提供了有力支撑。

（二）华为开放式创新及其成功途径

今天的华为需要仰视，然而20年前，华为也不过是2万元起家的深圳小厂。20多年的成长道路婉转曲折、生死跌宕。快速做大做强，是每一个中小企业的成长梦想。在这个过程中是封闭固守、循规蹈矩；还是开放创新、借势整合，华为给出了一个完满的答案。开放式创新作为一种新型的创新模式，对致力于自主创新的中国企业具有强大的吸引力。华为作为国内通信产业的领导者，能够与国际一流的通信企业进行开放式创新的交流与互动，主要依托有效的商业模式作支撑。研究华为利用价值网络进行开放式创新的做法及经验，为国内期望参与开放式创新的企业具有一定的借鉴意义。目前，许多需要创新以及正在创新的企业面临着两个重大的转变，一是竞争格局的变化，全球竞争日趋激烈的同时，联系也更加紧密。另外创新本身也在发生着变化，即创新的来源和创新的方式都发生了变化。这些变化主要来自于信息技术的发展和经济全球化的蔓延，同时催生了企业商业模式和创新模式的进化。创新的目的就是将技术和发明通过有效的商业模式实现其价值，价值网作为一种开放性的商业模式，是与开放式创新紧密联系在一起的，所以讨论基于价值网的开放式创新是十分有意义的。

1. 开放式创新的起源

在信息化和全球化尚未普及的时代，进行技术创新的企业大多是依靠自身积累的创新资源在企业内部设立研发部门完成创新活动，而能够进行创新的企业必然是具备较强资金实力、市场占有率和创新资源的大型企业，像美国著名的电话电报公司，Sun 公司。大型企业较强的技术创新能力以及庞大的研发部门为其储备了大量的创新成果。有些成果被搁置下来，直到被替代也无法实现其市场价值，而企业所投入的研发成本也随之成为沉没成本。但是，交通及信息技术的发展使得任何有意向进行创新的企业获得创新资源的成本逐步降低，创新网络正在逐步形成，大学、企业、科研院所之间形成了紧密的合作关系。之前拥有庞大的研发机构和研发成果的企业在创新成本上的优势逐渐缩小，在创新成果的领先性上也甚为堪忧。于是，像 IBM、思科、宝洁这样的大公司开始考虑利用外部的创新资源开发产品，那些长期被搁置没有产生经济效益的成果，被出售给第三方或者吸引风投机构成立新的公司，此种研发模式被称为开放式创新。而开放意味着更多的风险，大型企业在开放式创新中的优势不仅体现在拥有丰富的创新资源上，更体现在他们面对众多类型的创新合作伙伴，有足够的能力识别和挖掘伙伴带来的技术是否有价值，能否获得市场上的成功。这源于大型企业长期跟踪技术发展趋势、洞悉市场需求积累下来的经验。

2. 开放式创新成功的关键

由于开放给了企业更多的获得技术进步的机会，很多企业可能对开放式创新趋之若鹜但又显得力不从心，尤其是对中国目前大多数创新能力不强的企业，他们并不像世界一流企业那样有机会选择种类较多的外部合作伙伴，可以进行交换和共享的创新成果也为数不多，他们不是无法得到既得的利益，就是因管理不当丧失很多合作伙伴。契斯伯鲁教授提出，有效的商业模式是实现创新成功的必经之路，开放式创新不仅仅涉及外部资源的获得和使用，还涉及内部知只的利用（研发和市场推广）。企业内外技术的整合意味着行业边界正在移动甚至消失（比如电信、信息、娱乐和多媒体行业之间的界限）。企业合作的基本前提是抓住新的商业机会、分摊风险、集中具有互补性的优势并最终实现协同效果。因此，开放式创新并不是所有企业都能一蹴而就的创新模式，其来源于长期的创新资源的积累和外部合作伙伴的经营。

3. 价值网之于开放式创新的重要性

价值网络是契斯伯鲁教授提出的有效的商业模式中的重要一环，它明显地减弱了企业与外部创新环境的边界，并且越来越注重企业对核心能力的培育。价值网络之所以成为进行开放式创新的必要模式，原因在于以下几个方面：

满足开放式创新的信息共享。价值网的基础是全球经济的迅速蔓延和信息技术的飞跃发展。在相对封闭的时代，企业只要掌握一定的知识就能够创造出近乎垄断市场的价值。如果其他人掌握了这些知识，也可以运用这部分知识来与其创造者进行竞争。这也是目前大多数中国企业为何一直走在引进——模仿创新模式下的原因：以为只要掌握了一种技术，就可以与所有竞争者平分秋色。殊不知，在高速变化的时代，知识的老化速度加快，知识的生命周期缩短。竞争形势已经转变为要利用现有知识快速、有效地与他人建立联系，共同创造新知识。企业应该利用自身有价值的知识获得进入知识库的权利，价值网路就提供了这样一个拥有成百上千个参与者的知识库系统。企业获得新知识的同时，更需要与各种各样的专家和创新机构建立紧密的关系以使得创新成果成功的进入市场。

合理配置创新资源。开放式创新的基本前提是无论制造商位于何处，都可以充分利用产品和流程的创新。因而制造商们需要将他们的客户、战略合作伙伴、供应商与他们的内部团队集成到涵盖产品生命周期的全球价值网中。通过价值网配置企业内外部资源，将企业与市场的界限打破，从创新价值最大化的角度考虑资源的配置。同时，价值网本身也是一种宝贵的资源，它是在企业长期的供需关系中逐渐形成的，它允许网络组织成员对其进行使用和开发，而竞争对手却难以模仿或替代，这种独特的网络资源也构成了企业的核心竞争力。

降低企业创新风险。通过前瞻性的管理价值网并确保在产品开发的早期就让关键参与方参加到设计过程中，制造商能够更好地保证产品在市场上取得成功。通过让供应商、签约制造商、客户和其他内部部门参与到产品开发过程中，企业能获取最佳的理念和最新的观点。如果未能在开发初期获得他们的意见，企业则可能在后面的阶段中因设计变更而承受巨大的成本，更糟的是新产品不能满足客户的需求或产品收入未达到预期值。

加速创新成果的产业化。通过对技术创新过程的研究发现，新技术从发明到实现商业化，期间总是有很长的沉默期，新技术的发明者通常不是最先从技术商业化中获利的人。之所以会出现这种情况，一个原因是在把新的科研成果转化为新产品的过程中存在着很多困难，有的成果甚至因为不符合企业的发展方向或者得不到企业的足够重视而被埋没。而企业固有的传统思想还桎梏着其对自有知识产权的保护，宁可技术埋没在内部，也不会到外部主动寻求实现价值的渠道。基于价值网络的企业间的合作关系，使得企业能够对行业共性技术或关键技术有充分的掌握，对其他企业的技术需求有较全面的分析。并且基于价值网内所有企业互利共赢的思想，企业将被搁置的创新成果以转让、授权、合作开发等多种形式转让到其他企业，而不仅仅是基于短期盈利的目的。

4. 华为开放式创新的启示

价值网为企业进行开放式创新提供了一个有效的平台，华为利用价值网络搭建了与国内外行业企业开放式的创新交流与合作平台，但是对于其他企业来说，价值网络或许已经存在，但却未被企业发现、利用和整合。通过对华为进行开放式创新的实践研究，企业可以抓住参与开放式创新需要完成的准备工作，帮助完善企业价值网络，拓宽创新渠道。

开放式创新的成功在于只要向发明技术的公司提供一笔费用就可以很容易地使用这项新技术，并取得新的创新成果。但是如果企业内部缺乏专业知识储备和经验积累，仅仅依赖外部创新资源实现成功的创新是很困难的。华为可以轻松利用外部技术的能力主要是来源于长期的技术能力积累，华为每年坚持投入销售收入的 10% 以上在研发上，主要是在西方公司的成果上进行一些功能、特性上的改进和集成能力的提升，更多的是表现在工程设计、工程实现方面的技术进步。对于所缺少的核心技术，华为通过购买和支付专利许可费的方式，实现了产品的国际市场的市场准入，并在竞争的市场上逐步求得生存，这比绕开这些专利采取其他方法实现，成本要低得多。

在全球专利竞争中，华为公司已从 2G 时代的跟随者，跃进为目前全球 5G 的领跑者之一。这一路径演绎，可以反映华为对待"全球创新资源"的整合思路。华为认为，开放式创新在运行的过程中需要调动许多的参与者，追求的是分散式创新、协作式创新和累积式创新。要调动如此广泛的参与者，要以开放心态看待和整合业界的各种资源，技术重要，管理整合资源带来的市场成功更重要。价值网从更高层次上对企业间的关系进行实用化的系统思考，将链式思维提升到网状思维。

在公司技术能力积累的基础上，华为建立了全球化的研发、营销和服务体系。在经销渠道上，华为与 3COM、西门子、NEC 等结盟，借助自身的技术积累做研发和产品，利用对方在美国欧洲及日本的渠道，通过双方互补资源，快速进入欧美日主流高端市场；在技术上，华为与西门子成立合资公司，共同进行 TD-SCDMA 的研究。富士通、英特尔、诺基亚等跨国公司都是华为的技术伙伴。目前，华为已在德国、瑞典德哥尔摩、美国达拉斯及硅谷、法国、意大利、俄罗斯、印度班加罗尔及中国等地设立了 16 个研究所，建立了一套完整的全球研发体系。2012 年，华为加强了在欧洲的投资，重点加大了对英国的投资，在芬兰新建研发中心，并在法国和英国成立了本地董事会和咨询委员会。

华为还与全球前 50 位运营商中的 36 家展开技术合作,建立了近 20 个联合创新中心。在市场上,华为通过入股电信运营商的方式,结成战略性关系。与跨国公司的合作使华为在技术水平、市场能力、管理能力等多个优势不足的领域得到提升。

传统的创新模式之所以可以成功,在于企业可以预测市场的需求,顾客的个性化需求尚未充分展现,而企业的创新才是引领市场变化的龙头。但是如果要想在开放式创新模式下取得成功,企业需要比竞争对手更加了解顾客的需要,并从客户那里学到更多的东西。对价值网的投入可以使企业更加关注市场和顾客的需求,使研究方向和研究内容更具远景。华为要求技术人员不能只对项目的研发成功负责,而要直接对产品的市场成功负责。无论是产品的核心技术开发还是外观设计都是如此。为避免研发人员只追求技术的新颖、先进而缺乏市场敏感,华为坚持研发战略要从"技术驱动"转变为"市场驱动",并作出规定,每年必须有 5% 的研发人员转做市场业务,同时有一定比例的市场人员转做研发。

价值网会帮助企业充分挖掘开放式创新的潜力,但是要实现开放式是创新对于成长性的中国企业来说还有很多困难要克服,虽然他们可以透过价值网提高创新成功的可能性,但却也可能导致更多的合作伙伴加入。因此,企业需要摆脱传统创新思想的束缚,利用价值网寻找实现技术价值最大化的商业模式,同时专注于技术积累和知识产权的利用。那么,企业会在这种新型的创新模式中做出一番事业。

(三) 哈尔滨电气集团有限公司引进消化吸收再创新的启示

1. 哈尔滨电气集团有限公司的概况

哈尔滨电气集团有限公司(简称"哈电集团")是由国家"一五"期间苏联援建的 156 项重点建设项目的 6 项沿革发展而来,是为适应成套开发、成套设计、成套制造和成套服务的市场发展要求,最早组建而成的我国最大的发电设备、舰船动力装置、电力驱动设备研究制造基地和成套设备出口基地,是党中央管理的 51 户关系国家安全和国民经济命脉的国有重要骨干企业之一。哈电集团从诞生的第一天起,就肩负起了"承载民族工业希望,彰显中国动力风采"的历史使命。几十年来,作为共和国装备制造业的长子,哈电集团恪守使命,模范地履行着中央企业的政治责任、经济责任和社会责任,紧紧依靠科技创新不断提升核心竞争力,很好地发挥了中央企业的带动力和影响力,走出了一条独具特色的"引进、消化、吸收、再创新"的成功之路,实现了我国发电设备制造水平和自主创新能力的新跨越,实现了发电设备由中国制造向中国创造的转变,为国家电力建设作出了重大贡献。

60 多年来,哈电集团一直致力于中国装备制造业的振兴与发展,已形成核电、水电、煤电、气电、舰船动力装置、电气驱动装置、电站交钥匙工程等主导产品,核心技术能力达到世界先进水平。目前,拥有 1 个国家级企业技术中心,3 个国家工程(技术)研究中心（国家水力发电设备工程技术研究中心、发电设备国家工程研究中心、国家防爆电机工程技术研究中心）、2 个国家重点实验室（水力发电设备国家重点实验室、高效清洁燃煤电站锅炉国家重点实验室）以及 4 个博士后工作站和 2 个院士工作站，截至 2016 年底有效专利 1934 项，发明专利 386 项。截至 2016 年末，哈电集团注册资本 19.9 亿元，资产总额 720 亿元；从业人员 2.55 万人，其中专业技术人员 1 万余名（院士 1 人、享受政府特贴 122 人）。累计生产发电设备 3.9 亿千瓦，装备了海内外 500 余座电站，出口到亚洲、非洲、欧洲及南美等 40 多个国家和地区。哈电集团科技发展按照"自主创新、重点跨越、支撑发展、引领未来"的方针，遵循"自主研发、引进消化、博采众长、创新跨越"的技术路线，通过"建体系、换机制、投资金"，达到"出人才、出成果、出效益"。发挥技术创新主体的作用，以市场为导向，坚持产学研结合，加大洁净高效发电技术的开发与应用，在发电设备生产与进步的关键技术上，实施重点突破，实现企业的跨越式发展。

2. 哈电集团自主创新的历程

从建厂之日开始，哈电集团就可是了技术探索工作。可以说，哈电集团的自主创新历程就是中国发电设备行业创新发展历程的一个缩影。在 70 年的自主创新历程中，哈电集团按照自主研发、引进消化、博采众长、创新跨越的科技发展方针，发挥企业技术创新的主体作用，以市场为导向，坚持产学研合作，加大洁净高效发电技术的开放与应用，在发电设备生产与进步的关键技术上，实施重点突破，实现了企业的跨越式发展。总的来说，哈电集团自主创新发展历程，总体上经历了四个时期：

苏联援建创始期（1951-1960 年）。20 世纪 50 年代建厂初，哈电集团全面引进苏联水火电机组设计制造技术，形成了从 5 万-10 万千瓦高压及超高压水电机组和 10 万等级以下水电机组，制造完成了新中国第一台新安江 7.25 万千瓦大型混流式水轮发电机组，开创了国内发电设备设计制造的先河。

自力更生发展期（1961-1980 年）。在充分消化吸收苏联引进技术的基础上，哈电集团大胆创新，自主设计制造了国内首台云峰 10 万千瓦水轮发电机组（荣获国家质量银牌奖）；刘家峡 30 万千瓦双内冷水轮发电机组、葛洲坝 12.5 万千瓦轴流转桨式水轮发电机组（荣获国家质量金牌奖、国家科技进步特等奖）。

引进技术优化期（1981-2000 年）。哈电集团加大与国际知名跨国公司的交流与合作，自主开放、合作制造了一系列具有国际水平的产品，当时世界上单机容量最大、国内推力负荷第一的水口电站 20 万千瓦高水头轴流式水电机组；当时国内运行单机容量最大的二滩电站 55 万千瓦水电机组；试制完成中国首台 60 万千瓦亚临界火电机组；6500 兆伏安冲击式发电机填补了我国在该项技术领域的空白。

全面合作提升期（2000-至今）。进入 21 世纪，哈电集团瞄准发电设备国际领先技术，加大与国际知名企业的合作力度，先后掌握了 9FA 重型燃机及蒸汽—燃气联合循环机组制造技术、60 万千瓦超临界火力发电三大主机技术、60 万及百万千瓦超临界火力发电三大主机技术、30 万千瓦大型循环流化床锅炉技术以及湿法脱硫和脱硫技术等等。哈电集团不断强化科研体系建设，创新科研管理机制，积极构建由基础研究/上游技术层、新产品开发层、制造技术层等构成的多层次一体化研发体系。哈电集团建立了发电设备国家研究中心，以及国家水力发电设备工程技术研究中心、水力发电设备国家重点实验室两个国家级研发机构，新增两个博士后工作站。新建立的燃机院士工作站，成为黑龙江省第一个企业院士工作站。哈电集团拥有各类专业技术人员 9655 人，高级专家 40 人。其中中国工程院院士 2 人，先后有 74 人享受国务院政府特殊津贴，百千万人才工程 4 人，博士及博士后 23 名。

目前，哈电集团累计完成各类科研课题 1131 项。其中，完成重点科研项目、新产品研制等科研课题 370 项。先后承担国家科技支撑计划 1000MW 超超临界空冷汽轮机的研制、1000MW 水轮发电机组的研制、500MW 超临界循环流化床锅炉；国家 863 计划项目"F 级中低热值燃料燃气轮机关键技术与整机设计研究"和国家科技支撑计划项目"1000MW 水力发电机组研究"、燃煤锅炉复合分级超低 NOx 排放燃烧技术、F 级中低热值燃料燃气轮机关键技术与整机设计研究、整体煤气化联合循环显热回收关键设备的研制等 6 项国家级项目；国家核电重大专项项目高温气冷堆核电站示范工程蒸汽发生器设备制造技术研究、大型先进压水堆核电站蒸汽发生器制造技术。累计获得国家、省部级、市级科技成果近百项，其中省部级以上成果 80 余项，"超超临界燃煤发电技术的研发和应用"和"超临界 600MW 火电机组成套设备研制与工程应用"获国家科技进步一等奖。

3. 哈电集团引进消化吸收再创新

哈电集团自主创新的最大特色就是基于引进消化吸收基础上的再创新，通过直接引进国外先进技术，增强技术积累，缩小了与发达国家的技术差距，再通过消化吸收再创新的方式，培育和形成自主创新能力，开发和发展自主创新技术，从而保证企业和世界强者同台竞技。自主创新，已成为哈电集团不竭的动力之源。这个有着 60 多年发展历程的老牌国有企业，凭借多年来在重点领域和关键环节的自主创新，不断拓展新市场，焕发出新的生机和活力，奏出了老工业基地振兴的最强音。哈电集团正在成为引领世界装备制造业不断前行的动力航母，不断践行着"为世界提供动力，为人类带来光明"的使命。从苏联援建，到模仿制造；从引进技术，到哈电"智"造。陪跑、跟跑、并跑，直到现在很多领域的世界领跑。60 余载光阴岁月，哈电集团的历史就是一部老牌国企通过自主创新不断适应市场需求变化、奋勇前行的历史，更是共和国科技事业"引进、消化、吸收、再创新"成功模式的典型代表。

60 多年来，哈电人用不懈的努力和殷实的成果书写着民族工业从无到有、由弱到强、从小到大的历史，实现了装备制造业从"中国制造"到"中国创造"的跨越。水轮发电机组单机容量从始建之初的 800 千瓦到现在的 1000 兆瓦；常规火电汽轮机及发电机组单机容量从 25 兆瓦提高到现在的 1000 兆瓦以上等级；锅炉产品从当初的 6000 千瓦中压发展至现在的 1100 兆瓦超超临界，实现了质的飞跃；核电产品实现了核岛内核心部件的配套制造，常规岛汽轮机、发电机的单机容量从起步的二代 650 兆瓦发展到三代的 1250 兆瓦，具有自主知识产权的"华龙一号"核电产品也将喷薄而出；30 兆瓦燃气轮机的成功制造打破了西方国家的垄断；舰船主动力装置一枝独秀，为中国海军驶向蓝海捍卫国家主权提供了不竭动力。哈电集团用持续的自主创新创造了数百个国内第一，在中国发电装备制造业发展的各个历史时期树起一座座丰碑，彰显出央企敢为天下先的博大胸襟和勇于担当的共和国装备制造业"长子"风范。经过 60 多年的发展，哈电集团形成了煤电、核电、水电、气电、船舶动力装置、电气驱动装置、电站交钥匙工程等为主导产品的产业布局，为推进中国装备制造业发展提供了不竭动力。

2011 年，发生在日本福岛的核泄漏事件让人谈"核"色变，发展更加安全可靠的三代核电成为世界各国共同的现实选择。AP1000 作为美国西屋电气公司开发的第三代核电技术，采用非能动安全系统保障安全，是目前全球核电市场中最安全、最先进的商业核电技术。自 2008 年哈电集团引进 AP1000 技术以来，我国核电产业经历了引进、消化、吸收、再创新的发展过程，实现了从无到有，从弱到强的蜕变。2015 年 11 月，哈电集团核电生产取得两个新突破，一是制造的第 5 台 AP1000 核电辅机设备——田湾核电站 3 号机密封油系统集装和氢气控制系统顺利发运；二是田湾 3 号机定子端部灌注胶工作顺利完成，验证了哈电集团对三代核电技术和装备国产化的成功，哈电集团核电产品国产化制造技术走向成熟，也标志着我国 AP1000 核电装备制造能力的进一步提升。通过对 AP1000 技术的不断优化创新，哈电集团已逐步成为我国核电"走出去"主打品牌——"华龙一号"的重要成员，堆型相匹配的具有完全自主知识产权的大容量半转速核电汽轮机，为中国核电"走出去"提供了强劲动力。2016 年 7 月 11 日，哈电集团"华龙一号"汽轮发电机组设计方案通过中国核能行业协会专委会评审。2016 年 8 月 29 日，哈电集团自主设计、制造的国家科技重大专项 CAP1400 主泵屏蔽电机样机成功交付发运，标志着哈电集团已完全掌握 CAP 系列主泵屏蔽电机制造、检验和试验的关键技术。拥揽着"AP1000、华龙一号、CAP1400 等系列核电产品的研发制造"的成果，拥揽着"三门、海阳 AP1000 核电汽轮发电机组非核冲转相继取得成功"的业绩，拥揽着"VVER 型百万核电机组 MSR 自主化研发国际领先的技术"，哈电集团再树三代核电技术发展的里程碑，成为国内唯一一家同时具备设计、制造 CAP1400 核电轴封主泵和屏蔽主泵电机资质和能力的企业。

2016 年，以中国工程院院士、哈尔滨工业大学教授秦裕琨为组长的专家鉴定委员会对哈电集团"66 万千瓦超超临界二次再热锅炉研制及应用"项目进行成果鉴定。专家一致认为该项目"达到世界领先水平"，标志着哈电集团自主研发的高参数二次再热锅炉获得圆满成功。特别令业界振奋的是，由哈电集团提供锅炉设备的华能安源和莱芜两个电厂均传出喜讯，安源电厂平稳运行一年各项指标均优于保证值，莱芜电厂创世界火电机组综合指标最优，两个机组都成为世界绿色煤电的标杆示范机组。

二次再热这项技术以其复杂性和特殊性著称。所谓二次再热，是指汽轮机超高压缸排汽经过一次中间再热后进入高压缸，高压缸排汽经过二次中间再热后再进入中压缸做功。从汽轮机循环效率角度分析，二次再热技术提高了汽轮机循环的平均吸热温度，使热效率进一步提高约 2%，成为提高火力发电机组热效率切实可行的有效手段，同时此项技术实现了二氧化碳减排约 3.6%，具有高效率、低能耗、低排放等优势，是大型燃煤机组的发展方向。二次再热技术的成功，为 700 摄氏度成员的哈电集团深入研究 700 摄氏度超超临界发电技术提供了强有力的技术支撑。

在华能安源项目之前，我国没有二次再热机组。安源电厂 2 台 66 万千瓦超超临界二次再热机组是国内第一个应用二次再热技术的发电项目，哈电集团为华能集团提供了当时世界上参数最高的二次再热超超临界锅炉。2015 年华能安源 66 万千瓦超超临界二次再热 1 号、2 号机组顺利通过试运行，充分印证了哈电集团二次再热发电技术的可靠性和先进性，标志着我国第一座二次再热电厂建成投运，开启我国二次再热发电技术新纪元。华能安源项目投运后，锅炉主汽压力达到 32.45 兆帕，主蒸汽温度 605 摄氏度，两级再热系统的热力性能表现优越，一次、二次再热汽温均达到 623 摄氏度高效运行参数。2016 年 8 月，安源二次再热机组平稳运行一年后，性能考核试验传来了令人振奋的成绩单，各项指标均优于保证值。1 号、2 号机组锅炉效率分别为 94.61%、94.34%，均高于保证值 93.8%，分别提高 0.81% 及 0.54%，标志着两台机组供电煤耗比保证值再降低了 2.64 克/千瓦时、1.77 克/千瓦时。华能莱芜电厂 168 小时试运行的成功，为二次再热技术作了更好的诠释。2015 年 12 月 23 日，华能莱芜电厂百万千瓦二次再热超超临界塔式锅炉 1 号机组顺利通过 168 小时试运行后，2016 年 11 月 9 日，华能莱芜百万千瓦超超临界二次再热 2 号机组锅炉一次性满负荷通过 168 小时试运行，再次印证了哈电集团二次再热技术的可靠性和先进性。主蒸汽压力达到 32.9 兆帕，主蒸汽温度达到 605 摄氏度，一次、二次再热汽温均达到 623 摄氏度，是目前我国乃至世界唯一达到 623 摄氏度运行参数的百万千瓦二次再热锅炉，锅炉效率超过 95.3%。该锅炉机组还创造了"水压试验压力最高、从水压试验到机组点火吹管用时最短、从并网发电到完成 168 小时试运用时最短"等多项纪录。按照年运行 5500 小时计算，与常规百万千瓦超超临界一次再热最优机组相比，一台机组每年可节约标准煤 9.74 万吨（约等于 13.6 万吨原煤），相当于 2273 节火车皮装载煤量；二氧化碳减排 27.5 万吨，相当于约 10 个故宫那么大面积的森林一年吸收的二氧化碳量；二氧化硫减排 102 吨，氮氧化物减排 94 吨。机组节能减排效果更加突出，创造了可观的经济效益和社会效益。

目前国内投运的二次再热电厂有 3 个，华能安源电厂 66 万千瓦机组、华能莱芜电厂百万千瓦机组和国电泰州电厂百万千瓦机组，前 2 个电厂的锅炉机组均为哈电集团设计制造。有了安源和莱芜项目的积淀，哈电集团在二次再热领域技术更加成熟，优势更加明显。目前，全国共有 14 个二次再热项目，哈电集团一举囊括了江西丰城、神华清远两个项目的三大主机成套设备合同，哈电集团所属企业哈尔滨锅炉厂有限责任公司拿到 7 个项目，市场占有率 50%，领跑二次再热市场。

2019 中国企业信用发展综合评价与分析报告

2019 中国企业信用发展分析研究和发布活动，是自 2011 年连续第 9 次针对中国企业信用发展状况进行的分析研究工作，并在此基础上，评价产生了 2019 中国企业信用 500 强、中国制造业企业信用 100 强、中国服务业企业信用 100 强、中国民营企业信用 100 强和中国上市公司信用 500 强。

中国企业信用评价模型是以企业的信用环境、信用能力、信用行为三个方面，综合企业的收益性、流动性、安全性、成长性等各项指标，采取以定量评价为主导、定量与定性评价相结合，以效益和效率为核心的多维度、趋势性分析研究，是企业综合信用状况和经营实力的客观体现。其中，信用环境、信用能力的数据采集时效是以 2016-2018 年（或以企业财年）的数据或信息为依据；信用记录时效是以 2018 年 10 月 1 日至 2019 年 9 月 30 日的信息为依据。本报告所采集的信息数据来源主要有以下三种渠道和方式：一是通过公开的信息获得；二是企业自愿申报的数据信息；三是以信用调查评价活动获得的相关信息，如行业、市场、宏观经济、政策及法律法规等影响性分析。

经分析与研究，2019 年中国企业综合信用评价结果为 AAA 级，综合信用指数（CCI）为 84.07，较 2018 年提高了 1.62（2018 年综合信用指数为 82.45）。

一、2019 中国企业信用发展总体评价与分析

（一）我国企业信用环境总体评价与分析

1. 全球经济增长同步放缓，不确定因素继续削弱经济增长

国际货币基金组织在 2019 年 10 月最新发布的《世界经济展望》（WEO）中称，全球经济增长同步放缓，前景不确定。由此，IMF 再次下调 2019 年全球经济增长预期 0.3 个百分点至 3%，为全球金融危机以来的最低水平。

报告称，"贸易壁垒增加和地缘政治紧张局势加剧，继续削弱经济增长。"预计到 2020 年，中美贸易紧张局势将使全球 GDP 增长累计下降 0.8 个百分点。一些新兴市场经

济体的国家特定因素，以及发达经济体中的结构性因素，如生产率低下、人口老龄化等，也在削弱经济增长。这是 IMF 今年第二次下调经济增长预期。2019 年 4 月时，其将 2019 年经济增长预期从 3.6% 下调至 3.3%。IMF 此次也下调了 2020 年的增长预期至 3.4%，比 4 月预期下调 0.2 个百分点。IMF 首席经济学家戈平纳斯（Gita Gopinath）在发布会上表示，制造业活动和全球贸易的急剧恶化是造成增长疲软的原因，而高关税和长期的贸易政策不确定性有损投资和对资本品的需求。此外，由于多种因素如欧元区和中国的新排放标准，汽车工业也在萎缩。总体而言，2019 年上半年的贸易额增长已降至 1%，是 2012 年以来的最低水平。

国家统计局于 2019 年 10 月 18 日公布，前三季度国内生产总值 697798 亿元，同比增长 6.2%。国家统计局新闻发言人毛盛勇表示，尽管前三季度 GDP 增速比上半年小幅放缓 0.1 个百分点，但这一速度在全球主要经济体里是名列前茅的，和自己过去比是中高速，但是放在全球看，实际上仍是一个高增长。尽管外部环境严峻复杂，但国内有力支撑因素较多。下一步经济保持有条件、有支撑的平稳运行。

2006-2019 年前三季度国内生产总值及其增长速度分析见图 1。

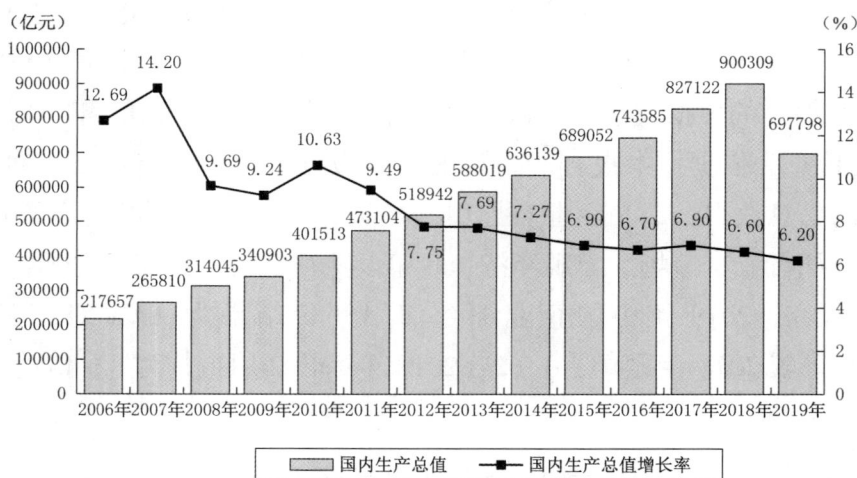

图 1　2006-2019 年前三季度国内生产总值及其增长速度分析
注：①2019 年为前三季度数据；
②该表采用国家统计局当年公告数据，未进行调整或系统修订。

2018 年 12 月中央经济工作会议指出，2019 年是新中国成立 70 周年，是全面建成小康社会关键之年，做好经济工作至关重要。会议确定，明年要抓好以下重点工作任务：一是推动制造业高质量发展；二是促进形成强大国内市场；三是扎实推进乡村振兴战略；四是促进区域协调发展；五是加快经济体制改革；六是推动全方位对外开放；七是加强保障和改善民生。

受中美贸易摩擦持续升级、单边主义和贸易保护主义措施和地缘政治紧张局势加剧的影响，我国企业面临的宏观经济环境不确定因素增多，经济下行压力加大。但总体来看，我国经济增速在主要经济体中位居前列，经济增长的潜力也最为突出；目前我国是世界第二大经济体，但我国人均 GDP 还不到 1 万美元，这意味着中国未来的经济增长空间仍然较大；目前我国经济虽然有下行压力，但总体表现平稳；随着国家稳增长政策的落地，2019 年经济增长将保持在既定目标内。

2. 我国企业整体运行平稳，高质量发展初显效果

尽管我国面临的宏观经济环境日趋严峻，但整体运行相对平稳。本报告对 2018 年我国企业总体经济环境分析显示，2018 年我国企业的景气指数为 106.70 点，比 2017 年的 116.92 点下降了 10.22 点；盈利指数为 97.81 点，比 2017 年的 104.64 点下降了 6.83 点；效益指数为 103.95 点，较 2017 年的 106.27 点下降了 2.32 点。

2011-2018 年中国企业总体信用环境分析见图 2。

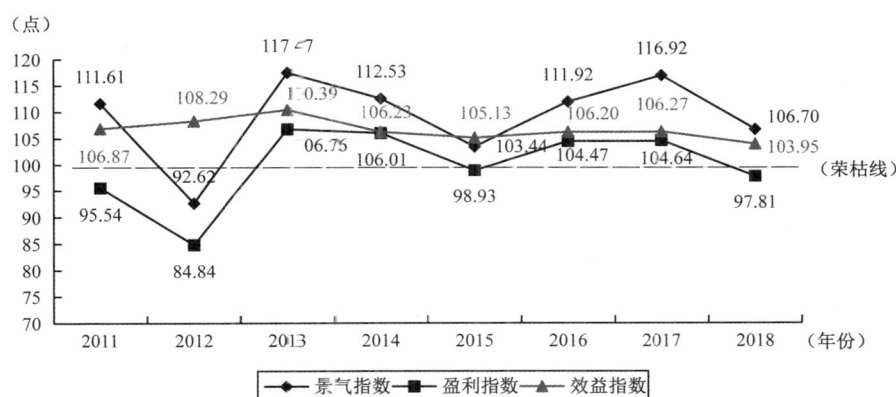

图 2　2011-2018 年中国企业总体信用环境分析

2018 年我国企业的景气指数和效益指数仍保持在荣枯线以上，但下降幅度较大，表明增速明显回落；盈利指数回落到荣枯线以下，表明其整体盈利水平下降，利润相较于上年处于负增长区间。

据本报告整体评价结果显示，我国企业的综合信用指数（CCI）仍然比 2018 年提高了 1.62，2019 中国企业信用 500 强的入围门槛提高到 6.6 亿元净利润。与此同时，中国制造业企业信用 100 强、中国服务业企业信用 100 强、中国民营企业信用 100 强和中国上市公司信用 500 强的入围门槛较 2018 年也均有所提高。这一情况表明，我国企业的转型升级和高质量发展初显效果，同时，我国企业不同规模、不同地区以及行业之间存在的发展不平衡问题亦更加突出。

2016-2019 中国企业信用 500 强入围门槛和 CCI 指数见图 3。

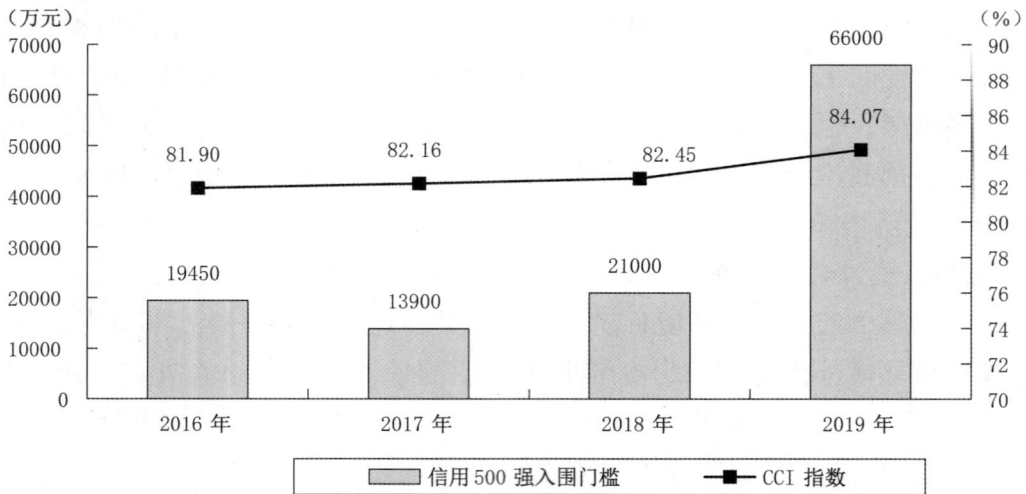

图 3　2016-2019 年中国企业信用 500 强入围门槛和 CCI 指数

（二）2018 年中国企业总体效益及其趋势分析

1. 企业的收益性水平总体下行，亏损的企业面明显扩大

第一，从收益性三项指标分析。2018 年我国企业的营收利润率、资产利润率和所有者权益报酬率三项收益性指标均有明显下降。其中，营收利润率为 4.08%，较 2017 年的 8.05% 回落了 3.97 个百分点；资产利润率为 2.06%，较 2017 年的 3.92% 回落了 1.86 个百分点；所有者权益报酬率为 5.72%，较 2017 年的 8.50% 下降了 2.78 个百分点。

2011-2018 年企业收益性指标分析见图 4。

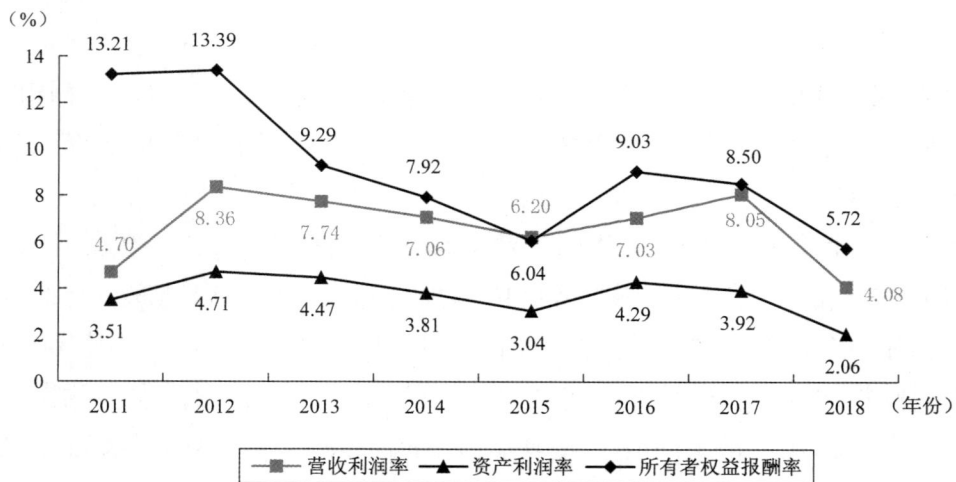

图 4　2011-2018 年企业收益性指标分析

从图 4 中可以看出，2018 年我国企业的三项收益性指标均有大幅度的下降，且处于自 2011 年以来的最低水平。由此可见，我国企业整体收益性面临的下行压力仍然很大，市场竞争将会变得更为激烈，需要引起企业界的高度重视。

第二，从利润总额和亏损总额变动分析。2014-2018 年样本企业的利润总额较 2017 年分别增长了 7.88%、6.11%、12.05%、18.09% 和 9.01%。其中，2018 年利润增幅比 2017 年下降了 9.08 个百分点；而 2014-2018 年的亏损总额较 2017 年增幅分别为 18.48%、107.44%、-36.44%、-3.33% 和 120.51%，在经过连续两年下降之后，2018 年又有大幅提升。2014-2018 年的亏损比率分别为 3.69%、7.67%、4.35%、3.65% 和 7.17%，其中 2018 年的亏损比率较 2017 年又上升了 3.52 个百分点。

2014-2018 年企业收益性分析见图 5。

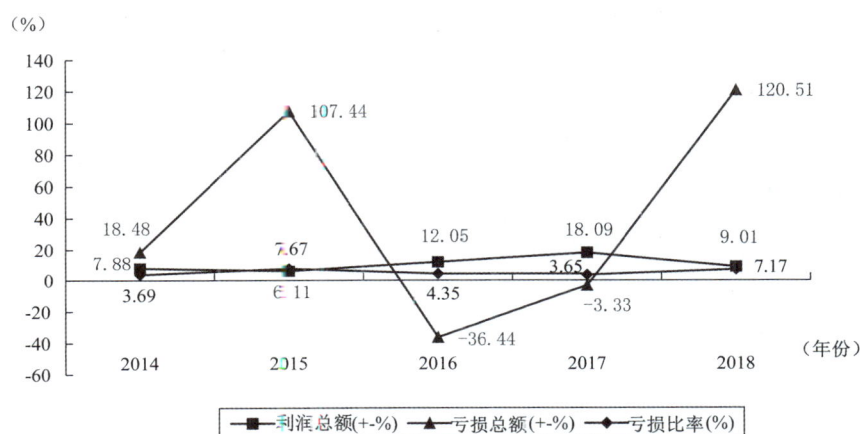

图 5　2014-2018 年企业收益性分析

从图 5 中可以看出，入库样本企业 2018 年的利润总额增长了 9.01%，与 2017 年相比加有下降，但仍然保持了相对较高水平，但与此同时亏损总额和亏损比率也同步提高。结合信用 500 强企业的入围门槛及综合信用指数（CCI）提高这一现象，表明我国企业发展不平衡问题仍然存在，且有不断扩大的趋势，部分企业实现的转型升级，企业的盈利能力明显提高；而另一部分仍然处于亏损状态，并没有发生根本性的转变，部分行业亏损的企业面仍有所扩大。由此可见，企业的转型升级和高质量发展仍然面临着诸多挑战。

第三，从亏损的企业面分析。2011-2018 年亏损的企业占比分别为 3.13%、5.48%、6.88%、7.32%、10.72%、6.95%、6.33%、11.46%，2018 年亏损的企业面较 2017 年回升了 5.13 个百分点，也创下了近 5 年来的新高。

2011-2018 年亏损企业面分析见图 6。

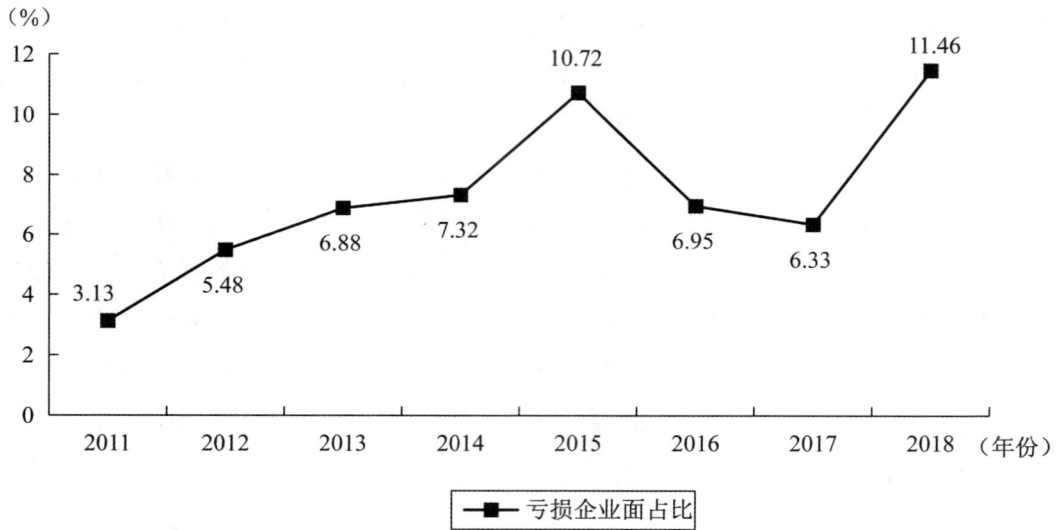

图 6　2011-2018 年亏损企业面分析

第四，从三项收益性指标下降的企业面的分析。2018 年营收利润率下降的企业面为 60.61%，较 2017 年扩大了 8.30 个百分点；资产利润率下降的企业面为 57.98%，较 2017 年扩大了 5.24 百分点；所有者权益报酬率下降的企业面为 55.87%，较 2017 年扩大了 4.33 个百分点。

2012-2018 年收益性指标下降的企业面分析见图 7。

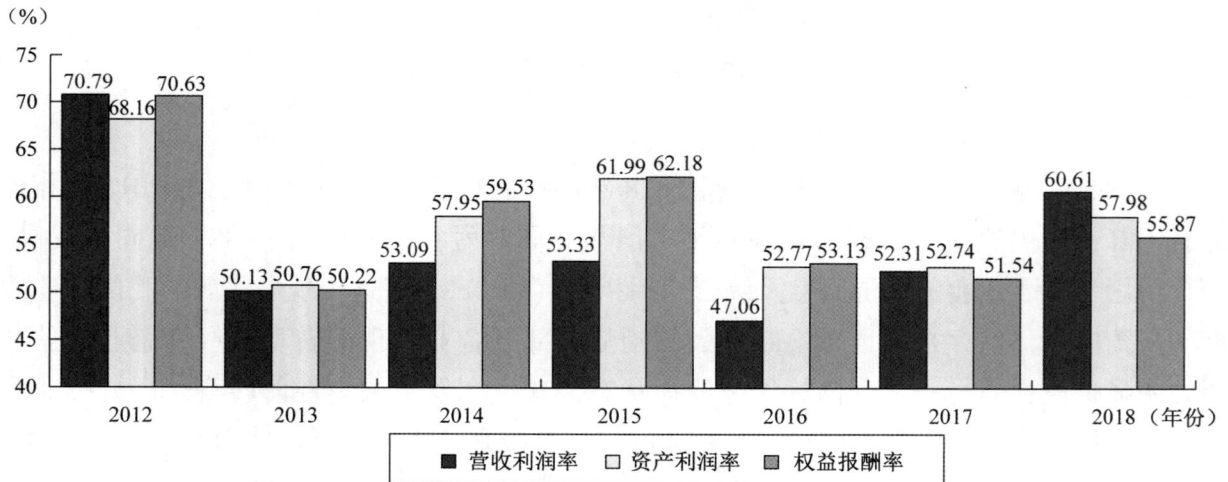

图 7　2012-2018 年收益性指标下降的企业面分析

综合收益性各项指标分析可以看出，企业的盈利性存在着一定的不确定性因素，主要表现在营收利润率、资产利润率和所有者权益报酬率较 2017 年度下降的企业面均有所扩大，表明企业的收益性仍然存在较大压力。

2. 企业的流动性平稳，整体信用风险安全可控

首先，从企业的流动性分析。2018 年企业的资产周转率分别为 0.67 次/年，较 2017 年略有回升，总体上延续了稳中有升的态势。从资产周转率下降的企业面分析，2013-2018 年资产周转率下降的企业面分别为 50.80%、58.70%、69.60%、53.09%、45.42%、45.13%，2018 年企业流动性减缓的企业面进一步收窄，企业的流动性并没有大的变化，但仍然运行在较低水平区间，流动性压力并没有明显改善。

其次，从企业的负债水平分析。2013-2018 年企业平均所有者权益比率分别为 47.48%、44.46%、47.55%、53.29%、49.95%、48.33%。2018 年所有者权益比率有所下降，理论负债率略有所上升，表明企业的资金压力有所减轻，企业的总体负债水平并没有明显增加，整体信用风险处在安全可控的状态。

2013-2018 年企业平均负债水平分析见图 8。

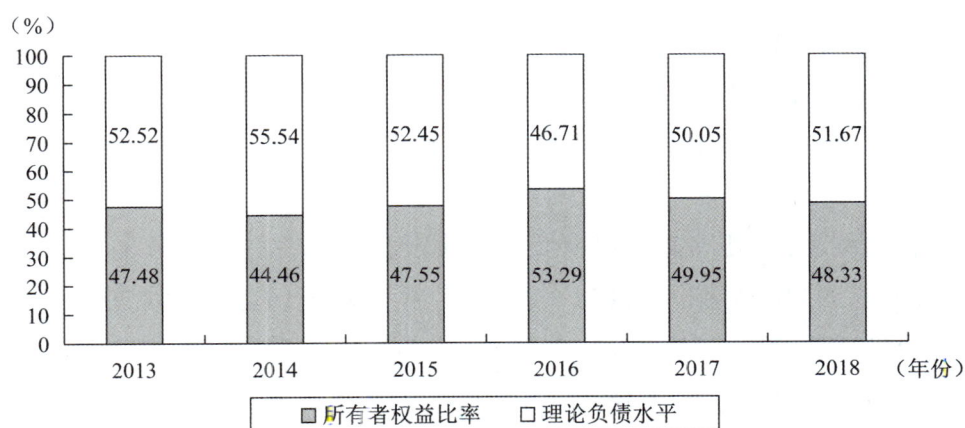

图 8　2013-2018 年企业平均负债水平分析

再次，从企业的资本保值增值率分析。2011-2018 年企业平均资本保值增值率分别为　112.28%、　111.28%、　114.09%、　109.54%、　108.23%、　109.66%、　110.40%、106.90%。2018 年企业的资本保值增值率再度回落到 110% 以下，这也是自 2011 年以来的最低水平，但总体上仍然保持了一定幅度的增值。

2011-2018 年资本保值增值率分析见图 9。

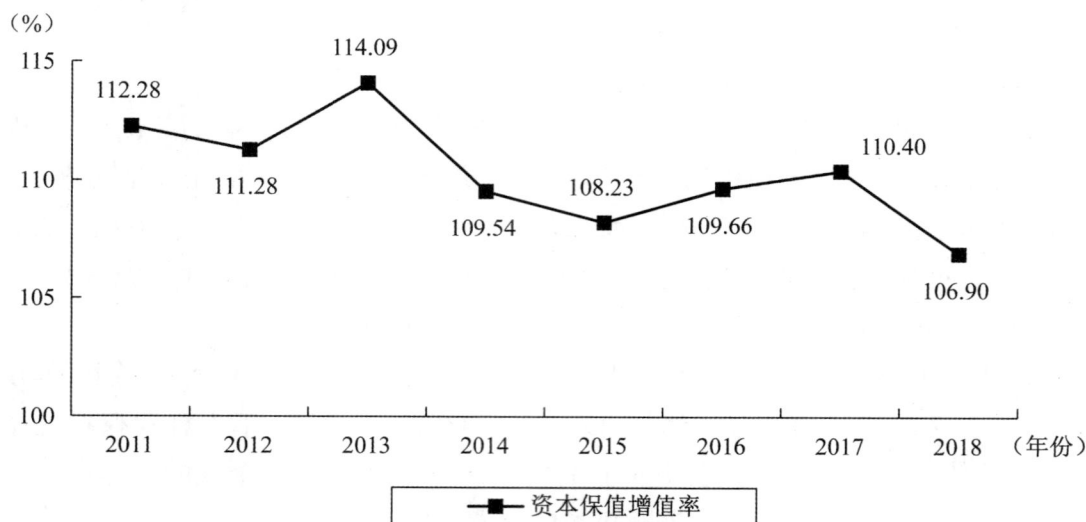

图 9　2011-2018 年资本保值增值率分析

综合流动性和安全性分析，2018 年企业的流动性略有加快，理论负债率略有加快，表明企业的资金压力有所减缓，较为宽松和精准的金融政策效应开始显现。但总体上企业的流动性水平仍然处于较低水平，负债水平相对较低，整体信用风险处于安全可控姿态。

3. 企业成长性指标增速回落，科研投入力度和劳效能力持续增强

第一，从成长性指标分析。2011-2018 年营收增长率分别为 30.56%、14.70%、15.81%、11.65%、7.97%、15.40%、21.78%、13.32%；利润增长率分别为 -5.39%、-27.89%、30.79%、16.94%、-1.09%、8.50%、12.10%、0.12%；资产增长率分别为 26.83%、15.81%、14.88%、19.83%、20.43%、19.74%、11.10%；资本积累率分别为 -0.42%、14.19%、17.85%、17.66%、23.01%、23.85%、22.12%、8.96%；从业人员增长率分别为 39.17%、7.93%、5.30%、4.07%、8.68%、6.87%、6.19%、5.30%。

2011-2018 年企业成长性指标分析见图 10。

从两项经营性成长指标分析，总体呈现回落的态势。其中，营收增长率虽有回落，但保持在 10% 以上中高档水平；利润增长率回落幅度较大，但也保持了正增长的态势。这一情况表明，企业的经营状况虽面临一定的困难，但总体表现相对稳定。

从两项资产性成长指标分析，资产增速和资本积累均有所回落，且幅度较大。表明企业谨慎的投资心理。

从人员增速分析，从业人员增长率也表现出小幅回落，但总体水平亦较为适宜。

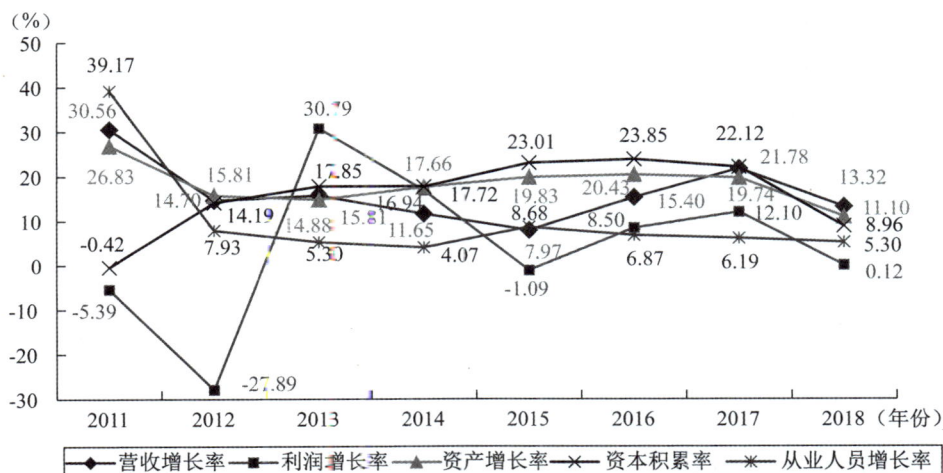

图 10　2011-2018 年企业成长性指标分析

第二，从成长性指标负增长的企业面分析。2018 年营业收入表现为负增长的企业面占比为 24.34%，较 2017 年扩大了 7.65 个百分点；利润表现为负增长的企业面占比为 46.51%，较 2017 年扩大了 9.86 个百分点；资产表现为负增长的企业面占比为 25.17%，较 2017 年扩大了 7.36 个百分点；净资产表现为负增长的企业面占比为 22.39%，较 2017 年扩大了 8.85 个百分点；从业人员表现为负增长的企业面占比为 43.04%，较 2017 年扩大了 0.29 个百分点。综合看，成长性指标表现为负增长的企业面均有所扩大，表明企业面临的经营困难增多，不确定因素的压力加大。

2011-2018 年成长性指标负增长企业面占比分析见图 11。

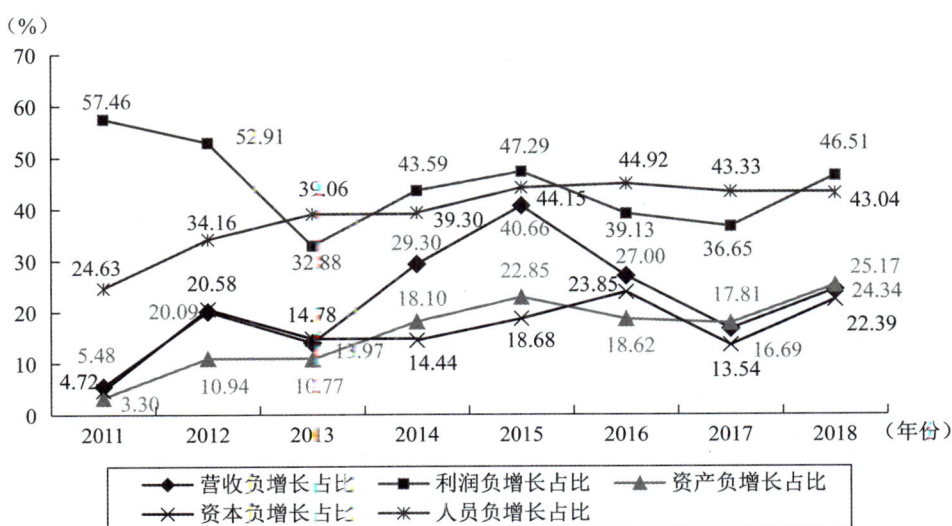

图 11　2011-2018 年成长性指标负增长企业面占比分析

第三，从企业的研发强度分析，2018 年企业的科研经费投入占营业收入的比例分别为 4.91%，较 2017 年小幅下降了 0.07 个百分点，表明企业整体研发投入强度持续稳定。

2013-2018 年企业科研经费投入分析见图 12。

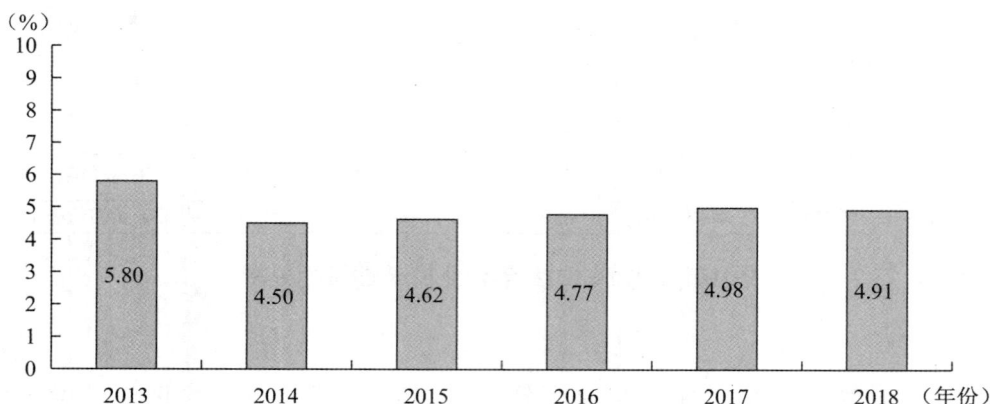

图 12　2013-2018 年企业科研经费投入分析

第四，从企业人均营业额和人均利润额分析。2014-2018 年企业人均营业额分别为 163.76 万元/人·年、157.83 万元/人·年、175.16 万元/人·年、200.78 万元/人·年、213.96 万元/人·年，2018 年较 2017 年提高了 13.188 万元/人·年；2014-2018 年企业人均利润额分别为 7.97 万元/人·年、7.74 万元/人·年、8.65 万元/人·年、10.31 万元/人·年、10.40 万元/人·年，2018 年较 2017 年提高了 0.09 万元/人·年，表明企业的整体劳动效益和效率逐步提高。

4. 经济效益及其趋势综合分析

通过以上分析可以看出，2018 年我国企业运行具有以下特征。

一是企业的收益性出现反复，下行压力加大，市场竞争将会进一步加剧。但同时，也具有其两面性：部分企业收益性回落幅度较大，盈利能力减弱；而另一部分企业则收益性显著提高，盈利能力明显增强，甚至出现"两极分化"的特征。

二是企业的流动性相对稳定且有所提升，理论负债率也相应有所提升，表明企业面临的融资环境有所宽松，资金压力有所减缓，政策效应开始释放。

三是企业的资本保值增值率下降到 106.90%，这也是自 2011 年以来的最低水平。虽然在不利的宏观经济条件下，仍然保持了一定的增值，但对部分企业来说，意味着一定风险，应注意潜在的系统性信用风险。

四是企业成长性指标增速回落，但并未出现较大的波动，其波幅尚处于相对合理区间。科研经费投入力度相对稳定，人均劳效不断提高，表现出良好的发展韧性和潜力。

但同时也要看到，我国企业仍将面临新的更为复杂的、不确定因素增多的宏观经济环境，高质量发展的基础尚不稳固等新的挑战。

二、2018 中国企业信用发展行业特征分析

（一）生产业特征分析

1. 生产业企稳回暖，结构性调整基础仍需巩固

第一，从生产业总体信用环境分析。2018 年生产业的景气指数为 107.06 点，较 2017 年的 113.68 点下降了 6.62 点；盈利指数为 99.35 点，较 2017 年的 104.61 点下降了 5.26 点；效益指数为 103.02 点，较 2017 年的 104.66 点下降了 1.64 点。

2011-2018 年生产业总体信用环境分析见图 13。

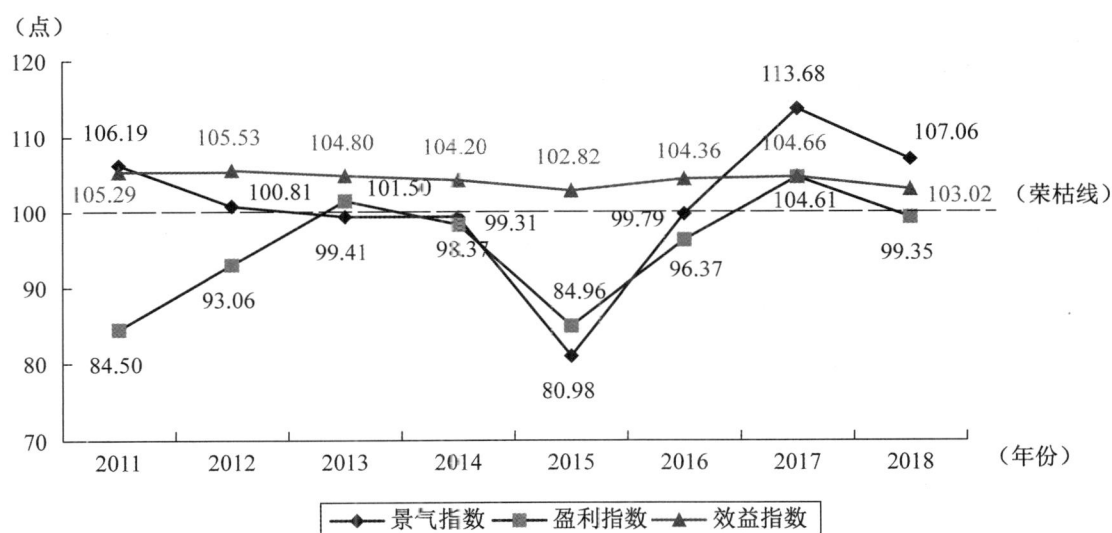

图 13　2011-2018 年生产业总体信用环境分析

从三项指数分析可以看出，2018 年生产业总体信用环境相对稳定，景气指数和效益指数保持在荣枯线以上，盈利指数虽有回落，但盈利能力大体维持在 2017 年水平。

第二，煤炭行业震荡下行，有望企稳回升。2018 年我国煤炭行业的景气指数为 99.27 点，盈利指数为 92.65 点，效益指数为 103.65 点，较 2017 年三项指数虽然均有下降，但幅度有限，表明其产业结构调整的基础仍需进一步稳固。

2011-2018 年煤炭行业信用环境分析见图 14。

（点）

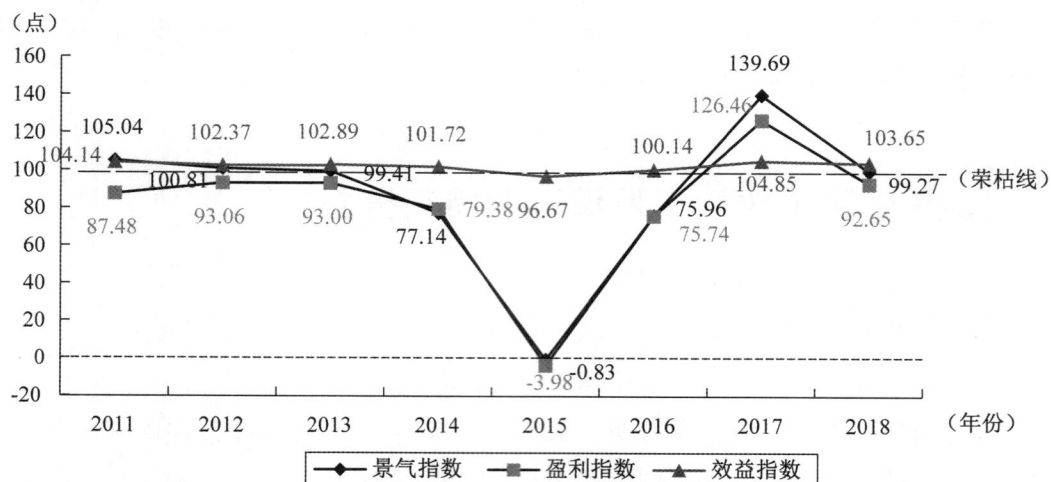

图 14　2011-2018 年煤炭行业信用环境分析

第三，建筑行业运行平稳。2018 年我国建筑业的景气指数为 114.14 点，盈利指数为 106.28 点，效益指数为 104.21 点，三项指数仍在荣枯线以上，整体运行相对平稳。

2011-2018 年建筑行业信用环境分析见图 15。

（点）

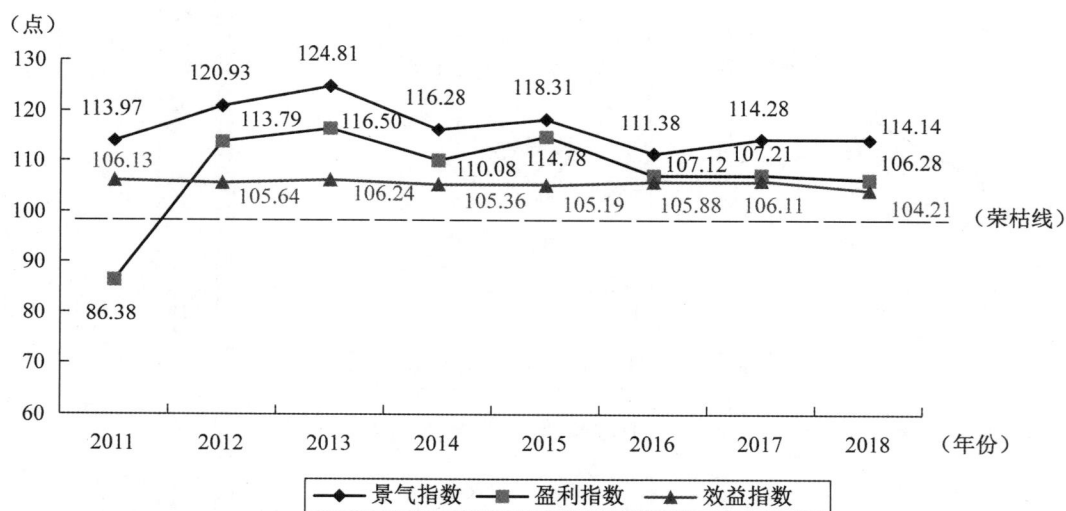

图 15　2011-2018 年建筑行业信用环境分析

第四，电力行业运行平稳，增长乏力。2018 年我国电力行业的景气指数为 104.44 点，盈利指数为 98.06 点，效益指数为 101.41 点，表明我国电力行业运行相对平稳，但增长幅度有限，其中盈利指数仍处在荣枯线以下，表明盈利能力仍有所减弱。

2011-2018 年电力行业信用环境分析见图 16。

（点）

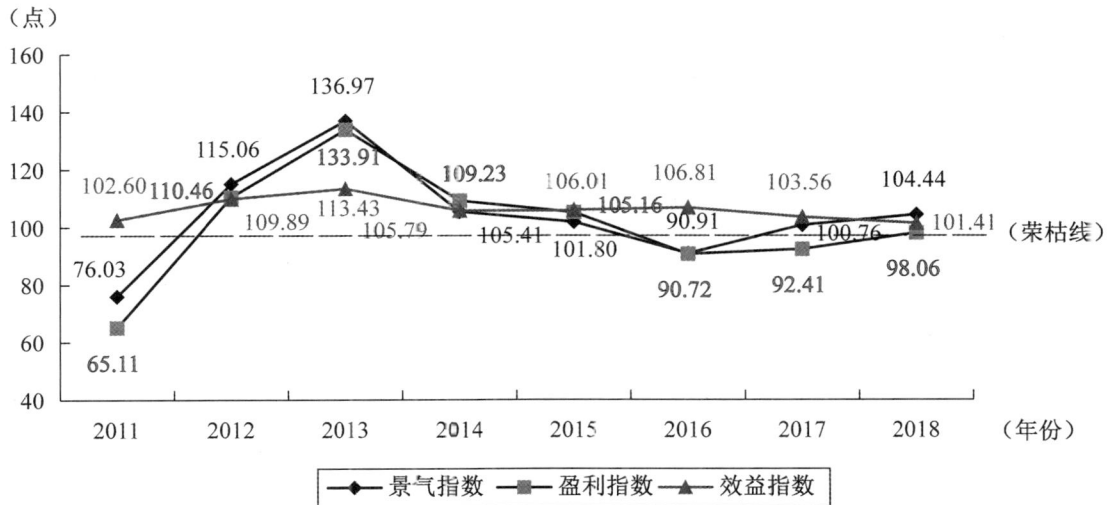

图 16　2011-2018 年电力行业信用环境分析

2. 生产业收益性指标震荡回落

第一，生产业总体收益性指标转好。2018 年生产业营收利润率为 2.18%，较 2017 年的 6.01% 下降了 3.83 个百分点；资产利润率为 1.61%，较 2017 年的 2.47% 下降了 0.86 个百分点；所有者权益报酬率为 5.27%，较 2017 年的 5.50% 下降了 0.23 个百分点。三项指标中经营性收益波动下行，其中以营收利润率下降幅度较大。

2011-2018 年生产业收益性指标分析见图 17。

（%）

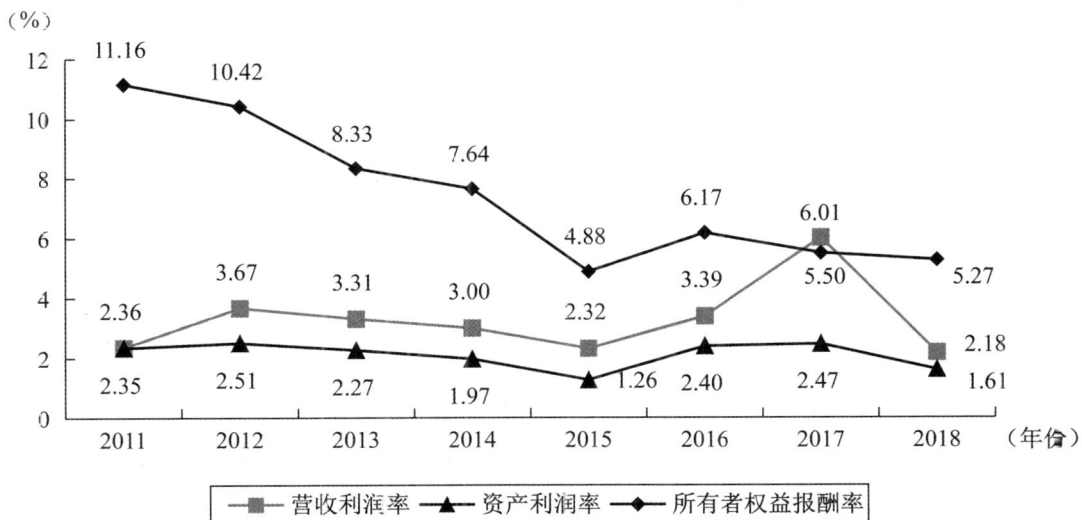

图 17　2011-2018 年生产业收益性指标分析

第二，煤炭、电力、建筑等行业收益性运行平稳。2018 年我国煤炭行业的营收利润率为 4.63%，较 2017 年的 6.71% 下降了 2.08 个百分点；资产利润率为 2.19%，较 2017 年的 2.80% 下降了 0.61 个百分点；所有者权益报酬率为 4.14%，较 2017 年的 5.06% 下降了 0.92 个百分点。以煤炭行业为代表的生产业的收益性虽有小幅回落，但波幅较小，盈利能力进一步稳固。建筑、电力行业的收益性也表现为小幅回落的态势，但保持在相对平稳的运行区间。

2011-2018 年煤炭行业收益性指标分析见图 18。

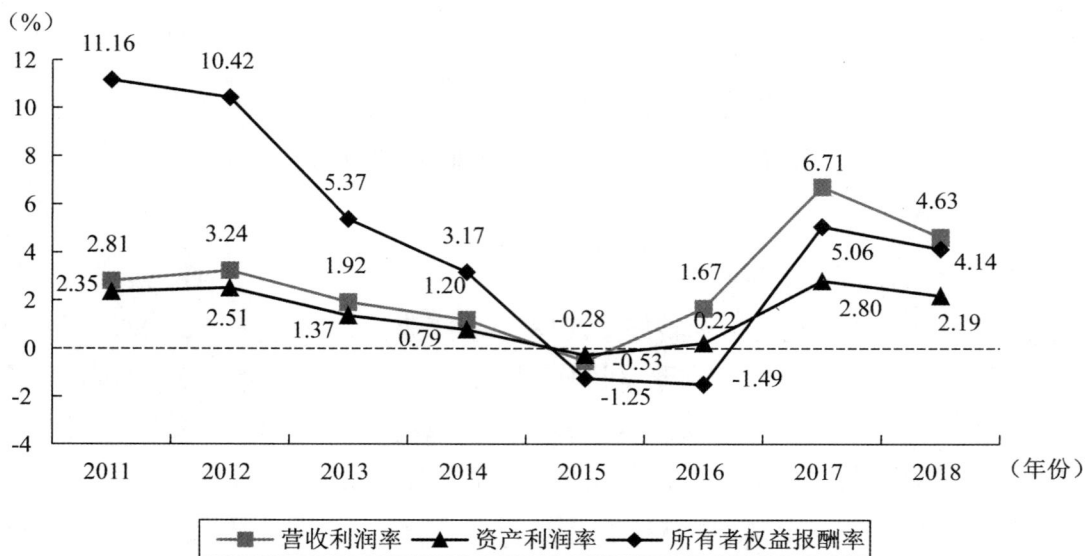

图 18　2011-2018 年煤炭行业收益性指标分析

3. 流动性运行相对平稳，安全性有良好保障

第一，从流动性分析。2018 年生产业企业平均资产周转率为 0.59 次/年，较 2017 年持平，总体运行平稳。

第二，从负债水平分析。2018 年生产业企业所有者权益比率为 34.78%，较 2017 年 35.32% 提高了 0.54 个百分点，总体负债水平微幅下降。

第三，从资本保值增值率分析。2018 年资本保值增值率为 107.16%，较 2017 年 108.63% 下降了 1.47 个百分点，总体运行平稳，波幅较小。

2012-2018 年生产业所有者权益比率、资本保值增值率分析见图 19。

4. 生产业企业的成长性指标平稳运行，保持适度增速

第一，从两项经营性成长指标分析。2018 年生产业企业平均营收增长率为 12.21%，较 2017 年增长率下降了 30.57 个百分点；利润增长率为 1.91%，较 2017 年增长率下降了 13.41 个百分点。

　　综合上述两项经营性成长指标分析，增速虽均有回落，但基于上年较高水平之上，且保持了正增长，其中营收增长率保持了较高增速，表明生产业企业延续了复苏回暖的态势。

　　第二，从两项资产性成长指标分析。2018 年生产业平均资产增长率为 8.02%，较 2017 年下降了 5.53 个百分点；资本积累率为 9.45%，较 2017 年下降了 11.09 个百分点。两项资产性成长指标增幅亦有所回落，但总体保持在合理的运行区间。

　　2011-2018 年生产业成长性指标分析见图 20。

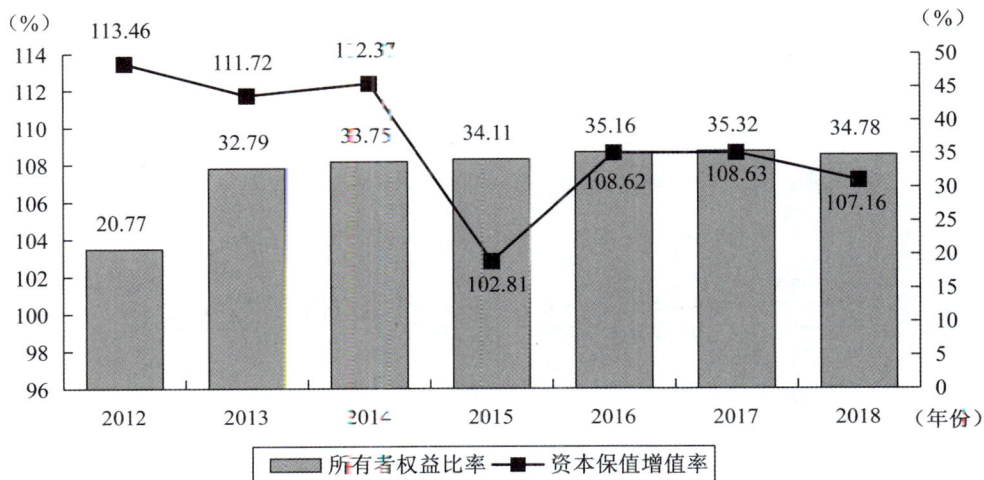

图 19　2012-2018 年生产业所有者权益比率、资本保值增值率分析

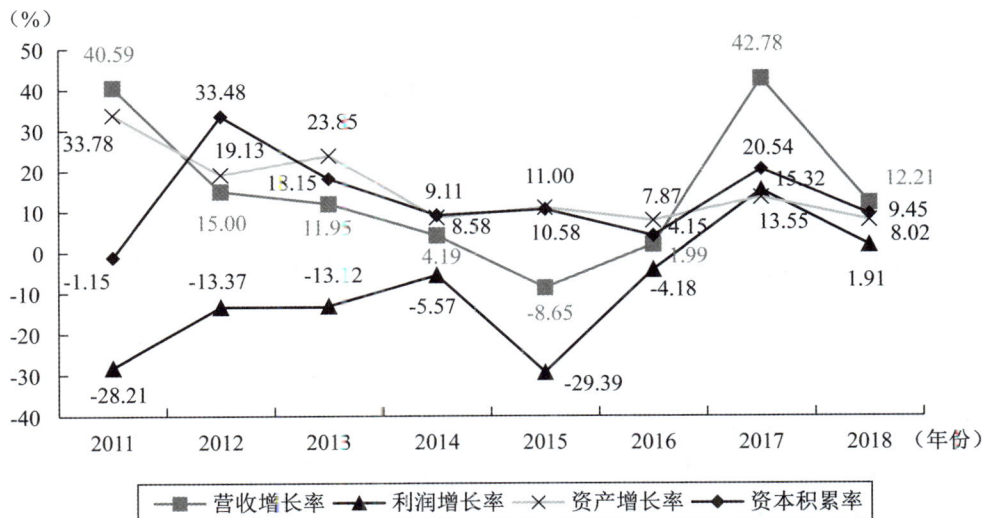

图 20　2011-2018 年生产业成长性指标分析

(二) 制造业特征分析

1. 制造业小幅波动，经营形势基本稳定

第一，从制造业的总体信用环境分析。2018 年制造业企业的景气指数为 108.39 点，较 2017 年的 119.06 点下降了 10.67 点；盈利指数为 99.26 点，较 2017 年的 106.74 点下降了 7.48 点；效益指数为 104.12 点，较 2017 年的 107.01 点提高了 2.89 点，三项指数均呈现一定幅度的回落。其中盈利指数回落到荣枯线以下，表明制造业的盈利能力较 2017 年有所减弱，但幅度有限。

2011-2018 年制造业信用环境分析见图 21。

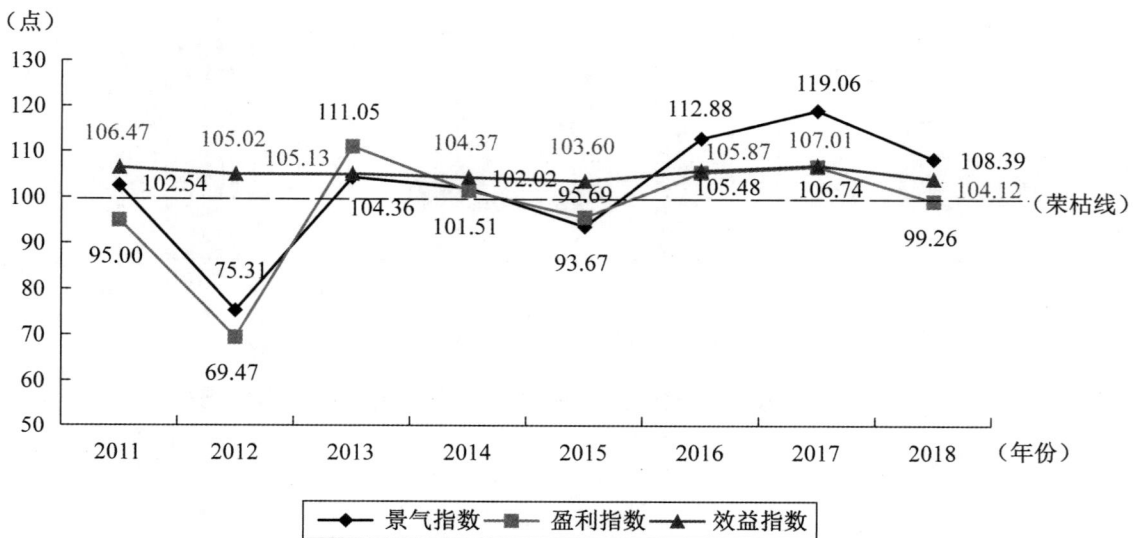

图 21　2011-2018 年制造业总体信用环境分析

第二，2018 年制造业亏损的企业面占比为 11.87%，较 2017 年 5.77%扩大了 6.1 个百分点；利润负增长的企业面占比为 45.58%，较 2017 年 37.07%扩大了 8.51 个百分点。从这两项指标对比分析可以看出，我国制造业亏损的企业面和利润负增长的企业面比 2017 年有所扩大。制造业样本企业近四年的亏损比率分别为 21.64%、9.39%、7.90%、12.74%，亏损额占利润总额的比率再次回升，表明该行业的经营形势出现波动反复，恢复性增长的基础尚不稳固，转型升级和高质量发展所带来的挑战将会是长期存在的。

2011-2018 年制造业利润负增长和亏损的企业面占比分析见图 22。

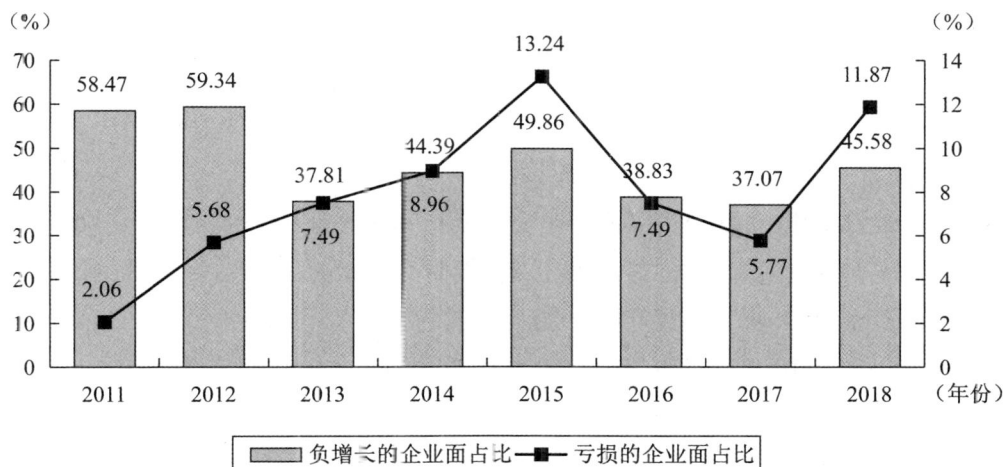

图 22 2011-2018 年制造业利润负增长和亏损的企业面占比分析

2. 制造业的收益性持续好转，盈利能力进一步提高

2018 年制造业营收利润率为 4.00%，较 2017 年 7.40%下降了 3.40 个百分点；资产利润率为 2.66%，较 2017 年 4.59%下降了 1.93 个百分点；所有者权益报酬率为 5.70%，较 2017 年 9.04%下降了 3.34 个百分。三项收益性指标均有不同程度的下降，其中营收利润率、资产利润率两项指标均回落到自 2011 年以来的最低水平，表明制造业的盈利能力明显减弱，预测后期市场竞争烈度将会进一步增加，需要引起业界的高度重视。

2011-2018 年制造业企业收益性指标分析见图 23。

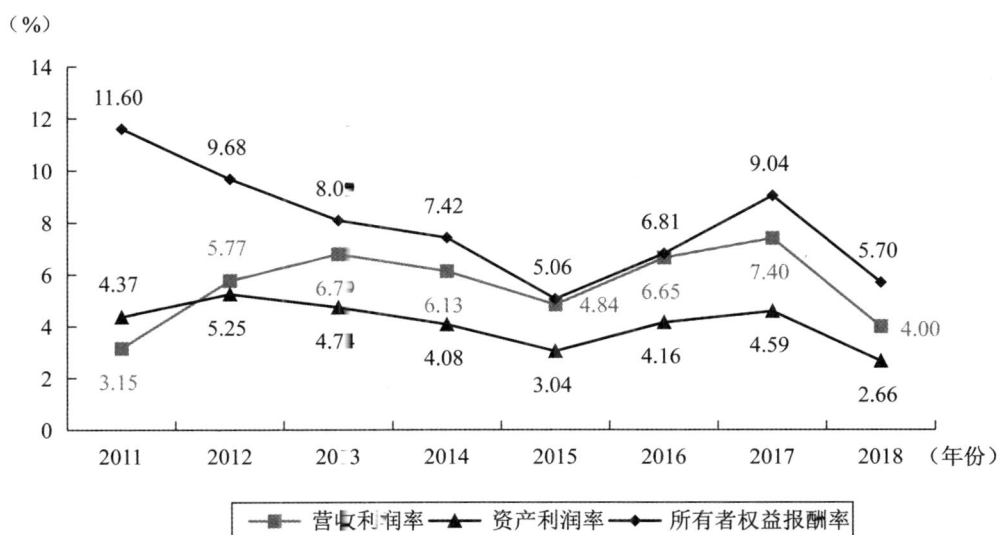

图 23 2011-2018 年制造业企业收益性指标分析

3. 制造业的流动性尚显滞缓，安全性有良好保障

第一，从流动性分析。2011-2018 年制造业资产周转率分别为 1.09 次/年、1.05 次/年、1.04 次/年、0.97 次/年、0.72 次/年、0.79 次/年、0.79 次/年、0.72 次/年，2018 年较 2017 年小幅下降，流动性仍处于低位运行，并没有大的改善。

第二，从安全性分析。2018 年制造业企业的平均所有者权益比率分别为 53.56%较 2017 年的 57.16%下降了 3.60 个百分点，与之相对应的是理论负债率水平有所上升；2011-2018 年制造业资本保值增值率分别为 112.77%、113.06%、110.15%、106.31%、104.03%、106.80%、110.82%、107.45%，2018 年资本的保值增值率较 2017 年下降了 3.37 个百分点，但总体来看，仍处于相对较高水平，表明该行业的整体安全性有良好保障。

4. 制造业经济增速有所回落，但保持在相对合理的增长区间

第一，从两项经营性成长指标分析。2018 年制造业平均营收增长率为 14.13%，较 2017 年 24.22%增速回落了 10.09 个百分点。平均利润增长率为 2.64%，较 2017 年的 13.90%增速回落了 11.26 个百分点。尽管两项经营性指标增速有所回落，但是基于 2017 年较高水平，综合分析仍处在合理的增长区间。

第二，从两项资产性成长指标分析。2018 年制造业平均资产增长率为 11.73%，较 2017 年的 21.51%增速回落了 9.78 个百分点；平均资本积累率为 9.89%，较 2017 年 25.13%增速回落了 15.24 个百分点。

综上所述，我国制造业四项关键成长性指标增速有所波动，除利润增长回落幅度较大外，其他三项主要指标的增长幅度尚处于中高速，表明我国制造业稳中向好的基本面并没有改变。

2011-2018 年制造业企业成长性指标分析见图 24。

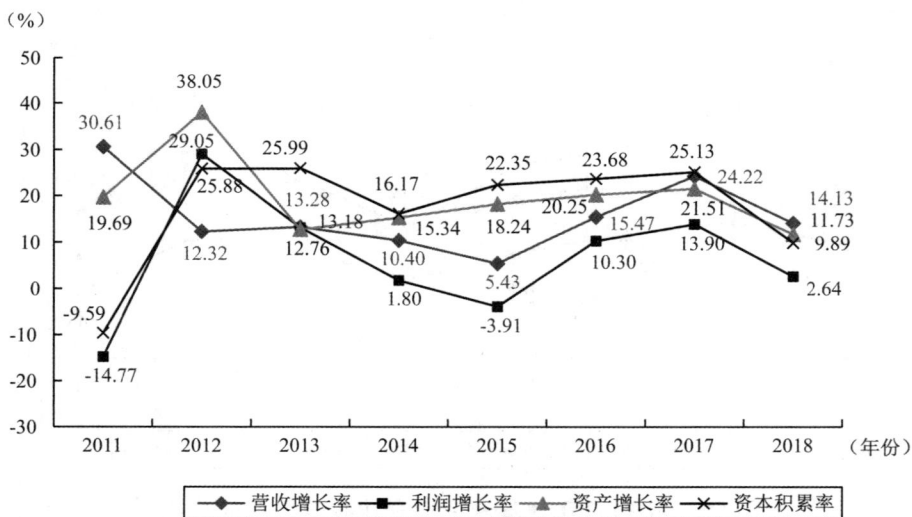

图 24　2011-2018 年制造业企业成长性指标分析

第三，2011－2018 年制造业从业人员增长率分别为 15.24%、13.25%、10.58%、3.00%、7.72%、5.82%、5.55%、5.21%。制造业的从业人员增长幅度相对平稳。

第四，我国制造业 2013－2018 年研发经费投入占营业额的比重分别为 4.16%、4.27%、4.38%、4.60%、4.63%、4.79%，呈现逐年上升的态势，2018 年科研投入比重达到近六年来的最好水平，表明我国制造业的自主创新能力逐年提高。

（三）服务业特征分析

1. 服务业总体呈现下行态势，盈利能力明显减弱

2018 年我国服务业的景气指数为 103.55 点，较 2017 年 113.68 点回落了 10.13 点；盈利指数为 94.84 点，较 2017 年 104.26 点回落了 9.42 点；效益指数为 103.82 点，较 2017 年 106.90 点回落了 3.08 点。综合三项指数分析，2018 年我国服务业企业总体上呈现下降的态势，且回落的幅度也较大。这也是近年来首次出现三项指数同时下降的状态。尤其是盈利指数在连续三年下行之后首次跌落到荣枯线以下，表明服务业企业的盈利空间持续压缩，同质化竞争延续了进一步加剧的态势，应引起业界和政府有关部门的高度重视。

2011–2018 年服务业信用环境分析见图 25。

图 25　2011–2017 年服务业信用环境分析

2. 服务业收益性指标延续下降态势

第一，从经营性收益指标分析。2018 年服务业企业平均营收利润率为 4.57%，较 2017 年 6.20% 回落了 1.63 个百分点，这也是在 2017 年回落了 1.85 个百分点之后的再次

回落，且营收利润率下降到自 2011 年以来的最低水平。

第二，从资产性收益指标分析。2018 年服务业企业平均资产利润率为 1.06%，较 2017 年 3.00% 下降了 1.94 百分点，不仅延续了下行态势，且也跌落到自 2011 年以来的最低水平。

2018 年平均所有者权益报酬率分别为 5.84%，较 2017 年 7.91% 回落了 2.07 个百分点。净资产回报率也延续了下降的态势。

2011-2018 年服务业企业收益性指标分析见图 26。

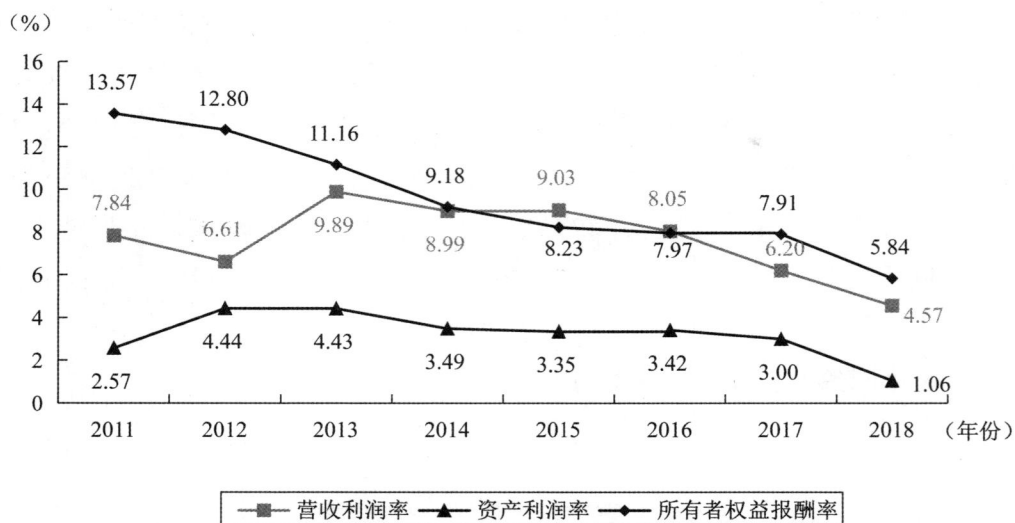

（%）

图 26 2011-2018 年服务业企业收益性指标分析

从图 26 中可以看出，我国服务业的三项收益性指标同时出现较大幅度的下降。本报告在上年报告曾提出预警，鉴于三项指标同时出现明显的逐年下降态势，表明服务业的收益性有逐年减弱的趋势，应引起业界和相关部门的高度关注和警觉。同时，服务业也应在创新发展和高质量发展上做好文章，下足功夫，以避免同质化竞争。

3. 服务业的流动性明显放缓，资本保值增值率明显下降

从服务业企业的流动性与安全性指标分析。2011-2018 年服务业企业的平均资产周转率分别为 1.53 次/年、1.48 次/年、1.02 次/年、0.98 次/年、0.98 次/年、1.06 次/年、1.15 次/年、0.59 次/年；所有者权益比率分别为 21.88%、31.60%、41.39%、34.93%、41.59%、42.71%、43.41%、41.57%；资本保值增值率分别为 113.79%、114.97%、129.30%、111.33%、111.88%、110.96%、111.77%、105.84%。

从这三项指标可以看出，服务业企业的流动性明显放缓，且下降的幅度较大；理论负债率小幅提高，资本保值增值率下降幅度也较大。综合分析来看，服务业经营形势将

会日趋困难，也势必会面临诸多新的挑战。

4. 服务业成长指标出现大幅波动，增速明显放缓

第一，从经营性成长指标分析。2018 年服务业平均营收增长率为 12.04%，较 2017 年 17.76% 增速回落下降了 5.72 个百分点；平均利润增长率为 -4.94%，由 2017 年 9.60% 增速跌落至负增长，下降了 14.54 个百分点。两项经营性成长指标中，尽管营收增长率回落幅度较大，但保持在 10% 以上的增速，尚显不易，显示市场容量庞大；但利润增长速度并未与之同步，反而由正增长转为负增长，可见行业间的竞争将会日趋严峻。

第二，从资产性成长指标分析。2018 年服务业平均资产增长率为 10.56%，比 2017 年的 17.65% 增速回落了 7.09 个百分点；平均资本积累率为 7.08%，比 2017 年的 17.69% 增速回落了 10.61 个百分点。两项资产性成长指标均有较大幅度的下降，且为自 2011 年以来的最低水平。

2011-2018 年服务业企业成长性指标分析见图 27。

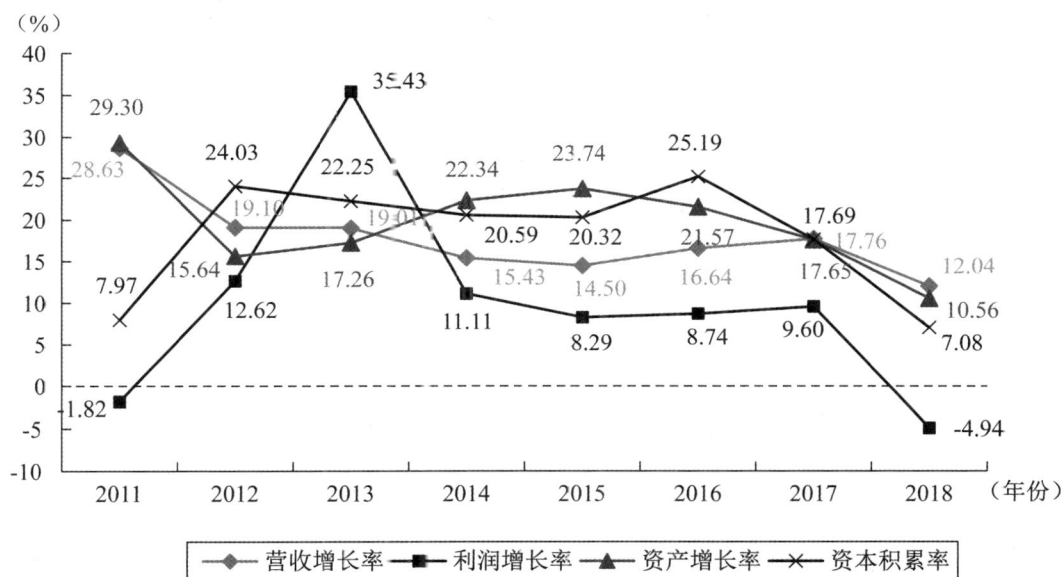

图 27　2011-2018 年服务业企业成长性指标分析

第三，从人员增长率分析。2018 年服务业的平均人员增长率为 5.78%，较 2017 年的 7.72% 增速回落了 1.94 个百分点。

综合以上分析可以看出，我国服务业企业正在面临着自 2011 年以来前所未有的经营考验，盈利能力持续减弱，流动性明显放缓，成长性动力不足，但理论负债率却相对处于低位区间。这些情况不仅使服务业企业面临着国际国内宏观经济环境不利因素的影响，同时也面临着资金压力，诸多不利因素和不确定性的增多，应引起业界的高度关注和警觉。

三、2018 中国企业信用发展所有制特征分析

（一）信用环境所有制特征分析

1. 国有企业整体形势持续好转，运行相对平稳

2018 年国有及国有控股企业的景气指数为 106.62 点，较 2017 年的 111.57 点回落了 4.95 点；盈利指数为 101.10 点，较 2017 年的 103.59 点回落了 2.49 点；效益指数为 104.39 点，较 2017 年的 105.41 点提高了 1.02 点。

2011-2018 年国有及国有控股企业信用环境分析见图 28。

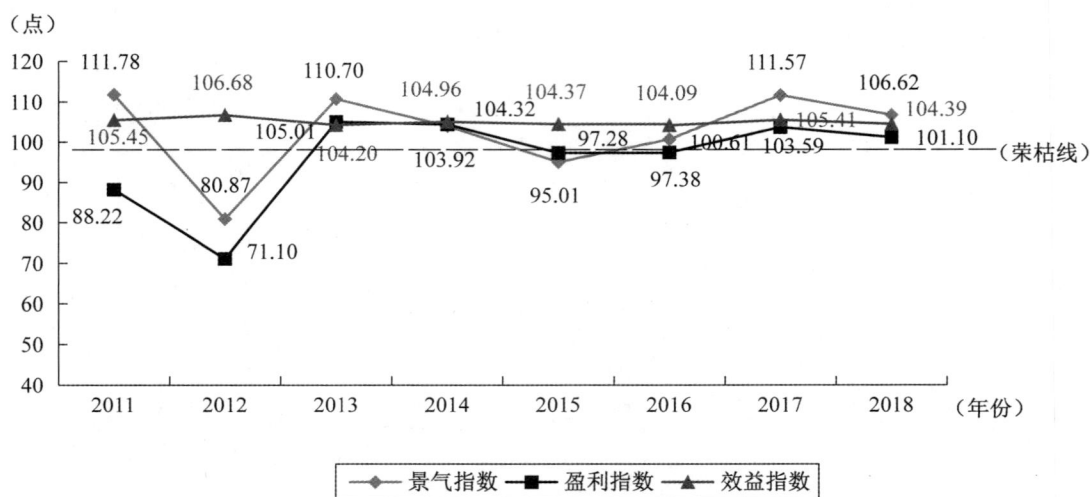

图 28　2011-2018 年国有及国有控股企业信用环境分析

通过图 28 可以看出，2018 年国有及国有控股企业的三项指数均维持在荣枯线以上，虽有所下降，但仍然处于正增长区间，运行相对平稳。由此可见，国有及国有控股企业整体经营形势持续好转，预测后期市场，国有及国有控股企业将会延续复苏回暖的态势，不会出现大的波动。

2. 民营企业和其他所制企业增速放缓，盈利能力明显下降

首先，民营企业三项指数分析。2018 年民营企业的景气指数为 107.29 点，较 2017 年的 119.69 点下降了 12.40 点；盈利指数为 96.35 点，较 2017 年的 106.81 点回落了 10.46 点；效益指数为 103.80 点，较 2017 年的 107.40 点提高了 3.60 点。

2011-2018 年民营企业信用环境分析见图 29。

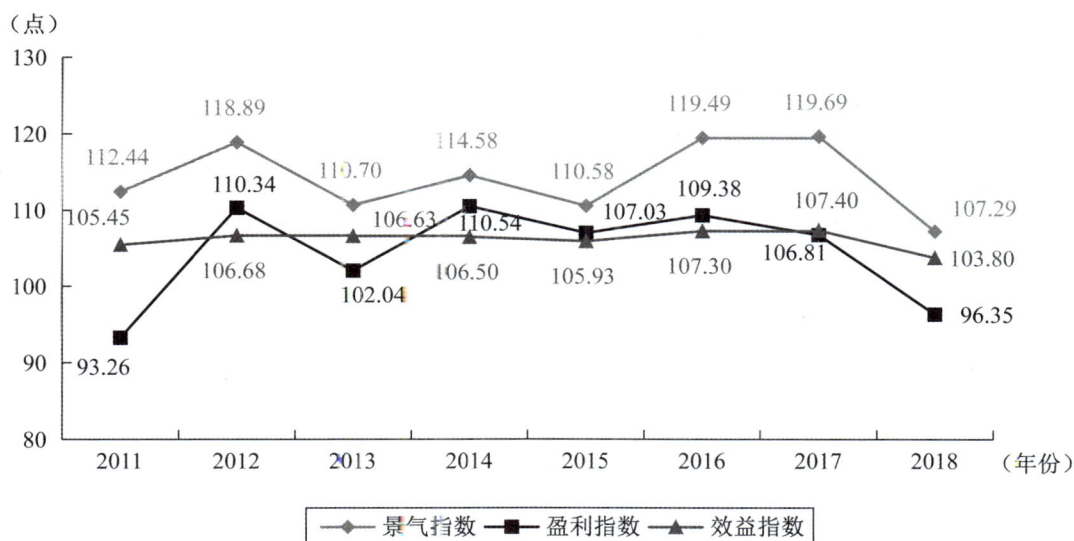

图 29　2011-2018 年民营企业信用环境分析

从图 29 中可以看出，2018 年民营企业的三项指数掉头下行，且跌落的幅度也较大，这也是自 2011 年以来再次出现的较大跌幅。由此可见，民营企业受宏观经济环境不利因素的影响较大，同时也可以看出民营企业的国际化融合度也日益提高。

其次，其他所有制企业三项指数分析。其他所有制企业是指包括集体所有制、混合所有制在内的其他所有制企业。2018 年其他所有制企业的景气指数为 105.19 点，较 2017 年的 118.61 点回落了 13.42 点；盈利指数为 96.05 点，较 2017 年的 106.55 点回落了 10.50 点；效益指数为 103.53 点，较 2017 年的 107.69 点回落了 4.16 点。

2011-2018 年其他所有制企业信用环境分析见图 30。

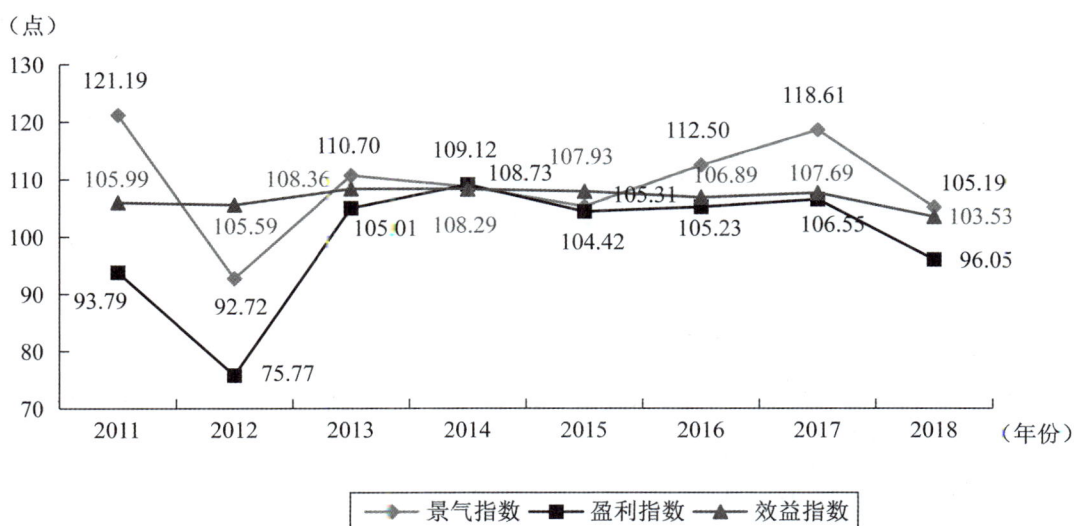

图 30　2011-2018 年其他所有制企业信用环境分析

综合分析可以看出，其他所有制企业的三项指数在 2018 年均有所回落，其下行幅度以及三项指数的表现与民营企业大体相当。

通过对上述三种不同所有制企业分析可以看出，国有及国有控股企业经营形势持续好转，受宏观经济环境的影响较小，而民营企业和其他所有制企业受宏观经济环境影响则较大。这种情况表明，我国企业整体发展面临宏观经济环境不利因素和不确定性的新挑战。

（二）效益及其趋势所有制特征分析

1. 企业的收益性指标普遍呈下降态势

第一，从营收利润率指标分析。2018 年国有企业营收利润率为 5.39%，较 2017 年的 6.85% 下降了 1.46 个百分点；民营企业营收利润率为 3.22%，较 2017 年的 8.21% 下降了 4.99 个百分点；其他企业营业利润率为 4.04%，较 2017 年的 9.67% 下降了 5.63 个百分点。三种不同所有制的企业其营收利润率均有不同程度下降。其中，民营企业和其他所有制企业有收益性明显减弱，国有企业的收益性虽有下降，但相对保持在较高水平。

2011-2018 年营收利润率所有制对比分析见图 31。

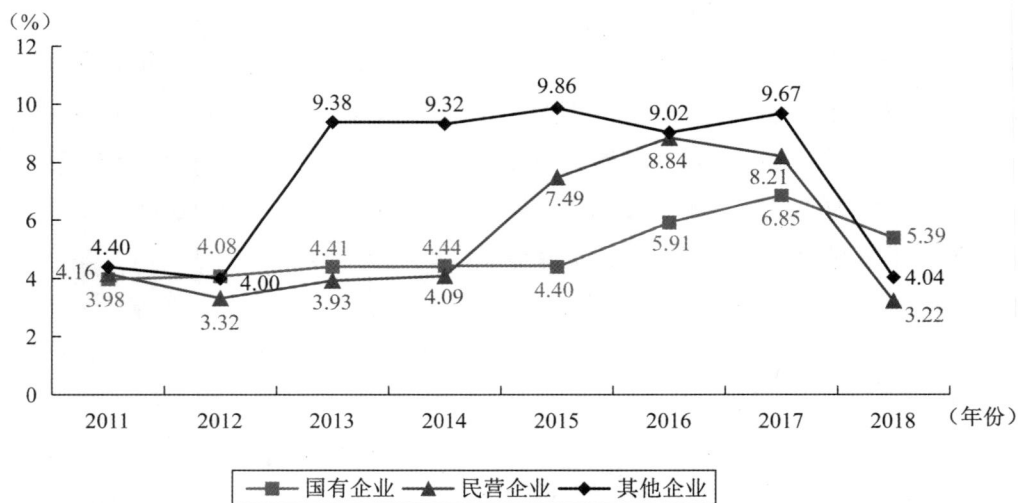

图 31 2011-2018 年营收利润率所有制对比分析

第二，从资产利润率分析。2018 年国有企业资产利润率为 2.22%，较 2017 年的 2.72% 下降了 0.50 个百分点；民营企业资产利润率为 2.34%，较 2017 年的 4.49% 回落了 2.15 个百分点；其他所有制企业资产利润率为 0.99%，较 2017 年的 4.42% 回落了 3.43 个百分点。三种不同所有制企业的资产利润率均呈现较大幅度的回落，其特征也营收利润率指标相似，国有企业下降幅度较小，民营企业和其他所有制下降幅度较大。不同的是民营企业的资产利润率相对位居较高水平。

2011-2018 年资产利润率所有制对比分析见图 32。

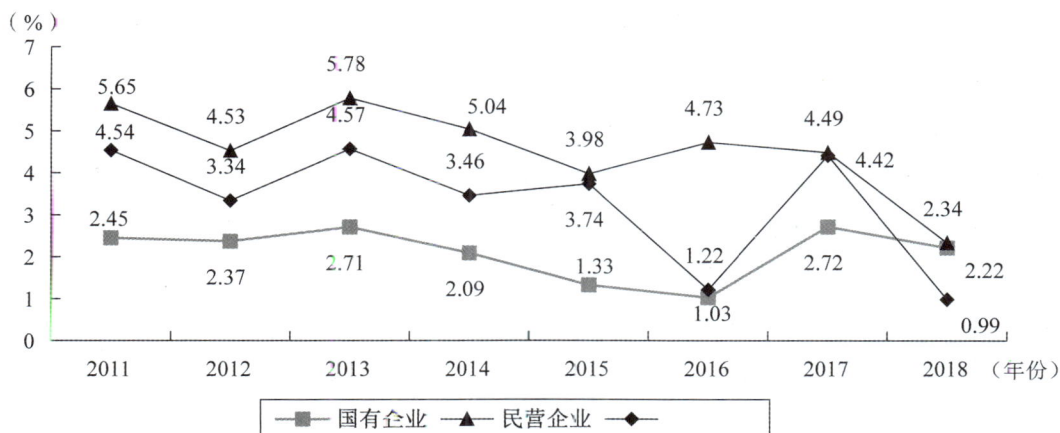

图 32　2011-2018 年资产利润率所有制对比分析

第三，从所有者权益报酬率分析，2018 年国有企业所有者权益报酬率为 5.58%，较 2017 年的 6.68% 下降了 1.10 个百分点；民营企业所有者权益报酬率为 5.84%，较 2017 年的 9.50% 回落了 3.66 个百分点；其他所有制企业所有者权益报酬率为 5.56%，较 2017 年的 8.99% 回落了 3.43 个百分点。不同所有制企业的所有者权益报酬率与资产利润率的基本特征大体一致，民营企业的下降幅度最大，其他所有制企业次之，国有企业的下降幅度最小，而民营企业相对保持的水平却最高。

2. 流动性有所改善，安全性有良好保障

第一，从流动性指标分析。2013-2018 年国有企业的资产周转率分别为 0.86 次/年、0.79 次/年、0.71 次/年、0.61 次/年、0.69 次/年、0.61 次/年；民营企业的资产周转率分别为 1.00 次/年、0.96 次/年、0.36 次/年、0.65 次/年、0.70 次/年、0.71 次/年；其他企业的资产周转率分别为 0.77 次/年、0.75 次/年、0.65 次/年、0.57 次/年、0.61 次/年、0.63 次/年。与 2017 年度相比，三种不同所有制企业的流动性均表现平稳，除国有企业略有放缓外，民营企业和其他所有者制企业均略有加快。总体上企业的流动性仍然处在一个相对较低水平区间徘徊。

第二，从负债水平分析。2013-2018 年国有企业所有者权益比率分别为 37.80%、36.33%、36.99%、38.57%、39.13%、38.72%；民营企业所有者权益比率分别为 54.32%、50.26%、56.33%、57.34%、55.53%、53.62%；其他企业所有者权益比率分别为 50.31%、47.73%、51.15%、52.35%、55.38%、50.27%。三种不同所有制企业的所有者权益比率均呈现相对平稳的运行态势，并没有大的起伏波动，负债水平没有明显提高，安全性有良好保障。同时，三种不同所有制企业的所有者权益比率均有所下降，理论负债率有所上升，意味着相对宽松的融资政策环境发挥了应有的功效，预测后期市场随着精准金融政策措施的实施，民营企业和其他所有制企业的负债水平仍将会有所提升，对企业高质量发展将会起到积极的促进作用。

2013-2018 年所有者权益比率对比分析见图 33。

第三，从资本保值增值率分析。2013-2018 年国有企业平均资本保值增值率分别为 111.36%、106.69%、104.14%、105.69%、107.34%、106.51%；民营企业平均资本保值增值率分别为 116.19%、112.23%、112.05%、111.90%、112.03%、107.61%；其他企业平均资本保值增值率分别为 117.57%、110.34%、111.98%、110.42%、111.26%、105.66%。从资本保值增值率指标来看，三种不同所有制企业均呈现下降的基本态势。其中，国有企业相对平稳，民营企业和其他企业下降幅度较大，但总体水平大体相当。

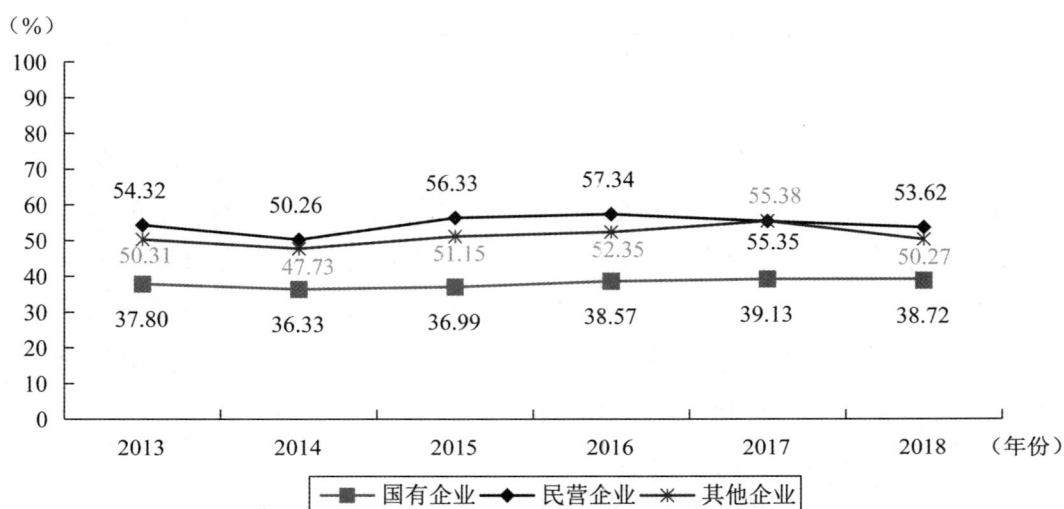

图 33　2013-2018 年所有者权益比率对比分析

3. 成长性指标增长加速，且力度较大

第一，从营收增长率分析。2018 年国有企业营收增长率为 9.65%，较 2017 年 16.63%增速下降了 6.98 个百分点；民营企业营收增长率为 15.95%，较 2017 年 24.62%增速下降了 8.67 个百分点；其他企业营收增长率为 12.51%，较 2017 年 23.15%增速下降了 10.64 个百分点。

2011-2018 年营收增长率所有制对比分析见图 34。

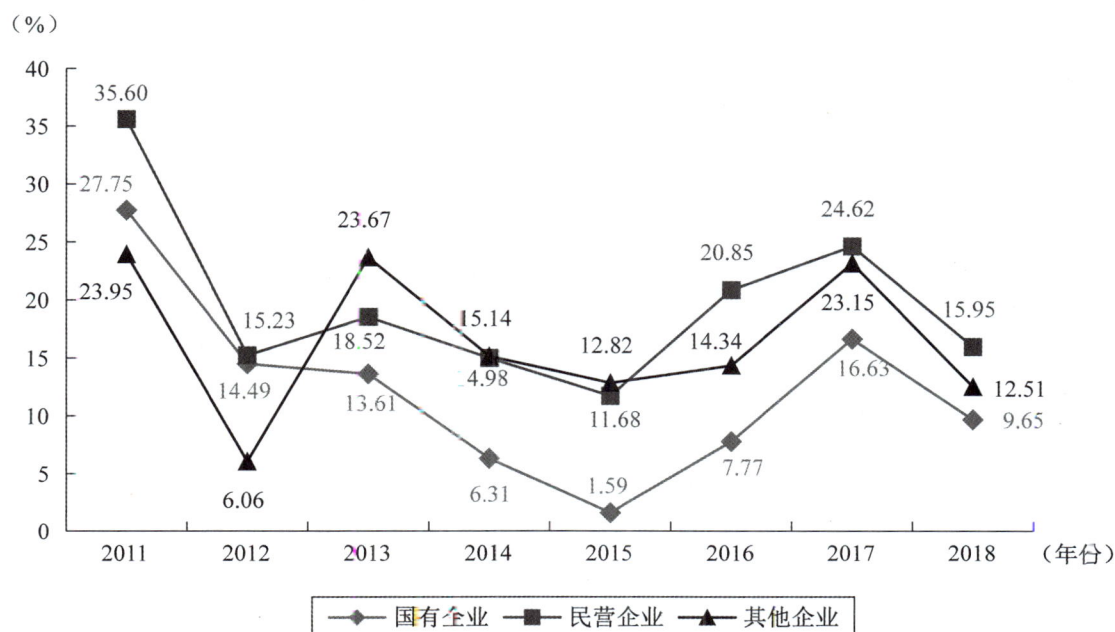

图 34　2011—2018 年营收增长率所有制对比分析

　　三种所有制企业的营收增长率均呈现较大幅度下降。其中，国有企业下降幅度最小，民营企业次之，其他所有制企业下降幅度最大。但从总体趋势分析来看，2018 年三种不同所有制的总体营业收入增速相对保持在中高速运行区间。

　　第二，从利润增长率分析。2018 年国有企业利润增长率为 3.60%，较 2017 年 14.60%增速下降了 11.00 个百分点，但仍保持正增长；民营企业利润增长率为 -1.37%，由 2017 年的正增长转为负增长；其他企业利润增长率为 -2.14%，亦由 2017 年的正增长转为负增长。

　　从利润增长率变化趋势分析，虽然三种不同所有制企业的利润增长率均有所下降，但特征表现却不尽相同：国有企业的利润增长率是在连续六年负增长之后，持续两年回归到正增长区间；而民营企业和其他企业却是在持续多年正增长之后再次跌落至负增长区间。

　　2011—2018 年利润增长率所有制对比分析见图 35。

　　第三，从资产增长率分析。2018 年国有企业资产增长率为 7.49%，比 2017 年的 9.74%下降了 2.25 个百分点；民营企业资产增长率为 13.66%，比 2017 年的 25.42%回落了 11.76 个百分点；其他企业资产增长率为 10.39%，比 2017 年的 21.88%回落了 11.49 个百分点。

　　2011—2018 年资产增长率所有制对比分析见图 36。

（%）

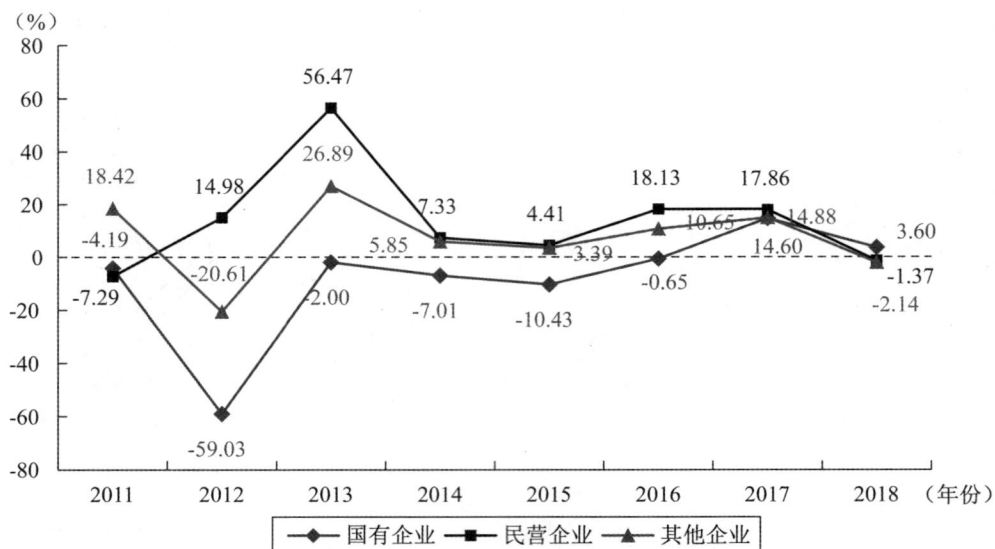

图 35　2011-2018 年利润增长率所有制对比分析

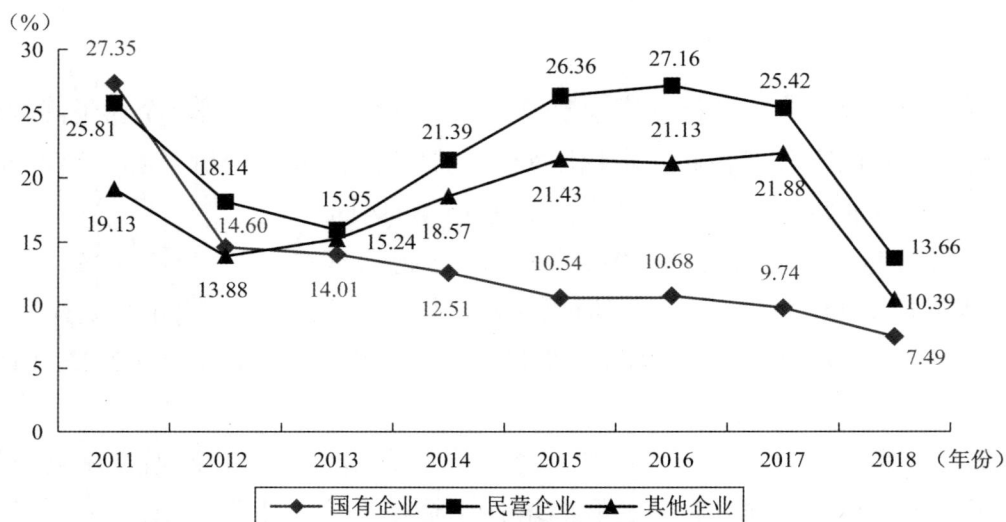

图 36　2011-2018 年资产增长率所有制对比分析

从资产增长率指标分析可以看出，国有企业的资产增速延续了逐年放缓的趋势；民营企业和其他企业的资产增速均出现了较大幅度的下行，由持续多年的增长速度20%以上，跌落到10%左右。预测后期市场，随着宏观经济环境改善和金融政策效应的溢出，实体经济的资产增速也将会有所回升，但基本上会保持在10%左右的中高速增长区间。

第四，从资本积累率分析。2018 年国有企业的资本积累为 7.91%，较 2017 年的

12.32%下降了 4.41 个百分点；民营企业的资本积累率为 10.29%，较 2017 年的 28.21% 回落了 17.92 个百分点；其他企业的资本积累率为 7.09%，较 2017 年的 22.29%回落了 15.20 个百分点。该项指标与资产增长率走势基本相似，而其他企业的资本积累率下降幅度则更高。

第五、从业人员变化分析。2018 年国有企业的从业人员增长率为 2.74%，比 2017 年的 3.05%回落了 0.31 个百分点；民营企业的从业人员增长率为 6.68%，比 2017 年的 7.87%回落了 1.19 个百分点；其他企业的从业人员增长率为 6.15%，比 2017 年的 7.44% 回落了 1.29 个百分点。

综合以上成长性指标分析可以看出，三种不同所有制企业的成长性指标增速均出现不同程度的回落。但国有企业相对波幅较小，民营企业和其他企业下降幅度则较大。但从趋势性分析来看，后期市场的增长空间很大，高质量发展潜力和动力仍然充沛。

四、2018 中国企业信用发展规模特征分析

2018 年本报告入库企业有效数据样本中，特大型企业占样本总量的比重这 9.58%；大型企业占比为 32.45%；中型企业占比为 47.45%；小型企业占比为 10.53%。与 2017 年相比有微幅变化。

企业规模划分标准及所占比例见表 1。

表 1　企业规模划分标准及所占比例

项目	特大型企业	大型企业	中型企业	小型企业
年营业收入总额（亿元）	≥500	50-500	5-50	<5
本期占样本量比例（%）	9.58	32.45	47.45	10.53
上期占样本量比例（%）	8.82	32.38	46.81	11.99

（一）信用环境规模特征分析

1. 特大型企业总体保持平稳运行

2018 年特大型企业的景气指数为 110.97 点，较 2017 年的 121.04 点下降了 10.07 点；盈利指数为 103.05 点，较 2017 年的 110.66 点下降了 7.61 点；效益指数为 105.99 点，较 2017 年的 105.62 点提高了 0.37 点。

2011-2018 年特大型企业信用环境分析见图 37。

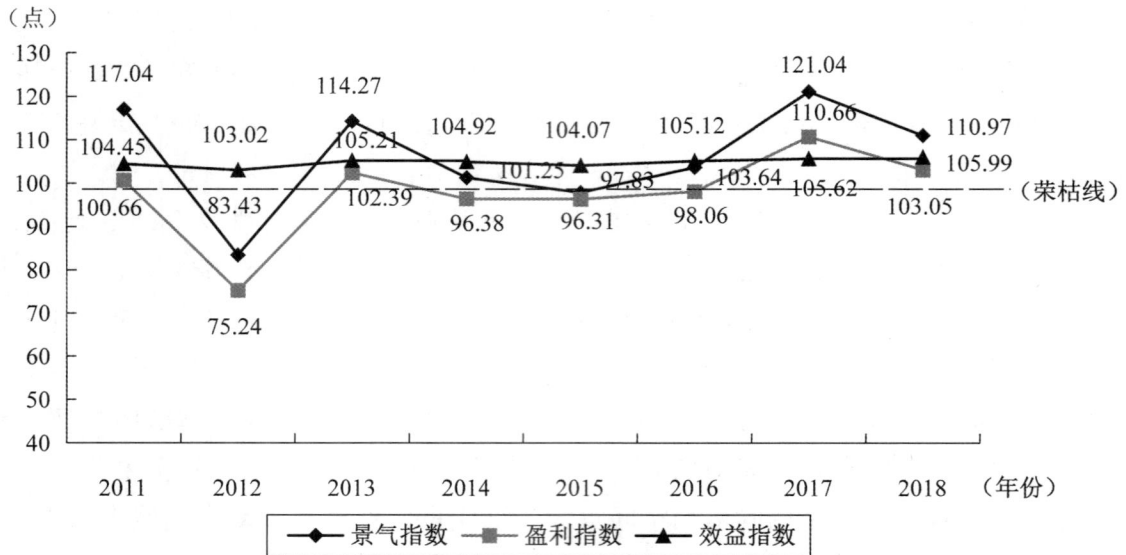

图 37　2011-2018 年特大型企业信用环境分析

从图 37 中可以看出，我国特大型企业的三项指数虽有所回落，但依然保持在荣枯线以上运行，表明特大型企业对宏观经济环境不确定因素的抵御能力较强。

2. 大型企业保持一定增幅

2018 年大型企业的景气指数为 110.03 点，较 2017 年的 122.24 点下降了 12.21 点；盈利指数为 102.26 点，较 2017 年的 111.08 点下降了 8.82 点；效益指数为 106.26 点，较 2017 年的 107.17 点下降了 0.91 点。

综合三项指数可以看出，我国大型企业与特大型企业有着相似的走势，三项指数也均保持在荣枯线以上，运行相对平稳。这一情况表明，我国特大型企业和大型企业发展的柔韧性更强，高质量发展的基础进一步筑固。

2011-2018 年大型企业信用环境分析见图 38。

3. 中型企业增速变缓

2018 年中型企业的景气指数为 108.41 点，较 2017 年的 116.73 点微幅回落了 8.32 点；盈利指数为 97.88 点，较 2017 年的 104.49 点回落了 6.61 点；效益指数为 103.27 点，较 2017 年的 106.84 点下降了 3.57 点。

综合三项指数分析可以看出，我国中型企业的三项指数走势与大型企业相比下行的幅度要大一些，其中盈利指数跌落到荣枯线以下，表明其盈利能力明显减弱。

2011-2018 年中型企业信用环境分析见图 39。

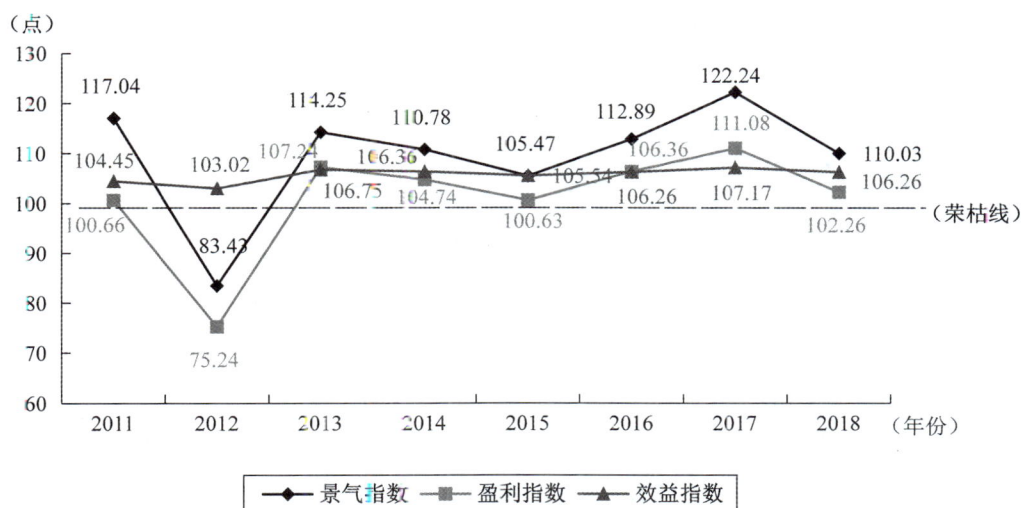

图 38　2011-2018 年大型企业信用环境分析

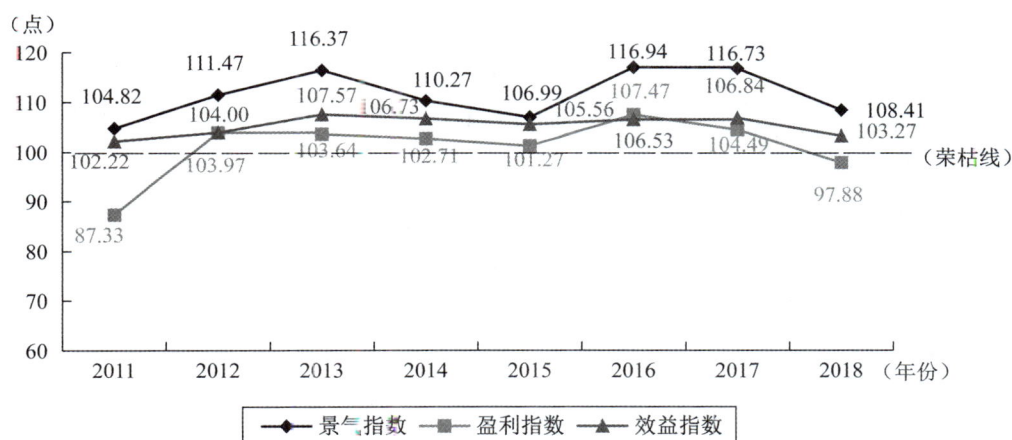

图 39　2011-2018 年中型企业信用环境分析

4. 小型企业跌落到负增长区间

2018 年小型企业的景气指数为 84.32 点，较 2017 年的 101.33 点下降了 17.01 点；盈利指数为 78.49 点，较 2017 年的 93.91 点下降了 15.42 点；效益指数为 97.83 点，较 2017 年的 105.66 点下降了 7.83 点。这也是自 2011 年以来小型企业的三项指数均跌落到荣枯线以下。

综合不同规模企业分析，2018 年我国企业的三项指数回落的主要原因，是受到中小企业增速变缓的影响，其中尤以小型最为突出。我国中小型企业所面临的经营环境及竞争压力明显更大一些，需要引起各级政府及业界的高度关注。

2011-2018 年小型企业信用环境分析见图 40。

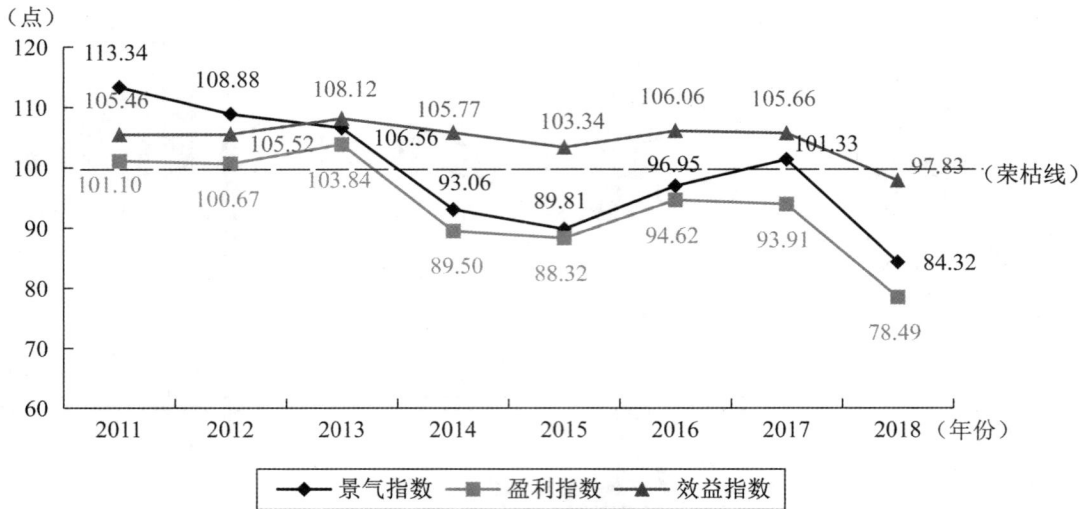

图 40 2011－2018 年小型企业信用环境分析

（二）效益及其趋势规模特征分析

1. 大型企业收益性运行平稳，小型企业整体性亏损

第一，从营收利润率规模特征分析。2018 年特大型企业的营收利润率为 4.51%，比 2017 年的 4.70%下降了 0.19 个百分点；大型企业的营收利润率为 5.56%，比 2017 年的 6.20%下降了 0.64 个百分点；中型企业的营收利润率为 4.19%，比 2017 年的 8.93%下降了 4.74 个百分点；小型企业的营收利润率为－1.78%，比 2017 年的 8.92%下降了 10.70 个百分点。

2011－2018 年营收利润率规模特征对比分析见图 41。

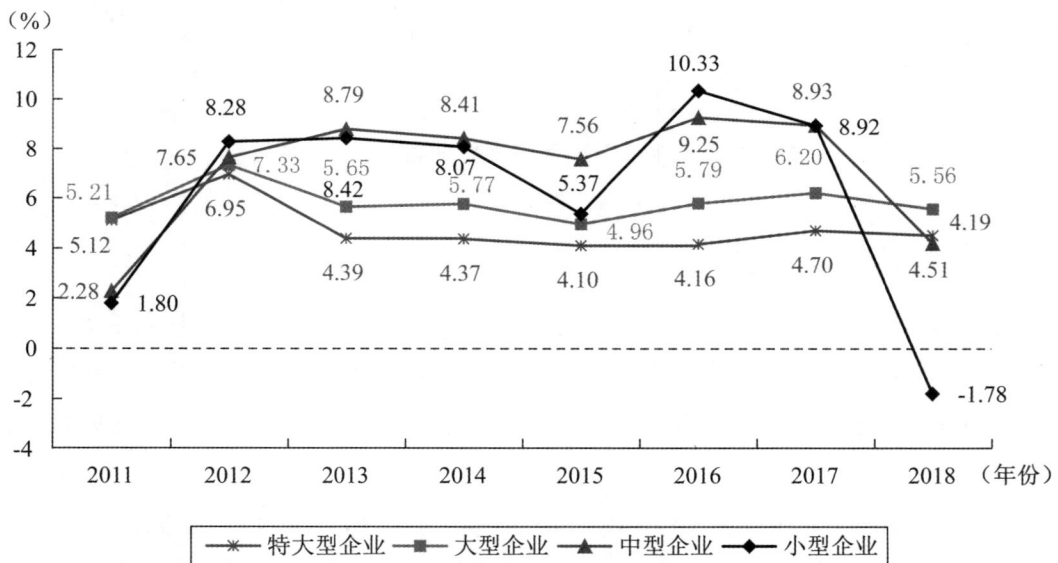

图 41 2011－2018 年营收利润率规模特征对比分析

从图 41 中可以看出，不同规模企业的营收利润率表现为迥然不同的两条基本趋势。特大型和大型企业营收利润率运行框对平稳，其中大型企业的营收利润率水平相对较高；中小企业的营收利润率则波动较大，而小型企业的营收利润率则负数，表现为整体性亏损。

第二，从资产利润率规模特征分析。2018 年特大型企业的资产利润率为 2.89%，比 2017 年的 2.63% 提升了 0.26 个百分点；大型企业的资产利润率为 3.70%，比 2017 年的 4.17% 回落了 0.47 个百分点；中型企业的资产利润率为 1.81%，比 2017 年的 4.22% 回落了 2.41 个百分点；小型企业的资产利润率为 -2.71%，比 2017 年的 2.97% 下降了 5.68 个百分点。

从资产收益性指标分析，不同规模企业的资产利润率与营收利润率水平大体相当，同时也延续了营收利润率的基本走势。

2011-2018 年资产利润率规模特征对比分析见图 42。

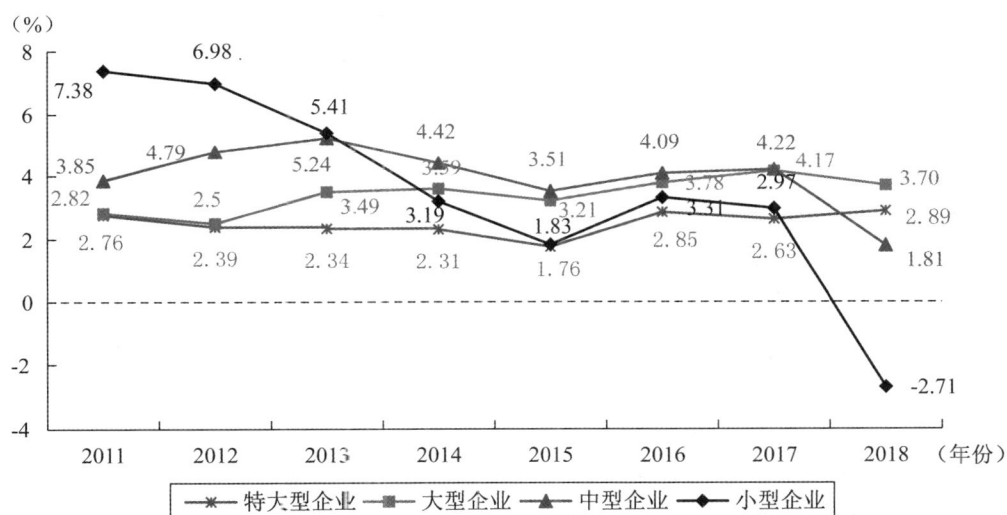

图 42 2011-2018 年资产利润率规模特征对比分析

第三，从所有者权益报酬率分析。2018 年特大型企业的所有者权益报酬率为 10.56%，比 2017 年的 9.54% 提高了 1.02 个百分点；大型企业的所有者权益报酬率为 9.51%，比 2017 年的 11.13% 下降了 1.62 个百分点；中型企业的所有者权益报酬率为 3.82%，比 2017 年的 7.37% 下降了 3.55 个百分点；小型企业的所有者权益报酬率为 -2.03%，比 2017 年的 5.09% 下降了 7.12 个百分点。

2011-2018 年所有者权益报酬率规模特征对比分析见图 43。

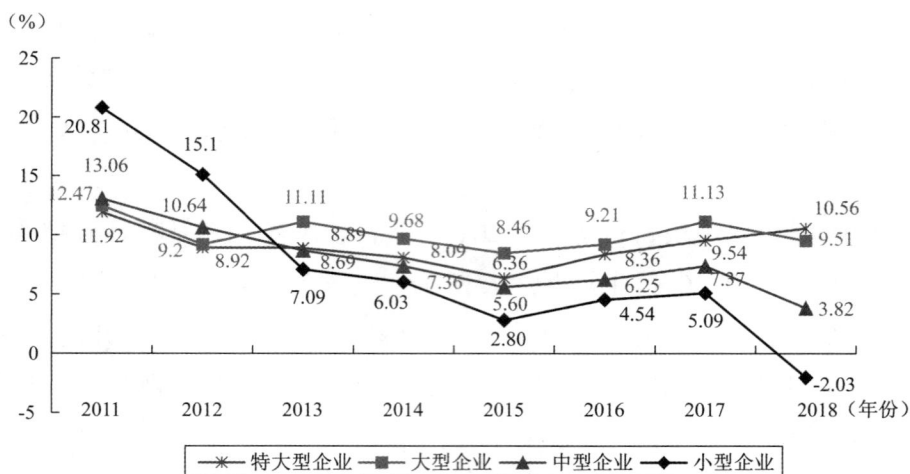

图 43　2011-2018 年所有者权益报酬率规模特征对比分析

从所有者权益报酬率指标分析来看，特大型企业和大型企业运行相对平稳。其中，特大型企业的所有者权益报酬呈现近年上升的态势，2018 年达到了自 2012 年以来的最好水平；大型企业虽有所回落，但整体上保持了平稳运行的基本走势；小型企业的所有者权益报酬率为负数，同样表现为整体性亏损。

2. 流动性相对平稳，融资环境有所改善，小型企业应注意潜在的系统性信用风险

第一，从流动性分析，2018 年特大型企业的资产周转率为 0.92 次/年，比 2017 年的 0.95 次/年下降了 0.03 次/年；大型企业的资产周转率为 0.89 次/年，比 2017 年的 0.88 次/年提高了 0.01 次/年；中型企业的资产周转率为 0.56 次/年，比 2017 年的 0.54 次/年提高了 0.02 次/年；小型企业的资产周转率为 0.32 次/年，比 2017 年的 0.36 次/年下降了 0.04 次/年。

从以上分析可以看出，企业的流动性表现相对平稳，没有出现较大波动。但特大型企业和小型企业有所减缓，大中型企业有所加快。总体呈现由大到小阶梯式放缓的态势。

近 3 年不同规模企业的流动性、安全性指标对比分析见表 2。

表 2　近 3 年不同规模企业的流动性、安全性指标对比分析

规模 指标	特大型企业			大型企业			中型企业			小型企业		
	2016 年	2017 年	2018 年	2016 年	2017 年	2018 年	2016 年	2017 年	2018 年	2016 年	2017 年	2018 年
资产周转率（次/年）	0.90	0.95	0.92	0.87	0.88	0.89	0.53	0.54	0.56	0.35	0.36	0.32
所有者权益比率（%）	22.91	24.46	24.05	35.30	36.15	36.91	57.69	58.94	57.10	69.73	70.67	66.32
理论负债率（%）	77.09	75.54	76.00	36.15	63.85	63.09	42.31	41.06	42.90	30.27	29.33	33.68
资本保值增值率（%）	109.94	111.53	112.22	63.85	112.66	111.08	109.39	109.59	104.82	105.26	107.04	99.80

第二，从所有者权益比率分析。2018 年特大型企业的所有者权益比率为 24.05%，比 2017 年的 24.46% 下降了 0.41 个百分点；大型企业的所有者权益比率为 36.91%，比 2017 年的 36.15% 提高了 0.76 个百分点；中型企业的所有者权益比率为 57.10%，比 2017 年的 58.94% 下降了 1.84 个百分点；小型企业的所有者权益比率为 66.32%，比 2017 年的 70.67% 下降了 4.35 个百分点。

从表 2 中可看出，除大型企业的所有者权益比率有所提高外，其他规模的企业所有者权益比率均呈现下降的态势。总体来看，呈现逐次提高的阶梯式分布，相对应的是理论负债率逐次下降，尤其是中小型企业的理论负债率水平相对较低，但整体具有上升的态势，表明精准的融资政策开始释放效应。

第三，从资本保值增值率分析。2018 年特大型企业的资本保值增值率为 112.22%，比 2017 年的 111.53% 提高了 0.69 个百分点；大型企业的资本保值增值率为 111.08%，比 2017 年的 112.66% 下降了 1.58 个百分点；中型企业的资本保值增值率为 104.82%，比 2017 年的 109.59% 下降了 4.77 个百分点；小型企业的资本保值增值率为 99.80%，比 2017 年的 107.04% 下降了 7.24 个百分点。

综合分析来看，特大型企业的资本保值增值率呈现逐年提高的态势，其他规模企业则表现为逐年下降，尤其是小型企业则低于 100% 的保本点，表现为整体性亏损。但是，企业规模越小则资本保值增值率相对较低的基本走势并没有发生根本性改变。

3. 经营形势日趋向好，增速明显加快

第一，从营业收入增长率规模特征分析。2018 年特大型企业的营业收入增长率为 15.61%，比 2017 年的 21.07% 下降了 5.46 个百分点；大型企业的营业收入增长率为 14.51%，比 2017 年的 22.84% 下降了 8.33 个百分点；中型企业的营业收入增长率为 14.95%，比 2017 年的 23.63% 下降了 8.68 个百分点；小型企业的营业收入增长率为 0.62%，比 2017 年的 12.39% 下降了 11.77 个百分点。

2011-2018 年营业收入增长率规模特征对比分析见图 44。

从图 44 中可以看出，尽管不同规模企业的营收增长率均呈现下降的态势，但增速却不尽相同。特大型企业、大型企业和中型企业仍然保持着相对较高的、几乎相近的增长幅度，而小型企业却只有微幅增长，整体呈现由大到小逐次降低的走势。

第二，从利润增长率规模特征分析。2018 年特大型企业的利润增长率为 6.32%，比 2017 年的 21.015% 下降了 14.69 个百分点；大型企业的利润增长率为 5.55%，比 2017 年的 21.65% 下降了 16.10 个百分点；中型企业的利润增长率为 1.87%，比 2017 年的 9.84% 回落了 7.97 个百分点；小型企业的利润增长率为 -31.98%，与 2017 年的 -9.74% 相比，负增长扩大了 22.24 个百分点。

2011-2018 年利润增长率规模特征对比分析见图 45。

（%）

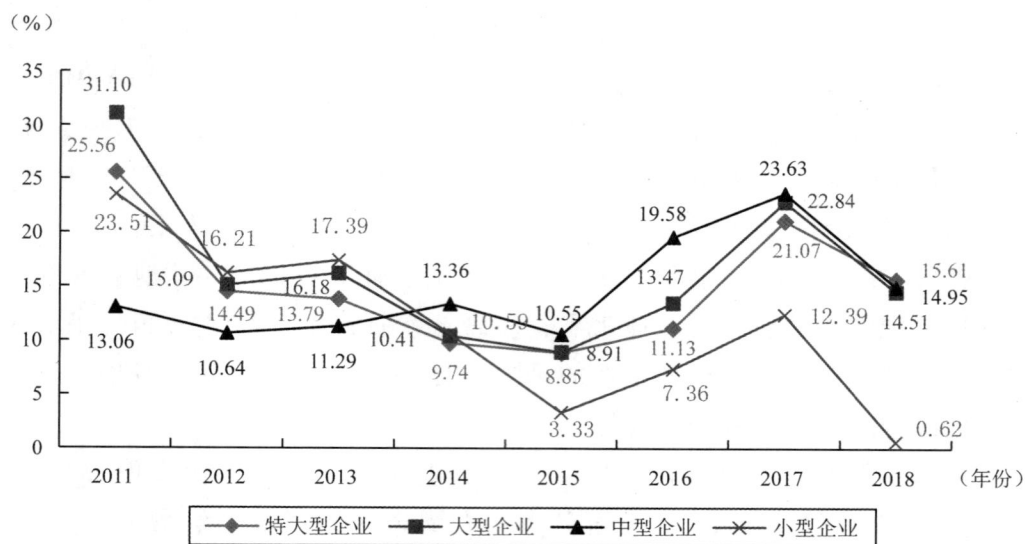

图 44 2011-2018 年营业收入增长率规模特征对比分析

（%）

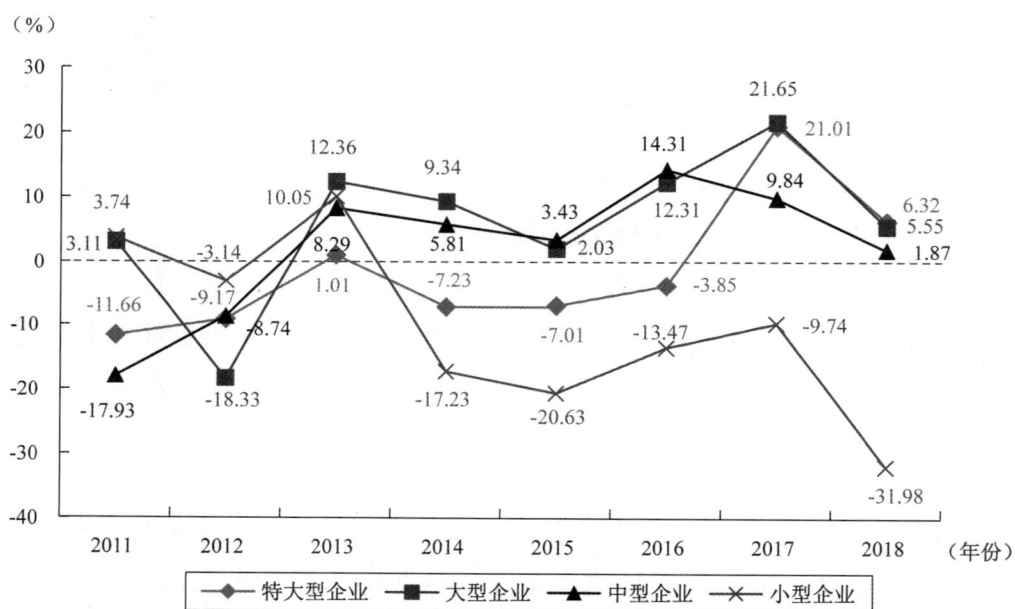

图 45 2011-2018 年利润增长率规模特征对比分析

从图 45 中可以看出，特大型企业在经过持续 3 年负增长之后，已经连续两年保持正增长，盈利能力明显增强，表现其转型升级高质量发展取得一定成效。大中型企业虽也呈现下降的态势，但保持了正增长态势；而小型企业却长达 5 年期间一直徘徊在负增长区间，且 2018 年负增长达到 31.98%，以致于陷于整体性亏损困境之中。

第三，从资产增长率规模特征分析。2018 年特大型企业的资产增长率为 13.15%，比

2017 年的 14.50% 下降了 1.35 个百分点；大型企业的资产增长率为 11.01%，比 2017 年的 14.04% 回落了 3.03 个百分点；中型企业的资产增长率为 12.02%，比 2017 年的 22.47% 回落了 10.45 个百分点；小型企业的资产增长率为 5.47%，比 2017 年的 27.05% 回落了 21.58 个百分点。

综合资产增长率指标分析，特大型企业和大型企业基本运行平稳，波幅较小，且保持相对较高的资产增速；中型企业较 2017 年增速虽有明显回落，但也仍然保持在较高增速；小型企业在 2017 年高基点上却表现为大幅下降，表明小型企业对外部因素影响较为敏感，在宏观经济环境不利的条件下或受不确定因素增多的影响，其投资更加谨慎的态度。

2011-2018 年资产增长率规模特征对比分析见图 46。

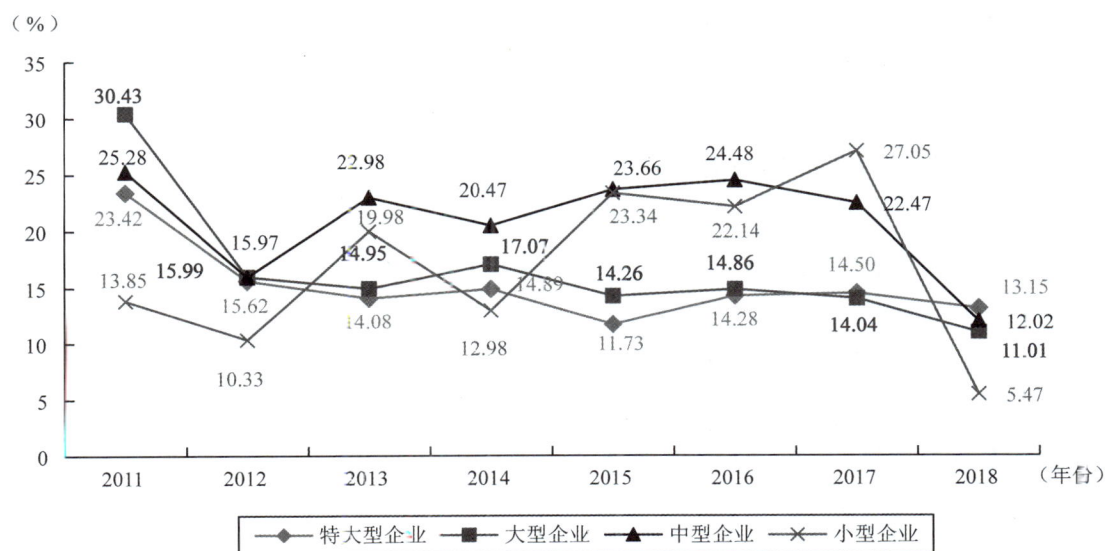

图 46　2011-2018 年资产增长率规模特征对比分析

第四，从资本积累率规模特征分析。2018 年特大型企业的资本积累率为 13.11%，比 2017 年的 16.01% 回落了 2.90 个百分点；大型企业的资本积累率为 11.54%，比 2017 年的 16.18% 回落了 4.64 个百分点；中型企业的资本积累率为 7.70%，比 2017 年的 24.47% 回落了 16.77 个百分点；小型企业的资本积累率为 3.48%，比 2017 年的 31.55% 回落了 28.07 个百分点。

综合分析表明，特大型企业和大型企业的资本积累率相对较高，均保持在 10% 以上增速；而中小型企业增速下降幅度较大，尤其是小型企业的回落幅度达到了 28% 之多，且增速也都保持在 10% 以下。

第五，从人员增长率规模特征分析，2018 年特大型企业的人员增长率为 6.77%，比 2017 年的 5.60% 提高了 1.17 个百分点；大型企业的人员增长率为 5.76%，比 2017 年的

6.48%回落了 0.72 个百分点；中型企业的人员增长率为 6.22%，比 2017 年的 7.12%回落了 0.90 个百分点；小型企业的人员增长率为 1.53%，比 2017 年的 3.88%下降了 2.35 个百分点。特大型企业、大型企业和中型企业仍然保持较高增速，而小型企业人员增速明显放缓。

4. 效益及其趋势规模特征综合分析

综合以上各项指标分析，并通过各项效益指标规模特征对比分析，可以发现和归纳出不同规模企业所具有的几种基本趋势特征。

第一，四种不同规模企业几乎形成三条运行轨迹：一是中型企业几乎沿着中间平均水平线；二是特大型企业和大型企业几乎有着相同的运行轨迹；三是小型企业几乎与特大型企业、大型企业形成反向运行轨迹。2018 年与 2017 年对比分析看，这三条运行轨迹更为明显。

第二，2018 年特大型企业和大型企业，除科研投入比率、所有者权益比率两项指标低于平均水平外，其他指标全面超过平均水平。

第三，小型企业在主要指标中全面低于平均水平线，尤其是营收利润率已经跌落于"0"点，从而导致于资产利润率和所有者权益报酬率、利润增长率陷落于"0"点以下。

第四，是企业规模越大，其负债水平越高；规模越小，其负债水平越低。企业规模的大小与负债水平高低成反相关，这一特征在 2018 年显得更为鲜明。尤其是小型企业的负债水平较低，明显已经影响到企业的流动性。

综合分析看，影响企业 2018 年效益运行的主要原因在于小型企业，众多小微企业面临的融资难、效率低等制约高质量发展的不利因素，乃是当前亟待破解的主要难题之一。

2018 年效益指标规模特征对比分析见图 47。

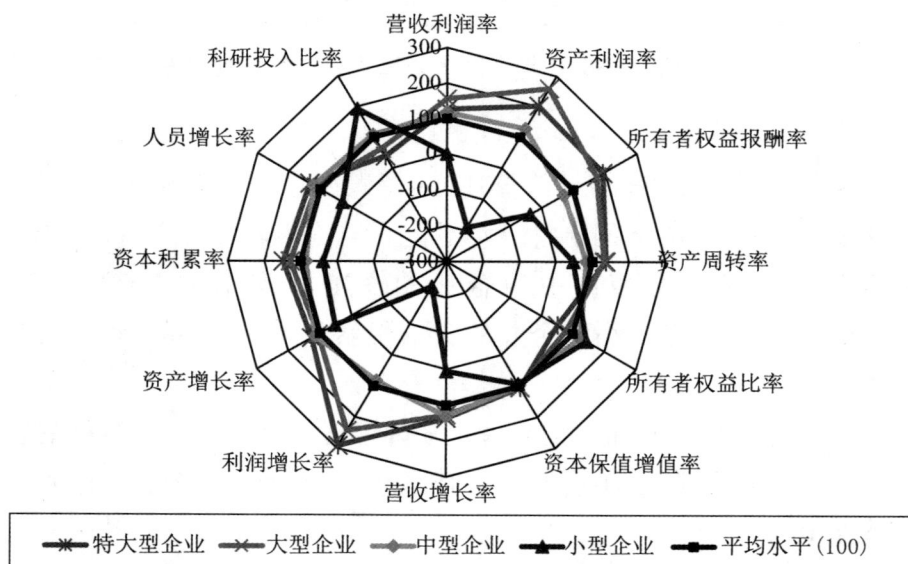

图 47 2018 年效益指标规模特征对比分析

五、2018 中国企业信用发展地区特征分析

（一）信用环境地区特征分析

1. 东部地区企业下行趋势明显，盈利能力进入负增长

2018 年东部地区企业的景气指数为 106.74 点，较 2017 年的 117.92 点下降了 11.18 点；盈利指数 97.59 点，较 2017 年的 106.74 点下降了 9.15 点；效益指数 104.20 点，较 2017 年的 107.33 点提高了 3.13 点。从趋势分析看，在 2018 年东部地区企业的三项指数持续 5 年保持在荣枯线以上的局面被打破，不仅三项指标掉头下行，且盈利指数再度跌破荣枯线，表明其主要收益性指标处于负增长状态。其他指标增幅也呈现明显下降的走势。

2011-2018 年东部地区企业信用环境分析见图 48。

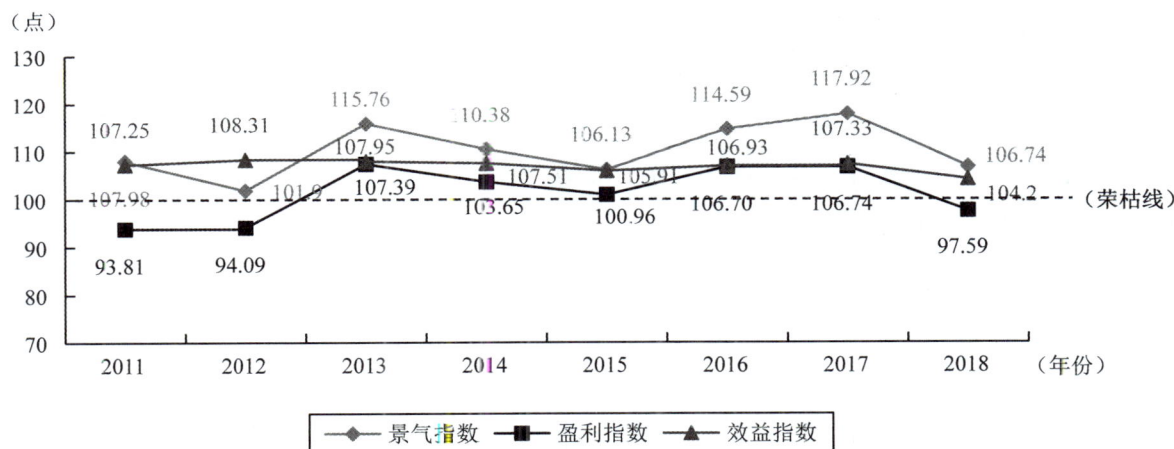

图 48　2011-2018 年东部地区企业信用环境分析

2. 中部地区企业与东部地区企业仍存在一定差距

2018 年中部地区企业的景气指数为 105.77 点，较 2017 年的 116.25 点下降了 10.48 点；盈利指数 97.46 点，较 2017 年 103.77 点下降了 6.31 点；效益指数 103.21 点，较 2017 年的 105.11 点微幅回落了 1.90 点。

2011-2018 年中部地区企业信用环境分析见图 49。

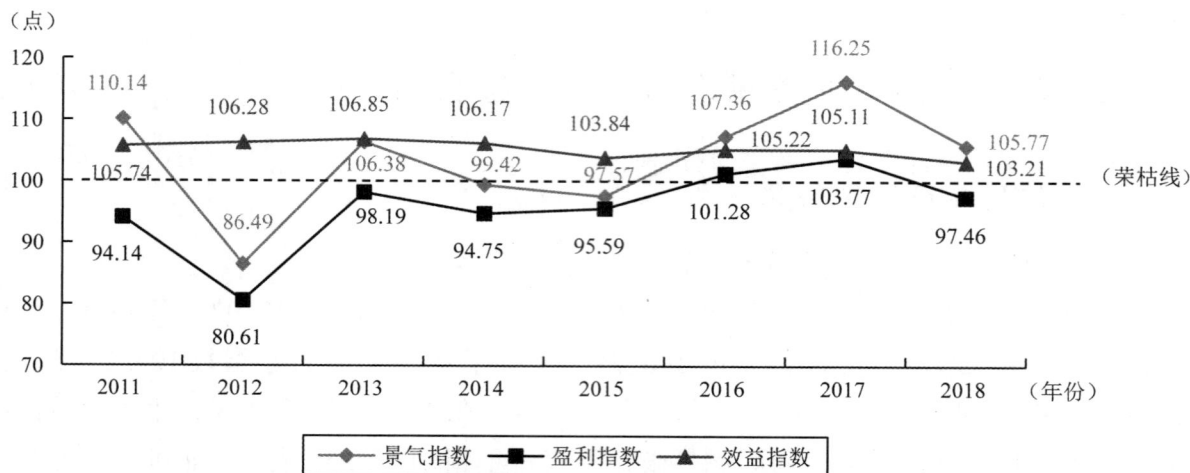

图 49 2011-2018 年中部地区企业信用环境分析

我国中部地区企业的三项指数表现与东部地区相似，且略低于东部地区。表明其整体效益和盈利能力较东部地区企业仍存在一定的差距。

3. 西部地区企业略好于东、中部地区企业

2018 年西部地区企业的景气指数为 107.67 点，较 2017 年的 112.12 点下降了 4.45 点；盈利指数 99.55 点，较 2017 年的 102.58 点下降了 3.03 点；效益指数 103.38 点，较 2017 年的 105.99 点下降了 2.61 点。

2011-2018 年西部地区企业信用环境分析见图 50。

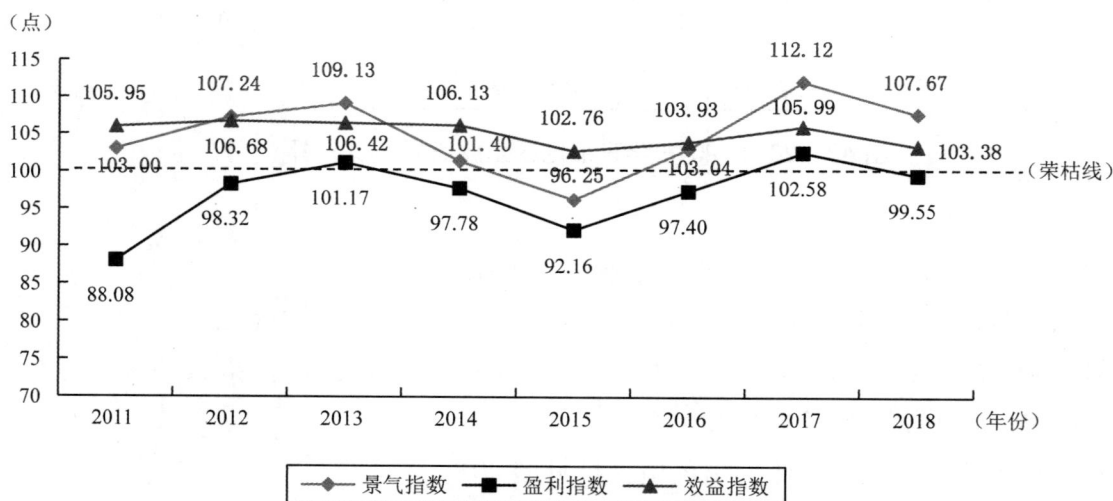

图 50 2011-2018 年西部地区企业信用环境分析

我国西部地区企业 2018 年三项指数虽然与东、中部地区企业有着相似的走势，但三项指数相对处于较高水平，盈利指数尽管处于荣枯线以下，但幅度有限。表明西部地区企业较好于东、中部地区企业。从三项指数总体趋势分析可以看出，2018 年三项指数运行与地区关联性不大，宏观经济环境对不同地区企业均产生一定的影响。

（二）效益及其趋势地区特征分析

1. 东部地区企业收益性居于较高水平，中西部地区企业收益性有待提高

2018 年东部地区企业的营收利润率为 4.34%，比 2017 年的 8.62% 回落了 4.28 个百分点；中部地区企业的营收利润率为 3.45%，比 2017 年的 5.65% 下降了 2.20 个百分点；西部地区企业的营收利润率为 3.30%，比 2017 年的 7.69% 下降了 4.39 个百分点。

2011-2018 年营收利润率地区对比分析见图 51。

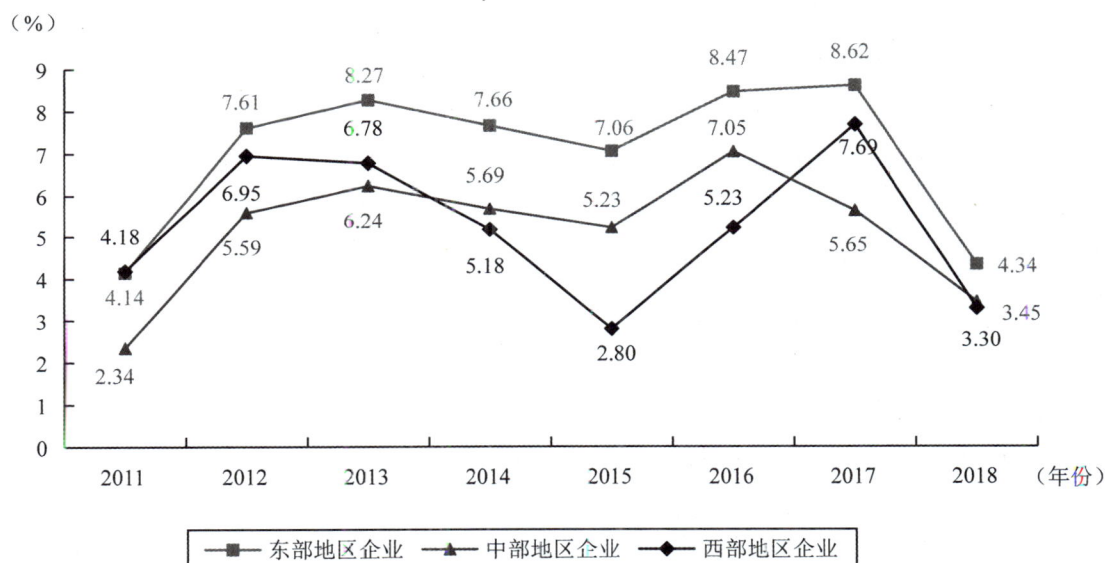

图 51　2011-2018 年营收利润率地区对比分析

2018 年东部地区企业的资产利润率为 2.32%，比 2017 年的 4.20% 下降了 1.88 个百分点；中部地区企业的资产利润率为 1.27%，比 2017 年的 3.34% 回落了 2.07 个百分点；西部地区企业的资产利润率为 1.46%，比 2017 年的 2.98% 回落了 1.52 个百分点。

2011-2018 年资产利润率地区对比分析见图 52。

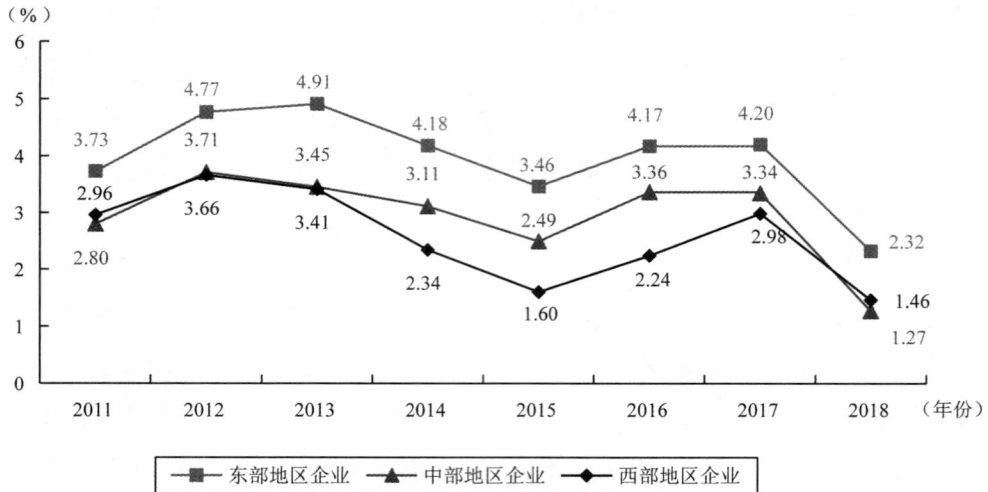

图 52 2011-2018 年资产利润率地区对比分析

通过图 51、图 52 两项主要收益性指标对比分析可以看出，东部地区、中部地区和西部地区企业的收益性指标较 2017 年均有较大幅度的下降，且下降的幅度也大体相当。由此可见，2018 年出现的此番波动在地区间并无较大的差异性，但相对而言，东部地区企业总体收益性仍好于中部地区和西部地区企业，而中部地区与西部地区企业之间也已经不存在较大的差异性，西部地区企业的收益性反而略好于中部地区企业。

2. 流动性平稳加快，西部地区的债务负担要重于东、中部地区

2018 年东部地区企业的资产周转率为 0.68 次/年，较 2017 年的 0.67 次/年提高了 0.01 次/年；中部地区企业的资产周转率为 0.66 次/年，较 2017 年的 0.62 次/年提高了 0.04 次/年；西部地区企业的资产周转率为 0.56 次/年，较 2017 年的 0.53 次/年提高了 0.03 次/年。企业的流动性总体呈现平稳加快的态势，且表现为从东向西呈现阶梯下降的走势。

2018 年东部地区企业的所有者权益比率为 49.25%，较 2017 年的 51.11% 下降了 1.86 个百分点；中部地区企业的所有者权益比率为 46.55%，较 2017 年的 47.86% 下降了 1.31 个百分点；西部地区企业的所有者权益比率为 45.28%，较 2017 年的 45.86% 下降了 0.58 个百分点。各地区企业的所有者权益比率均呈现下降的态势，也意味着理论负债率相对提升，这与精准的、较为宽松的金融政策有关。

3. 经营性成长指标增速明显加快，地区之间的差距有所缩小

第一，从营收增长率分析。2018 年东部地区企业营收增长率为 13.64%，比 2017 年的 21.70% 下降了 8.06 个百分点；中部地区企业营收增长率为 13.10%，比 2017 年的 23.04% 下降了 9.94 个百分点；西部地区企业营收增长率为 11.81%，比 2017 年的 20.90% 下降了 9.09 个百分点。

2011-2018 年营收增长率地区对比分析见图 53。

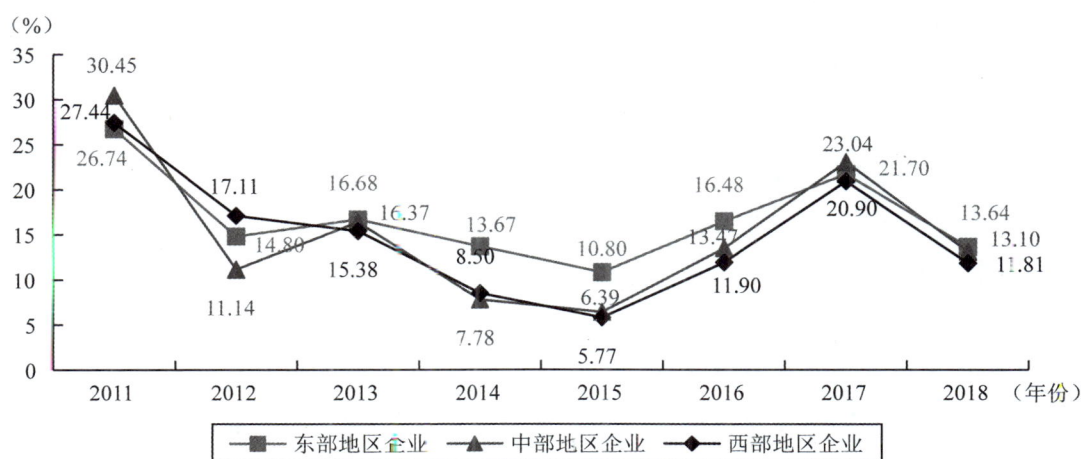

图 53　2011-2018 年营收增长率地区对比分析

第二，从利润增长率分析。2018 年东部地区企业利润增长率为-0.16%，比 2017 年的 14.14%下降了 14.30 个百分点；中部地区企业利润增长率为-1.56%，比 2017 年的 9.46%下降了 11.02 个百分点；西部地区企业营收增长率为 3.52%，比 2017 年的 3.33% 提升了 11.02 个百分点。

2011-2018 年利润增长率地区对比分析见图 54。

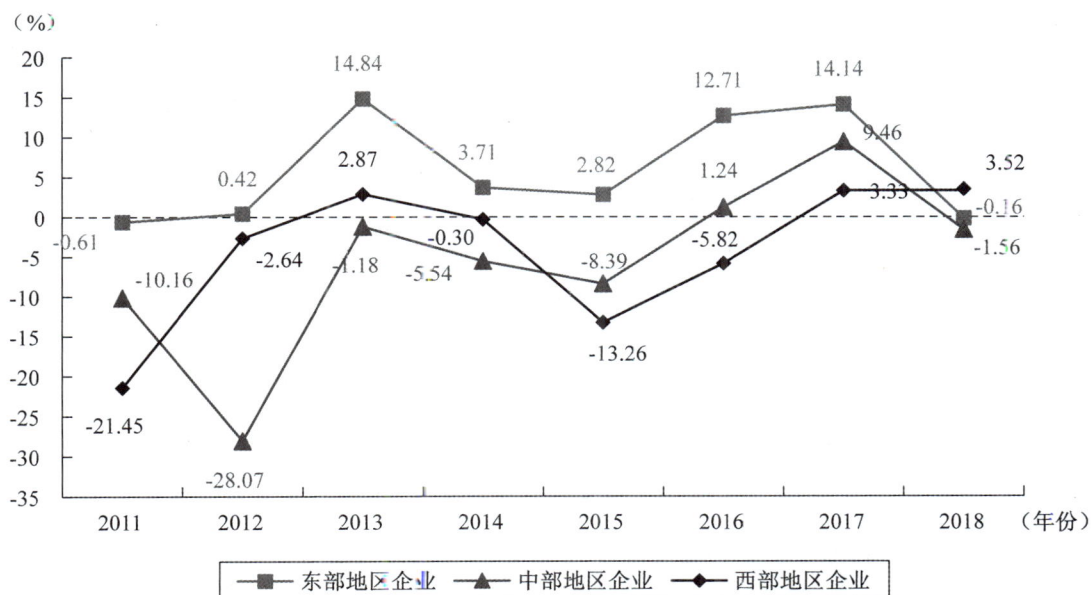

图 54　2011-2018 年利润增长率地区对比分析

从图 53、图 54 中可以看出，地区之间的经营性指标的差距进一步缩小。特别是利润增长率，西部地区企业的利润增长仍然保持正增长，且较 2017 年有微幅上升，而东部地区和中部地区的利润增长率均呈现负增长状态，中部地区企业利润增长率负增长的幅度要高于东部地区企业。由此可见，中部地区企业面临竞争压力要高于东部地区和西部地区企业。

4. 企业资产规模增速普遍放缓，地区之间的差距进一步缩小

2018 年东部地区企业的资产增长率为 11.56%，比 2017 年的 23.55%下降了 11.99 个百分点；中部地区企业的资产增长率为 9.92%，比 2017 年的 18.56%下降了 8.64 个百分点；西部地区企业的资产增长率为 9.92%，比 2017 年的 15.70%下降了 5.78 个百分点。

综合资产增长率分析可以看出，资产增速放缓是一种普遍存在的现象，与地区之间并无必然的关联性。而且地区之间的差距也呈现进一步缩小的趋势。但相对而言，东部地区企业的资产增速相对较快，但下降的幅度也较大。从纵向分析看，2018 年资产增速的波动幅度还要大于 2012 年，各地区企业的资产增速已经下降到自 2011 年以来的最低水平，这应当引起政府相关部门和企业界的高度重视。

2011-2018 年资产增长率地区对比分析见图 55。

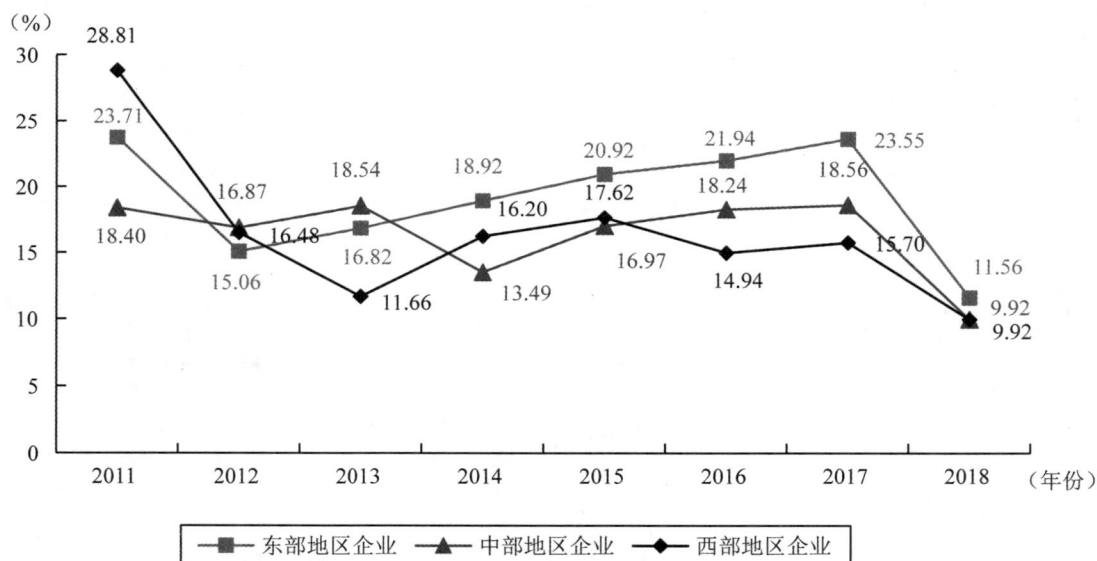

图 55　2011-2018 年资产增长率地区对比分析

5. 效益及其趋势地区特征综合分析

2018 年效益指标地区特征对比分析见图 56。

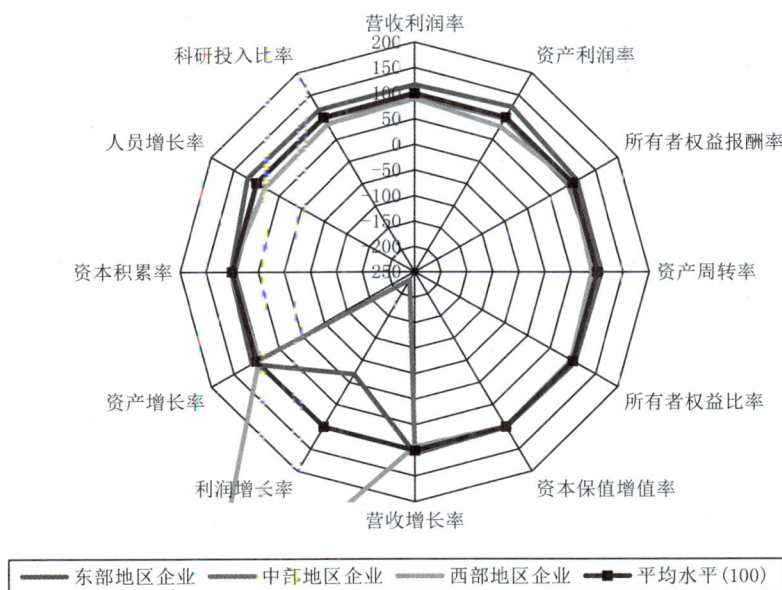

图 56　2017 年效益指标地区特征对比分析

通过图 55、图 56 可以看出，不同地区企业具有下基本趋势特征：一是除利润增长率指标外，其他各项指标的地区之间的差距进一步缩小；二是东部地区企业仍然具有比较优势，尤其是收益性和成长性优势明显；三是西部地区企业的利润增长率虽然增幅有限，但仍然保持正增长，但东部地区和中部地区企业均出现负增长，尤其是中部地区利润增长率下降幅度最大。

六、中国企业信用发展中存在的突出问题及对策建议

综合对我国企业总体信用环境、总体效益趋势分析，通过对行业特征、所有制特征、规模特征以及地区特征对比分析，表明我国企业整体运行平稳、高质量发展初显效果。但同时也反映出企业的收益性水平总体下行，亏损的企业面明显扩大，资产增速放缓等突出问题。在当前中美贸易摩擦持续，贸易壁垒增加和地缘政治紧张局势加剧，导致宏观经济环境中不确定因素增多的不利条件下，我国企业在信用发展中好存在着一些新问题、新矛盾、新挑战，需要引起我们的高度关注和警觉。

（一）中国企业信用发展中的新问题、新矛盾和新挑战

1. 发展不平衡问题日益凸显，外部因素干扰导致不确定性因素增多

据本报告统计，2019 年入库样本企业 2016-2018 年的营收总额分别为 916729 亿元、

1052810 亿元、1177865 亿元，分别提高了 14.84% 和 11.88%；利润总额分别为 47898 亿元、56662 亿元、61901 亿元，分别提高了 18.30% 和 9.25%；亏损总额分别为 -2105 亿元、-2052 亿元和 -4567 亿元，分别提高了 -2.52%、122.56%，亏损比率分别 4.39%、3.62% 和 7.38%；扣除亏损后的净利润总额分别为 45793 亿元、54610 亿元、57334 亿元，分别提高了 18.30% 和 9.25%。

2016-2018 年亏损的企业面分别为 6.45%、6.24%、11.46%；2017-2018 年利润负增长的企业面分别为 36.42%、46.48%；营收利润率、资产利润率、所有者权益报酬率三项收益性指标处于负增长的企业面分别达到 60.61%、57.98%、55.87%，与 2017 年度的 52.31%、52.74%、51.54% 相比，三项收益性指标负增长的企业面均有所扩大。

鉴于以上分析表明，我国企业以往所面临的下行压力在 2018 年受外部因素的影响变成了现实，尽管存在周期性的特点，但与上次的下行具有明显的不同：一是上次下行主要表现在特大型企业和大型企业，而这次主要表现在中小型企业；二是上次下行主要表现在国有企业，而这次下行主要表现在民营企业；三是上次下行影响较大的是西部地区企业，而这次的影响几乎包括所有地区企业，但相对而言影响较大的是东部地区和中部地区企业；三是上次下行主要表现生产业和传统制造业，而本次影响较大的是服务业。这些特征表明，传统制造业和基础性产业的供给侧结构性调整成效已经显现，主要矛盾已经由传统的结构性矛盾转向了高质量发展不平衡之间的矛盾。而突出存在于出口贸易型的服务业和过于依赖出口的制造业，尤其是以民营企业和小型企业为甚。这些问题也集中反映出长期积累的所有制之间、地区之间、规模之间和行业之间存在的发展不平衡的矛盾，我国企业面临的深度调整的基本面将是长期存在的，高质量发展仍将面临诸多挑战。

2. 小型企业和民营企业的理论负债率偏低，对其流动性产生严重影响

据本报告统计显示，2019 年入库样本企业中，2016-2018 年小型企业的资产周转率分别为 0.35 次/年、0.36 次/年、0.32 次/年，民营企业的资产周转率分别为 0.65 次/年、0.70 次/年、0.71 次/年；小型企业的理论负债率分别为 30.27%、29.33%、33.68%，民营企业的理论负债率分别为 42.66%、44.47%、46.38%，均居于较低水平。这一情况表明，负债水平较低、流动性放缓、资产经营效率效益不高，依然是制约中小型企业信用发展瓶颈，导致部分企业特别是中小型企业和民营企业经营困难增多，长期积累的信用风险有所暴露，应引起我国企业界的关注与警觉。

3. 小型企业资产增速普遍放缓，亟需改善投资环境

据报告统计显示，2019 年入库样本企业中，2016-2018 年企业的资产增长率分别为 20.43%、19.74%、11.10%；资本积累率分别为 23.85%、22.12%、8.96%。其中，小型企业的资产增长率为 5.47%，比 2017 年的 27.05% 回落了 21.58 个百分点；资本积累率为 3.48%，比 2017 年的 31.55% 回落了 28.07 个百分点。由此可见，小型企业的资产增

速下降幅度较大，影响小型企业资产增速的因素增多，从宏观政策上亟待改善小型企业的投资环境。

4. 服务业面临的下行压力加大，亟需解决发展中结构性矛盾

按本报告 2018 年期的统计，2018 年服务业企业平均营收利润率为 4.57%，较 2017 年 6.20% 回落了 1.63 个百分点，这也是在 2017 年回落了 1.85 个百分点之后的再次回落，且营收利润率下降到自 2011 年以来的最低水平。2016-2018 年服务业企业的平均资产周转率 1.06 次/年、1.15 次/年、0.59 次/年，服务业的流动性明显放缓，且降低到自 2011 年以来的最低水平。

同时，服务业的理论负债率虽有小幅提高，但处于低位徘徊；资本保值增值率下降幅度也较大，也已经降到自 2011 年以来的最低水平；成长指标也出现大幅波动，增速明显放缓。综合分析来看，服务业经营形势将会日趋困难，也势必会面临诸多新的挑战。

（二）促进中国企业信用发展的对策和建议

1. 以新发展理念着力解决好高质量发展不平衡问题

中国共产党第十九届中央委员会第四次全体会议提出，坚持和完善社会主义基本经济制度，推动经济高质量发展。深化供给侧结构性改革，调整优化布局结构，是推动高质量发展的根本要求。

当前中美贸易摩擦持续，贸易壁垒增加和地缘政治紧张局势加剧，导致宏观经济环境中不确定因素增多，企业面临的下行压力加大，部分企业经营困难较多。企业是我国经济高质量发展的微观主体。对我国国有企业的总体要求是要聚焦实体经济，做强做精主业，有效发挥国有资本投资、运营公司功能作用，坚决退出不具备竞争优势的非主营业务，通过国有资本更多投向关系国家安全、国民经济命脉的重要行业和关键领域，更多投向战略性新兴产业，不断增强国有经济的竞争力、创新力、控制力、影响力、抗风险能力。要以共建"一带一路"为重点更好"走出去"，加大国际化经营力度。积极融入全球产业链、价值链，以高水平开放促进高质量发展。

传统制造业和基础性产业的供给侧结构性调整成效已经显现，一些领域的主要矛盾已经由传统的结构性矛盾转向了高质量发展不平衡之间的矛盾。在传统基础性制造业深层次结构矛盾仍然是制约我国制造业发展的主要问题。但同时存在的不同所有制之间、不同企业规模之间，不同地区之间、不同细化行业之间存在的高质量发展不平衡问题与矛盾日益显得突出，这就要求我们以新发展着力解决好高质量发展不平衡问题，着力解决中小型企业和民营企业的融资难、资产运营效率低、质量差等重点难题，着力改善服务业的营商环境。我国企业界要坚持以新发展理念引领高质量发展，结合企业自身实际情况，从中短期规划着手，以长远发展布局，兼顾好短期利益和长远发展，着力实现增长方式和发展方式的根本转变，为推动我国经济高质量发展作出应有贡献。

2. 加快推进科技自主创新，促进高质量融合发展

创新是引领发展的第一动力，是实现高质量发展的关键所在。我国企业普遍存在着研发投入强度总体偏弱的共性问题，反映了我国企业的创新动力不足，创新激励政策落实不到位，难以适应新时代的变化，政策效应有待进一步释放。我国企业界要抓住新一轮科技革命和产业变革机遇，把科技创新摆在更加突出的位置，完善创新体制机制，加大研发投入力度，加快关键核心技术攻关，打造更多依靠创新驱动、发挥先发优势的引领性企业。要推动建立以企业为主体、市场为导向、产学研深度融合的技术创新体系，加强国有企业与各类所有制企业、各类主体的融通创新，加强知识产权保护，创新促进科技成果转化的机制，不断提升产业基础能力和产业链现代化水平。同时，要加强对中小企业创新的支持，促进科技成果转化。倡导创新文化，强化知识产权创造、保护、运用。培养造就一大批具有国际水平的战略科技人才、科技领军人才、青年科技人才和高水平创新团队。同时，也要注重制度创新、管理创新、市场创新、文化创新等，尤其是科技、信息服务业要创新与制造业的融合发展，依靠创新驱动促进企业高质量融合发展。

3. 进一步释放政策效应，着力解决好中小型企业高质量发展中难题

负债水平较低、流动性放缓、资产经营效率效益不高，依然是制约中小型企业信用发展瓶颈，导致部分企业特别是中小型企业经营困难增多，长期积累的信用风险隐患有所暴露。

党中央和国务院非常重视和强调要解决民营企业、中小企业发展中遇到的困难，并出台了一系列精准的政策措施，对于民营企业、中小型企业的支持力度进一步加大，包括央行、银保监会、财政部等部委近期来密集出台多项政策，着力化解民企融资难、融资贵问题。这些政策措施对民营企业和中小型企业加快转型发展、创新发展，推动企业经济高质量发展发挥了重要作用。我国民营企业和中小型企业，要坚持稳增长、去杠杆，充分释放政策效应，激发企业高质量发展的内在活力和动力。

4. 弘扬新时代企业家精神，推动企业高质量发展

推动高质量发展是一项十分复杂的系统工程，不仅涉及相关政策、体制的调整、改革和完善，也涉及消费理念、社会文化等深层次的更新与转变，需要政府、企业、社会组织、消费者及社会各界的共同努力，但其中比较关键的主体和要素，是企业家和企业家精神。激发和保护企业家精神，充分发挥企业家作用，是新形势下推动高质量发展的一个重要途径和一项关键举措。企业家是推动生产力发展的关键少数和特殊人才，企业家精神是引领创新创造、推动高质量发展的强大动力。要充分理解企业家、尊重企业家、爱护企业家、支持企业家，落实"三个区分开来"的要求，建立容错机制，鼓励企业家敢于担当勇进取、心无旁骛干事业。要坚持对党忠诚、勇于创新、治企有方、兴企有为、清正廉洁的"20字"标准，打造一支具有世界眼光、战略思维、开拓精神的国有企业家队伍，团结带领广大干部职工在高质量发展的道路上阔步前进。

5. 大力推进企业诚信体系建设，动力企业高质量发展

社会信用体系建设是新时代我国建设现代化经济体系的重要保障，更是经济社会高质量发展的重要推动力。加强信用监管，是深化"放管服"改革的重要内容，提升现代化治理能力和治理水平的重要手段，优化营商环境的重要保障。

近年来，我国信用法制建设也取得重要进展，已有近30部法律、30余部行政法规中明确信用建设的相关条款，已有2/3以上的省区市出台或正在研究出台信用地方法规。国家层面的信用顶层立法也在有序进行。今年7月，国务院办公厅印发《关于加快推进社会信用体系建设构建以信用为基础的新型监管机制的指导意见》，强调要根据市场主体信用状况，采取分级分类监管措施，对信用好风险低的，合理降低抽查比例和频次；对违法失信风险高的提高抽查比例和频次。坚持底线思维，防范化解风险，是推动企业高质量发展的重要基础。面对经济发展的不确定不稳定因素增多的风险挑战，既要保持战略定力，又要未雨绸缪，强化忧患意识，高度重视和防范各类风险。要突出防范经营效益下滑风险、债务风险、投资风险、金融业务风险、国际化经营风险、安全环保稳定风险，强化各类风险识别，建立预判预警机制，及时排查风险隐患，制定完善的应对预案，坚决打好打赢防范重大风险攻坚战，为高质量发展保驾护航。

2019 中国企业可持续发展指数报告

中国企业可持续发展指数研究工作，由中国可持续发展工商理事会与中国企业联合会、中国企业家协会于 2016 年共同发起，历时 3 年多深入研究与分析，指标体系研究日益完善，形成"3-8-68-191"指标体系，为持续评估中国企业可持续发展现状和发展趋势提供有益参考。

中国企业可持续发展指数作为一项推动我国经济高质量发展的重要指标工具，始终全面贯彻党的十九大精神，以习近平新时代中国特色社会主义思想为指导，坚持新发展理念，按照高质量发展根本要求，不忘初心，持续为推动中国企业的可持续发展不断努力。

一、测算企业概况

（一）测算对象选取

《2019 中国企业可持续发展指数报告》测算对象，涵盖不同行业、不同地区、不同所有制性质的 1016 家全样本企业①，企业通过主动申报、邀请的方式参与指数测算，具体包括：

（1）中国企业联合会、中国企业家协会发布的年度中国企业 500 强、中国制造业企业 500 强、中国服务业企业 500 强等企业；

（2）在相关行业可持续发展水平较好且在单个领域有优秀表现的企业；

（3）连续三年以上发布可持续发展报告，且可持续发展相关信息公开、可获取、内容详实的企业；

（4）主动参与可持续发展指标测算，且各项基础数据信息填写完整、有效、有数据证明的企业。

---

① 参考国际通行准则、可持续发展评价原则与相关规定，烟草等行业企业暂不列入测算范围。

本报告基于企业自主填报、实地调研、电话/邮件访谈和公开数据等多渠道获取企业可持续发展基础信息，对全样本企业的可持续发展表现开展评估。企业测算的基础数据时间为 2018 年 1 月 1 日至 2018 年 12 月 31 日。

（二）测算数据情况

行业分布

行业分类体现"跨行业覆盖""与国际接轨"。参照国家统计局制定的国民经济行业分类标准（GB/T 4754-2017）、全球行业分类标准（GICS），将企业运营情况和管理基础类似的划分为同一行业类别，形成"中国企业可持续发展指数行业分类"，以实现跨行业、跨企业的普适性比较，更加清晰标示企业发展状况，客观反映我国经济发展特点和现状。

全样本企业划分为消费品二业、建筑房地产业、机械设备制造业、金融保险业、信息技术业、消费者服务业、能源化工业、电力热力燃气及水生产和供应业、钢铁有色业、交通运输仓储业、汽车行业、建材行业等 12 个主要行业，其中，消费品工业企业数量最多，占比 19.4%；建筑房地产业企业数量次之，占比 11.2%；建材业企业数量最少，占比 2.6%。

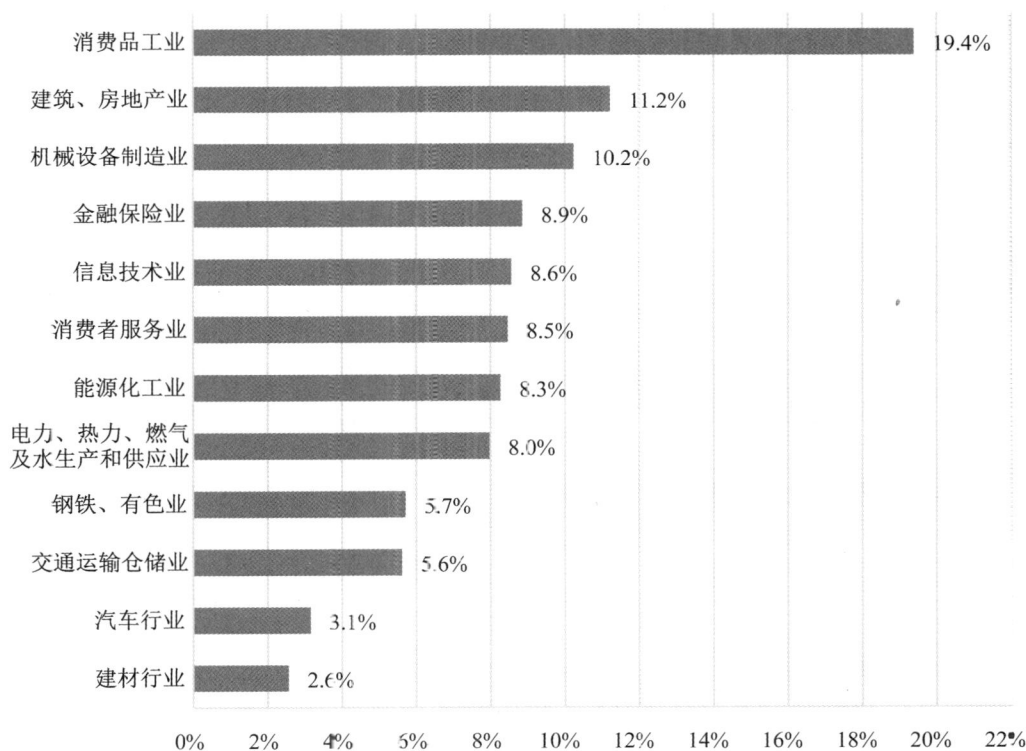

图 1　测算企业行业分布

地区分布

全样本企业地域分布广泛。企业总部所在地覆盖我国所有省、区。其中，北京、广东、上海等地分布最广，占比分别为 19.2%、12.5% 和 11.9%。从大区分布看，华东、华北、华南三区域企业占比分别为 35.5%、25.1% 和 20.8%。西南、华中、西北、东北等区域占比相当，均未超过 6%。全样本企业的地区分布情况与我国各省份经济发展的总体趋势相符。

从企业注册地所在的城市经济带看：长江经济带占比最高，达 29.7%；京津冀经济带占比次之，为 22.6%；粤港澳大湾区占比第三，为 17.8%。

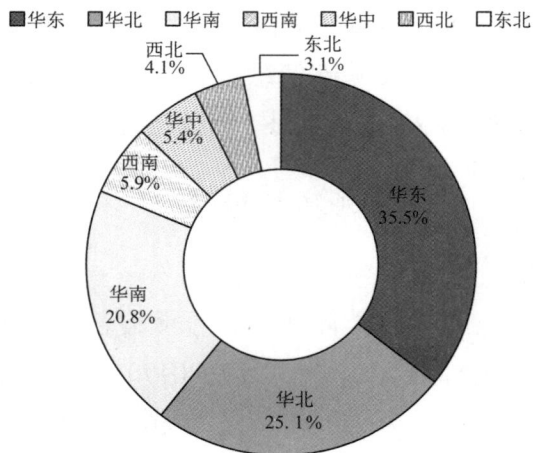

图 2　测算企业地区分布

规模分布

全样本企业中，营业收入规模万亿以上的 4 家，占比 0.4%。资产总额万亿以上的 45 家，占比 4.4%，资产百亿以上的占比 66.8%。

全样本企业中，近 24.3% 的企业为 2019 中国企业 500 强。这些企业规模及品牌影响力较大，在竞争力、资源环境、社会责任等方面，发挥着重要的引领作用。

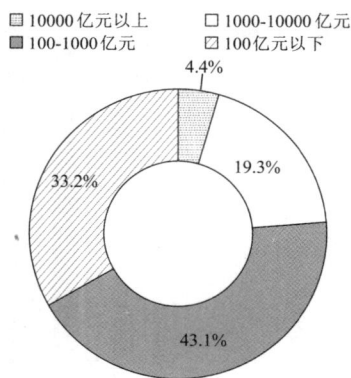

图 3　测算企业营业收入规模分布

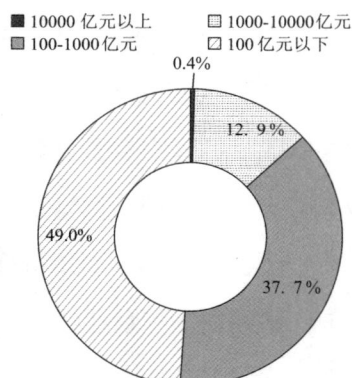

图 4　测算企业资产总额规模分布

上市情况

资本市场在企业社会责任、环境责任、绿色发展等方面对上市公司的要求和指引，对企业可持续发展起到重要规范和激励作用。全样本企业中，上市企业占比 81.9%。其中，在上海证券交易所、深圳证券交易所、中国香港联交所等上市企业占比分别为 34.1%、24.3% 和 19.4%。

企业性质

全样本企业包括中央企业、地方国有及国有控股、民企、外企、合资企业等多种类型。其中，国务院国资委直管、中央金融企业、其他部委直管央企有 82 家，占央企总数的 64.0%。

信息披露情况

样本企业的信息披露表现有所改善，多数企业能以社会责任报告、可持续发展报告、环境社会管治报告、环境报告、企业年报、企业财报等多种形式，及时、准确、定期公开披露企业数据和信息。

越来越多的企业重视报告可信性、可读性、绩效可比性、创新性，努力提升企业信息披露透明度，为利益相关方展现企业可持续发展理念、战略、路径和成果，提升企业形象，助推企业改善治理水平。

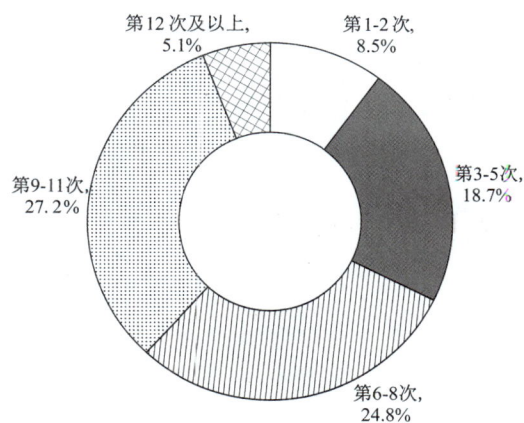

图 5　测算企业发布可持续发展报告的连续性

企业信息披露表现的变化主要有以下几点：（1）报告披露形式数字化。随着利益相关方的需求和期望不断增长，企业在报告发布和信息披露等方面取得积极进展，并朝数字报告方向发展。（2）绩效可比性有所改善。部分企业在报告中能披露关键指标三年以上的数据，并对不具备披露条件的数据进行详细解释说明。（3）关键指标信息披露仍有所差异。企业劳工类指标披露较多，资源环境类指标披露较少。（4）积极对标联合国可持续发展目标（SDGs）。企业报告披露除参考全球报告倡议组织（GRI）、国务院国资委、中国工经联、中国社科院等发布的报告编制依据外，越来越多企业开始将自身可持续发展战略与联合国可持续发展目标（SDGs）进行对标。

二、主要内容

（一）整体情况

"中国企业可持续发展指数"通过企业可持续发展指标体系，从竞争力、环境和社会三个维度来测量和评价企业的可持续发展状况，具体包括 3 个一级指标、8 个二级指标、68 项三级指标、191 项基础数据，简称"3-8-68-191"指标体系。中国企业可持续发展指数满分 100 分，分为三个等级，75-100 分之间为"良好"、60-75 分之间为"合格"、60 分以下为"需要改进"。

全样本企业得分分布区间为［30.0-86.4］，11.0%企业表现"良好"；42.7%企业表现"合格"，46.3%企业"需要改进"，平均得分为 61.3 分，较上一年上升 0.2 分。企业可持续发展整体水平表现一般。

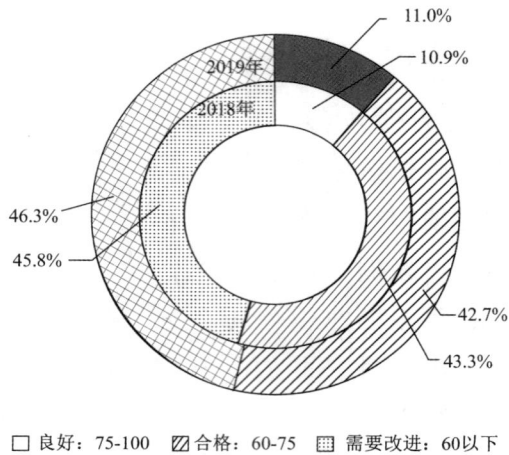

图6　2019 度和 2018 年度得分等级分布情况比较

与 2018 年度相比，"良好"企业比例基本不变，位列"合格"等级企业比例减少 0.6 个百分点。位列"需要改进"等级企业比例增加 0.5 个百分点。

从指标得分率看，竞争力、环境、社会三个维度的得分率分别为 74.2%、63.1% 和 76.7%。8 项二级指标的得分率分别为：产品 62.5%、治理 72.0%、员工 96.9%、环境 75.1%、资源 40.8%、客户 73.3%、社区 72.2%、政府 86.4%，呈现出明显差异。全样本企业在资源、产品等方面仍有待提升，企业对资源、环境和安全等相关方面的数据统计与披露的重视程度还不够。

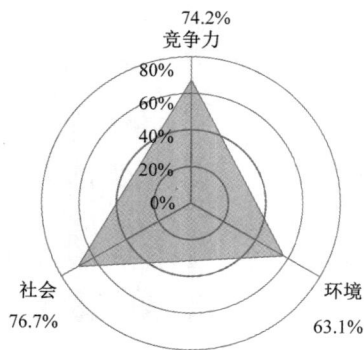

图7　测算企业的三个维度得分率

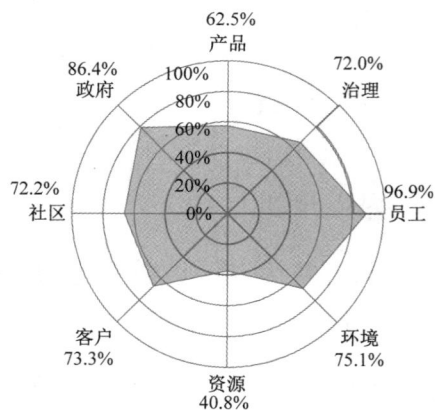

图8　测算企业的 8 项二级指标得分率

（二）竞争力维度

1. 维度概述

竞争力维度下设计了产品、治理和员工 3 项二级指标及 31 项（产品 14 项、治理 9 项、员工 8 项）三级指标来衡量企业的竞争力。

竞争力维度指标得分率为 74.2%，3 个二级指标中，"员工"得分率最高，为 96.9%；"治理"得分率次之，为 72.0%；"产品"得分率最低，为 62.5%。

与 2018 年度相比，2019 年度企业竞争力维度得分率上升 0.5 个百分点[①]。其二级指标中，"产品"得分率提高 0.7 个百分点，主要是由于"智能化""质量提升""供应商管理体系"等三级指标提升。

不同企业竞争力维度的得分率分布在 [55.2%-94.8%]，二级指标"产品"得分率分布在 [32.9%-95.7%]，差异最为显著，是造成"竞争力维度"不同企业之间差异的主要原因。

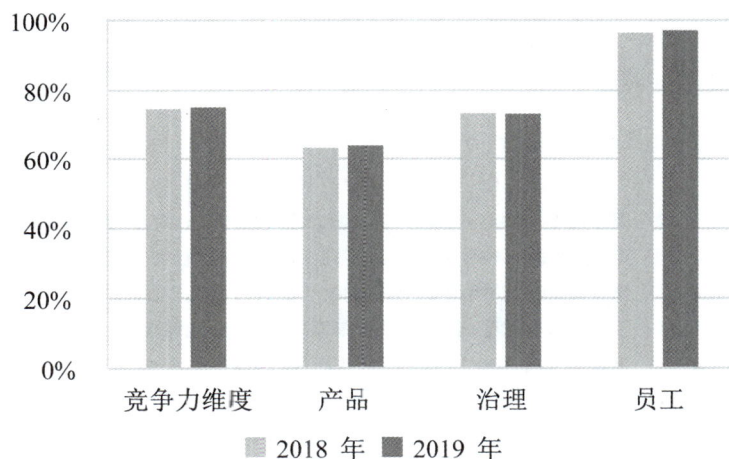

图 9　竞争力维度及二级指标趋势变化

2. 产品

"产品"二级指标得分率为 62.5%。表现良好的企业占比较少，得分率高于 75% 的企业，占比为 18.1%；在 60%-75% 之间的企业，占比 40.1%；低于 60% 的企业，占比 41.8%。

---

① 本报告中的趋势变化，均以 2018 年度、本年度测算企业中重合的 778 家企业作为分析样本。

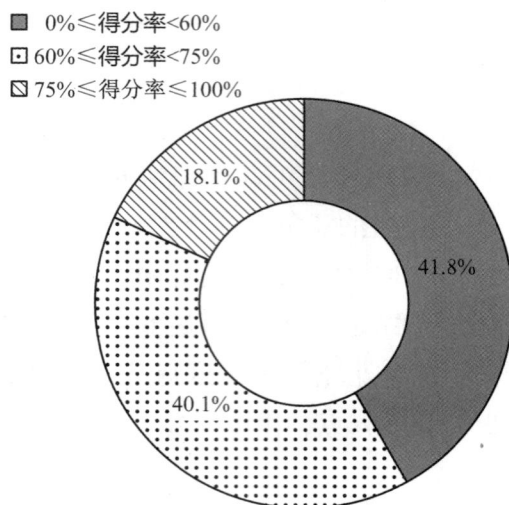

图 10　"产品"指标得分率分布情况

图例：
- 0%≤得分率<60%
- 60%≤得分率<75%
- 75%≤得分率≤100%

从 14 项三级指标看，绿色采购、新产品创效表现不佳。"绿色采购"指标得分率仅为 22.4%，"新产品创效"指标得分率仅为 23.7%。"创新成果""研发投入"等指标得分率低于 50%。企业要高度重视、大力发展科技创新，推进研发成果向现实生产力的转化。

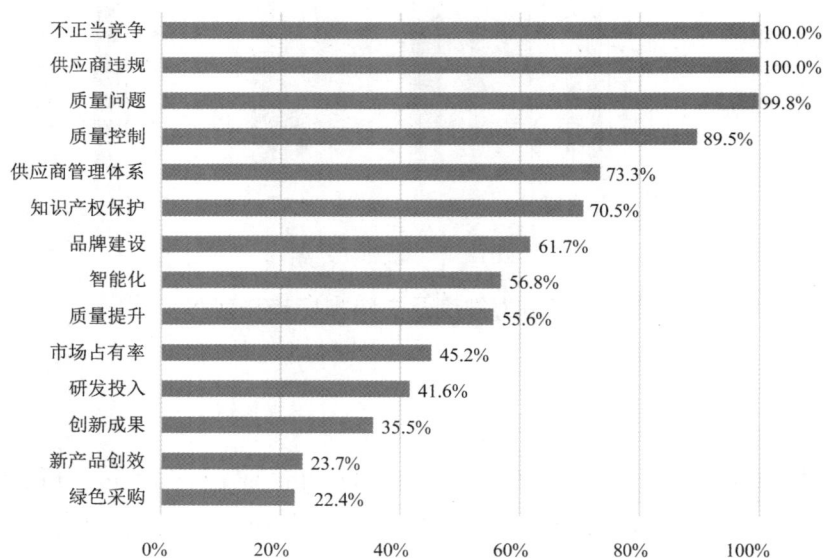

图 11　"产品"下的三级指标表现

与 2018 年度相比，"产品"指标得分率同比上升 0.7 个百分点。"新产品创效""质量提升""智能化""供应商管理体系"等三级指标上升幅度均超过 4 个百分点，成为拉升"产品"表现的关键指标;"知识产权保护""研发投入"等三级指标得分率较去年明显下降,分别降低 8.5 和 4.8 个百分点,需引起重视。

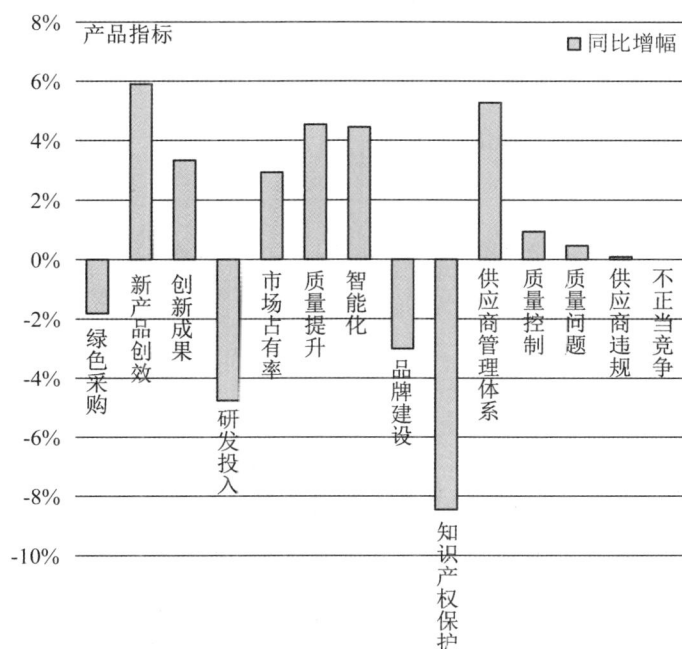

图 12 "产品"下的三级指标年度趋势分析

企业仍需强化"绿色采购",将环境责任延伸至产业链上游。从指标表现看,"绿色采购"三级指标是"产品"中得分率最低的;从年度变化趋势看,"绿色采购"同比下降 1.8 个百分点,表现趋弱。数据表明,不少企业仍未充分认识到"绿色采购"的重要性,也没有将其纳入到公司运营中。企业普遍缺少绿色采购相关信息披露,仅有少数企业明确表示将环境保护纳入到供应商考核中,制定详实、明确的绿色采购管理办法的企业比例更少。企业应积极对标行业领先企业,将环境管理延伸到供应链采购中,努力构建绿色供应链,提升企业绿色竞争力。

企业"智能化"发展水平有所提升。从指标表现看,"智能化"三级指标得分率为 56.8%;从年度变化趋势看,"智能化"上升 4.4 个百分点,是"产品"下的所有三级指标中上升幅度最大的。数据表明,越来越多企业已将智能化融入企业长远发展战略中,积极拓展智能制造、智能工厂或智能管理等领域,探索创新智能制造模式,如智能工厂模式、个性化定制模式等,企业的智能化水平有所提升。这将助力企业把握新一轮工业革命和转型升级的新动能,为企业未来可持续发展提供重要保障。

3. 治理

"治理"二级指标得分率为 72.0%。得分率高于 75% 的企业,占比 36.7%;在 60%-

75%之间的企业，占比 51.1%；低于 60% 的企业，占比 12.2%。

"国际化发展"和"利税贡献"表现不佳，两项指标得分率偏低，分别为 22.9% 和 33.1%，是限制"治理"指标表现的关键因素。

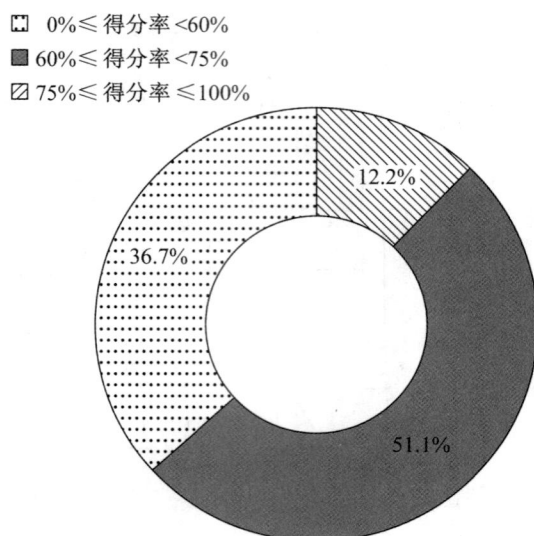

- ☐ 0%≤得分率<60%
- ■ 60%≤得分率<75%
- ▨ 75%≤得分率≤100%

图 13　"治理"指标得分率分布情况

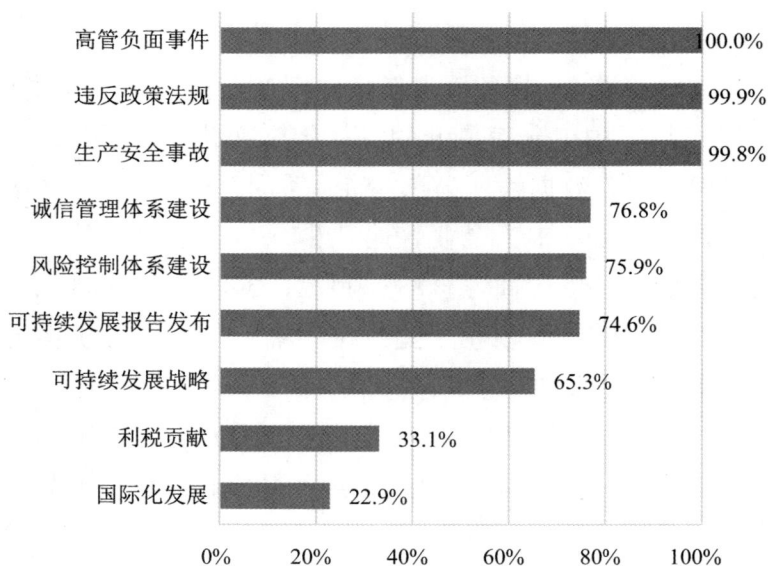

图 14　"治理"下的三级指标表现

与 2018 年度相比，"治理"指标得分率同比下降 0.2 个百分点，表现趋弱。其三级指标中，"风险控制体系建设""诚信管理体系建设"指标同比分别上升 4.7 和 3.8 个百分点，成为拉升"治理"表现趋好的关键指标。"国际化发展""利税贡献"等指标得分率同比分别下降 6.0 和 7.5 个百分点，需引起重视。

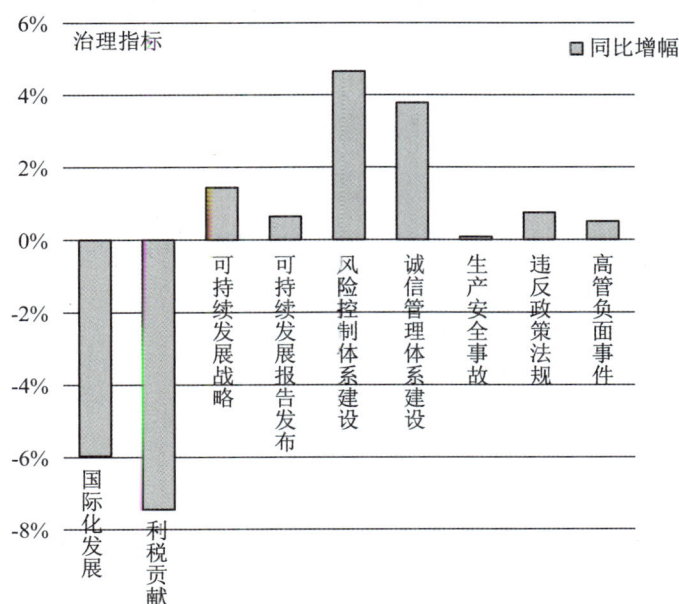

图 15 "治理"下的三级指标年度趋势分析

越来越多的企业将"可持续发展战略"融入企业治理中。可持续发展能力是企业领导力、管理能力、品牌影响力与核心竞争力的综合体现。测算发现，"可持续发展战略"指标得分率同比上升 1.4 个百分点，可持续发展战略逐步融入企业治理中。

"风险控制体系建设"待继续强化。全面风险管理，是企业进一步提高管理水平、提升竞争力、持续健康稳定发展的重要工作。测算结果显示，企业风险控制体系建设指标得分率为 75.9%，同比上升 4.7 个百分点，表明企业在风险控制和管理方面有所提高。但应注意到，企业在风险识别、风险管控、风险定期评估、风险预案的制定和危机管理方面，还存在明显不足，仍有较大提升空间。

把握全球化机遇，加快国际化发展步伐。"国际化发展"指标得分率有所回落，同比下降 6.0 个百分点。部分企业年度跨国指数较低，在当前经济全球化的大背景下，应当稳中求进，促进要素跨国流动，积极开展国际化经营和国际合作。

4. 员工

"员工"二级指标得分率为 96.9%，得分率高于 75% 的企业，占比为 100.0%。企业均表现良好。从三级指标看，"员工"包含的所有三级指标得分率均高于 80%，且部分指标得分率接近 100%，表明企业高度重视员工责任。在遵守劳工、安全卫生等法规的同时，也更加注重保障员工权益，尊重员工构成多元化。

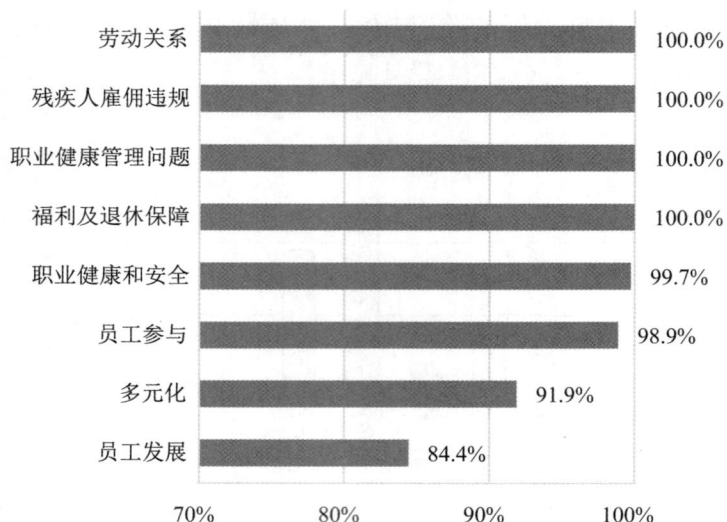

图 16　"员工"下的三级指标表现

"员工"仍是竞争力维度得分率最高的二级指标，连续两年超过96%；从年度变化趋势看，"员工"指标得分率同比上升 0.7 个百分点，高于竞争力维度的上升幅度（0.5%），一定程度上拉升竞争力维度表现趋好。三级指标中，"员工发展"是"员工"包含的三级指标中得分率最低的，但该指标上升幅度最为显著，同比上升 4.8 个百分点，表明越来越多企业重视员工发展，不仅关注员工培训，更明确了员工的各种晋升制度和渠道，为企业长远发展奠定基础。

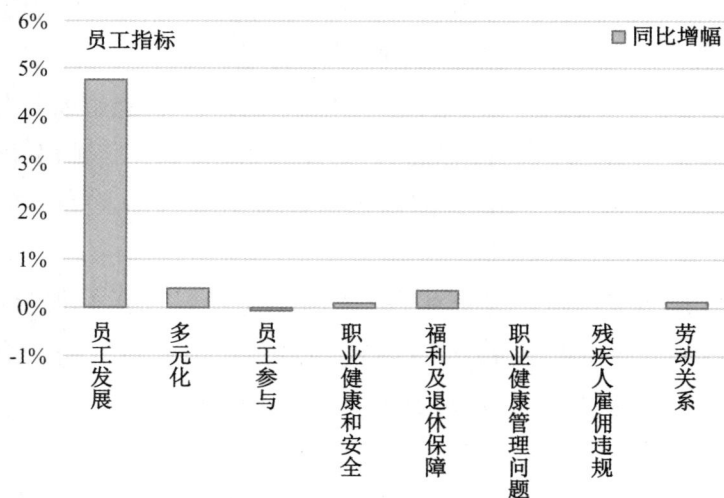

图 17　"员工"下的三级指标年度趋势分析

（三）环境维度

1. 维度概述

环境维度下从环境、资源 2 项二级指标及 20 项（环境 13 项、资源 7 项）三级指标来衡量。

环境维度在三个维度中表现最弱，得分率为 63.1%，是竞争力、环境和社会三个维度中得分率最低的。环境维度的 2 个二级指标中，"环境" 二级指标得分率较高，为 75.1%；"资源" 得分率较低，为 40.8%，在 8 个二级指标中表现最弱。

与 2018 年度相比，2019 年度企业环境维度表现有所提高，得分率较去年上升 1.0 个百分点。其中，"环境" 二级指标得分率较去年提高 1.9 个百分点；"资源" 二级指标得分率较去年下降 0.5 个百分点。

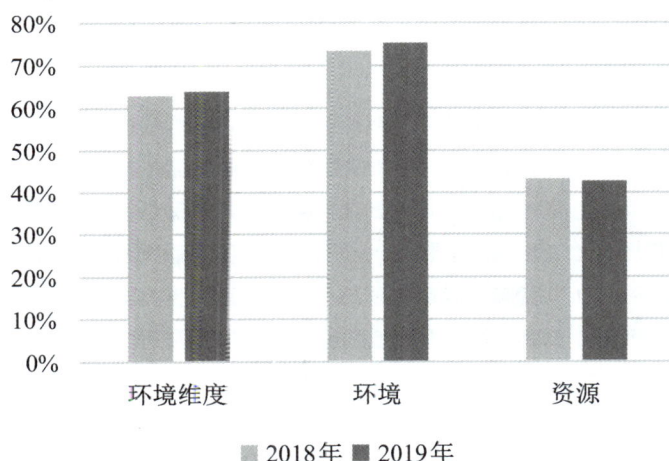

图 18　环境维度及二级指标趋势变化

不同企业环境维度的指标得分率分布在［30.5%-92.0%］，其二级指标 "资源" 得分率分布在［1.4%-98.6%］，差异十分显著，是造成 "环境维度" 不同企业之间差异的主要原因。

2. 环境

"环境" 二级指标得分率 75.1%。得分率高于 75% 的企业，占比为 53.1%；在 60%-75% 之间的企业，占比 41.3%；低于 60% 的企业，占比 5.6%。具体到三级指标，"生物多样性保护" 得分率为 8.4%，是所有三级指标中得分率最低的指标。"环境友好型产品" 得分率偏低，仅为 35.2%。

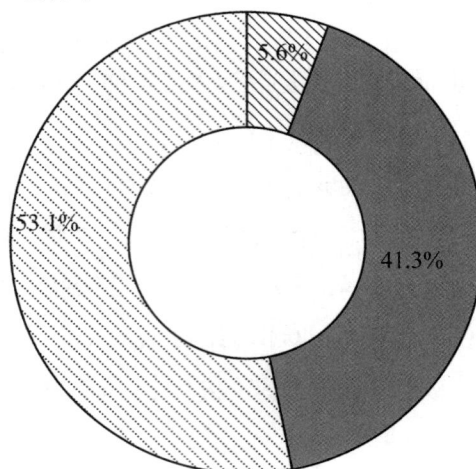

图 19　"环境"指标得分率分布情况

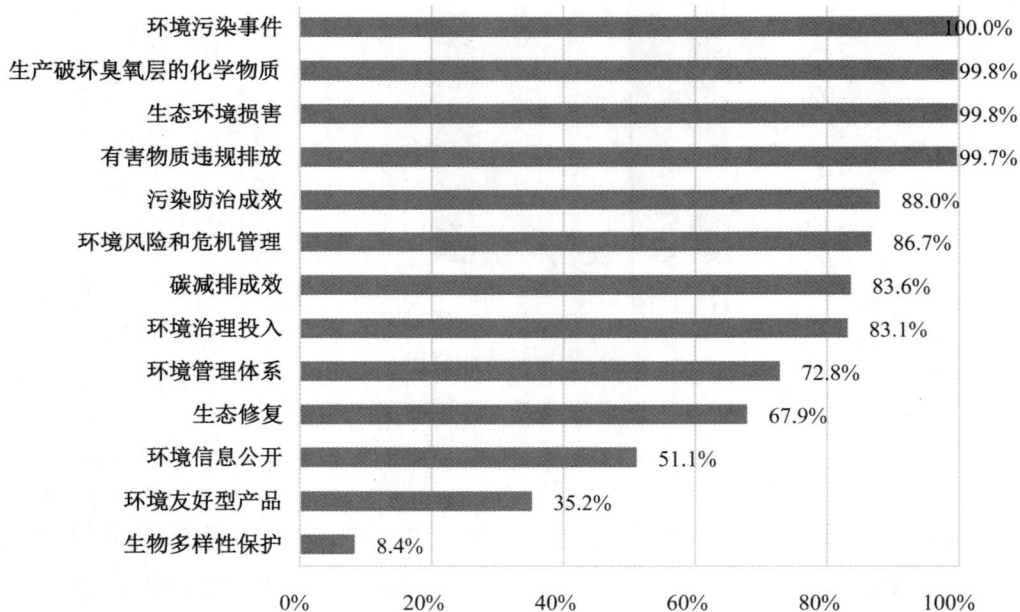

图 20　"环境"下的三级指标表现

与 2018 年度相比,"环境"指标表现趋好,同比上升 1.9 个百分点。其中,"环境风险和危机管理""环境治理投入"指标表现大幅提高,同比分别上升 7.4 和 4.4 个百分点,成为拉升"环境"表现的关键指标;"生物多样性保护"指标表现有所下降,得分率同比下降 0.8 个百分点,需引起重视。

环境指标   ■ 同比增幅

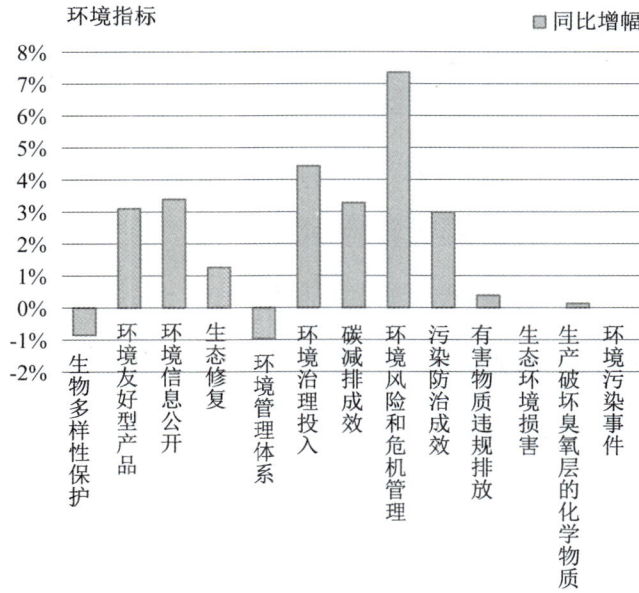

图21   "环境"下的三级指标年度趋势分析

3. 资源

"资源"二级指标得分率 40.8%。得分率高于 75% 的企业，占比为 5.8%；在 60%-75% 之间的企业，占比 16.0%；低于 60% 的企业，占比 78.1%。其三级指标中，"终端回收体系"和"循环利用协同处理"指标得分率偏低，分别仅为 11.8% 和 26.7%，"资源利用信息公开"指标得分率为 35.2%。近四成企业能披露资源、能源利用情况，其中资源依存度高的行业信息披露仍不完整、披露质量不高。

■ 0%≤得分率<60%
□ 60%≤得分率<75%
□ 75%≤得分率≤100%

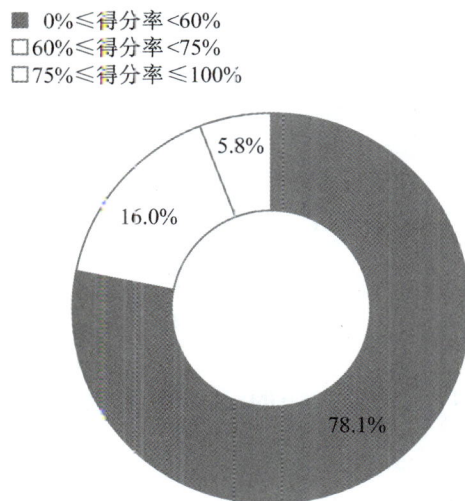

图22   "资源"指标得分率分布情况

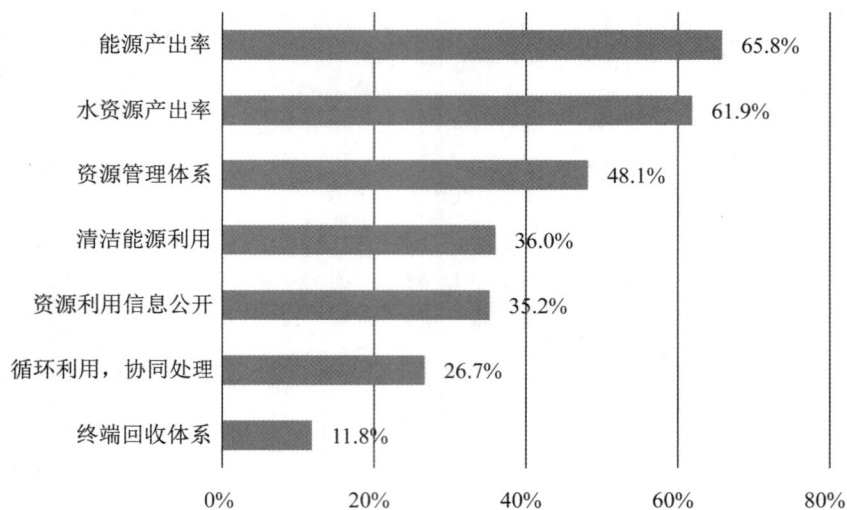

图 23　"资源"下的三级指标表现

　　与 2018 年度相比，"资源"指标表现趋弱，同比下降 0.5 个百分点。"资源管理体系"和"清洁能源利用"指标较去年小幅上升，同比分别上升 3.1 个和 2.5 个百分点；"资源利用信息公开""循环利用协同处理""终端回收体系"指标表现均有所下降，得分率同比分别下降 4.0、2.8 和 1.6 个百分点，是影响"资源"表现的关键指标。

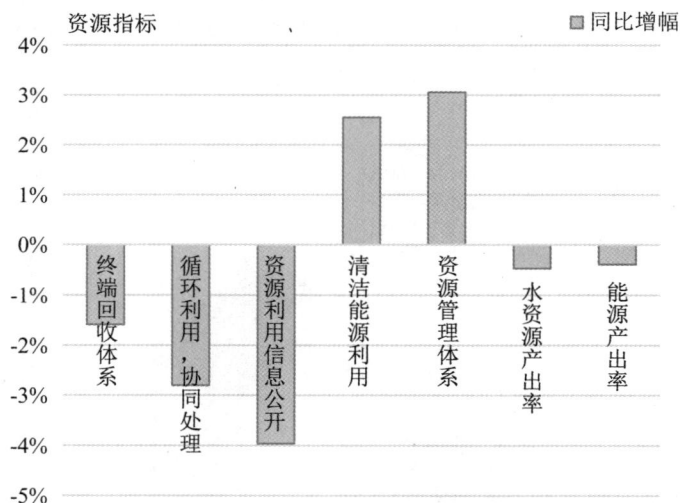

图 24　"资源"下的三级指标年度趋势分析

　　"资源"指标抑制环境维度上升幅度。从指标表现看，"资源"指标是 8 项二级指标中得分率最低的；从年度变化趋势看，"资源"指标得分率同比下降 0.5 个百分点，一定程度上抑制环境维度上升幅度，尤其是"资源"指标下的"资源利用信息公开""循环利用协同处理""终端回收体系"等三级指标表现趋弱。

资源信息披露不足。"资源利用信息公开"指标得分率仅为 35.2%，且同比呈现下降趋势，表明企业在资源利用信息公开方面还很不够。资源依存度较低的行业企业，如金融保险业、汽车行业等，绝大多数企业均能披露能源和水资源消耗量、能源和水资源利用效率等数据；但资源依存度较高的企业，如建材行业、钢铁有色业等，资源类信息披露明显不完善，部分企业能披露资源消耗量数据，但仅有少部分企业披露资源利用效率数据。

补齐循环利用统计和监测短板，加强制度体系建设。"循环利用协同处理"和"终端回收体系"指标得分率分别为 25.7% 和 11.8%，且均呈现下降趋势，反映出多数企业经营过程中尚未重视并挖掘废弃物的可收再利用价值。循环利用协同处理是构建循环经济的重要内容之一，应引起企业高度重视。测算发现，部分企业缺乏对循环利用数据统计。

（四）社会维度

1. 维度概述

社会维度下设客户、社区、政府 3 项二级指标及 17 项（客户 5 项、社区 7 项、政府 5 项）三级指标来衡量。

社会维度在三个维度中表现最好，指标得分率为 76.7%。其 3 个二级指标中，"客户""社区""政府"的得分率分别为 73.3%、72.2% 和 86.4%。

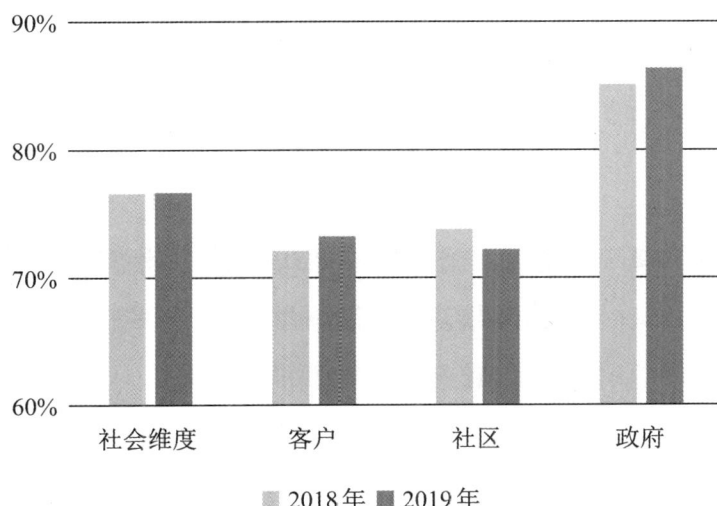

图 25　社会维度及二级指标趋势变化

与 2018 年度相比，2019 年度企业社会维度表现变化不大，得分率略上升 0.1 个百分点。其二级指标中，"社区"指标得分率下降 1.1 个百分点，"政府"指标得分率上升 1.3 个百分点。

各个企业指标得分率分布在 [48.8%-98.2%]。"客户"是造成不同企业在社会维度表现差异较大的主因。不同企业"客户"指标得分率分布在 [22.0%-100.0%]，差异最为显著，是造成"社会维度"不同企业间差异的主要原因。

2. 客户

"客户"二级指标得分率 73.3%。得分率高于 75% 的企业，占比为 34.7%；在 60%-75% 之间的企业，占比 61.3%；低于 60% 的企业，占比 3.9%。其三级指标中，"绿色消费倡导"指标得分率为 14.4%，大多数企业忽略对产业链下游消费者的绿色消费理念培育。"客户信息保护"指标得分率为 70.2%，部分企业仍未建立规范的客户信息保护制度和管理办法，需防范信息泄露隐患。

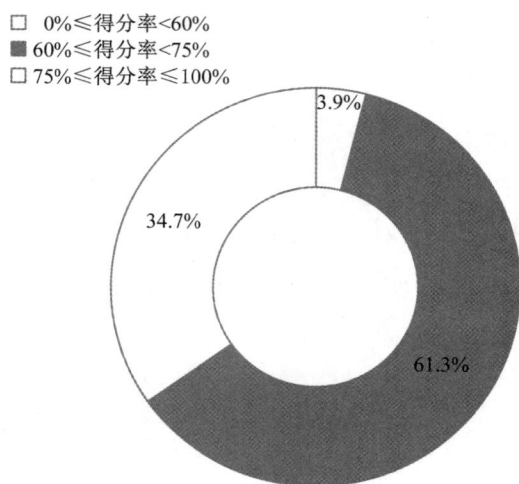

图 26 "客户"指标得分率分布情况

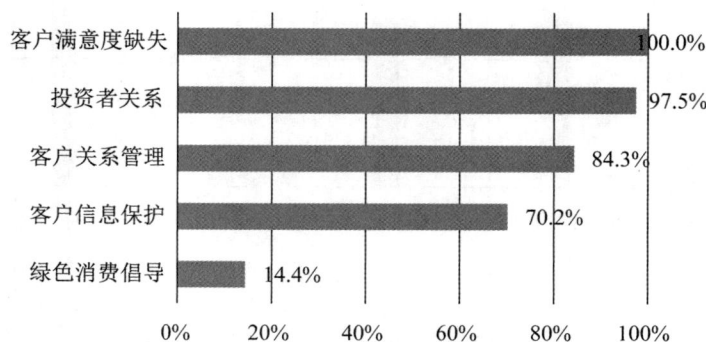

图 27 "客户"指标下的三级指标表现

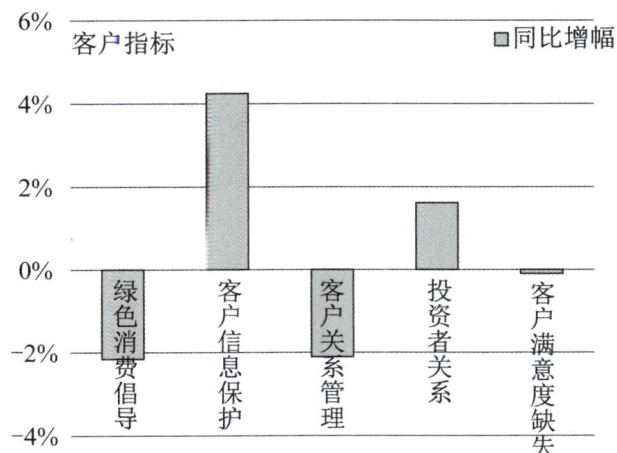

图 28 "客户"下的三级指标年度趋势分析

与 2018 年度相比,"客户信息保护""投资者关系"等指标有所上升,同比分别上升 4.2 和 1.6 个百分点。"绿色消费倡导"表现有所下降,同比下降 2.2 个百分点。

从指标表现看,"客户"仍是社会维度下得分率最低的二级指标,且年度变化不明显。其中,"绿色消费倡导"指标得分率为 14.4%,是"客户"指标下得分率最低的三级指标。企业应以加快推进产业转型升级为契机,加大中高端产品或绿色产品的占比,加强绿色消费理念的培育,不断扩大消费新增长点。特别是一些直接面向消费者的行业,通过大力推广绿色产品,引导消费者建立健康理性消费观,不仅可以助力实现绿色低碳循环发展,也将带动企业自身的市场份额提高。

3. 社区

"社区"二级指标得分率为 72.2%。得分率高于 75% 的企业,占比为 47.5%;在 60%-75% 之间的企业,占比 28.6%;低于 60% 的企业,占比 23.8%。其三级指标中,"志愿者服务"得分率为 51.4%。不同行业企业在该指标得分表现出显著差异,与公众生活相关性较高的交通运输仓储业、金融保险业、汽车行业等,往往表现较好;但与公众生活相关性较低的建材行业、汽车行业等,则表现不佳。

与 2018 年度相比,"教育培训支持"指标表现有所提高,指标得分率上升 3.3 个百分点;但"社区发展支持""志愿者服务"等指标表现有所回落,同比分别下降 4.6 和 3.9 个百分点。

"社区"指标是造成社会维度表现趋弱的主要因素。从年度变化趋势看,"社区"指标得分率同比下降 0.9 个百分点,是造成维度表现趋弱的主要因素。进一步分析发现,"社区"指标表现趋弱主要是由于该二级指标下的"社区发展支持""志愿者服务"等三级指标表现下降所致,同比分别下降 4.6 和 3.9 个百分点。

■ 0%≤得分率<60%
□ 60%≤得分率<75%
▨ 75%≤得分率≤100%

23.8%

47.5%

28.6%

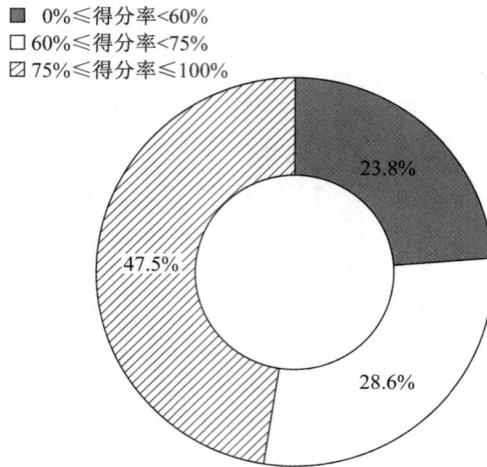

图 29 "社区"指标得分率分布情况

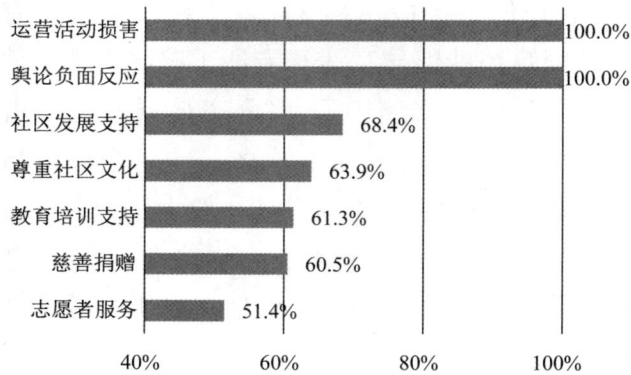

运营活动损害 100.0%
舆论负面反应 100.0%
社区发展支持 68.4%
尊重社区文化 63.9%
教育培训支持 61.3%
慈善捐赠 60.5%
志愿者服务 51.4%

40%   60%   80%   100%

图 30 "社区"指标下的三级指标表现

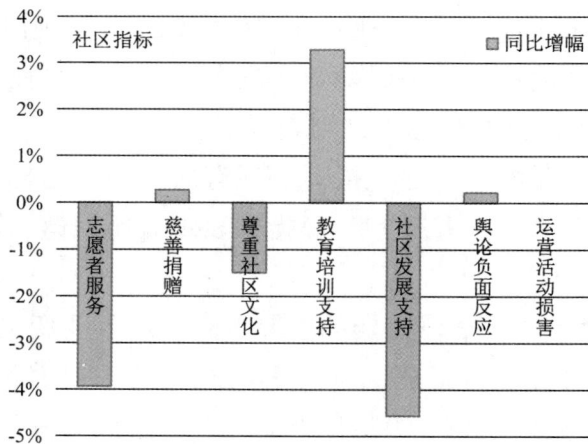

社区指标   同比增幅

志愿者服务 慈善捐赠 尊重社区文化 教育培训支持 社区发展支持 舆论负面反应 运营活动损害

图 31 "社区"下的三级指标年度趋势分析

行业特点对于指标表现存在一定的影响。以"志愿者服务"为例，交通运输仓储业、建筑房地产业、电力热力燃气及水生产和供应业、金融保险业、汽车行业等与公众生活息息相关，指标得分率高于平均水平；而建材行业、机械设备制造业等行业，由于与公众生活偏离较远，指标得分率低于平均水平。企业应立足本行业特点，挖掘与社区融合发展的良好切入点，充分发挥行业优势，助力社区发展。

4. 政府

"政府"二级指标得分率86.4%，是社会维度中得分率最高的二级指标。得分率高于75%的企业，占比74.6%；在60%-75%之间的企业，占比25.4%。其三级指标中，"扶贫支出"得分率最低，为59.2%。其中，央企在扶贫投入和实践上表现尤为突出，测算央企在该指标得分率达到88.5%，高出全样本企业平均水平29.3个百分点。

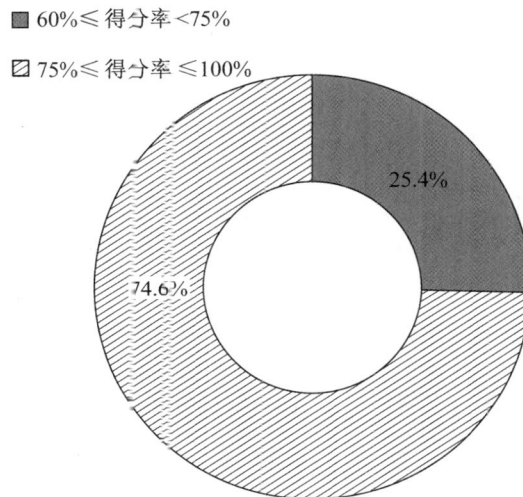

■ 60%≤得分率<75%

▨ 75%≤得分率≤100%

25.4%

74.6%

图 32 "政府"指标得分率分布情况

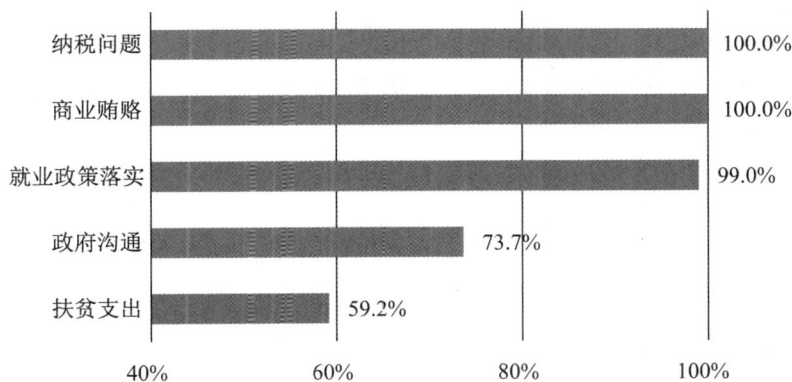

纳税问题	100.0%
商业贿赂	100.0%
就业政策落实	99.0%
政府沟通	73.7%
扶贫支出	59.2%

图 33 "政府"指标下的三级指标表现

与 2018 年度相比,"政府"指标得分率同比上升 1.3 个百分点。"政府"指标表现趋好,主要是因为该二级指标下的"政府沟通""扶贫支出"等三级指标拉动,同比分别上升 5.0 和 1.1 个百分点。企业更加重视政企沟通,且越来越多的企业重视扶贫工作,在持续加大扶贫支出、多样扶贫方式、深化扶贫效果、创新扶贫路径等方面成效显著。特别是央企率先垂范,助力打好扶贫攻坚战,更为落实。同时也应看到扶贫支出得分率并不理想,仅为 59.2%,工商企业还要继续努力履行社会责任,继续加大扶贫力度。

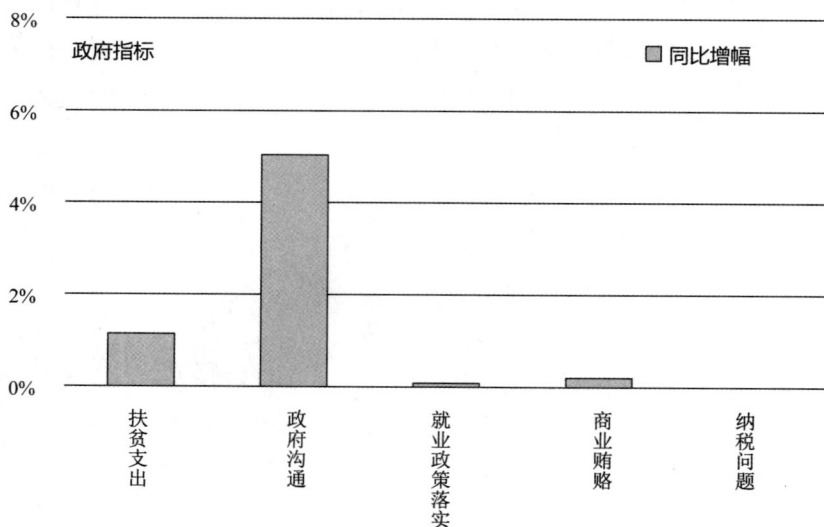

图 34 "政府"下的三级指标年度趋势分析

三、行业企业可持续发展分析

纳入 2019 年度中国企业可持续发展指数测算的企业共 1016 家,涵盖消费品工业、建筑房地产业、机械设备制造业、金融保险业、信息技术业、消费者服务业、能源化工业、电力热力燃气及水生产和供应业、钢铁有色业、交通运输仓储业、汽车行业、建材行业等 12 个主要行业。

(一) 不同行业可持续发展表现对比

整体来看,汽车行业表现最佳,行业企业平均分为 65.4 分,明显高于其他行业;而消费者服务业平均得分仅为 56.4 分。从不同维度看,竞争力维度,汽车行业、信息技术业表现较好;环境维度,汽车行业、金融保险业表现较好;社会维度,金融保险业最佳。从行业排名来看,汽车行业、金融保险业已连续 2 年位列前两位,表现优异;建材行业排名上升;钢铁有色业排名下降。

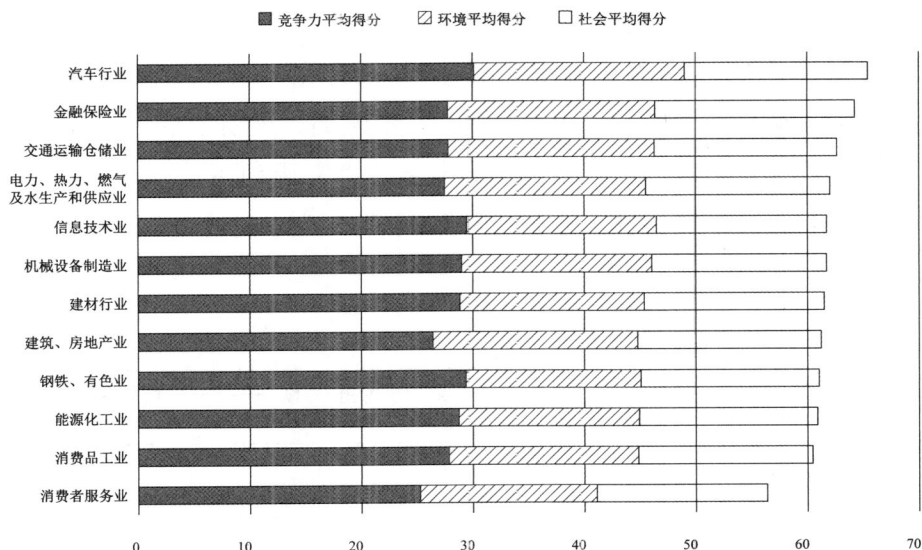

图 35　不同行业企业的得分情况比较

不同行业在竞争力维度表现差异较大，指标得分率分布在［69.8%-77.7%］之间。3 个二级指标中，"产品"指标表现差异显著，指标得分率分布在［56.2%-68.7%］之间，表明"产品"是拉开行业间竞争力维度差异的主要原因。例如，汽车行业在"产品"指标表现较好，主要是由于"绿色采购""研发投入""供应商管理体系"等三级指标分别高于全样本企业 31.1、18.7 和 12.6 个百分点。消费者服务业在"创新成果""研发投入""智能化"等三级指标表现不足，分别低于全样本企业 21.1、16.6 和 9.5 个百分点。

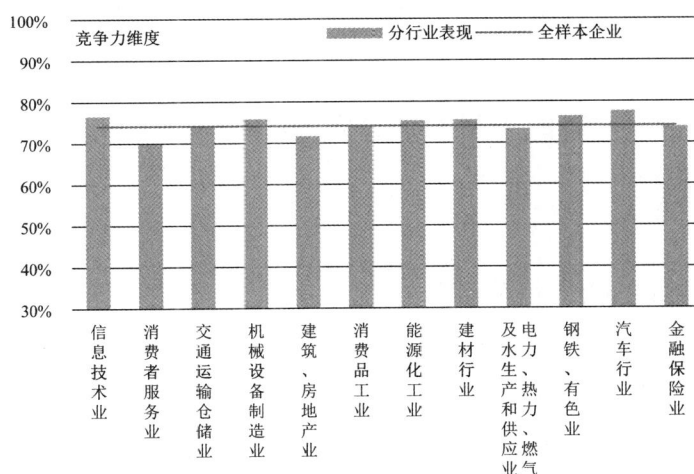

图 36　不同行业企业竞争力维度表现

环境维度，不同行业的指标得分率分布在 ［59.2%-67.1%］ 之间。两个二级指标中，"资源"指标的表现差异更为显著，得分率分布在 ［32.3%-51.3%］ 之间，表明"资源"是拉开不同行业环境维度表现差异的主要原因。例如，汽车行业在"资源"指标表现最佳，其"终端回收体系""资源管理体系""资源利用信息公开"等三指标的得分率分别高于全样本企业平均水平 16.4、13.4 和 12.0 个百分点。

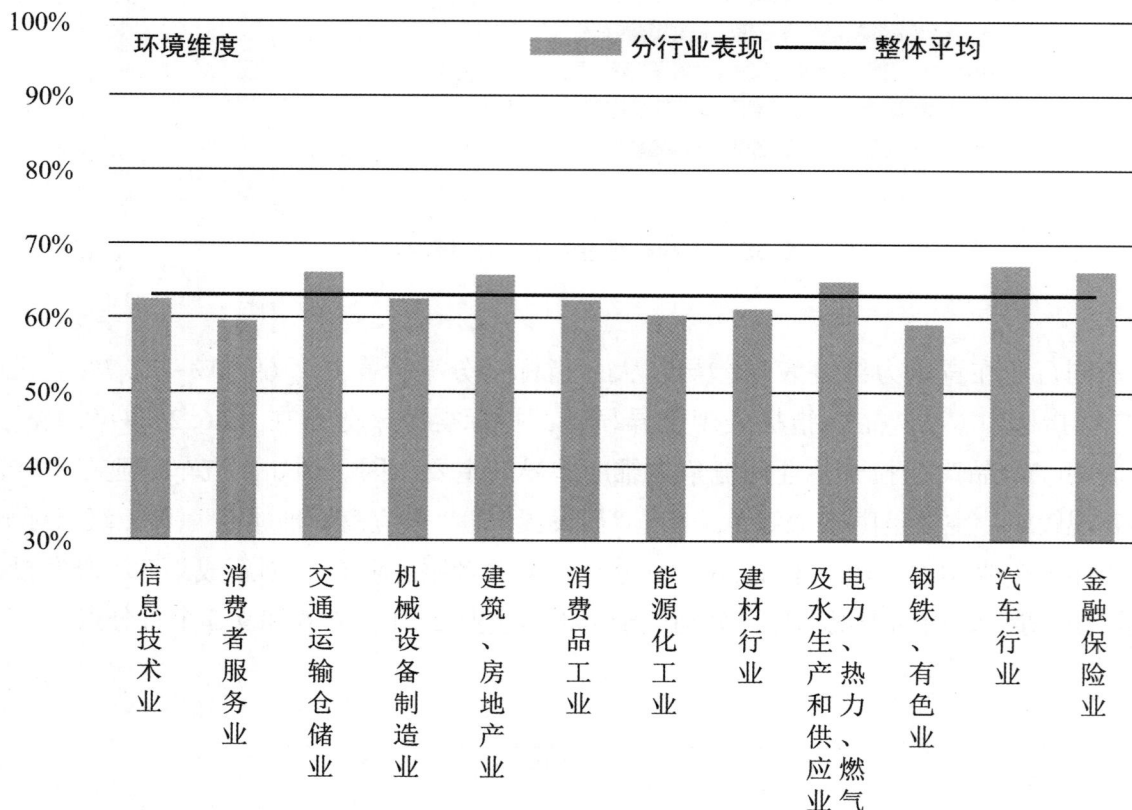

图 37　不同行业企业环境维度表现

社会维度，不同行业的指标得分率分布在 ［74.3%-82.2%］ 之间。3 个二级指标中，"社区"指标表现差异更为显著，指标得分率分布在 ［67.1%-80.0%］ 之间，表明"社区"是拉开行业间社会维度差异的主要原因。例如，金融保险业在"社区"指标表现最好，其"慈善捐赠""教育培训支持""社区发展支持"等三级指标表现突出，分别高于全样本企业平均水平 18.5、16.2 和 12.5 个百分点。

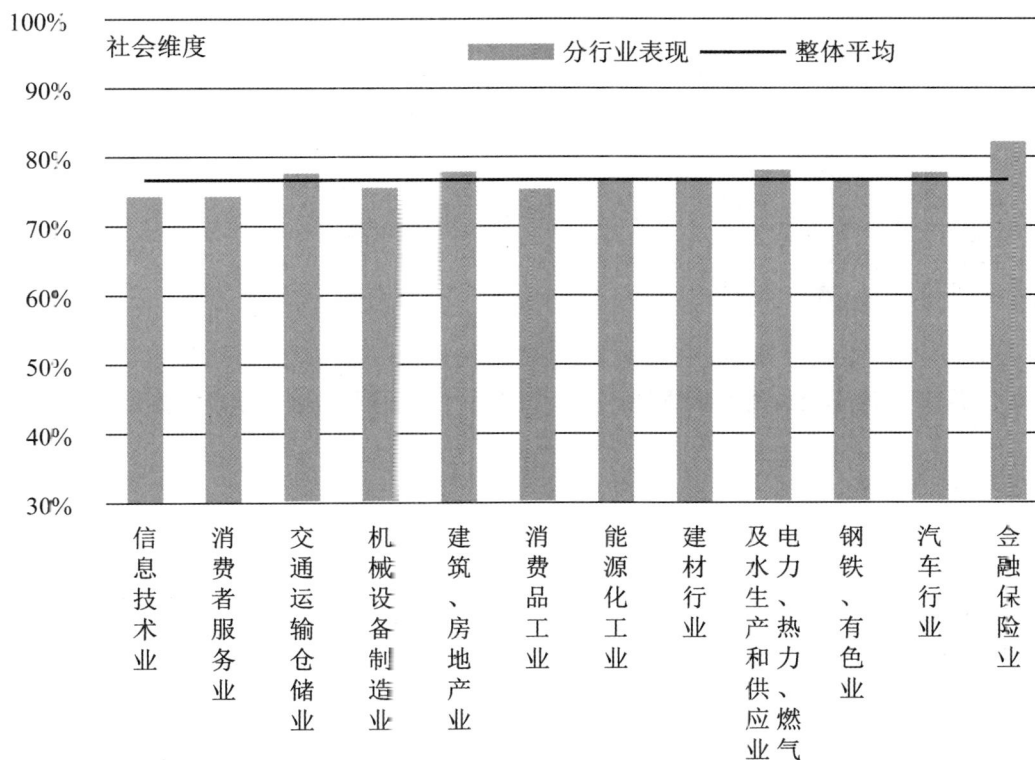

图 38　不同行业企业社会维度表现

（二）典型行业可持续发展分析

在对测算企业整体状况进行分析的基础上，综合考虑行业的不同属性，选择其中汽车行业、金融保险业、消费者服务业三个行业，进一步展开解读和分析，立足行业视角，洞察面临挑战，挖掘潜在机遇，以期为政府、企业和更多利益相关方把握有关行业的可持续发展情况提供参考。

1. 汽车行业

汽车行业总体表现良好，在行业排名中连续两年位列第一，在战略制定、供应链管理、环境绩效表现等方面优势明显，但同时也要注意到在资源循环利用、扶贫等方面表现仍有不足，需进一步提高对行业可持续发展关键领域的重视。

社会维度的 3 项二级指标中，"政府""社区"和"客户"指标得分率依次为 84.3%、75.4% 和 74.3%。与全样本企业平均水平相比，"政府"指标低 2.1 个百分点，"社区"和"客户"两项指标分别高 3.2 和 1.1 个百分点，"社区"指标优势明显，是拉升汽车行业社会维度表现优于全样本企业的主要原因。

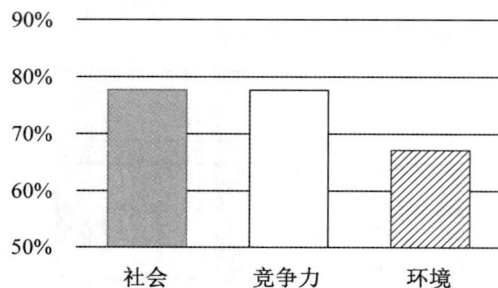

图 39　汽车行业的维度表现

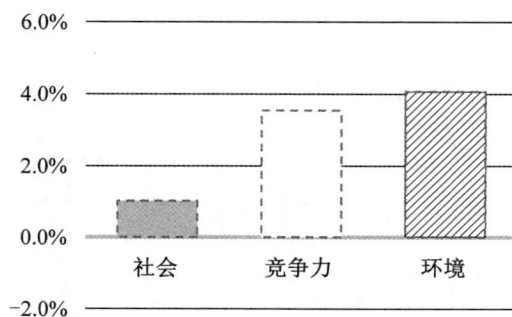

图 40　汽车行业与全样本企业的维度表现差距

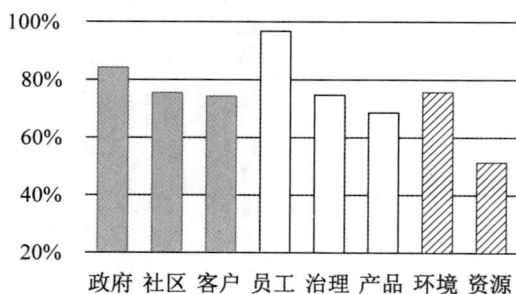

图 41　汽车行业的二级指标表现

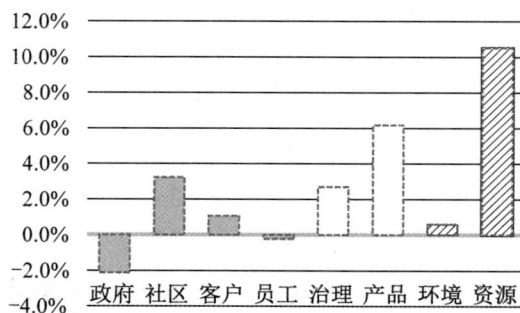

图 42　汽车行业与全样本企业的二级指标表现差距

　　竞争力维度的 3 项二级指标中，"员工""治理"和"产品"指标得分率依次为 96.8%、74.7%和 68.7%。与全样本企业平均水平相比，"员工"低 0.1 个百分点，"治理"和"产品"指标分别高 2.7 和 6.2 个百分点，"产品"指标优势较为明显，是拉升汽车行业竞争力维度表现优于全样本企业的主要原因。

　　环境维度的 2 项二级指标中，"环境"和"资源"指标得分率分别为 75.7%和 51.3%。与全样本企业平均水平相比，"环境"和"资源"指标分别高 0.6 和 10.5 个百分点，"资源"指标优势显著，是拉升汽车行业环境维度表现优于全样本企业的主要原因。

　　比较汽车行业和全样本企业的三级指标表现，可以识别出汽车行业的优势和差距，发现该行业需要重点关注的 13 项可持续发展指标。

　　第一象限（Ⅰ）：包括研发投入、绿色采购、环境信息公开等指标，得分率高于 50%，且高于全样本均值，行业绩效处于领先水平。

　　第二象限（Ⅱ）：包括终端回收体系、资源利用信息公开等指标，得分率低于 50%，但高于全样本均值，仍有较大提升空间。如能持续发挥行业前瞻性和引领性，有望打造企业发展新优势。

第三象限（Ⅲ）：包括创新成果、扶贫支出等指标，得分率低于50%，且低于全样本均值，差距显著，是汽车行业提升可持续发展水平应重点考虑的议题，提升空间广阔。

第四象限（Ⅳ）：包括环境风险和危机管理、污染防治成效等指标，得分率高于50%，但低于全样本均值，仍有较大提升空间。如加强重视并对标领先行业，有望跃升至第一象限。

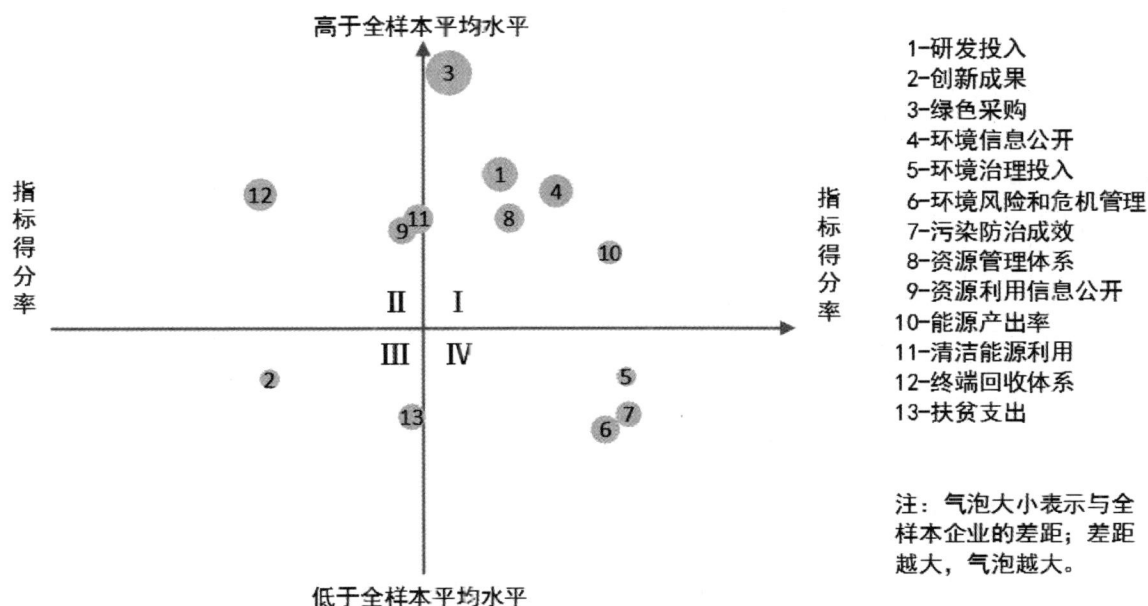

高于全样本平均水平

1-研发投入
2-创新成果
3-绿色采购
4-环境信息公开
5-环境治理投入
6-环境风险和危机管理
7-污染防治成效
8-资源管理体系
9-资源利用信息公开
10-能源产出率
11-清洁能源利用
12-终端回收体系
13-扶贫支出

指标得分率

指标得分率

Ⅱ Ⅰ
Ⅲ Ⅳ

低于全样本平均水平

注：气泡大小表示与全样本企业的差距；差距越大，气泡越大。

图 43　汽车行业需重点关注的可持续发展指标

数据分析表明，汽车行业作为技术密集、资本密集且劳动密集的高端制造业，经过几十年产业积累和技术升级，产品线完整，品牌基本稳定，管理理念、管理方法与消费市场等方面更为成熟，在可持续发展战略、执行力和价值链控制力等方面成绩优异，企业整体水平较高。

2. 金融保险业

金融保险业整体表现良好，连续两年行业排名位居前列，在社区、慈善、扶贫等社会责任方面表现尤为突出，同时较为重视资源和环境管理及信息披露，但仍需强化研发与创新，加快推进绿色金融等可持续发展重点领域工作，对于提升金融行业及其他各行业可持续发展具有重要意义。

社会维度的3项二级指标中，"政府""社区"和"客户"指标得分率依次为91.3%、80.0%和76.2%。与全样本企业平均水平相比，"政府""社区"和"客户"指标分别高4.9、7.7和3.0个百分点，"社区"指标优势尤为显著，是拉升社会维度表现优于全样本企业的主要原因。

竞争力维度的 3 项二级指标中，"员工""治理"和"产品"指标得分率依次为 97.1%、75.8% 和 59.4%。与全样本企业平均水平相比，"员工"和"治理"指标分别高 0.2 和 3.8 个百分点，"产品"指标低 3.2 个百分点。"产品"指标差距较为明显，造成竞争力维度略低于全样本企业。

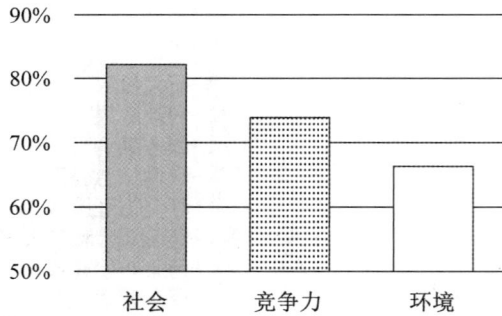

图 44　金融保险业的维度表现

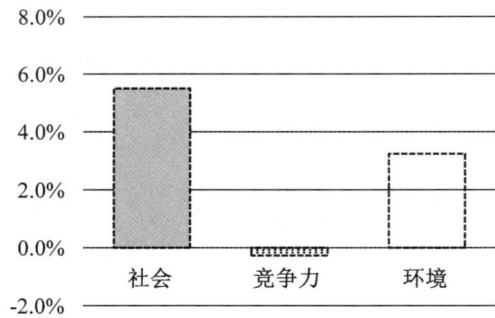

图 45　金融保险业与全样本企业的维度表现差距

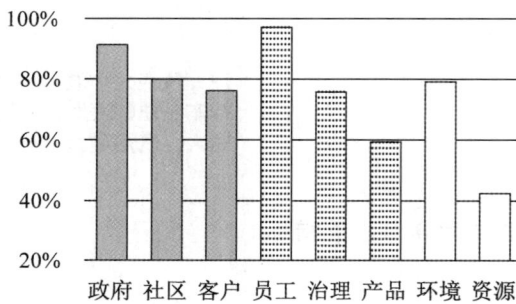

图 46　金融保险业的二级指标表现

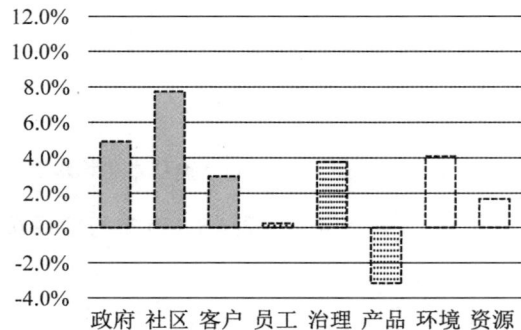

图 47　金融保险业与全样本企业的二级指标表现差距

环境维度的 2 项二级指标中，"环境"和"资源"指标得分率分别为 79.2% 和 42.4%。与全样本企业平均水平相比，"环境""资源"指标分别高 4.1 和 1.7 个百分点，"环境"指标优势显著，是拉升环境维度表现优于全样本企业的主要原因。

比较金融保险业和全样本企业的三级指标表现，可以识别出金融保险业的优势和差距，发现该行业需要重点关注的 13 项可持续发展指标。

第一象限（Ⅰ）：包括慈善捐赠、教育培训支持、扶贫支出等指标，得分率高于 50%，且高于全样本均值，行业绩效处于领先水平。

第二象限（Ⅱ）：包括绿色消费倡导等指标，得分率低于 50%，但高于全样本均值，仍有较大提升空间。如能持续发挥行业前瞻性和引领性，有望打造企业发展新优势。

第三象限（Ⅲ）：包括研发投入、创新成果、循环利用协同处理等指标，得分率低于

50%，且低于全样本均值，差距显著，是金融保险业提升可持续发展水平应重点考虑的议题，提升空间广阔。

第四象限（Ⅳ）：包括供应商管理体系、可持续发展报告发布等指标，得分率高于50%，但低于全样本均值，仍有较大提升空间。如加强重视并对标领先行业，有望跃升至第一象限。

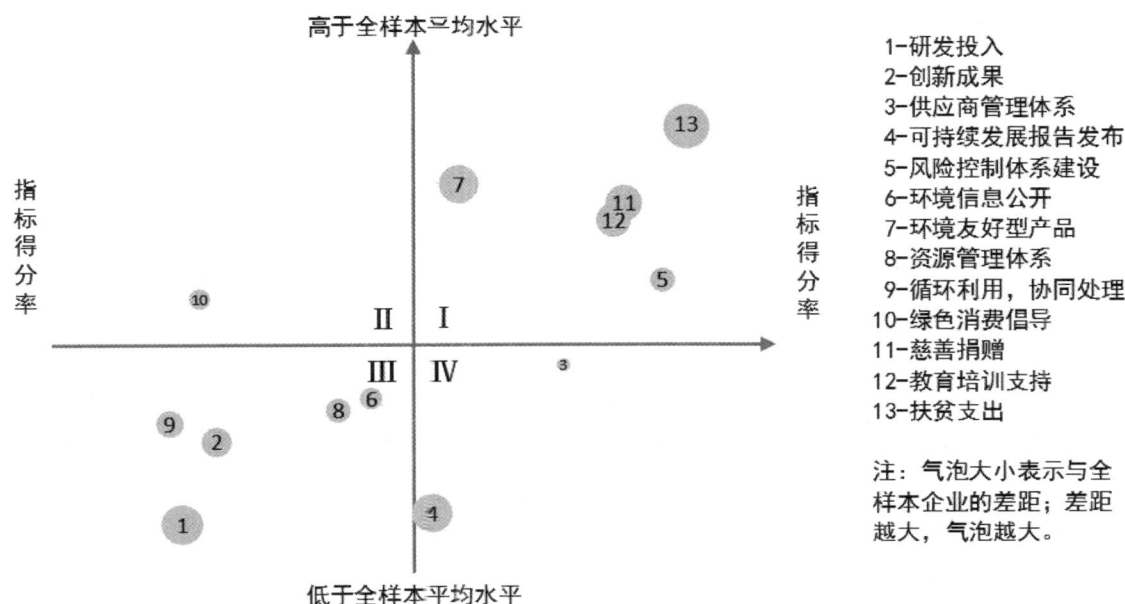

图 48　金融保险业需重点关注的可持续发展指标

金融保险业在"治理""员工""环境""客户""社区""政府"等多项指标表现良好。分析其原因，一是金融保险业企业因其直接面向客户、与公众日常生活息息相关的行业特性，高度重视企业运营所在地的社区发展，努力构建和谐社区和运营环境；二是金融保险业企业对环境的直接影响较弱，在环境和资源领域的压力较小。此外，遵循"绿色信贷"指引加强对资本流向的监管，促使该行业向环境保护的倾斜，得分率较高。

3. 消费者服务业

消费者服务业总体表现不佳，需要在社区发展、扶贫、管理与创新、资源节约与循环利用等多个方面进一步改善，加强企业管理体系建设，进一步提升行业整体可持续发展能力。但与其他行业相比，消费者服务业有其特有的优势，资源依赖度低、环境保护与治理的外部压力小；同时直接面向消费者，营业网点遍布城市社区和小城镇，在引导绿色消费、开展终端回收等方面具有天然的资源优势。

社会维度的 3 项二级指标中，"政府""社区"和"客户"指标得分率依次为 84.3%、67.1% 和 74.2%。与全样本企业平均水平相比，"政府"和"社区"指标分别低 2.0 和

5.1 个百分点，"客户"指标高 1.0 个百分点，"社区"指标与全样本企业差距明显，有较大提升空间。

竞争力维度的 3 项二级指标中，"员工""治理"和"产品"指标得分率依次为96.1%、67.8% 和 56.2%。与全样本企业平均水平相比，"员工""治理"和"产品"指标分别低 0.8、4.2 和 6.4 个百分点，"产品"指标差距显著，是造成竞争力维度表现低于全样本企业的主要原因。

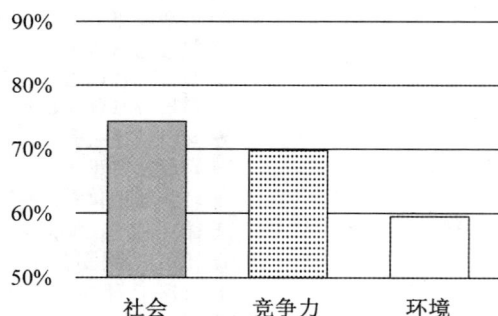

图 49　消费者服务业的维度表现

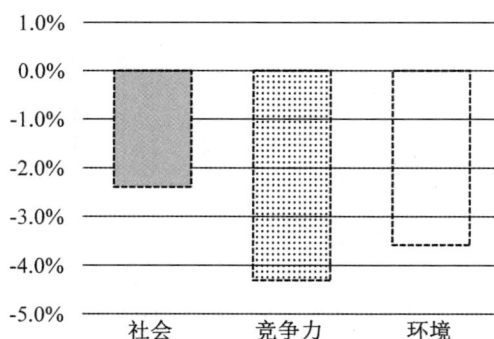

图 50　消费者服务业与全样本企业的维度表现差距

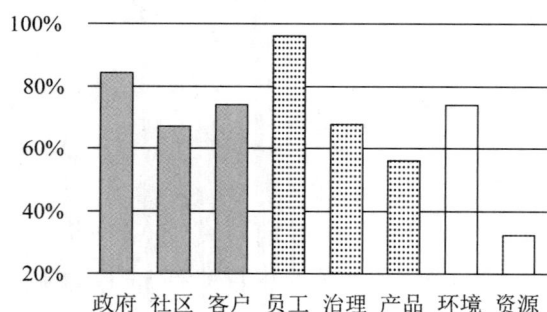

图 51　消费者服务业的二级指标表现

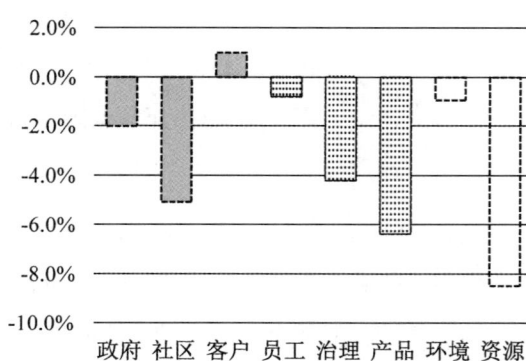

图 52　消费者服务业与全样本企业的二级指标表现差距

环境维度的 2 项二级指标中，"环境"和"资源"指标得分率分别为 74.1% 和 32.3%。与全样本企业平均水平相比，"环境"和"资源"指标分别低 0.9 和 8.5 个百分点，"资源"指标差距显著，是造成环境维度表现低于全样本企业的主要原因。

比较消费者服务业和全样本企业的三级指标表现，可以识别出消费者服务业的优势和差距，发现该行业需要重点关注的 13 项可持续发展指标。

第一象限（Ⅰ）：包括环境治理投入、环境风险和危机管理、污染防治成效等指标，得分率高于 50%，且高于全样本均值，行业绩效处于领先水平。

第二象限（Ⅱ）：包括绿色消费倡导等指标，得分率低于 50%，但高于全样本均值，仍有较大提升空间。如能持续发挥行业前瞻性和引领性，有望打造企业发展新优势。

第三象限（Ⅲ）：包括研发投入、环境信息公开、资源管理体系、清洁能源利用等指标，得分率低于 50%，且低于全样本均值，差距显著，是消费者服务业提升可持续发展水平应重点考虑的议题，提升空间广阔。

第四象限（Ⅳ）：包括可持续发展报告发布等指标，得分率高于 50%，但低于全样本均值，仍有较大提升空间。如加强重视并对标领先行业，有望跃升至第一象限。

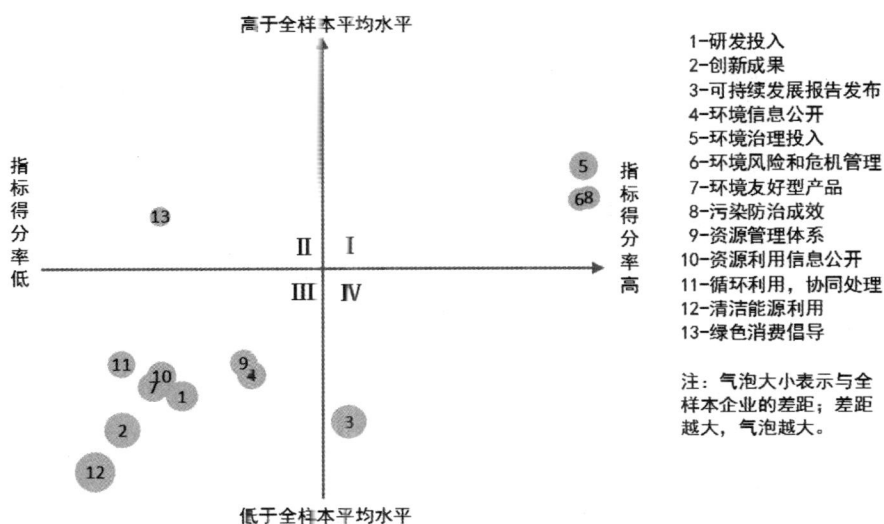

图 53　消费者服务业需重点关注的可持续发展指标

消费者服务业在"产品""治理""员工""资源""社区"等多项指标表现较弱，分析其原因，一是消费者服务业具有企业规模相对较小、点多面广的行业特性，对环境资源消耗在一定程度上隐蔽性较强，环境管理难度大；二是消费者服务业企业在环境、资源等方面数据公开不完整、信息透明度较低；三是消费者服务业企业对环境的重视不够，尚未建立完整的管理体系、数据监测和对外沟通制度。

四、2019 中国企业可持续发展 100 佳

以全样本企业为基础，经过客观、公正、公平评审，形成"2019 中国企业可持续发展百佳"① 榜单，该榜单已连续两年在中国企业 500 强高峰论坛发布。

---

① 详见 http：//www.sdindex100.com

（1）不同指标的百佳企业表现

百佳企业，最高分为 86.4，最低分为 75.0，平均分为 78.8，中位数为 77.8。相较于全样本企业，百佳企业平均分高出 17.5 分，优势明显。

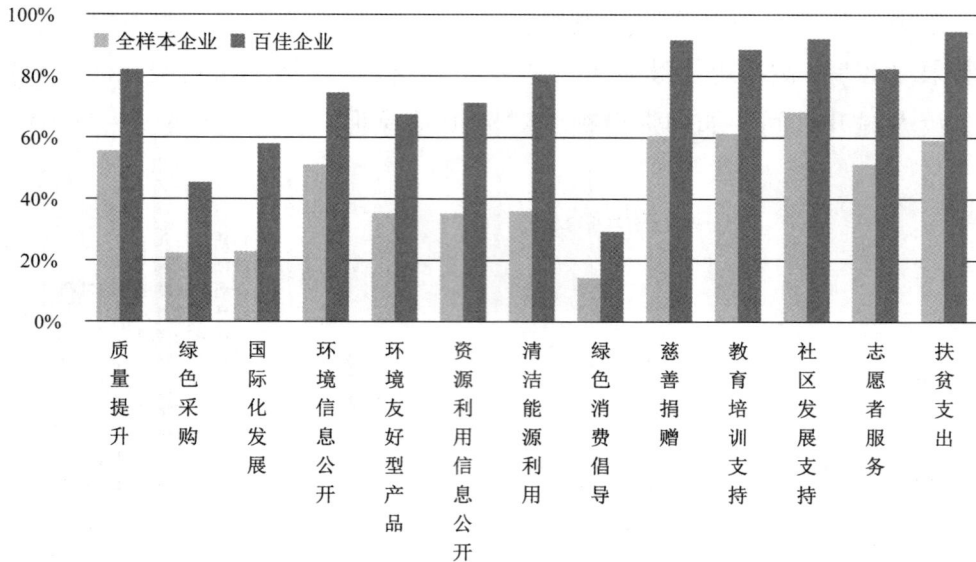

图 54　百佳企业与全样本企业的整体表现对比

从三个维度来看，百佳企业在竞争力、环境、社会维度指标得分率均显著高于全样本企业，分别高出 11.7、14.1 和 11.0 个百分点，其中环境维度表现优势最为显著。

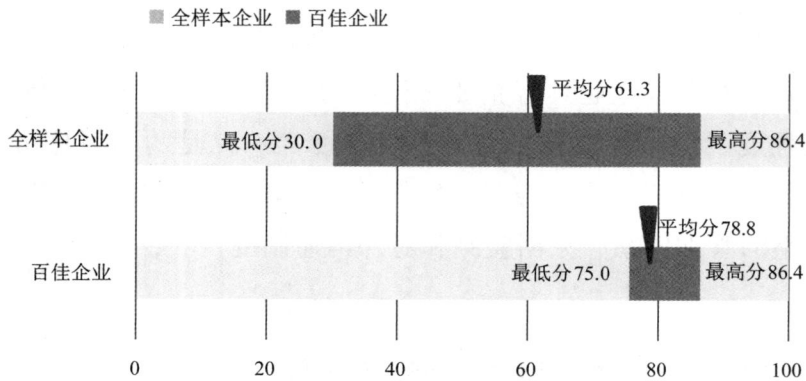

图 55　百佳企业与全样本企业的三大维度表现对比

从二级指标表现来看，竞争力维度包含的二级指标中，百佳企业在"产品""治理"指标表现与全样本企业差异显著，指标得分率分别高出 15.4 和 15.3 个百分点。环境维度包含的二级指标中，百佳企业在"资源"指标表现与全样本企业差异显著，指标得分率高出 24.6 个百分点，也是拉升百佳企业整体表现显著优于全样本企业的最主要二级指标。社会维度包含的二级指标中，百佳企业在"社区"指标与全样本企业差异显著，指标得分率高出 17.1 个百分点。

百佳企业与全样本企业的部分三级指标表现对比

百佳企业更加注重资源和环境信息披露。百佳企业的"环境信息公开""资源利用信息公开"指标得分率分别为 74.5% 和 71.3%，分别高于全样本企业 23.4 和 36.1 个百分点，指标表现显著优于全样本企业。百佳企业大多通过披露企业关键的环境、资源等信息，提高信息透明度，增强与利益相关方的良性互动。

百佳企业更为重视绿色供应链构建和责任延伸。百佳企业"绿色采购""绿色消费倡导"等指标得分率为 45.4% 和 29.4%，分别高于全样本企业 23.0 和 15.0 个百分点。百佳企业将环境管理延伸到供应链采购环节，倒逼产业链上游供应商更好地履行环境责任；同时重视对下游客户的绿色消费理念的倡导和培育。

百佳企业更加重视自身环境责任。百佳企业"资源管理体系""清洁能源利用"指标得分率为 77.0% 和 80.4%，分别高于全样本企业 28.9 和 44.4 个百分点。多数百佳企业能通过加强资源管理、提高能效利用率、提高清洁能源利用占比等方式，不断推动企业节能降耗，体现出企业高度重视环境责任。

百佳企业与 2018 年度对比

与 2018 年度相比，百佳企业平均分降低 0.4 分，从百佳企业整体得分区间变化情况看，企业得分分布更为离散，差异增大。

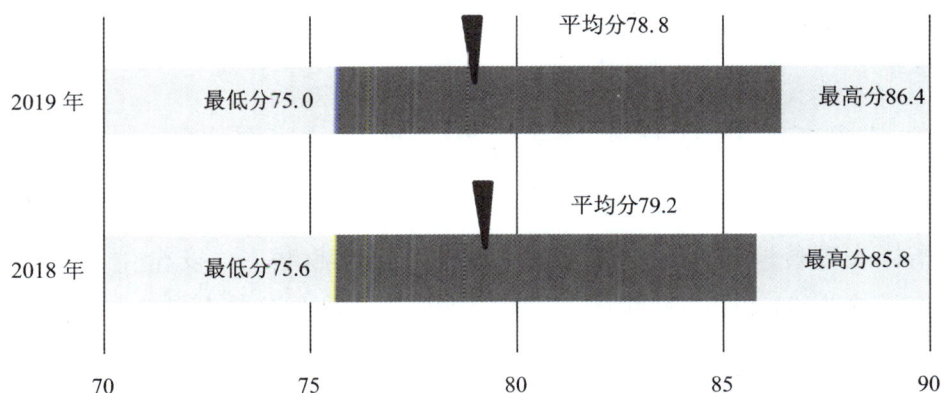

图 56　百佳企业与 2018 年度整体表现对比

从三个维度来看，百佳企业在竞争力维度表现有所下降。百佳企业竞争力维度表现趋弱，主要是"产品""治理"等二级指标趋弱所致。进一步分析，百佳企业在"国际化发展""品牌建设""研发投入"等三级指标表现下降幅度较大，同比分别下降 13.8、13.3 和 9.4 个百分点。表明百佳企业在上述领域的实践和表现有所下降，需引起重视。

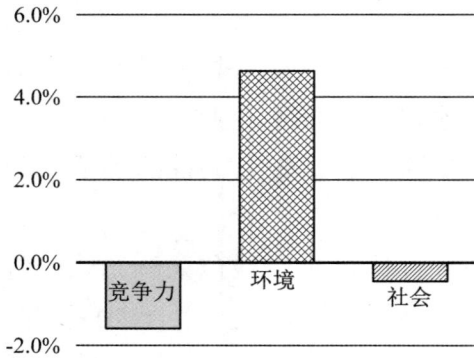

图 57　百佳企业与 2018 年度维度表现变化　　图 58　百佳企业与 2018 年度二级指标表现变化

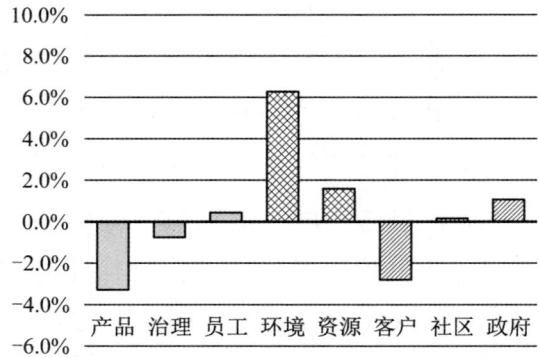

百佳企业在环境维度表现提升较为显著，其"资源""环境"二级指标均表现趋好。进一步分析，百佳企业在"环境风险和危机管理""生态修复""资源利用信息公开"等三级指标表现上升幅度较大，同比分别上升 23.8、11.8 和 5.6 个百分点，表明百佳企业高度重视并付诸实践，努力改善资源和环境绩效。

百佳企业在社会维度表现差异不大。但值得注意的是，"客户"指标得分率有所下降。进一步分析，百佳企业在"绿色消费倡导"等三级指标表现下降幅度较大，同比下降 11.6 个百分点，表明百佳企业在倡导绿色消费方面尚待进一步提升。

五、发现和趋势

（一）立足当下，注重长远，全面落实可持续发展指标

对比连续两年测算结果，对于政府刚性要求的规制或法律，企业普遍重视并遵守，强制性约束指标表现普遍较好。"依法纳税""反商业贿赂""安全生产""职业健康"等指标得分率平均为 99.8%，有些指标达到 100%。"就业政策落实""投资者关系"等指标得分率平均在 98.0%，在经济下行压力下，企业坚持做到合规守法经营，两年连续趋优。

而对没有强制性约束的指标，表现较差。如"终端回收""生物多样性保护""循环利用协同处理""绿色消费倡导"等指标得分率仅分别为 11.8%、8.4%、26.7% 和 14.4%，

两年连续趋低，没有提高迹象，反映了企业对政府、对社会非强制要求重视不够，主动性不强，缺乏战略目标。

当前，世界面临百年未有之大变局。贸易保护主义抬头、地缘政治多变，企业生存发展环境趋紧。联合国推出可持续发展目标（SDGs），国际社会积极响应，证券交易所、基金公司响应策略出台，ESG 评价体系纷纷发布。各大品牌企业高调表示用回收材料生产品牌产品，用过剩材料、边角料生产新产品，并开发可循环材料，创立自循环、可持续的企业生态，进而影响到社会大众。据德勤报道，有 66% 的年轻消费者愿意购买环境友好产品，不断增强的绿色消费需求，将催生市场的转型升级，加速企业重新考虑商业、材料、生态、自然、社会之间的新关系。企业默守传统的绩效管理、合规管理已跟不上时代要求，容易导致关注短期目标，忽视稳中求进、长期发展，亟需强化可持续发展理念、战略目标和实施行动，做可持续发展企业。

（二）节能降耗任重道远

2018 年，全球一次能源消耗量不仅没有减少，反而增加了 2.9%，几乎是过去近十年平均增量（1.5%）的两倍。2018 年新增碳排放量 6 亿吨，相当于全球增加了 1/3 乘用车的排放量[①]。减少能源消耗，控制温室气体排放面临巨大压力，形势十分严峻。

我国 2018 年一次能源消费总量已达 46.4 亿吨标煤，比上一年增长了 3.3%，太阳能、风能、生物质能和地热能等非化石能源占比上升了 0.5 个百分点，达到了 14.3%，万元产值能耗下降了 4%，能源结构的转型升级取得了显著成效。与此同时，中国已经连续多年是世界碳排放大国，为支持经济和社会的快速增长，能源需求仍在持续增长中，控制碳排放量的压力巨大。应当看到与发达国家相比，在单位碳排放强度上还有不小的差距，节能降耗任务十分艰巨。

测算企业在能源方面得分较低。以能源产出率为例，2019 年度和 2018 年度整体得分率分别为 65.8%、67.3%，高耗能行业更低，得分率为 46.7%。具体表现为：钢铁有色业（40.3%）、电力热力燃气及水生产和供应业（54.6%）、建材行业（42.3%）、能源化工业（44.8%）。

非高耗能行业的企业中，很多对节能减排重视不够，没有将节能减排当做一项重要工作来对待，没有落实到具体环节，未能系统梳理审视生产、经营全过程中的节能潜力，制定节能措施，将节能减排工作融入日常管理业务中。

高耗能行业的企业存在两种情况，有的不愿意过多披露相关数据，尤其是随着全国碳交易市场的启动，担心数据披露过多会遭遇"鞭打快牛"，在今后碳盘查、碳配额核准发放等方面于己不利。还有的企业本身就存在管理缺项，节能工作不落实，没有把节能

---

① 　数据来源：《BP 世界能源统计年鉴 2019》。

降耗融入管理体系中，只是把能耗作为一项财务费用支出来对待，缺少统一的管理台账，没有编制节能规划和目标，用能数据分散在多个用能单位，能源管理数据不完整。

综合上述情况，还有不少企业对节约能源的认识不足，只顾眼前利益，缺乏长远规划。节约能源与减排温室气体、与绿色低碳发展紧密相连，与社会、国家、企业、个人息息相关，唯有全社会共同努力才能遏制全球快速变暖的趋势。我国工商企业肩负重要使命，节能减排任重道远。

（三）运用系统思维解决好经济与环境的协调发展

2020 年联合国《生物多样性公约》第十五次缔约方大会（COP15）将在昆明召开，终结塑料垃圾联盟（AEPW）于今年成立，《生活垃圾分类体系实施方案》发布并在部分城市先行强制分类，环境保护进一步向纵深发展。在经济和社会的可持续转型中，运用系统化思维已经成为大趋势，例如能源与电力系统的转型已经发生，其他系统的转型也在陆续进行。在各自的转变过程中，自然生态都是必须考虑的因素。如能源和电力系统、城市与交通系统、食品、土地和海洋系统、资源循环利用系统、垃圾分类系统的转型等等，同时设定明确的目标。

政府制定相应法规政策，企业开发、应用并推广解决方案，在保护、管理、修复生态系统中，将带来更好的商机。企业有能力提供各种解决方案，在方案制定中充分考虑对生态环境的影响，并将自然与生物多样性保护理念纳入企业经营战略与决策中，运用系统思维将是解决好经济与环境协调发展的有效途径。

数据分析发现，企业在"循环利用协同处理""生态保护""环境友好"等方面得分率分别为 26.7%、38.0% 和 35.1%，整体偏低，与上一年平均比较，分别下降 2.9 个、下降 0.7 个和上升 2.6 个百分点，这也反映出在这方面的差距。

一些领先的企业已经应用系统思维实践经济转型，惠及生态环境。

华润集团运用系统思维编制规划。本属三个不同行业的水泥厂、电厂、啤酒厂进行有效协同整合，水泥厂向电厂、啤酒厂提供建筑材料，废矿渣做为电厂铁路支线的路基填料；电厂向啤酒厂提供蒸汽的工业用水，向水泥厂提供粉煤灰，脱硫石膏和炉渣作为水泥添加剂；三个厂的工业生活垃圾以及啤酒厂的废硅藻土均进入水泥炉窑作为补充燃料协同处理，既节约了资源，又减少了废弃物的排放，实现了公用工程、产成品和废弃物的循环利用。

中国宝武运用系统思维开展产品全生命周期的绿色设计。运用全生命周期评价（LCA）的方法，开展生态产品的设计与工艺路线的选择；开发出钢铁产品全生命周期的方法学及环境绩效指数（BPEI）；建立了企业产品碳足迹计算模型和数据库；形成国家标准《钢铁产品生命周期评价技术规范》。2018 年销售绿色产品 1000 余万吨，取得实效。

（四）持续强化风险意识，切实提高管控能力

2019 年 3 月 21 日，江苏省响水县天嘉宜化工有限公司发生了死亡 78 人、伤 566 人的重大爆炸伤亡事故，再一次警示我们，企业必须持之以恒地强化风险管理和防控意识，切实提高风险管控能力。

本次测算全样本企业在规范风险管控方面得分率为 75.9%，远未达到风险管控的要求。尽管"风险控制体系"得分率比去年有所提高，但还是发生了诸如响水等化工企业重大安全事故，尤其是在定期开展风险识别和制定风险管控措施方面，还存在明显的不足。

企业加强合规管理，做好识别、评估、预防、管理风险是企业可持续发展的重要保障，必须做到万无一失，而目前仍然是企业管理的薄弱环节，须要长期不懈抓实抓好。风险防控能力建设要求风险类别较高的企业常年开展风险识别和报告；遇到重大变化时，应及时开展再识别与再评估。在知识产权保护、质量控制、环境污染防治、安全生产、腐败与商业贿赂、诚信经营、专利保护、商业秘密保护等方面，建立常态化管理体系，加强在法律法规、国际条约、监管条例、商业规范、道德诚信等方面的规范性运营与管理。企业的风险管理部门要与相关部门密切协作，将风险识别、评估与公司的环境、社会、竞争力相关业务活动相结合，及时排查、梳理，将措施细化落实到每个单元，坚持预防为主，努力实现国务院提出的防范风险要求。

（五）企业应加强非财务信息披露

如今利益相关方及社会各界高度关注和重视企业非财务信息披露，将其作为衡量企业未来可持续、健康发展的重要依据之一。社会期待企业能在资源节约、环境友好、社会贡献等方面有良好的表现。

联合国制定的可持续发展目标（SDGs）是世界各国的共识，日渐成为企业披露非财务信息的框架要点和体系。各资本市场纷纷将 SDGs 作为上市公司自愿或强制性的披露指引或要求。中国香港联交所以 SDGs 为蓝本，明确要求上市企业详实披露相关信息，证监会也提出"要研究建立上市公司 ESG 报告制度"，新版《上市公司治理准则》已为 ESG 信息披露构建好框架。工商企业无论是在国内或国外都将面临披露本公司可持续发展相关信息的要求。

企业可持续发展指标体系（SD index）涵盖了 SDGs 信息披露的相关内容，并结合我国国情制定了明确的考量标准，从测算的情况看，结果很不理想，在资源和环境方面尤为凸显。

2019 年度"环境信息公开"和"资源利用信息公开"的得分率为 51.1% 和 35.2%，2018 年度为 47.1% 和 41.5%。尽管"环境信息公开"得分率上升了 4.0 个百分点，但仍

处于较低水平。资源利用信息公开的得分率还下降了 6.3 个百分点，距离民众期望和政府要求相差很远。企业需要强化信息披露，做到阳光、透明、守信，取信于民。

测算企业相关具体表现为：能公开披露企业环境保护与资源消耗情况的较少，能全面、完整、详实披露的更少。究其原因不外乎两个：一是重视程度不够，缺乏长远的打算；二是心存疑虑怕披露信息后引起不必要的麻烦，对一些环境、资源的数据比较敏感，不愿做详实的披露。可持续发展是企业未来的发展方向，是社会对企业的期盼。作为一个对社会负责任的公司一定要把可持续的理念融入企业的核心战略，以 SDGs 为指引，全面审视当下与未来面临的挑战和机遇，制定规划、采取措施、扬长避短、有序推进，将企业发展目标和近期表现公布于众，接受公众的监督与考评，勇于担当，锐意进取。

中央企业高质量发展报告：中央企业高质量发展迈出坚实步伐

党的十九大报告提出，我国经济已由高速增长阶段转向高质量发展阶段，正处在转变发展方式、优化经济结构、转换增长动力的攻关期。发展必须是科学发展，必须坚定不移贯彻创新、协调、绿色、开放、共享的发展理念。习近平总书记指出，推动高质量发展，是保持经济持续健康发展的必然要求，是适应我国社会主要矛盾变化和全面建成小康社会、全面建设社会主义现代化国家的必然要求，是遵循经济规律发展的必然要求，是我们抓经济工作必须把握的大前提、大逻辑。

2018 年 9 月，中央全面深化改革委员会第四次会议审议通过《中共中央 国务院关于推动高质量发展的意见》，对我国经济高质量发展作出战略部署。2019 年政府工作报告指出，更多采取改革的办法，更多运用市场化、法治化手段，巩固"三去一降一补"成果，增强微观主体活力，提升产业链水平，畅通国民经济循环，推动经济高质量发展。要推动传统产业改造提升，围绕推动制造业高质量发展，强化工业基础和技术创新能力，促进先进制造业和现代服务业融合发展，加快建设制造强国。国务院还陆续出台了《关于促进综合保税区高水平开放高质量发展的若干意见》《关于加快道路货运行业转型升级促进高质量发展的意见》《关于推动创新创业高质量发展打造"双创"升级版的意见》等一系列政策措施，提出了一系列推动高质量发展的重要举措。

一、完善国资监管体制助推中央企业高质量发展

国务院国资委坚持以习近平新时代中国特色社会主义思想为指导，坚决贯彻落实党中央、国务院决策部署，勇于推进自我改革，着力完善国资监管体制，努力提升国资监管水平，有效促进中央企业高质量发展。

（一）以管资本为主推进职能转变改进监管方式

为贯彻党的十八大以来历次中央全会精神，按照《中共中央 国务院关于深化国有企

业改革的指导意见》《国务院关于改革和完善国有资产管理体制的若干意见》《国务院国资委以管资本为主推进职能转变方案》等文件要求，国务院国资委加快推进职能转变，准确把握出资人职责定位，科学界定国有资产出资人监管边界，建立监管权力清单和责任清单，落实深化"放管服"改革要求，取消、下放、授权 43 项监管事项，认真开展文件清理，废止与管资本要求不相适应的制度文件，截至目前，现行有效规章 27 件、规范性文件 217 件。同时，加快建设国资国企在线监管系统，聚焦企业关键业务、改革重点领域、运营重要环节，强化重点事项监管，逐步建立和完善横向到边、纵向到底的实时动态监管体系，初步构建国资监管动态化、协同化、智能化和可视化的新模式，监管缺位、不到位问题得以有效解决。

（二）改革国有资本授权经营体制充分激发企业活力

党的十八届三中全会和十九大提出改革国有资本授权经营体制。2019 年 4 月，国务院发布《改革国有资本授权经营体制方案》。国务院国资委积极推进改革工作，坚持"刀刃向内"、自我革命，出台授权放权清单（2019 年版），重点选取 5 大类、35 项授权放权事项列入清单，将激发微观主体活力与管住管好国有资本有机结合，最大程度调动和激发企业积极性。扩大国有资本投资、运营公司试点范围，2018 年新增 11 家投资公司试点，使中央企业国有资本投资、运营公司试点扩大到 21 家，其中 2 家是运营公司。对新增的 11 家试点企业打造改革的升级版：一是调整管控模式，加大授权放权力度。在战略规划、工资总额管理、选人用人和激励机制、财务和产权管理等方面进一步授权放权。二是优化产业布局，提高国有资本配置效率。推动企业在聚焦主业的基础上主动作为，合理进退，积极培育战略性新兴产业，实现产业转型升级。三是推动企业转换机制，激发内生活力。突出市场化改革导向，着力完善激励约束机制，激发企业自我发展的内生动力，增强市场竞争力。

（三）以点带面推进综合改革试点充分发挥改革合力

2016 年，国务院国资委推出"十项改革"试点。2018 年 3 月，国务院国资委发布《关于开展"国企改革双百行动"企业遴选工作的通知》，决定选取百余户中央企业子企业和百余家地方国有骨干企业实施国企改革"双百行动"，在 2018-2020 年期间全面落实国有企业改革"1+N"文件要求，深入推进综合性改革。目前已有 400 多家中央企业子企业和地方国有企业入围"双百行动"。在深入推进上述改革的同时，2019 年 7 月，经国务院国有企业改革领导小组第二次会议审议通过，上海、深圳"区域性国资国企综合改革试验"和沈阳国资国企重点领域和关键环节改革专项工作正式启动，力争在增活力、提效率方面形成更多好的经验和做法，为全国国资国企改革提供可资借鉴的经验。

（四）全面加强国有资产监督工作严防国有资产流失

国务院国资委建立健全国有资产监督工作体系，构建业务监督、综合监督、责任追究三位一体的监督工作闭环，完善了监督链条，逐步形成全面覆盖、分工明确、协同配合、制约有力的国有资产监督体系。在对中央企业按业务领域加强国有资产监管的基础上，推动监督工作由"分兵把守"向"统筹协调"转变。强化综合监督职能，综合利用内外部监管等各方面的监督信息，围绕企业改革重点领域、关键业务和国有资本运营主要环节，组织开展综合监督检查，综合反映企业整体经营情况。在责任追究方面，国务院国资委于2018年7月印发《中央企业违规经营投资责任追究实施办法（试行）》，推动中央企业建立健全违规责任追究制度和工作体系，针对在投资经营中违规操作造成国有资产损失或其他严重不良后果的中央企业经营管理有关人员，形成分级分层追责和责任机制，同时实行重大决策终身问责。这使违规责任追究力度进一步加大，警示震慑作用进一步发挥，以责任追究推动企业合规经营和高质量发展的作用初步显现。2018年，国务院国资委全年共组织和督促中央企业开展核查追责事项42件，直接组织或督促企业开展违规责任追究570人次，挽回或减少损失及损失风险54.5亿元；同时，开展中央企业对赌模式投资并购专项核查，对多家中央企业集团负责人违规经营投资事项追责问责。

（五）完善考核激励机制突出高质量发展导向

对中央企业负责人实施经营业绩考核是国务院国资委依法履行出资人职责的重要手段。自2003年首次公布《中央企业负责人经营业绩考核暂行办法》以来，已经先后4次进行修订完善。2019年3月，国务院国资委发布新版《中央企业负责人经营业绩考核办法》。新版考核办法的最大特点就是贯彻新发展理念，更加突出效率效益考核和创新驱动考核，推动高质量发展。2018年度考核结果为A级的中央企业48家，2016—2018年任期考核结果为A级的中央企业46家。自对中央企业实施经营业绩考核以来，有8家企业连续15个年度和5个任期均获得A级。从考核结果看，中央企业经济效益、价值创造能力和国有资本保值增值水平大幅提升，较好地实现了年度和任期经营业绩目标。

2019年4月，国务院国资委印发《中央企业实现高质量发展有关意见》。《意见》通过构建反映高质量发展的监测指标体系，完善推动高质量发展的考核制度，引导和推动中央企业强化创新驱动、优化布局结构、稳健开展国际化经营、防范重大风险、创新体制机制，实现质量更高、效益更好、结构更优的发展，加快培育具有全球竞争力的世界一流企业。

2018年5月，国务院印发《关于改革国有企业工资决定机制的意见》；2019年1月，国务院国资委发布《中央企业工资总额管理办法》，旨在建立健全与劳动力市场基本适应、与企业经济效益和劳动生产率挂钩的工资决定和正常增长机制，增强企业活力和竞争力，促进企业实现高质量发展。同时，进一步健全国有控股上市公司股权激励，开展国有控股混合所有制企业员工持股试点，加大对科研人员、经营管理人员和业务骨干的激励力度。目前，共有 45 家中央企业控股的 92 户上市公司实施股权激励计划，占中央企业控股境内外上市公司的 22.8%，主要分布在通信与信息技术、科研、医药、机械、军工、能源等行业领域。以上这些举措，增强了企业活力和竞争力，促进了企业实现高质量发展。

（六）出台有关政策措施推动企业加大创新创造力度

党的十八大以来，国务院国资委积极引导中央企业创新发展方向，要求企业加快落实创新驱动发展战略，推动企业技术创新、体制机制创新、管理创新、商业模式创新，加大自主创新力度，加大研发投入，专注主业，专注攻克"卡脖子"的难点，实现从中国制造向中国创造转变、中国速度向中国质量转变、中国产品向中国品牌转变。为此，在新版《中央企业负责人经营业绩考核办法》中，对工业类企业和科技进步要求比较高的企业，突出考核科研投入、产出以及科研成果转化，把研发投入视同利润，引导企业建立研发投入的稳定增长机制；对科研创新取得重大成果的，在考核中予以加分。2018年 4 月，国务院国资委与科技部联合印发《关于进一步推进中央企业创新发展的意见》，鼓励中央企业承担和参与国家重大科技项目，支持中央企业设立或联合组建研究院所、实验室、新型研发机构、技术创新联盟等各类研发机构和组织，打造产业技术协同创新平台。此外，还进一步加大对科研型企业激励力度，激发企业创新活力。2016 年以来，国务院国资委与相关部门联合发布或单独印发《国有科技型企业股权和分红激励暂行办法》《关于扩大国有科技型企业股权和分红激励暂行办法实施范围等有关事项的通知》《关于做好中央科技型企业股权和分红激励工作的通知》《中央科技型企业实施分红激励工作指引》等文件。截至 2018 年底，已有 24 家中央企业所属科技型子企业的 104 个激励方案进入实施阶段，其中，30 家已经完成首批激励兑现的企业，利润总额和净利润增幅分别达到 41.6% 和 45.6%。

（七）引导企业履行社会责任促进绿色共享发展

早在 2008 年初，国务院国资委就发布了《关于中央企业履行社会责任的指导意见》，要求中央企业认真履行好社会责任，实现企业与社会、环境的全面协调可持续发展。10 余年来，80% 的中央企业成立社会责任领导机构；97% 的中央企业成立了社会责任主管部门；58% 的中央企业制定了社会责任管理制度；60% 的中央企业对社会责任工作进行了考核。

减少污染物排放、实现绿色发展是高质量发展的重要内容。2010 年 3 月，国务院国资委出台《中央企业节能减排监督管理暂行办法》，督促中央企业落实节能减排主体责任，引领中央企业走绿色低碳循环发展之路。近年来，中央企业绿色发展水平不断提升。加快传统产业优化升级，加快淘汰能耗、环保不达标的产能和设备，推进清洁生产，开展绿色工厂、绿色企业创建行动。大力发展清洁能源，2018年中央企业清洁能源发电装机容量占比已达42.4%。持续推进大气、水、土壤污染防治，圆满完成京津冀及周边地区大气污染防治任务，全力做好北方地区冬季清洁取暖保障工作。截至2018年底，煤电企业燃煤机组超低排放改造率达到91%。石油石化企业全面供应国六标准车用汽柴油。石油石化、机械、建筑施工企业挥发性有机物治理、散煤治理、扬尘治理成效明显。化工、钢铁等企业积极开展废水"零排放"项目建设。煤炭企业大力推进矿山生态修复和绿色矿山建设。钢铁、建材等企业强化固体废物、危险废物综合循环利用，开展生活垃圾协同处置。与此同时，中央企业在落实推动雄安新区绿色发展、共抓长江大保护等国家重大战略部署中发挥重要作用，支持和参与国家应对气候变化的政策与行动，积极推进绿色"一带一路"建设。

（八）加强党的领导以高质量党建保障高质量发展

习近平总书记在全国国有企业党建工作会议上对国有企业党建工作作出了全面部署，党的十九大明确了"不断提高党的建设质量"的总要求。国务院国资委党委坚决贯彻落实党的有关会议精神和习近平总卡记关于提高党建质量的重要论述，高度重视中央企业党的领导和党建工作，要求中央企业切实发挥党委（党组）领导作用、党支部战斗堡垒作用和党员先锋模范作用，把党的政治领导力、思想引领力、群众组织力、社会号召力转化成引领和带动中央企业高质量发展的核心竞争力，为建设世界一流企业保驾护航。指导企业以加强党的基层组织体系建设为重点，以提高基层党建质量为主线，以有效服务改革发展和生产经营为导向，着力提升基层党组织的组织力和战斗力，以高质量党建引领高质量发展。国务院国资委党委连续实施中央企业党建工作落实年、党建质量提升年、基层党建推进年三个专项行动，着力破解长期困扰基层党建"老大难"问题。深化中央企业党委（党组）向国务院国资委党委报告年度党建工作、党委（党组）书记向国务院国资委党委党建工作述职、基层党组织书记抓党建述职评议三项制度，实现"三项制度"全覆盖。对中央企业巡视巡察实现全覆盖，严肃查处一批违反中央"八项规定"精神问题，严厉惩治一批"一把手"重大腐败案件，严格追究一批"两个责任"不落实问题，坚决斩断政治腐败和经济腐败相互交织利益链条，消除过去许多被认为不可能消除的痼瘴顽疾，党风企风为之一新。中央企业全面从严治党民意调查显示，职工群众对全面从严治党满意率达94.28%，对遏制中央企业腐败现象表示有信心的达95.6%。

二、中央企业高质量发展迈出坚实步伐

企业是我国经济高质量发展的微观主体。国有企业在中国经济社会发展中起着"顶梁柱""压舱石"的作用，国有企业尤其是中央企业的高质量发展是对我国经济高质量发展的有力支撑。党的十八大以来，中央企业坚决贯彻党中央关于推动我国经济高质量发展的决策部署，以提高质量和效益为中心，切实树立和落实新发展理念，加快从要素驱动向创新驱动转变，努力实现发展的动力变革、质量变革、效率变革，努力推动企业高质量发展。中国石油提出，推进高质量发展就是紧紧围绕保障国家能源安全，建设世界一流综合性国际能源公司，进而提出中国石油推进高质量发展的思路框架。中国海油出台《中国海油高质量发展指导意见》，形成高质量发展的整体思路和工作措施。中国移动明确提出构建高质量发展"力量大厦"的总体思路，以创世界一流示范企业、做网络强国数字中国智慧社会主力军为总体目标，打造基于规模的价值经营体系、高效协同的组织运营体系。中国建筑紧密结合自身主业特点与发展实际，聚焦"领军""领先""典范"三方面，从国际资源配置、行业技术引领力、行业影响力、效率、效益、品质、绿色发展、社会责任、品牌价值等 9 个维度，形成 35 个标志性目标，出台 17 项工作举措，推动企业实现更高层次、更高水平、更高质量的发展。华润集团通过完善现代企业制度、丰富华润特色的战略管理、完善 5C 财务价值管理体系、优化华润人力资源管理体系、构建大监管工作格局，不断探索完善高质量发展的公司治理和管控体系。在推动高质量发展上，中央企业目标明确、思路清晰、举措有力，回顾两年多的实际，我们可以判断，中央企业高质量发展已经迈出坚实步伐。

（一）利润增速超过收入增速，提质增效成绩凸显

中央企业实现稳定和有效益的增长，不仅是自身实现高质量发展的需要，也是国民经济实现持续稳定健康增长的要求。近两年，中央企业利润增速超过收入增速，凸显提质增效、转型升级良好。

增长速度与质量效益同步向好。2017 年，中央企业营业收入、利润同比分别增长 13.3%、15.2%，创 5 年来最好成绩。2018 年，中央企业累计实现营业收入 29.1 万亿元，同比增长 10.1%；实现增加值 7.1 万亿元，同比增长 8.1%；实现利润总额 1.7 万亿元，同比增长 16.7%；实现净利润 1.2 万亿元，同比增长 15.7%；归属于母公司所有者的净利润 6100.1 亿元，同比增长 17.6%；上交税费总额 2.2 万亿元，同比增长 5.7%。2019 年前三季度中央企业累计实现营业收入 22.1 万亿元，同比增长 5.3%，连续 7 个月保持在 5% 以上；累计实现净利润 10567 亿元，同比增长 7.4%，效益增速比 1-8 月加快 0.5 个百分点，呈向好趋势。招商局集团坚定不移推动提质增效，效果显著。2018 年，实现

营业收入 6499 亿元，同比增长 11.3%；利润总额 1451 亿元、净利润 1070 亿元，同比分别增长 14.1%、9.7%。2019 年 1-9 月按合并招商银行口径，实现营业收入 4785 亿元，同比增长 5.1%；利润总额 1188 亿元，同比增长 11.1%；净利润 932 亿元，同比增长 18.4% 亿元。华润集团 2016-2018 年营业收入年均增长 9.94%，利润总额年均增长 17%，净利润年均增长 15.5%，在保持较高增速的同时，凸显质量和效益的提升。

在效益增长的同时，深挖内部潜力，降本增效成效明显。中央企业大力压减一般性管理费用和非生产性开支，2018 年中央工业企业成本费用增速低于收入增速 0.4 个百分点，百元营业收入支付的成本费用同比下降 0.4 元，成本费用利润率同比提高 0.6 个百分点。大力压降"两金"，中央企业"两金"占流动资产比重同比下降 0.4 个百分点，"两金"增幅低于收入增幅 3.4 个百分点。

（二）聚焦主业实业，收入及占比不断提升

实体经济是一国经济的立身之本，是社会生产力的集中体现，是社会财富和综合国力的物质基础。推动经济高质量发展，实体经济是重要着力点，中国必须搞实体经济。近年来，中央企业立足实业、聚焦主业加快发展，有力推动了高质量发展。

强化战略引领。明确主业发展目标和重点，推动技术、人才、资金等各类资源向主业集中，做强做实做精主业，不断增强核心业务盈利能力和市场竞争力。中国电科聚焦主业，投资占比 2016-2018 年分别为 97.2%、98.2%、99.6%。国投集团坚持有进有退，有所为有所不为，凡是做不到市场前列、不是国民经济命脉和国计民生领域的业务坚决退出。近年以来，共退出项目近 1900 个，回收资金 240 亿元并全部投向国家需要重点发展的行业和区域，集中力量促进主业发展。航天科技集团积极参与国家相关重大专项，支持和开展元器件、原材料国产化研制，研究制定了 1300 余项宇航元器件标准，一批核心元器件和关键原材料完成国产化研制生产并实现工程应用。2017 年，中央工业企业表现突出，营业收入同比增长 15.7%，实现利润同比增长 18.7%，增加利润额占中央企业利润增量的 61.7%。2018 年，中央企业工业固定资产投资完成 1.9 万亿元，同比增长 6.2%，增幅高于中央企业整体投资水平；实现净利润同比增长 21.3%，高于中央企业整体平均增幅 5.6 个百分点，增利额占中央企业净利润增量的 67.4%。

加快制造业优化升级。制造业是实体经济的重要内容，抓实体经济一定要抓好制造业。中央企业深入落实制造强国战略，推动制造业向数字化、网络化、智能化转型，加快迈向全球价值链中高端，积极培育世界级先进制造业集群，努力占领产业制高点，使我国成为现代装备制造业强国。中国中车以"复兴号"标准动车组批量运营为标志，动车组研制达到了全面自主化、标准化的新高度。稳步推进时速 400 公里及以上跨国互联互通高速动车组、时速 600 公里以上高速磁浮列车等 11 项国家重点专项实施，实现在高速动车组、高速磁浮列车等领域"领先领跑"。全球首辆全碳纤维复合材料地铁车体研制

成功，引领未来地铁发展潮流。成功搭建 25 吨、27 吨、30 吨轴重大功率内燃和电力机车平台、通用和专用货车平台，铁路重载装备技术达到世界先进水平。兵器工业集团坚持高端引领，利用军用车辆平台技术成果，同步发展大功率 AT、民用动力，轻质高速铁路货车、高铁车轴实现关键技术突破，自主研发的 200 吨级电动轮非公路矿用车达到世界先进水平，矿用车国内市场占有率达 85%；自主研制的数控七轴五联动重型机床，使我国成为世界上第三个能够生产大型船用静音螺旋桨的国家；在国内率先实现 OLED 微型显示器的工程化、产业化，成为全球具备批量供应能力的两家企业之一。

积极发展战略性新兴产业。中央企业紧紧围绕国家战略、行业发展方向和市场需求，积极培育和发展新产品、新业态、新模式，战略性新兴产业加快布局，在生态保护修复、新能源汽车、北斗产业、互联网、大数据、人工智能等领域迈出实质性步伐，引领新兴产业集群发展。2015-2017 年，中央企业战略性新兴产业销售收入和利润总额年均增长均超过 10%，在生物产业、新材料、节能环保、新能源等领域投资增速较快。2017 年，高端制造业、现代服务业等领域收入增速超过中央企业总体增速，对中央企业整体效益贡献超过 40%。2018 年上半年，通信企业数据流量和互联网应用等新业务发展迅速，新业务收入占总收入比重达 51.9%，同比提高 5.1 个百分点。发电企业新能源板块机组利用率明显提升，实现利润 139.5 亿元，同比增加 44.1 亿元。航天科技集团发挥航天系统集成优势和核心专业优势，着力推动航天控制、航天动力、航天材料等军民共生技术转化，面向经济社会发展主战场，培育了一批新兴产业集群。建成我国首个 0.5 米高分辨率商业遥感卫星星座，卫星应用领域逐步形成从芯片、终端、系统集成到运营服务的产业链条。开发粉煤加压气化技术和系统化、智能化成套设备，打破了国外公司垄断。研制的生活垃圾热解系统集成技术实现了垃圾无害化、减量化和资源化处理，正在开展示范工程建设。

（三）协调发展有序推进，资源配置更加优化

中央企业重组整合是加快国有经济布局结构调整，实现高质量发展的有效途径。党的十八大以来，中央企业优化布局、结构调整成效显著，先后完成了 21 组 39 家中央企业的重组整合，中央企业户数从 113 家调整至 96 家。国有资本向关系国家安全、国民经济命脉和国计民生的重要行业和关键领域不断集中，在军工、电网电力、石油石化、交通运输、电信、煤炭等行业占比达 80.1%。

重组整合主要体现在三个方面。一是围绕落实国家战略，推进企业重组整合。按照"成熟一户、推进一户"的原则，稳步推进装备制造、煤炭、电力、通信、化工等领域中央企业战略性重组，促进国有资本进一步向符合国家战略的重点行业、关键领域和优势企业集中，推动产业结构调整升级。二是积极开展专业化整合。以业务做强做精为目标，实现资源向优势企业、主业企业集中，持续推动煤炭、钢铁、海工装备、环保等领域资

源整合，提升企业规模实力和核心竞争力，提升资源配置效率。如由中国移动、中国联通、中国电信三家电信运营商共同出资组建铁塔公司是专业化整合的很好案例。三是围绕发挥协同效应，切实加强重组后内部融合。通过加强专项督查、开展重组效果评价等方式，指导推动重组企业加快同类业务横向整合、产业链上下游纵向整合，加快剥离非主业、非优势企业。

重组整合增强了实力，提高了效益，增进了效率。由原国电集团和神华集团合并重组的国家能源投资集团有限责任公司，其煤炭生产、火力发电、风力发电、煤制油位居全球规模最大。重组后，推动产业链上下游协同发展，持续巩固煤电路港航油一体化、产运销一条龙的独特优势，管控效能和服务水平不断提升。由原中国远洋与中国海运合并成为中国远洋海运后，综合运力、干散货船队、油轮船队和杂货特种船队规模实现四个世界第一，集装箱船队规模进入全球第一梯队，成为平衡全球航运格局的重要力量。由原宝钢集团和武汉钢铁联合重组成立的中国宝武，其重组的特点是集团层面与上市公司层面（宝钢股份与武钢股份）同步开展重组。上市公司层面重组采取宝钢股份换股吸收合并武钢股份的方式。重组两年来，宝武股份实现协同效益 47.69 亿元，完成信息系统对原武钢股份的全覆盖，初步建立统一研发、销售、采购的一体化运营体系，积极探索多制造基地管控模式。中外运长航 2016 年起并入招商局集团成为其子公司，经过两年多的重组整合成效显著。2017 年，中外运长航实现营业收入、利润分别为 1100 亿元、34亿元，较重组前分别提高 30%、70%。2018 年，招商局集团又对中外运长航各项业务进行拆分同集团其他业务进行专业化整合，实现集团同类业务的规模化经营。整合中外运长航有力增强了招商局集团的实力，2017 年集团营业收入达 2701 亿元（不含招商银行），2018 年首次跻身《财富》世界 500 强。

（四）推进供给侧结构性改革，企业素质显著增强

中央企业大力推进供给侧结构性改革，积极进行瘦身健体，提高资产质量，夯实高质量发展基础，去产能工作、压减工作、解决历史遗留问题工作均取得明显成效。

截至 2018 年底，中央企业圆满完成煤炭、钢铁去产能任务，共化解煤炭过剩产能 1260 万吨，整合煤炭产能 1 亿吨，淘汰落后炼电产能 670 万千瓦。中国宝武 2016-2017 年分别实际化解钢铁产能 997 万吨、545 万吨，合计完成 1542 万吨，完成国务院国资委核定目标的 113.22%，三年任务两年完成，化解产能数占中央企业合计化解钢铁产能的 95.54%，妥善安置职工 37622 人。在推进钢铁行业供给侧结构性改革和钢铁行业去产能中发挥了中央企业的带头作用和示范效应。2018 年末，纳入"僵尸企业"处置和特困企业治理专项工作范围的企业比 2017 年减亏增利 373 亿元，比 2015 年减亏增利 2007 亿元，超过 1900 户企业完成处置治理主体任务。落实国务院关于压缩管理层级、减少法人户数的部署要求，推动中央企业加大压减工作力度，提升运营质量效率。截至 2019 年 5 月

底，中央企业累计减少法人 14023 户，存量压减比例达 26.9%，提前超额完成三年压减 20%的任务。中央企业管理层级全部控制在 5 级以内，累计减少直接人工成本 292 亿元，减少管理费用 246 亿元，减少亏损企业 4794 户，减少资不抵债企业 1887 户。通过压减工作，中央企业全员劳动生产率由 44.6 万元增加到 53.78 万元，提高 20.6%，中央企业户均营业收入由 4.55 亿元提高到 6.54 亿元，户均利润总额由 2400 万提高到 3800 万元，户均效益增幅高于同期中央企业总体增幅约 20 个百分点。2018 年，中央企业职工家属区"三供一业"分离移交正式协议签订率超过 90%，分离移交工作已完成 90%以上。"三供一业"分离移交基本完成，解决了长期以来没有解决的问题，是历史性贡献。厂办大集体改革有序开展，离退休人员社会化管理扎实推进。

（五）创新发展全面发力，产业链向高端迈进

创新是引领发展的第一动力，是推动高质量发展的重要支撑。近年来，中央企业坚决落实创新驱动发展战略，自主创新能力不断增强。中国海油把科技创新摆在企业发展全局的核心位置，探索并成功实践了一条从技术引进到引进与集成创新相结合，再到有选择地加大自主创新的高效科技发展道路，逐步构建起具有竞争力的中国海洋石油工业科技创新体系。中央企业已经成为建设创新型国家的骨干力量。

广纳科技研发人才。截至 2018 年底，中央企业拥有科技活动人员 158 万人，两院院士 227 名，其中中央企业拥有工程院院士 183 人，占全国的 21.2%。

加大科技研发投入。2018 年，中央企业研究与试验发展（R&D）经费支出近 5000 亿元，同比增长 13.4%，超过全国研发经费的四分之一，研发经费占营业收入比 2017 年提高 0.04 个百分点。截至 2018 年，中央企业拥有国家级研发平台 669 个，研发经费约占全国研发经费支出总额的四分之一。招商局集团 2016-2018 年科研投入（不含招商银行）大幅增长，年均增长高达 41.9%。2019 年前三季度中央企业研发投入同比增长 25%，成为近几年最高点，特别是电网、电信这些行业，研发投入保持快速增长。

提高科技成果质量。截至 2018 年底，中央企业累计有效专利近 66 万项。2014-2018 年获国家技术发明奖、国家科技进步奖共计 442 项，约占同类奖项总数的 1/3，其中获得全部 13 项国家科技进步特等奖中的 11 项。2018 年，中央企业获得国家科技奖励 98 项，占全部奖项的 40.8%，比上年提高 5.6 个百分点，包揽了 2 项科技进步特等奖，获得了技术发明一等奖 4 项中的 2 项。2016-2018 年任期，中央企业累计获得国家科技进步奖和国家技术发明奖 260 项，占全部奖项数量的 36.5%。

重点攻关大国重器。建设空间站和实现载人航天；嫦娥四号探测器成功软着陆月球背面，并通过中继星"鹊桥"传回世界上第一张近距离月球背面影像图；成功进行深海探测；辽宁舰突破航母总体技术、动力、阻拦装置和舰机适配等一大批核心关键技术；大型水陆用飞机 AG600 水上首飞；北斗导航系统组网稳步推进；借助 5G 网络成功实现

异地远程手术；中国高铁、特高压输变电等成为"国家名片"；港珠澳大桥、兰渝铁路、青藏铁路、上海洋山港等重要基础设施成功建设；"天鲲号"重型自航绞吸船出港海试；台山核电 ERP 机组具备商业运行条件；新中国 70 周年大阅兵展示的现代武器装备更是中央军工企业高质量发展成果的重要体现。这些在重要产业领域、重大工程建设领域取得的举世瞩目成就，标志着中央企业在相关前沿领域迈出实质性步伐，一些核心产品和技术已达到国际领先。

（六）国企改革不断深化，市场化经营机制日趋完善

改革是推进企业高质量发展的驱动力。党的十八大以来，国有企业改革取得了重要进展，中国特色现代国有企业制度加快建立，市场化经营机制基本形成。

公司制改革全面完成。96 家中央企业集团层面和 2600 多户全民所有制子企业全部完成公司制改制，实现了历史性突破。94 家中央企业建立了董事会，其中 83 家外部董事占多数，中国建材、国药集团、新兴际华集团、中国节能、中广核等 5 户中央企业开展落实董事会职权试点工作。中央企业所属二三级企业建立董事会占比达到 76%。

市场化经营机制基本形成。中央企业集团总部积极改革管理方式，加快向战略管控转变，精简管理链条，打造精干高效的组织体系、建立以客户需求为导向的运营机制，更好应对市场竞争。推行经理层任期制和契约化、建立职业经理人制度取得重要进展。中国建筑出台《试点单位职业经理人管理办法》，首批职业经理人已经就位，正在推进第二批职业经理人制度改革试点；2013 年实施为期十年的股权激励计划，探索创新多元化中长期激励机制；将子企业负责人年薪核定与经营业绩考核紧密挂钩，集团内部领导人员之间薪酬高低差距达 2-3 倍。截至 2018 年底，40 家中央企业制定了职业经理人制度，977 户子企业共选聘职业经理人 4374 人。探索中长期激励取得明显成效，大力推进科技类企业股权、分红权激励，上市公司股权激励。45 家中央企业控股的 91 户上市公司实施了股权激励，实施股权激励一年以上企业营业收入平均年增长率达到 16.7%。24 家中央企业所属科技型子企业的 104 个激励方案经集团公司审批后正在实施，激励对象人均收入增幅达到 14.9%。

集团层面股权多元化改革试点取得重要进展。2018 年 10 月，国务院国资委报经国务院同意，批复国药集团股权多元化改革方案。根据方案，国务院国资委将其持有的国药集团 10% 股权划转社保基金会，向国投集团、中国国新划转部分国药集团股权，国投、中国国新向国药集团增资，最终形成国务院国资委和国投集团各持有国药集团 36.86%、中国国新持有 18.44%、社保基金会持有 7.84% 的股权结构。12 月，国药集团分别召开 2018 年第一次股东会、第二届董事会第一次会议，标志着国药集团股权多元化改革试点工作取得重大进展。2019 年 7 月，南航集团宣布，在集团层面引入广东省、广州市、深圳市确定的投资主体广东恒健投资控股有限公司、广州市城市建设投资集团有限公司、

深圳市鹏航股权投资基金合伙企业（有限合伙）的增资资金各 100 亿元，合计增资 300 亿元，成为多元股东的中央企业。增资后，国务院国资委对南航集团持股 61.799%，广东省三方各持股 10.445%，社保基金持股 6.866%。不同于国药集团新增股东仅为中央企业，南航集团的增资者则为地方政府确定的投资主体。通过集团层面股权多元化改革，探索有别于国有独资企业的公司治理和监管模式。

"双百行动"取得明显成效。在 444 家"双百企业"中，共有 200 家中央企业子企业。其中，113 家在本级企业开展了混合所有制改革，引入非国有资本 5384 亿，3466 家子企业开展了混改。80% 的"双百"企业领导班子薪酬拉开了差距，最高最低相差 1.2 倍以上，超过一半的"双百"企业在本级或者所属企业选聘 2700 名职业经理人，有效完善了市场化经营机制。

混合所有制改革有序推进。2013-2017 年，民营资本通过各种形式参与中央企业混改，投资金额超过 1.1 万亿元。2018 年，中央企业集团及各层级子企业混合所有制企业户数已达到 70%，国资系统混合所有制企业新增 2880 户，其中，中央企业新增所属混合所有制企业 1003 户。2019 年 5 月，国务院国有企业改革领导小组审议通过第四批混改试点名单，共有 160 户企业，资产总量超过 2.5 万亿元，其中中央企业所属 107 户，地方国有企业所属 53 户。2019 年 1-9 月份，中央企业各级企业新增混合所有制企业超过 600 户。2013-2018 年，实施混改的中央企业子企业中，混改后实现利润增长的企业超过 70%。有 10 家中央企业开展国有控股混合所有制企业员工持股试点。海康威视是我国科研混改的标杆，通过混改有效解决了经营机制转换问题，逐步发展成为全球最大的监控设备制造商。中国建材旗下中国巨石是中央企业和民营企业混改的典型，通过混改实现了"国民共进"，成长为全球玻璃纤维工业的领军者。中央企业在引入各类社会资本参与混改的同时，也积极参与其他所有制企业改革，目前，对外参股的企业超过 5000 家。上市公司已经成为中央企业运营的主体，中央企业资产的 65%、营业收入的 61%、利润总额的 88% 都来自上市公司。

（七）稳步推进国际化经营，开放发展实力不断增强

对外开放是推动高质量发展的外部条件。过去 40 年中国经济发展是在开放条件下取得的，未来中国经济高质量发展也必须在更加开放的条件下进行。中央企业积极落实"走出去"战略，开展国际化经营，拓展发展空间，增强全球配置资源能力，这是中央企业成长为世界一流企业的必然选择，也是中央企业实现高质量发展的重要标志。

境外经营实力迅速壮大。2012 年底，中国境外资产最多的 47 家中央企业，境外资产 3.8 万亿元，境外营业收入 4 万亿元。2018 年底，中央企业境外单位 11028 户，分布在 185 个国家和地区，境外资产总额 7.6 万亿元，全年营业收入 5.4 万亿元，利润 1318.9 亿元。中央企业境外投资额约占我国非金融类对外直接投资总额的 60%，对外承包工程

营业额约占我国对外承包工程营业总额的 60%，境外业务由侧重能源、矿产资源类开发逐步拓展到拥有核心技术优势的高铁、核电、特高压电网建设运营等领域。

在"一带一路"建设中担纲领衔。中央企业是"一带一路"建设的主力军。截至 2018 年 10 月末，有 80 多家中央企业在"一带一路"沿线承担了 3116 个项目，已开工和计划开工的基础设施项目中，中央企业承担的项目数占比 50% 左右，合同额占比超过 70%。通过在基础设施建设、能源资源开发、国际产能合作等领域与各国政府、各类企业的合作，已经在形成面向全球的生产服务网络，构建起涵盖市场、研发、制造、资本、人才等方面的全方位、多层次开放合作格局，不断加快产业、企业走出去步伐，更深更广融入全球供给体系。中国中车主动对接"一带一路"倡议等国家重大战略部署，大力实施"走出去"战略，积极谋划全球市场布局，实现了出口产品从中低端到中高端，出口市场从亚非拉市场到欧美澳市场，出口形式从产品出口到产品、资本、技术、服务、管理等多种形式组合出口，出口理念从产品"走出去"到产能"走进去"、品牌"走上去"的"四大转变"，被党和国家领导人称为我国高端装备"走出去"的"国家名片"。中国电科着力服务"一带一路"沿线国家信息化建设，国际化经营收入逐年提升，已占中国电科总收入 12%，成为支撑中国电科可持续发展的重要业态。

（八）严守经营发展底线，风险防控工作扎实有效

防范和化解风险是高质量发展的底线。中央企业高度重视风险防范工作，把防范化解重大风险摆在突出位置，不断健全风险防控机制，持续提高风险化解能力。根据企业所在的行业特点、业务特点，制度性地全面扫描排查各类风险，把风险化解在苗头之中，化解在未然之中，有效增强了企业抗风险能力。

根据企业所在行业和生产经营特点，制定资产负债率管控方案，扎实推进降杠杆减负债工作。到 2018 年末，中央企业平均资产负债率下降为 65.7%，较年初下降 0.6 个百分点，50 家企业降幅超过 1 个百分点，其中带息负债比率为 39.4%，带息负债增速低于上年同期 1.5 个百分点。此外，有 13 家中央企业积极稳妥推进市场化债转股，签订债转股框架协议 5000 多亿元，已实际债转股 2000 多亿元，推动负债率明显下降。2019 年 9 月末中央企业平均资产负债率为 65.7%，较上月末下降 0.1 个百分点，同比下降 0.2 个百分点；带息负债总额同比增长 4.6%，低于去年同期增速 1.5 个百分点；带息负债比率 39.2%，同比下降 1.1 个百分点。国家能源集团严格落实开源节流、增收节支 30 条措施，狠抓"两金"压控。截至 2019 年 7 月，集团资产负债率已低于 60%，综合融资成本较年初下降 0.31 个百分点，节约财务费用 7933 万元。

重视安全生产，做好风险防范。中央企业坚持高标准、严要求、硬约束，不断增强安全生产管控能力，切实做到安全管理水平不断提升，安全生产体系不断完善，安全风险控制能力不断增强，坚决防范遏制重特大安全事故的发生。中广核集团坚持安全第一，

不断夯实企业发展的安全基石，将安全视为企业生存和发展的生命线，形成了以核安全文化建设为引领，以核安全体制机制保障为基础，以员工能力建设和设备可靠性管理为抓手的纵深安全管理体系，真正将敬畏核安全、守护核安全落到实处。

（九）贯彻绿色共享理念，可持续发展能力明显提升

履行社会责任、创造社会价值是现代企业实现可持续发展的必然要求，也是高质量发展的重要内容。

积极践行绿色发展理念。适应环境保护建设要求，中央企业保持加强生态文明建设的战略定力，探索以生态优先、绿色发展为导向的高质量发展之路。截至 2018 年末，中央企业万元产值综合能耗比"十二五"末下降 10.05%；二氧化硫、氨氮、氮氧化物、化学需氧量排放总量比"十二五"末分别下降 22.64%、22.29%、15.33%、24.87%，四项指标均达到国家"十三五"目标进度要求。中国石油坚持绿色发展，落实生态环境保护行动纲要，形成全方位、全领域、全产业链绿色发展体系，连续 20 年发布《环境保护公报》。依法纳税贡献国家财政收入。2018 年，中央企业上交税费总额 2.2 万亿元，同比增长 5.7%。2019 年上半年，中央企业税费贡献持续增加，上交税费 1.3 万亿元，同比增长 2.7%。31 家企业上交税费增速超过 10%，交通运输、火电、商贸等行业企业上交税费增幅超过 10%。

主动服务社会保障民生。中国移动、中国电信、中国联通提前超额完成提速降费专项任务，2018 年全年累计让利超过 1200 亿元；国家电网、南方电网落实降电价政策，中国华能、中国华电等发电企业提高市场化交易份额，2018 年共降低社会用电成本超过 1600 亿元，上述两项合计共 2800 亿元。落实国务院《划转部分国有资本充实社保基金实施方案》要求，2018 年，18 家中央企业完成国有资本充实社保基金股权划转，划转股权达 750 亿元。

定点扶贫凸显责任与担当。党的十八大以来，中央企业在定点扶贫县投入无偿帮扶资金超过 110 亿元。设立的中央企业贫困地区产业投资基金规模达 314.05 亿元，对贫困地区完成投资项目 80 个，涉及金额 178.38 亿元，有力推动了贫困地区特色产业发展，带动了大批贫困群众脱贫致富。2019 年以来，中央企业不断加大扶贫力度，共帮扶 246 个国家级贫困县，对口支援西藏 21 个县、青海藏区 16 个县，截至目前已有 107 个县脱贫摘帽。

境外经营重视社会责任建设。中央企业在境外经营中秉持依法合规、诚信经营的原则，得到当地国家和政府、社会民众的充分肯定。充分尊重所在国当地的文化、宗教信仰和风俗习惯，无论是在当地交流沟通，还是提供产品和服务设计等方面，都充分尊重当地风土人情，而且积极介绍企业文化和中国文化，增加相互沟通与了解。注重当地生态环境保护，不以牺牲所在国家和地区的环境和长期发展利益为代价，为企业自身谋取

利益，在项目施工过程中，注意当地环境治理，做好生态保护。充分利用自身资源优势，促进所在国家和地区特别是较为落后地区经济发展，帮助解决当地就业、医疗、教育等问题，积极帮助当地脱贫，为当地公益事业发展作出应有贡献。如国家电网公司，海外项目员工本地化率超过 99%；建成菲律宾"光明乡村"公益项目，解决当地少数民族1000 余人用电难题。

（十）党的建设不断加强，企业发展强根固本

坚持党的领导、加强党的建设是国有企业的"根"和"魂"，对高质量发展起着引领和保障作用。中央企业坚决贯彻落实习近平总书记在全国国有企业党的建设工作会议上强调的"两个一以贯之"，全面提高党的建设质量，落实好管党治党这个最根本的政治责任，抓好党建工作责任制，使党组织发挥作用组织化、制度化、具体化，为企业党委（党组）充分发挥把方向、管大局、保落实的领导作用提供了有力保证。中国石油推行《党建工作责任制考核评价实施办法》，持续完善党建工作"三个体系""三个平台"，党建质量及基层党组织三个作用不断提升。创建"互联网+党建"智慧平台，在互联网上建起 4 万个红色家园，70 万党员全覆盖。中国移动着力提升党的建设质量，深入开展"六好"党支部、党员先锋岗、党员突击队等创建工作，有效提升基层党组织战斗力；与合作伙伴广泛开展"党建和创新"主题实践活动，实现内外互联、优势互补、成果互惠、共同发展；定期收集员工思想动态，全面推进基层单位职工小家"五小"建设暖心工程，增强员工获得感与归属感。

目前，中央企业集团公司党务部门达到平均编制，按在岗职工人数 1% 配备专职党务工作人员，按职工工资总额 1% 保障党组织工作经费，基层党务干部得到普遍轮训。集团公司已经全部实现党建要求进公司章程，将党组织研究讨论作为董事会、经理层决策重大问题的前置程序。不断完善"双向进入、交叉任职"的领导体制，集团层面已经全部落实，一级子企业实行比例达到 82%。集团公司全部实现党组（党委）书记、董事长"一肩挑"，专职副书记应配尽配并推荐进入董事会。

三、中央企业高质量发展面临的挑战及主要着力点

中央企业高质量发展尽管取得显著成效，开端良好，但对于发展过程中面临的制约因素和复杂的国际政治经济形势也要有清醒的认识，不惧严峻挑战，勇于担当作为。

（一）高质量发展面临复杂形势

其一，全球经济增长低位徘徊。全球经济虽然总体上保持一定的增速，但贸易保护主义和单边主义抬头，地缘政治风险加大，不确定性不稳定性增加，经济增长后续乏力。

一是中美经贸关系前景面临诸多不确定性。美国单方面挑起中美经贸摩擦，这给未来的中美经贸关系带来了很多变数，要做好长期应对准备。二是主要国家和经济体增长放缓。美国、日本、英国等工业化发达国家，印度、俄罗斯等新兴经济体，其主要经济增长指标呈现明显放缓和回落的态势，全球经济增长的前景并不乐观。三是贸易增速持续低位徘徊。2018 年全球贸易增速仅 3%，远低于预期。2019 年 7 月，国际货币基金组织（IMF）发布最新《世界经济展望报告》（WEO），预计 2019 年全球经济增长 3.2%，2020 年回升至 3.5%。虽然增速有所提升，但并未改变低位徘徊的状态，这给全球经济增长蒙上阴影。四是全球外国直接投资有望复苏，但仍低于过去的长时期水平。《世界投资报告 2019》（中文版）预测，2019 年全球外国直接投资有望温和复苏，预计增长 10%，约达 1.5 万亿美元，但仍低于过去十年的平均水平。

其二，国内经济存在下行压力。我国宏观经济运行总体稳中有进，主要经济指标均保持在合理区间，经济增长有着巨大的韧性、潜力和回旋余地，但经济运行下行压力仍需认真对待。一是经济增长速度有所放缓。根据国家统计局发布的数据，上半年我国国内生产总值同比增长 6.3%，同比下降 0.5 个百分点。第一、二、三季度国内生产总值增速分别下降为 6.4%、6.2%、6.0%，比 2018 年同期分别回落 0.4 个百分点、0.5 个百分点、0.5 个百分点。二是制造业增速下降。上半年全国固定资产投资增速为 5.8%，较去年同期回落 0.2 个百分点；制造业投资增长 3%，而农副食品加工业，纺织业，有色金属冶炼和压延加工业，金属制品业，铁路、船舶、航空航天和其他运输设备制造业，电器机制和器材制造业，电力、热力、燃气及水生产和供应业，公共设施管理业都不同程度出现负增长。三是工业企业利润下滑。2019 年上半年，全国规模以上工业企业实现利润总额 29840.0 亿元，同比下降 2.4%，其中，一季度下降 3.3%，二季度下降 1.9%。

其三，中央企业增速回落。2019 年上半年保持了稳中求进的态势，为完成全年目标任务奠定了良好基础，但同时也存在一些值得关注的问题。企业效益增速明显回落，净利润增速由 2018 年的 15.7% 下降至今年上半年的 8.6%。虽然一部分行业利润保持了较快增长，但有些行业企业受政策性减利、汇兑损失等因素影响，效益下滑较大，进而对中央企业整体利润产生了一定影响。营业收入增长也出现了较大回落，由 2018 年的 10.1% 滑落至今年上半年的 5.9%，一部分企业的订单、销量都出现较大幅度的下降。降杠杆减负债难度加大，今年上半年，一部分企业资产负债率较年初上升。

（二）担当作为稳中求进

面对这些不利因素和挑战，中央企业应坚持稳中求进工作总基调，深入贯彻落实"创新、协调、绿色、开放、共享"新发展理念，以供给侧结构性改革为主线，以做强做优做大国有资本、培育具有全球竞争力的世界一流企业为目标，坚定不移推进高质量发展，着力在以下几个方面有所作为并取得良好成效。

其一，不断完善中国特色现代国有企业制度，优化企业高质量发展体制机制。这一企业制度的重大创新就是把加强党的领导和完善公司治理统一起来，形成各司其职、各负其责、协调运转、有效制衡的法人治理结构。一是充分发挥党委（党组）领导作用，把方向、管大局、保落实，明确党组织研究讨论是董事会、经理层决策重大问题的前置程序，为企业高质量发展导航指向。二是把党的建设同解决企业实际问题结合起来，把党建工作成效转化为企业实现高质量发展的优势。

其二，深入推进混合所有制改革，激发企业高质量发展内生动力。混合所有制是基本经济制度的重要实现形式。实施混合所有制改革有利于国有资本与非公有资本优势互补、融合发展，把二者的竞争关系转化为合作共生的关系。因此，混合所有制改革被视为国有企业改革的重要突破口，同时也为民营企业提供了良好的发展机遇。商业一类国有企业、国有资本投资运营公司、创建世界一流示范企业、"双百行动"试点企业应进一步加大混合所有制改革力度，混改企业应切实转换经营机制，通过国有资本与非公有资本融合发展、优势互补激发高质量发展的内生动力。

其三，不断完善市场化经营机制，调动企业高质量发展人才积极性。人是生产力中最活跃最积极的因素，深化国有企业改革关键在于激发人的活力，特别是国有企业骨干人才的活力。为此，应按照市场化改革方向，不断完善经营机制。一是进一步加强董事会建设，提高董事履职能力，每一位董事都应行使好重大事项决策权，切实发挥好高质量发展的战略决策作用。二是应加快推进选人用人制度的市场化改革，更大范围、更大力度地推行经理层任期制和契约化；加快建立职业经理人制度，实行与市场接轨的经理层激励制度和差异化薪酬体系。三是应大力弘扬企业家精神、科学家精神和工匠精神，切实加大对企业高管、技术骨干、能工巧匠等人才群体的正向激励，充分激发骨干人才干事创业的积极性、主动性和创造性，为高质量发展筑牢人才基础。

其四，切实增强协同创新效应，培育企业高质量发展新动能。中央企业尽管在科技创新方面取得了巨大成就，研发投入也逐年加大，但当前在许多方面仍然存在短板瓶颈，特别是在一些关键核心技术和高端装备等方面创新的任务十分艰巨，应力争取得重大突破。一是把科技创新摆在高质量发展更加突出的位置，凝心聚力加快核心技术攻关，协同推进行业共性关键技术研究，积极融入全球创新网络，力争突破和掌握一批关键技术。二是围绕做强做精主业实业，从传统产业调整优化和新兴产业加快发展双向发力，加快提升主业实业的供给质量和效率，提升全领域、全产业链的价值创造能力，形成更具竞争力的现代产业体系。

其五，着重优化国有资本配置，布局企业高质量发展产业链。资本的生命在于运动，国有资本合理有序流动是企业有效进行生产经营、产业调整的必要前提。中央企业应通过企业内部资源的重组整合，优化国有资本配置，提升企业整体发展质量。对于不符合集团战略要求的业务或子企业，应有计划地退出，获得的资金用于巩固符合集团战略需要的已有业务，或投资于集团发展战略需要的战略性新兴产业，实现国有资本按照集团发展战略有进有退、有所为有所不为。

其六，切实做好重大风险防范，严守企业高质量发展底线。实现高质量发展必须更加重视风险防范，切实筑牢不发生重大风险的底线。要防范债务风险，生产经营和投资活动要切忌超越自身财务承受能力，切实防控因资金等方面的问题导致的重大损失。切实重视安全风险，安全生产也是质量效益，要严格落实好安全生产责任制，杜绝重特大事故的发生。管控好环保风险，要自觉担负起污染防治主体责任，加大环保投入力度，有效解决环保方面存在的问题。高度关注境外风险，应切实强化境外风险管控，完善管控方式，增强合规经营意识，努力防范因违规经营而造成重大损失甚至损害国家形象事件的发生。

中国上市公司治理评价研究

——基于 2019 口国上市公司治理指数的分析

一、研究背景

公司治理改革已经成为全球性的焦点问题，作为在全球市场上的一种竞争优势以及可持续发展的重要组成部分，完善的公司治理机制对于保证市场秩序具有十分重要的作用。过去二十年来，全球公司治理研究的关注主体由以美国为主逐步扩展到英美日德等主要发达国家，近年来已扩展到转轨和新兴市场国家。研究内容也随之从治理结构与机制的理论研究，扩展到治理模式与原则的实务研究。目前治理质量与治理环境倍受关注，研究重心转移到公司治理评价和治理指数。中国的公司治理也大致经历了这些阶段，制度建设与企业改革经过了独特的由破到立的过程。从《中国公司治理原则》（2001 年）、《独立董事制度指导意见》（2001 年 8 月）与《中国上市公司治理准则》（2002 年 1 月）的颁布，到新《公司法》和《证券法》（2005 年 10 月）的出台，以及国务院批准证监会《关于提高上市公司质量的意见》（2005 年 10 月）的发布，中国的公司治理规则从无到有；再到近年来《上市公司治理准则》（2018 年 9 月）和《公司法》（2018 年 10 月）的修订，在上市公司以及市场各方的共同参与、努力下，上市公司的治理框架日益齐备，制度机制逐渐形成，治理结构不断完善，治理水平不断提高，我国公司治理的机制经历了从借鉴各国经验到逐步探索形成自己特色治理模式的转变，不少上市公司在实践中积累了很好的做法和经验，形成了一套较为成熟的公司治理制度（张歆，2019），中国的公司治理改革进入了一个新的阶段。

上市公司是股市的基石，必须提高上市公司质量，股市才能健康发展（成思危，2007）。而公司治理质量是公司质量的基础和核心。建立有效公司治理是当前我国微观经济领域最重要的制度建设，良好的公司治理，既可以保障股东（包括小股东）的利益，又可以保障公司的独立经营，是所有权与经营权分离的制度基础、是公司重要"软实力"，良好的公司治理加之良好的经营，会受到投资者的青睐，不好的公司治理将迫使投资者"用脚投票"（侯捷宁，2012）。公司治理的有效性关系国有企业改革的成败，公司治理的水平影响投资者，特别是中小投资者信心，是资本市场稳定发展的一块基石（陈清泰，2012）。

公司治理评价就是采用科学的评价指标，以指数的形式来量化反映公司治理质量。国外学者代表性研究主要包括 Gompers、Ishii 和 Metrick 在 2003 年基于美国投资者责任研究中心的 24 项公司治理条款构建的 G 指数（Gompers P，Ishii J L，Metrick A.，2003）以及 Bebchuk、Cohen 和 Ferrell 在 2004 年基于 G 指数构建的 E 指数（Bebchuk L A，Cohen A，Ferrell A.，2009），基于这些指数的实证研究证明了良好公司治理对公司价值的正向影响。公司治理没有"最好"但有"更好"，我们既要借鉴发达国家关于公司治理的理论与实践，也需要从我国市场经济发展的阶段特征出发，探索出既适合我国市场发育现状又能最大限度促进变革和进步的治理模式（郭树清，2011）。因此迫切需要建立一套适应中国公司治理环境的公司治理评价系统和评价指数，用以掌握我国公司的治理结构与治理机制完善状况，公司治理风险的来源、程度与控制，并进一步观察与分析中国公司在控股股东行为、董事会运作、经理层激励约束、监事会监督以及信息披露等方面的现状、存在的风险、治理绩效等。

二、中国上市公司治理指数研发历程

中国公司治理的研究从公司治理理论研究深入到公司治理原则与应用研究，之后从公司治理原则研究进一步发展到公司治理评价指数的研究。南开大学中国公司治理研究院研发了国内首套系统地针对我国上市公司的治理评价体系，并基于该体系发布了被誉为中国上市公司治理"晴雨表"的中国上市公司治理指数（缩写为 CCGI^{NK}）。具体来说，CCGI^{NK} 的形成经历了四个阶段。

第一阶段：研究并组织制定《中国公司治理原则》。在中国经济体制改革研究会的支持下，于 2001 年推出的《中国公司治理原则》被中国证监会《中国上市公司治理准则》以及 PECC 组织制定的《东亚地区治理原则》所吸收借鉴，为建立公司治理评价指标体系提供了参考性标准。

第二阶段：构建"中国上市公司治理评价指标体系"。历时两年调研，2001 年 11 月第一届公司治理国际研讨会提出《在华三资企业公司治理研究报告》。2003 年 4 月，经反复修正，提出"中国上市公司治理评价指标体系"，围绕公司治理评价指标体系，2003 年 11 月第二届公司治理国际研讨会征求国内外专家意见。根据前期的研究结果和公司治理专家的建议，最终将公司治理指标体系确定为 6 个维度，具体包括股东治理、董事会治理、监事会治理、经理层治理、信息披露和利益相关者治理，合计 80 多个评价指标。

第三阶段：正式推出中国上市公司治理指数和《中国公司治理评价报告》，基于评价指标体系与评价标准，构筑中国上市公司治理指数（CCGI[NK]），2004 年首次发布"中国公司治理评价报告"，报告应用 CCGI[NK]第一次对中国上市公司（2002 年的数据）进行大样本全面量化评价分析，之后逐年发布年度公司治理报告。

第四阶段：中国上市公司治理评价系统应用阶段。在学术上，公司治理评价为课题、著作、文章等系列成果的研究提供了平台，获得国家自然科学基金重点项目和国家社科重大招标项目支持，公司治理报告在商务印书馆、高等教育出版社以及国际出版社等出版社出版。此外，还为监管部门治理监管工作提供支持，为企业提升治理水平提供指导。CCGI[NK]连续应用于"CCTV 中国最具价值上市公司年度评选"；应用于联合国贸发会议对中国企业的公司治理状况抽样评价和世界银行招标项目，2007 年 10 月 30 日至 11 月 1日，应联合国贸发会议邀请，李维安教授参加了在瑞士日内瓦召开的 ISAR 专家组第 24届会议，并就《中国公司治理信息披露项目》做大会报告；应用于国务院国资委国有独资央企董事会建设与评价等和国家发改委委托项目推出的"中国中小企业经济发展指数"研究；2007 年接受保监会委托，设计保险公司治理评价标准体系；2008 年接受国务院国资委委托，对央企控股公司治理状况进行评价；开发中国公司治理指数数据库；研发中国公司治理股价指数；设计中国公司治理计分卡。

三、中国上市公司治理指数构成

基于中国上市公司面临的治理环境特点，南开大学中国公司治理研究院评价课题组总结了公司治理理论研究、公司治理原则、各类公司治理评价系统以及大量实证研究、案例研究成果，在 2003 年设计出中国上市公司治理评价系统，2004 年公布"中国公司治理评价报告"，同时发布 CCGI[NK]。随后，于 2004 年、2005 年加以优化，广泛征求各方面的意见，对 6 个维度评价指标进行适度调整。通过对上市公司治理评价的实证研究，对部分不显著性指标进行调整；通过对公司进行公司治理评价，不断检验系统的有效性并进行优化；引入新的公司治理研究思想，例如利益相关者；听取各方面的意见，广泛研讨；紧密关注治理环境变化，并及时反映到评价系统中，例如法律法规变化。中国上市公司治理评价指标体系具体如表 1 所示。

表 1　中国上市公司治理指数评价指标体系

指数（目标层）	公司治理评价 6 个维度（准则层）	公司治理评价各要素（要素层）
中国上市公司 治理指数 $CCGI^{NK}$	股东治理（$CCGI^{NK}_{SH}$）	上市公司独立性
		上市公司关联交易
		中小股东权益保护
	董事会治理（$CCGI^{NK}_{BOD}$）	董事权利与义务
		董事会运作效率
		董事会组织结构
		董事薪酬
		独立董事制度
	监事会治理（$CCGI^{NK}_{BOS}$）	监事会运行状况
		监事会规模结构
		监事会胜任能力
	经理层治理（$CCGI^{NK}_{TDP}$）	经理层任免制度
		经理层执行保障
		经理层激励约束
	信息披露（$CCGI^{NK}_{ID}$｜利益相关者治理（$CCGI^{NK}_{STH}$）	信息披露可靠性
		信息披露相关性
		信息披露及时性
		利益相关者参与程度
		利益相关者协调程度

资料来源：南开大学中国公司治理研究院"中国上市公司治理评价系统"。

指标体系是公司治理指数的根本，不同环境需要不同的公司治理评价指标体系，中国上市公司治理指数反映了中国市场的诸多重要特征。此评价指标体系基于中国上市公司面临的治理环境特点，侧重于公司内部治理机制，强调公司治理的信息披露、中小股东的利益保护、上市公司独立性、董事会的独立性以及监事会参与治理等，从股东治理、董事会治理、监事会治理、经理层治理、信息披露和利益相关者治理六个维度，设置 19 个二级指标，80 多个具体评价指标，对中国上市公司治理的状况做出全面、系统的评价。

中国社会科学院公司治理研究中心主任鲁桐教授等认为"纵观国内外已有的公司治理指数，大多数仅考察了公司治理的某些维度而未形成体系，由于商业性导向，选取的公司治理指标有限，多数没有做持续性研究。国内只有以李维安为代表的南开大学公司治理团队设立了较详细的公司治理评价体系，囊括了比较全面的公司治理指标，并逐年进行公司治理评价"（鲁桐，党印，2010）。

四、2019 年度的评价样本与数据来源

本成果编制的2019 年度中国上市公司治理指数的样本为截至 2018 年 12 月 31 日我国 A 股上市公司，数据来源于公司网站、巨潮资讯网、中国证监会、沪深证券交易所网站以及色诺芬（CCER）数据库、国泰安（CSMAR）数据库和万得（Wind）数据库等披露的公开信息，根据信息齐全以及不含异常数据两项样本筛选的基本原则，本成果最终确定 2019 年有效样本为 3562 家，其中三板 1903 家，含金融机构 76 家，非金融机构 1827 家；中小企业板 921 家，含金融机构 12 家，非金融机构 909 家；创业板 738 家。需要说明的是，考虑到中小企业板和创业板公司治理的特殊性，本成果对这些板块的公司进行了单独分析；同时还考虑到金融机构治理的特殊性，将各板块中的金融机构抽取出来单独组成一个板块，即除主板、中小企业板和创业板外，还有一个金融业板块。最终总体评价样本为 3562 家，其中主板 1827 家，中小企业板 909 家，创业板 738 家，金融业板块 88 家。

五、中国上市公司治理总体描述

在 2019 年评价样本中，上市公司治理指数平均值为 63.19，较 2018 年的 63.02 提高 0.17，见表 2。

表 2　中国上市公司治理指数描述性统计

统计指标	公司治理指数
平均值	63.19
中位数	63.39
标准差	3.02
偏度	−0.36
峰度	0.41
极差	24.75
最小值	48.15
最大值	72.90

资料来源：南开大学公司治理数据库。

如表 2 所示，2019 年公司治理指数最大值为 72.90，最小值为 48.15，样本的标准差为 3.02，指数分布情况见图 1。

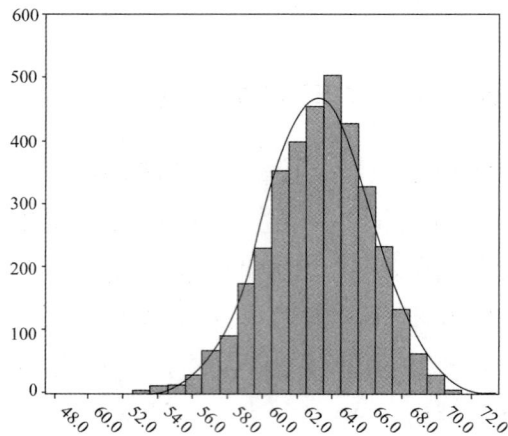

图 1　中国上市公司治理指数分布图

资料来源：南开大学公司治理数据库。

六、中国上市公司治理等级分布

在 3562 家样本公司中，没有 1 家达到 CCGI^NK Ⅰ 和 CCGI^NK Ⅱ；有 20 家达到了 CCGI^NK Ⅲ水平；达到 CCGI^NK Ⅳ的有 3026 家，占全样本的 84.95%，较 2018 年的 81.55% 有显著的提高；处于 CCGI^NK Ⅴ 的公司有 514 家，占样本的 14.43%，与 2018 年的 17.75% 相比，有显著下降的趋势；有 2 家上市公司的治理指数在 50 以下（2018 年该等级公司占全部样本的 0.09%，2017 年没有该等级公司，2016 年为 0.18%，2015 年为 0.04%，2014 年为 0.12%，2013 年为 0.16%，2012 年为 0.21%，2011 年为 0.67%，2010 年为 3.33%），见表 3。

表 3　中国上市公司治理指数等级分布

公司治理指数等级		公司治理指数等级分布	
		公司数	比例（%）
CCGI^NK Ⅰ	90-100	—	—
CCGI^NK Ⅱ	80-90	—	—
CCGI^NK Ⅲ	70-80	20	0.56
CCGI^NK Ⅳ	60-70	3026	84.95
CCGI^NK Ⅴ	50-60	514	14.43
CCGI^NK Ⅵ	50 以下	2	0.06
合计		3562	100.00

资料来源：南开大学公司治理数据库。

七、中国上市公司治理分行业分析

就平均值而言，金融业，卫生和社会工作，住宿和餐饮业，建筑业，水利、环境和公共设施管理业等行业治理指数较高，依次为 65.03、63.55、63.47、63.44 和 63.40。房地产业，采矿业，文化、体育和娱乐业，农、林、牧、渔业，租赁和商务服务业，综合等行业治理指数较低，分别为 62.78、62.76、62.76、62.02、61.96 和 60.73。就公司治理总体状况而言，行业间存在一定的差异。相比较之前几年的评价，2019 年评价中各行业的公司治理指数排名发生了较大的变化，见表4。

表4　按行业分组的样本公司治理指数描述性统计

行业	数目	比例（%）	平均值	中位数	标准差	极差	最小值	最大值
农、林、牧、渔业	42	1.18	62.02	62.02	3.05	13.92	56.38	70.30
采矿业	74	2.08	62.76	63.45	2.96	14.43	53.22	67.65
制造业	2260	63.45	63.29	63.46	2.99	23.08	49.82	72.90
电力、热力、燃气及水生产和供应业	110	3.09	62.84	63.01	3.06	17.62	53.87	71.49
建筑业	100	2.81	63.44	63.89	3.10	21.91	48.15	70.07
批发和零售业	164	4.60	62.84	62.72	3.35	17.57	54.05	71.61
交通运输、仓储和邮政业	99	2.78	63.13	63.20	2.48	13.15	56.09	69.24
住宿和餐饮业	9	0.25	63.47	64.86	3.66	9.68	57.21	66.89
信息传输、软件和信息技术服务业	254	7.13	63.08	63.38	3.09	17.76	52.67	70.43
金融业	88	2.47	65.03	65.26	2.91	14.54	55.63	70.17
房地产业	126	3.54	62.78	63.04	3.15	13.74	55.41	69.15
租赁和商务服务业	48	1.35	61.96	62.09	3.20	14.95	53.75	68.69
科学研究和技术服务业	48	1.35	63.07	62.89	2.83	14.96	53.53	68.49
水利、环境和公共设施管理业	46	1.29	63.40	63.27	2.30	10.93	58.87	69.79
教育	3	0.08	63.23	64.38	2.34	4.24	60.54	64.78
卫生和社会工作	9	0.25	63.55	64.47	3.03	8.54	59.29	67.83
文化、体育和娱乐业	58	1.63	62.76	62.89	2.62	14.53	56.46	70.99
综合	24	0.67	60.73	60.25	2.77	9.62	55.91	65.52
合计	3562	100.00	63.19	63.39	3.02	24.75	48.15	72.90

资料来源：南开大学公司治理数据库。

八、中国上市公司治理分控股股东性质分析

表 5 分控股股东性质的描述性统计显示，样本中数量较少的是职工持股会控股、社会团体控股、集体控股、其他类型、外资控股几类，分别有 4 家、13 家、16 家、40 家、121 家公司；国有控股和民营控股样本量较多，分别有 1112 家和 2256 家。

就样本平均值而言，其他类型控股上市公司治理指数平均值最高，为 64.53；其次为国有控股和民营控股上市公司，分别为 63.54 和 63.03；外资控股上市公司治理指数平均值为 63.02，集体控股上市公司治理指数平均值为 62.45，社会团体控股上市公司治理指数平均值为 60.95；职工持股会控股上市公司治理指数平均值最低，为 60.65。国有控股上市公司治理指数平均值高于民营控股上市公司。

表 5 按控股股东性质分组的样本公司治理指数描述性统计

最终控制人性质	数目	比例（%）	平均值	中位数	标准差	极差	最小值	最大值
国有控股	1112	31.22	63.54	63.63	2.86	19.37	53.53	72.90
集体控股	16	0.45	62.45	62.98	3.32	12.21	56.84	69.06
民营控股	2256	63.34	63.03	63.21	3.07	23.34	48.15	71.49
社会团体控股	13	0.36	60.95	60.85	3.67	12.40	55.63	68.02
外资控股	121	3.40	63.02	63.44	3.00	14.50	55.55	70.05
职工持股会控股	4	0.11	60.65	61.10	3.27	7.82	56.28	64.10
其他类型	40	1.12	64.53	65.00	3.50	14.49	55.53	70.02
合计	3562	100.00	63.19	63.39	3.02	24.75	48.15	72.90

资料来源：南开大学公司治理数据库。

九、中国上市公司治理分地区分析

与往年情况类似，经济发达地区如广东省、浙江省、江苏省、北京市和上海市的样本数量最多，而西部欠发达地区的样本量少，反映出经济活跃水平与上市公司数量的关系。各地区公司治理指数分析结果详见表 6。在表 6 中的第三列数据（上市公司数量占总体比例）与第四列数据（上市公司治理指数平均值）之间存在较高的正相关性，说明经济发达地区的上市公司治理状况总体上要好于经济欠发达地区的情况。具体而言，河南省、天津市、江西省、云南省、广东省、北京市、山东省指数平均值较高，依次为 64.15、63.89、63.83、63.74、63.68、63.56 和 63.56，指数平均值均在 63.50 以上；而辽宁省、山西省、海南省、广西、宁夏、黑龙江省和青海省指数平均值均在 62 以下，分别为 61.98、61.74、61.63、61.61、61.56、61.29 和 61.13。

表6　样本公司治理指数按地区分组的描述性统计

地区	数目	比例（％）	平均值	中位数	标准差	极差	最小值	最大值
北京市	314	8.82	63.56	63.93	2.89	17.37	55.53	72.90
天津市	49	1.38	63.89	64.34	3.07	12.07	57.17	69.24
河北省	57	1.60	63.21	63.39	2.72	11.65	57.34	68.99
山西省	38	1.07	61.74	62.09	2.92	11.13	56.32	67.45
内蒙古	25	0.70	62.63	62.75	3.85	16.10	53.92	70.02
辽宁省	75	2.11	61.98	62.01	2.95	14.98	53.59	68.58
吉林省	41	1.15	62.91	63.08	3.19	15.00	54.81	69.81
黑龙江省	36	1.01	61.29	61.62	3.02	11.70	53.53	65.23
上海市	287	8.06	62.82	63.09	3.28	21.90	48.15	70.05
江苏省	397	11.15	63.25	63.43	2.93	17.24	52.67	69.91
浙江省	430	12.07	63.04	63.05	2.87	19.71	51.24	70.95
安徽省	104	2.92	63.05	63.31	2.73	13.01	55.44	68.46
福建省	132	3.71	63.21	63.20	2.75	15.13	54.28	69.41
江西省	41	1.15	63.83	64.05	2.65	13.66	57.33	70.99
山东省	195	5.47	63.56	63.77	2.96	16.88	54.00	70.87
河南省	79	2.22	64.15	64.21	2.94	13.77	55.98	69.75
湖北省	101	2.84	62.92	63.26	3.63	17.71	51.85	69.56
湖南省	105	2.95	63.29	63.09	2.88	15.20	55.81	71.01
广东省	584	16.40	63.68	63.77	2.93	18.15	52.78	70.93
广　西	37	1.04	61.61	61.67	3.18	12.11	55.07	67.18
海南省	29	0.81	61.63	61.39	3.00	10.95	56.35	67.29
重庆市	49	1.38	62.72	62.98	3.01	15.29	54.39	69.68
四川省	119	3.34	63.40	63.97	3.24	17.20	53.75	70.94
贵州省	29	0.81	63.37	63.93	3.19	16.36	53.73	70.09
云南省	33	0.93	63.74	63.59	3.64	15.01	56.38	71.39
西　藏	17	0.48	63.01	62.98	2.75	10.01	57.43	67.43
陕西省	47	1.32	62.54	62.45	2.91	10.45	57.04	67.48
甘肃省	33	0.93	62.73	63.06	2.66	10.51	57.54	68.05
青海省	12	0.34	61.13	61.84	2.62	8.05	56.68	64.73
宁　夏	13	0.36	61.56	62.53	3.12	10.90	55.31	66.22
新　疆	54	1.52	63.00	63.01	3.04	18.99	49.82	68.80
合计	3562	100.00	63.19	63.39	3.02	24.75	48.15	72.90

资料来源：南开大学公司治理数据库。

十、中国上市公司治理分年度分析

2019 年度公司治理指数平均值为 63.19，2014 年、2015 年、2016 年、2017 年和 2018 年治理指数平均值分别为 61.46、62.07、62.49、62.67 和 63.02。对比连续几年来的中国上市公司的总体治理状况可知，总体治理水平呈现逐年提高的趋势。各年公司治理评价各级指数的比较见表 7。

表 7 中国上市公司治理指数六年比较

治理指数	2014 年	2015 年	2016 年	2017 年	2018 年	2019 年
公司治理指数	61.46	62.07	62.49	62.67	63.02	63.19
股东治理指数	64.28	65.08	66.04	65.00	66.47	67.06
董事会治理指数	63.38	63.48	64.11	64.28	64.28	64.51
监事会治理指数	57.99	58.54	58.76	58.78	59.05	59.55
经理层治理指数	57.12	57.80	58.01	58.92	58.91	58.85
信息披露指数	63.29	64.27	64.53	65.04	65.31	65.35
利益相关者治理指数	61.84	62.51	62.68	62.92	63.26	63.00

资料来源：南开大学公司治理数据库。

在几个分指数当中，股东治理指数 2019 年的数值为 67.06，相对于 2018 年的 66.47，上升了 0.59；作为公司治理核心的董事会建设得到加强，董事会治理指数继 2010 年首次突破了 60 之后，2017 年继续增长达 64.28，2018 年与 2017 年持平，2019 年达到 64.51；新《公司法》加强了监事会的职权，监事会治理状况明显改善，平均值从 2014 年的 57.99 提高到 2018 年的 59.05，2019 年提高至 59.55；经理层治理状况呈现出较稳定的趋势，从 2014 到 2019 年的经理层治理指数平均值依次为 57.12、57.80、58.01、58.92、58.91 和 58.85；信息披露状况也呈现逐年向好趋势，2018 年平均值达到 65.31，2019 年为 65.35；利益相关者问题逐步引起上市公司的关注，一直保持着稳步提高的趋势，2018 年指数平均值达到 63.26，但 2019 年略有回调，为 63.00。

十一、中国上市公司治理分维度分析

本成果从股东治理、董事会治理、监事会治理、经理层治理、信息披露、利益相关者治理六大维度对 3562 家上市公司治理状况进行进一步分析发现，六大维度中除了经理层治理、利益相关者治理维度略有降低外，其他维度公司治理指数均有不同程度的提升，详见表8。

股东治理指数略有提升，但独立性有所下降。2019年中国上市公司股东治理指数相比2018年有所提升，由66.47上升为67.06，提升0.59。从股东治理的三个维度来看，中小股东权益保护上升0.99，关联交易得分上升1.14，独立性下降1.28。股东治理指数上升的主要原因是中小股东权益保护和关联交易状况的改善。在中小股东权益保护方面，建立差异化现金分红政策的公司所占比例从2018年的69.00%上升为2019年的74.73%；在中小股东非独立董事提名权方面，公司章程中明确规定中小股东提名非独立董事条件的上市公司占比从2018年的68.66%上升为2019年的77.99%。中小股东董事提名权改善的原因是宝万控制权之争后，证监会的监管、媒体的监督、中小股东维权意识的觉醒以及公司治理专家对该事件的广泛讨论。关联交易状况的改善则主要是由资产类关联交易比例的下降引起的。资产类关联交易比例由2018年的1.06%下降为2019年的0.70%。独立性下降了1.28，主要是因为高管独立性降低，具体表现为高管在控股股东单位兼任的除董事、监事以外职务的比例由2018年的2.94%上升为2019年的6.90%。

董事会治理水平稳中有进，民营控股与国有控股上市公司董事薪酬仍然存在一定差距。2019年度董事会治理指数的平均值为64.51，比2018年度提高了0.23，主要原因是董事权利与义务指数、董事会运作效率指数、董事薪酬指数、独立董事制度指数均有不同程度的提升，但是董事会组织结构指数比2018年下降了0.4。董事权利与义务指数显著上升主要体现在具有经管专业背景的董事会成员比例比去年有较大提升，由2018年的24.66%上升到2019年的38.62%。董事会运作效率指数近年来相对稳定；董事会组织结构指数略有下降，主要体现在有效履职专业委员会比例的下降，其中四委有效运作的公司比例下降了1.48%，平均每家公司有效运作的专业委员会数量下降了0.03；独立董事制度指数上升主要体现在独立董事津贴的增长方面，由2018年的约72549元增加到2019年约81266元。董事薪酬指数比去年略有提高，主要表现在董事前三名薪酬由2258172元增加到2541989元。比较民营与国有控股上市公司，总体来看，2014-2019年，民营控股上市公司的董事会治理质量已持续六年超过国有控股上市公司。国有控股上市公司在董事会运作效率、董事会组织结构和独立董事制度方面超过民营控股上市公司，而民营控股上市公司在董事权利与义务、董事薪酬方面超过国有控股上市公司，尤其在董事薪酬方面，民营控股公司的优势较大，民营控股公司董事前三名薪酬比国有控股公司高约12万元。

监事会运行状况提升助推监事会治理水平提高，基础性结构因素是进一步完善的关键。近年来，我国上市公司监事会治理总体上呈持续上升态势；但在公司治理的六大维度中，监事会治理仍然处于较低水平。2019年监事会治理指数为59.55，相比2018年提升了0.50。监事会运行状况提升较大，达到75.83，较2018年提高了2.03，主要体现在监事会会议次数的增加。2019 年监事会平均会议次数为 6.50，超过 2018 年的 6.06，绝大部分公司达到每季度召开一次的要求，召开 4 次及以上的公司占比 91.95%，高于 2018 年的 84.06%；召开 6 次以上会议的公司占比 58.65%，超过 2018 年的 53.80%。但监事会规模结构是监事会治理的短板，是进一步完善监事会治理的关键。上市公司监事会规模以及职工监事设置上多数仅符合《公司法》的强制合规底线要求，2019 年监事会规模超过 3 人的公司比例仅为 23.38%，相比 2018 年的 24.62% 进一步降低。职工监事比例超过 1/3 的公司仅占 28.11%，低于 2018 年的 29.88%。此外，国有控股上市公司监事会治理平均水平明显高于民营控股上市公司，且差距在进一步加大。

经理层治理总体平稳，执行保障、激励约束有所降低。2019 年经理层治理指数与 2018 年度基本持平，其中任免制度指数上升了 1.99，执行保障指数和激励约束指数分别下降了 1.59 和 0.67。任免制度指数上升，主要是由于改善公司治理结构产生的高管变更的比例提升 0.76%。2019 年上市公司高管层在关联单位兼任的比例上升了 3.61%，导致经理层执行保障指数降低。2019 年主板和创业板上市公司激励约束指数分别下降了 1.48 和 1.40，中小企业板激励约束指数上升 0.40。2019 年主板上市公司经理层薪酬激励降低 19.2%，中小企业板高管持股平均值下降 3.51%，创业板高管持股平均值降幅超过 50%。分行业来看，金融业，房地产业，住宿和餐饮业，采矿业，建筑业，教育，水利、环境和公共设施管理业，文化、体育和娱乐业，卫生和社会工作，批发和零售业以及科学研究和技术服务业的经理层治理水平高于样本公司的平均水平。在 2014 年至 2019 年的六年间，经理层治理状况较好的行业为科学研究和技术服务业、信息传输、软件和信息技术服务业、卫生和社会工作、教育、制造业以及房地产业，均高于平均水平；而经理层治理指数较低的行业为电力、热力、燃气及水生产和供应业，综合以及交通运输、仓储和邮政业。近六年来，所有行业上市公司经理层治理指数平均水平基本呈平稳提升趋势。

信息披露质量进一步提升，但推迟披露定期报告的公司比例上升。近 6 年，我国上市公司信息披露水平总体呈现稳定的上升趋势。2019 年信息披露指数较 2018 年提升 0.04，真实性、相关性、及时性三个分指数分别提高了 0.02、0.06 与 0.04。真实性提高主要是由于上市公司发生财务重述行为的比例由 4.60% 降至 2.72%，获得标准无保留意见审计报告的公司增加了 59 家。相关性提升主要是由于关于公司研发投入、社会责任的履行等信息披露较全面的公司比例分别提高了 19.34% 与 9.20%。及时性提高主要是由于不论年度报告还是季度报告，实际披露时滞小于本期所有公司平均时滞的公司都同比增多，但及时披露定期报告的比例从 89.93% 下降至 87.10%。2019 年，国有控股上市公司信息披露水平在连续 4 年低于民营控股上市公司的情况下实现反超，高出民营控股上市公司 0.61。

上市公司投资者参与的途径和方式增多，利益相关者协调治理水平有待提高。2019 年上市公司利益相关者治理指数为 63.00，与 2018 年同期相比下降 0.26；利益相关者参

与程度指数为 55.03，与去年同期相比上升 2.77，利益相关者协调程度则有所下降，2019
年仅为 72.75。利益相关者参与程度得分较去年提升，主要原因是上市公司在股东大会中
普遍采用了网络投票制度和代理投票制度。利益相关者协调程度下降，主要原因在于上
市公司业绩压力增大，环保投入有所下降。另一方面，公司罚款支出和诉讼仲裁的增加
也是利益相关者协调程度下降的重要原因。总体上看，2014-2019 年民营控股上市公司
的利益相关者治理状况超过国有控股上市公司。从利益相关者治理两个分指数—参与程
度与协调程度来看，民营控股上市公司也均表现出超越国有控股上市公司的趋势。

表 8　中国上市公司治理指数六大维度六年描述性统计比较

项目	2014 年	2015 年	2016 年	2017 年	2018 年	2019 年
股东治理指数	64.28	65.08	66.04	65.00	66.47	67.06
独立性	63.38	63.47	63.55	66.63	67.64	66.36
中小股东权益保护	58.21	61.95	63.89	62.77	66.69	67.68
关联交易	70.81	69.02	69.43	66.41	65.66	66.80
董事会治理指数	63.38	63.48	64.11	64.28	64.28	64.51
董事权利与义务	67.17	61.73	61.73	62.94	61.81	62.88
董事会运作效率	60.74	67.51	66.79	66.97	66.96	66.99
董事会组织结构	69.03	68.45	68.77	68.89	69.00	68.60
董事薪酬	59.56	57.92	60.57	60.81	61.56	61.82
独立董事制度	63.05	60.61	61.49	61.21	60.96	61.54
监事会治理指数	57.99	58.54	58.76	58.78	59.05	59.55
运行状况	68.45	70.51	70.99	71.79	73.80	75.83
规模结构	50.52	49.93	50.32	49.59	48.85	48.44
胜任能力	56.48	56.90	56.70	56.82	56.62	56.72
经理层治理指数	57.12	57.80	58.01	58.92	58.91	58.85
任免制度	61.29	61.10	59.32	60.74	60.29	62.28
执行保障	63.76	63.75	62.32	63.08	63.73	62.14
激励约束	47.58	49.65	53.12	53.67	53.53	52.86
信息披露指数	63.29	64.27	64.53	65.04	65.31	65.35
真实性	63.28	64.03	64.34	64.74	65.11	65.13
相关性	62.17	63.54	64.10	64.54	64.92	64.98
及时性	65.92	66.78	65.64	66.57	66.87	66.91
利益相关者治理指数	61.84	62.51	62.68	62.92	63.26	63.00
参与程度	49.27	50.79	50.43	51.27	52.26	55.03
协调程度	77.22	76.83	77.05	77.18	76.72	72.75

资料来源：南开大学公司治理数据库。

十二、中国上市公司治理分市场板块分析

本成果按照市场板块将 3562 家上市公司划分为主板、中小企业板、创业板和金融业板块，进一步分析其治理状况，详见表 9。

主板信息披露指数显著提升，六大维度均有所改善。主板上市公司治理评价样本 1827 家，占总样本的 51.29%。2019 年治理指数平均值为 62.59，股东治理、董事会治理、监事会治理、经理层治理、信息披露和利益相关者治理水平都比 2018 年有不同幅度的提高。其中，2019 年信息披露指数为 64.80，较 2018 年的 63.23 有显著提高，提高了 1.57，主要是因为相关性得到提升，即越来越多的公司全面披露了研发投入、社会责任履行等方面的信息。监事会治理指数由 2018 年的 59.68 提升到 2019 年的 60.67。股东治理的提升也较为显著，2019 年达到 65.35，相比 2018 年提升了 0.70。经理层治理和利益相关者治理分别提升了 0.26 和 0.28。作为公司治理核心的董事会治理则小幅提升，从 2018 年的 64.09 提升到 2019 年的 64.26。

中小企业板治理指数总体呈现一定波动性，利益相关者治理指数近六年整体下降，监事会治理状况仍然有较大提升空间。2019 年 909 家中小企业板上市公司治理指数平均值为 63.62，相对于 2018 年度略有下降，主要是由于利益相关者治理指数、信息披露指数、监事会治理指数出现不同程度的下降，利益相关者协调程度下降较大；信息披露可靠性、及时性、相关性均较去年有所降低；监事会规模结构的表现也弱于去年。另外，股东治理指数、董事会治理指数、经理层治理指数比 2018 年略有提高。

创业板上市公司治理水平有所下降。2019 年度共有 738 家创业板上市公司样本，与 2018 年相比增加了 28 家，公司治理指数的平均值为 63.96，较 2018 年略有下降，但仍然高于主板和中小企业板。从具体公司治理分指数来看，利益相关者治理指数和经理层治理指数下降较大，信息披露指数略有下降。监事会治理指数和经理层治理指数偏低，尚不足 60，成为创业板上市公司治理的短板。

上市金融机构治理提升明显，民营、国有差距有所增加。2019 年上市金融机构的公司治理指数有了显著回升，其均值由 2018 年的 62.46 提升至 65.03。金融机构各分指数均出现了不同程度的提升，其中股东治理指数、经理层治理指数和信息披露指数的提升较为明显。特别是经理层的任免制度由 55.32 提升至 66.81，经理层激励约束由 49.81 提升至 61.14，信息披露的相关性由 54.60 提升至 64.59。2019 年，国有控股和民营控股金融机构的公司治理指数同步提升，民营控股金融机构的公司治理指数继续落后于国有控股金融机构，同时两者的差距有所增大，由 2018 年的 1.87 增加为 2.20。其主要原因在于，国有金融机构的监事会治理指数、经理层治理指数提升相对较快，从而拉大了与民营控股金融机构的差距。

表9 各市场板块上市公司治理指数历年比较

市场板块	治理指数	2014 年	2015 年	2016 年	2017 年	2018 年	2019 年
主板	公司治理指数	60.15	60.70	60.79	61.38	61.91	62.59
	股东治理指数	60.23	61.23	63.64	62.56	64.65	65.35
	董事会治理指数	63.48	63.22	63.86	64.05	64.09	64.26
	监事会治理指数	58.09	59.59	59.02	60.01	59.68	60.67
	经理层治理指数	55.92	55.94	55.94	56.87	57.54	57.80
	信息披露指数	62.48	62.47	60.96	63.48	63.23	64.80
	利益相关者治理指数	58.99	61.03	60.78	59.95	61.46	61.74
中小企业板	公司治理指数	63.05	63.61	63.98	63.90	64.16	63.62
	股东治理指数	68.49	69.14	68.59	67.93	68.14	68.28
	董事会治理指数	63.06	63.92	64.19	64.29	64.33	64.53
	监事会治理指数	57.78	57.20	58.84	57.58	58.73	58.42
	经理层治理指数	58.57	59.62	59.80	59.97	59.90	60.01
	信息披露指数	64.55	66.18	67.69	66.74	67.99	65.57
	利益相关者治理指数	66.30	64.97	63.61	66.44	64.94	64.15
创业板	公司治理指数	63.03	63.84	65.26	64.49	64.43	63.96
	股东治理指数	71.32	71.05	69.15	68.44	68.86	69.67
	董事会治理指数	63.31	63.29	64.51	64.65	64.45	64.83
	监事会治理指数	57.09	56.50	57.02	56.44	57.29	57.47
	经理层治理指数	58.66	61.12	61.83	63.34	61.62	59.58
	信息披露指数	63.70	66.95	70.82	67.03	67.63	65.68
	利益相关者治理指数	64.14	62.80	66.79	65.85	65.75	64.52
金融业板块	公司治理指数	64.27	64.30	63.07	63.62	62.46	65.03
	股东治理指数	67.48	66.40	67.56	64.86	66.82	68.12
	董事会治理指数	66.29	65.97	66.36	66.33	66.35	66.66
	监事会治理指数	65.55	65.88	66.68	64.50	64.37	65.63
	经理层治理指数	58.96	56.41	54.55	56.78	54.44	62.29
	信息披露指数	65.22	65.58	60.41	64.40	60.89	63.31
	利益相关者治理指数	61.46	66.52	64.65	65.20	62.53	64.50

资料来源：南开大学公司治理数据库。

十三、中国上市公司治理绩效分析

什么是高质量的上市公司呢？第一，规范、合规是上市公司的前提；第二，要有高效益（宋志平，2019）。为了考察公司治理与公司绩效之间的相关性，本成果选取了反映上市公司盈利能力、代理成本状况的财务指标。其中反映上市公司盈利能力的指标有：

净资产收益率（ROE，平均）、净资产收益率（ROE，加权）、净资产收益率（ROE，摊薄）、总资产报酬率（ROA1）、总资产净利率（ROA2）、投入资本回报率（ROIC）。反映公司代理成本状况的指标有：管理费用率、财务费用率以及应收账款周转天数。考虑公司治理滞后效应的存在，本部分还使用了滞后的绩效指标，即 2019 年一季报的指标。不同样本组相关指标的比较结果如表 11 所示，可以发现，公司治理 100 佳上市公司的绩效指标均好于其他样本。

表 11 公司治理 100 佳公司绩效与其他样本的比较

财务指标	100 佳样本	其他样本	差额
净资产收益率（ROE，平均）2018 年报	10.2791	2.6324	7.6467
净资产收益率（ROE，加权）2018 年报	10.2779	3.8751	6.4028
净资产收益率（ROE，摊薄）2018 年报	9.6201	−9.9895	19.6095
总资产报酬率（ROA1）2018 年报	7.9212	4.1013	3.8198
总资产净利率（ROA2）2018 年报	5.8225	2.4043	3.4182
投入资本回报率（ROIC）2018 年报	9.0338	3.6148	5.4190
管理费用率 2018 年报	11.9601	14.0760	−2.1160
财务费用率 2018 年报	1.1945	2.7754	−1.5809
应收账款周转天数 2018 年报	78.8019	135.4772	−56.6753
净资产收益率（ROE，平均）2019 一季报	2.6803	1.0380	1.6422
净资产收益率（ROE，加权）2019 一季报	2.6607	1.3013	1.3594
净资产收益率（ROE，摊薄）2019 一季报	2.5913	−0.2341	2.8254
总资产报酬率（ROA1）2019 一季报	1.9741	1.3705	0.6036
总资产净利率（ROA2）2019 一季报	1.4089	0.9088	0.5001
投入资本回报率（ROIC）2019 一季报	2.2122	1.4549	0.7574
管理费用率 2019 一季报	12.0396	19.0919	−7.0523
财务费用率 2019 一季报	1.7816	5.3483	−3.5667
应收账款周转天数 2019 一季报	121.1283	191.2016	−70.0734

资料来源：南开大学公司治理数据库。

十四、主要结论

基于中国上市公司治理指数（CCGI^{NK}）的评价结果，本成果得出以下主要结论：

第一，中国上市公司治理 1.0 阶段"天花板效应"显现，上市公司治理结构性指标趋同化特征明显，提升治理有效性需要提高治理标准。上市公司治理水平在 2003—2018 年总体不断提高，经历 2009 年回调后逐年上升；随着近年来公司治理监管改革的发展，上市公司基本上能够达到治理监管的最低要求，但从治理 1.0 向治理 2.0 的跃升，需要依托治理现状进行标准的优化与升级。

第二，国有与民营控股上市公司治理交替领先，印证了混合所有制改革逻辑。2003 年至 2010 年国有控股上市公司治理指数连续 8 年领先民营控股上市公司；自 2011 年之后，民营控股上市公司治理指数连续 8 年超过国有控股上市公司；在混合所有制改革开展过程中，国有持股比例在逐步下降，"一股独大"问题改善明显、股权结构趋于优化，2019 年国有控股上市公司治理指数再次超过民营控股上市公司。

第三，我国上市公司治理呈现出从沿海向内地的梯度提升态势，地区间不平衡性在减弱。近年来的治理地图分布显示，沿海地区治理水平的提升带动着内地治理水平逐步提升，近两年地区间极差由 3.34 缩小为 3.02，多个内地地区达到 63.50 以上。

第四，民营控股上市公司中小股东权益保护仍需改善，股权质押是主要风险。民营控股上市公司的股东治理指数持续高于国有控股上市公司，但最近两年，民营控股上市公司在中小股东权益保护上显著低于国有控股上市公司，直接原因是民营控股上市公司大股东股权质押风险较高，但最根本的原因是其融资难造成的困境。

第五，经理层治理在六大治理维度中处于较低水平，高管激励是其短板。受经营业绩下滑影响，与 2018 年相比，民营控股上市公司激励约束水平有所下滑。进一步分市场板块看，民营控股上市公司激励约束水平下滑依然明显。尽管 2019 年民营控股上市公司激励约束水平仍优于国有控股上市公司，但这一差距在缩小。

第六，网络治理带来信息泛化，利益相关者协调难度增大，导致治理风险累积。随着互联网技术的发展，公司组织边界也逐步扩展，不同利益主体之间的互动博弈更加频繁。上市公司与监管部门、供应商与客户以及环境关系管理等方面仍然存在一定的短板，表现为行政罚款支出增加，诉讼仲裁事项增多，环保措施制度落实不到位等。

第七，受业绩压力影响，信息披露指数下滑明显，致使创业板和中小企业板治理指数呈下降趋势。良好的信息披露能够降低委托代理成本，是注册制下公司监管的核心。信息披露指数降低，需要监管部门关注对新设科创板拟上市公司的监管，特别是对业绩亏损公司的信息披露监管。

第八，强监管背景下，金融机构治理水平迅速回升，但银行与非银、国有与民营机构之间始终存在着结构性差距。金融机构在 2018 年行业排名下滑后，今年治理水平回升明显，主要在于股东治理、经理层治理及信息披露水平等明显提升，其中经理层治理虽仍是六大维度中的短板，但提升显著，拉高了总指数。银行类金融机构治理水平持续高于非银行类；国有控股金融机构治理水平持续高于民营控股。

十五、政策建议

2019 年 5 月 11 日，在中国上市公司协会 2019 年年会上，中国证监会主席易会满发表了 6000 多字的讲话，聚焦上市公司治理和完善监管，提出将实施提高上市公司质量行动计划（董少鹏，2019）。结合评价结论，为提升我国上市公司治理质量，推动上市公司高质量发展，本成果提出如下政策建议：

第一，坚持行政型治理向经济型治理转型的改革路径，持续释放治理改革红利。治理改革实践充分印证中国公司治理行政型向经济型转型的总逻辑，在当前行政-经济型治理"胶着期"，推进混合所有制改革等公司治理改革要坚持这一转型的大方向。

第二，公司治理国际化时代下，要善于运用治理规则、防范治理风险。在"走出去"过程中，通过积极应对海外上市、海外并购、海外诉讼、海外合规等挑战与风险，强化跨国治理能力；在"引进来"放宽外资持股比例和准入门槛后，要合理运用治理规则、公平博弈，防范治理风险引发的各类风险，并争取更多自主利益，提升本土公司治理能力。

第三，发挥治理百佳标杆作用，以区域性、行业性评价带动治理水平整体抬升。沿海向内地地区治理水平逐步改善和治理 100 佳的表现，表明治理质量存在标杆作用，建议各地区监管部门引入公司治理评价体系，以评价推动地区公司治理建设；在考虑控股股东性质、行业特殊性的基础上，开展分类治理评价；共同打造包括公司治理在内的"中国质量"，合理推动上市公司高质量发展。

第四，合理运用大数据信息实时性、规模性和多样性特征，充分发挥其外部监督职能。借助"大数据"时代的契机，信息披露载体的多元化与传播过程的可视化程度提高，上市公司隐瞒"秘密"的难度加大，因此，应该提升大数据信息的价值性，充分发挥大数据信息优势以更好地实现其外部监督职能。

第五，加强规则引领下金融机构治理能力提升，为防范化解金融风险打牢治理基础。以保险业公司治理实务指南为起始，进一步颁布出台金融机构治理规则体系，补齐经理层治理、信息披露等短板；通过强化公司治理的制度保障作用，做好防范化解由治理风险累积导致的金融风险。

第六，通过自媒体等新型平台提高中小股东参与治理的积极性。在大数据背景下，将微信、微博等社交媒体或自媒体平台导入中小股东投票机制之中，保障中小股东参与投票的便捷性，通过降低治理成本，提高中小股东参与治理的积极性。

第七，信息披露是上市公司治理的重要基础，科创板要以中小企业板、创业板实践为借鉴，推动资本市场改革与高质量发展。近来中企业小板、创业板上市公司信息披露水平都出现下滑，科创板设立与运行要以之为戒，落实好以信息披露为核心的股票发行制度，确保科创板上市公司治理水平的高质量。

第八，积极关注并应对平台治理、AI 治理、大数据治理等新型治理的到来。新型治理为公司治理提供了更多新的工具与形式，使得信息披露更加迅捷、"精准治理"更易实施、治理主体更加广泛多元；但其引发的治理风险也要予以高度重视，特别是其自身的治理，即"被治理者"问题，如大数据产权、数字货币出资人等的出现。在大数据背景之下，移动互联网、平台网络、AI 技术等不断强力推进，由此而来的是治理领域的深刻变革。

参考文献

［1］ Bebchuk L A, Cohen A, Ferrel A. What Matters in Corporate Governance？. Review of Financial Studies，2009，22（2）：783-827.

［2］ Gompers P, Ishii J L, Metrick A. Corporate Governance and Equity Prices. The Quarterly Journal of Economics，2003，118（1）：107-156.

［3］ 陈清泰. 国产资本化是国企改革的突破口. 央视网（http：//jingji.cntv.cn/special/ssgsfh/fh/）2012 中国上市公司峰会，2012-8-24.

［4］ 成思危. 让股市日趋健康. 资本市场，2007（11）：8-14.

［5］ 董少鹏. 易会满发出动员令上市公司提质行动计划将开启. 证券日报，2019-5-13.

［6］ 郭树清. 良好的公司治理与成熟的资本市场互为前提. 证券日报，2011-12-20.

［7］ 侯捷宁. 陈清泰：协会承担四项任务. 证券日报，2012-2-16.

［8］ 鲁桐，党印，仲继银. 中国大型上市公司治理与绩效关系研究. 金融评论，2010，2（6）：33-46.

［9］ 宋志平. 致力打造高质量中国上市公司. 企业观察报，2019-7-29.

［10］ 张歆. 中国上市公司协会会长宋志平：上市公司要秉持"四个敬畏"和"四条底线". 证券日报，2019-7-25.

附：本成果取得的社会评价

一、成果取得的各方评价与报道

本成果及其公司治理评价体系多次得到政府部门及国内外专家学者的积极评价。例如，2008 年 7 月 8 日，成思危先生在人民日报发表署名文章《中国管理学—在实践沃土中苗壮成长》指出，"我国学者对董事会的结构及组成方法、董事会如何对企业管理者进行监督和指导、董事长的职权及其与总经理的关系、企业党委在治理机制中的作用等问题进行了研究，构建了符合我国实际的公司治理准则，推出了我国第一个公司治理评价体系，并据此编制了中国上市公司治理指数"，对公司治理评价体系和中国上市公司治理指数给予高度评价。2018 年 12 月 15 日，国务院发展研究中心原党组书记、中国上市公司协会首任会长陈清泰出席中国公司治理二十年学术研讨会并做"重温现代企业制度，深化国有企业改革"的主题演讲。提到南开大学中国公司治理研究院的工作，他给出了高度评价："二十年来研究院以开创性工作为中国公司治理水平的提高做了大量卓有成效的工作，得到企业、政府、学界广泛认可。"

2019 年 7 月 20 日，中国上市公司协会会长宋志平出席第十届公司治理国际研讨会并发表"加强公司治理提高上市公司质量"的主旨演讲。他对南开大学中国公司治理研究院公司治理评价工作给出了高度评价。在演讲中，谈到公司治理评价，他表示："这个工作真的是功不可没，既帮助了监管层，帮助了上市公司，也帮助了社会各界来了解上市公司的治理情况，同时也引导上市公司把公司治理得越来越好。"2019 年 7 月 20 日，中国银保监会副主席梁涛出席第十届公司治理国际研讨会，他对公司治理国际研讨会及南开大学公司治理评价工作都给出了较高的评价。他指出："该指数的编制逐步完善，影响日益广泛，已经成为评价治理状况、经营投资参考、辅助监管决策的一项重要工具，也对银行保险业完善公司治理起到了很好的促进作用。"

除此之外，本成果还先后得到了国务院国资委研究中心主任李明星先生、国务院国资委研究中心副主任郑东华先生、中国社会科学院经济研究所所长黄群慧先生、清华大学全球家族企业研究中心主任高皓先生、深圳市公司治理研究会会长王绍宏先生、康奈尔大学 Andrew Karolyi 教授、战略管理专家 Jay B. Barney 教授以及中国社会科学院鲁桐教授等的高度评价。

此外，由于其权威性、客观性，每次发布都得到了广大新闻媒体的报道。2019 年 7 月 20 日，李维安教授在第十届公司治理国际研讨会发布本成果，发布会上，李维安教授应邀接受央视财经视频专访。网易财经对本成果的发布进行了全程图文直播。新华网、中新网、中国发展网、经济时报、经济参考、经济导报、中华工商时报、香港商报、中国金融新闻网等媒体对本成果的发布进行了专门报道。2003 年至今，南开大学中国公司治理研究院公司治理评价课题组已连续 17 次发布中国上市公司治理评价指数，均获得新闻媒体和社会各界的广泛关注。

二、本成果的前期基础性研究及引用情况

本成果是在前期基础性研究基础上的拓展，经过反复论证和打磨，以保证成果的科学性和客观性。本成果前期基础性研究也得到了其他专家学者的引用。根据中国知网被引数据库显示，截至 2019 年 8 月 15 日，本成果的前期基础性著作及学术论文被引共计 3013 次，扩展了本成果的理论价值和影响力。

附表 1　本成果的前期基础性研究及公开引用次数

序号	被引题名	出版年（期）	被引作者	被引（次数）
1	《公司治理评价与指数研究》，高等教育出版社	2005	李维安等	272
2	公司治理评价研究前沿探析，《外国经济与管理》	2011（08）	李维安；徐业坤；宋文洋	45
3	公司治理研究的新进展：国际趋势与中国模式，《南开管理评论》	2010（06）	李维安；邱艾超；牛建波；徐业坤	155
4	中国上市公司治理状况评价研究——来自 2008 年 1127 家上市公司的数据，《管理世界》	2010（01）	南开大学公司治理评价课题组	150
5	董事会治理研究的理论根源及研究脉络评析，《南开管理评论》	2009（01）	李维安；牛建波；宋笑扬	177
6	公司和谐、利益相关者治理与公司业绩，《中国工业经济》	2008（06）	唐跃军；李维安	74
7	中国公司治理评价与指数报告——基于 2007 年 1162 家上市公司，《管理世界》	2008（01）	南开大学公司治理评价课题组；李维安；程新生	92
8	中国上市公司治理评价与指数分析——基于 2006 年 1249 家公司，《管理世界》	2007（05）	南开大学公司治理评价课题组；李维安	146
9	利益相关者治理理论研究脉络及其进展探析，《外国经济与管理》	2007（04）	李维安；王世权	306
10	中国上市公司监事会治理评价实证研究，《上海财经大学学报》	2006（03）	李维安；郝臣	181
11	公司治理评价、治理指数与公司业绩——来自 2003 年中国上市公司的证据，《中国工业经济》	2006（04）	李维安；唐跃军	223
12	公司治理评价及其数据库建设，《中国会计评论》	2005（02）	李维安；程新生	61
13	经理层治理评价指数与相关绩效的实证研究——基于中国上市公司治理评价的研究，《经济研究》	2005（11）	李维安；张国萍	366
14	公司治理评价指数：解析中国公司治理现状与走势，《经济理论与经济管理》	2005（09）	李维安；张国萍	68
15	上市公司利益相关者治理机制、治理指数与企业业绩，《管理世界》	2005（09）	李维安；唐跃军	76
16	上市公司利益相关者治理评价及实证研究，《证券市场导报》	2005（03）	李维安；唐跃军	80
17	中国上市公司监事会治理绩效评价与实证研究，《南开管理评论》	2005（01）	李维安；王世权	219
18	中国上市公司董事会治理评价实证研究，《当代经济科学》	2005（01）	李维安；张耀伟	143

序号	被引题名	出版年（期）	被引作者	被引（次数）
19	中国上市公司经理层治理评价与实证研究，《中国工业经济》	2004（09）	李维安；牛建波	137
20	公司治理的新进展：公司治理评价，《南开管理评论》	2004（01）	李维安	21
21	中国上市公司治理评价系统研究，《南开管理评论》	2003（03）	李维安	21
	合计			3013

资料来源：根据中国知网检索结果整理。

三、本成果的前期基础性研究获奖情况

在公司治理研究领域，李维安教授领衔的南开大学公司治理评价课题组围绕公司治理评价，开展了持续的理论研究，取得了系列学术成果。部分相关成果获奖情况如下：

1. 2001 年，李维安教授专著《股份制的安定性研究》荣获第二届蒋一苇企业改革与发展基金优秀著作奖（中国社会科学院），该著作于 1999 年获天津市第七届社会科学优秀成果一等奖。

2. 2002 年，论文《改革实践的呼唤：中国公司治理原则》获第三届中国高校人文社会科学研究优秀成果奖一等奖。

3. 2003 年，专著《公司治理》获中国经济学界最高奖项—孙冶方经济科学奖，该著作于 2002 年获天津市第八届优秀社科成果唯一的一项特等奖。

4. 2004 年，专著《现代公司治理研究：资本结构、公司治理与国有企业股份制改造》获天津市第九届社会科学优秀成果一等奖。

5. 2006 年，《网络组织：组织发展新趋势》获天津市第十届社会科学优秀成果一等奖。

6. 2008 年，《公司治理学术文库》获天津市第十一届社会科学优秀成果奖一等奖。

7. 2012 年，《中国民营经济制度创新与发展》获教育部第六届高等学校科学研究优秀成果奖二等奖。

8. 2014 年，《晋升压力、官员任期与城市商业银行贷款行为》获第十届孙冶方金融创新奖论文奖。

9. 2017 年，《国有控股金融机构治理研究》入选国家哲学社会科学成果文库。

10. 2018 年 6 月，《中国公司治理理论与评价研究》获第六届中国管理科学学会管理科学奖。

四、本成果被应用和采纳情况

（一）成果应用于公司治理改革

首先，李维安教授带领的研究团队制定了我国首份《中国公司治理原则》。在中国经济体制改革研究会等机构的支持下，于2001年推出《中国公司治理原则》。该原则先后被中国证监会的《中国上市公司治理准则》及太平洋经济合作理事会组织（PECC）的《东亚地区治理原则》所吸收借鉴，推动了上市公司治理发展。其次，李维安教授带领的研究团队将公司治理指数应用于《上市公司治理准则》修订，自2017年开始就现行《上市公司治理准则》提出修改建议，在由经济科学出版社出版的《中国上市公司治理准则修订案报告》所提意见中有21处已经被2018年9月颁布的《上市公司治理准则》吸收借鉴。再次，李维安教授带领的研究团队于2019年5月20日向中国银保监会提交了对策建议报告《我国公司治理的差距与改进建议——基于与经合组织治理文件比较的视角》，该报告获郭树清主席批示"报告反映的问题很重要，为加强和改进我国银行保险公司治理提供了重要参考"。最后，李维安教授带领团队先后为国务院国资委、国务院发展研究中心等部门的中央企业改制与整体上市、国有独资公司董事会建设、监事会监督及国企领导班子成员评价等方案实施提供了重要决策参考。针对地方国企，为深圳市国资委直管企业进行了全样本治理评价，研究成果均得到课题委托方的高度评价。针对金融机构，为原中国保监会设计了我国第一套保险公司治理评价指标体系。在一对一公司治理服务层面，为多个部委和中航工业、中航科技、中国核建、中国有色、中国交建、中国大唐、新兴际华等多家大型中央企业及中国工商银行、中国银行、中国华融资产管理公司等多家重要金融机构开展了公司治理方面的委托研究与专门培训。

（二）成果应用于央视财经50指数的研制

基于中国上市公司治理指数已经形成50万余个公司治理信息点，并据此建立起了公司治理数据库，为开展公司治理研究提供了重要的平台和支撑。该指数被应用于央视财经50指数等的开发与研制，作为央视财经50指数五大维度之一的央视治理领先指数（代码：399554）就是依托中国上市公司治理指数构建生成的，基于央视财经50指数，每年评价选出"CCTV十佳上市公司"。从成分股累计收益率来看，央视治理领先指数自发布以来，截至2019年2月28日，累计收益率达105.08%，远高于上证指数的31.74%及深证成指的0.05%。

（三）成果应用于区域公司治理诊断

研究团队每年发布的《中国公司治理评价报告》对上市公司治理状况进行分地区评价，通过"公司治理地图"的方式关注各地区治理实践的发展。2017 年和 2018 年团队专门针对深圳市本土上市公司的治理状况进行全面系统评价，并与深圳市公司治理研究会联合发布《深圳市本土上市公司治理评价报告》，针对深圳市本土上市公司发展面临的"不平衡不充分"挑战提出了对策建议，设计了深圳市上市公司治理从"治理 1.5 版本"走向"治理 2.5 版本"的措施和路径。部分成果应用项目、采纳单位以及项目时间如下：

1. 央视 50 治理维度以及央视治理指数开发和维护，中央电视台，2011 年 8 月至今。
2. 山东省管国有企业董事会建设问题研究，山东国资委，2005 年 5 月-2005 年 12 月。
3. 中国国有独资公司董事会建设问题研究，国务院国资委，2005 年 6 月-2006 年 7 月。
4. 中国国有企业领导班子及成员评价指标体系研究，国务院国资委，2005 年 6 月-2006 年 1 月。
5. 国有公司董事评价问题研，国务院国资委，2005 年 11 月-2006 年 1 月。
6. 北京万通地产公司治理诊断，北京万通地产公司，2005 年 1 月-2006 年 12 月。
7. 中国公司治理信息披露，联合国贸发会议合作项目，2007 年 11 月。
8. 红磡房地产开发有限公司集团战略与治理架构研究，红磡房地产集团，2007 年 9 月-2008 年 6 月。
9. 整体改制上市中央企业监事会监督模式研究，国务院国资委，2009 年 7 月-2010 年 5 月。
10. 西安商业银行公司治理诊断，西安商业银行，2009 年 12 月-2010 年 12 月。
11. 中国式企业管理科学基础研究：公司治理专题研究，国务院发展研究中心，2010 年 9 月-2012 年 8 月。
12. 中国工商银行股份有限公司研究项目，中国工商银行，2011 年 3 月-2013 年 3 月。
13. 神华各级监事会监管资源系统化研究，神华集团，2012 年 10 月-2013 年 5 月。
14. Improving Corporate Governance, Compliance Management and Corporate Social Responsibility of Chinese Enterprises，亚洲开发银行，2013 年 2 月-2013 年 11 月。
15. 深圳市国资委直管企业治理评价，深圳市国资委，2013 年 11 月-2014 年 8 月。
16. 国有控股上市公司发展报告，国务院国资委研究中心，2018 年 12 月-2022 年 12 月。
17. 2017 年深圳市上市公司治理评价报告，深圳市公司治理研究会，2017 年 7 月-2017 年 12 月。
18. 《上市公司治理准则》修订建议，上市公司协会，2017 年 7 月-2018 年 9 月。
19. 2018 年深圳市上市公司治理评价报告，深圳市公司治理研究会，2018 年 1 月-2018 年 9 月。
20. 2019 年深圳市上市公司治理评价报告，深圳市公司治理研究会，2019 年 1 月-2019 年 9 月。

中国混合所有制经济的发展历程与展望

本报告所指的混合所有制经济的内涵是：公有制资本与其他多种经济形式的非公有资本通过股份制形式，共同从事生产经营活动，实现产权主体多元投资、交叉持股、融合发展，故而形成的一种具有产权结构多元、治理结构优化特征的微观经济形式。它反映了公有制主体与私有制主体间共享剩余要素与剩余价值、共同分担成本和风险的经济关系[①]。下文将在梳理混合所有制经济的发展历程的基础上总结其成就与经验，并就持续推进混合所有制经济发展的必要性和紧迫性进行阐述，最终提出相应对策建议。

一、混合所有制经济的演绎历程

混合所有制经济发展历程是我国基本经济制度完善发展的缩影，其从最早的中外合资企业雏形，发展成为了我国坚持和完善基本经济制度的有机组成部分。1993 年十四届三中全会中央首次提出了"财产混合所有"的概念。1997 年十五大中央决策层第一次确立"混合所有制经济"的提法，并在之后的十五届四中全会确立了发展混合所有制经济的战略。2003 年十六届三中全会进一步明确混合所有制经济的内涵。2013 年十八届三中全会将混合所有制经济发展提升到前所未有的战略高度，将其列为经济体制改革的核心内容。实践证明，混合所有制经济是结合我国社会主义初级阶段国情做出的重要战略部署。

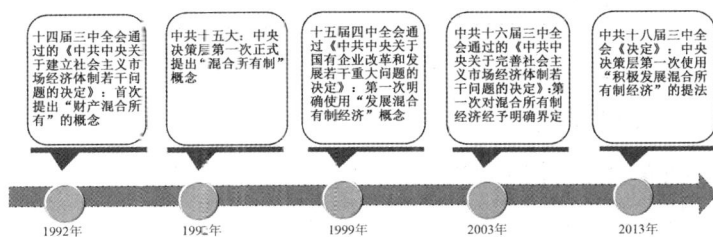

图 1　我国混合所有制发展历程

资料来源：作者整理。

---

① 臧跃茹，刘泉红，曾铮．促进混合所有制经济发展 [M]．社会科学文献出版社，2018.

（一）酝酿阶段（1978-1992 年）——开始了实践早于理论的有益探索

改革开放之初，我国处在新旧经济思想的过渡及碰撞期，实践中混合所有制经济的雏形已破土而出，而理论上还停留在财产混合的层面。可以说，这一阶段受到意识形态的束缚，混合所有制经济发展还未真正意义上触及现代产权制度改革。

1984 年，随着东部沿海地区开放，以合作经营为主的外商对华投资方式开启了混合所有制经济的探索之路，国有企业或集体企业开始与外资企业合资合作，通过引进技术和模仿创新增加出口规模，形成了早期混合所有制经济发展的有益范本。在政策层面，1992 年邓小平同志南方讲话之后，中央确立了建设社会主义市场经济体制的改革目标。在此目标指引下，十四届三中全会首次提出"财产混合所有的经济单位会越来越多，将会形成新的财产所有结构。"一是这里"财产混合所有"的主体指经济单位，而不是整个经济形态。二是这里指出的"财产混合所有"还不是完整意义上的混合所有制经济，其所指含义相对是狭义的，但也提出了混合所有的一种有益尝试。三是将会形成的是"新的财产所有结构"，而未用基本经济制度的实现形式这一范畴，可视为"混合所有制经济理论的雏形"[1]。

（二）萌芽阶段（1993-2002 年）——奠定了混合所有制经济发展的重要基础

这一时期，以经济建设为中心的基本发展路线已确立，社会主义现代化建设开始了"摸着石头过河"的大胆尝试。通过股份制改革试点和东南沿海的产权改革试验，股份制改造逐步推开，完成了混合所有制经济发展的重要前置程序。政策上也将其视为激发微观主体活力和经济体制动力的重要抓手。

1996 年开始，国有企业亏损面从 10% 以下攀升至 20% 以上，资产负债率高达 80% 以上。在此背景下，国有企业开始探索以建立现代企业制度为方向的改革，一是按照"抓大放小"的原则优化国有经济布局。1997 年至 2002 年，通过股份制改造，国有工业企业单位数减少了近 70%。二是东部沿海地区成为了混合所有制经济的重要试验田，率先推动以股份制为核心的产权制度改革。1997 年，江苏 89% 以上的乡镇企业改制成了以民间资本为主的混合所有制企业，且混合所有制经济产出占比也高达 40% 以上[2]，大大释放了经济增长空间。2002 年，上海市混合经济增加值占比已高达 40%，成为经济增长的重要组成。

---

① 常修泽. 混合所有制经济新论 [M]. 安徽人民出版社.
② 徐善长. 关于江苏、浙江混合所有制经济发展的调查报告 [J]. 经济研究参考，2006（83）.

表1　国有企业数量及股份制改造情况（1997-2002）

指标	1997 年	1998 年	1999 年	2000 年	2001 年	2002 年
国有工业企业单位数	98600	64700	50651	42426	34530	29449
国有企业股份制改造单位数	–	–	14629	15938	16556	16191

数据来源：国家统计局网站

在政策层面，中央决策层第一次正式提出"混合所有制经济"概念，并提出了发展"股份制"的思想。1997 年十五大报告中指出"公有制经济还包括混合所有制经济中的国有成分和集体成分"。1999 年党的十五届四中全会提出，"国有资本通过股份制可以吸引和组织更多的社会资本。国有大中型企业宜于实行股份制的，要通过规范上市、中外合资和企业互相参股等形式，改为股份制企业，发展混合所有制经济。"一是从中央层面认识到混合所有制经济对完善社会主义市场经济体制的重要性。二是添加"发展"二字将混合所有制经济上升到国家战略层面，体现了当时党中央和国务院着力发展的意图。三是将股份制改革和混合所有制相提并论，已经开始谋篇布局①。

（三）成长阶段（2003-2012 年）——活跃了混合所有制经济的发展形态

2002 年以后，我国对"社会主义市场经济"的认识进一步深化，更强调市场在资源配置中的基础性作用。与此同时，中央首次明确了混合所有制经济的内涵，并将其纳入市场化改革框架，实践中混合所有制经济发展也逐渐活跃。

2003 年党的十六届三中全会明确将混合所有制经济纳入市场化改革的进程，成为国企改革的重要推手。十六届三中全会的《决定》首次明确界定了混合所有制经济的含义，对混合所有制改革的进程具有全局性的指导意义。同时，中央对市场化的认识更加深刻，对所有制改革的要求和力度也进一步提升，在"推行股份制，发展混合所有制经济。"前面加上"积极"二字，态度明确，程度加深。

在实践中，国有资产管理体制依然不顺，国有股权仍然过分集中，国有经济运营效率亟待提高等问题凸显。因此，这一阶段国有资本明确要坚持有进有退，有所为有所不为，加大股份制改造力度，混合所有制经济得到进一步发展。一是混合所有制企业的数量和规模逐步扩大，经济活跃度不断提升。这一时期混合所有制经济对全国税收的贡献率逐年提高，至 2011 年已达到 48.52%，超越了其他各种所有制经济。二是混合所有制经济推动创新发展成效明显。2011 年，混合所有制企业研发经费占比高达 41.1%，申请专利占比高达 41.5%②，居各种所有制经济的首位。三是混合所有制发展的基础逐步夯

---

① 常修泽．混合所有制经济新论［M］．安徽人民出版社．
② 郭克莎，胡家勇．中国所有制结构变化趋势和政策问题研究［M］．广东经济出版社，2015.

实。国有企业的股份制改造加快，为混合所有制经济的发展埋下了重要伏笔。股份制已经成为公有制的主要实现形式。截至 2013 年，已有约 90% 的国有企业实现了公司制、股份制，中央国有企业及子企业引入非公资本的户数已占总户数 52%。

（四）突破阶段（2013 年至今）——成为了新时期经济改革的"主战场"

党的十八届三中全会以来，经济体制改革成为全面深化改革的重中之重，并进一步明确了市场在资源配置中起决定性作用。对于混合所有制改革的定位和设计有了更深入的诠释，实践中也已经开始了以完善企业产权结构、现代企业制度和激励机制等为主要内容的改革，混合所有制经济发展已进入黄金时期。

2013 年党的十八届三中全会将发展混合所有制经济提升到基本经济制度重要实现形式的高度，这一提法首次出现在中央文件中，是经济制度理论的重要突破。2017 年十九大报告进一步提出"深化国有企业改革，发展混合所有制经济，培育具有全球竞争力的世界一流企业"的重要目标。随后，出台了一系列政策文件完善混合所有制经济发展的顶层设计体系。中央为混合所有制经济注入了新内涵、新要求，并将其提升至新高度。一是"鼓励发展非公有资本控股的混合所有制企业"。并进一步明确混合所有制经济的发展方向和路径，注重为各种所有制经济成分的公平竞争和融合创新。二是将混合所有制改革列为经济体制改革的核心内容，战略定位高度前所未有。三是将发展混合所有制经济视为国企改革的重要突破口，混合所有制是否能够实质性推进，将成为判断国企改革是否能够成功的关键。

表 2　这一阶段发展混合所有制经济的相关文件

时间	发文机构	文件名称	文号
2015.9	中共中央国务院	《中共中央、国务院关于深化国有企业改革的指导意见》	中发〔2015〕22 号
2015.9.24	国务院	《国务院关于国有企业发展混合所有制经济的意见》	国发〔2015〕54 号
2015.10.26	发展改革委	《关于印发〈关于鼓励和规范国有企业投资项目引入非国有资本的指导意见〉的通知》	发改经体〔2015〕2423 号
2015.11.4	国务院	《国务院关于改革和完善国有资产管理体制的若干意见》	国发〔2015〕63 号
2015.12.7	国资委、财政部、发展改革委	《关于国有企业功能界定与分类的指导意见》	国资发研究〔2015〕170 号
2016.7.1	国务院、国资委、财政部	《企业国有资产交易监管管理办法》	国务院国资委财政部第 32 号
2016.8.18	国资委	《关于国有控股混合所有制企业开展员工持股试点的意见》	国资发改革〔2016〕133 号
2017.5.3	国务院办公厅	《关于进一步完善国有企业法人治理结构的指导意见》	国办发〔2017〕36 号
2017.7.26	国务院办公厅	《中央企业公司制改制工作实施方案》	国办发〔2017〕69 号

资料来源：作者整理

实践中，混合所有制经济发展进入全面发展时期。一方面，混合所有制经济改革试点工作全面开展。围绕以七大重点领域，已开展三批共50家混改试点，第四批试点方案也处于报送调整中。从中央到地方层层推进，形成了改革亮点和经验，具有较好的示范效应。另一方面，在实践探索中逐步明确了混合所有制经济的实现方式。一是通过开放式改制重组，采取资产剥离、人员分流、挂牌转让及债务重组等方式实现资产、业务和人员的重组。二是通过引入战略投资者，在资金、人才、管理方法、资本市场上给企业提供资源，实现企业的产业链优化。三是通过推进员工持股，形成利益共享、风险共担的格局，完善市场化的激励约束机制。四是通过设立政府引导基金，吸引更多社会资金投资国有企业混合所有制改革。五是通过整体或核心资产上市，帮助企业优化治理结构，最终实现"混改"目标。

二、发展混合所有制经济的突出成就与经验

经过四十年的探索，混合所有制经济的发展在广度和力度上呈现出以点带面、层层递进的情形，逐步凝聚了改革共识，倒逼企业建立现代化治理机制和激励机制，大幅提升了国有经济的主业竞争优势，实现市场化经营，激发了微观主体活力，为健全社会主义市场经济体制、加快实现经济转型和发展方式转变做出了重要贡献。

（一）围绕"完善治理"，实现了以股份制为核心的现代产权制度改革

发展混合所有制经济，倒逼国有企业实现了所有权与经营权分离。法人治理结构上，打破了"内部人控制"，强化不同"东家"的相互制衡。逐步建立了外部董事制度，形成了规范的公司外部治理制度。最终促使国有独资企业数量大幅下降，国有经济产业布局得以优化，产权制度改革取得一定成效。

此外，还倒逼我国推进国有资产管理方式和监管机构自身的改革。一是通过建立国资委实现政企分开。2003年国资委成立，在新国有资产管理体制的推动下，国企通过兼并重组、整体改制、债转股等改革措施进行股份制改造，基本消除了在一般竞争性领域内的国有独资公司，实现了产权多元化。二是部分地方成立了国有投资运营公司实现从"管人管事管资产"到"以管资本为主"的转变。截止2018年8月，中央企业层面已经选择了10户企业开展投资运营公司试点，各地方国有企业已改组组建国有资本投资、运营公司89家[①]，初步实现政府公共部门只管公权不管资本。

---

① 数据来源：全国地方国有资本投资运营公司创新联盟第三次圆桌会议纪要。

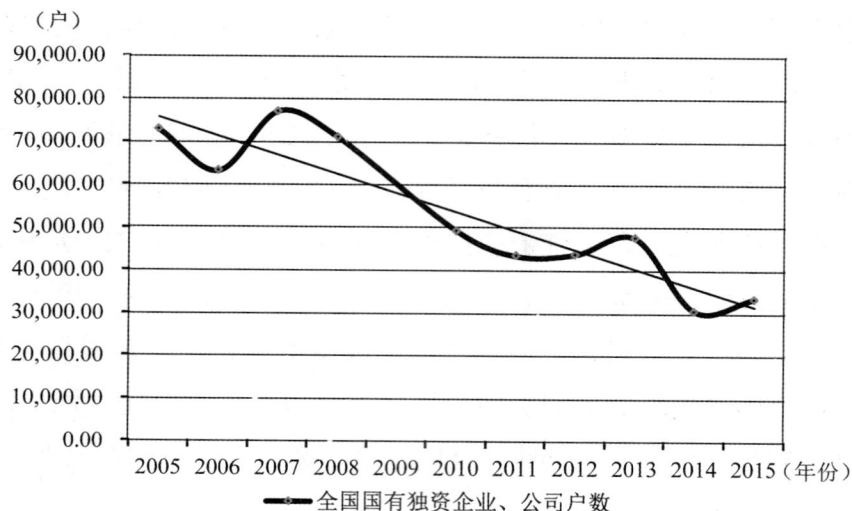

图 1　全国国有独资企业、公司数量

数据来源：WIND 数据库

（二）围绕"强化激励"，建立了以市场化为基准的现代企业激励机制

"混改"中实行员工持股制度，建立了劳动者与所有者利益共享的长效机制。员工持股制度通过股权长期激励，将企业命运与非可替代性人才资源紧进行捆绑，充分挖掘内部成长原动力。截止 2017 年底，22 个省在明确了员工持股的实施办法，27 个省市 158 户企业正在开展员工持股试点①。同时，开展员工持股的企业领域有所拓宽，由一般竞争类行业扩大到非竞争类领域，电信、轨交、有色等非竞争类领域的集团企业子公司也开始试点员工持股。此外，"混改"中实现了市场化薪酬制度，大幅提高了企业的管理效率。如广东省的一些企业开展差异化薪酬体系的探索。对于基础性业务部门，采取岗位薪酬+绩效薪酬的调和型薪酬模式，实行薪酬总额控制，旨在提高效率、兼顾公平。对于市场化业务部门，采取"底薪+提成+超额奖励"的高弹性薪酬模式，实行优胜劣汰，旨在建立市场化的考核机制。

（三）围绕"突出主业"，促进了国有经济布局的战略调整和结构优化

通过发展混合所有制经济，改善了原先企业盲目"铺摊子"、主业不突出的状况。企业明确主业发展目标和战略计划，进行产业链的优化整合，使得资本、技术和高精尖人才优势要素向主业集聚，最终大幅提升了企业的盈利能力和核心竞争力。国有企业通过主业的精耕细作使其盈利能力持续提升。通过混改，促使企业注重主业的高质量发展，通过改革实现企业的瘦身健身，从而提升了主业的盈利能力。据国资委统计，中央国有

① 资料来源：经济参考报：http：//jjckb.xinhuanet.com/2018-02/02/c_136943332.htm.

企业 2017 年实现利润同比增长 15.2%，利润总额首次突破 1.4 万亿元，呈现五年来效应增速最高水平。通过聚焦主业发展使盈利结构逐步优化。从 2017 年来看，中央国有企业月均增速超过 15%，且盈利结构持续优化，其营业利润占总利润的比重高到 97.7%，主营业务盈利能力持续增长，占总利润的比重也持续增加，主业精耕细作的积极影响逐步显现。

（四）围绕"提高效率"，加快了国有企业自身的提质增效和改革步伐

混合所有制的发展加大了降成本、去产能和去杠杆的力度。一是降成本幅度较大。从中央国有企业看，其成本费用增速 2017 年明显低于收入增速，即成本费用增速较收入增速低 0.4 个百分点，三项费用支出同比增速较同期收入增速低 5.6 个百分点。且其资金周转效率增幅明显，应收账款周转率同比提高 0.5 次，经营活动现金流净流入同比增长 4.8%。二是去产能取得显著成效。2017 年中央国有企业淘汰和停缓建项目共计 51 项，化解煤炭、钢铁过剩产能分别为 2703 和 595 万吨。处置僵尸企业 1200 户。三是去杠杆工作进展较快。中央国有企业平均资产负债率 2017 年降幅较大，同比降低 0.4%，保持在 66.3% 的良性水平上。四是国资管理效率大幅提高。截止 2018 年 1 月，国资委监管的中央企业户数进一步下降，且注册法人户数降幅高达 16.1%，节约管理费用 135 亿元。

三、新时期发展混合所有制经济的必要性

发展混合所有制经济可以为国有企业注入新鲜血液，为民营企业创造公平的竞争环境，加速微观主体间优秀基因的有效融合，实现培育世界一流企业的重要目标，最终推动整个经济结构转型升级，提升经济开放水平。

（一）能够实现企业间优秀基因融合再造，加快培育世界一流企业

混合所有制经济可以通过资源优化配置和生产要素优化组合，创新性地实现国企民企优秀基因的重组和再造。一是从资源禀赋上看，双方具有优势互补的合作基础。国企拥有较好的装备、技术、人才、渠道和品牌基础，掌握的资源也比民企丰富；而民企则产权更加明晰、机制更加灵活，员工激励更加到位，对市场反应更加灵敏。国有和民营企业的"联姻"能够集各种所有制企业之优，强强联合回避劣势。二是从实现方式上看，双方具有灵活多样的合作模式。其既有产业链上的合作，也有跨领域跨行业的联合；既有以资本为纽带的联手，也有以项目为依托的携手；既有在国内的混改，也有在海外的抱团。通过灵活多样的合作方式，能够打造出一大批具有中国特色和全球竞争力的世界一流企业。三是从合作实践看，已经取得了初步的成效，还有深度融合的空间。如，2017 年，"杭绍台"城际铁路项目建设，是由上海复星集团等民企，与中国铁路总公司、

浙江省交通集团等共同投资兴建的中国首条民营资本控股的高铁，项目总投资 448.9 亿元，民间资本占比 51%，该项目的实施，展示了国有企业人才技术，与民营企业资金管理融合发展的活力和效率。

（二）促使国企在改革中"浴火重生"，全面走向高质量发展之路

习近平总书记强调，发展混合所有制"是新形势下坚持公有制主体地位，增强国有经济活力、控制力、影响力的一个有效途径和必然选择。"通过"混改"，为国企注入了经营模式、激励机制的活水，通过产业链的优化再造衍生出国企的创新基因，盈利能力得到大幅提升。一是加法式效应显现，"混改"通过为经营管理权松绑、员工持股等方式对内实现了"要我发展"到"我要发展"转变，对外增强了企业核心竞争力信心。二是减法式效应显现，"混改"促使国企其下决心剥离非经营性资产，解决历史遗留问题。如2013 年已被法院裁定破产重整的葫芦岛有色厂进行"混改"，同步实施债务重组、职工分流、社会职能剥离等改革。"混改"后，清理企业债务近 150 亿元，公司生产经营业绩大幅增长，实现了"涅槃重生"。三是乘法式显现，民企"接地气"的市场嗅觉能够为国企换血，使其装备、技术、人才、渠道和品牌都焕发出新活力。如山西一家传统能源企业"混改"后利用民企的技术优势，完成了传统产业的改造和升级，由改革前每年亏损 10 亿元变为改革后年均盈利超 1 亿元。四是除法式显现，通过社会资本的深度参与，能够破除国企"一股独大"现象，完善现代治理体系，真正发挥董事会的治理作用，让企业彻底走向市场化经营轨道。如山西汾酒集团在区域市场的"混改"中首次放弃控股权，实现了股权多元化和现代治理机制，其 2017 营业收入同比大幅攀升 14.01%，2018年预计公司净利润同比增加 50%-60%。

（三）有利于消除所有制歧视，营造公平竞争的市场秩序

习近平总书记指出，"非公有制经济在稳定增长、促进创新、增加就业、改善民生等方面发挥了重要作用，是稳定经济的重要基础，是国家税收的重要来源，是技术创新的重要主体，是金融发展的重要依托，是经济持续健康发展的重要力量。"实际中，发展混合所有制经济是实现竞争中的有效手段。让非公资本参与到国有企业股份制改造的进程中来，能够为民营企业其开辟了广阔的投资空间，拉平非公资本与国资的市场准入及产权保护基准线，营造公平竞争的良好环境。发展混合所有制经济能够通过削弱国有资本不合理垄断地位，减少其超额利润带来的超额收入。避免因国企特权造成的群体性收入差距问题，并通过产权多元化优化治理结构和内部收入分配机制，重塑公正合理的社会分配格局。

（四）加快经济结构转型升级，全面提高开放型经济水平

通过混合所有制经济发展，有利于提高国有企业投资效率，从而逐步优化我国的产业结构。由于预算软约束的原因，国有企业存在过度投资和债务积累等问题。混合所有制改革能够使国有企业投资行为回归理性，经营行为符合市场化规律，进而为经济结构优化调整奠定合理的微观基础。此外，发展混合所有制经济，还能促使国有经济布局有进有退的战略性调整，有利于突破国际双边或多边投资贸易协定对于我国国有企业的相关约束，打消国际上对我国国有企业非市场主体的质疑。同时，利用好"一带一路"的发展契机，使企业加快适应新一轮全球贸易投资规则，在更广范围和更高层次上推动全方位开放、全面提升开放型经济水平。

四、新时期全面推进混合所有制经济发展的主要挑战

展望新的改革征程，混合所有制经济从"公有制的有效实现形式"跃升为"基本经济制度的重要实现形式"的崭新高度。然而现实中仍存在改革定位不清、现实阻力较大、遭遇政策突变、难以深度融合等问题。应该梳理主要难点，找准根源，才能助力混合所有制改革爬坡过坎，最终在历史的长河中留下浓墨重彩的一笔。

（一）混不明白：部分企业对混改的内涵和作用理解不到位

如何使"混改"从扩面走向提质是新时期面临的主要问题。部分地方对混改定位不够准确。"混改"并非灵丹妙药，其主要解决体制机制上的矛盾。而一些企业连净资产都没有就想搞混改是不切实际的，不能一改打天下。如天津滨海新区一些企业在上一轮国有企业改革中公司制改组还未完成，历史遗留问题、非经营性资产剥离等还悬而未决，就想通过"混改"彻底解决所有问题是不太实际的。部分企业"混改"重点不够清晰，"混改"的重点是"改"而非"混"。目前较多企业仍注重形式上的股份混合，而不注重混合后经营理念、战略思路上的"灵魂契合"，这就违背了"混改"的初衷。

（二）混不进来：民企真正参与混改还存在一些隐性障碍

国企"混改"的大门还未彻底向民营企业打开。一是国有企业经营者拘泥于肥水不流外人田的思想存在不愿混的问题。有的企业因处于暂时发展的优势地位，不愿意让民企共享改革红利。部分国企虽然不限制民资参与，但大都不会让民企成为战略投资人，而是财务投资人，其话语权较少，可能存在消磨民间投资和民企活力的隐患。二是部分地方政府出于怕担责的思想不愿承担改革风险。认为目前追责多容错少，不改革出了问题有政府兜底，改革出了问题要自己兜底，不愿承担国有资产流失、内部利益输送、员

工安置不稳定等风险，怕被问责、上访。有的企业不敢在集团公司和核心业务板块推进混改，仅仅浅表性、象征性地在一些不大重要的下属公司做做样子。三是社会资本参与"混改"的条件设置虚低实高，参与"混改"的项目仍会设置技术实力、资金规模、行业项目运营经验等附加条件的层层隐性壁垒，且评估价值与市场评估值相差甚远，使社会资本望而却步。

（三）混不踏实：混改企业身份转换后迅速遭遇"政策变脸"

部分"混改"企业由于身份转变遭遇"政策歧视"，得到的产业扶植、融资支持减少，给企业经营带来困难，一定程度上打消了欲参与"混改"民企的积极性。一方面，"混改"后得到的扶植政策相对减少。由于"混改"后企业身份的转变，得到的支持相对变少。如山西一些企业反映"混改"后未预料到一个问题是政府对企业投入的资金开始变少，省、市、区出资时，认为已经不是国企了，各级政府不应继续给补助等优惠政策。另一方面，金融机构的支持力度相对减弱。与国有独资企业相比，混合所有制企业的融资门槛要求更多、价格更高、条件更严。如滨海新区的一家企业，主动放弃控股权进行"混改"。其经营业绩在"混改"前表现较好，但开始挂牌后由于金融机构认为其混合后不是国企身份了，出现了抽贷现象，导致其现金流紧张，给天津其他"混改"企业带来了负面影响。

（四）混不滋润：国资与民资混改后难以实现深度融合

部分企业的实践表明，拥有多个投资方的混合所有制企业，往往会因为投资比例、经营管理权、收益分配、投资决策等原因造成相互掣肘、内讧内耗，导致经营和决策效率低下。一是董事会职权落实不到位，决策权虚化弱化。一些民营企业反映，参加"混改"后在董事会中缺乏应有的话语权，"仍然需要向实际控制人层层请示，董事会就是走个程序"，这种"新瓶装老酒"的改革收效甚微。二是对"混改"后国有绝对控股、相对控股和参股企业监管差别不大，难以真正体现"同股同权"。实际中，有些国资监管机构仍沿用对绝对控股乃至独资国企监管的方式监管混合所有制企业，名义上下放的监管权限实质性内容不多，在企业投资决策、薪酬激励、工资总额管理、选人用人等关键事项上仍然管得过多过宽过死，"混改"企业很难放开手脚闯市场。三是对"混改"企业的激励机制依然松绑不够。目前对员工持股、薪酬管理、国企管理层身份转换等激励机制的创新探索还设有较多限制，如员工持股在实施条件、持股范围、持股比例等方面依然条件严、门槛高，薪酬也无法突破总额"天花板"，难以彻底激活员工的积极性和创造性。

五、五方面发力推进混改走深走实

未来要坚持混合所有制经济是我国基本经济制度重要实现形式的战略定位，明确培育具有全球竞争力的世界一流企业目标，持续深化国有企业混合所有制改革。具体地，要进一步坚定改革的信心、明确改革范围、突出改革重点、规范改革程序、营造改革氛围，在政策、体制和操作层面多管齐下，才能夯实社会主义基本经济制度的微观基础。

（一）最大限度为社会资本释放空间，彻底打开"进"的大门

创造公平竞争的市场环境，将国企混改与大力发展民营经济有机结合。指导方针上，在第四批"混改"试点中，为民营企业参与"混改"提供更多便利条件，释放更多能够落地的政策空间。切实增强企业获得感，着手清理、修订不利于促进民间投资、平等保护产权的政策法规，研究制定专门面向民企参与国企"混改"的政策指引、实施细则和操作指南。思想观念上，使各方产生推进改革的内源性动力，通过制度激励激发政府"放"的活力，通过业绩考核激发国有企业"闯"的活力，通过强化保护产权激发社会资本"投"的活力。彻底理顺政府与企业的关系，消除对"混改"的惯有误区，破除隐性壁垒。政策执行上，以竞争中性原则为指导，确保各种所有制经济公平竞争和平等使用生产要素。对企业"混改"前后做到一视同仁，避免所有权变化带来的融资、优惠政策方面的歧视。剥离金融市场中的所有制成分，形成真正以市场化信用体系为导向的风险甄别机制，降低政府信用背书在融资考核中的权重，保障"混改"企业资金流通畅。配套改革上，加大相关政策的改革实施力度，出台资产评估、税费减免、资产重组、项目融资等方面支持政策，加大落实"混改"政策的财政支持力度，避免"混改"给企业带来高额成本的情形。

（二）以优化股权结构为重要突破口，保障企业"在"的权利

对于"混改"企业，要优化股权配置结构，形成利益风险共担、相互制衡的局面。一是坚持市场化法人治理结构，保证一切重大决策纳入董事会，避免给合作方的"大礼包"成为"空中楼阁"。深化董事会职能建设，规范董事会市场化选聘，积极完善外部董事选聘机制。探索通过公司章程约定的方式，为社会资本小股东代表设立董事会席位，保障其在董事会的话语权。二是建立符合市场化要求的企业领导人员选用机制。且要突破国有资本股比限制思维，通过股权结构的多元化、相互制衡形成科学决策程序，真正实现市场化决策机制。三是深入推进企业"三会一层"建设，完善各负其责、协调运转的决策、执行、监督机制。通过董事会集体决策和监事会的监督，避免大股东干预、一把手说了算和内部人控制等情形。

（三）增强激励机制的范围和力度，激发企业"干"的劲头

一是为"混改"企业释放更多薪酬激励空间。研究制定弹性工资总额办法，完善市场化考核和薪酬实施办法。二是进一步为员工持股制度松绑。尽快出台更大范围内的员工持股文件，适当扩大实施员工持股试点企业范围，减少持股比例、持股条件的限制。尽快明确员工持股的退出机制操作细则，使因辞职、退休、大病或死亡等原因退出持股的情形有章可循。三是探索区域、行业的差异化员工持股制度。允许地方区分企业的资产规模、行业类别等，设置员工持股比例区间范围，探索差异化的激励政策，不搞"一刀切"的政策限制。

（四）建立混改企业的跟踪评估机制，提升企业"改"的质量

对已经进行"混改"的企业建立定期评估机制，增强"混改"方案的科学性、合理性和可操作性。一是定期组织主管部门和相关领域专家对"混改"企业进行调研评估，及时发现"混改"中的操作难点、重要问题和制度障碍。二是积极研究应对"混改"进程中企业面临的隐性难点和机制冲突，出台相应方案，减轻"混改"企业负担。三是及时总结"混改"过程中的成功案例、共性问题和解决方案，并扩大宣传范围，为欲参与"混改"的企业提供具有重要参考价值的经验。

（五）依据市场主体变化完善国资管理体制，消除企业"混"的顾虑

一是破除国资监管体制的越位、错位、缺位问题。完善国有资本管理方式，从管控走向治理。制定出资人审批事项清单，明确出资人权利边际、行为边界及企业自主权边界。以管控资本投向、优化资本结构、规范资本运作、提高资本使用效率和效益为重点，完善国资监管体系。二是各主管部门也要有效破除政府干预企业经营决策的行为，最大幅度减少涉及企业的行政审批事项，让混合所有制企业真正成为自主经营、自负盈亏、自担风险、自我约束的市场主体。三是以混合所有制改革为契机，组建国有资本投资或运营公司，行使国有资本出资人职能。要合理明确监督者、出资人和运营人的定位，科学安排运营权、考评权和监督权，进而形成相对分离、相互制约和有机协调的权力配置结构和运行管理系统。

参考文献

［1］陈研. 改革开放以来我国混合所有制经济发展政策沿革. 经济研究参考，2014（72），第 13-16 页.

［2］常修泽等. 混合所有制经济新论. 安徽人民出版社 2017 年版.

［3］方敏.发展混合所有制经济与完善基本经济制度.山东社会科学，2014（11），第 12-17 页.

［4］郭克莎，胡家勇.中国所有制结构变化趋势和政策问题研究.广东经济出版社 2015 年版.

［5］刘泉红.发挥混改在国企改革中的重要突破口作用.经济日报.2017-10-18.

［6］刘泉红，郭丽岩，刘志成.国企混改新趋势与关键举措.董事会.2017（9），第 84-86 页.

［7］刘泉红.完善员工持股等多元激励机制 激发混合所有制企业内部活力.国家发改委微信公众号，2017-9-30.

［8］徐善长.关于江苏、浙江混合所有制经济发展的调查报告.经济研究参考，2006（83）：第 2-7 页.

［9］臧跃茹，刘泉红，曾铮.促进混合所有制经济发展研究.宏观经济研究.2016（7）：第 21-28 页.

［10］赵春雨，混合所有制发展的历史沿革及文献评述.经济体制改革.2015（1），第 48-53 页.

混合所有制改革实操路径研究

一、混合所有制改革理论背景

（一）历史阶段

我国经济体制改革已历经 40 年，此过程中，我国逐步形成了以公有制为主体、多种所有制共同发展的基本经济制度。随着经济体制改革的演进，混合所有制改革逐步推进。主要包括四个阶段：第一，混合所有制的萌芽（1978-1992 年）；第二，混合所有制初步探索阶段（1993-2001 年）；第三，混改进入正式发展阶段（2002-2012 年）；第四，加快推进混改阶段（2013 年至今）。本成果分阶段分析了改革推进的程度与取得的成果，列举了混合所有制改革中发生的重大事件和改革政策在实践中的发展，并提出了混合所有制改革的实践要求。

（二）政策体系

《中共中央、国务院关于深化国有企业改革的指导意见》（中发〔2015〕22 号）、《国务院关于国有企业发展混合所有制经济的意见》（国发〔2015〕54 号）明确了国有企业发展混合所有制经济的基本原则、主要任务等顶层设计。提出引入非国有资本参与国有企业改革，鼓励国有资本以多种方式入股非国有企业，探索实行混合所有制企业员工持股。在改革的层次上，提出分层推进国有企业混改，引导在子公司层面有序推进混改，探索在集团层面推进混改，鼓励地方从实际出发推进混改。

经中央全面深化改革领导小组审议通过，《关于改革和完善国有资产管理体制的若干意见》（国发〔2015〕63 号）、《关于加强和改进国有资产监督防止国有资产流失的意见》（国办发〔2015〕79 号）、《关于国有企业功能界定与分类的指导意见》（国资发研究〔2015〕170 号）、《加快剥离国有企业办社会职能和解决历史遗留问题工作方案》（国发〔2016〕19 号）、《关于建立国有企业经营投资责任追究制度的指导意见》（国办发

〔2016〕63 号）、《关于进一步完善国有企业法人治理结构的指导意见》（国办发〔2017〕36 号）、《改革国有资本授权经营体制方案》（国发〔2019〕9 号）等关联改革文件均已出台实施。

国家发展改革委、国务院国资委等部门制定的《关于鼓励和规范国有企业投资项目引入非国有资本的指导意见》《关于国有控股混合所有制企业开展员工持股试点意见》《企业国有资产交易监督管理办法》《中央企业实施混合所有制改革有关事项的规定》等配套改革举措均已出台。

二、混合所有制改革的整体思路

实施混合所有制改革要坚持围绕"两个毫不动摇"，发挥市场配置资源的决定性作用，沿着国有企业发展混合所有制经济的核心思路，即由国家发展改革委体改司在解读发展混合所有制经济政策时提出的"分类分层改革，各类资本参与，健全治理机制，依法合规操作"的核心思路①，着力推动混合所有制经济从注重数量和形式的"粗放式混改"向注重质量和发展的"集约式混改"转变，持续放大国有资本功能，提升国有企业活力，为我国经济结构调整和产业转型升级夯实微观基础，不断完善社会主义市场经济体制。

（一）各类资本参与混合所有制改革

《国务院关于国有企业发展混合所有制经济的意见》指出"国有资本、集体资本、非公有资本等交叉持股、相互融合的混合所有制经济，是基本经济制度的重要实现形式。""各类资本参与"，就是按照交叉持股、相互融合的原则，鼓励各类资本包括国有资本、非公有资本、集体资本、外资，以及企业员工出资入股等，参与发展混合所有制经济。

1. 鼓励非公有资本参与

非公有资本投资主体可通过出资入股、收购股权、认购可转债、股权置换等多种方式，参与国有企业改制重组或国有控股上市公司增资扩股以及企业经营管理。非公有资本投资主体可以货币出资，或以实物、股权、土地使用权等法律法规允许的方式出资。

2. 支持集体资本参与

允许经确权认定的集体资本、资产和其他生产要素作价入股，参与国有企业混合所有制改革。

---

① 国家发展改革委体改司.《国企改革面对面——发展混合所有制经济政策解读》，人民出版社，2015.10，P7-11.

3. 有序吸收外资参与

引入外资参与国有企业改制重组、合资合作，鼓励通过海外并购、投融资合作、离岸金融等方式，充分利用国际市场、技术、人才等资源和要素，发展混合所有制经济。

4. 推广政府和社会资本合作模式

优化政府投资方式，通过投资补助、基金注资、担保补贴、贷款贴息等，优先支持引入社会资本的项目。组合引入保险资金、社保基金等长期投资者参与国家重点工程投资。鼓励社会资本投资或参股基础设、公用事业、公共服务等领域项目，使投资者在平等竞争中获取合理收益。

5. 鼓励国有资本以多种方式入股非国有企业

在公共服务、高新技术、生态环保和战略性产业等重点领域，按照市场规律选择发展潜力大、成长性强的非国有企业进行股权投资。国有资本可通过投资入股、联合投资、重组等多种方式，与非国有企业进行股权融合、战略合作、资源整合，发展混合所有制经济。

6. 探索完善优先股和国家特殊管理股方式

国有资本参股非国有企业或国有企业引入非国有资本时，允许将部分国有资本转化为优先股。在少数特定领域探索建立国家特殊管理股制度。

7. 探索实行混合所有制企业员工持股方式

坚持激励约束原则，员工持股主要采取增资扩股、出资新设等方式，支持对企业经营业绩和持续发展有直接或较大影响的科研人员、经营管理人员和业务骨干等持股。

（二）混合所有制改革要求

混合所有制改革的逻辑起点是"国企混改"的总要求。一是要求完善治理。通过混合所有制改革，推动企业建立协调运转、有效制衡的现代公司治理结构，恢复企业在市场经济中的经营主体地位，充分发挥市场配置资源的决定性作用，进一步激发企业活力、创造力和市场竞争力，规范企业在股东大会、董事会、经理及监督会和党组织的权责关系。二是要求强化激励。完善市场化的激励机制，用机制激发活力，凝聚合力。建立职业经理人制度，实行任期制和契约化管理，按照市场化分配原则决定薪酬。采取多种方式探索中长期激励机制，上市公司的股权期权、股票增值权、限制性股票，国有控股混合所有制企业员工持股，科技型企业的岗位分红、项目收益分红、股权奖励、股权出售。三是要求突出主业。国有企业要通过混合所有制改革做强做优主业，使主业的贡献率、实业的实力进一步提高和增强。四是要求提高效率。改革的最终目标，是要提高国有资本运营效率和企业经营效率，加快实现提质增效、转型升级。提高企业的经营效益，就必须创新企业管理体制，建立完善的经营管理机制，建立现代企业管理制度，完善国有企业的机制，提升国有企业经营活力。

（三）分类分层开展混合所有制改革

"分类分层改革"，就是根据国有企业的不同情况因企制宜地发展混合所有制经济。

1. 区分"已经混合"和"适宜混合"的国有企业

对通过实行股份制、上市等途径已经实行混合所有制的国有企业，要着力在完善现代企业制度、提高资本运行效率上下功夫；对适宜继续推进混合所有制改革的国有企业，要充分发挥市场机制作用，坚持因地施策、因业施策、因企施策，方式要服务于效果，服务于发展。

2. 区分商业类和公益类国有企业

主业处于充分竞争行业和领域的商业类国有企业，要按照市场化、国际化要求，充分运用整体上市等方式，积极引入其他国有资本或各类非国有资本，实现股权多元化。国有资本可以绝对控股、相对控股，也可以参股。主业处于关系国家安全、国民经济命脉的重要行业和关键领域、主要承担重大专项任务的商业类国有企业，要保持国有资本控股地位，支持非国有资本参股。公益类国有企业，根据不同的业务特点，加强分类指导，推进具备条件的企业实现投资主体多元化。通过购买服务、特许经营、委托代理等方式，鼓励非国有企业参与经营。

3. 区分集团公司和子公司

要区分集团公司、子公司不同层级。集团公司层面，在国家有明确规定的特定领域，坚持国有控股；在其他领域，鼓励通过整体上市、并购重组、发行可转债等方式，逐步调整国有股权比例，积极引入各类投资者。子公司层面，以研发创新、生产服务等实体企业为重点，引入非国有资本，加快技术创新、管理创新、商业模式创新。

党的十八大以来，混合所有制改革一直作为国有企业改革的突破口向前推进。2019年政府工作报告中指出，积极稳妥推进混合所有制改革。按照分层分类的原则，积极稳妥地推进混合所有制改革，不仅要把握改革总要求，还要明确以下几类混改主体：

一是积极推进充分竞争领域的商业类企业推进混合所有制改革。按照企业功能界定与分类结果，积极推进处于充分竞争领域的商业类国有企业开展混合所有制改革。

二是积极推进试点企业混合所有制改革。国有资本投资公司和运营公司所出资企业，主业处于竞争性领域的商业类国有企业，符合条件的"双百行动"企业，世界一流企业符合条件的子企业积极实施混合所有制改革。

三是进一步推动重点领域混合所有制企业改革。2016年推出"重要领域混合所有制改革试点"，已重点对石油、电力、天然气、铁路、民航、电信、军工等领域开展混合所有制改革工作。目前，据发改委披露，2016年推出了第一批混改试点的"6+1"名单，东航集团、联通集团、哈电集团、南方电网、中国核建、中国船舶工业集团以及浙江省国资企业；2017年3月又启动了第二批10家混改试点工作；2018年，混改试点名单确定了 31 家企业（中央企业子企业是 10 家，地方国有企业 21 家）；2019 年推出第四批试点企业共 160 家，其中，中央企业 107 家，地方企业 53 家。第四批混改的规模也超过了前三批混改试点企业之和。

三、混合所有制改革的实施路径

混合所有制改革不仅包括"混"，还包括"改"。混合所有制改革的目标是通过优化股权结构来完善治理结构，进而促进混合所有制企业经营机制的转变，其关键在于如何提升企业运营效率和增加生产收益。因此，在遵循国有企业混合所有制改革总要求的前提下，在明确改革主体的情况下，要知晓混合所有制改革"混"的是什么，"改"的是什么，深入理解混合所有制改革的"混"与"改"的内容①。

（一）混合所有制改革之"混"

混合所有制改革的"混"属于国有资本层面的改革的范畴，强调产权的股权多元，实现不同所有制主体交叉持股，强调国有资本层面的改革。"混"包括以下六个部分的内容：

1. 明确混合所有制改革的战略体系

不同的混合所有制改革诉求具有不同的战略体系。混合所有制改革的最终效果取决于融合的程度和发展的质量。不同所有制企业在价值观念、市场意识、管理理念、运营方式上存在差异，各有利弊，要通过战略协同、组织再造、机制创新等方式，推动战略规划、集团管控、企业文化等方面的深度融合，优势互补，形成合力。

2. 引入战略投资者

战略投资者分为"产业投资者"和"财务投资者"。产业投资者，或称为"战略投资者"，具有浓厚的产业背景，更多的关注项目和企业本身，着眼于获取长期收益，甚至可以有 30-50 年的考量。控股权的问题上，产业投资者要求目标企业出让控制权，或者进入董事会有一定话语权。财务投资者，或称为"金融投资者"，具有明显的资本市场导向，更多的关注于行业周期和证券周期，着眼于 3-5 年的短期收益。由于缺乏融资企业所需要的经营资源，财务投资者一般不会觊觎融资企业的控股权，但在协议中会有财务回报要求，甚至有着苛刻的对赌条款。

3. 合理设置股权比例

合理的股权比例有利于建立权责明确、管理科学的现代企业制度，有效解决产权虚

---

① 周丽莎. 积极稳妥推进混合所有制改革的基本逻辑，经济观察报，2019 年 4 月 http：//finance. sina. com. cn/roll/2019-04-14/doc-ihvhiqax2449791. shtml.

置问题，发挥市场机制，形成共商共赢的局面。按照战略匹配、资本共赢、资源共享、管理协同和文化融合的原则，甄选混合所有制改革合作的对象，依法依规合理设计股权比例，有利于实现国有资本的放大效应，有利于国有资产保值增值。

4. 全面严格审计评估

混合所有制企业需要通过第三方机构采用收益现值法、重置成本法、现行市价法、清算价格法等主流定价评估方法进行评估，再通过资本市场进行股权交易，通过产权市场进行产权交易，实施市场化定价、评估、交易全过程，有利于以"三公原则"防止国有资产流失。

5. 职工劳动安置

推行混合所有制改革时，合同期未满（未到期）的职工劳动合同应当依法继续履行，改制前后职工的工作年限应合并计算。企业依法与职工解除劳动合同，应当支付经济补偿。混合所有制改革企业要形成市场化劳动用工制度，实现员工能进能出。

6. 股权交易

国有企业之间可以非公开协议转让交易。国有控股非上市公司引入非公有资本进入产权市场交易，上市公司进入股权市场交易。

（二）混合所有制改革之"改"

混合所有制改革的"改"属于国有企业层面治理改革的范畴，强调混合所有制改革的国有企业，要加速完善公司治理机制，进行市场化经营机制等方面的改革。"改"包括以下三个部分的内容：

1. 法人治理结构

发挥中国特色现代企业制度的优势，完善"四会一层"的混合所有制企业法人治理结构。党委会发挥"把方向、管大局、保落实"的作用。董事会是混合所有制企业公司治理的核心，具有最高决策权，代表股东的意志进行科学决策，在公司战略制定、经理人员的选聘和公司治理方面发挥着重要作用，并对股东、债权人、员工和社会公众等利益相关者负责。通过完善现代企业制度，其出发点和落脚点是激发国有企业活力，切实提高企业的核心竞争力。在主业处于充分竞争行业和领域的商业类子企业推进经理层任期制和契约化管理。改革国有企业工资决定机制，完善职工工资总额管理制度体系，合理拉开收入分配差距，充分调动广大职工积极性。全面实施以合同管理为核心、以岗位管理为基础的市场化用工制度。

2. 职业经理人

推行职业经理人制度，实行内部培养和外部引进相结合，畅通现有经营管理者与职业经理人身份转换通道，董事会按市场化方式选聘和管理职业经理人，合理增加市场化选聘比例，加快建立退出机制。对市场化选聘的职业经理人实行市场化薪酬分配机制，合理确定基本年薪、绩效年薪和任期激励收入，可以采取多种方式探索完善中长期激励机制。2019 年政府工作报告中，特别强调要建立职业经理人制度。推行经理层任期制和契约化管理，按照"市场化选聘、契约化管理、差异化薪酬、市场化退出"原则，建立职业经理人制度。落实董事会对职业经理人的选聘、考核和薪酬权。

3. 中长期激励机制

国有混合所有制企业实施中长期激励的方式主要有：国有控股上市公司股权激励、国有控股混合所有制企业员工持股、科技型企业分红和股权激励。

国有控股上市公司的主要激励工具为股票期权、股票增值权和限制性股票。

（1）股票期权

股票期权计划是公司内部制定的面向高级管理人员等不可转让的期权，给予经理人在某一限期内以一个事先约定的固定价格来购买本公司股票的权利，如果经理人在期限之中达到了事先规定的某些条件（业绩目标），则可以按照事先规定的条件行使购买股票的权利。适合采用股票期权模式的企业包括：企业所处的行业竞争性较强、人力资本依附性较强、处于创业期或者快速成长期，建议使用股票期权计划激励经理人。例如中国食品采用股票期权作为股权激励工具，股票来源为从资本市场回购或定向发行。

（2）股票增值权

股票增值权和股票期权类似，其区别在于股票期权在行权时需要先购买约定数量的股票再卖出后才获利，而股票增值权在行权时不用买卖股票，而是由公司直接将行权股票实际价格与授予的行权价之间的差价直接支付给激励对象，支付的方式可以是现金、股票或"现金+股票"的组合。股票增值权的优势在于，此种模式并未涉及所有权和控制权的变更，而是一种保值增值的优选方案，因此比较适合国有企业，但要求企业的现金流比较充裕。例如交通银行在中国香港上市后，对高管人员的股权激励采用的就是股票增值权激励模式。

（3）限制性股票

限制性股票是指公司为了实现一定目标，将一定数量的股票以较低折扣价格授予激励对象，只有当完成预定目标后，激励对象才可行权并从中获利。限制性股票计划的特点是更加看重业绩，上市公司授予激励对象限制性股票，在激励计划中规定激励对象获授股票的业绩条件、禁售期限，比较适合商业模式转型的企业或者快速成长期的企业。例如，中国联通股份有限公司推行混合所有制改革，在引入腾讯、百度、京东、阿里巴巴等战略投资者同时，对 7000 多名核心员工采用了限制性股票激励计划。

国有控股混合所有制企业主要激励工具为以增资扩股、出资新设方式开展的员工持股。激励对象侧重于在关键岗位工作并对公司经营业绩和持续发展有直接或较大影响的科研人员、经营管理人员和业务骨干。按照 2016 年 8 月国务院国资委、财政部、证监会联合发布的《关于国有控股混合所有制企业开展员工持股试点的意见》（国资发改革

〔2016〕133 号，简称 133 号文）规定的条件，国务院国资委在中央企业三级公司以下选择 10 家企业开展试点工作。试点企业基本具备如下条件，一是充分竞争的商业类企业；二是股权结构合理，要由国有股东、非公资本和员工股东构成；三是治理结构和管理基础较好；四是企业要有较强的独立性，利润、营业收入 90% 以上来自集团外部。

国有科技型企业股权和分红激励可以分为两种：一是股权激励；二是分红激励。激励对象侧重于企业核心科研人员、重要技术人员和经营管理骨干等。

（1）股权激励

股权激励是指国有科技型企业以本企业股权为标的，采取股权出售、股权奖励、股权期权等方式，对企业重要技术人员和经营管理人员实施激励的行为。股权出售，应按不低于资产评估结果的价格，以协议方式将企业股权有偿出售给激励对象。股权奖励的激励额应当依据经核准或者备案的资产评估结果折合股权，并确定向每个激励对象奖励的股权。企业股权出售或者股权奖励原则上应一次实施到位。股权期权方式实施激励的，应当在激励方案中明确规定激励对象的行权价格，企业应当与激励对象约定股权期权授予和行权的业绩考核目标等条件。

（2）分红激励

分红激励是指国有科技型企业以科技成果转化收益为标的，采取项目收益分红方式；或者以企业经营收益为标的，采取岗位分红方式，对企业重要技术人员和经营管理人员实施激励的行为。企业实施分红激励所需支出计入工资总额，但不受当年本单位工资总额限制、不纳入工资总额基数，实施单列管理。

四、混合所有制改革的主流模式

混改坚持分类推进的原则，针对不同领域、行业、情况的国有企业，实施混改不可能遵循同一个模式。混改目前其实主要是四种模式，主要是从国有资本存量上去改革、增量上去改革、沉淀资产大的企业怎么改、某些关系国家安全的企业怎么改方面去归纳。

一是引入战略投资者做强做大主业的存量资本混改模式。通过引入在主营业务上具有高度协同性的战略投资者，实现存量国有资本的重组，各股东方优势资源对接互补，提升产业链和完善生态圈，做强做优做大主业。中国联通、中国黄金集团下属黄金珠宝公司、东方航空集团下属东航物流公司等是典型代表。如中国联通在集团层面进行混改，引入阿里、腾讯等战略投资者，创新主营业务，扩大中高端供给，实现重点业务和相关产业链的融合发展。存量资本混改模式对能源、交通、电信等负债高、效益低的传统重资产类型的国有企业有较强的适用性，适合有战略定力、追求中长期目标的民营资本进入，达到降杠杆、强活力的目的，实现重资产与新动能的有机结合，有力推进新旧动能转换。

二是引入社会资本新设市场主体的增量资本混改模式。主要集中在子公司层面。做法是国有企业与一个或多个非国有企业兴办新企业，共同开发市场业务，做大市场蛋糕实现国有资本增量发展。南方电网所属的深圳前海售电公司、杭温铁路项目、三峡集团所属的重庆长电联合能源公司等是典型代表。如深圳前海由五家公司出资组建，探索新售电模式和提供综合服务，成为前海蛇口地区主要售电提供商。增量资本混改模式阻力较小，在传统竞争性产业、战略性新兴产业领域都有较强的适用性。传统竞争性领域方面，合资公司有利于发挥国有资本吸引和带动更多民营资本共同发展的积极作用，部分行业国有资本可以不控股，主要实现投资效益最大化；战略性新兴产业领域方面，可以通过合资公司加强核心技术攻关，构建创新、共赢的产业新生态。

三是始终保有最大决策权控制权的国家特殊管理股混改模式。国有股东通过特殊股权结构设计，有效防止恶意收购，并始终保有最大决策权和控制权。如中船航海科技有限责任公司是重点保军企业，混改时将其母公司中船电子科技有限公司持有的 15% 股权设置为国家特殊管理股，由中船电子科技代表国家持有并履行相关权利义务，在特殊情况下对特定事项行使否决权、最大决策权或超级表决权等确保国有资本对重要涉军事项的绝对控制力，完成重大军工任务。国家特殊管理股模式对军工、文化、金融等国家安全领域的国有企业有很强的适用性。国有资本即使股份很少，也能获得对企业的执行管理权或一票否决权，是国有资本保持控制力的"杀手锏"。公司特殊管理股也是国际上通行的一种做法，2002 年美国《标准公司法》和 2006 年英国新《公司法》，都允许实行"类别股份制度"，特定股东在股息、表决以及清算等方面享有特别权利。英国的《每日邮报》、美国的《纽约时报》等上市报业公司都采取了特殊管理股制度。

四是激活弱流动性资产的证券化混改模式。这种模式是将流动性较弱的国有资产，通过企业改制上市、资产注入与置换等手段，转换为在金融证券市场上可以自由买卖的证券，改变"一股独大"格局，引入民营资本实行混改。如中国兵器工业集团下的内蒙古第一机械集团公司将超过 80% 以上的优质资源通过资产注入上市公司的方式，实现军工核心资产证券化，资产证券化率达到 83%，成功引入多元资本。资产证券化混改模式有利于盘活国有资产整体存量。国有资本分布在 380 多个国民经济行业，地方国有企业上市资产规模较小，资产证券化率不高。通过资产证券化，提升国有企业资产整体流动性，吸引更多外部资本进入参与混改，也有利于将资产集中到国家和地方大力扶持的产业上，解决地方国有资本分散的问题，优化国有资本配置。具体有以下几种方式：

（一）公司上市

1. 公司主营业务上市

这种资产证券化的方式也被称作拆分上市。剥离公司主营业务与非主营业务，将公司与主营业务相关的资产通过改制重组后的新设立公司进行挂牌上市，其他非主营业务相关的资产继续在原公司中运营。

2. 公司整体上市

剥离满足企业上市条件的业务与不满足企业上市条件的业务，通过对公司的不良资产和不具备上市条件的产业进行改制重组或者直接摒弃等，使整个公司符合上市条件。企业实现整体上市主要有两种方式。第一种是母公司通过购买上市公司非公开发行的股票，将自己的优质资产变相上市。第二种是母公司通过兼并重组已上市公司，将自己的全部资产转化为上市资产，实现企业资产全部证券化。

(二) 引入战略投资者

引入战略投资者是对特定的对象发行股票的方式。战略投资者分为两类：一类是产业投资，另一类是财务投资。产业投资人通过购买上市公司发行的股票间接进入该领域，同时，引入一方可以更多地获得战略投资者的技术和资源优势、市场机会和份额、管理技术和创新方法等显性和隐性效益，持续提高公司竞争力。财务投资人通常不会参与企业的经营管理，只做股权收益类投资，给予公司资金支持，并期待在一定时期之后按照股权比例获得公司所分配的利润。

(三) 并购重组

企业并购重组是两种商业行为，因为两者具有很强的关联性而通常同时出现。以重组为目标的企业并购，会改变企业的经营模式、资产结构或资本结构等。企业并购通常是指企业间的兼并和收购。并购包含两个或两个以上独立的企业或公司进行合并重组，即一个企业以一定的代价或成本取得另一个或几个独立企业的经营控制权及其全部或部分资产所有权的行为。[①] 通过兼并形式重组的目标企业将丧失原有主体，不再存续。通过收购形式重组的目标企业仍然存续，只是其因股权结构的变化而丧失了控制权和经营权。

一类是上市公司的并购重组。上市公司为了扩大自身的经营规模，选择市场上一些具有发展前景却估值偏低的企业，通过向其发行股票的方式并购重组这类企业。另一类是非上市公司的并购重组。具有优质资产和连续盈利能力但不具备上市条件的公司寻找到并购资产质量和盈利能力差的上市公司，而将其自身运作上市。

(四) 资产证券化

资产证券化是一种融资手段，指企业机构将可以产生预计的稳定的未来现金流资产，按照一定规则构造一个"资产池"，并按照一定的金融技术将"资产池"转换为可以在资本市场流通的有价证券。[②] 结合我国实际，按照监管部门不同将资产证券化分为四个类

---

① 黄萌：《资本市场企业并购重组的市场化改革研究》，合肥工业大学 2012 年硕士学位论文。

② 刘轩. 美国 ABS 研究——基于金融创新和金融监管视角的分析 [D]. 西南财经大学，2014 (4).

型：信贷资产证券化、资产支持专项计划、资产支持票据、项目资产支持计划。

1. 信贷资产证券化

中国人民银行、中国银监会发布《信贷资产证券化试点管理办法》，将信贷资产证券化定义为：银行业金融机构作为发起机构，将信贷资产信托给受托机构，由受托机构以资产支持证券的形式向投资机构发行受益证券，以该资产所产生的现金支付资产支持证券收益的结构性融资活动。信贷资产证券化涉及借款方、证券发行方、证券承销方、证券偿付方互动关联完成整个全过程。发起机构通常为银行，通过筛选组合资产并将其包装为可交易资产池。发起机构与信托公司合作资金管理，选择承销机构，制定营销和发售方案，进而获得信贷资产证券融资的资金。

2. 资产支持专项计划

资产支持专项计划又称作企业资产证券化，是指以基础资产所产生的现金流为偿付支持，通过结构化等方式进行信用增级，在此基础上发行资产支持的业务活动。企业资产证券化涉及原始权益人、债务人、资产服务机构、证券公司、资产支持证券持有人、法律财务顾问及评级机构等。依据原始权益人与债务人之间基础协议、原始权益人与证券公司之间资产买卖协议、证券公司与承销机构代理推广协议等，所有干系人按交易流程和要求，在增信后发现债券，资产支持证券持有人进行认购，进而获得企业资产证券化融资的资金。

3. 资产支持票据

资产支持票据，是指非金融企业为实现融资目的，采用结构化方式，通过发行载体发行的，由基础资产所产生的现金流作为收益支持的，按约定以还本付息方式支付收益的证券化融资工具。资产支持票据业务涉及发起机构、特定目的载体管理机构、投资者、主承销商、资产服务机构、资金监管机构、资金保管机构等各方。发起机构转让基础资产给发行载体，然后由其发行资产支持票据，投资人认购。期间，资产服务机构管理基础资产，赢得现金流归口资金监管机构，划拨票据本息给资金保管机构，进而支付投资人收益和本金。

（五）员工持股

员工持股计划是指，企业为了吸引、留住和激励员工，通过让员工持有企业一定股份而使员工享有剩余索取权的利益分享机制和拥有决策权的参与机制的一种特殊激励计划。根据持股形式，可分为员工直接持股、员工持股会持股、组建投资公司持股、信托方式持股等。如此将进一步调动广大干部职工的积极性和主观能动性，有利于进一步优化国有企业股权结构，有利完善法人治理结构和改善公司治理，有利于形成相互制衡、利益共享、风险共担机制，发挥各方优势，改善国有企业经营效率。

（六）PPP 模式

PPP 模式是一种公私合作的伙伴关系，它基于股权合作且主要应用在我国基础建设和公共事业领域。PPP 模式是探索不同于政府或国有企业直接提供投资、建设和运营服务的模式，以期能提高基建和运营效率，保障优质的服务水平。公、私双方共同出资设立成立一家新公司，或者在股权上分割现有国有企业股权给民营企业，在此基础上共同合作投资和运营设施，基于契约精神履约并获得收益。这一模式有利于拓宽资金来源、促进经营效率和服务质量提升、减少信息不对称和政治阻力，降低中断服务风险等，能更好地服务于我国的公共事业发展。在 PPP 模式下，国有企业选择私人一方仍需要按照市场化原则，根据行业特征、适宜合作领域等，选择有实力、有信誉的合作方，保证在混合所有制进程中依法合规、公开透明。在新企业中，以有效的法人治理结构兑现契约中双方的责任和义务，形成命运共同体，实现公共服务领域混合所有制改革成效。

国有资本投资、运营公司创新发展策略研究

国有资本投资、运营公司是十八届三中全会后新一轮国资国企改革的重要制度创新，改组组建国有资本投资、运营公司，是以管资本为主推进新时代国资国企改革的关键所在。在中发〔2015〕22 号文、国发〔2018〕23 号和〔2019〕9 号）等文件中，均对国有资本投资、运营公司的试点改革提出了一系列要求。但是，由于从 2014 年启动试点迄今五年来，从制度设计到措施落地，再到成果显现，还需要因时制宜、因地制宜的逐步推进。从目前各地的试点进展看，国有资本投资、运营公司在功能定位、界面关系、管控模式等方面，还面临诸多潜在的瓶颈和困境。通过深入剖析这些问题及背后的原因，本报告提出了推动两类公司创新升级发展的总体思路和重点方向，并从六大方面提出了较为具体的升级操作策略。

一、两类公司当前面临的困境

对于两类公司而言，面对当前国资国企改革的关键时期，如何准确界定和不断深化自身的功能定位，充分发挥独立市场主体作用，创新投资、运营模式，提升投资、运营效率，进一步强化资本运作职能，是亟待解决的关键问题。

（一）功能定位有待进一步明确

1. 如何在功能性任务与市场化效益之间寻求平衡

国有资本投资、运营公司及其前身国有资产投资/运营/经营公司，通常由国企改组、合并组建或股权划拨形成，一般均承担了政府和国资委的政策性投融资平台、资产管理平台、股权管理与运营主体等职能，在很多情况下需要兼顾政策导向和市场追求。一方面，作为政府的战略支撑和投资工具，在基建、民生、新兴产业等特定领域，需要充分贯彻落实政府战略意图；另一方面，为了实现国有资本的保值增值，需要在市场化业务中寻求投资回报。特殊的成因和双重定位，往往容易导致两类公司业务庞杂、主业不清、市场化程度低、治理水平滞后。特别是履行政府赋予的投融资职能和政策性投资任务，

有时会带来巨大的财务压力。

2. 如何在"公转"和"自转"中实现可持续发展模式

在推动产业集聚和转型升级过程中，不断优化国有资本布局结构，是设立国有资本投资、运营公司的首要目的。然而，在各地实践中，有的投资、运营公司由于设立时间不长，商业模式尚未形成，在日常发展中更加关注公司的做大做强，在"顾小家"中忽视了区域经济转型升级的"大家庭"，甚至出现不断地谋求划转股权，却未能实现国有资本的有序流动，甚至影响到被划出股权企业的发展积极性。有的投资、运营公司由多家国企合并组建，尚处于从"物理整合"到"化学整合"的过渡阶段，还未能跳出自己的小框框，还没有超前谋划如何引领和带动产业升级转型，如何为整个国资系统提供共享性和专业化的增值服务。

（二）界面关系有待进一步理顺

1. 如何理顺"管资本"为主的委托代理关系

国资监管部门要实现从"管人、管事、管资产"到"管资本为主"的转变，国有资本投资、运营公司在其中扮演了关键的角色。在政府与国有企业之间实现"一臂之距"的有效监管，是两类公司的重要职责。而要实现有效履职，来自国资监管部门的充分授权必不可少。

根据上海国有资本运营研究院发布的《2017国有资本投资运营公司发展白皮书》（简称"白皮书"）调查数据显示，针对两类公司授权改革，仅有不足10%的试点企业表示，国资监管部门正在按照"管资本"为主的要求，探索实行负面清单管理模式；有48%的受访企业表示，与一般国企一样，实行管人、管事、管资产相结合的方式；有21%的受访企业表示，目前国资监管机构实行行政手段与市场化手段相结合的管控方式，但总体而言受国资委管控。

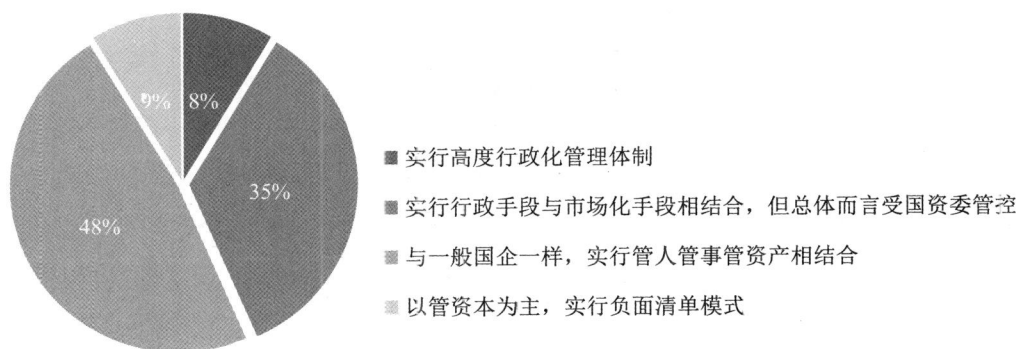

图1　国资委对国有资本投资、运营公司的管理体制

此外，多家试点企业反映，与国资委在权责划分方面还不甚清晰，存在国资委要求与企业战略不一致、国有股权代表的履职方式不清晰、投资决策链条长、缺乏市场敏感度、约束机制多、激励机制少等问题。

2. 如何明晰与控（参）股企业的关系

两类公司与持股企业之间的管控模式，还存在较大的优化空间。例如，有的两类公司对下属企业采取无差异化的管控模式，还没有根据业务特点的不同，实行分类差异化管控；有的管理界面不清晰，横向职能部门之间的职责定义不清，存在重合或者疏漏。纵向来看，总部和下属公司权责界定不明，缺乏合理的分级分类授权和监督机制；有的两类公司总部和下属公司的法人治理结构还有待健全，董事会、监事会、党委会、经理层之间高度重叠。

此外，还有部分试点企业，在总部组织架构设置、职能职责安排等方面，尚未充分展现总部"管资本"的定位，总部仍在运营层面参与对二、三级企业的管控，与通过股权纽带实现"管资本"的要求相去甚远。此外，部分试点企业管控层级过多，甚至存在五到六层的情况，制约了"管资本"的效率和职能。

（三）运营能力有待进一步提升

1. 如何打造专业投资运营团队

当前国有资本投资、运营公司普遍面临人才短缺、薪酬绩效管理不到位的挑战。受传统管理体制和薪酬监管所限，国有资本投资、运营公司普遍缺少战略类和投资类人才，人才短缺现象较为突出。根据白皮书调查数据显示，95.83%的企业在资本运作人才上较为稀缺，83.33%的企业对金融类人才非常渴望，而股权管理、法律、财务等方面的人才，都属于专业化程度较高、有一定准入门槛的稀缺人才。

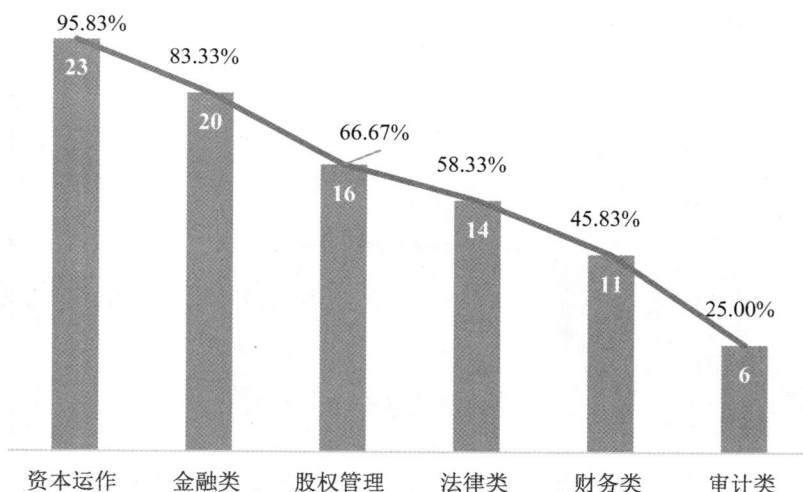

图 2 国有资本投资、运营公司目前对专业人才的需求情况

同时，大部分国有资本投资、运营公司业务部门负责人和总部高管人员仍多以行政化选用、任命制为主，尚未形成职业经理人制度，人才任免灵活性较低，距离"能上能下、能进能出、能高能低"的市场化管理体制仍有较大差距，使得公司难以完全自主地根据业务发展和市场竞争需要进行灵活的选聘和任用。

2. 如何构建科学有效的风控体系

对于国有资本投资、运营公司而言，其运作对象主要是各类资本和资产，与实体经济和产业经营相比，资本受到外界市场的影响更为直接和迅速，波动幅度也更大。因此，在资本的投资和运营中，风险管控的能力尤其重要。

目前，国有资本投资、运营公司在发展初期，更多的是希望资产的做大做强、业务的丰富多元。在快速成长的过程中，对风险的管控多多少少容易忽视。白皮书对国有资本投资、运营公司的部门设置进行了统计，其：设置综合办公室和财务部门的比例最高，为 95.5%；资产管理部（81.8%）、党群和纪检部门（68.2%）、股权投资部、人力资源部和战略投资部等，得分均在 60% 以上；而设置风控部门和审计部门的只有 45.5%，没有超过半数。

二、未来转型升级思路与方向

从未来国有资本投资、运营公司的发展来看，要按照国家顶层设计部署，围绕国资国企发展需求，国有资本投资、运营公司必须因势利导、快马一鞭，从目标指引、主体功能、基本保障和根本动力等四个维度，不断推动国有资本投资、运营公司在"融、投、管、运"价值链上的布局优化、业务创新和流程整合，积极打造国有资本投资、运营公司的升级版。

（一）以服务国家战略和区域经济社会发展为目标指引

国有资本投资、运营公司作为地方政府的功能载体，服务好地方政府经济社会转型升级是其首要职责。尽管新一轮国资国企改革强调减少政府干预，增强企业市场化自主权限，但从各地运作较好的两类公司实践看，紧紧依靠政府，遵循授权机制，按照相关决策部门的统一部署，服务好地方区域经济社会发展，是两类公司取得成功的关键。这不仅仅是因为一级地方政府是两类公司的主要资源供给者，更是因为服务地方政府共同推进经济社会发展，是两类公司的立足之本和价值之源。当然，在具体操作落地过程中，应充分发挥市场化机制作用，依法依规大胆探索体制机制改革，在提高公司市场效率、竞争实力和可持续发展能力中服务好区域经济社会发展。

（二）以国企改革平台、产业投资运营平台为主体功能

国有资本投资、运营公司在功能定位上，应突出自身在资产经营、资本运作、相对"干净"等方面的优势，成为推动国资监管体制改革创新，国企兼并重组、混改、转制、退出，产业结构调整和经济转型升级等方面的生力军和主力军。通过整合内外部资源，着力做强三大平台功能，方能更好地发挥国资带动力和影响力，方能有效实现"功能与市场"均衡发展，方能在区域经济社会发展中占有一席之地。

（三）以授权经营体制改革和运行机制创新为基本保障

进一步理顺国资委、投资、运营公司、实体经营公司之间的关系，按照权责利一体、人事财统一的原则，优化国资委与投资、运营公司的界面关系，优化投资、运营公司与下级公司的管控模式，构建一个规范统一、灵活高效的体制机制环境，促进国有企业运营效率进一步提升，切实增强企业核心竞争力与综合发展能级，促进国资监管体制进一步完善，建立健全以"管资本"为主的监管体系做到实处。

（四）以持续提升市场化和专业化运营能力为根本动力

投资、运营公司要承载战略功能和历史使命，并实现可持续发展，归根结底，还是要提高自身的业务能力，包括熟悉国家法规政策和发展大势、通晓金融财务审计等知识、掌握丰富现代企业管理经验等。当然，要实现这一根本目的，核心在于培育和引进人才，而人才的关键又是营造一个良性激励机制，包括创新文化、薪酬体系、职务晋升、职业生涯规划等方面的机制。

三、两类公司优化升级的对策建议

以国有资本投资、运营公司未来发展方向和总体思路为指导，在具体升级策略上，提出国有资本投资、运营公司优化升级的六大对策建议。

（一）突出"归核化"功能定位

结合两类公司的实践探索和经验，我们认为两类公司不是一般意义上的国有企业，而是落实国家战略和区域中心任务的重要执行主体。我们认为，国资运营平台应该具备以下四大功能：

1. 落实国家战略与区域使命引领功能

国资运营平台应聚焦关系国家安全、国计民生的重要行业和关键领域，参与长期性、

基础性、战略性的投资，助推区域加快形成规模体量大、成长性高、引领性强的新兴产业集群。围绕国家和区域新的发展方略，引导先行，率先垂范，探索有效路径和模式，形成可复制、可推广的经验做法，通过搭建合作共赢的舞台，集聚各路资本、各类企业、各种资源，共同把国家和区域发展使命落到实处。

2. 全方位多元资源聚合配置集成功能

两类公司应发挥平台多元资源聚合作用，统筹配置产业、金融、土地、科技、人才、信息等要素资源，有效连接国有资本与社会资本。通过助力区域经济一体化、乡村振兴、一带一路等国家战略的贯彻实施和积极统筹国际、国内两个市场、两种资源，为上区域企业"走出去"，开展国际化经营提供支持和服务。

3. 发挥国有资本投资运营主体功能

两类公司应积极承接和持有区域国企股权，对授权范围内的国有资本履行出资人职责，对所出资企业依法行使股东权利。依托多层次资本市场，积极参与区域国企引战上市、产业整合重组和其他资本运作项目，推动混合所有制经济发展。承接国企混改或整体上市的剥离资产、拟调整清理资产等，通过资产证券化、资产重组、整体出让、破产清算等方式，加快存量资产盘活处置，稳妥化解历史遗留问题和各类矛盾。

4. 促进产业发展与金融结合引领功能

两类公司应依托在产业、科技、金融等领域的综合性优势，建立和完善实体企业与金融机构之间长效、多元、高效的产融结合模式。通过投资基金等工具，发挥国有资本的引领和放大效应，引导社会资本脱虚向实。进一步放大辐射区域的创新策源能力和科技成果转化能力，探索持续健康的长期性资本和创新性资本的形成机制，面向国际的多要素、多层次、广覆盖的科技金融生态圈。

(二) 提升"专业化"资本运作

作为实现政府特定功能，按照市场化运作要求的特殊类型两类公司，未来国有资本投资、运营公司的发展，必须要从被动执行走向主动运营，把专业化资本运作能力打造成为企业的核心竞争力，努力实现投资、运营决策以市场信号为价值发现的依据，国资进退流转以市场规则为交易规范，匡资布局调整以顺应市场需求为导向，国资形态转换以资本市场为依托平台，以市场化投资、运营为中心，重点完善"融、投、管、运"核心价值链，加快建设集持股运作、投融并举、资产处置等于一体的国有资本投资、运营平台。

1. 着重加强划拨股权的管理和运作

在积极承接国有上市、非上市公司股权划转的基础上，重点提升接盘能力和服务能力。"强运作"，聚焦资本运作主业，推进现有国资运营方式的流程化与规范化；"促重组"，积极参与国资监管部门战略决策，及时提供有效决策参考，推动更多国企股权划入，服务国企重组与整体上市；"设基金"，强化投资功能与杠杆放大，支持国企混改与重组工作；"重研究"，发挥两类公司、专业研究机构、知名科研院所的"产学研"合力，联合共建博士后流动站、国资研究基地或研究院，加强对国有资本投资、运营平台深化改革与业务创新的前瞻性研究。

2. 要积极提升融资创造价值能力

一方面，发挥境内外融资渠道作用，探索实施投资、运营平台范围内资金池运作，实现更低成本、更高效率的资源整合，多措并举引资融智，为持股企业发展及重大投资项目建设主动提供资金支持；另一方面，提前布局介入金融服务牌照，通过注资增资、相互持股等方式，获取银行、证券、保险、信托等主流牌照，为投资、运营业务开展和产融深度结合发展提供可控的支撑工具，形成协同效应。

3. 要大力加强市场化投资能力

投资方向上，结合经济社会发展中长期规划，重点投向具备核心技术能力的先进制造业和基于国企改革深化的混改、并购重组等领域，促进实业发展，推动改革深化。投资手段上，重点加强投资基金化发展。通过与中央企业、地方产业集团及社会资本合作，组建"母基金+子基金"基金群，利用市场机制，放大基金杠杆，共同推动本市经济发展。投资对象上，建议盯紧战略性新兴产业、特色产业园区的龙头企业，从布局产业集群入手，挖掘白马股、潜力股，争取成为主板市场上的"法人交易户"，三板市场上的"合格做市商"。同时，围绕"投前、投中、投后"业务全过程，建立分级投资决策机制，优化投资决策程序，完善全面风险管理体系，强化投后项目评估和反馈机制。

4. 做好资产管理与盘活

一方面，加强存量资产的盘活处理，积极拓展外部资产项目来源，并按照战略持有类、培育增值类和加快处置类进行分类处置，实现资产处置效益最大化。另一方面，重点加强资产证券化经验积累，区分实物资产、品牌资产、现金资产、信贷资产、证券资产，探索形成多种模式的资产证券化路径和方式。此外，要围绕资产的剥离、置换、出售、转让和证券化，总结自身经验，借鉴最佳实践，组织编制符合自身发展需求的操作手册和作业指导书，以规范管理促专业能力提升。

（三）凸显"个性化"正向激励

国有资本投资、运营公司具有类金融企业的特点，但受体制机制约束，目前的薪酬体系和考核激励机制难以适应市场竞争的需要。在未来的发展中，需要在国资监管部门的指导下加强联动，规划设计与两类公司运作相适应的考核激励机制和薪酬体系，以有利于进一步吸引和集聚专业人才，激发队伍的活力。

1. 制定差异化的两类公司考核评价体系

在针对两类公司设计考核评价体系时，应注意"三个区分"，一企一策突出考核评价重点，完善考核评价办法，更好地发挥考核评价的导向作用。

一是要区分两类公司与实体产业集团之间的异同。根据国务院国资委的最新分类划分，未来中央企业将主要分为三类，即实体产业集团、投资公司和运营公司。针对不同类型的企业，理应建立各有侧重的分类考核标准和分类监管要求。特别是对于投资、运营公司而言，其本质是一种"特殊功能类"企业，承担的功能任务和使命与产业集团有着明显的不同，急需针对性地调整和完善考核评价标准。

二是要区分国有资本投资公司与国有资本运营公司之间的异同。国有资本投资公司应重点聚焦特定产业链，不断强化自身对产业链布局优化的掌控能力，故此可借鉴其他产业集团的考核方式，在关注净资产收益率、资产负债率、主营收入及利润增速等经济效益指标的同时，应进一步强化对布局全球化、资产证券化、战略性产业投资引领等功能性任务的考核。而对于国有资本运营平台，由于其更为注重的是依托资本市场进行组合配置优化和进退流转，在业务领域的分散性、资本运作的不确定性及受国际国内相关因素影响的复杂性等方面，与投资公司又有明显的不同，故此在针对运营类两类公司的考核机制上，也应更加突出个性化、精准化，紧紧围绕赋予两类公司的实际功能和任务使命进行考核指标、权重及方式的设计。

三是要区分常规性定期考评与基于任务的阶段性考评之间的异同。针对两类公司，特别是运营类公司，在考核周期上应适度拉长，以年度考核为辅，以任期考核为主。同时，还需结合特定投资、运营任务的完成情况（如国资股权盘活变现、资产盘活流动变现等），增设针对特定任务的阶段性考评。在具体指标的设定上，应注重"明确导向+行业对标"，通过同业比较、历史比较等方式进行针对性考核。

2. 建立有市场竞争力的薪酬激励机制

打造一个颇有竞争力的薪酬体系和激励机制，不仅有利于专业人才的引进和培养，更是激发团队内在动力和创新活力的必要路径。

一是要不断优化薪酬结构。对于经营层人员，区分组织任免和市场化选聘的薪酬标准，实行与选任方式相匹配、与经营业绩相挂钩的差异化薪酬分配方法，对市场化选聘的职业经理人，实行市场化薪酬分配机制。对于公司员工，区分业务部门与后台事务部门。业务部门（如投资基金部、资本运营部等）建立基于市场导向和项目运作收益为主的考核评价机制，在薪酬设置上应适当提高绩效薪酬所占比重；对于后台事务性部门

（如综合管理部、审计法务、党群纪检等），建立基于功能和任务为基础的考核评价机制，在薪酬设置上应适当提高基本薪酬所占比重，从而构建全员绩效考核评价机制。

二是要放宽薪酬总量控制。可先行探索一定限度内放开对二级子公司层面的薪酬管控，逐步缩小两类公司人员薪酬与相匹配岗位的市场化水平之间的差距，实现按照市场均衡价格招聘管理人才、专业人才。可研究制定"特殊人才"单独议薪办法，对个别专业化高端金融及资本运作人才，允许突破现有工资体系限制。

三是要结合两类公司的业务特点，创新中长期激励机制。例如，对于投资类公司，逐步推广核心员工和团队跟投机制；在基金公司中，建立符合行业特点的利润分成与超额利润分成办法，在项目层面实施项目收益提成。此外，面对当前国有企业"混改"如火如荼的形势，对于两类公司而言，亦可考虑选择二级子公司层面，开展混合所有制和员工持股试点。

（四）完善"集团化"管控体系

完善集团内部管控，打造体系化的管控方式，是有效提升管理水平、增加公司整体绩效的重要手段。

1. 实施差异化管控模式

根据持股企业的不同性质，实施不同的管控模式。从管控强弱角度而言，管控模式可以分为财务管控、战略管控和运营管控三种类型。对于全资和绝对控股企业，主要实施运营管控；对于具体负责集团业务操作的子公司，采取"运营+战略"的混合管控模式，并根据任务要求在两种管控模式之间做适当的力度调整；对于集团投资或划拨的具有实际话语权的持股企业，主要采取战略管控模式；对于集团投资参股的企业及管理关系仍在国资委但股权划拨至公司的名义持股企业，主要以财务管控型为主。

2. 明确"母子"间管控重点

对于管控的内容，可将战略规划、资源配置、财务、人力资源、风险这五个方面归纳为管控的重点。

在战略规划管控内容上，集团公司负责集团总体战略制订、实施监控和效果评估，以及制订集团年度经营计划并分解落实到子公司等内容；子公司协助集团做好规划并根据集团公司战略制定规划和计划。

在资源配置管控上，集团负责制定整体投资和资产管理规划和年度计划及投资管理等制度、办法和流程，并对上报的重大投资和资产处置事项进行审批或备案；子公司在一定权限和额度范围内可根据集团战略规划自行决定投资行为，之外的投资行为则需上报。

在财务管控、人事管控和风险管控上，集团公司主要负责制定总体制度安排和统一的运作要求，并指导子公司开展形式多样的创新探索。例如在人力资源管控上，子公司在集团管控工资总额范围内可探索建立市场化的薪酬体系等。

3. 丰富多样化管控手段

确立管控模式和管控内容后，还需要更多丰富的管控手段来更好地实现管控目标。一是强化集团外派人员管理、建立产权代表报告人制度，明确报告内容和报告流程，发挥好产权代表报告人上传下达及参与董事会决策等方面的作用；二是建立清单式管理制度，通过系统梳理集团公司与子公司的职能定位和管控方式，确立各方的权责清单，设立战略规划的正面清单、风险管控的负面清单、子公司投资项目的审批和备案清单等；三是强化信息化的管控手段，完善网上办公系统，建立依托移动互联网的报送平台等。

（五）提升"信息化"管理能级

充分利用信息化手段，支撑全集团范围内的管理制度化、制度流程化、流程信息化。围绕内部流程及核心业务，优化财务一体化系统，提升资金归集功能，探索开发资产管理系统、股权管理系统、投资管理系统、风险识别监测系统等，以"制度先导+信息化支撑"不断推动"优管控"。

1. 财务信息系统优化建设

实现资金归集的自动化与人工审批相结合，进一步发挥资金统筹管理功能。秉持资金安全、高效使用、成本控制的资金管理原则，实现统筹账户管理、统筹平衡资金需求、统筹调度内部资金、统筹对外筹资融资、统筹担保管理的功能。对资金上缴、项目投资和费用支出时的资金需求，以及股权转让、资产变现、投资回收时的资金管理和税务统筹，加强事先预判，做好顶层设计和前瞻性安排。逐步提升对下属企业预算执行情况的追踪，并进行执行偏差分析。

2. 风险管理系统全流程建设

实现全流程风险控制和管控一体。按照《中央企业全面风险管理指引》，结合集团实际，通过对风险的系统辨识评估，建立与集团业务相匹配的风险指标库，形成高效、全面、有针对性的风险分析模型。聘请专业机构，打造自动化、智能化、信息化的风险管理系统，做好风险数据收集、汇总、分析、评价、预警和监控。

3. 资产和股权管理系统建设

建立资产管理系统，实现存量资产的动态化监管，开发嵌入租金定价模块、租赁户信誉评级模块等，进一步提高工作效率，形成有效的资产资源运营体系。启动股权管理信息化建设，涵盖投前管理、投后管理、统计分析等模块，促进业务流程与管理流程的优化组合，大力提升集团综合管理能力。探索开发信息化、可视化的投资跟踪监测系统，优化定性和定量指标，建立投后评价体系。

（六）强调"引领化"国企党建

坚持党的领导、加强党的建设，是国有企业的"根"和"魂"。既要实现两类公司对市场化工具的应用，真正实现"管资本"的目标，也要牢牢抓住国有资本投资、运营公司姓"国"的根本属性。

1. 完善公司党组织自身建设

一是完善"双向进入、交叉任职"的领导体制。公司本部及控股企业党委书记与董事长由一人兼任，符合条件的党委会成员通过法定程序进入董事会、监事会和经理层；符合条件的董事会、监事会、经理层人员进入党委会。二是修订党委会议事规则。强化党组织对重大决策的把关定向作用，明确党委研究讨论是董事会、经理层决策重大问题的前置程序，重大经营管理事项必须经党组织研究讨论后，再由董事会或经理层依法履行决策程序。三是落实企业党建责任制，发挥好纪检监察职能。认真落实党委主体责任、纪委监督责任和"一岗双责"要求，强化对权力运行的监督和制约。

2. 以党建引领企业文化发展

企业文化是国有资本投资、运营公司发展升级的重要软实力，也是公司打造核心竞争力的基石所在。一是典型引路，充分发挥优秀党员，特别是员工身边的优秀党员的引领示范作用，是企业文化建设的一项重要而有效的方法。二是通过微党课、党建 APP 等平台，创新党建宣传和教育的方式，通过新型党建方式吸引更多青年才俊认识党、熟悉党、加入党组织，利用新形式、吸引年青人的党建方式也是打造企业创新文化的重要路径。三是要结合国有资本投资、运营公司的功能特点，通过党建营造具有时代规律性和公司鲜明个性的企业文化管理手段，例如强化企业在担当、创新、开放、团结等方面的文化建设。

3. 以党建促进业务能力提升

"围绕发展抓党建、抓好党建促发展"不仅仅是口号，在实践中也不断证明抓好党建对于促进发展具有重要作用。一是强化党建促发展的工作理念。主动走进工作第一线，用看得见、摸得着、悟得到的事例对员工开展感恩教育和廉政教育，用讲效率、讲质量、讲奉献的工作氛围建设企业文化。二是强化党群组织的思想教育导向作用，公司各级党群组织应及时了解员工队伍的思想状况、精神状态、年龄结构、文化层次结构及业务技能水平等，为员工解决所想、所盼、所需问题，保持员工队伍的整体稳定。三是全面提升员工素质。用优秀的传统文化、新的思想理论、落地生根的企业文化、先进的管理业务知识武装员工。

国有企业党的政治建设现状研究

政治是大局，政治是统领，政治是保证。政治问题任何时候都是根本性问题。党的政治建设是党的根本性建设，决定着党的建设方向和效果。党的政治建设抓好了，对党的其他建设起到纲举目张的作用，对于推进党的建设新的伟大工程具有重大意义。本课题在对中国电科、国家电网、华润集团等18家中央企业和地方国有企业调研的基础上，运用十九届中央首轮巡视8家中央企业的巡视成果，结合兵器工业集团实际，综合分析研判国有企业党的政治建设现状。

一、国有企业党的政治建设实践成效

国有企业是中国特色社会主义的重要物质基础和政治基础，是党领导的国家治理体系的重要组成部分。党的十八大以来，特别是全国国有企业党的建设工作会议以来，国有企业各级党组织着眼党和国家事业发展全局，以习近平新时代中国特色社会主义思想为指导，旗帜鲜明讲政治，采取切实有力措施，不断强化党的领导、严肃党内政治生活、加强党内教育、整顿作风和反腐败斗争，推动全面从严治党向纵深发展，国有企业党的领导全面加强，政治纪律和政治规矩意识明显增强，党内政治生活逐步规范，党组织凝聚力战斗力不断提升，党的政治建设取得实质性进展，政治生态逐步向善向好。

一是领导干部"四个意识"显著增强。党的十八大以来，国有企业各级党组织终把强"根"固"魂"作为国企党建的基础工程，把学习贯彻习近平新时代中国特色社会主义思想作为重要政治任务来抓。以开展党的群众路线教育实践活动、"三严三实"专题教育、"两学一做"学习教育常态化制度化为契机，通过中心组学习、交流研讨、专题培训等多种形式，组织广大党员干部认真学习，全面掌握习近平新时代中国特色社会主义思想的科学内涵和核心要义，深刻领会贯穿其中的马克思主义立场观点方法，不断增强"四个自信"，强化践行"四个意识"特别是核心意识、看齐意识的思想自觉和行动自觉，坚定听党话、跟党走的政治站位和责任担当。通过持之以恒地深入学习，国有企业党委（党组）和领导干部把坚决维护习近平总书记党中央的核心、全党的核心地位，坚决维护党中央权威和集中统一领导，坚决贯彻习近平新时代中国特色社会主义思想，坚决落实党中央重大决策部署，作为最大的政治纪律政治规矩，作为必须始终遵守的最高政治原则，领导干部的思想自觉和行动自觉普遍增强。比如，兵器工业集团将学习贯彻习近平新时代中国特色社会主义思想和党的十九大精神摆在首位，面向全集团领导干部开展轮训，在所有重点培训班次上安排专题学习研讨，率先在央企实现"五个全覆盖"。东风公司开设"周末讲堂"，包括党课讲学、宣讲领学、专栏导学、创新助学、及时跟学等六个课堂，按需定制教学菜单，保证党员学习教育不留死角。东方电气绘制《学习贯彻落实习近平新时代中国特色社会主义思想和党的十九大精神路线图》，共 6 章 29 节，分解出 270 项工作任务，将学习贯彻习近平新时代中国特色社会主义思想和党的十九大精神落实到改革发展各个领域。

二是党对国有企业领导切实加强。国有企业贯彻落实全国国有企业党的建设工作会议精神，积极推进党建工作进章程，完善"双向进入、交叉任职"体制，建立健全党组织研究讨论作为企业决策重大问题前置程序，党委（党组）发挥领导作用的体制机制逐步理顺，企业党委（党组）重大问题掌得了舵、重大决策说得上话、重要干部做得了主，党的领导得到实实在在加强。以中央企业为代表，目前中央企业集团及其所属的 3000 余家二三级单位实现党建要求进章程，明确党委（党组）在决策、执行、监督各环节的权责和工作方式，保证了党组织在公司治理结构中的法定地位。部分合资业务较多的中央企业将党建工作要求写入混改合作协议或合资公司章程，进一步推动党组织发挥作用组织化、制度化、具体化。中央企业集团及其所属 2400 余家二三级单位实行了党委（党组）书记、董事长"一肩挑"，从领导体制上逐步理顺党的领导和董事会决策的关系。全部中央企业和 1.1 万余家二三级单位将党组织研究讨论作为董事会、经理层决策重大问题的前置程序，从运行机制上保证了党组织意图在重大决策中得到尊重和体现。一些中央企业结合实际，对党组织研究讨论前置程序实现路径进行了探索，形成了党委重大问题全面把关、党委政策性方向性把关、党委研究讨论后交董事会决策等多种实践路径，提升了党组织研究讨论前置程序的可操作性。比如，中国建材在混合所有制改革中，把坚持党的领导、加强党的建设纳入改革方案整体设计，推进"党建入章程"工作进展顺利，所属二三级企业已全部完成，确立了党组织的法定地位，有效融入治理结构。中国船舶把"双向进入、交叉任职"领导体制作为成员单位党委常委会、董事会、监事会、经理层领导班子配备和调整的基本原则，二级公司制企业已全面实行党委书记、董事长一肩挑。中国宝武制定"三重一大"决策事项清单，对决策事项、决策主体进行细化，分为重大决策、重要人事任免、重大项目安排、大额度资金运作四大类共 81 个子项，其中 34 项由党委常委会审定，主要集中在"重大决策类（加强党的建设）"和"重要人事任免"类，其余 47 项均履行党委常委会前置程序，涉及战略规划、体制机制、长期股权投资等。

三是党内政治生活不断从严。国有企业各级党组织严格执行《关于新形势下党内政治生活的若干准则》，严格开展"三会一课"、民主生活会、组织生活会、谈心谈话等党的组织生活制度，做到基础工作严肃认真、经常规范，党员领导干部以普通党员身份参加党内政治生活，带头学习、带头讲党课、带头抓落实，党的意识和党员意识不断提高，牢记第一身份是共产党员、第一职责是为党工作的自觉性不断增强，抵制商品交换原则对党内政治生活侵蚀的思想自觉和行动自觉不断巩固。坚持和完善民主集中制，结合实际修改完善党委（党组）工作规则和议事程序，不折不扣按照"集体领导、民主集中、个别酝酿、会议决定"的原则，在广泛听取各方意见和建议的基础上，集体研究讨论决定企业重大事项，保证科学民主决策。坚持不懈开展批评和自我批评，领导干部以身作则，带头接受党员群众的监督批评，带头开展严肃认真的批评与自我批评，使咬耳扯袖、红脸出汗成为常态，通过真诚友好的批评与自我批评达到增进团结、促进工作的目的，使党内政治生活成为每位党员锤炼党性修养、砥砺道德品格的重要平台，党内政治生活的政治性、时代性、原则性、战斗性不断增强。比如，中国电科制定《现代国有企业制度"1+3"权责表》，明确"责任清单、决策程序、沟通机制、报告制度"四要素，厘清党委（党组）与董事会、经理层决策重大事项的责任界面，形成有效制衡、高效运转的工作机制。中国华电四川公司在加强党内政治文化中，着力"五突出五强化"，即突出价值引领，强化政治认同；突出关键少数，强化政治能力；突出组织优势，强化政治生活；突出保障监督，强化政治评价；突出传承激励，强化政治情感，为净化企业政治生态奠定了政治文化根基。福建瓮福集团党委严肃党内政治生活，将每月第三个星期确定为公司"主题党日"，集中开展"三会一课"、民主生活会等活动，不断增强党内政治生活的严肃性。

四是严守政治纪律和政治规矩更加自觉。遵守党的政治纪律是遵守党的全部纪律的重要基础。两年来，各级国资委党委和国有企业党委（党组）坚持把纪律挺在前面，始终牢记"五个必须"、严防"七个有之"，坚持同各种违反这个重大政治原则的思想和行为作斗争，认真落实向上级党组织请示报告制度，党员干部严守政治纪律政治规矩的自觉性不断增强，以实际行动保证全党统一意志、统一行动、步调一致向前进。国务院国资委党委多次召开中央企业领导人员全体会议，对中央企业重大腐败案件及巡视中发现的一系列问题进行通报，明确要求中央企业领导人员以此为戒，切实增强"四个意识"，严守政治纪律和政治规矩。对中国物铁、中冶集团有关领导人员拒不执行党和国家方针政策和重大工作部署决定，造成国有资产重大损失的行为，进行了严肃查处，并公开通报，在中央企业引起高度警醒。华电集团党组在全系统开展纪律（规矩）建设年活动，通过"警示教育""专项整治""制度建设""执纪问责"4项行动，引领全体党员干部职工坚定理想信念的"高线"，严守纪律规矩的"底线"，远离违法乱纪的"红线"，始终做到守纪律、知敬畏、存戒惧，营造企业风清气正、干净干事的良好氛围。中国移动党组对领导人员亲属经商办企业情况进行了全面清查，共有 2.6 万余名县分公司经理以上人员填报调查表，做出书面承诺，对于亲属存在经商办企业且与中国移动及关联企业有业务往来的，责令限期退出关联企业的股份，或终止与中国移动及关联企业的业务往来。安钢集团公司研究出台了《处级领导人员问责办法》《员工责任追究办法》，既抓牢"关键少数"，又管住绝大多数，做到"三个必追责"：凡是违反党规党纪或集团公司制度、规定、要求的必追责，凡是岗位职责履行不到位、失职渎职的必追责，凡是损害集团公司利益的必追责，以严肃问责促进履职尽责，发挥惩处的震慑作用，形成了履职尽责、铁责担当、干事创业的生动局面。

五是基层党组织政治功能不断增强。国有企业各级党组织牢固树立"党的一切工作到支部"的鲜明导向，以突出政治功能为核心，不断把国有企业党的基层组织建设成为践行党的宗旨、贯彻落实党的路线方针政策和决策部署、推动企业改革发展的坚强战斗堡垒。坚持在深化改革中同步加强基层党组织建设，推动基层党建工作的覆盖面和影响力不断提高。目前，中央企业基层党组织覆盖率超过 99.4%，党组织按期换届率达到 92.3%。中央企业党委（党组）专职副书记全部配备到位，全部设置党建工作机构，党建部门编制达到同级部门平均水平，基层党组织基本实现"应建尽建"、按期换届"应换尽换"。特别是加强境外企业、混合所有制企业党建工作，确保国有资本投到哪里，党的建设就强化到哪里。持续加强基层党组织带头人队伍建设，把政治素质过硬的优秀经营管理人才充实到支部书记岗位，将党组织书记岗位作为选拔企业领导人员的重要台阶。落实"两个 1%"（按照不低于上年度职工工资总额 1% 提取党建工作经费，按照不低于在岗职工人数 1% 比例配备专职党务干部），所有企业都将党务工作经费纳入企业预算。坚持服务生产经营不偏离，普遍开展党员先锋岗、示范区创建，基层党组织战斗堡垒作用和党员先锋模范作用充分发挥，在改革发展和生产经营一线处处可以看到党组织和党员走在前列、干在前头。航天科技坚持"哪里有型号任务，党组织就建到哪里，型号队伍走到哪里，党的工作就跟进到哪里"，在组建型号试验队伍的同时，组建临时党委，开展"党员身份亮出来、工作质量干出来、先锋形象树起来"活动。中远海运坚持"支部建在船上"制度，强化"浮动国土"上的党建工作，设有 895 个党支部，拥有 12000 名党员船员，船舶政委近 1200 名，带出一支平时看得出、关键时刻冲得上的党员队伍和一支能够打硬仗、吃苦耐劳的船员队伍，有效地促进航运企业的发展。国家电网公司充分发挥党的组织严密、纪律严明的优势，着力打造有组织有力量、先锋模范作用突出的共产党员服务队，在共产党员服务队普遍成立党支部，扎实开展党支部标准化建设，强化共产党员服务队的政治功能、组织功能和服务功能，通过常态化开展为民服务，把党员组织起来、把群众团结起来，基层党组织的凝聚力战斗力显著增强，目前已经组建队伍4284支、共有队员10.7万名，覆盖国家电网全部经营区域26个省（区、市），被老百姓亲切地称为党的"光明使者"。

六是党的政治建设责任逐步压实。中央印发《中央企业党建工作责任制实施办法》，国务院国资委党委制定实施《中央企业党建工作责任制考核评价暂行办法》，实行中央企业党组织负责人党建工作述职、中央企业党委（党组）报告年度党建工作制度、基层党组织书记抓党建述职评议三项制度，构建了"述评考用"党建责任闭环，进一步压实了管党治党政治责任。国有企业认真贯彻全面从严治党的部署要求，紧紧咬住"责任"二字，普遍制定了党委（党组）及成员、纪委（纪检组）及成员责任清单，与所属二级单位签订了党风廉政建设责任书、领导人员廉洁自律承诺书，基本形成了宏观指导到微观操作的党建责任制度体系。以中央企业为例，普遍制定党建工作责任制实施细则，明确了企业党委（党组）主体责任、书记第一责任、专职副书记直接责任、其他班子成员"一岗双责"的具体内容，以及追责问责的情形和程序。中央企业内部全面开展书记抓党建述职评议考核，73家中央企业建立党建考核机制，并进一步强化了党建考核结果的应用，一些企业将党建履职考核结果作为干部评优"一票否决"项目，一些企业对直属单位党建工作实施分档排名，与班子绩效考核、班子成员业绩考核挂钩，对履行不力的领导干部视情况予以诫勉谈话、提醒谈话、纪律处分、组织调整等，有力推进了党建责任落实。中核集团党组印发《党建工作责任制实施细则》，明确了基层单位党委、党委书记、兼任党委副书记的总经理、专职副书记（或分管党建的班子成员）、其他党员班子成员、党建工作部门6个责任清单，将党建考核和生产经营考核有机融合，各占一定比例，作为确定成员单位班子薪酬、各级领导干部选任的主要依据。航天科工就强化考核评价建立了五项机制，通过落实党建工作考核评价、党组织书记抓党建工作述职评议考核、党组织书记季度例会、基层党委向上级党组织汇报党建工作、履职不力问责等五项机制，全面落实党建工作责任制，确保了管党治党责任的全面落实。

七是党内政治生态明显好转。坚决落实习近平总书记全面从严治党重要思想，严肃党内政治生活，持之以恒正风肃纪，坚定不移反贪惩腐，反腐败斗争压倒性胜利已经夺取并巩固发展，良好的政治生态正在形成，为企业持续健康发展提供了坚强保证。中央企业和地方国有企业坚决落实中央八项规定精神，驰而不息纠正"四风"，重点整治形式主义和官僚主义，督促党员干部求真务实、埋头苦干，"四风"问题在中央企业集团层面得到了有效扭转，在地方国有企业得到了有效遏制。加大风险防控体系建设，制定废旧物资处置管理、采购管理、招投标管理等制度，探索建立了"互联网+监管"的电子交易平台，以信息化手段推动廉洁风险防控。全面加强纪律建设，积极践行监督执纪"四种形态"，抓早抓小，防微杜渐，使广大党员干部明是非、辨真伪、养正气、祛邪气，始终绷紧廉洁自律这根弦。深入开展政治巡视，聚焦坚持党的领导、加强党的建设、全面从严治党，重点加强对贯彻党章和党中央决策部署情况的监督检查，截至目前已完成了中央企业政治巡视全覆盖，并深入推进巡视"回头看"，各地国有企业在保持工作连续性和巡视质量效果的基础上，结合单位特点和实际，应用巡视巡察并举的创新手段，深入开展自查自纠，不断深化巡视反馈问题整改，持续营造了风清气正的良好环境。两年来，中央纪委国家监委驻国资委纪检监察组、中央企业纪检监察机构、国资委直属单位和直管协会共接到信访举报 84504 件（次），初核 61353 件，立案 17068 件，给予党纪政纪处分 24117 人，移送司法机关处理 642 人，其中共查处委管"一把手"12 人，开除党籍 7 人。同时，严肃查处了中煤地质总局、冶金地质总局等企业党委、纪委落实"两个责任"不力问题，有力发挥了警醒震慑效应。中石油党组制定《关于深入推进党风廉政建设和反腐败工作建立健全不敢腐不能腐不想腐有效机制的意见》，运用科技手段和信息技术强化廉洁风险防控，在物资采购、油品销售、工程建设等 9 个重点业务领域开展电子监察。中铝集团党组坚持挺纪在前、正风肃纪，毫不手软地惩治震慑，党组常设 5 个巡视组、3 个区域监督中心，整合力量开展政治巡视、机动巡视、专项巡视和执行力问责巡视，及时发现、及时查处。

二、当前国有企业党的政治建设存在的突出问题和薄弱环节

党的十八大以来，国有企业党组织在推进党的政治建设方面取得了积极成效，但是与中央关于加强党的政治建设的总体要求相比，还存在一些差距，主要有五个方面：

一是贯彻落实党中央重大决策部署不到位。十九届中央首轮巡视第一次把"坚决维护习近平总书记核心地位、维护党中央权威和集中统一领导"作为巡视工作根本政治任务。从巡视结果看，被巡视的 8 家中央企业均被指出在学习贯彻习近平新时代中国特色社会主义思想和党的十九大精神上存在"不够深入"的问题。有的贯彻党中央决策部署不够扎实，从政治和全局高度落实"一带一路"建设、实施创新驱动发展战略、落实"三去一降一补"未完全到位；有的党组发挥领导作用不充分，政治担当不够，服务新发展理念有偏差；有的业绩观存在偏差，推进供给侧结构性改革不到位；有的重组整合重形式轻效果，尚未达到做强做优做大要求等等。这些问题表明，国有企业党的政治建设任重而道远。

二是党的政治建设落实简单化。调研发现，一些国有企业基层党组织在落实党的政治建设要求上存在简单化、形式化现象。比如，有的把背诵党章、图解政策、抄录准则，作为考核政治建设的硬性指标，而没有把政治建设要求真正贯彻下去；有的"三重一大"决策事项界面不清，事项无论大小，都由党委（党组）研究讨论，前置程序存在走过场、

形式化问题；有的仅注重在政治立场、政治原则上表态，没有立足国有企业发展实际，拿出务实有效的措施来部署来推进；有的领导干部表态多调门高、行动少落实差，抓政治建设的内生动力不足，缺乏应有的思想自觉和行动自觉。此外，国有控股混合所有制企业和国有企业境外单位党的政治建设还缺少务实有效的顶层设计和制度安排。

三是部分基层党组织政治功能弱化。从中央巡视和课题调研结果看，有的国有企业落实新时代党建工作要求不到位，基层党组织弱化虚化边缘化问题依然存在。比如，有的党内政治生活不严肃，违反政治纪律和组织纪律问题时有发生，基层党组织建设较为乏力；有的执行党内民主生活会、组织生活会、民主评议党员等走过场，存在表面化、形式化、庸俗化现象；有的过于强调服务功能，淡化政治主题，认为服务是实招、党务是虚功，对党务不钻研、不强化；有的党建基础不够扎实，不遵循党章党规办事现象时有发生；有的基层党建工作制度不健全，工作没章法，党内生活政治性、严肃性、规范性不够；有的服务大局意识不强，贯彻执行党的路线方针政策上不坚决、不到位，与上级不同步。

四是选人用人政治标准落实不到位。从中央巡视结果看，选人用人问题比较突出，任前把关不严，"带病提拔""近亲繁殖"问题依然存在。比如，有的执行干部选任制度不严，选人用人工作不够规范，个人有关事项报告不实；有的选人用人导向有偏差，干部管理使用不够规范；有的任前把关不够严格，圈子文化依然存在；有的突击提拔干部，执行有关程序、规定不严格。这些问题说明，部分国有企业对选人用人制度执行不够严格，落实"对党忠诚、勇于创新、治企有方、兴企有为、清正廉洁"二十字标准不够扎实。政治标准落实不到位，选人用人程序执行不严，一些党员干部把商品交换原则带入党内政治生活，将关系学、官场术等庸俗腐朽的政治文化也带入了党内政治生活，带坏了党内风气，破坏了党内政治生态。

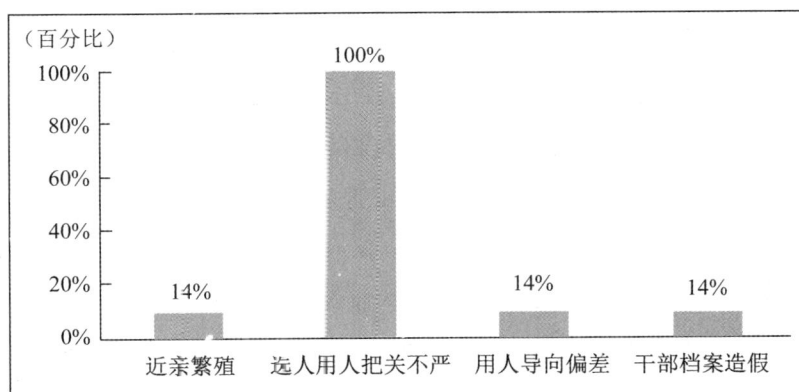

图1 国有企业选人用人不规范统计图

数据来源：据十九届中央首轮巡视中央管理的8家国有企业情况整理而得。

　　五是部分企业党的建设责任落实层层递减。调研发现，一些国有企业由于对党建责任认识不到位、对主体责任重视不够、责任落实不到位等因素，在推进全面从严治党过程中存在上热下冷、上紧下松等问题，削弱了党的政治建设质量。比如，有的企业党委（党组）责任内容不清，对党建主体责任是什么、怎么落实、落实到什么程度标准要求不清晰；有的企业党委主体责任和纪委监督责任落实不到位，监督执纪偏于宽松；有的书记、专职副书记责任界定不清，专职副书记"管什么、抓什么"书记说了算，责任分工随意性较大；有的班子成员"一岗双责"的职责不明确，履行"一岗双责"抓什么、怎么抓、怎么考核还很模糊；有的落实主体责任不够到位，日常监督管理不够有力，存在对违纪案件大事化了、小事化了现象；有的履行"两个责任"不到位，重点领域和关键岗位廉洁风险防控不够，追责问责不力。根据十九届中央首轮巡视对 8 家中央企业反馈情况，存在"两个责任落实不到位""履行'一岗双责'不到位"问题的均占 71%。根据兵器工业集团内部调查显示，责任界面不清（抓什么）的占 30.8%；责任内容不清（怎么抓）的占 27.3%；责任标准不清（抓到位）的 31.7%，责任落实不到位是党的政治建设的一个薄弱环节。

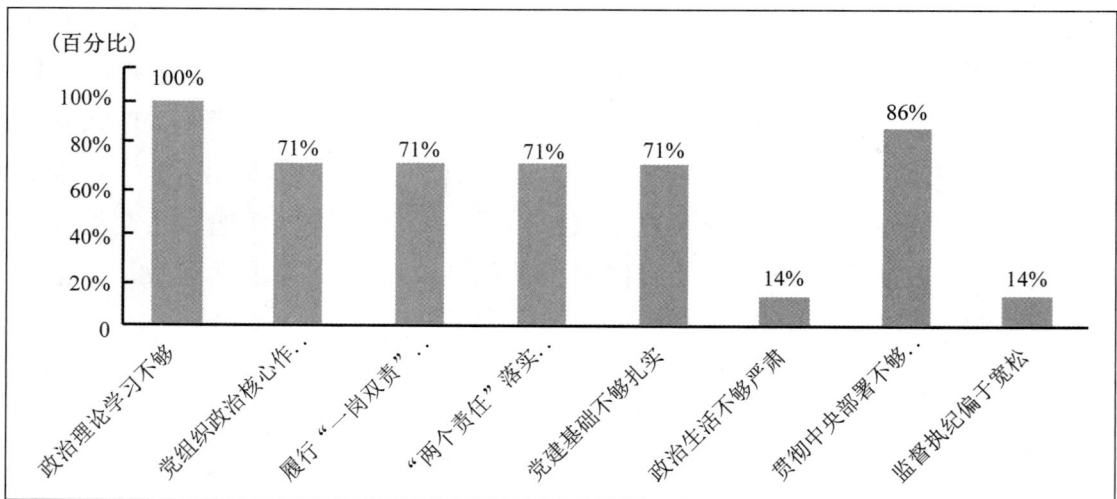

图 2　国有企业党的建设存在问题统计图

数据来源：据十九届中央首轮巡视中央管理的 8 家国有企业情况整理而得。

　　上述问题产生的原因，主要还是一些领导人员政治意识不强、政治能力不高、政治自觉不高，对党的政治建设缺乏应有的认识和重视，对党的政治理论和路线方针政策学习研究不够，对党的政治建设的内涵、任务、要求认识不清、了解不全、把握不准。调研发现，一些领导人员对于党的政治建设包括哪些任务，如何理解和把握"把党的政治建设摆在首位""以党的政治建设为统领"的要求，如何统筹推进党的政治建设与其他建设等既缺乏准确认识，也缺乏行动自觉。这些问题迫切需要在实践中加以解决。

三、加强国有企业党的政治建设的对策建议

（一）抓好理论武装，把准政治方向

坚决把学习宣传贯彻习近平新时代中国特色社会主义思想作为当前和今后一段时间最重要最根本的政治任务。一是持之以恒抓好学习教育和专题培训。把学习习近平新时代中国特色社会主义思想作为"两学一做"学习教育常态化制度化主要内容，结合"不忘初心、牢记使命"主题教育，综合运用好专题学习、研讨交流、主题党课等形式，组织广大党员干部深入学习领会，推动理论武装往实里走、往深里走、往心里走。二是充分发挥各级党委（党组）中心组理论学习龙头作用。坚持理论性、突出针对性、讲求实效性，在读原著、学原文、悟原理上做示范。推动各级领导干部自觉承担起学习贯彻的领导责任，精心组织，加强指导，同党员领导干部一起学习交流，一起调查研究，一起谋划工作，帮助大家深刻理解习近平新时代中国特色社会主义思想的政治意义、理论意义、实践意义和方法论意义。通过学习，让国有企业干部职工筑牢"四个意识"、坚定"四个自信"，始终做到"两个坚决维护"，始终在政治立场、政治方向、政治原则、政治道路上同以习近平同志为核心的党中央保持一致，确保国有企业、国有资产始终牢牢掌握在党的手中，确保国企党员干部职工始终听党话跟党走，为巩固党的执政地位、增强党的执政能力、实现党的奋斗目标夯实物质基础和政治基础。

（二）严肃党内政治生活，增强政治自律

严肃党内政治生活，既是党的政治建设的重要任务，又是加强党的政治建设的基本途径。一是严格执行《关于新形势下党内政治生活的若干准则》。各级党委（党组）要全面履行加强党内政治生活的领导责任，建立健全党内政治生活制度体系，把加强和规范党内政治生活各项任务落到实处。深入开展党内政治生活准则宣传教育，把党内政治生活准则作为党员干部教育培训的必修内容。强化对党内政治生活准则落实情况的督促检查，全方位构建严肃党内政治生活的运行保障、情况反馈和责任追究机制。二是坚持和完善民主集中制。坚持"集体领导、民主集中、个别酝酿、会议决定"的原则，严格落实民主基础上的集中和集中指导下的民主；党委（党组）主要负责人要发扬民主、善于集中，支持班子成员在职责范围内独立开展工作，班子成员在研究工作时要充分发表意见。三是把从严规范组织生活作为基本载体。认真落实"三会一课"、民主评议党员、谈心谈话、民主生活会、组织生活会等组织生活制度，坚持不懈开展批评与自我批评，创新方

式方法，增强党的组织生活活力，坚决抵制党内生活庸俗化、随意化、平淡化现象。

（三）培育积极健康的党内政治文化，淬炼政治定力

发展积极健康的党内政治文化，是党的政治建设的重大任务和崭新课题。要以党内政治文化作为党的政治建设的价值导向和内在精神，引导国有企业广大党员永葆共产党人的政治本色。一是弘扬共产党人价值观。把经常性教育同党内集中性教育紧密结合起来，大力弘扬以忠诚老实、公道正派、实事求是、清正廉洁等为主要内容的共产党人价值观，坚决抵制和反对个人主义、分散主义、自由主义、本位主义、好人主义、宗派主义和圈子文化、码头文化等各类低俗文化、腐朽思想，堂堂正正做人、勤勤恳恳干事。二是弘扬社会主义先进文化。深入挖掘中华传统优秀文化、革命文化的价值内核，通过党性教育专题课程、先进人物事迹宣讲、新媒体网络等形式加以传播，使国有企业党员干部永葆对党忠诚的政治品格、坚守个人干净的为官底线、强化敢于负责的担当精神，不断提高政治能力。三是大力弘扬国企先进精神。深入挖掘国有企业特色红色文化、红色传统、红色底蕴，把弘扬社会主义核心价值观与传承国有企业红色基因结合起来，把理想信念教育与国有企业改革发展历史教育结合起来，把弘扬民族精神和时代精神与弘扬具有国企特色的红色精神结合起来，把"鞍钢宪法""石油精神""两弹一星精神""载人航天精神""青藏铁路精神""人民兵工精神""中国高铁工人精神"等国有企业先进精神，融入广大干部职工的日常教育中，为建设世界一流企业汇聚强大精神力量。

（四）加强党性教育和党性锻炼，提高政治觉悟

党性是党员、干部立身、立业、立言、立德的基石，党性教育和党性锻炼是党的政治建设的经常性、基础性工作。一是抓住党章这个根本遵循。把学习党章、维护党章、尊崇党章作为国有企业党员干部的基本功，深入推进"两学一做"学习教育常态化制度化，把党章学习教育作为党员经常性学习内容，纳入各级党校和党员干部培训的必备课程，引导广大党员自觉加强党性锻炼，增强党的意识、宗旨意识、执政意识、大局意识、责任意识。二是加强党员干部理想信念教育、党的宗旨意识教育。牢固树立共产主义远大理想和中国特色社会主义共同理想，坚定对党忠诚的政治品格，增强为党分忧、为党尽职的自觉性。定期组织党员干部结合企业实际和思想实际进行党性分析，查找在政治觉悟、党性观念、思想境界、道德水平等方面存在的突出问题，深入分析整改。三是发挥好国有企业党校主阵地主渠道作用。突出党性教育和党的理论教育的主业主课地位，把习近平新时代中国特色社会主义思想学习教育作为主要内容，作为各级党校、干部学院主要课程，纳入培训计划和教学布局，创新党性教育方式方法，提高学习教育的针对性实效性。

（五）树牢政治标准，严把选人用人政治关

突出政治标准选拔干部，前提和基础是把干部的政治表现考准考实。必须坚持党对干部人事工作的领导权和对重要干部的管理权，严把选拔关、管理关、监督关，保证人选政治合格、作风过硬、廉洁不出问题。一是严格把好选拔关。改进完善考察工作的理念思路、程序步骤、方式方法，确保精准科学识别和评价干部的政治素质。坚持近距离、有原则性地接触干部，了解干部的工作圈、生活圈、社交圈，多渠道、多层次、多侧面了解干部的日常品行和表现，注重从岗位履职、完成急难险重任务中考察识别干部的政治品德、政治素养、政治担当、政治能力。二是严格把好管理关。好干部是选出来的，更是管出来的。健全完善干部考核评价机制，合理设置干部考核指标，改进考核方式方法，增强考核的科学性、针对性、可操作性。激励干部新时代新担当新作为，大力强化正向激励，切实加强人文关怀，落实"三个区分开来"的要求，完善容错纠错机制，旗帜鲜明为那些敢于担当、踏实做事、不谋私利的干部撑腰鼓劲，调动领导干部干事创业的积极性。三是严格把好监督关。加强日常监督、党内监督，管好关键人、管到关键处、管住关键事、管在关键时。加强党内监督，严格落实党的组织生活、党内谈话、考察考核、述责述廉、个人有关事项报告等制度，使咬耳扯袖、红脸出汗成为常态。整合监督力量，构建由党委（党组）主抓，组织部门牵头，纪检、监察、人事、审计等部门共同参与的干部监督网络，全天候、广覆盖对领导干部日常履职情况进行监督。

（六）突出政治功能，提升基层党组织组织力

党的基层组织是确保党的路线方针政策和决策部署贯彻落实的基础。要紧紧围绕提升组织力、增强政治功能，把国有企业基层党组织建设成为宣传党的主张、贯彻党的决定、领导基层治理、团结动员群众、推动改革发展的坚强战斗堡垒。一是提升政治领导力。牢牢把握基层党组织的政治属性，把政治功能作为基层党组织最核心、最紧要的功能，坚持民主集中制，强化党内政治生活的严肃性、增强服务群众的紧密性、增强完成任务的创造性、增强坚守党的阵地的战斗性，引导党员干部职工坚定理想信念，全面贯彻执行党的基本路线、思想路线、群众路线。二是提升组织覆盖力。按照"没有组织的抓组建、有组织的抓规范、已规范的抓提升"工作思路，推动基层党组织和党的工作全面覆盖。创新党的基层组织设置方式，根据企业功能、行业类型、企业规模、党员方式以及股权结构、发展阶段等特征，因地制宜、因企制宜设置党组织，消除党组织建设空白点和党建工作盲区。三是提高发展服务力。牢牢把握基层组织服务改革、服务发展、服务民生、服务群众、服务党员的功能要求，创新党组织活动方式，丰富活动载体，充分运用"互联网+"等信息手段开展各类党建创新服务活动，增强组织推动力、辐射力、

影响力，将基层党组织的组织资源转化为推动发展资源。四是提升自我革新力。以正视问题的自觉、以刀刃向内的勇气、以改革创新的精神，着力解决自身建设中存在的突出问题。加强党员队伍建设，提高党员队伍素质，努力建设一支信念坚定、素质优良、规模适度、结构合理、纪律严明、作用突出的党员队伍。严肃党的组织生活，把党的组织生活作为查找和解决问题的重要途径，作为锻炼党性、提高思想觉悟的"熔炉"。

（七）强化政治担当，坚决落实党的政治建设责任

落实责任是加强党的政治建设的前提，只有责任到位，管党才能做到真管，治党才能做到严治。一是构建主体明确的责任分工体系。坚持以党的政治建设为统领，按照统筹推进、协调推进、一体推进的要求，细化明确政治建设责任，使主体责任、监督责任、直接责任具体化、清单化，让责任主体该做哪些事情成为规定动作、该履行什么责更加清晰明确。健全责任链条，按照责任量化到岗、明确到人、具体到事的原则，明确上级党组织履行领导、指导和监督的责任，明确企业党委（党组）对本企业管党治党的主体责任，明确党建责任部门牵头抓总，相关部门齐抓共管的党建工作格局，形成上下贯通、环环相扣、层层负责、层层落实的主体责任链条。二是构建责任考评体系。建立完善科学的指标体系，指标设计既要体现新时代党的建设总要求，也要坚持服务生产经营不偏离这一原则，坚持定性设计与定量考核相结合。重点考核各级责任落实情况，党中央重大决策部署落实情况以及党委（党组）领导作用发挥情况。改进务实管用的考评方法，坚持过程评价与现场评价相结合，过程评价由上级党组织根据日常掌握情况评价，现场评价由上级党组织抽调专门力量组织实施。强化考评结果运用，考评结果要和国有企业领导人员奖惩、任免挂钩。加强日常监督，采取机动抽查、集中督查、专项检查等方式，倒逼责任落实。三是构建责任追究体系。坚持失职必问责、问责必有效，细化问责清单，严格责任追究，充分发挥问责"利器"作用。明确追责情形，把问责追责的内容、对象、事项、主体、程序、方式等精细化、制度化、程序化。追究责任，应分清集体责任和个人责任，主要领导责任和重要领导责任。要推动问责常态化，既要坚决追责问责触碰"红线"的违规违纪问题，也绝不放过推诿扯皮、敷衍塞责等不作为问题。

企业案例

III

以"三精管理"推动大规模重组企业的高质量发展

南方水泥有限公司（下称南方水泥）是世界五百强中央企业中国建材集团有限公司（下称中国建材）水泥业务板块的核心企业之一，2007年9月5日在上海浦东注册成立，注册资本100亿元人民币。成立以来，南方水泥从零起步，通过创造性的联合重组、管理整合、优化升级，在东南经济区迅速成长壮大。截至2018年底，公司下辖生产企业247家，员工2.5万人，拥有总资产906亿元，熟料产能1.2亿吨，水泥产能1.6亿吨，商品混凝土（下称商混）产能2亿方，水泥、商混综合产能位居全国第一，市场范围覆盖浙江、上海、江苏、安徽、湖南、江西、福建、广西等省（市）。

11年间，南方水泥实现了自身的跨越式成长，截至2018年底累计实现营业收入3769亿元、利润总额335亿元。同时，南方水泥为过剩水泥行业的结构调整和转型升级做出了积极贡献，带动行业利润屡创历史新高。习近平同志曾在南方水泥成立之初发来贺信，寄语南方水泥"早日实现战略整合的目标，为国有企业的改革发展不断探索新路，为促进区域合作、联动发展作出更大贡献"，南方水泥也正是按照这一路径实现高质量发展，并为我国供给侧结构性改革和央企市场化改革探路前行。

2010年，南方水泥曾以《水泥企业区域性大规模重组整合》荣获第十七届国家级企业管理现代化创新成果一等奖。此次提出《以三精管理推动大规模重组企业的高质量发展》，正是前一成果的延续与进一步创新。

一、传统过剩行业重组企业面临的挑战

（一）提升大型重组整合企业组织竞争力的内在要求

2007年9月南方水泥在上海浦东挂牌成立后，迅速抓住行业的转型窗口，持续推动联合重组，通过严谨的流程设计、专业化的团队协作，7年间将超过300家水泥企业和商混企业并购进来。这样的大规模联合重组在全球企业并购史上都是罕见的。

在并购重组过程中，南方水泥同步推动管理整合。当时，这些新进入的重组企业从

空间上分布在东南七省一市，有着不同的企业性质（约 60%为民企、约 25%为国企、约 15%的为合资企业）、企业文化与管理模式，整体管理基础薄弱，配套资源、生产装备、人员素质也参差不齐，其特点可以归纳为"多、小、散、乱"。如果不迅速开展行之有效的整合，这场大规模重组将极有可能走向失控，并最终宣告失败。中国建材此前缺乏整合这样一个重组后庞大企业集群的经验，当时在全世界范围也基本没有合适的先例可以学习和借鉴。要实现高质量发展，只有依靠企业自主开展经营管理创新来实现。

要打造一流企业，首当其冲就是要打造一流的组织。于是，如何构建一套适合南方水泥这样的过剩传统制造业重组企业集群的组织架构体系，如何将整个各自为战、臃肿庞杂的旧组织整合成整齐划一、精干高效的新组织，又如何将一支新组建且背景各不相同"杂牌军"打造成一支有凝聚力、有战斗力的"铁军"，都成为了亟待解决的课题。究其根源，就是要提升组织竞争力。

（二）提升充分竞争行业企业成本竞争力的客观需求

水泥是一种资源、能源依赖型的原材料，也是消耗量巨大且不可替代的基础建材。水泥产业链上游是石灰石等原料，中游是熟料和水泥产品，下游是商混，其中还贯穿了骨料（商混重要原料）和环保产业。

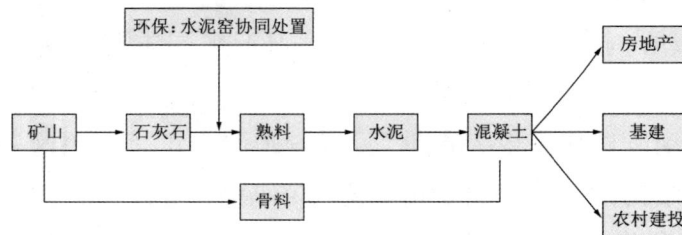

图 1　水泥产品上下游产业链

水泥行业的特性，由水泥产品的特性所决定：一是同质化，不同企业之间生产的同标号水泥差异微乎其微，保证质量的前提下，竞争的核心点在成本和价格；二是区域性，水泥产品价格低、体重、量大，运输费用在价格中占较大比重，且保质期仅一个月，销售半径十分有限，区域布局、规模效益和协同效益就十分重要。这两大特点，导致水泥行业成为一个竞争激烈、对管理水平要求较高的行业。

我国是水泥生产和消费的大国，进入 21 世纪以来发展迅速，经历"四万亿"经济刺激政策后 2009 年产量已接近全球的 60%。但随之而来的是供需不匹配、产能全局性严重过剩的现状，行业产能利用率长期低于 70%，产品价格在成本线上下波动，低价竞争乃至恶性竞争成为常态，一些地区甚至出现了全面亏损的被动局面。

在产品高度同质化的充分竞争行业里,初创的南方水泥面临严峻形势。一方面,全行业濒临亏损的形势下,留给南方水泥打造整合效益来取得生存权的时间窗口极短;另一方面,南方水泥又存在重组企业的先天不足,由资源不配套、装备不先进、管理不精细等重组企业固有缺陷而导致的成本劣势巨大,对比当时(以2007年为例)国内行业最先进水平,南方水泥的平均制造成本要高30%以上。

客观环境倒逼南方水泥形成了提升成本竞争力的客观需求,即在这样一个同质化、充分竞争的行业中如何通过管理整合守住成本生命线,并后发先至在生产成本和管理效率上实现追赶甚至超越。

(三)提升传统制造企业可持续盈利能力的必然追求

党的十八大以来,在加强生态文明建设的总体要求和供给侧结构性改革的政策指引下,水泥这一传统产业正面临三方面挑战:

一是化解过剩的挑战。从市场发展来看,在南方水泥成立的2007年,全国水泥总产能已达21亿吨,市场容量只有13.5亿吨,此后3年产能增长又持续迎来高峰,势头延续至今。产能严重过剩加上缺乏理性的引领,导致企业间持续进行恶性竞争,行业整体利润处在低位。

二是绿色转型的挑战。水泥行业的资源获取环节直接影响地质生态环境,生产环节相对高能耗、高排放,物流环节对公路运输造成极大压力,是国家从绿色环保、节能减排等层面重点关注的行业,也受到地方政府的诸多限制,停产整治甚至永久关停的案例屡见不鲜。

三是产业升级的挑战。首先,大多数水泥企业与上下游(矿山、骨料、商混等)缺乏有机联动,无法发挥协同效益;其次,行业内企业大多单体规模偏小、布局散乱,无法形成规模效应和集群效应;再者,工艺装备水平不高,数字化、智能化手段运用较少等问题也制约着水泥行业的发展,使其无法走上高质量发展的轨道。

这些挑战与行业形势密切相关,已经困扰了全行业多年仍得不到有效破解。南方水泥作为行业的新进入者,却又不得不去面对和解决这些问题,因为如果新进入者不能形成独有、可持续的经营管理优势,就会由于根基未稳最先被淘汰出局。

南方水泥着手攻克这些难关,在提升自身管理水平的同时,理顺"从管理到经营"的企业运营逻辑,从推动企业转型和改善行业生态两个方面入手,实现提升过剩传统制造业企业可持续盈利能力的必然追求。

二、三精管理的内涵、做法和创新

南方水泥面临的这一系列课题固然可以从现有的经营管理理论中寻找答案,但如何指向清晰、目标明确地在新成立的管理平台和众多新进入的基层企业全面推广和落实，并有所侧重地解决好过剩传统制造业重组企业面临的三大核心问题，还需要更好的归纳、提炼与创新。

中国建材指导和带领南方水泥从问题导向的角度出发，研究并总结出了三精管理体系，从三个直观明确的切入点着手，全面提升公司综合竞争力。"三精"分别指代"组织精健化、管理精细化、经营精益化"，力求精准简约，易于学习记忆和推广复制。具体概念如下：

组织精健化就是瘦身健体、强基固本。持续推进组织优化、瘦身健体和机制创新，构筑符合企业特点和利于企业发展的高效组织体系，在整合阶段有机融合重组进来的各方组织并不断进行重构、梳理、精干和强化，持之以恒地对层级、机构、人员等关联组织稳定高效运行的要素进行动态调整和优化改进，不断改革体制和创新机制来激发内生动力，夯实企业的组织基础，提升组织竞争力。

管理精细化就是降低成本、提高质量。推行全员全过程精细化管理，将对标管理、生产改善、6S 管理等先进的管理工法运用到企业生产制造的全过程中去，优化生产流程，减少生产过程中的物资、物料和工时消耗，降低生产成本，提高品质和产出；全方位推行全面预算管理和行政、人力、采购、营销、财务、投资等专业体系的精细化管理，深挖内潜，开源节流。通过持续降低成本、提高质量，提升成本竞争力。

经营精益化就是优化经营理念和经营模式。以"价本利"经营理念为指导，积极开展市场竞合与行业自律，促进行业健康化发展并顺势带动企业取得良好效益；在产业价值链上开展有限多元业务拓展，全面优化经营环境和资源配置，更大程度获取产业链延伸后联动产生的合理利润和附加价值，使企业能够有效化解宏观经济周期波动风险，实现高质量发展，提升可持续盈利能力。

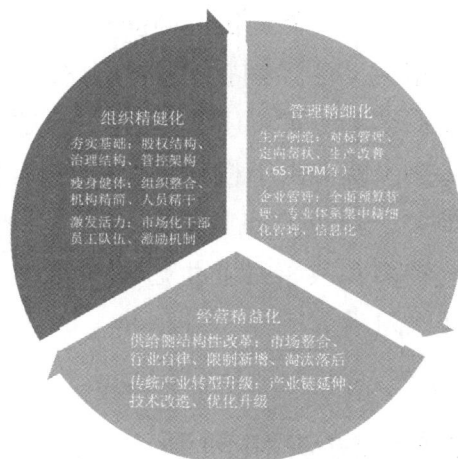

图 2　三精管理体系

相较现有经营管理理论，三精管理的主要创新点在于"化繁为简、以点带面"，即把对于企业（特别是过剩传统制造业企业）最为关键的管理要点抓取出来，直观地宣贯到有着不同背景、企业文化、管理基础的重组企业中去，让它们有目标、有方向、有可复制的管理工具、有可借鉴的方法措施；三精管理的核心思想在于"系统优化、问题导向、持续改善、精益求精"，即"全盘统筹经营管理工作，缺什么找什么"，同时"最大限度发挥人的主观能动性，确保对经营管理的改进持之以恒和无处不在"。

（一）以组织精健化提升组织竞争力

组织精健化是三精管理的第一"精"，是一套组织优化体系，也是企业有效整合的第一个切入点。组织优化要为公司的战略目标服务，实现组织资源价值最大化和组织绩效最大化，提升组织竞争力。

南方水泥的组织精健化是基于自身大规模重组企业实际的组织形式创新，分两步走：第一步是打造适应过剩传统制造业重组企业的组织形式；第二步是不断完善，持续开展组织整合和管理合并，实现机构精简和人员精干，推动体制改革和机制创新。

1. 夯实基础：确立股权结构和组织架构

（1）明晰公司股权结构

在设置股权结构时，中国建材确保其对南方水泥的绝对控股地位和绝对控制权，同时鼓励联合重组的企业家或直接入股南方水泥，或继续保留原有企业的部分股权，最后通过资本市场实现价值，以股权分配的形式达到激励的作用。在后续打造三级管控体系（总部、区域公司、成员企业）时，南方水泥又对下属各级企业进行了二次产权整合，其内容主要包括对区域公司和成员企业产权的调整、对企业下属子公司的剥离或合并、对相邻企业或规模较小的企业吸收合并等。通过股权调整、资产划拨等手段，逐步实现南方水泥对水泥区域公司的100%控股、商混区域公司的相对控股，区域公司对成员企业的100%控股，实现产权高度集中统一。

（2）规范公司治理结构

理顺了股权结构后，按照《公司法》的要求规范管理，南方水泥先后在总部、区域公司及成员企业建立三级股东会，董事会，监事会，实行总经理负责制、财务委派制。制定规范的公司治理章程，定期召开股东大会、董事会，行使股东、董事、监事、经营层的权利和义务，股东会拥有投资决策权，经营层拥有经营管理权。通过规范公司治理结构，确保股东会，董事会，监事会各司其职。

（3）建立三级管控架构

南方水泥建立了总部、区域公司、成员企业三级管理架构。总部作为管控中心，主要负责战略管理、财务、投资、人力资源的管控，业务营运管控，资源整合与配置以及技术支持；区域公司作为营运中心，主要负责生产经营、财务、人力资源的统一管理以及区域内资源的统一配置；成员企业作为成本中心，主要负责生产的组织实施、成本控制、质量、安全、环保管理。

根据整合策略和市场规划，南方水泥组建了9大区域公司，在浙江省成立杭州南方、嘉兴南方、湖州南方和金华南方，在其他区域成立了上海南方、江苏南方、江西南方、湖南南方和广西南方。南方水泥在这些区域公司推行了统一的机构设置、人员配置，职能定位。随后加入的企业也都根据自身的区域分装进这9大公司之中。

搭建三级管控模式的过程中，对原有组织构架进行了拆并。对于横跨多个地域的集团公司，南方水泥打破原有组织架构，将生产线按地理位置划归不同的区域公司管理。对地域相邻的企业则进行合并，在合理的管理幅度范围内降低管理成本。拆并建的过程，涉及管理秩序的再造和既得利益的再调整，南方水泥一方面依靠文化的认同，取得企业骨干的支持和响应；另一方面通过制度保障、组织配合、区域协同等多项手段有力保障了三级管控架构的实现。

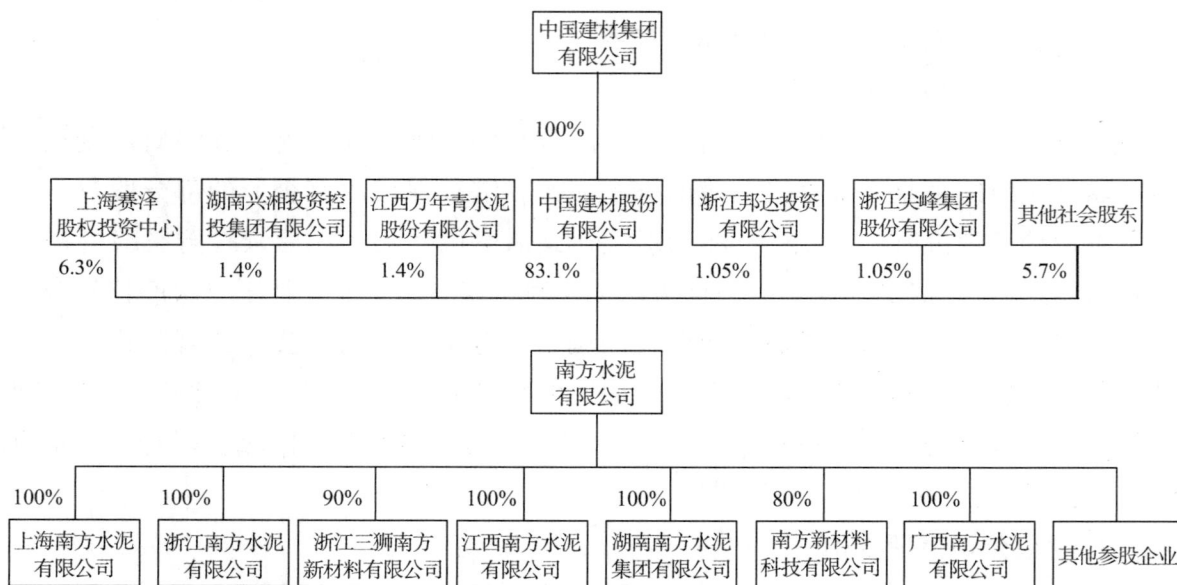

图3 南方水泥股权结构图

2. 瘦身健体：推动组织整合和精简精干

（1）区域整合

第一轮区域整合始于2012年，所对应的企业战略目标十分明确：历经大环境的变迁，最初设定的组织框架已显现出一些弊端，主要是同省不同区域公司的市场边界不清、内部相互竞争等问题不断显现，资源整合利用、沟通协调效率也存在改进空间。南方水泥果断开展整合，将湖州南方、嘉兴南方、江苏南方、上海南方4家公司合并为新上海南方，将杭州南方、金华南方2家子公司合并为浙江南方，将安徽片区按市场布局拆分到各区域公司。通过整合，公司在减少一半管理平台和近50%区域公司层面管理人员的情况下，管理效率却全面提高，成本费用大幅下降，盈利能力也逐步提升。

第二轮区域整合始于2015年，战略目标是解决南方水泥通过产业链延伸进入了商混行业后面临的新问题：当时，水泥与商混业务混同发展，因业务特点不同但水泥业务占主导，商混业务受到了"定位不明、机制不活、发展受限、观念冲突"等影响，在营产能萎缩、销量逐年下滑、应收账款高位运行。第二轮整合将湖南、浙江两地的商混业务剥离出来，拆分出2个新的区域公司，实现专业化运营。实施剥离之后管理线条更为清晰，水泥、商混业务得以在更适合自身的两套机制下运行，在控风险的前提下发挥出了活力，为南方水泥创造了更好的效益。

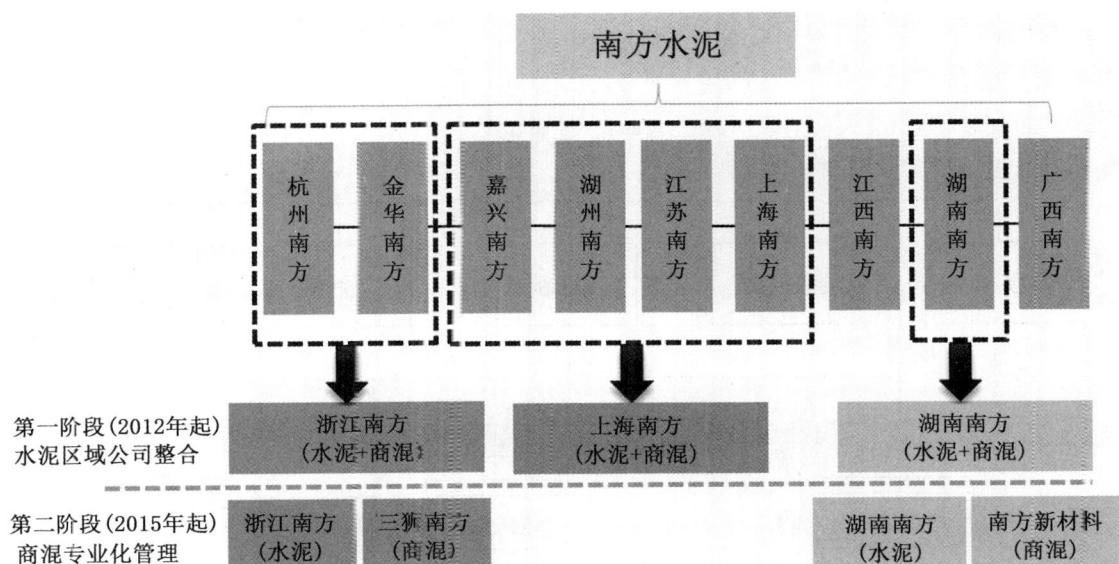

图4　南方水泥的两轮区域整合

（2）管理合并

管理合并是与区域整合同步开展的举措，其目的在于精简基层企业层面的管理主体、机构及人员，进而提高管理效率、实现降本增效。其特点在于选择性绕开法人主体，从管理的维度去统筹基层企业更集约化、简约化运行。

管理合并落实在地理位置相近或市场区域重叠的各家成员企业层面。首先减少法人，对无实际资产和经营业务或因主辅分离设立的法人直接实施清理或注销，对层级复杂的企业进行梳理和股权上移；其次对经营困难、产能落后、无生存空间的企业实施"关停并转"；最后对同一税务辖区、距离临近的成员企业择机推动吸收合并。因政府要求或经营权证等问题无法减少法人的，推动操作层面的管理合并，在小片区内将部分企业车间化，由一套经营班子和中层分管多家合并的企业，使这些企业对外可以是不同的个体但对内是一个整体。通过不断的优化整合，南方水泥 11 年间减少法人单位超过 90 家，减少管理主体超过 200 个，管理主体精简近 60%。

（3）机构精简

机构精简落实在单个成员企业层面。对于南方水泥而言，每一家企业在重组前均有各自的组织构架。南方水泥将各种形式的企业构架进行符合经营实际的标准化和统一化，目的是减少车间、工段和班组的管理层级，减少干部职数，并为减员工作打下组织基础，提高工作效率和劳动生产率。具体操作中，南方水泥推行"大部制"，将企业机构部门扁平化设置，整合并消除车间、工段的概念，使生产部门简化为运行管理、维护管理、中控管理三个功能模块，并持续优化岗位。通过这样的机构变革，成员企业普遍能减少 30% 以上的中层、基层管理人员，并相应减少新机构设置下冗余的基层员工。

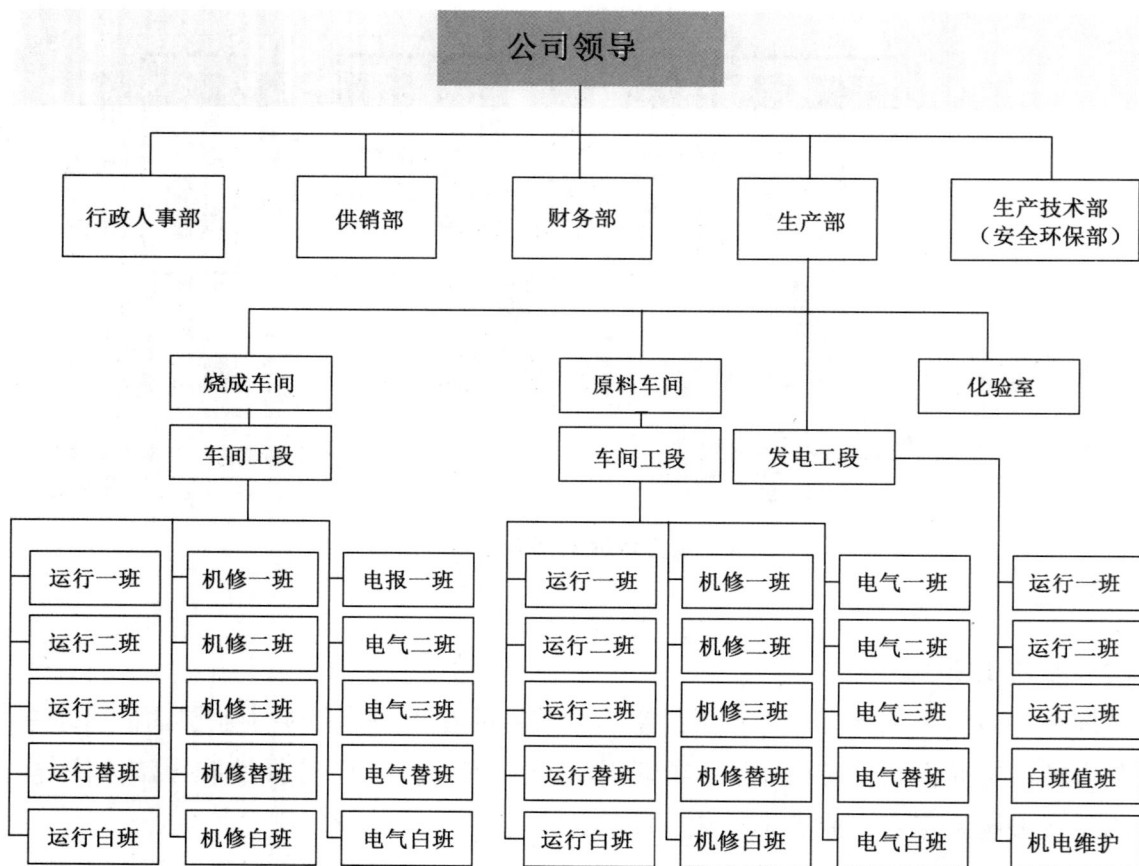

图 5　组织机构优化调整前设置图

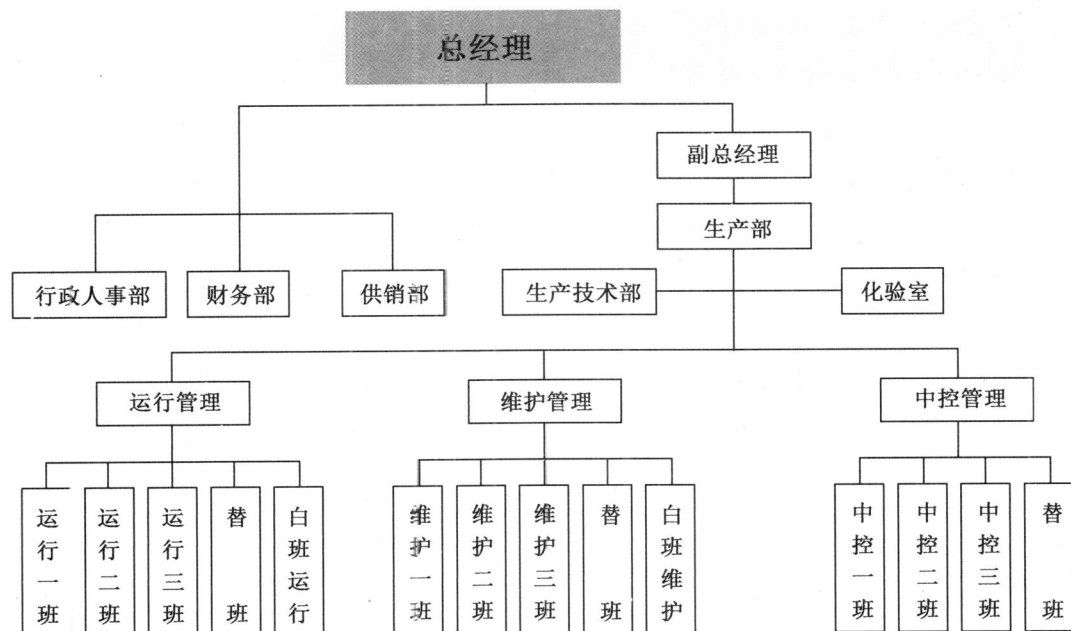

图6　组织机构优化调整后设置图

（4）人员精干

人员精干，即通过优化组织结构、岗位设置等，使员工总量逐年减少，员工队伍素质逐年提高、结构趋于合理，人工总成本得到有效控制，劳动生产率大幅度提高。这项工作的基础是三定机制。三定即定机构、定职能、定编制，在前期已确定机构、职能的背景下，定编制成为三定的核心。南方水泥总部严格执行"50+N"定编、区域公司全面推行"30+N"定编（N为经营班子数），成员企业则根据实际情况量身定制，以区域公司牵头为企业核定本年度减员优化指标和三年减员目标，分阶段实现减员增效。在具体进度上，每年的减员计划根据行业形势和竞争压力进行布置安排，一般设定在5-8%。

人员精干落实到操作层面主要有五点：第一，压减编制。做好岗位撤消、岗位合并、岗位调整等工作，模糊岗位概念，实现集中巡检、生产一体、后勤职能合并，产生一部分冗员。第二，分流安置。部分工厂富余人员通过新建项目转移安置；对关停企业实施政策性安置；在区域公司范围内对管理人员、关键技术人员实施内部调动安置；保持自然减员，企业员工主动离职或退休后，尽可能不补人员。第三，严控招聘。员工招聘和工资管理的权限上收至区域公司，严格控制人员新增。第四，规范劳务用工。通过将劳务用工合同签订、费用支付的审批权上收至区域公司，杜绝了通过业务外包"假减员"的现象。第五，工资总额控制。在三定范围内确保"减人不减资"，减员可以实现员工平均收入增长，使企业管理层有了主动减员的内驱力。

3. 激发活力：开展体制改革和机制创新

（1）组建市场化干部员工队伍

在人才的来源与使用上，央企背景的南方水泥作了一定程度的改革，倡导市场化原则。南方水泥管理团队主要由三个来源构成，一是中国建材委派，限于大规模并购后规模迅速扩大，自身人才储备远远不够，所占比例非常小；二是通过市场渠道招聘，引进一部分中高级管理人才；三是来自于联合重组后原有企业管理团队，这些续聘的管理者占比最高。通过这种方式组建起来的人才队伍既有国企的领导干部，又有民营企业的创业者和职业经理人，他们在经营方针、管理理念等方面存在较大差异。总部调动一切积极因素，通过反复宣贯和谐包容的企业文化，打造了一支团结协作的队伍。

央企基层企业管理团队沿用重组企业原班人马的做法并不多，在南方水泥却很普遍。这些民营企业家的优势在于具丰富的市场经验、独到的管理理念和广泛的社会关系，劣势则是不容易适应央企的理念、文化、制度、流程。为了顺利将这些民营企业家的角色转变为职业经理人并充分发挥他们的优势，南方水泥与管理团队成员积极开展双向沟通，定期组织管理培训培养职业经理人的规范和准则，提高其职业化水平；签订年度经营责任状，建立以绩效考核为主要内容的约束激励机制，解决好从企业所有者到职业经理人这一关系转变后的激励问题。

（2）建立市场化激励机制

市场化激励机制的核心，就是解决好个人利益与企业利益之间的关系，让干部职工更多地分享企业改革发展的红利，增强企业凝聚力和活力。

南方水泥的常规激励机制以绩效考核为主、专项奖励为辅，全员全时段开展，确保广大干部员工为工作相关的业绩指标负责，也时刻关注企业的整体效益。绩效考核中，每个层级的每个人都至少考核 3 个 KPI，在工资总额中有一定的考核权重（设定在 20% 左右）。专项奖励与具体改进项目或经营目标捆绑，根据进度一般每季度阶段性奖励一次，年终集中评估奖励一次。

特别激励则主要通过超额利润分红权实现。水泥与商混企业的业绩与管理团队密切相关，南方水泥通过与各企业签订经营目标责任制，设定了对管理团队"上不封顶、下不封底"的严格考核目标，并将超预算的利润拿出一部分奖励给管理团队，使他们像经营自己的企业一样千方百计为企业创效。企业管理团队也有一定权限向下实施超额利润分红政策，充分调动全员的创效积极性。

（3）建立市场化发展通道体系

传统企业的员工发展通道往往是单线的，技术人员只能通过管理序列提升职位和待遇，对特长不在于管理的员工做不到人尽其才。发展通道体系解决的是各类别员工晋升和发展的系统性问题，为公司制定标准、留住人才。南方水泥的发展通道分管理序列

（M）、专业技术序列（P）、操作技能序列（S）3 条线。管理序列定义为从事管理工作并拥有一定职务的职位，往往承担计划、组织、领导、控制等职责；专业技术序列定义为从事工艺、机械、电气等与生产运营相关的专业技术岗位人员；操作技能序列定义为在成员企业从事生产运行组织、设备维护保养等与生产运营直接相关的工作岗位人员。3 个序列在同一条坐标轴下共用一套职级，在同一级上，职位和待遇横向比较基本没有差异。该序列经初始套级后作为职位晋升和待遇提升的核心体系，日常由总部、区域公司、成员企业三级评审机构来保障，确保权责分明、公正公平和高效运行。

（二）以管理精细化提升成本竞争力

管理精细化是三精管理的第二"精"，是一套成本优化体系。虽然源自丰田的精益生产理论已将生产管理和成本控制做到了极致，但精益生产体系需要通过聚焦生产各个环节并全面配置关联的模块和资源来确保全过程精细化，对于南方水泥这样的初创重组企业集群短时间内很难落地见效。

管理精细化是现有理论的二次创新，是一种更因地制宜的管理理念。在系统统筹的前提下同步从生产制造（工厂车间）和企业管理（总部、区域公司、工厂职能部门）的各个端口入手实现全过程精细化。对于南方水泥以及情况类似的企业而言，管理精细化能够更快速有效地提升成本竞争力。

1. 生产制造全过程精细化

（1）生产改善

生产改善是一个较大的范畴，注重全员发动、全过程参与，对生产系统各个环节开展持续科学的优化改进。在具体操作层面，南方水泥主要将 3 大工具宣贯到基层，并让全体干部员工以此为目标，改善生产，精益求精：

第一个工具是标准化管理。对于南方水泥而言，要将不同管理基础的企业分门别类管好是很难实现的，最有效的方法是用一套整齐划一的先进标准来让各个企业对照和靠拢。南方水泥标准化管理以 6S 管理为标杆，要求在生产现场对人员、机器、材料、方法等生产要素进行有效管理，工作场地安全、清洁、有序，工作形式精确、迅速、安全。在具体操作中，一是推行生产标准化，即要求各家企业采取一致的操作和方式、使用相似的机器和工具、进行既定的摆放和收集，且一切流程均记录和张贴，最大程度提高效率、提升质量、保障安全。二是推行操作可视化，即要求以流程图、图示等视觉信息显示作为基本手段，通过信息的显现化让谁来都能看得见，明白无误地理解意图，确保宣贯到位、执行到位。三是推行环境整洁化，从日常活动、环境卫生、定制管理三个维度进行评比对照，促使企业清除不必要的物品，分类安排有用的物品，保持现场清洁、工作环境有序稳定、人员自觉清洁整理和保持现场，大幅改善企业风貌。

第二个工具是持续改进。一是系统改进，即大范围、高频度召开成员企业和部门的一线人员"头脑风暴"会，让全体干部员工提出在工作中看到的问题，并针对降低成本、压减费用、治理"跑冒滴漏"等内容提出持续改进意见建议。成员企业汇总提炼后形成详细改进计划行动方案，在其中明确时间、落实到人，并将个人贡献与绩效奖励挂钩。二是现场改善，相比于系统改进更注重"短、平、快"，即通过激励机制激发全员参与，在各自的工作区域内进行小规模、持续、增值的改进，尽力排除任何一丝材料、人力、时间、空间、程序或其他资源的浪费。一般操作步骤为"PDCA 工作流程"：由一线员工在现场发现问题，分析找到产生问题或浪费的源头；收集数据，确定预计结果，制定改进方案；实施方案并评估，如未达到效果则调整方案重新实施，如达到效果则将方案标准化，固化改进成果。这样的方式不但充分调动了全体干部员工的积极性，更最大程度避免了员工创造力和智慧的浪费。

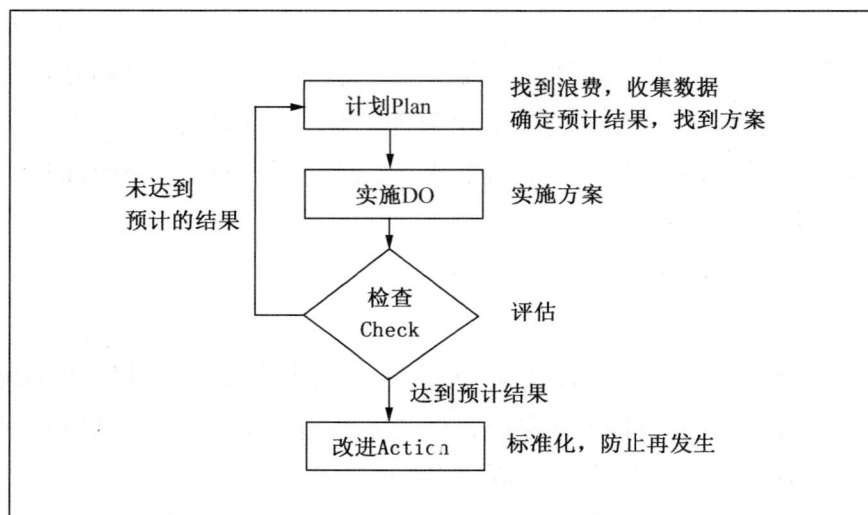

图 7　南方水泥"PDCA"工作流程

第三个工具是全员生产维护（TPM）。即以全体人员参与为基础，以提高设备综合效率为目标，以全系统的预防维修为过程的设备保养和维修管理体系。这一体系注重发挥人的作用，通过机制建立、技能培训等措施，将以往水泥行业过度依赖大修、中修的传统观念扭转过来，确保设备通过日常的自主维护保养长期处在最佳运行状态。TPM 切实提高了设备运转效率，降低了设备维修成本。

（2）对标管理、定向帮扶

对标管理是一种促使企业自发推动持续管理改进的机制。对标管理要求以先进企业为标杆，定期对比主要经济技术指标，找出差距、做出改进。这种模式可以充分发挥大企业的规模优势、平台优势、人才优势和技术优势,在有限的管理资源下通过激发内生动力实现企业管理水平迅速提升。对标管理分为"对外对标"和"对内优化"两种形式。"对外对标"是指选择业内最优秀企业进行主要技术经济指标的对比和经营管理方法的学习,一般由总部定期组织开展。"对内优化"则是指在内部成员企业之间开展常态化对标。对内优化的过程中,各家企业的指标都透明公开,互相参照比拼之下既是一种激励又是一种鞭策,而且这种精神层面为主的鞭策效果往往远大于物质激励。在"对内优化"的管理模式下,大家自发地互相学习借鉴先进的成本控制、市场营销、组织优化等经验,你追我赶,形成"人人争先、唯恐落后"的氛围,掀起"先进更先进、先进带后进、后进追先进"的风潮。南方水泥也会通过总结归纳,将好企业的各种方法模式化,使一些原本专属于单一企业或少部分企业的管理秘诀能够推广到更多企业,在更大范围产生经济效益。

定向帮扶是对标管理的补充。南方水泥的定向帮扶采取人才交流帮扶的方式来先进带后进,因地制宜复制成功经验,帮助被辅导企业提高管理水平和经营效益,并长期保持。定向帮扶大致通过两种模式运用:一是总体统筹的点对点专业定向帮扶,直接从先进企业抽调专业人员组成帮扶小组,到落后企业开展为期数月至一年的专业业绩提升帮扶工作(一般针对某个业务难点),落后企业也相应派出人员组成学习小组与帮扶小组对调来学习交流,帮扶期满后双方人员各自回归原企业,同时由区域公对帮扶结果进行评估和激励。二是以点带面的小区域内交流帮扶,在统一的原则下分区块自行开展,一般由几家相邻企业组成的小区域管委会牵头,管委会以小区内各单项最优秀的企业作为标杆,在内部合力研究攻关,通过先进企业以点带面辐射落后企业,并以人员交流、集体会诊等形式,将先进的管理理念、管理手段复制到落后企业,在较短时间内有效提升企业的管理水平。

2. 企业管理全方位精细化

(1) 全面预算管理

全面预算管理是指企业在战略目标的指导下,对未来的经营活动和相应财务结果进行全面预测、筹划、监控、调整的过程,可以帮助管理者更加有效地管理企业和最大程度地实现战略目标。

南方水泥的全面预算管理开展得十分扎实,覆盖了生产、供应、销售、财务、行政、人事各具体业务板块的每一个具体指标(区域公司31个、水泥企业近300个、商混企业200余个)。预算工作每年12月初启动,在预算准备阶段进行业务调研和数据收集,形成预算假设,向下传达分解任务后,逐级、逐项沟通,最终向上反馈汇总确定。在这个过程中,任务传导的流向是"公司总部→区域公司→成员企业",沟通反馈的机制是"区域公司 & 成员企业沟通会→公司总部 & 区域公司沟通会→公司总部班子及职能部门最终决策会",有时候为了确保沟通充分还会进行 2 轮。这样的机制,一方面有助于公司从上到下人人都理解目标、明确导向、形成合力,另一方面让全体干部员工都直接或间接参与进来,充分吸取了各方意见,既达成了全面共识又根据最贴近一线的信息优化了决策。

(2)"五集中"和专业体系精细化管理

重组整合要通过发挥规模经济效益和协同效应来促进业绩增长和实现企业长期稳定发展,大前提就是做好集中管理。南方水泥根据自身情况,聚焦市场营销、财务资金、物资采购、技术管理、投资决策 5 个核心单元,通过集中管理解决组织负外部性,并在将精细化管理理念注入到每个业务体系中。

市场营销集中化+精细化:以占有有效市场为目标,采用细分市场、聚焦关键、快速反应等策略建立集中精细化管理模式。一是实行统一集中管理,统一市场规划、销售、品牌、价格、渠道、政策和销售队伍管理,消除内部竞争,发挥规模优势、优化资源配置、提高营销能力。二是根据业务需求整合重构营销组织体系,建立营销中心/营销部、销售部、服务部的架构,细化专业化大型终端、基础市场、重点工程等不同业务类型销售组织。三是在管理统一、机构完善的基础上整合、细分市场,运用数据和情报准确研判供需关系和市场行情,实行差异化营销,精准操作,全面提升销量、销价。

财务资金集中化+精细化:通过统一、集中、垂直化管理,消除和减少无价值的活动,以最小成本取得最大价值,杜绝任何形式的资金浪费,同时让财务能够更加贴近业务,更有力支撑业务。一是实行财务管理人员委派制,每个区域公司的财务总监、每个成员企业的财务经理均由上级委派,形成垂直管理,确保重组企业资金管理可控。二是推动资金集中,导入资金预算管理,构建高效资金管理信息化系统;实行筹融资及担保集中管理;制定以收定支、定时支付等资金收支管理制度,推进资金管理标准化和营运资金的集中管控;以承兑汇票集中管理为重点,加速资金周转;建立总部和区域互通互流、统一调配的资金池。三是开展核算集中,将公司三级会计核算主体扁平化,集中在总部和区域公司两个平台内进行核算;建设财务业务共享信息平台,使集团内部信息传递更加准确、及时,为运营管理提供支撑。

物资采购集中化+精细化:以采购成本治理为切入点,通过上收大宗物资采购权限和规范企业采购行为,杜绝采购中的高价格和浪费,实现主要原材料采购价格低于市场涨幅、跑赢同行的目标。一是统一集中招标采购,统一物资储备管理,提高议价能力、降低采购成本、减少资金占用、提高保供能力;出台集中采购目录,将原燃材料、备品备件等各类采购物资分成三大类别,南方水泥物资部、各区域公司及成员企业根据目录分类分别进行统一采购。二是建立全过程精细化管理体系,准确研判市场,关注性价比及质量指标,通过战略合作、最高限价、定点定牌等手段,优化供应商和渠道;实行采购价格、单位产品采购成本双控管理,使采购工作规范化、制度化;建立透明决策机制,防止暗箱操作。

技术管理集中化+精细化：建立统一的技术资源共享平台，强化技术对标，加强技术改造，节能降耗，降低成本，提高质量，提高企业竞争力。一是强化资源共享，各成员企业的生产计划由区域公司生产技术部统盘考虑统一制订和调整，优化生产资源。二是统筹技术管理，总部负责新技术的推广；区域公司负责对技术标准的制订，辖区内生产质量、生产线技术优化等管理工作；成员企业开展日常的技术管理和应用。

投资决策集中化+精细化：以投资金额为主要标准进行投资决策分级，形成逐级审核的机制。将大型投资决策权上移，确保全局战略由总部统筹执行；将一些较小的投资下放给区域公司或成员企业，提高执行效率。

（3）信息化、智能化管理

对于南方水泥这样一家规模庞大的重组企业集团而言，仅靠人力提升管理效率远远不够，必须借助先进的信息化手段。南方水泥构建了"系统管控、业务支持"一体的信息化管理体系，为三精管理的持续深化打下了坚实基础。

在系统管控层面，信息化从集中管理的角度出发，全方位无缝对接总部、区域公司、成员企业三级架构和管理权限，总体可归纳为"一个平台，两个系统，三流合一，四控一体"：一个平台是指公司财务、业务、行政、人力平台均统一至财务业务一体化（ERP）平台，建立南方水泥具有全局性、可扩展的办公和业务协同架构，涵盖决策分析与企业门户；两个系统是指财务业务一体化包含财务系统、业务系统；三流合一是指信息化平台将资金流、信息流、业务流融为一体；四控一体是指用流程对业务、资金、财务、风险实施有效管控。在业务支持层面，南方水泥的信息化管理系统涵盖了各条业务线，全方位、标准化支撑其高效、合规开展。全面、精准的信息化管理体系，从技术角度确保南方水泥能够全方位落实三精管理。

（三）以经营精益化提升可持续盈利能力

经营精益化是三精管理的第三"精"，也直指做企业的本质—"效益"。有很多企业管理水平优秀，业绩却不突出，按照效益的标准衡量就不是卓越的企业。管理企业的逻辑是"正确地做事"，而经营企业逻辑则是"做正确的事"，二者都极其重要，但经营事关企业的战略方向，是重中之重。

身处产能严重过剩的传统制造业，中国建材认为单从管理创新层面无法完全解决企业高质量发展的问题，必须形成"从管理到经营"的逻辑，进行经营理念和经营模式的创新：对外，要主动推动供给侧结构性改革来改善过剩行业生态，当行业健康发展、效益整体提升时，企业自然从中获益；对内，要统筹现有资源、资产和技术力量不断谋求传统行业转型升级，确保"硬件"条件始终走在前列，实现可持续高质量发展。

1. 经营理念创新：以供给侧结构性改革推动过剩行业健康发展

（1）市场整合、行业自律

南方水泥成立之前，我国水泥行业长期局限于单一企业的发展，过于注重企业之间的竞争而忽略了整个行业的系统性问题，其后果是在过剩的大环境下企业间恶性竞争成为行业的主流，水泥价格长期偏低，行业价值多年得不到应有的体现。中国建材认识到水泥行业是一个大系统，单一的水泥企业只是这个系统中的组成部分，只有系统健康了每个个体才能健康发展。要转变观念着眼于系统健康化，从恶性竞争变为竞合，大家共同培育和维护健康的市场，实现整个系统的协调发展。但这件事知易行难，一方面因为市场庞大、企业数量众多，无从组织；另一方面也因为打破恶性竞争总有人要先作出让步乃至牺牲，而在过剩环境下退就等于丢失市场份额，进一步恶化自身生存环境，没有企业愿意迈出这一步。

经营精益化的第一步，就是针对这一难题，通过经营理念创新推动市场整合、行业自律等一系列手段，努力化解产能过剩，推动行业健康化发展：

一是提升行业集中度和企业话语权。南方水泥采用混合所有制模式和市场化手段推进大规模联合重组，在东南经济区联合重组了 300 多家企业，这一举措大幅度提升行业集中度，有力地促进和引领了中国水泥行业的区域性组织结构调整。市场整合后企业集中度大幅度提高，南方水泥得以在行业有了一定的话语权，也为企业间的合作共赢奠定了基础。

二是推动引领行业自律和理性竞合。针对水泥行业产能利用率普遍低于 70% 的现状以及国家对节能减排的新要求，中国建材对行业运行的基础逻辑进行了改进和创新，提出运用"价本利"（在过剩行业追求以销定产，安排适当的产能利用率，确保产品价格的合理和稳定）替代传统的"量本利"（通过增加规模，多开机，减少单位成本固定费用，达到降低成本取得利润的效果）。南方水泥在这一理念下主动牵头与区域内大企业进行广泛沟通，达成"行业利益大于企业利益，企业利益孕育于行业利益之中"共识，共同维护供需平衡、促进行业健康发展。在这一基础上，中国建材和南方水泥根据国家错峰生产、节能减排政策主动牵头拟定公允的区域内自律生产计划，并与政府部门、水泥协会和同业企业研讨后由官方渠道发布，组织在冬季、春节期间、高温雨季错峰生产。在具体执行中，通过各级负责人全力以赴在市场一线做工作，一方面确保计划得到有效执行，另一方面根据瞬息万变的市场形势对计划进行动态调整。在取得一定成效后，其他大企业也逐步主动加入到主动开展行业自律的队列里来，根据各区域的供需情况自发推动常态化自律生产和理性竞合，共同努力改善供求关系，稳定市场。通过全行业共同的努力，市场价格逐年理性回升，全行业利润也得以快速增长。

（2）限制新增、淘汰落后

要解决过剩问题，市场整合、行业自律等"去产量"工作属于"治标"；要确保"治本"，还必须推动限制新增、淘汰落后等"去产能"工作。南方水泥通过多年的探索和实践，逐步在水泥行业落实了这两项工作。

一是限制新增，消除增量产能。中国建材作为中央企业，与主导政策制定的政府机关有良好的沟通渠道，得以在《工业和信息化部关于印发钢铁水泥玻璃行业产能置换实施办法的通知》（工信部〔2017〕337号）、《关于促进建材工业稳增长调结构增效益的指导意见》（国办发〔2016〕34号）等减量置换文件的拟定环节从行业利益角度出发提供建议。这一系列政策的核心要求在于彻底关闭新增产能的渠道，产能指标只能严格通过减量置换（旧产能与新产能按不低于1.5∶1置换）来获取，从源头上缓解过剩。基于这一政策，协会、中国建材和南方水泥共同组织建立企业间相互监督的机制，抵制和举报未批先建、批小建大、虚假置换、重复置换等违规行为，确保全行业严格通过减量置换实现产能出清。

二是淘汰落后，减少存量产能。主要通过两方面工作来实现：第一，推动提升行业标准。鉴于水泥是由熟料（主产品）和混合材磨制成的粉末，低等级水泥的熟料用量比例低，不利于消耗过剩产能，中国建材便针对性地推动淘汰低等级水泥，并于2019年实现了全面淘汰PC32.5R等级（低等级）水泥的目标，缓解了供大于求的压力；与水泥协会联合牵头，组织大企业共同研究并向相关政府部门提交建议，从能耗、排放、质量、安全、环保及矿山等多方面提升行业标准，使得部分落后产能无法维持生产，逐渐淘汰出局。第二，通过市场化手段关停产能。首先是通过产能置换政策对自身已有产能进行整合和削减，在建和拟建的15个产业基地均严格按照减量置换政策推动，确保产能有效出清，在行业内起到引领示范作用；其次是通过大小窑对接的方式，在区域市场范围用大企业的高效率回转窑生产熟料优惠供给小企业生产水泥，使小企业的低效率回转窑关停，减少区域内熟料总产能，在常态化后这些小企业的回转窑也会逐步退出，实现产能出清。这一系列举措大幅提高了长三角地区整体的熟料实际产能利用率，使供需关系逐步平衡，市场趋于健康化，产品价格理性回升。

2. 经营模式创新：以优化升级推动传统制造业可持续发展

（1）产业链延伸

南方水泥在成立之初限于时机未成熟和资金有限，只在水泥全产业链切入了熟料和水泥两个点，一方面对矿山缺乏系统布局，另一方面没有涉足相关的商混、骨料等行业。在完成了水泥业务的联合重组后，2012年起，南方水泥转而寻求产业链延伸，力图通过上下游联动有效配置资源、提高市场占有率，提升经济效益。

最先进入的是商混行业。南方水泥通过在水泥行业积累的丰富联合重组经验，以自有水泥企业的销售半径为中心，在 3 年内完成了 2 亿方商混产能的联合重组和管理整合，规模迅速达到行业第一。鉴于自有商混企业可以优先采购自有水泥企业的产品，水泥产能和商混产能在局部区域形成配套，公司对市场终端的话语权大幅提升，两种产品的价格也得以通过上下游联动得互相支撑。其次进入的是矿山、骨料行业。通过积极获取资源，南方水泥获取 39 亿吨石灰石矿山储量，熟料企业基本实现石灰石自主供应；骨料产能还未形成规模，但符合生产条件的矿山资源 4.2 亿吨已全面进入开发阶段，即将迅速形成协同效益。矿山、水泥、商混、骨料四者串联，将基本形成价值链的闭环，最大限度获取水泥行业全产业链的合理利润和附加价值。

（2）技术改造、绿色转型

南方水泥在可长期存续、具有可持续发展潜力的生产线上推动了两方面工作，优化存量，提升竞争力：

第一，通过技术改造提升生产线各项指标。多年来，南方水泥累计投入资金 127 亿元，实施了水泥窑纯低温余热发电、立磨改造、篦冷机改造等一大批降本增效技改项目，以及信息化、智能化改造，使各项成本指标达到行业中上水平，通过经营精益化的"硬件"升级为管理精细化的"软件"升级打下基础。

第二，积极推动绿色转型。在固有观念中，水泥行业是高污染、高耗能、高排放的"三高"行业，容易受到地方政府和当地居民的限制，外部生产运行环境较为困难。南方水泥通过三大绿色转型举措，一改企业的面貌，也优化了企业的生存空间：一是通过节能技改实现节能降耗，总体实现年节约标准煤 7.2 万吨、电 6300 万度以上，减排氮氧化物 10.7 万吨，二氧化硫 4.3 万吨。二是大幅改善企业环境和形象，建设了一批无烟、无尘、无废水、低噪音的花园式水泥工厂；根据国家标准大力投入，将商混企业进行了全封闭环保改造；全面推进绿色矿山创建与生态恢复治理，实现"边开采、边复绿、边治理"。三是积极推动固废、危废处置，利用水泥生产的高温封闭窑环境完全消纳生活垃圾、污泥和各类工业废弃物、工业危险物（不产生二次污染），有力地促进各地循环经济发展和环境保护，产生社会效益，赢得政府支持，目前年可消纳废弃物 72 万吨，创收超过 1 亿元。

（3）资源整合、产业升级

十九大报告提出"深化供给侧结构性改革，加快发展先进制造业，支持传统产业优化升级"；在完成重组整合后，南方水泥也面临着现有生产线竞争能力不强的问题。顺应国家战略，根据自身发展的需要，南方水泥积极开展经营模式创新，主动寻求优化升级，提升可持续竞争力。

根据"集约化、绿色化、智能化、高端化"的原则，南方水泥自 2016 年起统筹规划、整合资源，大力推动了一批立足长远的优化布局和产业升级项目：如在嘉兴地区通过产能置换、减量发展，淘汰分布于嘉兴、嘉善、海盐、桐乡的水泥窑 5 座、水泥磨 11 台（合计窑产能 195 万吨/年、磨产能 460 万吨/年），在海盐建设年产水泥 640 万吨的海河联运与资源综合利用加工项目，集中生产资源和打造规模优势，并配套内河和外海码头工程。项目单位产品运输成本降低 30 元/吨，人均劳动生产率高达 10 万吨/年·人，达到行业顶尖水平；在湖州地区建设了集仓储、码头、输送为一体的现代化物流改造项目，以 22km 的国内最长熟料运输支带廊串联区域内 7 家工厂来进行物流运输，每小时输送货物近 3000 吨，年输送量达 1200 万吨，可减少车次 40 万辆，并在终端通过码头开展内河水运，有效解决当地交通困境、极大降低运输成本、延伸产品覆盖范围。在长兴、德清、富阳、建德等区域找寻资源配套、靠近市场、交通便利的点位，以减量置换的方式规划了 11 个水泥全产业链环保建材产业园（矿山资源、熟料、水泥、骨料、商混、危废协同处置一体化）和 6 个水泥粉磨建材工业园（水运物流+集群化生产），这些项目多已与政府达成协议、列入各级重点工程并开工实施，将在 2-3 年内全面落地投产。基于这轮优化升级，南方水泥的综合竞争力将产生质变；华东地区也将在南方水泥的主导下，成为第一个完成水泥行业结构性调整和产业升级的区域。

（四）贯穿始终的经营方针和管理原则

1. 三精管理是混合所有制央企市场化改革的有力践行

央企市场化改革，即在坚持央企国有企业属性的同时，建立适应市场经济要求的管理体制与经营机制。南方水泥是最适合探索央企市场化改革该如何开展的企业，因为它是一家混合所有制企业，既有央企的背景，又与民企有机融合，同时处在一个充分竞争的传统行业。

南方水泥在整合发展的过程中，通过创新将市场化观念、体制、机制注入国有企业，迅速建立和持续运用三精管理，形成了"管理科学、运行高效、充满活力、持续创新"的央企市场化管理模式，全面提高运行效率和效益，为深化混合所有制央企的市场化改革作出了有益探索：一是建立了央企控股的多元化产权结构，通过混合所有制经济形式，解决了科斯理论的两个关键问题 产权清晰和所有者到位；二是构筑了规范的公司制和法人治理结构，使公司真正成为市场竞争中的法人主体，实现了政企分离，市场化地通过董事会进行决策；三是广泛应用职业经理人制度，通过社会化、市场化方式选拔，甚至大规模任用原重组企业的管理层，解决好企业经营的委托代理问题；四是推行内部机制市场化，即用人用工和分配机制等方面与市场接轨，使企业真正做到干部能上能下、人员能进能出、收入能升能降，使人的潜能最大发挥，为企业创效；五是按照市场规则开展企业经营，探寻市场运行客观规律和行业发展内在逻辑，从而最终找到方法，通过不断强化管理提升经营业绩和综合竞争力，通过资源整合和优化升级实现企业高质量可持续发展。

2. 三精管理得益于绩效、和谐为核心的企业文化引领

企业文化是企业的灵魂。中国建材和南方水泥一直秉承着绩效、和谐的核心价值观，而三精管理就是其在具体工作中的实践和创新。

"绩效"，是指企业上下形成数字文化，追求优秀的绩效，争取实现国内领先和国际一流的业绩。这种导向对于充分竞争行业的重组企业尤为关键，因为不管来自什么样的背景和文化，围绕数字来经营管理都是共通的。只要整个集团上下都目标导向、紧盯预算，数字为先、时刻对标，企业的经营管理就会走在正确的轨道上。三精管理的每一项内容——无论降本、减员、增效，也都离不开数字。对于经营管理企业来说，数字才是检验成果的最重要标准。

"和谐"，是指企业要追求与环境和谐、与社会和谐、与竞争者和谐、与员工和谐。正是这样文化，使得南方水泥拥有了经营精益化中推动行业的供给侧结构性改革的"基因"：追求与竞争者和谐，带动同业企业共同推动行业健康化发展，而不是计较个体的利益、争抢一时的得失；追求与环境和谐，将绿色环保作为转型升级的一项重要内容，打造"环境友好型"企业。也正是这样的文化，使得南方水泥追求与员工和谐，通过培训激励来培养和激发员工的潜能，最大限度发挥个人创造力和团队力量，全员参与共同推动三精管理。

3. 三精管理是系统优化、持续改善、精益求精的过程

三精管理是管理学中现有精益管理体系的提炼与创新，精益的思想贯穿始终。其落脚点主要在系统优化、持续改善、精益求精上：

系统优化，是指三精管理的着眼点必须是整个生产经营环节，而不能割裂到每条业务线上来各自推动。供应、生产、营销、行政、人事、财务，所有的改进都是为了一个统一的目标"系统性提高效率和效益"，为此每个环节必须联动起来。如果各自为政，只追求本系统内极致的效率和效益，而不着眼于整个系统的布局、运转、优化、提升，则会形成"孤岛效应"，可能反而会损失整体的效率和效益。

持续改善和精益求精，是指要目标导向、全员参与，紧盯细节、深入分析，不断发现问题、持续解决问题，持之以恒改进方方面面不够高效的理念、习惯、方法、流程及工具。在整个过程中，每一个角落都不能放过，每一点改进都是成果。三精管理涵盖了企业经营管理的方方面面，大到集团的战略规划、经营策略，企业的管理模式、生产流程，小到设备的运行情况、保养方式，员工的行动标准、精神面貌，甚至于一个开关、一个水龙头的设置，一条标语、一块看板的设计，一顶安全帽、一把扳手的摆放，一支笔、一张纸的使用，只要看得到、想得到的地方，都要全员参与、努力改进、永不言停。经营管理没有绝招，把简单的事情一点点改进、做到极致，就是绝招。

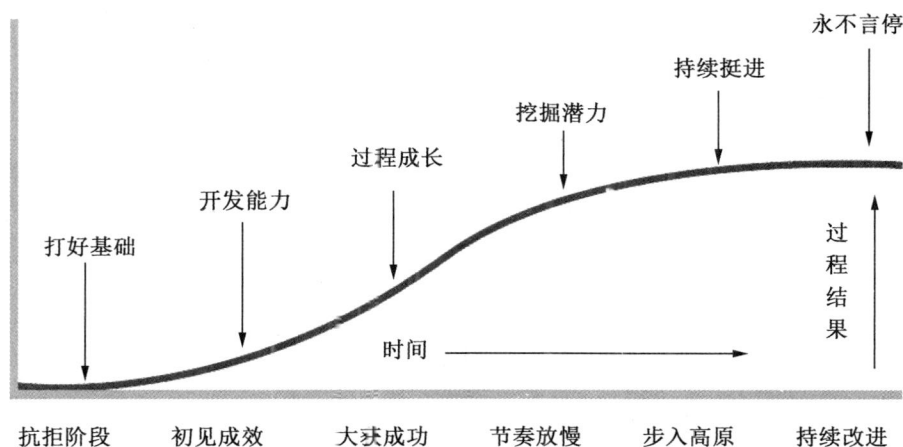

图 8 三精管理的最终目标是持续改进

三、大规模重组企业通过三精管理实现高质量发展成效

（一）通过组织优化和管理整合，提升效率效益和综合竞争力

一是盈利能力显著提升。南方水泥自 2009 年全面启动三精管理以来，收入、净利润长期保持增长态势，2009 年实现销售收入 145 亿元、利润总额 12 亿元，2018 年达到历史最高水平，实现销售收入 600 亿元、利润总额 74 亿元，两项指标的复合增长率分别高达 15%、20%。

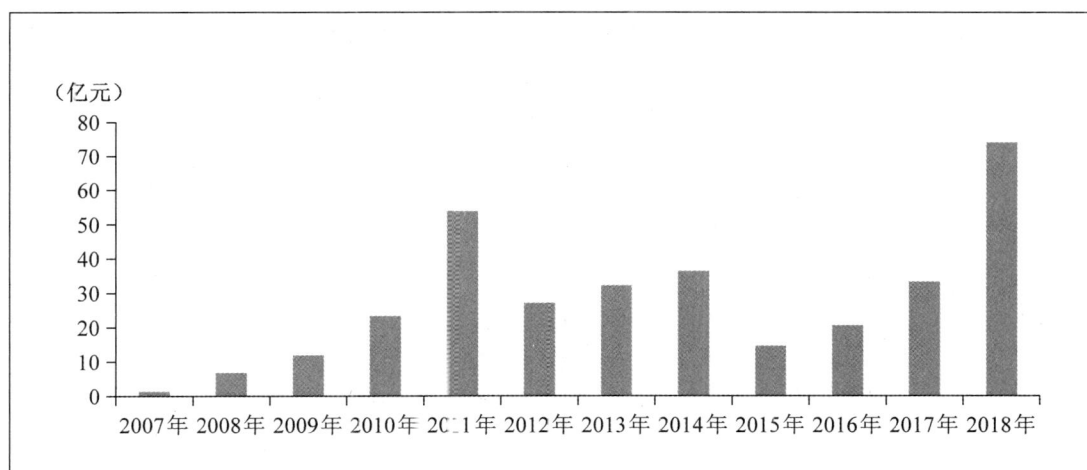

图 9 南方水泥利润总额

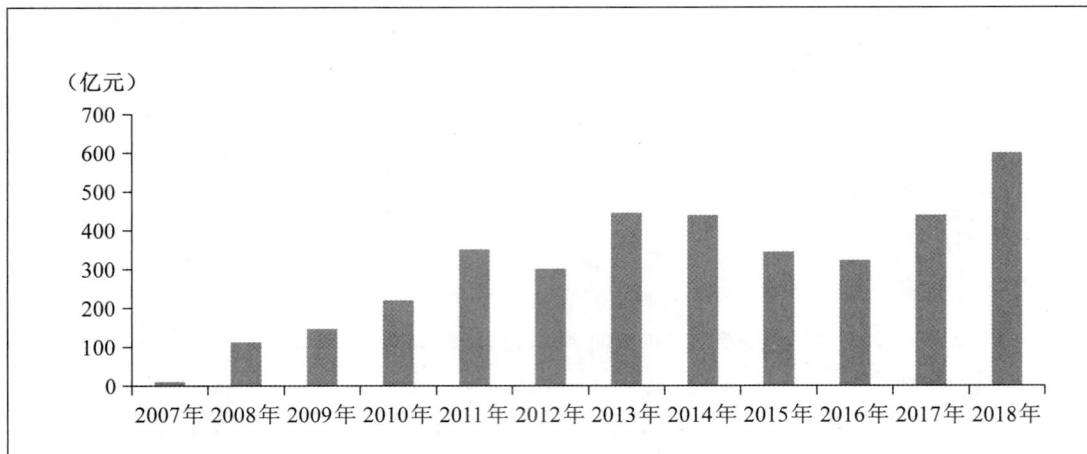

图 10　南方水泥销售收入

二是成本指标不断进步。通过推动三精管理模式，南方水泥实现各项指标日益优化：水泥制造成本（剔除原材料价格变动因素）相比水泥业务重组时的 2007 年下降了超过 20 元/吨，几大关键指标熟料标准煤耗、熟料综合电耗和水泥综合电耗同口径分别下降 8.9kg/t、11.0kWh/t 和 5.9kWh/t，余热发电量上升 6.6kWh/t；商混制造成本（剔除原材料价格变动因素）相比商混业务重组时的 2014 年下降了超过 15 元/方；上海、浙江两家省级区域公司的成本管理整体达到行业顶尖水平；每年公司通过管理精细化在采购、销售、财务、行政等环节节约的费用总额都在 2 亿元以上。

三是组织优化取得成效。2013 年南方水泥的联合重组进入尾声，在业务规模维持稳定的前提下，法人单位数和员工总数都从峰值迅速下降：法人数从 346 个减至 2018 年末的 254 个，降幅达 27%；员工总数以每年超过 7% 的比例减少，从 4.5 万人减至 2018 年末的 2.7 万人，降幅达 41%。劳动生产率相比成立之初的 2007 年提高了 84%。

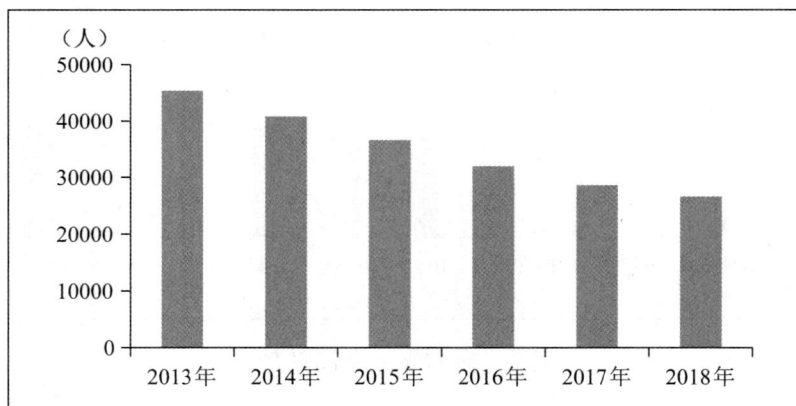

图 11　南方水泥员工人数

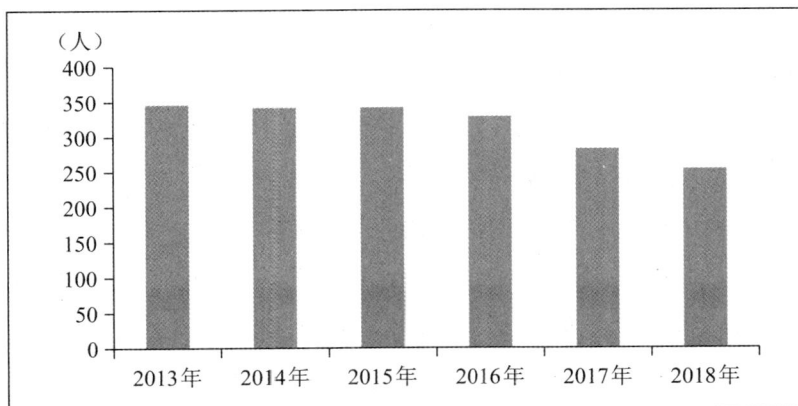

图 12　南方水泥法人单位人数

（二）通过技术改造和优化升级，实现企业高质量可持续发展

一是存量资源持续优化。近年来，南方水泥通过推动三精管理，实现了存量资产与资源的整合、优化、提升。在政府加大传统制造业企业退出、节能减排、矿山治理、公路治超等的形势下，南方水泥通过广泛开展工厂美化、节能技改、绿色矿山、危废处置等绿色转型项目，确保了现有工厂的存续。同时在将长期存续的生产线加大投入力度进行智能化、绿色化、高端化改造，补齐资源、工艺的短板，奠定高质量发展的基础。

二是优化升级稳步推进。2017 年以来，南方水泥规划的 17 个产业基地已有 2 个投产，6 个在建，其余 9 个均已条件成熟进入筹备阶段，整体规划将在 2021 年全面完成。这些项目会将目前的 47 个生产基地整合成 17 个，腾换土地 6600 亩，技术指标将在现有基础上进一步优化：项目完成后，全南方水泥的平均熟料标准煤耗降低 2.7kg/t，熟料综合电耗降低 4.5kWh/t，水泥工序电耗降低 3.7kWh/t，年节标煤 24 万吨，节电 7.67 亿度；参与本次转型的企业熟料标准煤耗降低 13.2kg/t，熟料综合电耗降低 4.5kWh/t，水泥工序电耗降低 4.0kWh/t；年协同处置危险废弃物达 225 万吨，增幅达 213%。全部新建工厂均实现"两化融合"，建成数字化工厂，劳动生产率较现有水平提高 50% 以上；配套矿山均建成国家级绿色矿山。通过这一轮优化升级，南方水泥的主力工厂将成为一批具备规模、资源、工艺、物流、市场优势的生产基地，综合竞争优势行业领先。它们将支持南方水泥未来二十年乃至更长远的可持续发展。

（三）通过市场竞合和行业自律，推动行业效益屡创历史新高

一是提高行业集中度。11 年间，在中国建材的联合重组带动下，水泥行业集中度从 2007 年的 15% 提升至 2018 年底的 64%，其中南方水泥所在的湖南、江西和长三角地区行业集中度从 2007 年的 18%、23% 和 26% 跃升至 2018 年底的 69%、60% 和 72%。

二是推动行业结构调整。南方水泥带头执行产业政策推动减量置换，目前在建及筹建的建材产业园项目实现熟料产能出清 25500 吨/天、791 万吨/年，同时通过在区域内广泛推动整合优化、大小窑对接和减量置换，推动长三角地区行业减少熟料产能 3720 万吨/年。经过南方水泥的努力，长三角地区产能利用率大幅改善，由 2007 年的 63% 提高到 2018 年的 78%，提高 15 个百分点，供需矛盾得到有效缓解。

三是实现行业效益大幅提升。2007 年，水泥行业作为建材行业最大的分支年利润仅有 251 亿元，且行业大部分地区处在亏损边缘。11 年来，历经全球金融危机、中美贸易战等不利因素，在南方水泥等大型水泥企业的共同努力下，行业运营情况稳步跑赢其他传统制造业，南方水泥所在华东和中南地区也好于全国水平，成为了全国市场的风向标。到 2018 年，全行业年利润已高达 1546 亿元，增幅达 516%。

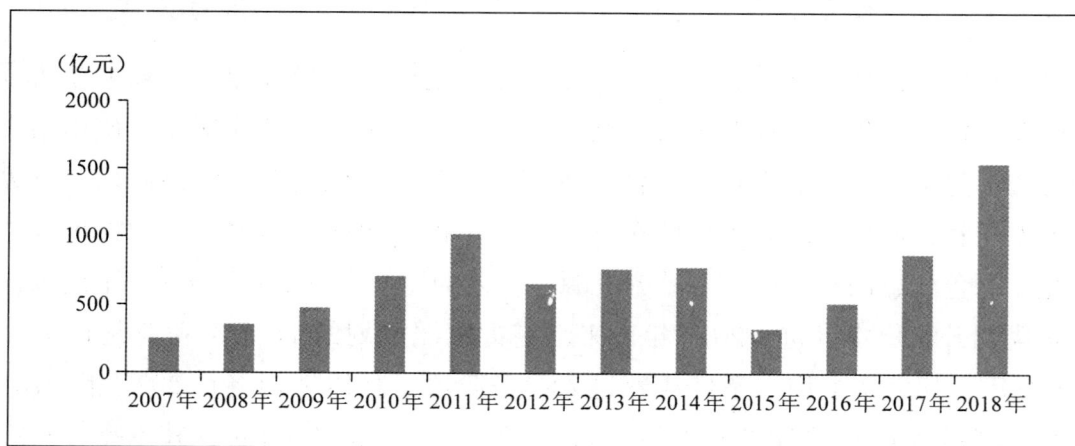

图 13　中国水泥行业利润总额

四是有力践行国家战略。多年来，基于中国建材的倡导引领和南方水泥的持续实践，"联合重组""行业自律""错峰生产""限制新增""淘汰落后"成为了广大同业企业共同维护行业健康发展的自发行为，并最终上升为国家的产业政策要求。这一成果有力证明了企业是能够自主承载并推动供给侧结构性改革这样的国家大政方针的。

后　记

中国建材和南方水泥通过三精管理实现了跨越式成长，引领了水泥行业的价值回归和健康化，也为传统制造业如何转型升级提供了借鉴。这项成果，是企业层面践行我国供给侧结构性改革政策并实现高质量发展的范例，对钢铁、煤炭等过剩传统行业均具有一定参考价值。

大型汽车集团推进全面新能源汽车战略的改革实践

北京汽车集团有限公司（简称"北汽集团"），成立于 1958 年，是中国主要的汽车集团之一，北京市第一大国有企业，在国内汽车行业排名第四位。目前已发展成为涵盖整车（包括新能源汽车）研发与制造、汽车零部件制造、汽车服务贸易、通用航空、产业投融资等业务的国有大型汽车企业集团。北汽集团自成立以来，建立了中国汽车工业第一家整车制造合资企业，中国加入 WTO 以后第一家整车制造合资企业，收购了瑞典萨博汽车相关知识产权，在汽车行业进入新转折的时代又前瞻性的率先布局新能源汽车，创造了中国汽车工业的多个第一。2018 年北汽集团实现营业收入 4807 亿，世界 500 强排名 124 位。

一、大型汽车集团推进全面新能源汽车战略改革的背景

（一）全球环境变化的深刻要求

全球环境变化正在使新能源汽车成为世界性共识。世界气象组织最新报告称，近年来全球变暖仍在持续，海平面上升、海洋升温和酸化、极端天气等不断加强。在国内，打赢蓝天保卫战迫在眉睫；在国外，降低碳排放，推动清洁能源发展正在成为趋势。以此为背景，全球各国政府纷纷推出新能源汽车规划和禁售燃油车计划。荷兰、挪威计划到 2025 年禁售纯燃油汽车，德国、印度计划 2030 年禁售内燃机车，法国、英国计划 2040 年停售传统燃油车。在世界各国的推动下，新能源汽车发展迅猛。2018 年全年，新能源汽车全球销量 201 万辆，同比增长 65%，远超传统车增速水平，全球新能源化正在成为共识。

（二）国家能源战略的内在要求

我国的能源结构一直呈现"富煤少油缺气"的特点。截至目前，我国已探明石油储量只占全球总量的 1.5%，石油进口依赖度高达 78.9%，而国内石油的 40% 被燃油汽车所消耗。推广新能源汽车，降低汽车对石油的消耗，改变国内能源消费结构，减少对外能

源依存度，无疑是关系国计民生的大事。2014 年中央财经领导小组第六次会议聚焦能源安全战略，习近平总书记提出推动能源消费、能源供给、能源技术和能源体制四方面的"革命"。国家能源战略的革命性征程由此开始，作为能源消费和能源技术的重要承担者，新能源汽车发展刻不容缓。

（三）汽车产业升级换挡的内在要求

传统汽车发展到今天，进一步升级的瓶颈已经十分明显。产业技术创新乏力，社会治理成本高企，既能显著提升技术水平，又不会大幅度提高成本的发展路径已经极为稀缺。虽然燃油车在当前条件下仍能良好运行，但面对未来更低能耗和排放要求，搭载更多电子设备的发展方向，向电动力转换无疑是必然之路。从国内汽车产业发展来说，当前我国燃油动力总成技术与国外差距仍然明显，未来追赶并显著缩小差距所需时间仍然较长。继续全面投入燃油汽车技术，不仅风险巨大，还有可能错失整个电动力汽车时代。因此，转型新能源汽车，率先突破关键技术，占据优势地位，无疑是面向未来发展汽车产业的最佳策略。

（四）供给侧改革背景下企业转型升级的管理创新需求

国家经济的供给侧改革，落实到企业层面，很大程度上就是企业的转型升级。历史上大型企业转型升级的案例提示我们，企业转型升级绝不是简单的产品换代，而是一个系统工程，需要从技术产品到产业链再到商业模式进行全面创新。诺基亚在智能手机时代遭遇失败，最根本的原因是在由功能机向智能机转型过程中，其产业链与组织结构以及商业模式未能同步创新；富士胶卷在面临数码相机时代的转型成功，是因为除了新产品外，还开展了足够强有力的技术、组织结构与商业模式转型。当前汽车行业适逢新能源与智能网联革命，如何不浮于表面，进行深入而有效的产业升级，是北汽集团必须解决的核心课题。

（五）北汽集团战略转型自主创新的内在要求

2014 年起，北汽集团前瞻性的提出了战略转型的发展目标，既要发展领先的自主品牌产品，又要有适应互联网与智能时代的全新发展模式。从北汽的实践来看，新能源汽车不仅是动力系统的变革，更是整个出行平台的变化，推动新能源汽车发展不仅仅是单纯产品的升级，更是技术、管理与商业模式的全面提升，是传统汽车产业转型升级的最佳抓手；另一方面，自 2009 年起，北汽率先投入纯电动汽车领域，经过多年发展，从产品到技术、品牌、市场均已准备充足，有全面新能源的能力和资源。在自身有条件，战略有要求的背景下，北汽集团自 2016 年起开始投入"全面新能源化"战略的实践征程。

二、大型汽车集团推进全面新能源汽车战略改革的内涵和主要做法

北汽集团"全面新能源化"战略的实践，即通过发展主体的全面新能源化、产品技术的全面新能源化、产业链布局的全面新能源化以及服务生态的全面新能源化，采取产品升级（Production）、技术推进（Technology）和市场开拓（Market）三大外显性手段，实现新能源化转型，采取智能网联（Intelligent and Connected）、全产业链协同（Industry Chain Synergy）以及机制创新（Institutional innovation）等内核性措施为全面新能源化建立强有力支撑，先做大行业，再做大企业，最终达到新能源汽车领域市场引领、技术引领和模式引领，推动北汽掌握世界级的技术，构建世界级新能源汽车企业，为优化能源结构，打赢蓝天保卫战贡献力量。

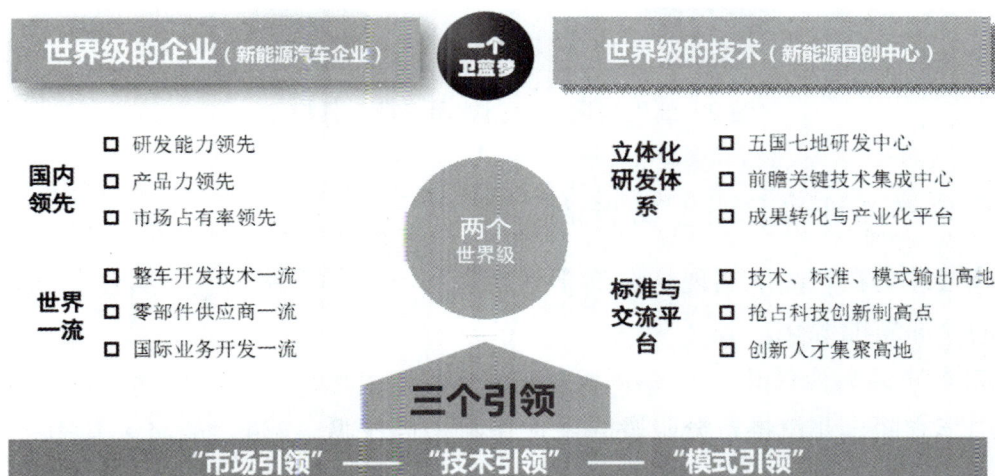

图 1 北汽集团"全面新能源化"战略目标

北汽集团全面新能源化战略实施的主要做法，可以归纳为 PTM-Ⅲ模型（图2）。该模型可划分为外显性要素（PTM）和内核性要素（Ⅲ）两大部分，其中外显性要素主要是指推进全面新能源化必备的，同时又能向外界展示出来的要素，包括产品升级（Product Upgrading）、技术推进（Technology Push）和市场开拓（Marketing Development）三大内容。这三项内容是企业转型升级最直观的要素。企业转型成功由这三项要素体现出来，但对于企业转型升级而言，仅有这三项是显然不够，还需要企业以外界看不见的内核性措施加以牢固支撑。北汽通过智能网联（Intelligent and Connected）、全产业链协同（Industry Chain Synergy）以及机制创新（Institutional innovation）三大方法，搭建全面新能源化的后台系统，为全面新能源化顺利实施构建坚实的基础。以下详细介绍。

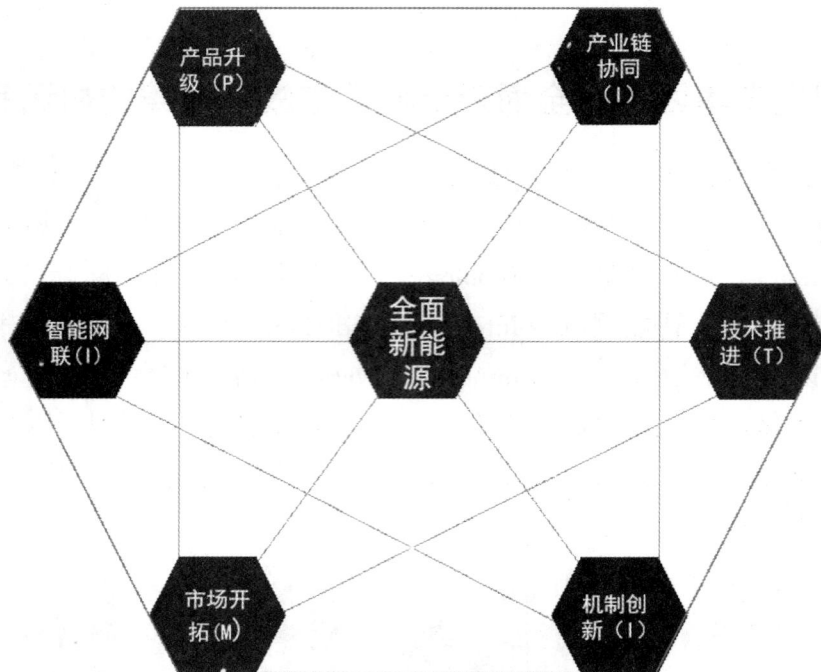

图 2　北汽集团全面新能源 PTM-Ⅲ 模型

（一）以产品升级推动全面新能源化

产品升级即是在产品上实现从燃油车到新能源汽车的升级，实现转型升级的核心载体—产品的全面新能源化。

1. 乘用车产品新能源化

在乘用车方面，北汽推行分阶段的"大中小、高中低、234"战略。其中"大中小""高中低"是指产品级别上要覆盖高、中、低各级别车型及大、中、小各车型尺寸；"234"指的是产品续航里程将主要集中在 200 公里以内、200-300 公里和 400-500 公里。在具体的实施上，从聚焦 A 级及以下细分市场为起点，开拓车型平台，打造明星车型，不断上攻，分阶段实现市场全覆盖。

为了降低开发风险，迅速占领市场，把握先发优势，北汽集团在第一阶段推出新能源汽车 1.0 版本战略，主要依赖传统车改装平台实现产品的快速推进，该阶段的 EV 系列产品以国民车的身份迅速打开局面。2016 年提出全面新能源化战略后，北汽新能源进入 2.0 阶段。这一阶段，车型平台使用新能源车与传统车协同平台，推出 EU、EX、EH 系列领先产品，实现产品与品牌的向上提升；当前北汽新能源已经成功进入第 3.0 阶段，依赖"蜂鸟计划"的全新正向开发平台，主推 Arcfox 高端品牌系列产品。目前，该系列产品已在日内瓦全球车展正式发布。

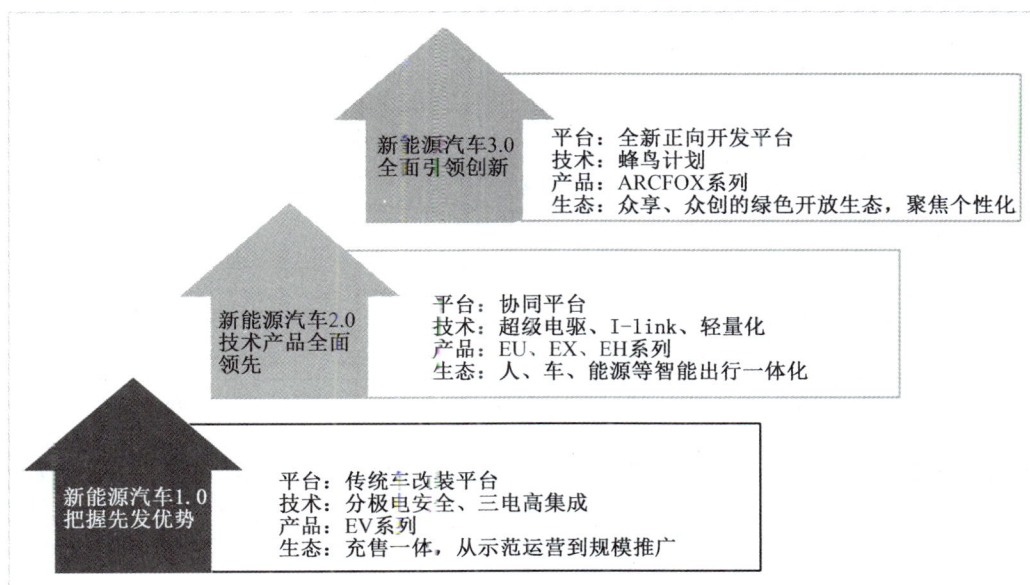

图3 北汽集团全面新能源产品布局

2. 商用车产品新能源化

在客车方面，北汽福田自2006年起，就与清华大学等机构联合承接了国家863计划氢燃料电池客车的研发。在全面新能源化战略推动下，氢燃料电池车福田欧辉加快商业化运营，并于2016年首次斩获100辆客车订单，实现了国内氢燃料电池新能源车的重要突破。在物流车方面，依托北汽福田和昌河汽车以及北汽新能源三大平台，北汽推出一系列电动物流车产品，包括欧马可、奥铃和时代，以及昌河北斗星和407EV等，实现新能源在各使用场景的全渗透。

依托全系列推进的新能源车产品，2017年，北汽提出了基于全面新能源的"禁燃目标"——到2020年将率先在北京市全面停止自主品牌传统燃油乘用车的销售，到2025年在中国境内全面停止生产和销售，为国内全面推动汽车新能源化转型吹响了进攻的号角。

（二）以技术推进助力产品升级

技术推进是指通过技术进步促进新能源产业发展，达到引领市场，带动市场的目的。

1. 技术研发体系

在技术方面，北汽构建了完整的新能源汽车研发体系。在北京，公司构建了国家级新能源汽车技术创新中心，把握世界新能源汽车产业的发展趋势，瞄准电动化、智能化、生态化，覆盖从基础研究、前瞻技术到中试、产品导入的关键科研产业化阶段，从技术创新、产品创新、体制机制创新、管理创新入手，联合全国产学研机构，打造从基础研究到产品导入的全过程研发体系。

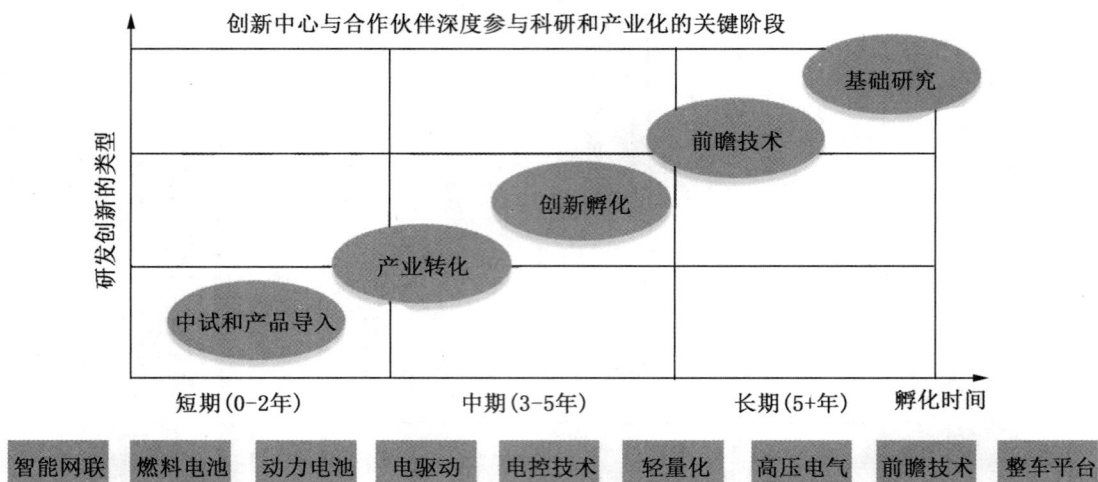

图 4　国家新能源技术研发中心研发模式示意图

　　为了充分利用全球最优研发资源，北汽在新能源领域构建全球化的四层次立体研发体系，打造世界级新能源汽车科技创新中心。在整体布局上，以北京研发总院为核心，形成对全球范围内研发中心的整体协调管理，其后通过分布在日本、德国、美国、意大利"五国七地"的研发中心，捕捉全球领先的研究内容，形成研发体系的前沿层；同时通过与中科院、清华大学、北理工等研究机构的合作，构建研究层，深挖先进技术；其后，再将这些研究成果导入莱西、采育、常州等生产基地，进入北汽研发体系的应用层，最终实现新能源汽车技术从研发、管理到落实的完整闭环。

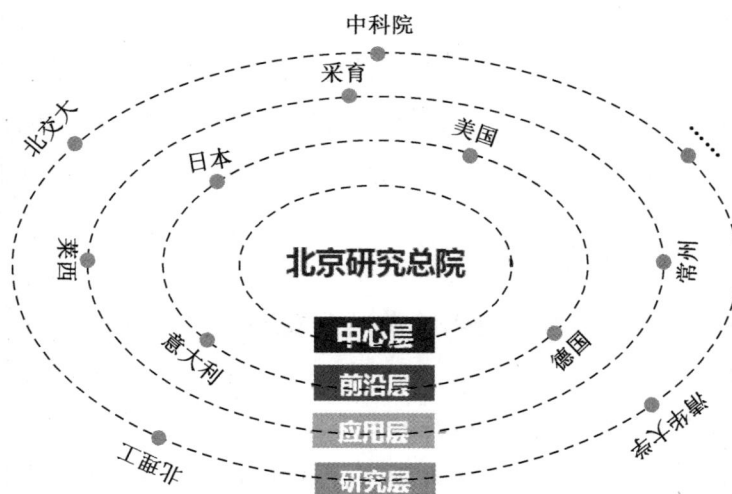

图 5　北汽全球研发中心布局总体思路

2. 多节点技术布局

由于新能源汽车是跨领域产品，北汽集团对全面新能源的技术布局也体现在多个节点。

在整车层面，2016 年提出全面新能源化战略之后，北汽集团在原有的硅谷等全球化研发中心基础上，又分别在底特律、慕尼黑、德累斯顿、都灵以及东京等全球区域，分别构建电驱动、造型设计、内外饰以及轻量化研究中心，基本上在整车领域实现了集全球优秀资源为我所用的战略布局。

图 6　北汽新能源全球化技术研发中心

在核心动力电池技术层面，北汽集团采取合作研发到前瞻性研发的布局方式。在乘用车领域，为了适应全面新能源的需求，2016 年起，北汽先后与国轩高科、宁德时代、普莱德、北大先行、孚能科技以及奥地利李斯特达成合作，共同开发动力电池技术、共同建设新能源汽车动力电池研发与制造基地，合作领域涉及电池研发、制造、回收、梯级利用等各个环节，配套北汽从低成本的 EC 系列到高端 ARCFOX 等的全部车型，形成涵盖高中低全系车型的全面合作。2017 年以来，随着三元电池逐步达到技术高点，新型电池研发的需求越来越高，北汽依托新能源国家科技创新中心，与中科院物理所合作，又开始投入固态电池的研发，为保证新能源汽车核心技术不断突破奠定基础。

在商用车领域，在全面新能源化战略提出后，北汽继续加强福田氢燃料电池的研发工作，成立欧辉氢燃料电池客车生产基地，并且投入数十亿元打造了新能源汽车工程研究中心，形成了涵盖氢燃料电池客车研发、制造、燃料供给等各环节的完整产业链。

在电控层面，北汽从整车集成控制角度自主开发 BMS（电池管理系统）。开发主体以美国硅谷研发中心为主，联合核心供应商国轩高科，以用户驾乘体验为需求导向，紧密结合整车与电池策略设计，打造过硬的电池管理系统，为电动车的安全和效率保驾护航。在驱动电机层面，北汽选用永磁同步电机的技术路线，瞄准扭矩大、重量轻、体积小、损耗低等多个指标发力，为电动汽车动力系统提供高性能保障。

除三电技术外，北汽在全面新能源技术的推进中，还针对未来趋势深入布局轻量化技术和智能网联技术。从整车到关键核心零部件再到智能网联与轻量化的多节点布局，构成了北汽新能源技术推动的蜂鸟计划，为北汽迈入全面新能源的新能源 3.0 阶段提供了完备的技术支持。

图 7　北汽全面新能源技术推进之蜂鸟计划

（三）通过市场推广展现技术产品成果

新能源汽车当前仍处于市场导入阶段，仍需投入大量资源进行市场培育。针对终端市场不成熟，消费者需要持续教育引导等问题，北汽集团分类治理，各个击破。

1. 公务车市场

为贯彻党中央、国务院关于大力发展新能源汽车，积极推进普通公务出行社会化的指导方针，北汽集团在市政府大力支持和帮助下推出"北京出行"平台，保障北京市公车服务。在全面新能源化战略的推动下，新能源车成为北汽出行平台上的重要组成部分。在该平台上北汽共推出四款新能源车型，包括政府公务接待用车 EH300、机要通信用车 EU260 以及日常公务出行用车 EC180 和 EV160。从高到低，配置各异的车型不仅保证了北京市公务用车需求，也为北汽全面新能源化战略市场推广开辟了全新的道路。

2. 网约车与租赁市场

以公务车市场为基础，借助共享经济的发展契机，北汽在出行领域又开拓了网约车与租赁两个市场。为了快速占领市场，北汽先后成立车咖出行、GreenGo、轻享等多个出行平台子品牌。2017 年，随着各平台顺利完成市场导入的任务，北汽一举整合旗下所有出行平台，成立华夏出行公司和"摩范出行（More Fun）"品牌，并与滴滴等多个共享出行平台达成合作，深入开拓网约车和租赁市场。在产品投入上，北汽推出 EH300 商务型租赁用车、EX260 运动型租赁用车、EU260 充/换电版网约车以及 EU300 充/换电版出租车等多个车型服务网约车及租赁市场，形成了依托新出行模式的市场推广路径。

3. 商用车市场

在商用车方面，结合新能源商用车特点，北汽集团构建"直销+分销+改装+租赁"四位一体销售体系。面对第三方租赁公司、大型快递物流公司及其属地分公司，行业内主力改装企业等多个细分市场，多点发力，系统突破。福田欧辉、电动版欧马可、奥铃和时代，以及昌河北斗星和407EV 等借助场景化的销售体系，实现了快速突进。

4. 终端消费市场

在终端消费市场，北汽致力于线上与线下结合的双重路线。在线下北汽与和谐汽车、庞大汽车等龙头经销商集团合作，搭建了全国最大的新能源汽车独立销售网络，广泛覆盖华北、华东、华南和华中四大主销区域。

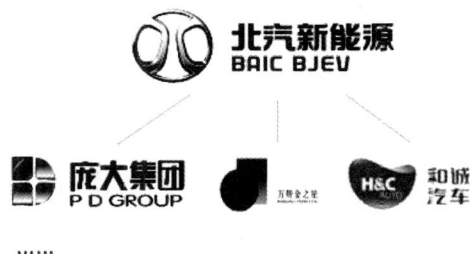

与国内领先经销商开展渠道合作，构建全国最专业的新能源销售网络

迄今为止，全国最大的独立新能源汽车销售网络，覆盖华北、华东、华南、和华中四大主销区域

规划类别	截止2015年	2016年新增	2017-2018年新增	2019-2020年新增	合计
一级经销商	27	10	13	15	64
二级经销商	18	40	40	150	248
合计	45	50	53	165	312

图 8　北汽全面新能源线下渠道布局

在线上，北汽引入京东、天猫、电车汇等 8 家战略合作伙伴，全网推动新能源汽车电子商务，成为全国第一家实现网络销售的纯电动汽车企业。

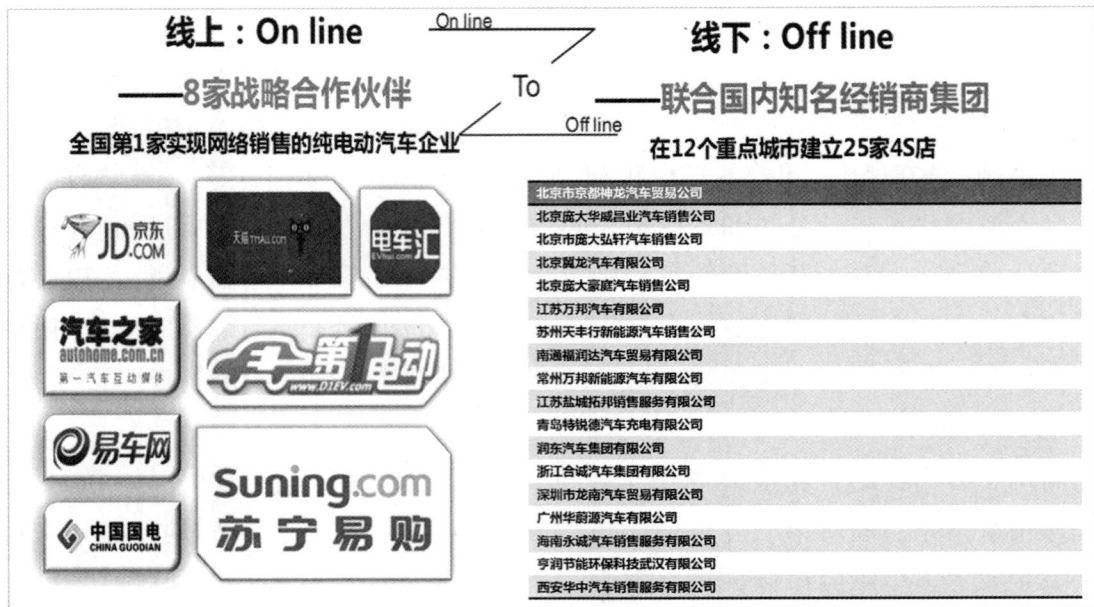

图 9　北汽全面新能源线上渠道布局

5. 品牌营销

除了对产品的直接推广，品牌营销也是北汽全面新能源的关注重点。以新能源核心特征为品牌传播入口，北汽构建了全面推广新能源汽车的"卫蓝"品牌，并通过公益营销、体验营销、圈层营销、互动营销和赛事营销等方式，教育市场，引导消费者参与"卫蓝行动"，使用新能源汽车。不仅为北汽自己的新能源品牌做推广，也为整个行业的破冰前行贡献自身力量。

图 10　北汽全面新能源品牌营销

（四）以智能网联优化产品与价值链

由于新能源汽车电动力特征，其平台对智能网联既有天然需求，又较传统汽车更为适合布局智能网联。因此全面新能源必须同步加载智能网联系统。北汽集团通过智能网联助力全面新能源主要通过以下两点实现：

1. 产品智能网联

对于新能源汽车产品，北汽一直注重智能网联的同步发展。在主力车型 EC180、EX360 等产品上，北汽不仅配备超大屏幕，还通过与百度合作的 CARLIFE 平台以及自主研发的"蜂鸟计划"i-link 系统实现了车与系统的高度统一。基于此系统，北汽新能源推出的第一款人工智能电动车 LITE，还荣获工信部颁发的 2017"最受关注智能网联新能源车"奖。

随着全面新能源时代对智能网联要求的进一步提高，在"蜂鸟计划"之后，北汽又重磅推出专门针对智能网联发展的"达尔文系统"，实现了包括 ADAS 智能辅助驾驶系统、L3 级自动驾驶、智能座舱监测、代客泊车等在内的智能驾驶功能。此外，"达尔文系统"还为大数据处理和空中程序升级（OTA）预留了充足的空间，为未来不断进化，迭代升级进行了充分准备。目前，北汽基于达尔文系统的全新车型 EU5 已经实现交付。

为了进一步促进新能源和智能网联技术不断进步，北汽还发布了更加系统的"海豚+"战略，联合多家产业链合作伙伴聚焦智能技术、智能产品、智能生态、智能交通等战略重点，加强高性能传感器、域控制器、计算平台、自动驾驶系统、高精度地图等产业链布局。

2. 价值链环节智能网联

随着消费升级的推进，产品与费者的连接愈加紧密，唯有具备快速响应消费者个性化需的能力，才能够使新能源汽车这一全新产品在市场上站稳脚跟。以此为背景，北汽积极在全面新能源的整个价值链引入智能网联技术，为新能源汽车切实满足市场需求构筑根基。

为充分收集消费者需求，北汽首先打造了针对新能源产品和用户的 VOCe+ 系统，以大数据的方式精准获取消费者需求。通过内部来自于产品与服务领域的大数据，结合外部大数据仓库，进行顾客定位、顾客需求分析，产品特征分析，为产品研发、生产制造提供全方位的策略支持，其后通过投放市场产品的大数据反馈，诊断产品各个策略的偏差，快速反馈消费者声音，高效迭代产品，实现用户需求的最大化满足。

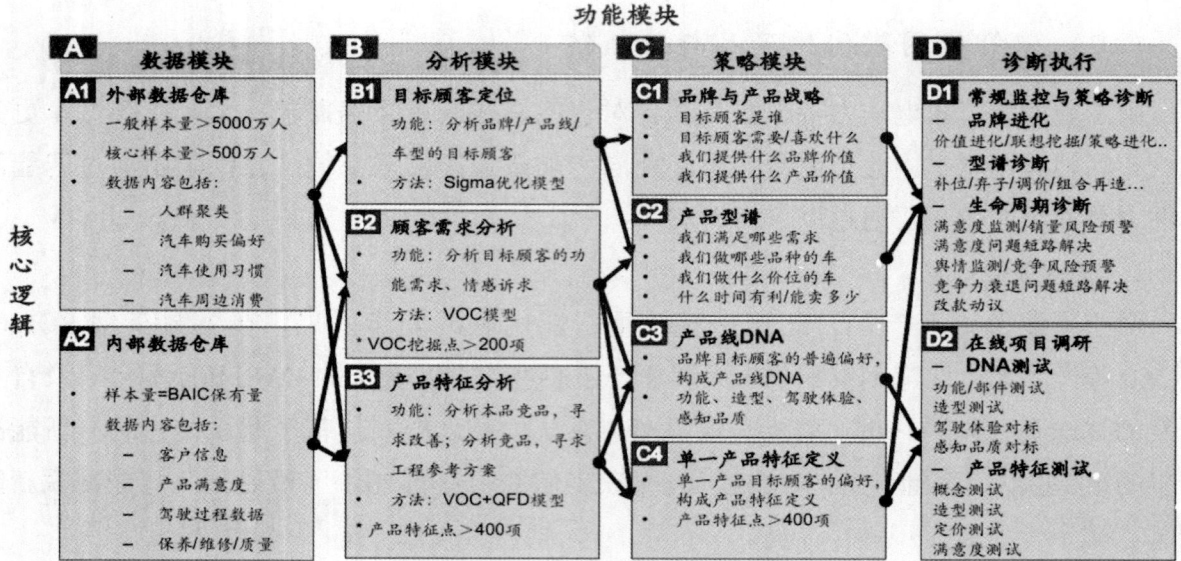

图 11　北汽集团 VOCe+系统构架

为了配合消费端的大数据能力，在生产层面，北汽大力推进 C2M 个性化定制模式。以智能化的方式实现客户与厂商的信息透明沟通，供应商与厂商的信息集成与即时互通，打通从消费到制造各环节大数据通路，实现全价值链智能化，打造北汽新能源汽车核心竞争力。北汽从 LITE 车型起始的 ACRFOX 全系列车型均出自该模式。

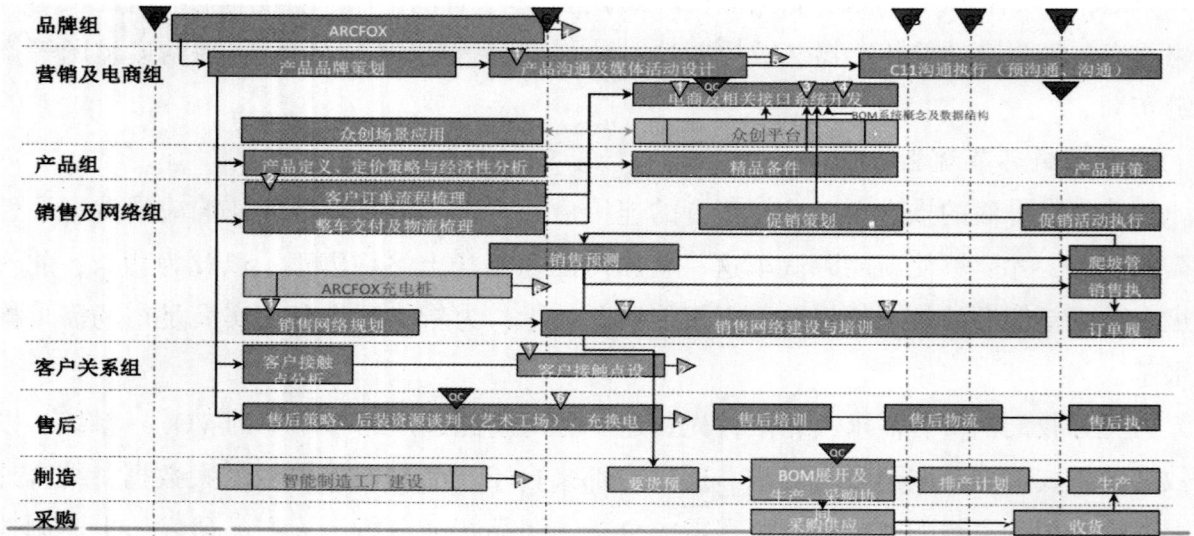

图 12　北汽集团 C2M 个性化定制方案

（五）以产业链协同搭建新能源化支撑体系

新能源与汽车智能网联均是跨产业的活动，多产业兼顾与合作，正在成为未来汽车行业必须具备的能力。与此同时，新能源汽车作为全新的领域，企业必须以开放合作的姿态，超越"理性人"一心逐利的基本诉求，以合作而非竞争的方式，迅速推进行业发展，以实现各参与方的长期利益最大化。在全面新能源的过程中，北汽一方面将自身产业链向上下游延伸，另一方面与各方面合作伙伴形成紧密合作，为顺利推进全面新能源打造跨产业链能力，也为行业发展提供快速向前的动力。

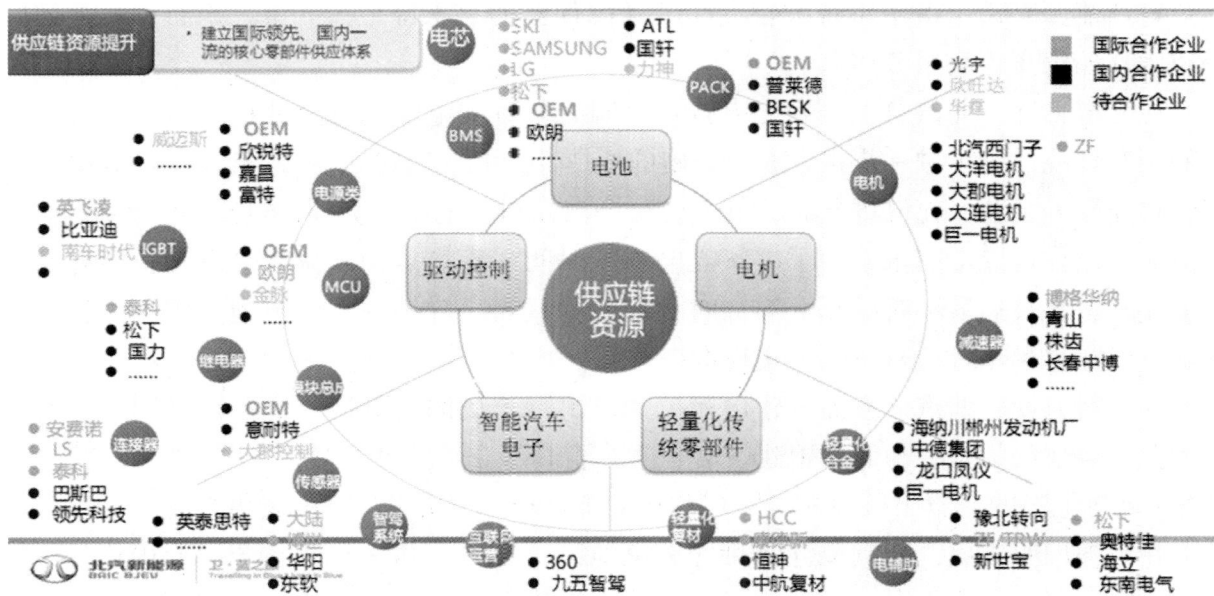

图13　北汽集团产业链协同部分合作厂商

1. 上游：核心零部件领域

新能源汽车的核心零部件由传统车的发动机及变速箱转变为三电系统与智能网联系统。这两大系统均非汽车制造企业的专业领域，跨领域协同与合作是必经之路。

在三电系统方面。为了获得稳定且技术先进的电池产品，推进全面新能源化战略的北汽集团一直紧抓电池的研发生产不放松。在电池领域的产业链协同上，北汽的"朋友圈"主要包括两方面，一是负责前瞻研发的科研院所，如中科院、清华大学、北京理工大学等，二是联合开发的产业链企业如松下、波士顿动力、三星SDI、SK化学、宁德时代、国轩高科、孚能科技、当升科技等。通过两方面的产业链合作，北汽能够保证当前技术条件下的动力电池获得充分供应，未来动力电池新技术能够提前掌握，充分占据市场主动性。在电机、电控领域，由于产业壁垒较低，北汽采用自主研发为主、少量外部协同的方式。重要合作伙伴包括西门子、博格华纳、精进电机、Besk、麦格纳、大洋电机、中车株洲等。

在智能网联领域，与高科技企业合作，同时兼顾自主研发是北汽推动发展的主要路径。在产业链合作上，北汽先后通过"蜂鸟计划""阿波罗计划""达尔文系统"和"海豚+"战略聚集了一大批产业连伙伴，包括汽车零部件领域的博世、采埃孚、海拉等，科技领域的华为、科大讯飞、百度、京东方、中国信息通信科技集团等，通过加强开放合作，携手国内外合作伙伴，北汽集团逐渐构建起整合全球优质资源，进行协同创新的发展模式，极大的拓宽了全面新能源的发展空间。

2. 下游：汽车后市场领域

对新能源来说，由于系统大幅简化，维修保养的需求降低，充电、出行、电池回收等成为新的汽车售后服务焦点。

在充电方面，北汽自主研发充电技术，同时与特来电等运营企业展开合作，构建便捷的用车环境。为了进一步提升充电设施的便捷性，北汽还建立了"卫蓝社区产业联盟"联合物业服务企业、充电服务商、电力公司等多方利益主体，共同推进社区公共桩运营，解决居民居住地充电需求。为了缓解充电等待时间久等痛点，北汽联合奥动新能源开展换电模式，将长达数小时的充电等待时长缩短为只需 5 分钟左右的电池包更换。目前该模式已经在出租车等运营车辆上实现推广。

在出行方面，北汽一方面自建出行公司对出行市场的新能源产品推广。同时也通过跨产业链合作的模式，与北京银建、富士康、滴滴等企业合作构建"车联网+大数据+电动化+定制化"的智慧出行模式，实现对新能源汽车产品更具广度和深度的推广。

在电池回收方面，北汽成立北京匠芯电池科技有限公司，充分整合行业内市场、技术、材料、电芯、退役电池、分解资源，开展新体系电池开发及梯次利用研究创新。同时推出"擎天柱计划"，通过换电和电池再利用技术，将新能源汽车、动力电池、换电站、光伏发电进行深度融合，实现新能源汽车全生命周期能源资源高效利用。

在电池拆解方面，北汽联合拆解领域龙头格林美在河北黄骅建立电池拆解工厂，发挥京津冀一体化的优势，兼顾产业可持续发展与环保的要求，推进新能源汽车全产业链闭环，实现从绿色出发，再回归绿色的完整循环，保证新能源产业真正达到环保的效果。

（六）以机制创新激活全面新能源化活力

新业务必须新机制。为了北汽全面新能源化战略的顺利落地，北汽在体制机制上深入探索，以生产关系的变革实现对生产力的推动。

1. 混合所有制改革，提升发展效率

为了抢占日新月异发展的新能源市场机遇，提升企业发展效率，全面新能源化战略提出后，北汽集团响应国家号召，以北汽新能源为平台，迅速推开了混合所有制改革的步伐，先后完成面向社会的 A、B 轮融资，实现了内部管理层和关键技术人员持股，并通过重组的方式于 2018 年 9 月成功登陆 A 股。北汽新能源混合所有制改革中引入的社会资本包括国内电池龙头宁德时代、电机龙头大洋电机、三元电池材料龙头当升科技以及国际汽车领导者戴姆勒等重要产业链公司，不仅能够提升效率，还通过持股的方式绑定了关键资源。

2. 管理构架调整，调动全集团资源

为了充分调动全集团资源推动全面新能源化战略落地，同时保障由传统车向新能源车的平稳过渡，北汽打破科层制度局限，开拓矩阵式管理模式，引导全集团资源逐步向新能源制度倾斜。在新能源事业发展初期，北汽先成立新能源公司，负责核心技术的研发，产品的生产制造和销售共用北汽股份传统车平台，以期迅速占领市场。全面新能源化战略提出后，北汽集团又通过产品及技术的布局分工实现集团化资源配置，推进北汽新能源公司主攻中高端乘用车，北汽股份和昌河汽车负责中低端乘用车，北汽昌河与北汽福田合作推进新能源商用车与物流车，北汽福田重点攻克氢燃料电池车，海纳川零部件公司重点研发新能源汽车零部件，鹏龙股份主要负责电池回收，华夏出行总负责出行板块业务，北汽产投推动全产业链投资，国家新能源科技创新中心协调资源负责新能源与智能网联核心技术研发。总体而言，通过递进式的调整，北汽集团在集团内部构建了系统化的全面新能源组织架构，为全面新能源顺利实施落地，打造了组织基础。

3. 制造服务化改革，支持全新模式

新能源汽车涉及领域多，科技化与服务化环节广，已经超越纯制造业的范畴。全面新能源落地，必须具备服务型制造的能力与构架。2015 年来，北汽推进落实制造服务化改革为整个集团打造了基于大数据的制造服务化体系。在全面新能源化战略实施后，该体系进一步发挥更重要作用。基于新能源汽车对市场服务和智能网联的深入要求，该系统的 VOC 大数据体系与 C2M 个性化定制模式以及多场景智能互联相结合，实现新能源汽车市场服务、充电、出行、大数据收集、智能制造的全价值链闭环，为北汽全面新产品与服务不断开拓市场，满足消费者需求，提供了有效的进化体系。

三、大型汽车集团推进全面新能源汽车战略改革的实施效果

（一）支持企业快速发展，创造显著经济效益

北汽集团全面新能源化战略实施 3 年来，在企业发展上取得了显著的成绩。全面新能源化战略实施之后北汽新能源产品迅速推广，自 2015 年到 2018 年，北汽新能源销售量从 2.0 万辆上升到 15.8 万辆，增速接近 8 倍。营业收入从 2015 年的 58.32 亿元增加到

199.49 亿，增长 3 倍以上。在北汽集团内部，新能源汽车销量从 2015 年占自主乘用车的不足 10%，提升到 2018 年的 30%，全面新能源化效果显著。

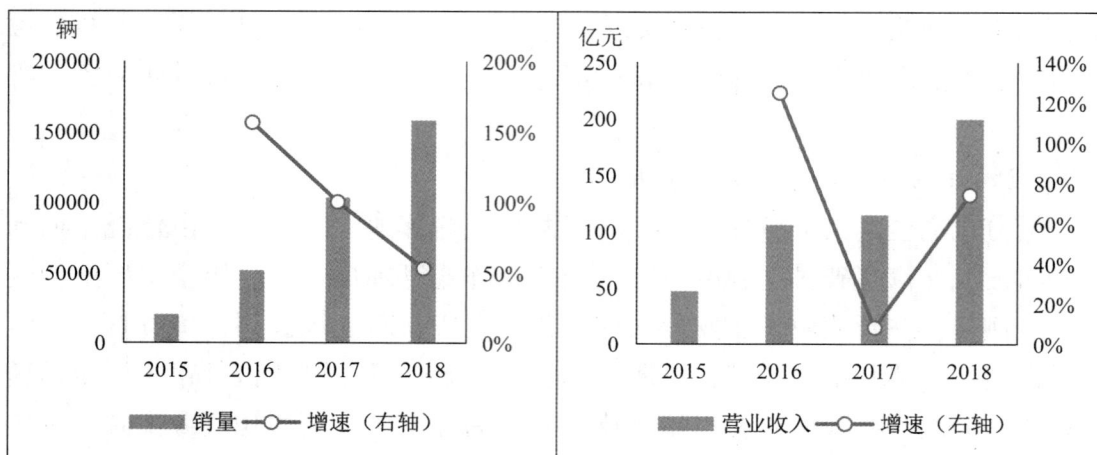

图 14　北汽新能源销量及收入年增长率（2015-2018 年）

伴随新能源业务的不断扩大，集团的整体实力也得到不断提升。2018 年全年，北汽集团全球 500 强排名一跃进入 124 位，营业收入突破 4800 亿，利润突破 300 亿，比项目实施前的 2015 年分别增长 43% 和 58%。项目的实施显著增加了北汽集团的品牌影响力和成长潜力，为集团不断提高竞争力打下了良好的基础。

（二）提升企业管理水平

通过全面新能源化战略实施，北汽集团新能源化与智能化水平不断提高，发展效率显著提升。转型之初只有单一新能源公司投入新能源研发，产品的智能网联程度比较低，研发、服务、出行、产业链以及配套基础设施仍不够强等问题得以有效解决。过去三年来，借助整个集团的新能源化升级，北汽集团全员劳动生产率不断提升，企业成长潜力逐步加大并获得了一批管理类奖项。北汽新能源获得 2017 年北京市"最具影响力创新企业奖"、2018 中国汽车"智能网联创新力量 50 强"称号，北京市第 29、32 届企业管理现代化创新成果一等奖、国家级第 31 届企业管理现代化创新成果一等奖以及中国企业管理最高奖"袁宝华管理金奖"等。

（三）获得广泛认可，推动社会发展

经过三年的发展，北汽集团创造经济效益的同时，也创造了巨大的社会效益。在科学技术方面，全面新能源落地的过程中北汽集团积累了大量的技术成果，新能源相关技术获得中国汽车工业科学技术奖一等奖、北京市科学技术奖一等奖，质量管理方面获得石川馨-狩野奖等一系列奖项，与百度合作的智能网联产品，在美国 Navigant Research 智能驾驶排名中获得行业挑战者称号。北汽集团牵头成立的新能源国家技术创新中心，更是已经成为行业技术提升的重要平台。在商业模式方面，北汽新能源首倡的"擎天柱"计划的换电模式和电池循环利用模式，不仅为北汽自身服务，也为行业可持续发展开辟了道路；北汽新能源"绿色智能出行生态圈""卫蓝社区产业联盟""卫蓝生态联盟"不仅服务北汽旗下的产品，同时为整个新能源汽车产品进一步推广提供普惠性便利。在节能环保方面，在全面新能源化战略实施的过程中，北汽集团持续降低能耗，不断推动节能减排。同时通过活跃在全国范围为的 30 余万辆纯电动汽车，仅在二氧化碳减排上就能达到 80 余万吨，为全国节能减排，环境保护作出了显著的贡献。

构建新时代航天企业
"自适应"党建工作体系的实践研究

习近平总书记指出，中国特色社会主义进入新时代，我们党一定要有新气象新作为。做好新时代国有企业党的建设工作，必须把贯彻落实习近平总书记重要指示批示精神和党中央决策部署，与企业主责主业和具体实际结合起来，增强政治性、体现时代性、把握规律性、富于创造性，切实把党的政治领导力、思想引领力、群众组织力、社会号召力转化为引领和带动企业高质量发展的核心竞争力。

航天科工党组认真学习贯彻习近平新时代中国特色社会主义思想，落实新时代党的建设总要求和新时代党的组织路线，探索和构建科学严密的党建工作体系。通过连续 4 年到基层党组织和党员职工群众中间开展专题调查研究，组织 1 万余人次的党员职工开展党建工作满意度测评，并同步征集书面意见建议，深入分析查找问题、总结经验做法，不断提高党建工作质量的规律性认识。在充分调研分析基础上，以"自适应"能力和鲁棒性为重点，系统研究构建航天企业党建工作体系的科学方法和路径，形成与新时代发展要求相适应相匹配的现代企业制度下党建工作体系实践研究成果，推动航天事业高质量发展取得新成效、达到新高度。

一、航天企业"自适应"党建工作体系构建的实施背景

党的十九大鲜明提出"不断提高党的建设质量"，并吹响建设具有全球竞争力的世界一流企业冲锋号。一流企业需要一流党建，一流党建引领一流企业。只有充分认识新时代提升国有企业党建工作质量的重要性和紧迫性，主动顺势而为、因时而变，推动党建工作与时代同频共振、与行业同向同行、与企业同轴共速，才能开创企业改革发展和党的建设新局面，为做强做优做大国有企业提供坚强保证。

进入新时代，航天企业党建工作面临的形势要求及存在的矛盾和问题，主要体现在以下几个方面。

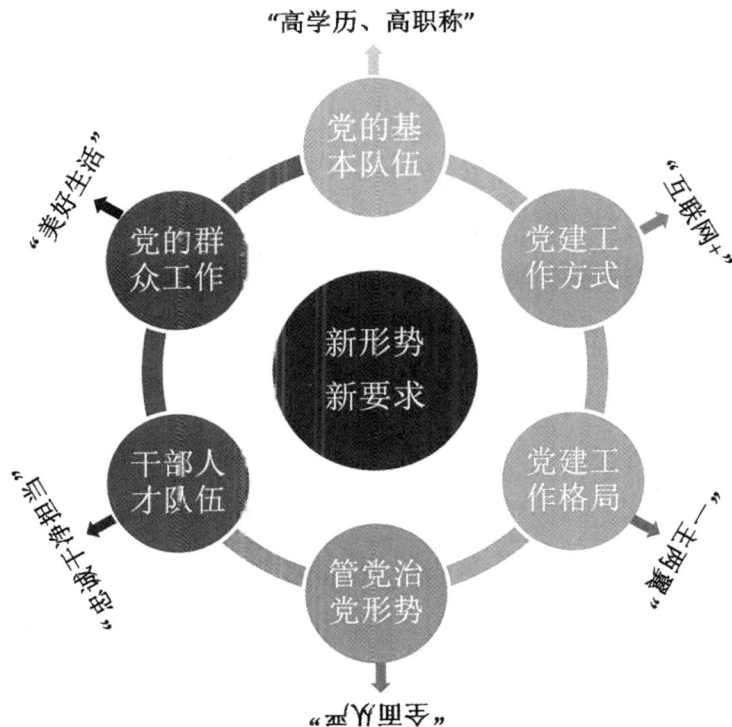

图 1　新时代航天企业党的建设面临的新形势新要求

(一) 党的基本队伍呈现"高学历、高职称"新特点

随着世界科技革命迅猛发展和强军兴军事业的深入推进，人才引领发展的战略地位日益凸显。航天企业作为国家科技创新发展的战略高地，党员队伍中高层次人才和核心技术人才比例快速上升。2018 年，航天科工全系统发展研究生学历党员和高级专业技术职务党员人数，分别较 2017 年提升 9.86% 和 18.84%，高学历党员人数超过党员总数的 57%。

高知识群体党员比例的快速增加，只是党员队伍结构优化的外在表现，而强化政治引领，实现全党思想意志统一、行动步调一致，才是党员队伍建设的现实内涵。尤其对于主业从事信息技术和高端装备制造的部分公司制企业，行业竞争激烈、生存压力大、员工思想活跃，重形式轻内容、重过程轻结果、脱离时代感的党建工作对高素质党员队伍缺乏吸引力，对科研生产经营工作也难以起到实质性促进作用。基层党组织开展工作必须坚持与时俱进，以提升组织力为重点，全面增强政治功能，不断强化党建工作的创新性和实效性，引导党员干在实处、走在前列、创先争优，把高素质党员队伍的优势真正发挥出来，为企业高质量发展增动力、添活力。

（二）党建工作方式发生"互联网+"新变化

将信息技术应用到党建工作中，既是信息化时代发展的客观要求，也是党建工作改革创新的必然要求。面对信息革命带来的机遇和挑战，在党的建设中自觉运用现代信息技术，优化思维、优化方式、优化机制，不断提高党建工作信息化、智慧化水平，已成为新时代创新党建工作的重要课题。

作为推进新一代信息技术高速发展的国家队和主力军，航天企业积极探索，用线上党建支持线下党建、用线上活动促进线下管理。但党建信息化整体性、协调性相对较弱，对全系统党建信息化建设统筹不够。在从"面对面"向"键对键"转变过程中，部分单位不敢用网，不会用网，不善用网，信息化建设层次较低，应用范围狭窄。有的单位基础性数据长期不维护不更新，党员群众关注的热点难点问题回应不及时，普通党员"智慧党建"参与积极性还不高。

（三）党建工作出现"一主两翼"新格局

在经济发展新常态下，航天科工深入落实党中央加快国资国企改革部署，践行"一带一路"倡议，逐渐形成了以境内独资全资控股企业党建为"主体"，混合所有制企业和境外企业党建为"两翼"的党建工作格局。

2015 年以来，航天科工新收并购企业 22 家。这些企业与传统军品单位相比，经济属性强，政治属性和社会属性相对模糊，党建基础薄弱，党务力量普遍配备不足，部分党务工作人员专业能力不强，党的组织覆盖和工作覆盖存在空白点。境外 33 个分支机构只有 32 名党员，受驻地分散、党员流动性大等客观因素影响，组织对境外党员的成长发展和身心健康关心不够，境外党建工作一定程度存在"隔空喊声高、落地回音小"的情况，有效覆盖不足。党建不平衡情况较为突出。

（四）管党治党面临"全面从严"新形势

全面从严治党是保持党的先进性和纯洁性的根本保证。习近平总书记强调，要重整行装再出发，以永远在路上的执着把全面从严治党引向深入，开创全面从严治党新局面。国有企业作为党领导的国家治理体系的重要组成部分，更不能有松松劲、歇歇脚的想法，必须坚定不移、常抓不懈、久久为功。

航天科工党组高度重视并狠抓"两个责任"落实，把纪律和规矩挺在前面，坚持无禁区、全覆盖、零容忍。但从近几年全系统查处通报的问题看，所属单位不同程度存在管党治党宽松软的状况，反映出企业基层党组织重经济轻党建，党委落实主体责任有缺失，班子成员履行"一岗双责"不到位，纪委落实监督责任有差距，党内规章制度体系还不健全，全面从严治党任务依然紧迫艰巨。

（五）干部人才队伍需要"忠诚干净担当"新气象

党的力量来自组织。党的全面领导、党的全部工作要靠党的坚强组织体系来保证。建设国际一流航天防务公司，必须坚持把党的政治建设贯穿于组织、干部和人才工作全方位、全领域、全过程，持续强化党员干部理想信念情怀和使命感责任感。最大限度把广大人才的报国情怀、奋斗精神、创造活力激发出来，建设一支高站位宽视野、在状态有激情、高标准严要求、快节奏重落实、敢创新有底线、推动工作谋划在前、创新创业引领在前、关键时刻冲锋在前的高素质干部人才队伍。

在对航天企业基层党组织调研过程中，职工群众对于领导干部政治素养的提升提出意见较多，党员干部政治训练和政治历练不够、担当作为的底气和本领不强等问题反映集中。高层次领军人才对企业发展的战略支撑作用不足，员工队伍规模偏大、人力资源效能不高，人才流失现象不同程度存在。

（六）党的群众工作提出"美好生活"新要求

民心是最大的政治，人民是党执政的最大底气。密切联系群众，充分发挥广大职工首创精神，才能赢得航天事业高质量发展最可靠的强大支撑。航天企业各级党组织在引领广大职工坚守"科技强军、航天报国"企业使命的同时，必须深入践行以人民为中心的发展思想，站稳政治立场、深怀为民情怀，主动关心解决群众关注的热点、难点问题，不断提升获得感和幸福指数。

与民有所呼、我有所应的要求相比，部分党组织还囿于按照以往的方法按部就班开展工作，深入基层一线不够，服务意识和服务能力有待增强，群众观点、立场、感情方面还有较大差距。

二、航天企业"自适应"党建工作体系构建的范式内涵

习近平总书记强调，提高党的建设质量，要根据党的建设面临的新情况新问题，大力推进改革创新，用新的思路、举措、办法，解决新的矛盾和问题。党建工作是一项系统工程，既不能"老虎吃天无从下口"，也不能"眉毛胡子一把抓"，必须把握系统性整体性协同性，运用科学方式方法，体系推进、重点突破、循序渐进。

（一）"自适应"模型

自适应系统是一个控制理论概念，由参考模型、被控对象、反馈控制器和自适应机构等部分组成，如图2所示。采用自适应策略所构成的控制系统在运行期间，调整自身使其行为在新的或者已经改变了的环境下达到最优或次优状态。

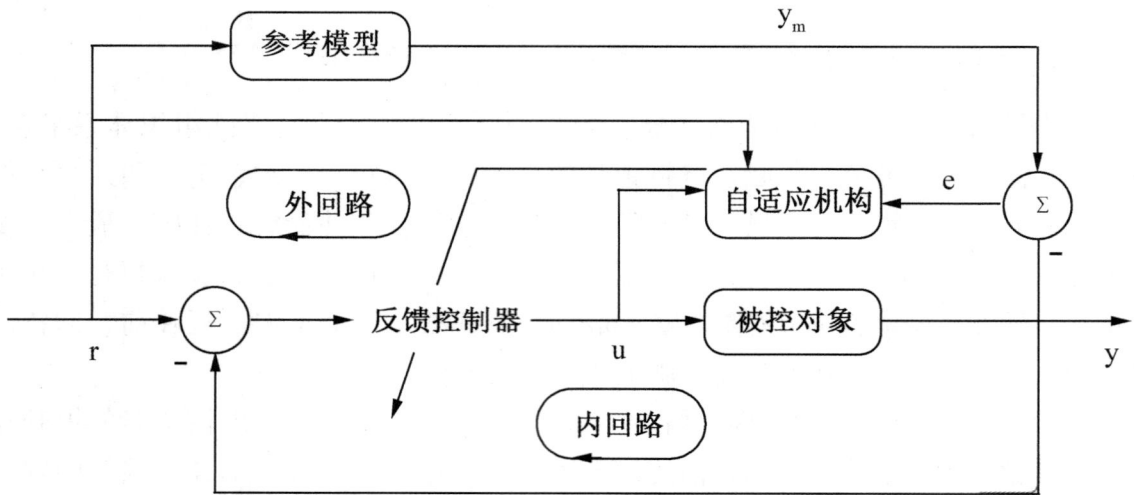

图 2　自适应系统模型

　　党建工作覆盖多个维度，是具有社会属性的开放的、动态的复杂系统。在把握内部规律相通性的前提下，将经典的系统控制理论引入党建工作体系构建，找准选好切入点和突破口，有利于创新路径，解决问题，推动党建工作质量整体提升。对于党建工作体系，参考模型即为党建工作的主线和目标，是党建工作时时对标对表、矫正偏差的维模依据。

（二）党建工作体系特性识别

　　系统构建包含两层含义，其一是静态模式，决定了系统运作的层次和静态配置，对系统的动态运作和输出响应产生重要影响；其二是动态模式，揭示了系统各状态变量在收到内部或环境变量作用时的动态变化情况，是放大增益、减小扰动的关键。

　　对于党建工作体系，静态模式就是以党的组织体系为核心的组织架构，是整个系统运作的基础，其控制对象可以聚焦为党的基本组织、基本队伍和基本制度。而动态模式较为复杂，需要结合党建工作中存在的问题，即系统"扰动"进行具体分析。采用鱼骨状思维导图对 4 年来全系统党建工作考核调研发现的问题和党员职工群众集中提出的意见建议进行归纳演绎，如图 3 所示。在明确参考模型的前提下，"扰动"主体即动态特性，被控对象可归纳为"'两个责任'的落实""双建双促""干部人才队伍建设""职工群众幸福指数"四个方面。

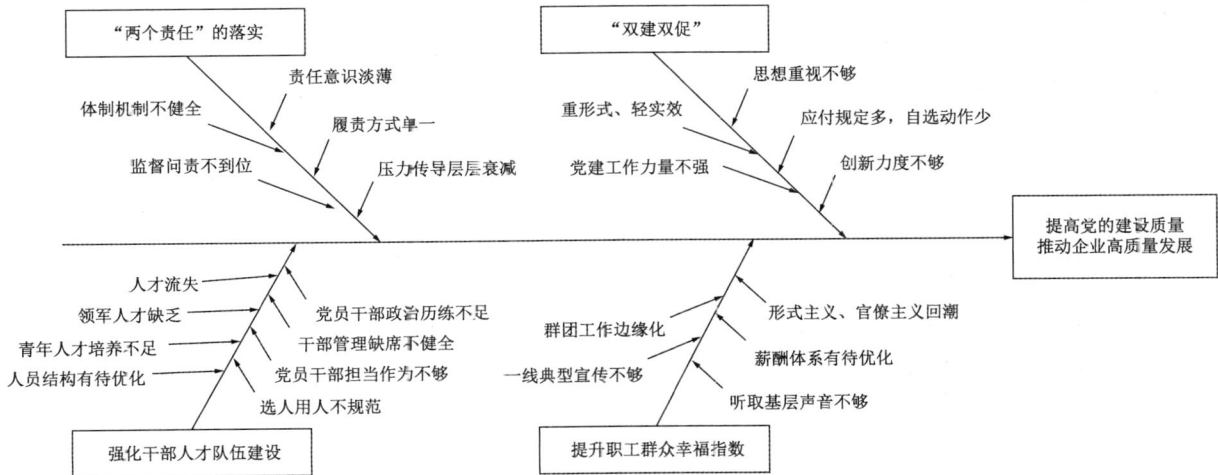

图3 党建工作体系特性归纳鱼骨状思维导图

（三）党建工作系统迭代机制的构建

辨识与纠偏是实现系统"自适应"的关键。科学评判企业党的建设质量，确保党建工作绩效考评的客观性和有效性，是准确分析和反馈党建工作体系动态响应特性的前提。绩效激励和精准问责是实现党建工作体系完整闭环的末端环节，也是党建工作体系"自适应"特性是否显效的重要抓手。激励要有温度，问责要有力度，发挥出指挥棒作用，完成系统的动态迭代，形成自我净化、自我完善、自我革新、自我提升的螺旋上升。

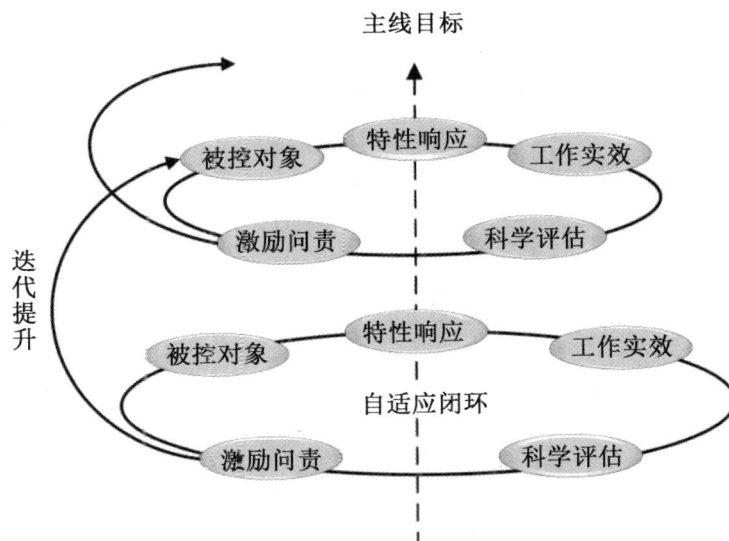

图4 朱兰螺旋提升模型

三、航天科工构建"自适应"党建工作体系的做法与成效

航天科工坚持党建工作与时俱进、守正出新，基于"自适应"党建工作体系范式研究，构建并深化落实"12345"党建工作体系（图5），通过明确主线目标建立参考模型，通过夯实基层基础提升维模性能，通过聚焦关键环节优化动态响应，通过构建长效机制形成"自适应"闭环提升，切实把坚持党的全面领导、加强党的建设贯穿企业改革发展全过程，以高质量党建引领一流企业建设。

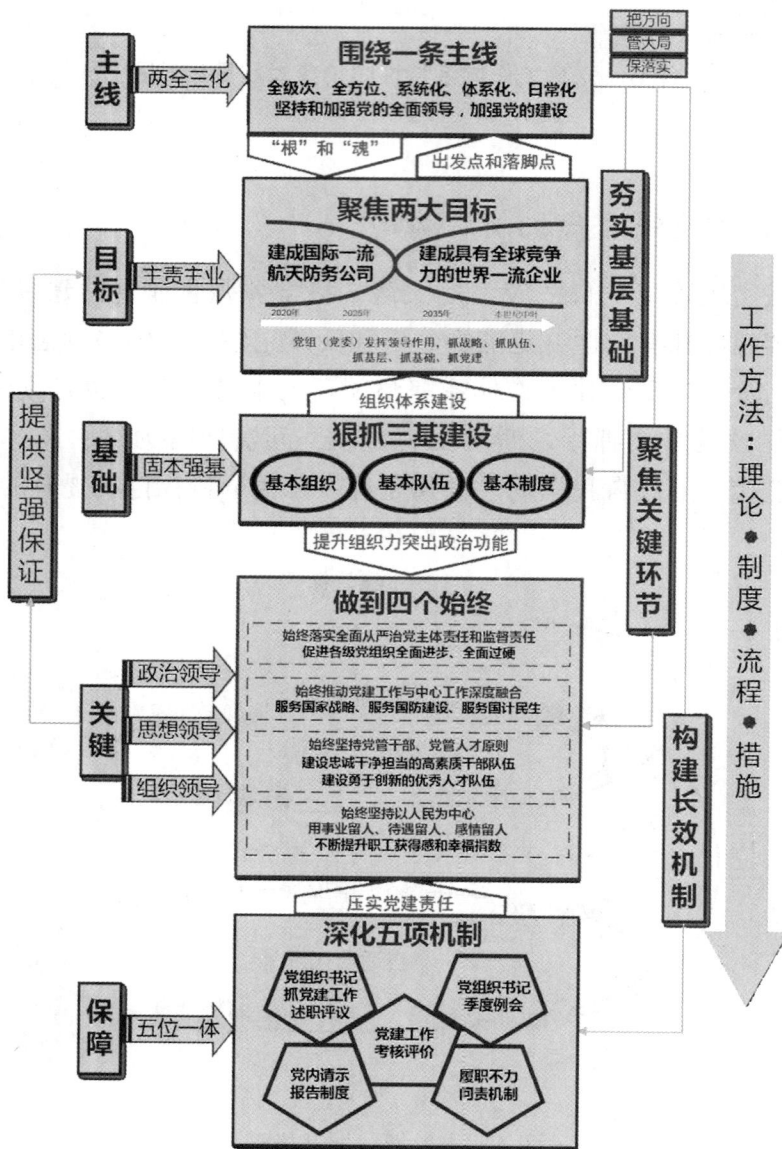

图 5　中国航天科工集团有限公司党的建设体系图

"12345"党建工作体系，即围绕一条主线、聚焦两大目标、狠抓三基建设、做到四个始终、深化五项机制。

一条主线：全级次、全方位、系统化、体系化、日常化地坚持党的全面领导，加强党的建设，把党的政治建设摆在首位。增强"四个意识"，坚定"四个自信"，做到"两个维护"，发展航天事业，建设航天强国。

两大目标：发挥党组（党委）领导作用，抓战略、抓队伍、抓基层、抓基础、抓党建，为建成国际一流航天防务公司和具有全球竞争力的世界一流企业提供坚强保证。

三基建设：以组织体系建设为重点，狠抓基本组织、基本队伍、基本制度建设。

四个始终：始终落实全面从严治党主体责任和监督责任，以提升组织力为重点，突出政治功能，促进各级党组织全面进步、全面过硬；始终推动党建工作与科研生产经营工作深度融合，服务国家战略、服务国防建设、服务国计民生；始终坚持党管干部、党管人才原则，建设忠诚干净担当的高素质干部队伍和勇于创新的优秀人才队伍；始终坚持以人民为中心，用事业留人、待遇留人、感情留人，不断提升职工获得感和幸福指数。

五项机制：深化实施"党建工作考核评价、党组织书记抓党建工作述职评议考核、党组织书记季度例会、党内请示报告制度、履职不力问责""五位一体"党建工作责任落实机制。

（一）抓主线明目标："两全三化"坚持和加强党的全面领导，发展航天事业，建设航天强国

作为战略性、高科技、创新型中央骨干企业，航天科工始终坚持"国家利益高于一切"的核心价值观，把践行"两个维护"作为最高政治原则，把保证党中央决策部署贯彻落实作为根本任务，确保党中央定于一尊、一锤定音的权威。

航天科工党组坚持问题导向和目标导向相结合，既从顶层设计上谋划党的建设布局，又从举措方法上聚焦解决突出问题，研究提出并持续实施"两全三化"坚持和加强党的全面领导，加强党的建设具体举措。

全级次就是上至党组、下至最基层的党组织，都要坚持和加强党的领导，坚持党要管党、全面从严治党，纵向到底。

全方位就是把每条战线、每个领域、每个环节的党建工作抓具体、抓深入，横向到边。

系统化就是运用系统工程思想，系统抓、抓系统，将党建工作嵌入业务工作，与科研生产经营工作一起谋划、一起部署、一起考核。

体系化就是全面推进党的政治建设、思想建设、组织建设、作风建设、纪律建设，把制度建设贯穿其中，深入推进廉洁从业与反腐败斗争，推动党建责任层层落实落地，不断提高党的建设质量。

日常化就是各级党员领导干部加强对党的建设的领导，党组织书记扛起主责、抓好主业、当好主角，其他党员领导干部一岗双责、对分管部门和业务系统的党建工作负责，把党建工作抓常、抓长、抓细、抓到位，真管真严、敢管敢严、长管长严，持续迭代提升，形成长效机制。

1. 把旗帜鲜明讲政治贯穿党的建设各方面全过程

始终把党的政治建设摆在首位，制定关于加强党的政治建设的 6 方面 22 条具体措施，以及贯彻落实《中国共产党重大事项请示报告条例》的 63 项清单，做到党中央提倡的积极响应、党中央决定的认真学习并坚决执行、党中央禁止的绝不踩线、越线。党组带头认真学习党章、切实尊崇党章，严肃党内政治生活。在把方向、管大局、保落实的过程中，在围绕中心任务组织开展的各项工作中，坚决做到"两个维护""四个服从"，带领各级党组织和党员干部增强"四个意识"，坚定"四个自信"。坚持民主集中制，聚民心、汇民智，党组成员每月到联系单位调研不少于 1 次，统筹谋划推进党的建设和改革发展，研究制定企业战略愿景和系列战略举措。

2. 坚持用习近平新时代中国特色社会主义思想武装头脑

党组和各级党组织切实把学习宣传贯彻习近平新时代中国特色社会主义思想和党的十九大精神作为首要政治任务，全面系统学、及时跟进学、融会贯通学，第一时间进行动员部署，研究制定学习贯彻工作方案，部署 3 方面 20 条具体措施，并全部完成。编发 10 万字学习辅导材料，编写 5 万余字的《党员领导干部党建知识选编》。以巡回宣讲等多种方式到一线宣讲。及时传达学习党中央、国务院、中央军委和中纪委历次重要会议精神。党组书记、董事长 2018 年 4 次讲授专题党课，其他党组成员至少讲 2 次党课。各级中心组学习落实"五读"（读原著原文、读时事政治、读法律法规、读历史文化、读科学技术）和"四要素"（有研讨交流、对照谈问题、书记有总结、落实有举措）要求，全年集中学习不少于 12 次、30 学时，充分发挥示范引领作用。开展学习贯彻习近平新时代中国特色社会主义思想和党的十九大精神集中轮训工作，9592 人参加集中轮训，处级以上领导干部实现全覆盖。利用各级各类媒体平台，创新形式学习宣传贯彻党的十九大精神，做到广大职工全覆盖。航天科工大学习氛围更加浓厚。国资委简报专题刊发党组学习贯彻情况，党组理论文章入选国资委党委优秀论文。

3. 坚决贯彻执行党中央重大决策部署

航天科工党组在建设航天强国的企业战略规划上，与党中央全面建成社会主义现代化强国战略保持协调一致，全面实施"两大目标四步走"战略方案。围绕推进"三创新""三突破""四个化"，制定军民融合、创新驱动、人才强企、质量致胜战略 2.0 版。深入落实习近平强军思想，全面履行强军首责，推动新一代导弹武器装备技术及应用取得突破。推动"八重大一专项""十个国之重器"实施，发挥重大工程及项目示范牵引作用，提高核心技术自主创新能力、国产化装备研发能力和自主可控水平。坚持新发展理念，开展云端营销大赛，优化营销方式和供应链，拓展科技服务和生产性服务业务，增强以协同发展提升产业化发展能力，推动高质量发展。先手布局量子、激光、人工智能、工业互联网等领域，推动基础性、前瞻性、颠覆性技术拓展及产品研发，11 个新兴领域实现年增长 20% 以上，在快速行进中更换了底盘和增长发动机。全面推进国家级双创示范基地建设，国家级科技创新平台达 28 个。党的十八大以来，获国家科技进步奖 16 项（特等奖 2 项），国防科技进步奖 279 项。连续 11 年位居国资委经营业绩考核 A 级行列，连续 3 个任期荣获"业绩优秀企业奖"和"科技创新企业奖"。

（二）提升维模性能：理顺体制、完善机制，全面深化基层党建"三基建设"

狠抓党的基本组织、基本队伍、基本制度建设，着力整治党建工作"中阻梗"，推动基层党组织全面进步、全面过硬，不断提升党建工作体系的鲁棒性。

1. 加强各级党组织建设，打造坚强战斗堡垒

充分激发基层党建创新活力，形成"一企业一品牌、一支部一特色"新格局。制定加强基层党支部工作考核评价指导意见，构建"五力"（政治领导力、思想引领力、组织推动力、创新发展力、凝聚保障力）体系，推进党支部标准化、规范化建设。坚持落实"四同步""四对接"，全系统 376 个符合条件的单位全部建立党组织，实现"应建必建"。按照境外党建有特殊性但无特殊化的要求，修订《境外单位党建工作管理办法》，持续加强规范境外企业和驻外机构党建工作。航天建设所属非洲肯尼亚公司具备条件后第一时间成立境外党支部。加强对所属不同性质、不同类型企业的分类指导，持续优化组织设置。6 家二级单位党委隶属关系实现优化。强化党内资源整合，常态化开展经验交流，建立党建工作例会机制，找准问题，强弱项、补短板。全局谋划、推广"智慧党建"，优化平台功能，提高适用性、易用性和智慧化水平，让"大数据"惠泽党建工作全流程，确保网上网下党组织都有声音、有服务、有影响力。全国首家系统研究国有企业党组织组织力，获中国企业改革发展优秀成果一等奖。编著并由党建读物出版社出版《航天科工党组织提升组织力案例选》，共享基层党建创新经验。《组工研讨》专题刊登党组署名的提升基层党组织组织力调研报告。

2. 加强骨干队伍建设，打造航天事业中坚力量

按照中央统一部署，扎实开展"不忘初心、牢记使命"主题教育，落细落小落实形成"261"系列举措（即两个计划表、六个专项方案、一个立行立改措施），将学习教育、调查研究、检视问题、整改落实贯穿主题教育全过程。与深入推进"两学一做"学习教育常态化制度化相结合，专题研讨突出"三学习、三检视、三聚焦"，对表对标找差距，从严从实抓整改。创新推动党的理论教育和党性教育，育优党员队伍，让党员教育管理融入科研生产经营、融入党员需求、融入群众关切。严把发展党员政治关，制定 12

项负面清单，注重从科研生产经营管理一线的骨干中发展党员，得到中组部组织一局高度肯定。加强基层党组织管理和力量配备。职工总数 500 人以上的党委建制单位，全部设立独立的党务工作机构。按照不低于部门平均编制数，配备党务工作专职人员，不低于上年度职工工资总额的 1% 落实党建工作经费。全面推行人事管理和基层党建一个部门抓，分属两个部门的由一个领导管。坚持把基层党组织书记岗位作为培养企业领导人员的重要台阶，广泛采取双向交流、并轨培养、定期轮岗等形式，建好党务干部队伍。

3. 健全党内规章制度，完善基层党建工作机制

根据中央最新精神和要求，对照通报的全系统违规违纪案例，系统梳理党建工作制度，及时查缺补漏，提高党建制度系统性、完整性、协调性和可实施性。党的十八大以来共制定（修订）党内规章制度 35 项，占比 81.4%；制定（修订）党内规范性文件 36 项，占比 94.7%。

（三）放大体系动态增益效果：发挥组织优势，凝聚企业创新发展合力

航天科工党组立足"服务国家战略、服务国防建设、服务国计民生"企业定位，充分发挥领导作用，力求把每条战线、每个领域、每个环节的党建工作都抓具体、抓深入，持续优化党建工作体系的动态响应特性。

1. 始终落实全面从严治党主体责任和监督责任，扛起主责、当好主角

深入贯彻落实党建工作责任制实施办法，健全完善领导班子成员落实"一岗双责"机制。党组议大事、抓重点、统筹谋划推进党的建设和改革发展。2015 年启动为期 3 年的全面从严治党能力提升专项工作，2018 年继续深化开展新 3 年专项工作，着力打造想干事、能干事、干成事的干部人才队伍。中组部专题刊发《航天科工实施党建专项行动引领企业高质量发展》《打造高素质专业化干部队伍 为建设国际一流航天企业提供组织保证》工作经验。

全面落实纪检监察体制改革任务。狠抓中央八项规定及其实施细则精神和党组 28 条措施的贯彻落实，实施重大节假日明察暗访、定期报告制度，集中整治形式主义、官僚主义，持续纠治"四风"。制定党组巡视工作五年规划并组织实施。2018 年全年巡视二级单位 8 家，共发现各类问题 67 项，提出整改意见和工作建议 41 条。深入推进保障监督体系运行，强化审计监督。持续推进工业互联网阳光采购、阳光销售、阳光外协、阳光协外。2015 年以来累计警示亮牌 651 张，先后 6 批通报 165 件 375 人次违规违纪问题，用身边事教育身边人，有力发挥警示、震慑作用。

开展"点穴式"选人用人专项检查。建立了 246 人的党组管理领导干部和二级专务的廉政档案"活页夹"，并创新性地将监督执纪"四种形态"处置情况纳入"活页夹"中。2018 年全系统共运用监督执纪"四种形态"处理 350 人次，同比增幅 12.9%。其中第一种、第二种形态占 95.7%，"四种形态"结构更加优化，逐步实现由"惩治极少数"

向"管住大多数"拓展。

2. 始终推动党建工作与中心工作深度融合，提升"双建双促"工作实效

坚持两个"一以贯之"。着力研究新情况、新问题，切实把党的领导融入公司治理各环节，把党建工作融入企业工作全过程。对表全国国企党建会 30 项重点任务细化分解的 52 项措施全部落实，并长期坚持。累计 465 家公司将党建工作要求写入章程，实现"应进必进"。全级次单位将党委（党组）研究讨论作为董事会、经理层决策重大问题前置程序。完善党委（总支）书记、董事长由一人担任工作规则，具备条件的 157 家公司全部实现党委（总支）书记、董事长由一人担任。选优配强党委副书记，有序推进党委副书记进入董事会。12 家二级单位增配党委副书记，全级次单位配备 293 名党委（总支）副书记。

全面落实"两学一做，勇于担当"，将党建工作融入重大专项工程、融入型号研制全过程，把提高武器装备战斗力、提升战略地位作为衡量党建成效重要标准。党组系统部署，围绕"急难险重新"任务深入推进党员突击队建设。全系统组建 1609 支（集团公司 12 支、二级单位 236 支、三级单位 1361 支）党员突击队，党员在创新的重要领域、关键时刻、卡脖子项目中亮身份、当先锋，彰显党组织"主心骨"和党员"排头兵"作用。坚持在型号靶场试验队和重大项目设立临时党组织，实现全覆盖。出现重大质量问题时，不仅开展技术和管理归零，还以民主生活会、组织生活会、专题研讨等方式及时开展党性体检，确保业务工作和党的政治建设全融深融真融。以党建促发展成效显著。

3. 始终坚持党管干部、党管人才原则，激励新时代、新担当、新作为

突出政治训练，把政治素质考察摆在干部工作重中之重，强化重实干实绩的用人导向。制定激励新时代、新担当、新作为意见，认真落实"三个区分开来"要求，鼓励创新、宽容失误，为负责者负责、为担当者担当、为干事者挡事。完善干部考核评价机制，将日常管理、责任审计、党建考核、纪检监察中的问题，与考核评价相结合，推动干部能上能下。实施"人才帮扶"专项工程，党组直接选派 141 名干部到困难企业挂职帮扶，71 名干部到优势单位挂职培养。所属二级单位本部选派 225 名年轻干部到一线和困难企业锻炼，墩经验、墩能力、墩心态，提高干部解决复杂问题能力，推动企业协调发展。50%以上挂职干部经过锻炼走上重要岗位。实施"年轻领导干部队伍建设推进工程"，制定落实加强年轻干部发现培养选拔实施意见。自 2017 年起，每年开展高端复合型领军人才选拔，已选拔 45 岁以下领军人才 29 人；每年开展青年创新型拔尖后备人才和优秀后备人才评选，给舞台、压担子，打通快速成长通道。二级单位班子成员 45 岁以下、三级单位班子成员 40 岁以下达 22%。

确立人才引领发展的战略地位，突出"高精尖缺"，针对重点专业领域，加大人才培养和引进力度。2018 年新增国家"千人计划"专家 3 人，国家"万人计划"专家 4 人，1 人获光华工程科技奖、何梁何利奖，获批国家级技能大师工作室 4 支，高层次人才队伍

日益壮大。建立基于价值创造的人力资源管理体系，增强重点领域人才竞争优势，打造高端人才择业高地。

4. 始终坚持以人民为中心，不断提升职工获得感和幸福指数

认真落实意识形态责任制。党组每半年专题研究部署一次意识形态工作。党组书记、董事长作形势任务教育专题报告。每两个月举办一次航天科工大讲堂。围绕科研生产经营工作扎实开展思想政治工作。制定实施"五级新闻传播"和"三级舆情管控"方案，构建"一报""一刊""一网""两微一端"和"天工圆圆"全媒体发布平台，形成全级次媒体矩阵联动发布机制，弘扬主旋律、传播正能量。

强化用事业留人、待遇留人、感情留人。创新开展"中国航天日""国企开放日"活动，充分发挥军博导弹馆等文化阵地作用，常态化开展航天文化教育，推动收并购企业以文化融合促进企业融合和管理提升。选树奋斗在一线，特别是扎根在吃劲岗位、重要岗位的优秀职工，编著出版《新时代航天追梦人》，下大力气为时代呐喊、为一线员工立传。不断健全薪酬激励机制。落实飞行试验质量奖惩机制以及全员云端营销奖励机制。丰富中长期激励手段，建立经营骨干和高科技人才多元化收入渠道，3 家高新企业实施股权激励。打造航天特色思想政治保障体系。加强型号"两总"思想政治工作，完善"五必问""五必谈""五必访"工作机制，积极开展送医上门、发放家属联络"连心卡"等。持续开展"走进型号试验队"活动。推进"四型"总部（本部）建设，强化总部和二级单位本部的职能整合、功能协同，实现减人、减负、增活力、增动能。与 2015 年相比，2018 年党的群众工作满意度由 9.36 分增长到 9.66 分，党的群众工作质量明显提升。

（四）形成体系"自适应"闭环提升：压实党建责任，"五位一体"党建责任落实机制有效运行

把抓好党建作为最大政绩，真管真严、敢管敢严、长管长严，着力构建时时有反馈、处处可纠偏的长效迭代机制。

1. 强化党建工作考核评价，把"软指标"变为"硬约束"

连续 3 年开展党建工作考核评价，到全部二级单位现场考核，并延伸到三级单位党委和党支部进行"全面体检"。所有问题全部予以反馈并纳入考核，跟踪督办、限期整改，评价结果与班子成员薪酬挂钩，浮动-20%-+10%。

2. 加强党组织书记抓党建工作述职评议

制定党委书记抓党建工作述职评议考核办法，压实党委书记党建工作第一责任人职责。从 2016 年起，二级单位党委书记全部以"述、问、评、测"方式，现场述职"应考"，接受党组和党员职工代表的评议。综合评价意见为"好"的单位党委书记年度考核才能确定为优秀，并将综合评价意见归入个人档案。

3. 季度例会点评推动党建责任严在经常

突出问题导向，实施党组织书记例会点评。5 年来党组先后召开 18 次党委书记季度例会，"指名道姓"通报 367 个具体问题，并督促整改。2016 年开始，党组每年召开一次全系统党的建设工作会议，全面总结、部署党建工作。

4. 健全落实党内请示报告制度

制定《党组关于落实向党中央请示报告工作的意见》并严格落实，2018 年共向党中央上报请示报告 23 份。全级次落实基层党委向上级党组织报告党建工作。

5. 严肃落实履职不力问责机制

完善领导干部"经济问责机制"。修订保障监督"负面清单"和判例库，不断完善"事前预防、事中控制、事后问责"三道防线。《中国组织人事报》头版深度专题报道航天科工"五位一体"落实全面从严治党主体责任经验。

大型家电制造企业面向智能制造的精益管理创新实践

一、前言

珠海格力电器股份有限公司成立于 1991 年，1996 年 11 月在深交所挂牌上市。公司成立初期，主要依靠组装生产家用空调，现已发展成为多元化、科技型的全球工业集团，产业覆盖空调、生活电器、高端装备、通信设备等领域，产品远销 160 多个国家和地区。

格力电器现有 9 万多名员工，其中有 1.4 万名研发人员和 3 万多名技术工人，在国内外建有 14 个生产基地，分别坐落于珠海、重庆、合肥、郑州、武汉、石家庄、芜湖、长沙、杭州、洛阳、南京、成都以及巴西、巴基斯坦；同时建有长沙、郑州、石家庄、芜湖、天津 5 个再生资源基地，覆盖从上游生产到下游回收全产业链，实现了绿色、循环、可持续发展。

格力电器现有 15 个研究院，分别是：制冷技术研究院、机电技术研究院、家电技术研究院、新能源环境技术研究院、健康技术研究院、通信技术研究院、智能装备技术研究院、机器人研究院、数控机床研究院、物联网研究院、装备动力技术研究院、电机系统技术研究院、洗涤技术研究院、冷冻冷藏技术研究院、建筑环境与节能研究院。共有 96 个研究所、929 个实验室、2 个院士工作站（电机与控制、建筑节能），拥有国家重点实验室、国家工程技术研究中心、国家级工业设计中心、国家认定企业技术中心、机器人工程技术研发中心各 1 个，同时成为国家通报咨询中心研究评议基地。

坚持创新驱动。提出研发经费"按需投入、不设上限"，仅 2017 年研发投入就达到 57 亿元。经过长期沉淀积累，目前申请国内专利 53340 项，其中发明专利 25011 项，国际专利 1752 项，在 2018 年国家知识产权局排行榜中，格力电器排名全国第六，家电行业第一。现拥有 24 项"国际领先"技术，获得国家科技进步奖 2 项、国家技术发明奖 1 项，中国专利奖金奖 4 项。据日经社统计发布，2018 年，格力家用空调全球市场占有率达 20.6%。

坚持质量为先。恪守诚信经营的宗旨，以客户需求为导向，严抓质量源头控制和体系建设，努力实现"零缺陷、零售后"的目标追求。据中标院统计发布，自 2011 年以来，格力顾客满意度、忠诚度连续 8 年保持行业第一。2018 年，公司荣获第三届"中国质量奖"。

坚持转型升级。落实供给侧结构性改革，调整优化产业布局，积极推进智能制造升级，努力实现高质量发展。2013 年起，格力相继进军智能装备、通信设备、模具等领域，已经从专业空调生产延伸至多元化的高端技术产业。目前，格力智能装备不仅为自身自动化改造提供先进设备，同时也为家电、汽车、食品、3C 数码、建材卫浴等众多行业提供服务。人均产值从 2012 年的 91.2 万元跃升至 2018 年的 149.6 万元。

2018 年，公司营业总收入 2000.24 亿元，净利润 262.03 亿元，纳税 160.23 亿元。

格力坚持以习近平新时代中国特色社会主义思想为指引，不忘初心、牢记使命，坚守实体经济，坚持走自力更生、自主创新发展道路，加快实现管理信息化、生产自动化、产品智能化，继续引领全球暖通行业技术发展，在智能装备、通信设备、模具等领域持续发力，创造更多的领先技术，不断满足全球消费者对美好生活的向往，在智能化时代扬帆再启航、谱写新篇章！

二、项目背景

（一）智能制造是产业发展的必然选择

制造业是现代工业的基石，是实现国家现代化的保障，也是国家综合国力的体现，是一个国家的脊梁。纵观制造业的发展史，每一次制造业的革命性变革都离不开相应技术的支持。智能制造是一种高度网络连接、知识驱动的制造模式，它优化了企业全部业务和作业流程，可实现可持续生产力增长、高经济效益目标。智能制造结合信息技术、工程技术和人类智慧，从根本上改变产品研发、制造、运输和销售过程。正像电子信息技术推动了工业 3.0 的变革一样，以大数据、物联网、云计算、人工智能等为代表的新一代信息技术也必将不断推进智能制造的健康发展。

现阶段，我国经过几十年的高速发展，人口红利已逐渐消失，部分制造业逐渐向东南亚等人工成本更低的地区转移。可见，我国传统制造业依靠低廉的人工成本占领市场的局面已经一去不返了。我国制造业要想在发达国家先进技术优势和发展中国家低成本竞争的双重挤压下突出重围，实现制造业由大转强的历史性跨越，产业机构调整势在必行。瞬息万变的市场需求和激烈竞争的复杂环境，要求制造系统表现出更高的灵活性、敏捷性和智能化。而智能制造正是利用新一代信息技术对传统制造业生产方式和组织模式的创新，由此可见，智能制造是我国经济新常态下的一种必然选择，也是我国制造业发展的现实需要。

格力电器作为家电龙头企业，一直致力于践行"让世界爱上中国造"，是我国实体制造业的典型代表。为实现"缔造全球领先的空调企业，成就格力百年的世界品牌"的愿景，格力电器从 2012 年就着手制定并大力推进自动化战略，开启智能制造之路。随着智能制造所带来的生产线、生产设备、以及各相关业务信息流量增加，这些数据量是如此之大，已经不是以我们所熟知的多少 G 或多少 T 为单位来衡量，而是以 P（1000 个 T）、E（一百万个 T）或 Z（10 亿个 T）为计量单位，数据量大、数据种类多、数据所蕴藏的价值大、要求实时性强，传统管理手法已无法完全满足智能制造的管理需求。同时智能制造如果只是在局部工序、局部制程简单的将自动化设备与 IT 技术叠加应用，往往会造成整个流程的不平衡，带来更大的浪费。因此必须将精益思想以及精益理念贯穿其中，避免因为智能化而造成更大的浪费，必须推行面向智能制造的精益管理体系，IM（智能制造）+LP（精益）。从设计源头到生产制造全流程推行具有格力特色的精益管理体系，提高效率与效益、提升产品质量、降低成本，向管理要效益、由精益促发展，提升企业竞争力。

（二）企业的快速发展与多样化的客户需求

格力电器经过多年持续高速发展，从年产量不足 2 万台的小厂，成长为世界 500 强企业，并逐步转型为多元化的全球型工业集团，生产规模不断扩大、产品种类不断丰富、组织形式不断复杂。与此同时，客户的需求日益多样化，曾经的生产与管理模式已越来越难以满足多样化的客户需求。为进一步提升企业竞争力，需要建立适应格力电器智能制造发展需求的精益管理体系，将"精益"思想贯穿于经营管理的每一个环节，才能消除浪费，从根本上提高经营管理水平。

1. 产品设计优化

格力电器产品包含 20 个大类、400 个系列、12700 多种规格，面临着产品种类多、装配复杂、较难实现自动化装配的挑战，为满足自动化需求、提高生产效率，必须从产品设计这一源头进行精益管理，在保证质量与满足客户需求的基础上，精简产品种类、简化产品结构，为实现模块化、自动化生产奠定基础。

2. 生产制造模式创新

格力电器兼具大批量生产与小批量生产两种生产方式，即有年产量超过一百万台的产品，也有很多个位数订单，生产线切换频繁。因此，迫切需要进行生产方式创新，面向大批量生产积极推进自动化装配，提升产品一致性、提升效率与效益；面向个性化小批量多品种的订单，施行柔性化生产模式，减少切换损失、提升效率与效益。并通过信息化、智能化系统的应用，提升管理与质量水平。

三、项目内涵和主要做法

推行精益管理是一项系统工程，必须整体实施、全体动员、全员参与、全面实施，必须紧密与格力电器的实际情况相结合，必须持之以恒，循序渐进，以实现既定效率与效益目标。

随着工业4.0时代的到来，智能制造成为制造业发展的重点，格力电器为适应发展需求，创新性的建立了面向智能制造的具有格力特色的精益管理体系—格力精益制造系统（GMS），以全员改善文化为土壤，以标准作业及人才建设为基石，以模块化、柔性化、自动化、智能化四化融合驱动产品精益设计、制造技术创新及物流技术创新，实现公司整体效益与效率的提升，如图1所示。

格力电器面向智能制造的精益管理体系是智能制造与精益管理相结合（IM+LP），在推进自动化与智能化大幅提升生产制造效率与水平的同时，依托信息化及大数据分析，实现效率效益双效管理，运用仿真技术及精益设计理念将浪费在源头杜绝，应用计算机网络技术对原有的组织结构和业务流程进行改进或重新设计，实现系统功能及运行效率的大幅提升。

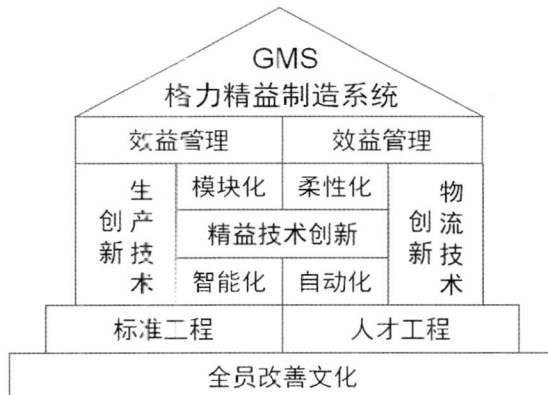

图1　格力精益制造系统（GMS）

（一）双效目标管理

管理大师德鲁克认为：先有目标才能确定工作，所以"企业的使命和任务，必须转化为目标"。格力电器所有精益管理活动都是紧紧围绕经营目标，并将经营目标转化为效益、效率目标，通过双效目标管理与引导而展开的。

1. 精益管理模式及职责分工

格力电器精益管理工作按照《QG0500.24-01 公司增效工作推进考评管理办法》开展。董事长亲自挂帅，珠海总部工艺部负责整体增效统筹，对双效（效率、效益）总指标负责。

格力电器精益管理工作采用以"区域管理""系统管理"相结合的管理模式（注：区域指每个生产基地，每个区域分为四大系统：生产系统、质控系统、物流系统、行政技术系统），如图 2 所示。

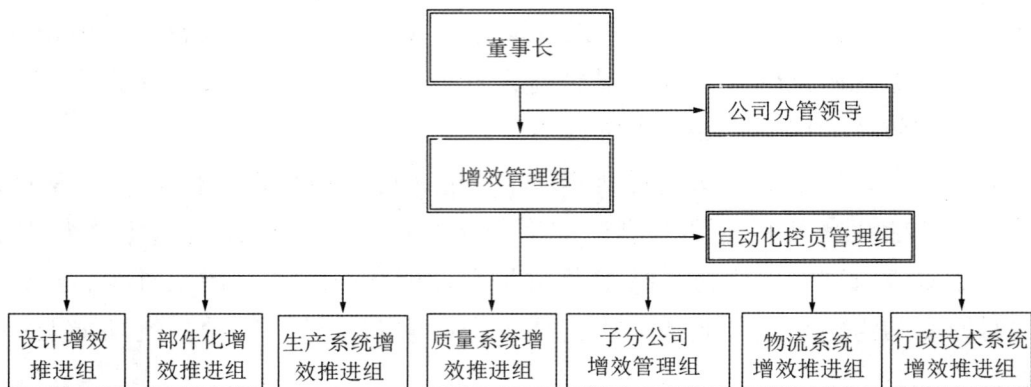

图 2 格力电器精益管理组织架构

2. 双效目标管理 PDCA 循环

依托信息化及大数据分析，实现效率效益双效管理自动化、信息化、实时化、精细化，并按照双效管理 "PDCA 循环" 坚持不懈抓精益改善过程管理。通过效率、效益（人均产值）双效管理，引导各单位有序开展精益改善工作，提升公司效率及效益，如图 3 所示。

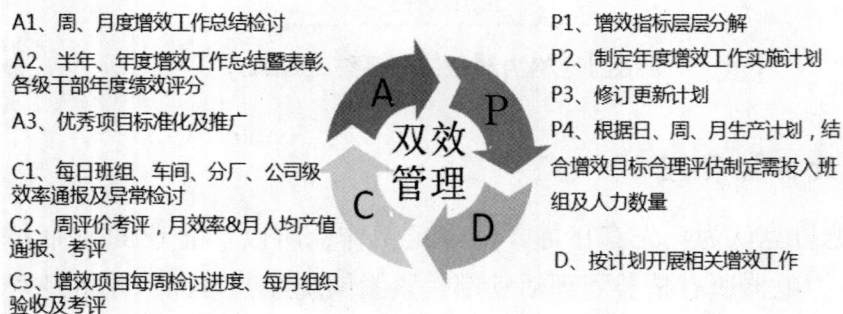

A1、周、月度增效工作总结检讨
A2、半年、年度增效工作总结暨表彰、各级干部年度绩效评分
A3、优秀项目标准化及推广
C1、每日班组、车间、分厂、公司级效率通报及异常检讨
C2、周评价考评，月效率&月人均产值通报、考评
C3、增效项目每周检讨进度、每月组织验收及考评

P1、增效指标层层分解
P2、制定年度增效工作实施计划
P3、修订更新计划
P4、根据日、周、月生产计划，结合增效目标合理评估制定需投入班组及人力数量

D、按计划开展相关增效工作

图 3 格力电器双效管理 PDCA 循环

格力电器高层领导及职能单位抓顶层精益增效方案规划及设计，中层抓项目推进落实，双效管理 PDCA 无限循环推进。P：制定年度精益增效工作实际规划，将格力电器年度经营指标转化为精益增效指标并进行逐层分解。D：按计划开展精益增效工作。C：每日进行班组、车间、分厂、公司各级效率通报及异常问题实时检讨；每周效率达成情况进行评价、悬挂考评；月效率达成情况排名通报及落实考评。增效项目每周检讨进度，月度组织验收及考评。A：召开周、月度增效控员工作总结例会；半年度、年度增效总结暨表彰大会，总结经验、表彰先进，部署下阶段重点增效工作。效率效益指标达成情况与各相关责任人员月度、年度绩效直接挂钩，人人有指标，全员要增效。

（二）精益设计创新

根据研究分析，产品的研发设计环节决定了产品成本及利润结构的 70% 以上，由于设计优化不足所带来的先天缺陷，很难通过后天的努力实现成本本质的突破，或者突破的成本变得非常的巨大，故而生产制造的根本改善需要从产品设计源头开始。

格力电器的精益管理创新体系以产品精益设计为源头，以面向生产制造模块化装配、自动化生产进行简化设计，并在过程中进行产品生产全流程效率审查管控，实现精益设计与精益生产的全闭环管理。

1. 产品精益设计

格力电器产品精益设计整体按照以下思路开展：

（1）开展科学的产品线平台化规划

公司层面进行顶层设计，统筹开展产品路线规划，制定产品开发战略思想。搭建产品系列平台化架构，架构可以承载不同型号的开发及生产制造，在此基础上可以产生出外形和功能都不尽相同的产品。

（2）推行模块化、通用化、标准化的设计体系

模块是具有某种特定功能和接口的部件，可实现不同平台产品的纵横联系，在不同产品之间使用完全相同的零部件，对重复的结构、模块进行统一，最终提高产品的通用化、标准化水平，减少物料种类和生产制造切换，如图 4 所示。

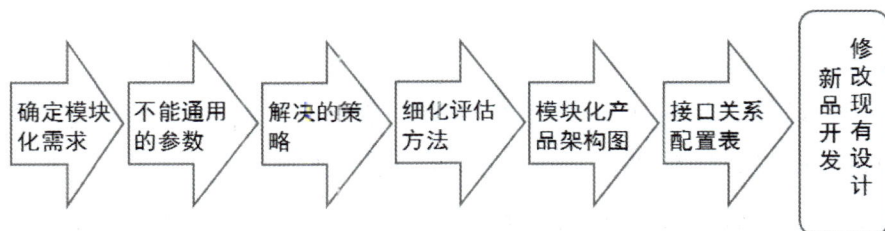

图 4 产品模块化设计体系

（3）面向生产的自动化设计

在零部件模块化、通用化、标准化设计体系下，制定面向自动化生产的结构设计标准，如表 1 所示，产品结构设计需满足自动化生产要求。

表 1　产品自动化设计规范

序号	设计标准
1	钣金喷涂自动化设计规范
2	两器管路自动化设计规范
3	商用多联产品自动化设计规范
4	风扇自动化设计规范
5	注塑自动化设计规范
6	分体外机自动化设计规范
7	控制器自动化设计规范

格力电器实施大项目制的产品开发模式，产品研发前联合工艺、质量、生产制造、自动化等各领域成员组建项目团队，多单位集成协同开发。首先研究基线产品的功能、结构、成本特性，开展对标分析，确定产品设计量化目标，然后集中团队创意和资源进行突破设计，形成多种方案，再进行专家评估、仿真与软件分析后选择最优产品完整方案，最后进行正式开发，如图 5 所示。

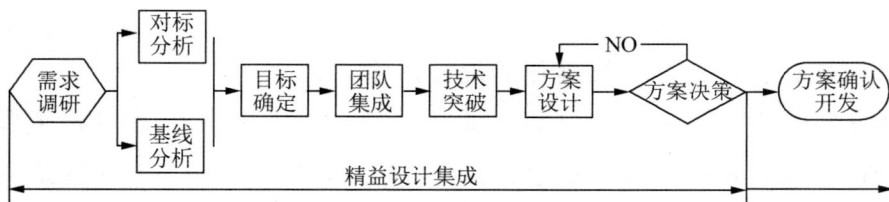

图 5　产品精益设计工作流程

2. 新产品效率审查体系

新产品经过精益设计后进入实际开发阶段，整个开发过程将持续受到效率管控，整体按照《QG0301.12-01 新产品效率评审管理办法》开展。

公司新产品效率管控体系包含管理机制、审查标准、监督考评、培训体系四个方面内容。

（1）管理机制

首先，明确新产品效率管控的单位及职责分工，确立公司新产品效率管控组织架构。

其次，确立新产品效率评审流程，在方案设计、方案评审、样机评审、小批试制、批量验证五个阶段进行全生产流程效率管控。

（2）审查标准

建立多维评审判定标准，从标准二时、设备类效率、指定物料工时占比、效率问题关闭率四个维度对新品效率进行评审，闭环管控，有效识别并管控低效新品。建立效率基线产品库，实现基线标准化，为新品效率管控明确效率基准。同时，将产品结构和工艺信息与效率集成汇总，建立产品工艺库和产品结构设计库，产品设计时选取效率更优的结构及工艺，有效提高新品效率。

（3）监督考评

建立监督考评机制，如表2所示。以指标导向为主，过程通报为辅，对新产品效率进行过程评价和结果考评。

表2　新产品效率考评与评价方案

指标项	考评与评价方案	算法
新产品效率评审通过率	样机效率评审通过总次数与样机效率评审的总次数的比值	效率评审通过率＝样机效率评审通过总次数/样机效率评审总次数＊100%
新产品工时下降比例	正常效率评审的新产品与效率基线产品对比，批量验证后全流程工时的下降比例	工时下降比例＝∑（新产品工时－效率基线产品工时）/∑效率基线产品工时＊100%

格力电器精益产品设计工作经过不断探索、总结与沉淀，形成了以产品平台化、模块化、标准化、通用化的精益设计思想体系，全面面向简化装配、生产自动化进行开发，从产品需求调研、概念设计、集成设计、方案确定、过程评审管理到量产后结构持续优化实现全面效率管理，持续推动公司新品效率提升。

最终，提炼出《QJ/GD 11.09.001 精益设计项目管理办法》《QG0301.12-01 新产品效率评审管理办法》进行体系化管理。

（三）制造技术创新

创新是引领发展的第一动力，格力电器的创新不仅仅是产品开发设计的创新，还包括制造技术的创新，为了又快又好的制造出客户满意的产品，格力电器从柔性化、智能化、信息化等方面推动制造技术创新，同时，持续推进物流信息化、物流仿真等工作，着力解决传统生产制造过程中的关键问题。

1. 柔性化促进生产技术创新

柔性化的生产方式是近些年发展起来的一种新兴的生产形式，针对空调生产目前呈现出批量小、品种多、切换频次高、机型工艺复杂等特点，为最大可能提高现有订单模式下的生产效率，从而产生的生产技术改革。

（1）柔性生产在空调组装中的应用

①生产源头方式改善

从生产源头开始设计，取消固定流水线生产方式，结合空调生产制造流程及特点，设计符合人因工程的作业台车，实现单件齐套、组装。

②快速切换防错设计

建立柔性线物流齐套区、电子拣选及防错扫描系统，提升分拣准确性和效率；开发设备扫描调整参数系统，实现设备参数快速、准确切换；开发岗位作业监控系统，实现每个岗位作业节拍管控等。通过从来料、组装、检验等方面进行防错设计，从而实现小批量快速切换。

③整体布局设计

结合空调组装工艺流程柔性生产设计特点，规划空调柔性生产线布局，创新采用"双 U 型"布局设计，分为"物料 U 型"齐套拣选区和"生产区 U 型"，提高生产及分拣效率、减少员工走动浪费，实现生产台车单件齐套，减少员工取放物料动作。如图 6 所示。

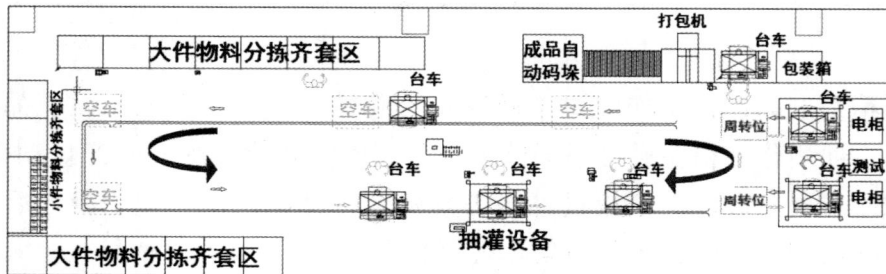

图 6　格力柔性生产布局图

（2）柔性生产模式总结

格力电器通过开展空调柔性生产方式研究及应用，提炼出一套适合格力电器的柔性生产模式—"4C"生产方式，即物料 Cell、加工 Cell 和组装 Cell，同时通过数据有效互联 Connectivity。

（3）低成本智能自动化

柔性生产研究过程中，引入低成本智能自动化 LCIA（Low Cost Intelligence

Automation），减少生产过程中不增值的作业内容，将整个改善衍伸至生产最后一米，并在改善过程中逐步将成本、柔性、体系进行系统性规划，最终在生产过程中建立设计/制作、材料标准、示范基地、人才培养、维保/管理、体系运维管理六大方面的综合技术应用，提升整体生产效率。

2. 智能化推动制造水平升级

智能制造日益成为制造业发展的重大趋势和核心内容，是加快发展方式转变，促进企业制造水平提升的重要举措。格力电器响应《中国制造2025》的战略部署，从自动化、信息化、物流技术三大方面开展适合自身发展需要的智能化创新与实践。

（1）自动化

为引导自动化工作科学开展，格力电器建立了公司级自动化管理组织，在自动化管理方面，统筹公司整体资源有序开展。根据公司整体规划及各单位自动化空间等综合考虑，对公司各相关单位制定自动化改善指标，推动整体自动化工作顺利开展。

自动化工作开展全过程建立追踪监控制度，从过程行为引导推进整体工作标准化输出。自动化管理体系实现系统化管理，所有自动化涉及的资产（工装/设备/工具）的各项流程，包括申购、保养、保修、转移、闲置、报废等状态均实现系统化管理。

同时，引导各级单位不断完善自动化体系建设，加强过程管理力度及效果，明确标准产出，宣传引导，并做好沉淀，构建整体自动化工作开展体系的核心。优秀的自动化设备一方面取决于高超的自动化设计水平，另一方面来源于投产现场的优化改进，格力电器持续开展内部学习、内部对标工作，积极开展改善之旅等活动，使自动化工作的开展更加顺利。

格力电器自动化工作经过不断总结沉淀，最终形成了以产品精益设计、机器人应用、三高两低岗位改善、物流自动化、信息化辅助、自动化生产线、简易自动化为主的七大攻坚方向，持续推动公司整体效率进步。

目前，所有自动化工作均以项目管理形式具体开展，并受控下发公司级《QG0700.10-01_自动化项目管理办法》，进行体系化管理，从自动化项目立项评审到过程设备引进、调试，到项目成果验证，实现全面管理，并在全流程设置异常处理、评价考评机制，如图7所示，确保自动化工作持续健康发展。

图7　自动化项目管理思路

（2）信息化

格力电器制造信息化是将信息技术、自动化技术、现代管理技术与制造技术相结合，改善格力电器制造过程的各个环节，提高生产效率、产品质量和企业的创新能力，带动产品设计方法和设计工具的创新、管理模式的创新，从而实现产品设计制造和企业管理的信息化、生产过程控制的智能化，全面提升制造业的竞争力。

根据格力电器信息化总体规划和战略部署，结合格力电器生产制造过程需求，通过基于信息化手段进行效率管理、物流管理、质量管理等生产制造的全流程管控，如图 8 所示。

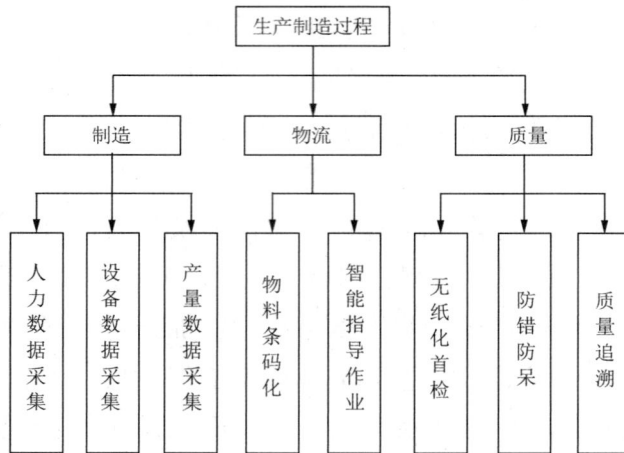

图 8　生产制造全流程信息化管控

格力电器制造信息化不是简单地抛弃原来的手工作业，而是采用计算机网络技术，如应用 MES/ERP 等，对原有的组织结构和业务流程进行改进或重新设计，实现制造管理效率的提升。

制造 MES 系统的应用，除实现对产品上线、入库系统化统计，监管生产进度的偏差外，亦对生产过程停线异常进行监控管理，通过信息化手段收集生产线停线异常数据，能有效指导车间、工艺开展效率异常持续改善工作。

以防错理念为基础，结合信息化手段、物料条码化（对生产所需要的物资开展条码化工作，做到只要涉及生产的物资信息都能被快速扫描识别）实施现场条码化防错，提升作业质量，提高产品品质。同时物料扫描防错系统结合后工序互锁技术方案，杜绝生产过程关键物料装配错误，有效保障产品装配品质，满足质量追溯快速反查应用，如图 9 所示。

格力电器制造信息化通过 MES、ERP 系统的制造执行方案，把信息管理系统、流水线、物流、设备、产品质量、异常信息监控等所有生产相关流程信息互联到一起，整合成一个完整的智能生产网络。此外，格力电器制造信息化作为生产制造的大数据分析平台基础，通过制造信息化平台的各级应用能实现管理人员快速找问题、全面提升增效改善工作效率，支撑公司高层管理人员快速决策等作用。

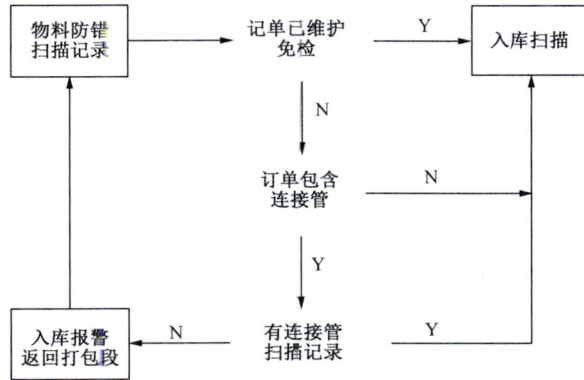

图9　质量扫描互锁管控逻辑图

（3）物流技术创新

物流作为格力电器生产保证的重要一环，打造标准、高效、低成本的物流体系可提升企业的整体竞争力。格力电器基于物流现状及未来行业的发展，持续推进物流信息化、物流仿真等工作，提升公司精益物流管理的水平，主要从源头管控、过程控制、信息化技术水平提升三个方面开展物流技术创新：

①源头管控—物流仿真技术引进及推广

作为智慧物流的突出特点，高度自动化及信息化导致物流系统具有投入成本高及后期可调整性低的特性，给物流规划带来很大的困难。传统的物流规划仅根据设计人员经验来规划，不仅耗费大量人力、精力，而且改善、规划后的实际效果不可预估，已经无法满足规划需求。

格力电器通过引入物流系统仿真，对规划方案进行模拟，可以快速地了解规划后能达到的效果，及时发现未知问题，并提前进行相应的调整，避免凭经验不断通过"试错法"带来的时间、效率、设备投资方面的损失，如图10所示。

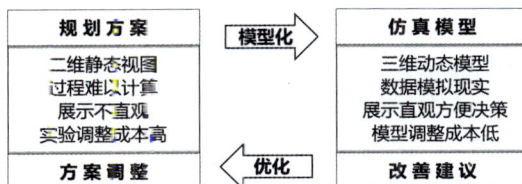

图10　物流仿真与传统物流规划对比

引入仿真技术后，通过不断的学习及探索，先后组建了物流系统仿真的架构并不断深入各方面的研究，完成了工厂大型技术改造及新生产基地规划等 30 多项仿真分析，共建模型 150 多个，提出改善建议 500 多项，为公司智能物流规划提供了很多宝贵的设计管理经验和改善方案。

在吸收和消化物流仿真技术后，格力电器内部开始组织对物流规划系统人员的培训，提升物流规划人员仿真技术水平，推广物流仿真系统的应用。

针对无指导文件，导致模型预留接口信息传递不畅，模型对接后模型无法运行、模型三维要求标准不统一、模型配色无标准等问题，格力电器制定了《多人协同建模指导文件》《仿真工作指引手册》《仿真分析报告标准格式》等系列标准文件和管理文件，用于指导和管理仿真项目的开展。

同时，为使"0 基础"人员能够快捷、方便的进行简单的仿真设计与验证，格力电器开发了物流系统仿真云平台，即一个聚集各种通用化的物流、生产工艺系统的仿真模型仓库。用户登陆后只需在浏览器端输入一些必要工艺方案参数即可生成仿真模型，运行并观察仿真过程，得出仿真分析结果，为公司物流改善方案、工艺规划方案提供了一个科学分析工具，为公司决策者提供了一份科学分析报告，以便做出科学的决策，加速方案落地实施，如图 11 所示。

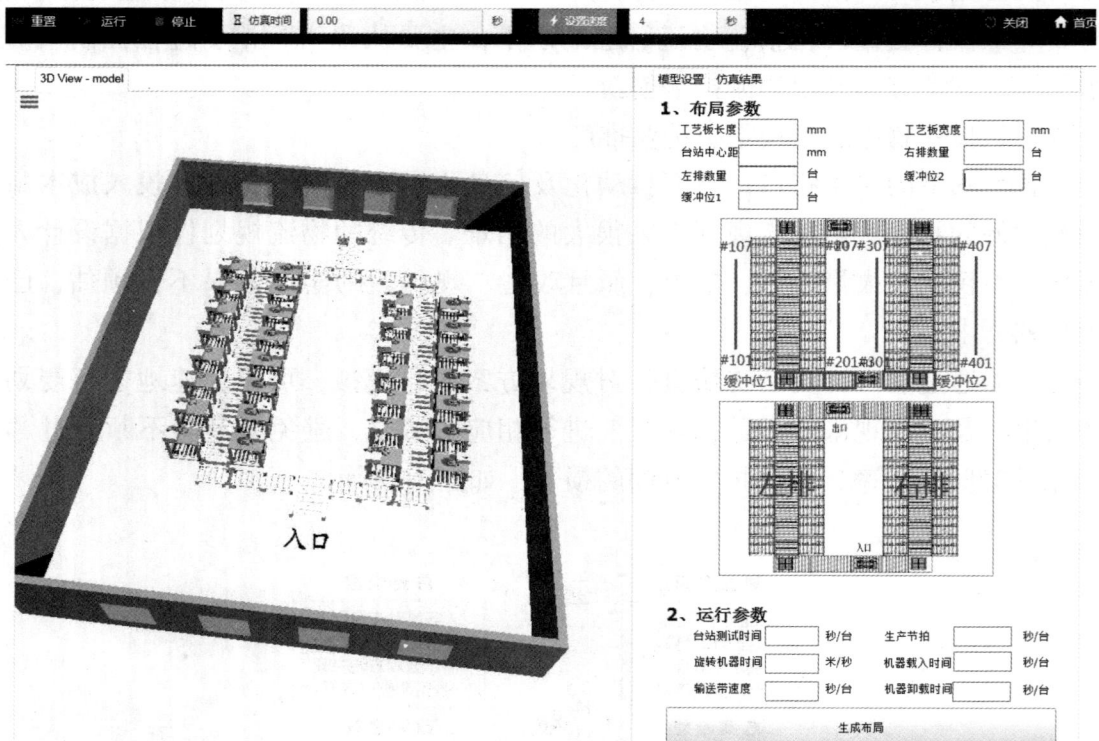

图 11　物流系统仿真云平台

②过程控制—物联网技术引进及自主开发

随着物联网技术的逐步成熟，蓝牙信标定位作为一种新型的高精度定位跟踪技术，能够实时监控物资的位置和状态，弥补 GPS 等定位技术无法在室内（含雨棚）应用的缺陷。格力电器通过自主研究开发的系统将蓝牙信标定位技术应用在成品车柜和装卸月台的信息化管理中，如图 12 所示，达到三个方面的目标：1）实现信息的实时监控、及时发布与传达，提高管理的信息化水平；2）实现厂内成品车辆、货柜全流程监控和精准调度；3）提升月台装卸效率 30%。此技术的成功应用，为物联网技术的全面应用奠定了良好基础。

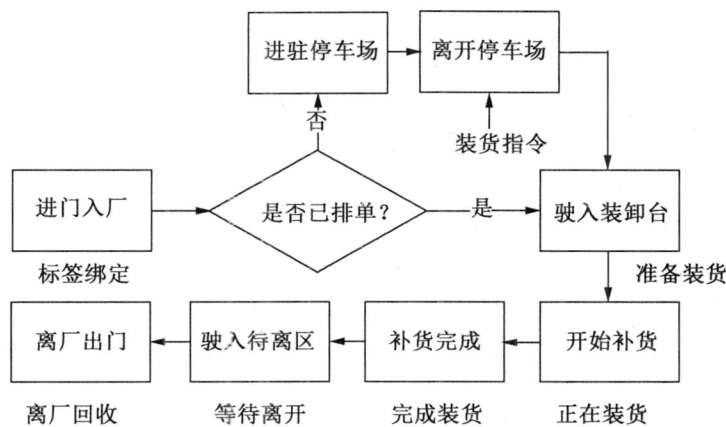

图 12 信息管理流程

③信息化技术水平提升—引进及开发物料分拣信息化技术（电子标签拣选信息化）

针对部分仓库的小件物料编码多，物料相似性高，人工拣选寻找辨识时间长，且出错风险较高，新员工培训周期长，整体效率低的问题，格力电器自主开发应用电子标签亮灯拣选系统，员工按照亮灯指引快速拣选，无需寻找，极大地降低了物料分拣的难度和对员工经验的依赖，即使新员工也可快速上岗，如图 13 所示。

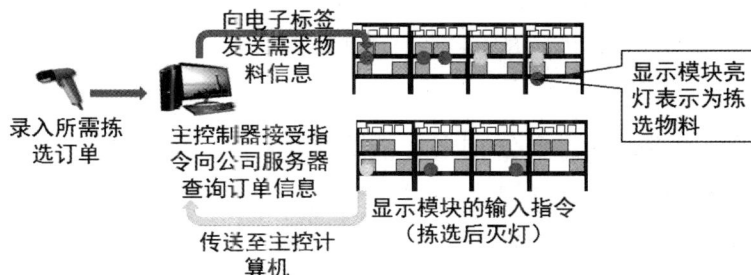

图 13 电子标签亮灯拣选系统

（四）精益管理基础

1. 人才建设

发展是第一要务，人才是第一资源。精益人才是连接战略和管理体系的桥梁，也是目标达成的关键推动力，是整个精益体系中最核心的基础。精益人才工程建设，整体围绕"选、育、用、留"四个方面，全面有效的构建人才体系，保证公司精益改善体系健康发展。

选：重点以激发全员改善热情，以兴趣培养和价值观养成为突破口进行专项培养。

育：着眼在专项理论培养，从生产、物流、产品三方面培养专业人才。

用：立足与人才的应用和人才体系的持续发展，将改善项目开展、精益人才传承、持续深化研究作为核心应用落脚点，以此将精益人才建设中的理论与实践串联并可持续落地。

留：为精益人才，同样搭建了合适的晋升发展平台，针对人才的专业性，保证技术/管理双通道的畅通。

2. 标准作业建设

格力电器对产品质量、人均生产效率要求非常高，为了确保公司经营规模的高速增长，对标准作业的建设提出了更高要求。格力通过自身发展情况，主要从生产人员定岗定编、一线员工实操基地与公司技能工评定管理三个方面进行标准作业建设。

（1）通过建立生产人员定编标准与管控措施，实现定编标准与人力评估、人员分配、人员管理、减员增效的有效联动，使用人规范化、标准化。

（2）通过建立公司技能工等级评定体系，实现公司技能人才培养科学化、制度化、高效化，提高专业技能素质，提高生产效率和质量水平，最大限度的推动公司整体效益发展。

（3）建立一线员工实操培训基地，模拟产线实操动作，设计新员工专属培训工装，如图 14 所示，使其掌握正确的操作方法，提高操作熟练度，经过不断完善培训内容，完成五大类《新员工培训基地工序技能培训操作指导书》的编制。

图 14　新员工培训基地

3. 全员改善文化

经营目标的实现，需要调动全公司各个部门、各个岗位的积极性，集合公司全员的智慧和力量，对公司可改善的地方提出的建设性的改善意见或构思，并实施完成。

格力电器通过午间广播、公众号推送精益知识及改善标杆、《精益改善月刊》等方式全方位的宣传精益改善理念。

为普及精益知识、提升精益人员专业素质，格力电器开发了涵盖精益设计、精益工艺、精益生产等的全流程精益课程，并针对不同岗位人员的工作性质和实际需求，灵活设置了"班前小课堂""班组长精益训练营""精益大讲堂""沙盘模拟"等授课方式，采用"必修课"与"选修课"相结合的模式，使员工既能提升岗位技能、又能提升综合能力，同时，鼓励学员积极开展知识传承，受训后学员独立在所在单位或班组开展培训，使学员真正掌握培训内容、并有效拓展培训范围。

为激励员工将精益知识转化为改善实践，格力电器开发了全员提案改善系统（PC端）和提案改善手机APP，格力电器全体员工均可随时随地登录并进行提案，提案由各单位管理员指派专人进行评估，一经采纳，推进人按照节点推进改善落地，对于已落地实施的提案改善按照等级对提案人和推进人进行奖励，奖金最高达4000元/条，每月发放奖励，并定期评选优秀组织单位、优秀提案、改善达人等，表彰先进、树立标杆，激发了全员消除浪费的改善热情与积极性，营造了浓厚的持续改善文化氛围。2013-2018公司各单位提出提案共243万余条，推进落地161万余条。其中，2018年各单位提出提案共131万余条，推进落地91万余条，采纳完成率为69.5%，共产生有形效益近2亿元。

四、项目成果

格力电器创新性的构建了面向智能制造的精益管理体系—格力精益制造系统（GMS），智能制造与精益管理相结合（IM+LP），着重从产品端推行精益设计，制造端推进智能化及柔性化，从源头及生产制造阶段杜绝浪费，提升效率及效益，并辅以全员提案改善、全员IE基础培训养成，以标准作业及人才建设为基石，积极推动实施，在提升精益管理、生产制造水平的同时，也取得了良好的经济效益，在同行业中起到了示范作用。2018年对比2012年人均产量提升49.9%，人均销售额提升87.8%。经财务部核算，2013-2018年，扣除自动化设备等投入成本后，累计实现经济效益12.57亿元。

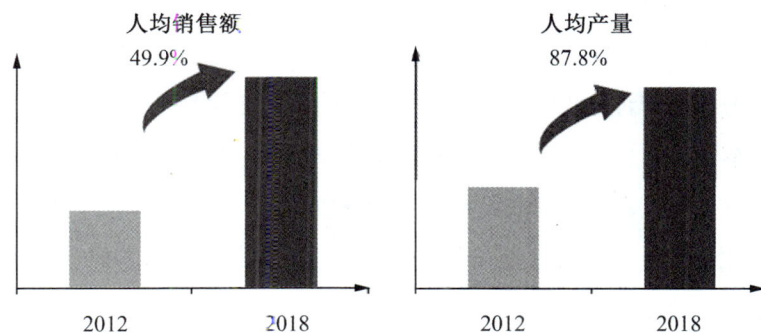

图15　本成果量化效益

中国巨石发展成为全球玻纤行业领跑者的探索创新与实践

2019 年 6 月 22 日，国务院国有资产监督管理委员会党委书记、主任郝鹏到中国巨石总部、技术中心、智能制造基地实地调研混合所有制党建、生产经营和企业发展情况，盛赞中国巨石专而大、专而精、专而优，是一个成功的典范，值得尊敬。

郝鹏在讲话中总结了巨石的成功经验，也提出了企业今后要长期坚持做好的要求：一是不忘初心，牢记使命。中华民族复兴的根本是要有一批世界级的企业。巨石的成功就是有一支优秀的企业家团队，肩负起振兴民族玻纤工业的使命，坚定不移地把企业带到今天。这既是成功的根本所在，也是要长期坚持的。二是企业的灵魂是创新。巨石从国内玻璃纤维生产企业亦步亦趋的跟班，到国际玻璃纤维的弄潮儿；从现代玻璃纤维工业生产技术、企业管理的学习者，到现在的技术、管理的领跑者，实现了从跟跑、并跑到领跑世界玻纤工业的转变。创新是巨石成功的核心所在。习总书记强调发展是第一要务，创新是第一动力，人才是第一资源，这三个"第一"在巨石就是一个很好的实践。三是混改对企业的改革发展带来了根本动力。要在深化混合所有制改革内涵上下更大功夫，进一步转换企业经营机制，实现各种所有制资本取长补短、相互促进、共同发展。面对复杂的国际形势，希望像巨石这样的企业能够居安思危，积极应对挑战和压力，在国际舞台上大放异彩。鼓励支持国有企业和民营企业更好地合作，希望中国巨石的混合所有制典型经验，能够在国家新一轮混改实践中推而广之，让更多优秀企业学习。

从成立至今，中国巨石从玻纤小厂，成长成为了国际性的企业集团。特别是实施混合所有制，进入资本市场后，巨石的发展如虎添翼。上市后的 20 年是逐梦奋进的 20 年，是转型升级的 20 年，是从跟跑、并跑到领跑的 20 年。一串串数字便是最好的证明，截止到 2018 年年底，中国巨石总资产超 300 亿元，年均增长 33.94%；玻纤产能规模居世界第一，年均增长 32.12%，巨石一天生产的粗纱可绕地球 202 圈，生产的细纱可绕地球 110 圈；成立 26 年来累计创造了三百多亿元的利税，年均增长 68.01%；公司实现营业收入突破百亿元大关，年均增长 31.79%；人均年收入年均增长 13.21%。目前，玻纤总产能超过 180 万吨，占中国总产能的 40%、世界总产能的 22%，资产总量稳步提升，专利保有量居国内行业第一，巨石多次主持或参与制定标准，巨石高端产品占总产品的 66%，二十年来，产能利用率达到 100% 以上、人均产能增长 16 倍、单位产品综合能耗下降了 50%、全员劳动生产率增长 3.87 倍。

中国巨石的发展成绩，离不开党和政府领导的大力支持。2016 年 1 月，中共中央总书记、国家主席习近平在埃及开罗亲切接见中国巨石党委书记、总裁张毓强。2003 年 12 月，时任浙江省委书记习近平、时任河南省委书记李克强视察巨石总部。2018 年 9 月，中共中央政治局常委、国务院总理李克强在浙江台州召开企业座谈会，与中国巨石党委书记、总裁张毓强亲切握手交流。2018 年 7 月，中共中央政治局常委、全国人大常委会委员长栗战书视察巨石九江公司，盛赞中国巨石的发展。

精诚所致，金石为开。伴随着高质量发展，各种荣誉纷至沓来：或"中国工业大奖、国家科技进步奖、制造业单项冠军示范企业、国家高新技术企业、国家认定企业技术中心、国家技术创新示范企业、国家外贸转型升级专业型示范基地、智能制造试点示范、全国五一劳动奖状……"中国巨石混合所有制发展经验，入选了北京大学光华管理学院教学案例。公司的发展成绩得到了国家的认可，迅速得到了全社会的关注。我们研究中国巨石成长发展的脉络，从中领悟经验、获得启迪。

一、巨石的发展历程

1993 年 3 月 18 日，巨石诞生，由民营资本振石集团发起成立。1999 年民营资本振石集团牵手央企中国建材集团，使中国巨石股票成功上市，开启了"混合所有制"发展道路。几经改革，中国巨石已发展成为由国有控股监管、民营参股经营、外资股东入股的混合所有制企业，成为国家混合所有制改革的先行者和实践者。

中国巨石的发展，不仅为中国玻纤民族工业的崛起作出了重要贡献，更为世界玻纤工业的成本降低、质量提升、应用领域拓宽、使用周期延长、世界复合材料的持续健康发展作出了重要贡献。主要体现在：一是 1993 年以后彻底打破了中国玻纤工业在池窑拉丝方面零的突破，在上规模、上水平方面给中国玻纤工业带来了质的变化。二是实现了"两个第一"：巨石实现了全球玻纤工业规模第一，使得中国玻纤工业实现了全球第一。三是实现了"世界玻纤看巨石"的全面体现，民族工业的地位全面巩固，行业地位全面提升的"三个目标"。

（一）"一次创业"，在经济危机中，扛起中国玻纤民族工业大旗

1992 年，邓小平南巡讲话，东方风来满眼春，中国兴起开发区建设热潮。振石集团的创始人张毓强，准备带领企业从石门进军桐乡，他联合桐乡市的其他四家企业筹资成立巨石，成为桐乡经济开发区第一家入驻企业。1993 年 3 月 18 日，在桐乡农行的一间会

议室内，巨石诞生。那段时期巨石就如拓荒牛一般，在桐乡经济开发区开垦荒地，不知疲倦地朝着国际先进技术——建设池窑拉丝生产线的方向前进。成立的第二年，巨石就建成当时国内最大的年产 8000 吨级池窑，实现玻纤产能中国第一，拉开了依靠科技创新快速发展的序幕。

再厉害的拓荒牛也无法冲破世界玻纤市场全面萎靡、中国玻纤市场奄奄一息的困境。对于坚持走现代企业发展道路的巨石而言，它急需资金来发展先进技术、扩大规模、调整产品结构、加速一流研发队伍建设、扩大国际市场占有率，摆脱国外玻纤大佬垄断核心技术的局面，而资金成了解决上述问题的金钥匙。但恰逢亚洲金融危机席卷，外资企业又虎视眈眈欲收购巨石。创始人张毓强作出了一个重大决定，他拒绝了外资的收购，选择与中国建材集团合作，拼盘上市，保留中国玻纤民族工业的火苗。1999 年 3 月 5 日，公司以"中国化建"（中国巨石的前身）名义首次向社会公众发行 A 股，1999 年 4 月 22 日，中国化建在上海证券交易所上市挂牌交易，股票代码 600176。

上市后，巨石募得发展的资金，用于建设年产 1.6 万吨无碱玻纤池窑拉丝生产线。这个项目的立项，代表了国家对中国玻纤工业的认可。该生产线是当时全国规模最大的无碱池窑拉丝生产线，由巨石人自主设计和引进关键技术相结合，打破了国外的技术垄断和封锁。它的建成是我国玻纤工业发展史上的里程碑，公司也一跃成为国内技术与装备最先进的企业。巨石从地方小企业快速发展成为国内一流企业，这是它迈出突破性的一步。

2000 年，公司承债式收购九江玻纤总厂，拯救老国企于新生。现如今巨石九江公司已经建成了年产 35 万吨玻纤生产基地，成为中部地区最大的玻纤生产基地。

（二）"二次创业"，依靠全员创新，打破技术垄断实现世界第一

2004 年，为响应国家西部大开发，巨石选择在成都建立西部的战略布点。巨石成都公司是在青白江的一块空地上建立起来的，经过多年的发展，巨石成都公司成为了当地的明星企业。现在巨石成都公司马上要实施整厂搬迁，迎来了新的发展机遇。2004 年，巨石总部实施整厂搬迁，在桐乡市经济开发区这片新天地上，施展出自己的浑身解数，大力提升科技实力，建设世界规模最大、技术装备最先进的池窑拉丝生产线。6 万吨、10 万吨、12 万吨、14 万吨、16 万吨，超大型玻纤池窑拉丝生产线一条接一条问世，中国巨石以"裂变"的速度成长，于 2005 年实现了"亚洲第一、世界五强"。

2008 年 7 月，年产 60 万吨玻纤生产基地落成，巨石实现了生产规模世界第一，正式坐上了世界玻纤头把交椅，改变了竞争对手占据了 70 多年的世界第一的位次。

2009 年，金融海啸席卷全球。当时，巨石的产品出口比重达 60%，主要市场面向美国与欧盟，受到了前所未有的市场冲击。面对不利局面，经过艰难抉择，公司创始人张毓强作出了"不停产、不减产"的决定，眼睛向外，抓技术创新，重结构调整，强市场

开拓。依靠增收节支降耗，深挖发展潜能，带领巨石成功渡过金融危机。

（三）"三次创业"，主动融入世界，步伐铿锵全面布局三地五洲

筑梦埃及，始于无奈。从 2009 年开始，中国巨石面临欧盟反倾销调查。2010 年欧盟委员会作出初裁："对中国进口的玻璃纤维粗纱、短切纱产品征收高达 43.6% 的惩罚性关税。"这也是继土耳其、印度之后，西方玻纤跨国巨头针对中国玻纤产业发动的第三轮没有硝烟的贸易大战。加上原先 7% 的进口关税，上述出口欧洲的玻纤，总计要缴纳高达 50.6% 的进口关税。虽然在中国方面的积极应诉下，终裁结果判定的反倾销税税率为 13.8%，较初裁结果 43.6% 的临时反倾销税率大幅下调，但它让巨石认清了现实，更坚定了必须走出去的决心。

2012 年，巨石挥师埃及，打响了海外战役的第一枪。两年后，第一条年产 8 万吨池窑拉丝生产线建成，也是中国玻纤工业向海外输出的首条生产线，更填补了非洲大陆玻纤制造业的空白。经过一期、二期、三期的建设，2018 年，巨石埃及年产 20 万吨玻纤生产线全面建成，巨石埃及公司成为国家"一带一路"上一颗璀璨的明珠，助推埃及成为全球第五大玻纤生产国，成为国家产能合作的典范。2016 年，中国巨石总裁、巨石集团董事长兼 CEO 张毓强在埃及受到了国家主席习近平的亲切接见。

如果说在埃及的布局属于遇到问题后对症下药的解决之道，那么在美国的建厂则是未雨绸缪、居安思危。2016 年 12 月，中国巨石投资美国 3 亿美元建设 8 万吨玻纤生产线，在南卡罗来纳州奠基，2019 年 6 月，该生产线已建成投产。它的建设意味着巨石在全球最发达的国家实现了从产品输出、外资引进向资本输出的转变，从单纯的贸易往来向产品、技术、服务、管理全方位合作的转变。

2017 年，巨石发布公告，拟在印度投资建设玻纤生产线，如今项目已进入规划设计阶段。至此，巨石海外版图三点联动，昂扬自信，朝着"三地五洲"的宏伟目标迈进。未来，中国巨石将更加勇敢地走出去，坚定地走下去，成功地走回来，实现产销全球。

未来中国巨石将在"三地五洲"布局，真正使公司成为跨国公司，推动中国和全球经济的融合。在"先建市场，后建工厂"理念的指引下，中国巨石主动面向全球市场，不断加快走出去步伐，从"以内供外"转向"以外供外"的盈利模式，实现"两头在外"和玻纤生产战略性布局，走出了一条开放融通互利共赢之路。

（四）"四次创业"，再造一个巨石，"智造"引领行业生产方式变革

在实施三次创业的同时，巨石三在实施以"智能制造"为核心的四次创业之路。智能制造是信息技术、智能技术与装备制造技术的深度融合与集成。中国巨石将智能制造作为产业变革的新引擎，以智能工厂建设为载体，以关键制造环节智能化为核心，最终实现缩短产品研制周期、降低资源能源消耗、降低运营成本、提高生产效率、提升产品

质量的目标。

公司已经在桐乡总部智能制造基地建成了一条年产 8 万吨的无碱玻纤池窑拉丝生产线和一条年产 2 亿米的电子布生产线。在巨石，你可以看到智能制造的模样。走进偌大的车间，几乎不见工人穿梭其中，取而代之的是各式各样的机器人。智能制造延伸到玻纤生产的各个领域，"智能控制中心"就类似于生产线的"大脑"，每天收发数亿条指令，控制着生产车间数百个工艺环节。在玻纤生产源头车间，可以看到巨石是如何"点石成金"的。纤细的玻纤丝犹如春蚕吐丝一般"吐"出玻纤成品，被能够"上天入地"的"飞车"载着进入下一道工序，一旁的机器人自动完成包装、贴标、质量检测。下一道工序时，机器人伸出手，把产品搬下来，交由 AGV 小车和自动传输带送到仓储物流的输送跑道上。

实施智能制造后，公司生产效率、产品质量、生产成本、能耗指标等都刷新了历史纪录。各项指标进一步领跑世界玻纤工业发展，是中国玻璃纤维工业第一个智能制造的样板工程。

2018 年，公司制定了未来五年的新发展战略——"制造智能化、产销全球化、管控精准化、发展和谐化"。使命——"创新引领智能制造，为复合材料发展作贡献"。愿景——"保持全球玻璃纤维工业领导者"。到 2022 年末，公司将继续保持粗纱规模全球第一，实现细纱规模全球第一，实现技术与装备技术持续全球领先，企业竞争力全面增强，行业领导地位全面巩固，民族工业地位全面体现，最终实现由大到强大的转变，由强大到伟大的跨越。

二、中国巨石的巅峰亮点

（一）坚持混合所有制发展模式，激发企业活力和创新动力

1993 年，振石集团和桐乡经济开发区、桐乡农行、供电局、财政局，五家企业共同成立桐乡巨石玻璃纤维股份有限公司。可以说巨石从"娘胎"里出来就含有混合所有制的基因。

1999 年，民企振石集团与央企中国建材集团联合，使巨石成功上市。从此，中国巨石借助资本市场，走上了发展的快车道。

2001 年，中国巨石吸引外资，成为外商投资企业。

2007 年，联想弘毅基金正式投资巨石，为企业的技术进步和规模扩展奠定了基础。

2014 年，中国玻纤总部由北京迁至桐乡，实现了投资主体和经营主体的合并。

2015 年，中国玻纤更名为中国巨石，股票名称改为"中国巨石"。更名后，"巨石"品牌的价值进一步提升，公司在企业战略、管理、生产、经营等方面有了新模式，"混合

所有制"的发展模式得到了新的实践和升华，激发企业更大的活力与创新动力。

2015年，公司实施非公开发行股票募集资金。公司向特定投资者非公开发售人民币普通股股票，募集资金48亿元，为企业加快国际化步伐，更快更好地融入世界提供了资本支持。

一串上市前后的对比数据可以清晰地看到上市对中国巨石所起到的作用。1998年中国GDP8.52万亿，2018年为90.03万亿，10.56倍已是全球最快，而巨石的31.71倍，可自豪地称之为高速。净利润比收入增长了33.34倍，完美地诠释了什么是巨石的高质量。1998年，玻纤业务固定资产净值仅占上市公司固定资产净值的27.56%，玻纤营业收入却占中国巨石全部营业收入的47%。以四分之一强的资产，带领上市公司实现20年后收入增长31.71倍，净利润增长65.05倍。这是混合所有制下体制、管控、考核、创新之功，充分验证了中国建材集团董事长宋志平说的"央企的实力＋民企的活力＝企业的竞争力"的混合所有制发展模式，成为国家混合所有制的典范。中国巨石混合所有制发展的成功案例入选北京大学光华管理学院教学案例。

（二）坚持创新驱动发展战略，匠心引领玻纤产业技术进步

为推动技术进步，多年来，中国巨石一直瞄准国际一流水平，不断引进国外先进技术与装备，加快缩短与国际大企业集团间的差距。建立起了"以自主创新为主体，以引进消化吸收再创新和产学研结合为补充"的创新战略，形成了一整套完善的激励制度，激发全员创新，从而形成企业核心技术，助推巨石由大变强。

公司的创新，最重要的是形成了一种机制。它涵盖了管理创新、技术创新、机制创新、文化创新，公司用"创新无处不在、创新无处不有、创新人人可及、创新人人有责"的创新理念，激活了整个企业，上至企业高管，下至一线工人。

每年巨石都会立项实施二三十项具备国际领先水平的重大创新项目、近200项国内领先的一般创新项目及500多项改进项目，并给予物质与精神双重奖励。巨石有一套独一无二的创新模式，即"由工人提出设想——技术人员转化成可行技术方案——制作成品进行小范围试验——展示成果全面推广"，除一些重大项目由科研人员攻关之外，很多项目由一线员工组团承担。

1993年巨石成立伊始，就开始尝试玻璃纤维的池窑化生产，建设了首座中国人设计的大型玻纤池窑拉丝生产线，与发达国家之间的差距缩短到30年。之后又通过1999年联合上市募集发展资金，走上了发展的快车道，生产规模、技术水平等各项指标均实现国内领先。

2004年，研发出高性能玻璃纤维低成本大规模生产技术与成套设备开发技术。相继建成了当时全球最大、技术最先进的年产10万吨、12万吨单池窑和14万吨、16万吨双池窑生产线，并于2008年实现生产规模全球第一，技术水平赶超世界。

2012 年布局埃及，2016 年布局美国，目前印度基地的筹建工作也已启动，成为除玻纤发源地美国之外，第二个具备输出全套玻纤制造技术的国家。在国际化发展的同时，巨石又在桐乡总部投资 100 亿元建设智能制造基地，建成了全球唯一、规模最大的年产 15 万吨智能化玻纤生产线，实现了玻璃纤维的"智能制造"。

中国巨石生产规模的扩张，不仅仅是金融资本的简单投入和产品产量的简单增加，更大程度上依赖于技术的领先和品质的保障，依赖于企业核心竞争能力的打造。

中国巨石在玻璃纤维制造领域拥有一批具有自主知识产权并达到世界一流水平的核心技术，打破了国外技术垄断的局面。如超大型池窑拉丝生产技术、全自动物流输送技术、大漏板技术、玻璃配方技术、专有浸润剂技术、绿色制造技术、高性能玻璃纤维技术等等，成为企业控制成本、提升质量、赢得市场的杀手锏，使企业形成了较强的核心竞争能力，拥有了市场的绝对话语权。20 多年来，公司获得国家级科技奖项 20 项，省部级以上科技奖项 55 项，负责或参与制定标准 11 项，专利保有量居世界第一。

全员创新让巨石实现了"1 * 8000 = 世界第一"的乘法效应，中国巨石的成长不断引领着我国玻纤工业的发展进步，成为推动玻纤产业技术进步的重要力量。

（三）坚持"三精管理"提升原则，聚焦生产经营提质增效

企业由大变强，管理是关键，而创新的管理方法则是企业发展的重要保证。好的企业内部管理能够直接降低企业成本，提高产品质量，影响企业的经济效益，这是抓企业管理的根本，也是抓企业管理的动力。正因如此，中国巨石历来十分重视管理工作，强调通过组织精健化、管理精细化、经营精益化的"三精管理"，旨在建立更精干高效的组织结构，成本领先的生产管理体系和效益优先的经营管理体系。做到管控精准化，为企业高质量发展撑起保护伞。

公司自 2013 年年底开始逐渐探索实施"五统一"的管控模式，包括销售统一、采购统一、财务统一、技术统一和管理统一。以此为契机，公司积极发挥总部优势，提高资源整合能力，对高管团队分工进行了合理调整，对部门组织架构进行了优化提升。继统一销售后，对财务、采购、技术、管理实现统一、垂直管理。经过 6 年时间的管理整合，"五统一"工作初见成效，实现了资源配置综合成本最低化，总部的人才、信息、管理资源得到最充分的效能释放，为总部经济的进一步发展奠定基础，积累经验。全面推进信息化项目实施工作和两化融合管理体系建设，实现跨 7 个系统业务流程的对接，为总部经济的持续推进和工作效率的稳步提升开通大数据应用之路。

在绩效管理方面，中国巨石的经济责任制考核办法在 20 多年的执行过程中不断规范和完善，形成了从公司领导到一线员工，从职能部门到生产分厂的考核系统。考核内容从产量、成本到质量、管理，从定性指标到定量指标，始终不断丰富考核内容，不断规范考核方式，不断健全考核机构。

在成本管理方面，中国巨石首创了"增收节支降耗"成本控制工作法，其核心是通过内部挖潜、技术进步、加强管理等各种降低成本的有效手段，将企业当年与成本有关的原材料采购价格、生产消耗、劳动成本、产量、质量、管理费用等各个方面的实际水平与上年平均水平进行比较，计算增收节支降耗金额，从而实现螺旋式上升。巨石为此建立了一整套立项、审批、考核、通报、奖罚兑现的工作程序。自 1998 年开展"增收节支降耗"工作以来，截至 2018 年底，企业已累计实现增收节支降耗金额 30 亿元以上。遭遇全球金融危机的 2009 年，巨石依靠降本增效挖潜缓解生产经营压力，如今公司仍旧保持着生产成本全球最低的水平。

在质量管理方面，中国巨石在行业中率先通过 ISO9001 质量管理体系认证，ISO14001 环境管理体系认证，OHSAS18001 职业健康与安全管理体系认证和 ISO10012 计量检测体系认证。形成一个科学、合理、高效的管理机构，并带动整个行业引入先进的管理理念和管理模式，使我国玻纤行业逐步从粗放式的管理向现代化、规范化管理进行转变。多年来，巨石实施卓越绩效管理模式，创新了质量管理要求，在质量管理中注入了新的内涵，促使企业质量管理体系化，体系管理质量化。

在文化管理方面，公司坚持以党建引领发展，打造自力自强自觉的企业文化。经过实践的积累与理论的总结，中国巨石党委建立了"把党建建在心上、建在行动上、建在实效上"的"三建工作法"。坚持将党建工作与生产经营高度融合，做到"政治账"与"经济账"同步提升，让党建工作成为企业发展的内生动力，引领企业高质量发展。

每年公司开展工资集体协商，充分发挥民主决策、民主管理的优势，征集广大员工的意见建议，对薪酬体系、激励机制进行科学调整、优化完善，让员工在巨石拥有获得感。

每年公司召开总裁与员工座谈会，搭建员工与高管平等对话的桥梁。员工对总裁说说心里话，总裁得知情况后，安排落实，实实在在地帮员工解决工作生活中的困难之处。在巨石，凝聚人心、增强幸福感的方式一定少不了丰富多彩的文体活动。公司科学规划、勇于创新，通过举办多种形式的企业文化活动，通过颁奖盛典、迎春联欢晚会、巨石故事演说汇、环凤凰湖跑等活动，有效地丰富了员工的业余生活，提升了员工的归属感。在巨石，有一句话"不尽社会责任，不为企业家；不尽社会责任，不为巨石人。"多年来，中国巨石始终将履行社会责任视为己任，主动参与社会公益事业，反哺社会。

通过由制度管人到建立制度与文化一体的管理体系，使中国巨石的管理从简单、机械的制度，转变升级到了文化的层次，将制度融于企业特有的文化中，赋予了制度生命和活力，管理创新也就更加到位。

（四）坚持打造能战善战管理团队，激发干事创业热情干劲

人才管理是企业由大做强的关键。从 1993 至 2018 年，中国巨石抓住了中国改革开

放四十年来经济发展最好的时期，同时，这些年也是中国玻纤产能快速释放的阶段，公司不断加强人才引进的步伐以适应快速扩张的企业发展速度。全球各地优秀的玻纤人才、老专家汇集到巨石的麾下，全国各地的优秀大学生也纷纷效力于巨石。公司建立了一整套引人用人留人的机制，确保来自"五湖四海"的人才都愿意在巨石工作、乐意在巨石学习、惬意在巨石生活。

随着企业的发展变化，在人才引进和培养上，公司适时提出了"四个方面转移"，即一般学历人才引进向高学历人才引进转移，一般大学人才引进向重点大学人才引进转移，国内专业人才引进向"海归"人才引进转移，国外专家短期讲课、交流向长期聘用转移。十二五期间，巨石集团引进硕士、博士、海外留学等高层次人才年均增长率达 18%。

人才引进后，如何让他们在各自的岗位上发挥最大的能量，成为人才管理的重点。公司通过组建内部培训师队伍，建立师傅带徒弟模式，为员工进行玻璃纤维各专业知识的培训；通过与高校联合开办学习班，采用"请进来"和"走出去"的方式进行培训；通过开展"上挂、下派、外练、互动"人才培养工程，为广大干部员工打造发展平台；通过创办巨石大学，聘请知名专家和老师开办培训和讲座等多种方式来拓展和提高员工的综合素质；通过采用本土化管理模式，充分尊重国际玻纤专家的理念，让其在巨石发挥更大的作用。

此外，巨石还创新员工晋升机制，以"能者上、平者让、庸者下"的用人原则，以竞争上岗为方式，针对优秀人才建立了四种晋升发展通道。创新"双职位"晋升通道，以及储备干部培养模式，为企业转型升级提供人才保障。同时，公司还对思路上无创新，计划上无目标，工作上无业绩，培养上无希望的"四无"人员建立了考核、淘汰机制。制度的建立，体现了在人才使用上公平、公开、公正的原则，能进能出的原则，能上能下的原则，为中国巨石培养了一批又一批优秀的管理和技术干部，成为企业做大做强的重要力量。

特别是近年来，随着公司国际化进程的加快，公司坚持"本土化"人才培养的原则，一批国际化管理人才正迅速成长为企业发展的新兴力量，助推公司"三地五洲"战略的实施。

知识型企业和团队的建设，在于中国巨石用人、培养人、尊重人理念的转变，而这一转变又极大地促进了公司人才结构、知识结构的改善，初步形成了国内、国外高水平人才齐聚巨石的国际化人才队伍。

（五）坚持产销全球发展战略，构建全面融入世界新格局

在国内已经建立浙江桐乡、江西九江、四川成都三大生产基地后，2011 年底，巨石决定在埃及建立玻纤生产基地。以往，巨石走的是"以国内资源供应国外市场"的老路子。经过多年发展后，这一方式碰到了瓶颈，眼下只有走出去，在利用国外的资金、技

术、市场的同时，将国外的人才、土地、能源等资源也为"我"所用，为企业的持续发展寻找新的出路。中国巨石总裁张毓强反复强调这一点。

2018年埃及年产20万吨玻纤生产基地建成，主要供应欧盟市场，以及周边的土耳其、中东和北非市场，产销率超过100%，完全供不应求。

这个总投资超6亿美元的国际产能项目，已成为目前中国在埃及实体投资金额最大、技术装备最先进、建设速度最快的工业制造类项目。作为中国巨石全面实施全球化战略的标志性工程，它既填补了整个中东、北非地区玻璃纤维制造业的空白，又对中国玻璃纤维工业的国际化具有里程碑式的意义，它既是中埃两国经济合作的重要成果，也是中非产能合作的典范，已经发展成为"一带一路"上的一颗耀眼的明珠。在埃及工厂里，除了技术领先，还采用了最先进的管理理念，倡导员工和公司共同发展的管理理念，公司充分尊重当地的文化，正逐步实现管理岗位本土化。

通过近六年的摸索总结，巨石埃及公司逐步形成了一套完善、科学的管理模式，探索出一条"以外供外，以外管外"的全球化发展模式。

巨石美国年产9.6万吨生产线，已于2019年6月建成投产，本着"工厂前移、研发前移、人才前引、就地生产、靠近客户、贴近市场、以外供外"的总体原则，产品全部供应美国本土市场。不管是美国先进的生产技术，还是管理方式，不管是产品研发还是人才引进，中国巨石都是为了做好管理的转移，希望能与国内形成协同效应。

能在埃及和美国成功建厂，得益于中国巨石"先建市场、后建工厂"的全球化发展理念。从2005年设立巨石香港公司，到2011年巨石美国公司成立。短短几年间，巨石已在亚洲、欧洲、美洲、非洲等13个国家和地区，建立了十多家海外公司，在国外拥有了稳定的市场和客户群体，建成了较完备的全球营销网络。巨石针对战略客户、重要客户、一般客户的差异化需求，建立差异化的营销策略，创新营销模式，从品牌营销、环保营销、服务营销和技术营销建立顾客关系，打造"满意、忠诚、协作、共赢"的顾客关系，提高满意度和忠诚度。

每年一届的国际玻纤年会已经成为全球复合材料行业发展的风向标。被誉为"小型联合国"会议，到2018年国际玻纤年会已经成功举办第24届。从第一届年会时30多位客户，到第24届年会已经有全球100多个国家和地区的1200多名客户、供应商参加，巨石品牌的力量不断增强。客户的观念也从"为什么要买巨石的产品"转变为"为什么不买巨石的产品"。

三、中国巨石的经验与启示

第一，拥有非常清晰的战略目标。从纵向发展来看，在中国巨石发展的每一个阶段，都设立了清晰的战略目标，全国第一、亚洲第一、世界第一，中国巨石以裂变的速度出色地完成了战略目标。从横向比较来看，首先，中国巨石坚持成为领先的战略，在扩大规模、降低成本、技术创新、精细管理等方面，中国巨石远远地走在了全球玻纤行业的前面，使其迅速扩大市场和成长；其次，坚持国际市场化战略，从刚开始采用在全球建立海外经销商的形式使中国巨石的产品走向国际，到目前直接将工厂建设在海外；从"以内供外"转向"以外供外"的盈利模式，中国巨石深刻践行了国家提出的将"改革开放"扎实推向纵深的要求，成为中国企业推动外贸转型升级，加快实施走出去战略，构建全方位对外开放新格局的积极探索者。

第二，拥有一支特别能战斗的团队。中国建材集团党委书记、董事长宋志平多次说过，中国巨石创始人张毓强先生是一位受人尊重、令人感动的企业家。他是一位玻璃纤维行业管理和技术专家型的企业家，在玻纤行业摸爬滚打40余年，被称为"玻纤教父"，具有敏锐的市场洞察力，准确把脉全球玻纤市场发展。他倾力打造的团队，是一支招之则来，来之则战，战无不胜的队伍，成为企业迅速积累财富的缔造者。

第三，善于资本运营。中国巨石曾至少三次运用资本市场进行融资，第一次是上市，与央企中国建材集团合作，充分利用央企的政策资源和民企的体制机制；第二次是引进战略投资者弘毅投资，为企业的发展融得了宝贵的资金。中国巨石的成功有其必然性，它顺应了市场经济的基本规律，推行"央企市营"，央企和民企合作，央企的实力加上民企的活力就等于市场竞争力；第三次是2015年，公司通过资本市场募集了48亿的资金用于公司国际化建设，助推中国巨石"三地五洲"战略的实施。

第四，注重创新能力提升。中国巨石从来不吝啬在科研和投资装备上的投入，非常注重企业创新能力的提升。创新带来的进步，是中国巨石从初期的规模领先战略向技术领先战略转型最重要的内容之一，也是中国巨石从规模带来的效益增长，转变为高附加值、高技术含量促进效益增长的重要途径。

通过创新，公司的生产成本持续保持全球最低；通过创新，公司的产品质量领先于同行；通过创新，公司的体制机制灵活，能保障公司战略决策的坚决执行；通过创新，公司的文化独具特色，成为引领公司发展源源不断的无形力量！

转型军工企业以"三大系统"
为主线的管理变革

中电科仪器仪表有限公司(简称"中电仪器")隶属于中国电子科技集团有限公司(简称"中国电科"),成立于 2015 年 5 月,在中国电科第四十、四十一研究所一体化管理的基础上组建,本部位于山东省青岛市,注册资本 5 亿元,现有员工 3600 余人,其中集团公司首席科学家 2 人,首席专家 3 人,享受政府特殊津贴 14 人,高级以上职称 450 余人。现有总资产约 46.71 亿元,净资产约 27.51 亿元。中电仪器长期致力于电子测量仪器和自动测试系统的研制、开发及生产,在微波毫米波、光电、通信、基础测量等领域,处于国内第一、国际先进的行业地位。产品广泛应用于卫星、通信、导航、雷达、科研、教育等领域,在"二代导航""嫦娥系列""神舟系列飞船"等国家重点工程中发挥了重要支撑保障作用。截至目前,累计取得科研成果 800 多项,其中国家级、省部级奖项近 400 项,为国防科技工业和国民经济发展做出了重要贡献。公司先后获得国有企业创建"四好"领导班子先进集体荣誉称号、中央企业先进集体称号、全国先进基层党组织荣誉称号等。

一、转型军工企业以"三大系统"为主线的管理变革实施背景

(一)贯彻党和国家关于全面深化国有企业改革系列部署的要求

党的十八大以来,党中央对全面深化国有企业改革作出了一系列重要部署。2015 年 8 月,党中央国务院印发《关于深化国有企业改革的指导意见》,从改革的总体要求到分类推进国有企业改革、完善现代企业制度、发展混合所有制经济等方面提出了新时期国有企业改革的目标任务和重大举措。以该文件为统领,配套若干文件作为支撑,形成国有企业改革"1+N"文件体系,为国有企业深化改革指明了具体方向,提供了政策保障。作为军工央企,要落地好国有企业改革的系列政策要求,必须从内部管理变革入手,把企业打造成独立的市场主体,充分激发和释放企业的活力,提升资源要素的生产率,提

高市场竞争力和发展引领力。坚持质量第一、效益优先，以供给侧结构性改革为主线，推动经济发展质量变革、效率变革、动力变革。以"三大系统"为主线的管理变革，就是中电仪器落实党和国家关于全面深化国有企业改革战略部署的重要举措。

（二）助力中国电科打造"世界一流"尖端科学仪器制造企业的需要

仪器仪表是工业生产中的"倍增器"、科学研究中的"先行官"、军事行动中的"战斗力"。电子测量仪器作为仪器仪表行业的高新技术，表现出对国民经济主要行业强辐射和强制约的双重特性，是国防实力的重要标志，是国民经济持续、稳定发展的重要保证。然而我国大型及中高端测量仪器设备却严重依赖进口，为突破国产测量仪器发展瓶颈，做强做优做大仪器产业，2015 年，中国电科党组决策，在中国电科第四十、四十一研究所一体化管理基础上，组建中电仪器，打造中国电科仪器仪表专业公司，聚焦国家测量仪器需求，加快在测试测量领域实现"世界一流"。2018 年 7 月，习近平总书记在中央财经委员会第二次会议中强调，"必须切实提高关键核心技术创新能力，培育一批尖端科学仪器制造企业"。为落实好党和国家对仪器仪表行业的发展要求以及中国电科的决策部署，整合内外部资源，加快实现测量仪器产业中高端突破，中电仪器提出在企业内部构建"压力传递系统、动力推进系统、资源配置系统"，着力推动管理机制由科研院所事业单位向现代企业转型，打造"世界一流"尖端科学仪器制造企业。

（三）落地转型战略，实现企业化改革和高质量发展的举措

承载着振兴民族电子测量仪器的历史重任，中电仪器提出"经济总量和利润总额到 2020 年在'十二五'末的基础上翻一番"的发展目标，面对企业化步伐刚刚开启，如何构建符合目标要求的发展思路，支撑经济效益不断提升？如何实现改革发展压力向内有序传递？如何激发出企业人才及各种要素的活力效率？如何实现内部资源的优化配置？等等一系列现实问题要求中电仪器加快内部管理变革，实施行之有效的管理模式，保障"战略变计划，计划到行动"，确保发展战略目标落地执行。中电仪器提出的以"三大系统"为主线的管理变革，就是通过系统设计科学有效的管理模式，将企业化改革和高质量发展的压力传递给干部职工，推动呈现更足的干劲、更高的效率、更多的付出、更大的贡献，为中电仪器更好效益更高质量发展打下坚实基础，进而实现发展战略目标的落地，实现中国的"仪器梦"。

二、转型军工企业以"三大系统"为主线的管理变革内涵和主要做法

顺应国企改革政策导向，立足打造"世界一流"仪器仪表专业公司，推进内部管理

机制从研究所向现代企业转型，支撑发展战略目标的实现，中电仪器创新性地设计了以"三大系统"为主线的管理变革。其内涵是：以企业发展战略目标为引领，面向现代国有企业转型，顶层设计"压力传递系统、动力推进系统、资源配置系统"框架结构，健全"压力传递系统"，以满足客户需求为核心，构建"任务列表、量化考核"绩效考核体系，开展履职满意度考评，授权市场一线"开单子"，实现经营压力有序传递，健全"动力推进系统"，开展科技创新奖励及科技成果转化奖励，建立"五元"薪酬体系，实施中层管理干部年薪制，开展产品经理制试点，实现员工活力得到有效激发，健全"资源配置系统"，整合品牌资源，突出主业发展，开展混合所有制改革，实现国有资产保值增值、仪器主业持续做强做优做大，推动企业管理能力不断增强，经济效益稳步快速增长，为打造"世界一流"尖端科学仪器制造企业提供了坚实的支撑，为军工科研院所向现代国有企业转型提供了典型示范。

图1　以"三大系统"为主线的管理变革框架图

主要做法如下：

（一）面向现代国有企业转型，顶层设计"三大系统"的总体框架

在集团公司的支持下，中电仪器牢牢把握军工科研院所向现代企业转型的机遇，围绕打造测试测量领域"国内卓越、世界一流"创新型领军企业的发展目标，公司主要领导亲自挂帅，顶层谋划提出"一三五"发展思路，即明确一项目标、健全三大系统、加速五项创新，将推进以"三大系统"为主线的管理变革写入《中电仪器"十三五"发展规划》。

1. 压力传递系统

建立以市场需求为导向的机制，以市场为龙头，将年度市场总目标进行分解，与市场一线各业务单元签订目标责任书，在此基础上，研究分解年度经营指标和重点任务（包括产品研发制造任务等），以任务列表形式下发至研发、生产等各部门，进一步明确各业务单元的责任、义务和相应的考核奖惩措施，实现压力有效传递。

2. 动力推进系统

动力推进系统即激励机制和奖惩措施，就是结合市场目标的二次分解，进一步加大奖惩力度，转变压力为动力。大力推进行之有效的绩效管理改革，持续不断地推动分配制度改革，建立健全员工考核评价体系，进一步细化激励措施，针对不同岗位、不同层次的人员制定不同的激励策略，多层次考核，真正实现"按劳分配、兼顾效率"，充分调动职工在科研创新、生产管理、市场营销方面的积极性和主动性。

3. 资源配置系统

通过健全切实可行的资源配置系统，完善相应的制度和措施，保障仪器主业创新的人力、物力资源的合理配备，充分发挥资源配置的效率，发挥出资源的增值属性。进一步完善物力资源配置，将自上而下的宏观资源配置同部门自下而上的具体资源配置有机结合，统筹谋划长远配置与现实需求之间的关系，提高资源配置效率。根据科研生产任务的需求，一方面充分合理地使用现有资源，提高资源利用效率和人均产值，另一方面加大高素质人才引进力度、加快资产经营工作、提升品牌价值等，建立起切实有效的资源增值措施。通过不断完善资源配置系统，统筹协调当前资源配置与可持续发展之间的关系，考核资源配置的成本，做到资源配置合理、高效，充分保障仪器主业的迅速发展壮大。

通过健全"三大系统"，加速技术创新、市场营销创新、产品产业创新、经营管理创新、激励机制创新，促进在技术、产品、产业、市场等管理方面得到全方位的提升和发展，打造企业的核心竞争力。

（二）以满足客户需求为核心，健全压力传递系统

1. 以经营压力传递为导向，构建"任务列表、量化考核"绩效考核体系

为充分调动内部各业务单元开拓市场、紧跟市场需求、开展自主经营，同时，促进各研发部门面向市场开发产品，形成市场与技术双轮驱动，中电仪器研究构建市场及科研等压力有序传递的业绩考核体系，成立了业绩考核领导小组，由公司总经理任领导小组组长，组员包括公司经营班子成员和科研、生产、市场、管理等部门领导，负责研究

构建"任务列表、量化考核"绩效考核体系，以及考核制度的科学性、导向性，持续做好考核制度优化工作。同时，成立业绩考核办公室，设专职工作人员，根据业绩考核领导小组的授权，开展各部门及下属公司具体业绩考核工作，并将考核中发现的问题及时反馈给业绩考核领导小组，推进考核体系不断完善，在满足市场需求能力上得到持续提升。

（1）突出经营重点，分类开展考核

中电仪器分类对各部门、事业部、产品线、下属公司等开展业绩评价，将考核对象分为利润中心类和成本中心类，考核导向也各有侧重。

选取包括研发、生产、市场、售后等市场能力较强的，业务相对独立的，财务核算边界清晰的业务单元，划定为利润中心类，其经营指标考核权重大于重点任务考核权重；而管理、服务保障类业务单元，则多划定为成本中心类，考核体系中仅有少量经营指标，以重点任务考核为主。

（2）开放市场信息导入，科学制定经营指标

为快速响应市场需求，并对标同行业领先企业经营指标，提升公司经营指标制定的科学性，中电仪器形成市场信息对内导入的常态化机制，包括收集和分析来自是德科技、罗德与施瓦茨、安立、泰克和鼎阳等国际国内主要竞争对手的信息，了解主要竞争对手在新产品、新技术和市场活动等方面的最新进展，每月编制形成《主要竞争对手情况简报》；每周汇集销售等一线人员出差反馈的潜在客户、市场需求信息，形成《市场信息专报》等。

目前，中电仪器基于市场信息和经营战略形成的稳定经营指标包括以下：

● 经济运行效益类，包括收入、利润、净利润、产值、人均收入等；

● 经济运行质量类，包括计划完成率、成本费用、应收账款、存货、两金压控、科研到账经费、财务预算执行等；

● 竞争力类，包括专利水平、人才培养、人均产值、产品市场占有率、重大项目承担情况等；

● 市场满意度类，包括产品质量与可靠性、交付及时性、售后响应、差异化体验、性价比……

（3）全面任务列表部署，压实各级经营责任

中电仪器各级任务列表也是下属各级经营责任主体的年度经营责任书。在每年初，按公司治理体系规定，完成各级任务列表编制、审核、签订，确认任务部署及其考核权重。任务列表须明确任务项、任务内容、节点计划、任务目标及交付物、具体责任人、协助人员、任务项考核权重等。

各级任务列表签订完成，由责任主体将其录入中电仪器任务列表量化考核管理信息系统，考核办公室按月开展跟踪考核，考核结果作为部门及个人奖金评定依据，实现绩

果应用。通过该方式，中电仪器建立起一级管控一级、一级拖动一级、一级支撑一级的任务联动机制，实现"目标层层分解，压力层层传递"，发展责任覆盖全员。

表 1　中电仪器各级任务列表（经营指标+重点任务）构成简表

各级列表	包含任务类型	简要说明
1. 公司（董事会）年度重点任务列表	A 类任务	集团公司下达的考核中电仪器的各项任务（含经营指标）
	B 类任务	中电仪器自主策划的年度各项任务（含经营指标）
2. 公司领导（经营层）任务列表	A 类任务	领导主责或协助负责的集团考核中电仪器的任务（含经营指标）
	B 类任务	领导主责或协助负责的公司级年度各项重点任务（含经营指标）
	C 类任务	在分管领域内，自主策划的各项任务
3. 各业务单元（部门、事业部、产业公司等）任务列表	经营指标	将公司年度经营业务指标分解到各业务单元，设定各业务单元的年度 KPI 指标
	重点任务	各业务单元主责或协助负责的集团公司考核的具体任务项目或公司部署的具体任务项目
4. 中层及以下员工任务列表	A 类任务	协助上级领导负责的集团考核中电仪器的任务（含经营指标）
	B 类任务	个人分工主办的公司级年度各项重点任务（含经营指标）
	C 类任务	个人分工负责的部门级年度重点任务及自主策划任务

2. 以增强服务市场意识为导向，开展履职满意度考评

为督促各部门正确把握与落实好部门之间相互服务、相互协作关系的定位，增强成本中心类部门服务市场一线，在年度期间从工作实绩、部门建设、协调配合等方面进行量化评价。通过多维度测评形式进行考核，促进部门之间加强协同，在考核权重上设置上，成本中心类部门为利润中心类部门两倍，以促进成本中心类部门更高效地服务市场一线。

考核方式上，部门测评分为优秀、合格、基本合格、不合格，分别对应权重分值的100%、60%、0%、-100%进行换算，弃权和不了解的不计入有效票。测评得分按如下公式换算：

部门履职符合性得分 =（∑部门测评得分）/有效票数

在考核时点，计分按照测评范围不同，测评票分为 A、B、C 三种，A 票为中电仪器公司主要领导，B 票为其他公司领导，C 票为各部门及下属公司第一负责人。

3. 以优化服务市场流程为导向，用好"开单子"

"打多少炮弹要由一线作战人员决定，一线作战人员要能够及时呼唤到炮火。"为持续提升公司内部服务市场的能力及效率，改变以往层层审批授权的问题，中电仪器授予市场一线人员"开单子"权限，即市场一线人员如果"呼唤不到炮火支援"，可直接"开单子"，提交给公司业绩考核办公室，对于每一张"单子"，指定公司一位副总经理牵头，梳理问题产生的全流程，找到问题产生的根本原因，成立流程优化小组，开展内部流程端到端优化工作，确保问题闭环，"一线人员能及时呼唤到炮火"。

目前，"开单子"已成为中电仪器的特色管理方法，通过开单子的形式，有力向公司内部各部门提出支援和保障市场任务的要求。经实践检验，通过2016—2018年期间开出的"单子"，已优化内部流程30余项，减少审批事项10余项，以往市场一线人员抱怨内部流程长的情况大幅降低，公司各部门对完成"单子"的重视程度越来越高，内部响应市场的速度显著提升。

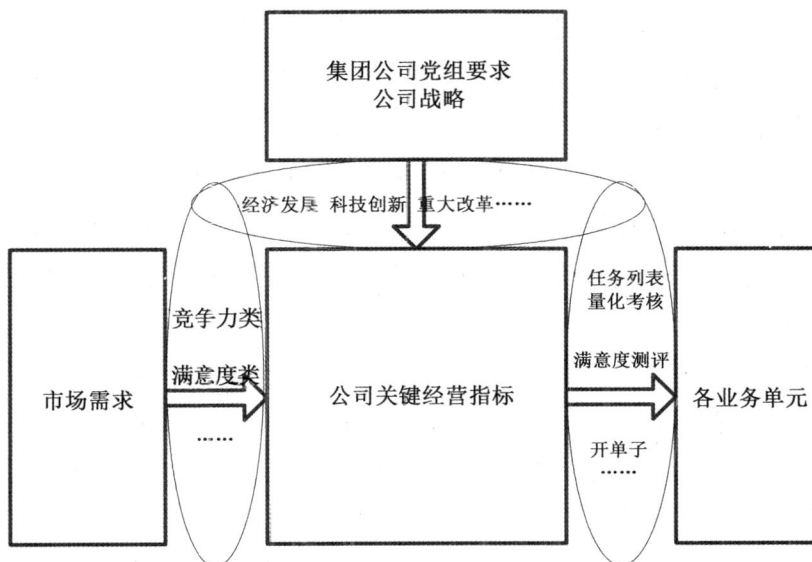

图2　中电仪器压力传递系统模型图

(三) 以激发人的活力为根本，健全动力推进系统

1. 开展科技创新奖励及科技成果转化奖励，激发科研人员创造积极性

为充分调动科研人员的积极性、主动性和创造性，促进科研项目的立项、验收以及科研成果转化等工作，提升整体科研质效，推动产业化进程，中电仪器在内部实施科技创新奖励，目的是在科技创新与产品产业化发展方面给予激励，包括项目经费提成和产品销售提成奖励。

项目经费提成分为项目立项提成和项目验收提成两部分，提成额度与项目实到外部经费（扣除拨付给合作单位的经费后）和项目完成情况等因素挂钩，争取到的外部科研经费、为公司创造经济效益的所有横向和纵向项目均可进行提成。科研项目立项提成最低0.2万元，验收提成最低0.5万元。对于激烈竞争类科研项目以及进军装备类科研项目，立项提成比例额外上浮20%，验收提成比例不变。

- 立项提成，对通过竞标或评审确定立项，以及承接其他单位的科研项目进行提成，按该项目批复的外部经费额度计提，奖励项目立项团队。

● 验收提成，对按项目规定一次性通过鉴定/验收（含财务验收和综合验收）的科研项目进行提成，按该项目实到外部经费额度计提，奖励项目实施团队。

公式1：项目经费提成=项目批复外部经费*立项提成比例+项目实到外部经费*验收提成比例

产品销售提成以各研发部门研制产品年度内的发货额度为基础，结合部门规模、利润率等因素综合确定提成额度。采用年度核算，次年上半年一次性核算发放。

公式2：产品销售提成额度=∑产品年度发货额*提成比例*利润系数

同时，为鼓励科技成果转化，中电仪器每年在年度预算中单列部分工资总额用于科技成果转化专项激励，依据各项目中各项转化成果对利润贡献比例，在科技成果实施转化成功投产后连续三年至五年，每年从实施该项科技成果的营业利润中提取不低于5%的比例进行奖励。通过以上提成奖励措施，进一步激发科技人员的创造性与积极性，促进科技成果转化为现实生产力，推动中电仪器科技创新业态形成，加快从传统经营性事业单位向现代企业转型。

2. 全面实施中层管理干部年薪制，调动领导人员干事主动性

中电仪器不断完善企业化的岗位与薪酬管理机制，开展"五元"薪酬体系改革，构建以岗位责任为重点、以业绩贡献为依据、体现以岗定薪、考核变薪、以效取酬的，与现代企业制度相适应的岗位绩效工资制度；建立相对统一、科学规范、能增能减的岗位工资+绩效工资+津补贴+福利+中长期激励的"五元"薪酬结构为主体的薪酬体系；员工工资收入与岗位价值、实际贡献和能力挂钩，实现从身份管理向岗位管理的转变。

在建立"五元"薪酬体系基础上，为进一步激发中层管理干部的干事创业主动性，提升薪酬激励效果，中电仪器实施全体中层干部年薪制（岗位绩效工资制），按年度进行核算。在公司总经理领导下，由考核办公室开展考核工作，根据考核结果核定中干年薪额度。年薪考核坚持绩效导向和差别化原则，将中层干部分为市场经营第一负责人、A类部门第一负责人（研发、生产部门负责人）、B类部门第一负责人（管理、保障等职能部门负责人）以及部门（板块）其他负责人，分类确定目标年薪。

● 市场经营第一负责人，依据各板块签订的年度"经营责任书"、板块规模、任务增速、上年度薪酬水平和业绩状况等因素确定负责人年薪；

● A类部门第一负责人，以岗位为基础，参照部门业务规模、经济效益、上年度实际薪酬水平、市场平均薪酬水平和地区差异等因素综合确定年薪；

● B类部门第一负责人，以岗位为基础，参照部门职能、业务量、上年度实际薪酬水平、市场平均薪酬水平和地区差异等因素综合确定；

● 部门（板块）其他负责人，在部门第一负责人目标年薪的基础上，乘以捆绑系数（通常小于1.0）确定。即：部门其他负责人目标年薪=部门第一负责人目标年薪*捆绑系数。

为更加科学的确定干部年薪核算依据，中电仪器制定《中层领导干部业绩考核管理办法》，明确考核流程、考核方式、考核指标、考核结果应用等，同时，加大干部考核奖惩力度，激励干部更主动的履职尽责。通过开展以上薪酬管理变革，中电仪器逐步实现以岗位管理为基础、合同管理为核心的市场化人力资源管理机制，逐步实现人员能进能出，干部能上能下，收入能增能减。

3. 实行产品经理制，增强产品线负责人经营自主性

针对市场容量大、发展潜力足的仪器产品，中电仪器组织建立产品线，开展产品经理制试点，实行"矩阵式"管理，推进 IPD 管理模式，以打破传统研发模式下的部门壁垒及市场聚焦不足等问题，促进面向市场需求进行产品开发，打通产品规划、研发、生产、售前售后、销售等环节，对产品周期进行全过程管理，加快科研成果向产品转化，提高市场占有率和产品利润。目前，中电仪器已建立光纤熔接机产品线和信号发生与模拟仪器产品线，并持续总结产品线运行的成果，扩大试点范围。

针对产品线运行及产品经理等人员考核，中电仪器制定了《产品线人员考核管理暂行办法》等制度，赋予产品经理用人权、指挥权、考核权、审批权等职权，产品经理实行年薪制。产品线人员由产品经理和所在部门共同考核确定奖金额度，按照关联紧密程度，赋予产品经理和所在部门 8:2 或 5:5 的考核权重，同时，当产品线年度合同额完成率超过 105% 时，向产品经理及关联紧密人员发放超额提成，由产品经理进行具体分配，以充分发挥产品经理的经营自主权。通过实施产品经理制，使得中电仪器纳入产品线的仪器产品产量及市场占有率等大幅提升，2018 年，光纤熔接机年产量突破 11000 台，销量突破 8400 台；信号发生与模拟仪器产品新签市场销售合同同比增长超 60%。

图3　光纤熔接机产品线实景图

（四）以提升主业发展效率为重点，健全资源配置系统

1. 完善品牌架构，挖掘品牌资源价值

品牌是企业的无形资产，传统军工研究所往往忽略品牌的价值，中电仪器将品牌整

合及品牌营销作为提高企业中长期竞争优势的重要策略。公司成立之前，40/41 所及产业公司等仪器、元器件以及民品消防、孵化电子设备等产品，主要是运用"中国电科 CETC"的主品牌和"依爱"品牌，品牌管理存在形式化，品牌架构不清晰，在军民品使用中区分重视程度不够。

CEYEAR: 来自中国测试测量的一面旗帜。
思　仪: 有思想、会思考的仪器。

图 4　中电仪器"思仪 Ceyear"品牌及释义

2017 年 9 月 18 日，贯彻中国电科集团聚力打造"CETC 中国电科"企业主品牌的要求，落实打造"世界一流"仪器品牌的目标，中电仪器在北京正式发布"思仪 Ceyear"品牌，率先成为中国电科 CETC 母品牌下的子品牌，加上原有的"依爱"品牌，构成中电仪器新时代品牌架构体系。

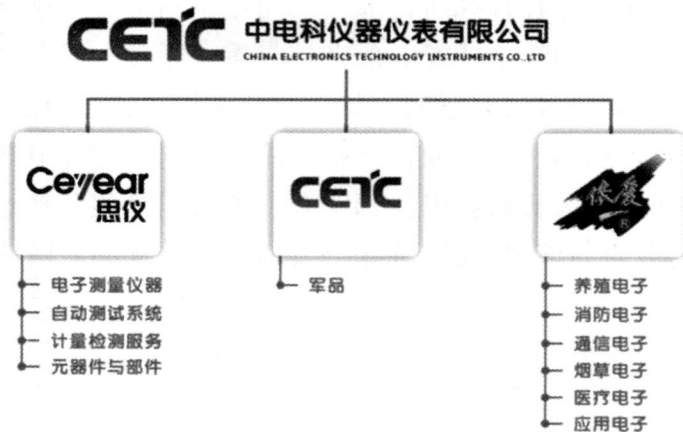

图 5　中电仪器品牌架构图

在建立清晰的品牌架构基础上，中电仪器持续强化品牌管理，制定品牌管理规划，整合品牌资源，努力打造世界一流的"思仪""依爱"母子品牌。2018 年，以建所 50 周年为契机，完成"我为思仪代言"等宣传活动，开展以"自主可控电子测量仪器创新发展"为主题的 2018 年思仪电子测量大会，彰显"思仪"品牌的担当意识和民族责任，向客户树立了"思仪"作为国产仪器第一品牌的生动形象；携手央视团队，完成制作、推出电科名片之《幕后荣光》专题片，展现了"思仪"品牌"大国重器"的突出形象。同时，巩固和提升原"依爱"品牌在民品产业中的地位，2017 年，"依爱及图"成功申报获得中国驰名商标认证，"依爱"消防品牌连续 5 年获得中国"十大消防报警品牌"。

2. 整合优势资源，开展混合所有制改革

为落实国家及中国电科全面深化改革的要求，贯彻军民融合发展战略，突出仪器仪表主业发展，整合优势资源，加快做强做优做大仪器仪表产业，2017年11月，中国电科确定了以中电仪器作为申报国家第三批混合所有制改革（简称"混改"）试点单位，向国家发改委正式上报了混改试点方案，并获得国家发改委同意。2019年1月，41所经营性资产划转至中电仪器事项获国家财政部批复。

按照混改方案，在混改主体中电仪器实施增资扩股前，遵循"资产随业务走、人员随业务走"的原则，将中电仪器受托管理的四十一所仪器仪表相关业务资产无偿划转至中电仪器，相关人员根据业务发展需要，一并由中电仪器承接；在安徽蚌埠设立中电仪器的全资子公司，承接位于蚌埠地区的仪器仪表相关业务、资产、人员；将中电仪器持有的与仪器仪表主业目前关联不够紧密的长期股权投资划转至四十一所；将青岛兴仪持有的青岛所区土地、房产转移至中电仪器，解决中电仪器生产经营用土地、房产独立性问题等。划转的资产对应的是四十一所的仪器仪表板块相关业务，该业务与四十一所存续业务相对独立，具备整体转移至中电仪器的条件。

通过资产无偿划转，中电仪器具备了独立开展仪器仪表业务的完整能力和条件，使得中电仪器业务定位更加明确，主业更为突出，专注于测试仪器及相关组件业务，包括微波毫米波测试、光电测试、通信测试、基础测试产品以及上述领域产品的相关组件。在资产划转后，以中电仪器为平台推进混改及引入员工持股，整合产业链和创新链资源，创新体制机制，充分激活科技人员的创新活力，实现国有资产的保值增值，提高国有资产运营效率，提升我国电子测量仪器技术水平，加速我国仪器仪表的自主可控发展。

（五）以业务流程信息化为手段，为健全"三大系统"提供大数据保障

1. 规范"管理制度流程化、业务流程信息化"，提升运转效率

规范形成"2+2+3"制度审签方式，持续健全现代国有企业制度。结合军工企业运行特质，深入推进制度层面"保密工作与业务工作融合"，将制度的保密审核列入会签的必经程序，形成"2+2+3"的制度会签与审核模式，即明确制度下发前，必须经过法务、保密审核，必须征求2个管理职能部门及3个一线部门意见，实现对提高制度质量、优化制度流程、强化制度会签、提升制度执行力等起到承上启下的作用。

推进管理制度流程化工作。在40/41所制度向中电仪器移植以及新制定制度中，要求"执行一个、流程化一个"，即明确各类制度下发前，必须通过流程图简化制度内容，以规范和方便内部实际执行。目前，中电仪器已形成13类共计200余项管理制度，制度流程化100%覆盖。

全面推进业务流程信息化建设。按照权责对等、责任明确、效率优先的原则，推进业务流程信息化，落实流程责任制，一方面，以问题为导向，持续改进流程提高运转效

率；另一方面，通过业务流程信息化，为管理变革提供载体，保障变革的持续性和稳定性。目前，中电仪器已将业务流程信息化建设纳入每年度重点任务，以"重点突出、持续优化"的思路，已开展对 200 余个内部管理流程信息化建设工作，极大降低了管理流程冗余和低效率，体现"以客户为中心、以员工为根本、以效率为重点"的管理改进，有效提升管理的规范化和精细化水平。

2. 建立管理信息系统，以大数据促进管理水平提升

贯彻"以流程为基础，以数据为中心，以决策为目标"的信息化建设方针，聚焦"市场营销、客户服务、产品研发、生产/供应"的业务主线，以业务规范、流程梳理、信息贯通、资源管控为抓手发展综合管控能力：

面向市场服务，以客户管理、市场营销、售后服务为重心，构建"互联网+"与"仪器云"，着力推进市场信息统一管理与贯通、推进仪器产业生态建设与商业服务模式探索，建立市场与客户资源信息收集、管理与分析能力，建立从市场预测、计划制定、计划执行到售后服务跟踪的产品全生命周期管理能力；

面向科研，以 PLM 产品全生命周期管理系统建设和支持 IPD 变革为中心，着力推进技术状态管控、研产信息贯通以及协同研发与创新能力，着力推进协同研发与创新能力，构建区域一体的科研数据中心；

面向生产/供应，以统一采购物流、生产制造执行、无纸化生产、生产测试检验为重心，加强研产协同、购销协同、信息系统与智能设备集成，打通研、产、购、销、存信息通道；

面向综合管控，以过程透明化管理以及企业人、财、物、质量、绩效、办公等运营过程管理信息化为重心，着力推进流程优化、效率提升、资源管控能力。

在此基础上，围绕决策支持，加强各业务系统之间的横向集成，加强典型业务领域大数据分析与辅助决策支持能力建设，建立企业"管理驾驶舱"。通过"管理驾驶舱"开展对内部经营管理产生的海量数据进行统计分析，挖掘潜在风险及深层次问题，以预防的理念开展管理优化，从"人治"向"数据治理"转变，降低治理层决策成本，提高经营效率。

目前，中电仪器建立的"管理驾驶舱"，已能够实现对各经营管理各专项子系统产生的海量数据进行分析处理，包括经营业绩指标、重点任务推进、科研项目进展、物流采购、产品交付、市场信息、人员态势等整体情况，以实况图形式精准、直观地展现全公司运行态势，并提供监测预警，辅助治理层实时掌控公司经营管理情况，有效加强管控的有效性、及时性和穿透性，为持续性管理变革提供了坚实的数据保障。

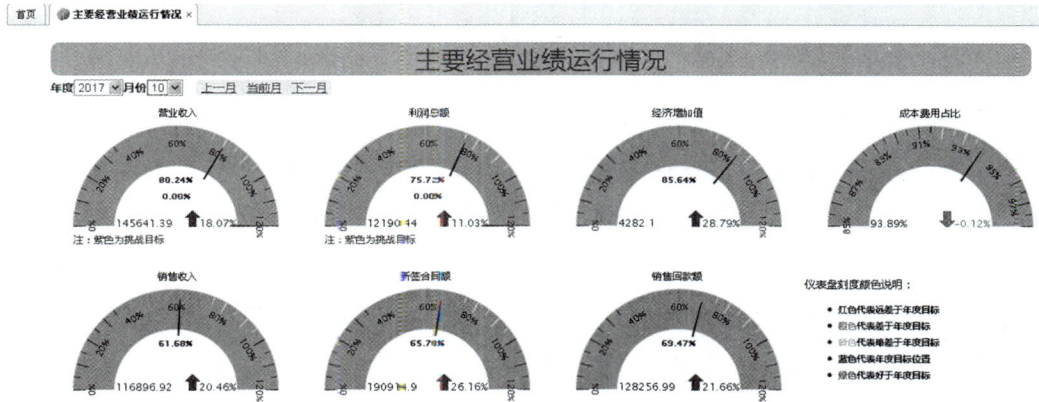

图6　中电仪器管理驾驶舱功能展示图

三、转型军工企业以"三大系统"为主线的管理变革实施效果

(一)推动企业高速高质量发展，经济效益稳步提升

以"三大系统"为主线的管理变革，有效支撑中电仪器经营业绩稳步提升，"十三五"以来，中电仪器营业收入与利润总额相比2015年基年的复合增长率双超20%，且历年均超额完成"十三五"规划值，呈现高质量高速发展态势，为2020年战略目标实现奠定了坚实的基础。从实际运行来看，压力传递系统的健全，使得来自战略部署及市场的经营压力在内部得到充分传递，动力推进系统使得各业务单元的干事创业积极性得到有效激发。经济运行质量持续提升，2016年、2017年，中电仪器连续两年获得集团公司经营业绩考核A级评价，2018年，中电仪器实现利润率8.91%；经济增加值（EVA）同比增长89.96%；"两金"占流动资产比重为33.10%，处于集团优秀水平。

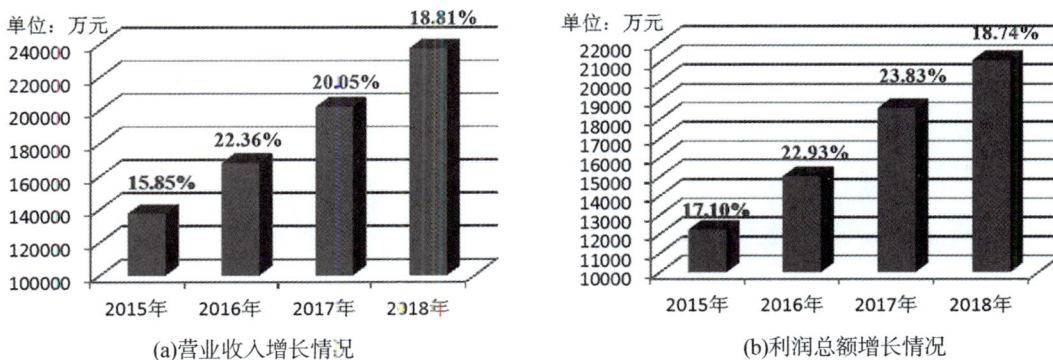

图7　2015-2018年中电仪器营业收入和利润总额指标增长情况

（二）为建设"世界一流"企业提供支撑，实现国产测量仪器高端突破

通过推进以"三大系统"为主线的管理变革，中电仪器科研生产能力、科技创新能力、市场开拓能力、产品交付能力不断提高，行业竞争力显著提升，在电子测量仪器行业中的地位进一步巩固，在国防现代化建设中发挥的支撑保障作用持续加强，近年来出色完成多项国家重大军工科研任务和重大保障任务，实现"高性能微波频谱分析仪"等中高端测量仪器自主可控，相关产品在"载人航天""探月工程""北斗导航""深空探测"等国家重大工程中发挥了重要作用，近年来先后获得"国家科学技术进步一等奖""国家科学技术进步二等奖""国防科技进步二等奖"等多个重大奖项，朝着"世界一流"尖端科学仪器制造企业的目标阔步前进，履行了"大国重器"的责任担当。

（三）发挥了改革示范效应，社会效益显著

中电仪器被誉为中国电科集团内部改革的"头雁"，从四十所、四十一所两家科研院所的"一体化"管理改革，到 2015 年成立中电仪器这一电科系首家专业公司，持续开展以"三大系统"为主线的管理变革，迈向企业化运作，再到 2017 年成为中国电科首家获批混合所有制改革试点的二级成员单位，中电仪器让"变革"成为发展的"永恒"话题，在建立面向市场的企业经营机制、形成市场化的分配激励机制、激发员工活力、盘活事业单位资产、整合优势资源实现国有资产增值最大化等方面做出了积极尝试，为行业内军工科研院所向现代国有企业转型，打造治理科学、管控有效的专业化公司提供了成功的经验示范。

数字时代下能源电力企业组织管理创新逻辑认识

随着全球技术变革的深入推进，新一轮以数字技术为基础的谋篇布局正在各行各业加快开展。能源电力作为技术密集型行业，以鲜明的技术导向和创新导向为特征的新一轮战略调整也在各大企业间加快推进。面对技术应用与业态创新所带来的颠覆性变化，着眼未来，能源电力企业的组织管理将面临一次系统性、整体性的重构。

本成果按照"外部环境→发展趋势→职能变化→重点举措"的研究路线展开。首先，对数字时代下发生了重大变化的技术环境、制度环境和市场环境进行深入分析，明确数字技术融合下生产力与生产关系的双重提升、业态外延式扩张与业务组织模式转向快速迭代与协同融合的发展趋势与要求；之后，对能源电力企业未来整体组织管理趋势进行研判，判断能源电力企业组织管理转向数字化、平台化、生态化和赋能型的"三化一赋能"发展趋势；然后，对数字时代下能源电力企业主要层级组织职能变化进行分析，研判得出战略型总部、全能型区域公司、战斗型前端组织的职能转型方向；最后，聚焦企业中台、数字部门、生态构建、内部市场、用工策略等，给出数字时代下能源电力企业管理创新的重点举措。

一、数字时代的三大环境

生产力决定生产关系，技术进步是影响组织的决定性因素，同时还应该关注外部制度环境、市场环境的深刻变化。

（一）技术环境：数字技术群与其他技术群的融合趋势

对于能源电力行业，影响组织的技术主要包括能源①、数字②、管理③三类技术群。

---

① 能源技术群是指支撑或贯穿发、输、变、配、用、储等环节的能源生产与消费系统中的技术群。
② 数字技术群是指以云计算、大数据、人工智能、物联网、区块链等共同组成的技术群。
③ 管理技术群是指能够辅助支撑、甚至替代人力实施计划、组织、领导、协调、控制等职能的技术群。

在数字技术的深度发展与融合下，形成了以数字技术跨界融合其他技术后的"数字+能源"技术群、"数字+管理"技术群两大趋势。

1. "数字+能源"技术群下，能源电力行业生产力进步逻辑发生转变

"数字+能源"技术群下，能源电力行业生产力进步逻辑发生转变。数字技术显性切入能源电力生产消费全环节，带来电力系统功能的重大突破和性能曲线的显著提升，能源电力技术进步、供需平衡、资源配置、发展格局等方面的生产力进步逻辑发生了变化，生产力进步速度得以阶跃式发展。具体表现为：

一是能源电力技术进步由主要依靠能源电力自身理论突破向依靠能源电力技术与数字化技术融合转变。随着数字化技术对能源电力技术全环节、全业务的渗透与融合，电力系统的全息感知、实时控制、精确管理和科学决策能力显著提升，电力供应的安全性、可靠性得以全面提高。

二是能源电力供需平衡由集中式开发利用为主向集中式与分布式并举方向转变。在能源清洁化转型背景下，随着具有快速迭代、协同贯通等特征的数字化技术群与能源技术的不断融合，能源电力行业生产力由原本供需界限明显下不断向更高效率、更高能量密度、更高电压等级的单向发展，转向产销一体下的日渐注重分布式、低压侧的双向发展。

三是能源电力资源配置由依赖传统电力设施的增容增量来提升能力向优先借助"大云物移智"等新型基础设施来挖掘潜力进行转变。随着对电力系统源、网、荷、储的感知、预测以及调配能力全面提升，电力系统资源配置范围与精度不断扩大，主要依靠发展输、配电网等一次设备来提高资源配置能力的传统方式，逐步演变为优先依靠基于二次设备的区域优化来满足电力电量增长。

四是能源电力发展格局由多品种能源间独立式、竖井式发展向融合式、互补式、协同式发展转变。随着能源路由器、电氢转换技术等能源耦合技术，以及泛在电力物联网等数字化技术的发展，各品种能源间构建了彼此连接的能源网与数据网，规划、建设、运行等各环节耦合性增强，从而推动能源发展格局由竖井式发展向多品种能源融合、互补、协同式发展转变。

2. "数字+管理"技术群下，企业组织要素呈现耦合化发展

"数字+管理"技术群下，企业组织要素呈现耦合化发展。随着数字信息技术的融合，传统依靠领导力与执行力的企业管理得以拥有更多的信息化工作与辅助决策手段，将推动企业管理的整体转变与升级。具体表现为：

一是企业的数字化、智慧化。依托大云物移智等新一代能源电力基础设施，打造企业智慧人力、智慧物力、智慧财力、智慧决策管理平台，实现企业人力、物力、财力、智力运转效率同步提升。

二是网络化的组织模式。由原有强调专业的严密的科层制组织结构，转向强调信息

流、人员流、业务流之间的协同配合，形成一体化的组织单元与网络化的组织模式。

三是互联网式的思维。充分发挥互联网思维的四个核心观点（用户至上、体验为王、免费的商业模式、颠覆式创新）和九大思维（用户思维、简约思维、极致思维、迭代思维、流量思维、社会化思维、大数据思维、平台思维、跨界思维）。

四是全生命周期环节管理。充分应用大云物移智等现代信息技术，构建智慧采购、数字物流、互联质控三大智能业务链，促进企业内部跨专业深度协作、外部供应链高效协同，实现采购精益规范、供应及时准确、设备安全可靠、管理优质高效。

五是个体能力提高。人员与需求可以更高效匹配，人员的想法可以利用数字技术充分实现，促进个体的主观能动性的发挥。

（二）制度环境：落实国家能源安全新战略的转型要求

习近平同志 2014 年 6 月 13 日主持召开中央财经领导小组会议，就推动能源生产和消费革命提出 5 点要求：推动能源消费革命，抑制不合理能源消费；推动能源供给革命，建立多元供应体系；推动能源技术革命，带动产业升级；推动能源体制革命，打通能源发展快车道；全方位加强国际合作，实现开放条件下能源安全。"四个革命、一个合作"的能源安全新战略，从全局和战略的高度指明了保障我国能源安全、推动我国能源事业高质量发展的方向和路径，是我国能源电力企业的根本遵循。

在落实国家能源安全新战略、推动构建清洁低碳、安全高效的能源体系的要求下，受制于化石能源在能源储备、对外依存度及进口路线安全性方面的问题，未来能源安全新战略的核心将是清洁能源的规模化生产利用。

一方面，要求实现电能的深度广泛替代。因为电能是清洁能源的主要利用方式，转化为电力、融入电力系统是清洁能源利用的主要方式，目前全球 80% 以上的风能、太阳能等可再生能源资源通过并网发电得以开发利用。

另一方面，要求构建能源互联网。清洁能源大规模并网会对电力系统带来随机波动性、电力电子化等挑战，基于我国现有资源和技术条件，要求充分开发分布式清洁能源资源，融合大云物移智等技术，构建多能互补的能源互联网，实现能源系统供应端、传输端、消费端的协调发展。

（三）市场环境：市场变化要求业务组织模式有所调整

数字革命下，互联网商业模式充分利用网络效应，引发各领域的交互模式、价值创造方式发生重大变化。利用互联网+商业模式发展起来的"颠覆型竞争者"可以迅速、高效地实现用户吸引、市场抢占，对传统能源电力行业构成颠覆性影响。这就要求能源电力企业通过新战略进行行业业态的扩张，一是通过进入新的业务领域，以新业务逐渐替代老业务；二是创新商业模式，使老业务重新焕发青春，使其成长曲线重新抬头上行。

1. 业态呈外延式扩张趋势

首先，能源电力企业重点解决能源工业内部升级问题，做好专业能源服务，包括传统业务能力提升、综合能源服务创新，能够实现能源系完全托管运营。

往外延伸一层是跨界赋能能力，直面生产用能消费形态的本质需求，聚焦能源与产品、工艺的结合点，重新定义能源服务，切入生产流程，进而推动目标产业整合与升级。典型案例是某综合能源服务企业以"铸造企业需要的不是能源而是热量、是铁水"的理念，突破提供冷热气电的模式，直接为园区所有铸造企业提供铁水服务，实现成本降低环保达标共赢目标，打破了钢铁回收、熔炼铁水到铸造环节的价值链条，实质也切入并重整了原产业链，并具有未来形成垄断形态的潜力。

外围是发挥平台经济的延伸能力，借鉴工业互联网，将企业安全管理、供应链管理、设备管理、财务运作、设计研发、公共关系管理等成熟模式上云，以及通过横向整合或支持第三方服务等方式，实现能源业务外对工业企业赋能，如智能制造、智慧研发、智慧企业等。

2. 业务组织模式新特征

能源电力业务全面升级的背景下，业务组织模式在拓展模式、内部协作模式、商业竞争模式、盈利模式、客户群体、响应速度、流程、技术支撑等多方面表现出来一些新特点，由原有的稳定结构转为快速迭代、开放共享等八大特征。

一是新业务微化、泛化的长尾效应突出。能源电力产品具有广泛覆盖的特性，未来将以供能企业或个人为核心赋能对象，进一步拓展业务。相对于传统能源电力服务相对单一的主流业务，新业务种类涌现，各项业务规模差异化更大。

二是业务快速迭代升级特征突出。当前，能源电力消费侧和产业侧正在经历双重互联网化，传统业务面临升级重构。此外，在市场化条件下，需要快速响应客户需求；在互联网时代，客户追求个性化、差异化服务的特征明显，多样化、多变的客户需求带来业务的快速迭代升级。

三是表现为以传统业务带动新业务的发展方式特征。综合能源服务等市场化竞争程度高、直接服务客户、无固定收益率的新业务，需要快速响应市场变化及客户需求，提高用户体验度，服务导向突出。新业务的开展有赖于传统能源电力业务开展过程中积累的海量数据、客户等优质资源，同时需要依托传统业务部门属地化优势进行广泛服务。

四是业务高度不确定，业务流程频繁重构。数字时代，用户需求变化较快，业务迭代更新较快、具有高度不确定性。另外，数字技术能够对各类业务进行全环节覆盖，数字技术迭代升级快，业务流程重构频繁。

五是表现出"数据为羽、数字化为翼、能源为爪、脱重向轻"的拓展特征。能源电力技术是业务扩展的核心突破口，并决定了在众多新业务领域能否占据高地，"利爪"作用明显。数字化技术具有显性切入业务流全环节、全面助飞能源电力服务的"羽翼"作用。广泛覆盖的数据资源是企业开展数字化业务的核心竞争力，是数字化技术的"羽毛"。

六是表现出更高要求的"横向协同、纵向支撑"的协作特征。随着新技术应用及新业务的扩展，横向来看，传统能源电力企业的新旧业务部门间、各环节部门间、信息与业务部门间需要加强协同互动，通过数据、客户、技术等资源的交互共享提高企业综合竞争力；纵向来看，作业前端的专业技能种类更多、迭代更加频繁，需要后端强有力的技术支撑，适应前端广泛感知、快速响应的需求。

七是表现出开放共享特性突出的生态特征。企业未来发展方向是平台型经济，构建能源互联网生态。能源电力企业业务与外部企业具有千丝万缕的联系，将聚拢众多上下游企业及客户，通过客户资源等的开放共享实现客户供需的高效匹配，向价值创造的赋能型转变，带动中小企业发展。

八是表现出迫切抢占科技高地的技术特征。相较于消费互联网，工业互联网需要云计算、大数据等与传统行业相结合，因此构建难度更大，行业壁垒更高。企业发展能源互联网等，需要实现核心技术、关键技术的自主可控，打造能源电力技术与数字化技术相融合的"核心技术底座"，抢占工业互联网战略高地，避免受制于人。

二、数字时代下能源电力企业组织管理趋势

在技术应用、业态创新带来的业务组织模式的变化调整下，企业未来整体组织管理将呈现"三化一赋能"的发展趋势，分别是数字化、平台化、生态化和赋能型。

（一）数字化

随着数字化技术在企业的推广应用，企业总体呈现信息数字化、业务数字化、数字业务化的发展趋势，人与组织的关系逐渐发生系统性重构。其中，信息数字化是业务数字化和数字业务化的基础环节，是组织数字化的基础，业务数字化与数字化业务化是数字化新的发展方向，体现为对组织管理与变革的支撑作用。

表1　国内外能源电力企业数字化主要实践

企业	数字化运行体系建设运行情况
法国电力（EDF）	数字化深入各个领域，尤其是生产一线的设备和场所，使公司得以随心所欲地"抓大放小"
美国通用电气（GE）	建立全球统一的财务管理、商业智能、人力资源管理、网上培训、知识管理以及内联网和卫星电视等系统，实现信息及时传递共享
东京电力（TEPCO）	建立一体化信息系统，信息化建设严格遵守"统一规划、统一开发、统一应用、统一管理"的原则，注重整体性、实用性
南方电网	利用南网云集中管控全网资源，优化资源配置，缩短资源交付周期，有力支撑公司各类业务场景应用的快速构建和迭代升级，全面提升用户体验

1. 信息数字化

侧重信息与数字的转化，依托信息技术，实现对信息的采集和转化，便于计算机就地存储、处理和传输。能源电力具有典型的技术密集型特征，随着数字化技术与能源电力技术的深度融合，将显性切入生产经营全环节，并对能源电力生产以及企业经营进行赋能。

2. 业务数字化

侧重以数字技术促进现有业务的开展，实现"数据四用"，通过提升原有业务的效率效益，挖掘新的价值增长。

3. 数字业务化

侧重数字业务的价值创造过程，将数字资源、数字基础设施作为独立的业务，开展商业模式创新与新模式、新业态运营。数字资源作为未来企业发展最重要的战略资源之一，主要利用途径包括：一是推动核心数据资源低成本、快速共享，并通过驱动业务价值创造激活数据价值；二是灵活雇佣高水平数字化专业人才，集中解决核心技术的突破与沉淀；三是实现关键数字技术资源的沉淀，以及不同场景间的高效移植。

（二）平台化

企业未来将构建具有精准响应、快速迭代、网络协作等功能的平台化组织，打造一种能够在新兴商业机遇和挑战中建立灵活的资源、惯例和结构组合的组织模式并创造价值的组织形式。平台化组织可以提供各种参与者之间的直接对接，使连接变得更广、更实时、更顺畅、成本更低；可以跟随市场变化与客户需求，实现产品或服务的快速升级和版本迭代；可以实现企业跨界协同，增加共享和整体服务，形成规模效应，打造广阔生态圈。平台化组织具有敏捷、生态、柔性液态的三大特征。

特征 1：敏捷。竞争、需求、技术和政策的迅速变化使得组织需要快速响应而做出变化和调整，具有敏捷特征的组织体可以对外部变化做出快速的响应（例如新竞争者的出现、技术的快速发展或客户需求的变化等），在不稳定性、不确定性、复杂性和模糊性的环境下快速迭代并自我适应。其中，强有力的中台组织建设是企业迈向敏捷的推进器。

特征 2：生态。随着智能网络时代和新经济形态的到来，市场环境更加开放，产业界限越来越模糊，产业关联度越来越高，跨界成为了互联网时代商业竞争的常态，企业越来越成为一个"一荣俱荣、一损俱损"的商业生态系统注。特别，在智能互联网时代，企业之间的竞争已经由单体竞争上升到生态圈竞争。

特征 3：柔性液态。互联网技术驱动跨越企业内部和外部边界的大规模协作成为了可能，实现人员与资源的"自由组合、自由流动"，其中部门的边界模糊化，组织成员长期处于"共同创业"状态，随着组织目标的变化而变化。未来人工智能、区块链等技术能够使组织进一步形成自主组织和自主治理的液态化。

（三）生态化

企业向生态化组织进化，通过资源共享、个体自组织成长，实现企业内部自组织、自驱动。一是平台汇聚资源为生态化奠定资源和机制保障；二是充分自主释放人的创造性和自我管理能力，洞察机遇，驱动组织自发前进；三是企业根据外部环境变化，向高效运作的高阶形式演化。

1. 平台性——无平台不生态

通过平台，连接、开放、共享相关主体各类资源，连接价值链的各个环节；以"互利共生"的方式与平台上的个体"协同进化"。

2. 生态性——无思维不生态

员工思想和价值观成为组织能量驱动源泉；"技能+信任"驱动组织自主运行，前者包括必备能力、个性品质，后者表示统一的目标和价值信念、相互信任。

3. 进化性——无演变不生态

根据环境、战略变化不断进化，保持组织效率动态均衡和最优；开放内外边界，包括层级和职业等级内部垂直边界，部门间内部水平边界，以及与社会外部环境的边界

（四）赋能型

企业用工管理方式需要由"管控型"向"赋能型"转变。需要以奋斗者为本，赋予员工更多的发展可能和更大的发展空间，包括人才开放创新的思想、锐意进取的动能、自主决策的权力、主动工作的态度、勇敢积极的行动以及心情愉悦的氛围，以充分满足人才的个性诉求、自我实现等需求，激发员工内在活力及创新力，发挥人才更大的才智和潜能。

1. 管理目标

由被动满足业务部门对用工数量的需求，向前瞻性人才储备开发、系统性人才配置和企业整体用工效率最大化转变。

2. 管理对象

由"基于岗位的用工管理"向"基于岗位+能力的用工管理"转变。

3. 管理驱动力

由以权力为中心的行政命令式管理方式，向以客户为中心的市场需求导向式管理方式转变。

4. 用工管理

决策依据由依赖管理者的主观经验，向依靠智能化、数据化的管理分析决策技术转变。

5. 管理边界

由依赖管理者的主观经验，向依靠智能化、数据化的管理分析决策技术转变。

三、能源电力企业主要层级组织职能变化

"三化一赋能"下的组织管理，需要宽松的管控环境、区域层面的资源整合、能够对市场和用户需求的快速响应，这就要求能源电力企业内部各层级智能有所调整与变化。

（一）战略型总部

总部（分部）打造集团层面的运营管理平台，作为内部统筹管理协调和服务的资源汇聚平台，推动各类平台协调发展和迭代创新，提高企业整体运营质量和管理效率。特别，总部需要由操作型管控和财务型管控向战略性管控转变。

为了保证下属企业目标的实现以及集团整体利益的最大化，集团总部的规模并不大，但主要集中在进行综合平衡、提高集团综合效益上做工作。这种模式可以形象地表述为"上有头脑，下也有头脑"。目前世界上大多数集团公司都采用或正在转向这种管控模式，运用这种管控模式的典型能源电力企业有英国石油、壳牌石油等。

（二）全能型区域公司

区域公司通过打造区域性数字平台，汇聚各类业务的数据资源，从区域层面进行各类资源的整合与分配，更加高效地支撑前端业务组织与开展。

另外，区域层面公司（部分子/分公司）还需要承担企业内核心能力的构建，包括技术研发、装备制造、资本运营、业态设计等。

（三）战斗型前端

依托创新技术体系拓展应用，推动市面层面的前端向服务多元、组织灵活、快捷高效、开放共享、内外对接、协同创新等方向发展，实现客户需求实时响应、客户信息全面感知、服务客户价值创造。

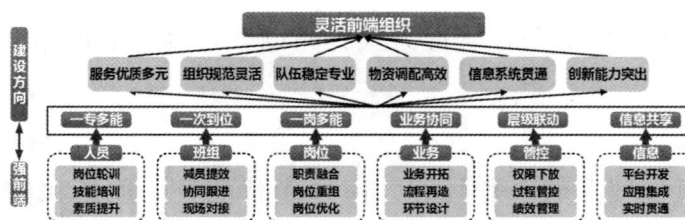

图 1　灵活前端组织的建设方向

四、能源电力企业管理创新重点举措

（一）依托企业中台，匹配并支撑前端作战需要

新业态涌现及新技术迭代需求巨大情况下，需要建设大规模的支撑及共享平台，加强对核心资源、能力与技术的沉淀。企业级中台就是一种有效的途径，近三年来，代表性的互联网巨头相继按"小前台，大中台"的模式进行组织调整，目前已逐步成为领先企业的共同选择。

作为配合灵活、快速的企业前端作战单元的一种组织成分，中台组织就是前台交互作战单元的航空母舰，它以聚合的方式帮助前台快速匹配所需的能力及资源，进而实现针对用户快速变化需求的敏捷响应，同时中台能帮助领先企业将现有核心能力产品化、业务化，在中长期延展现有业务生态，为未来提供全新收入及利润来源。

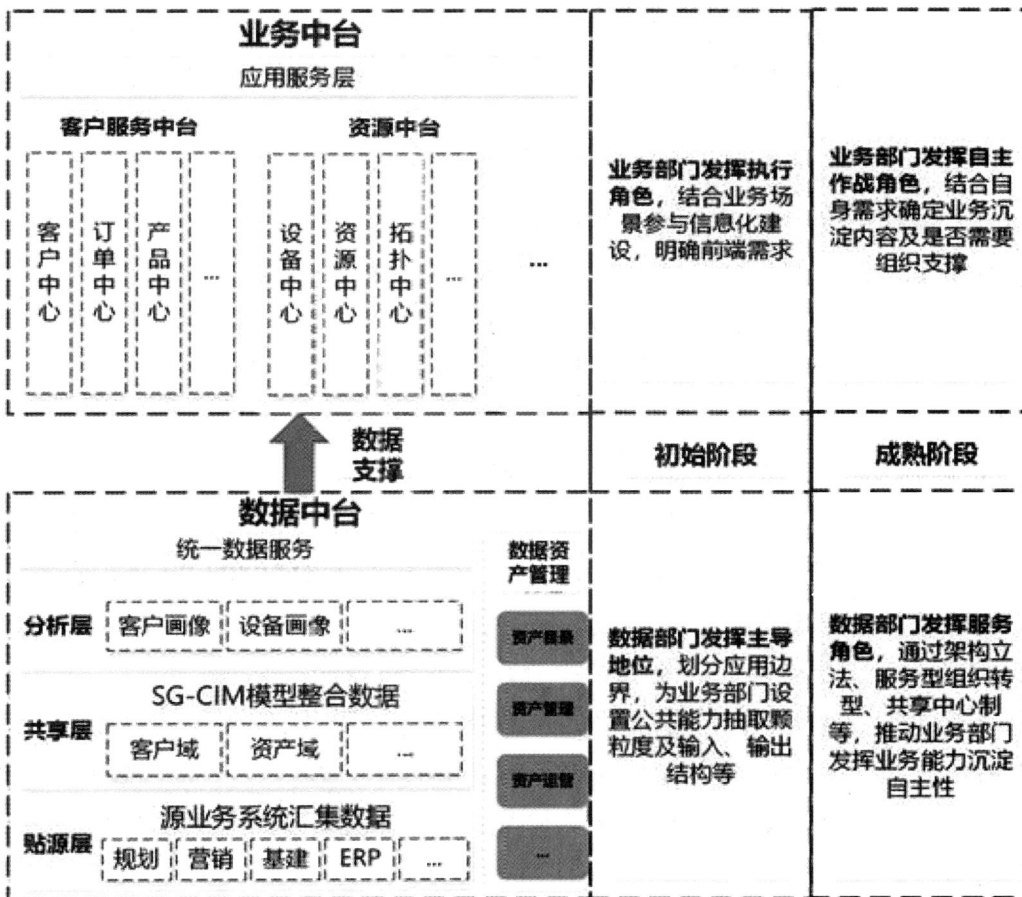

图2　企业中台设计思路

具体可以打造包含业务中台和数据中台的企业中台，实现业务、数据能力复用。其中，业务中台实现各业务单元接入的标准接口，便于前线直接调用；数据中台为前台提供数据资源、定制创新、监测与分析，实现数据资产活化。

（二）依托数字部门，快速整合、提升企业数字化能力

数字部门在推动企业数字化发展中起着至关重要的作用。数字部门需要帮助企业所有其他部门理解数字化的作用，趋势，从转型的意识上做好铺垫；通过系统建设、培训交流等工作，将数字化能力赋予给各个传统部门；从企业层面，连接各种资源、方法、技术，数字化部门会是传统企业的一个转型调度中心，同时也是连接外部资源和新技术的中转站；帮助企业在未知领域，战略方向上进行探索；利用新的技术，工作方法，优化传统业务流程。

特别，数字部门的构建需要围绕数字部门与业务部门不同阶段的主要矛盾，进行策略动态调整。发展初期，需要围绕数字部门管理权较弱这一主要矛盾，通过数字架构立法树立数字部门的权威；针对数字部门覆盖范围有限的问题，通过"考核+激励"的机制实现业务部门数据与应用的共享及灵活调用，并在数字化需求较大的业务部门催生数字化团队；随着数字部门服务需求的解放，进一步通过数字化手段指导业务开展。

（二）依托核心优势，整合外部力量构建能源生态圈

以政府、消费者和产业链核心企业作为生态圈核心伙伴。各级政府部门是行业和国企的政策制定者、监管者，企业应积极主动为各级政府提供数据和研究咨询服务。消费者是企业服务的主要价值创造源泉，企业应通过提供优质服务提升用户粘性。产业链核心企业是企业业务开展的核心协作主体，企业应借助核心优势，实现优势互补、合作共赢。

1. 依托企业资本优势打造以企业为中枢的生态圈

依托企业的资本优势，一是利用混改、建立合资企业与合作伙伴达成战略合作，共赢共享。二是通过投资入股扩展业务边际，把与生态相关的利益方组合在资本层面，三是通过双创筛选并培育新产品，通过投资基金推进新技术、新业态的前瞻性布局。

2. 依托企业资源优势打造以企业为平台的生态圈

依托企业的资源优势，一是依靠平台、基础设施及共享服务等，吸引中小企业。二是依靠能源电力技术对外赋能，加强与上下游企业技术合作。三是通过战略/行业联盟构建专业化行业生态圈。四是以客户需求为牵引，通过虚拟工厂、协同研发等模式整合各类合作参与者。

3. 依托所建生态圈打造企业更高形态组织能力

依托以企业为核心的生态圈，通过混改等生态化手段突破体制机制限制，建立更契

合市场、更灵活的创投机制和人才队伍。另外，可以通过与生态圈伙伴的人才共享，实现高壁垒核心技术的联合开发与突破；通过技术、客户等资源互补，打造拳头产品；通过提供产品生态满足客户一揽子需求，形成范围经济优势。

（三）依托内部市场，加快企业各部分的合作与协同

内部模拟市场即是在企业内部模拟引入市场化运行机制，模拟市场化运作方式，将内部服务和业务活动转化为市场交易对象，系统模拟、清晰界定企业内部各经营主体（供电单位、市场化单位）、服务主体（业务支撑与实施单位）、管理主体（财务、人资等管理部门）的价值贡献、价值责任，对成本、利润进行分解量化考核，全面树立价值理念，实现整体提质增效。

通过内部市场机制明确企业各部门、各子/分公司之间的"权、责、利"交易分配机制，并将组织变革力度、对外合作情况、对内合作情况、数字化应用程度等纳入区域公司及其他子/分公司单位年度考核指标中，形成强烈的考核导向，促进使各项工作均向预定方向前进。

（四）依托业务驱动模式升级，促使企业组织生态化

结合互联网思维下交互式开发、与目标客户深度交互、按周迭代等一系列新型的组织方式，以及新形势、新战略对组织形态提出的新要求，初步判断企业业务驱动模式经历客户驱动、数字驱动、生态驱动、迭代驱动等模式，基于此对流程进行优化与再造。

一是客户驱动模式。客户需求逐渐多样化、客户主体更加多元化，对服务质量提出更高要求，更加注重与电网的互动和服务体验。企业必须实时、精准、全面感知客户当前需求，挖掘潜在需求，有效整合内外部资源，满足客户需求。

二是数字驱动模式。数字化根本在于驱动价值获取方式的转变，对企业经营产生重大影响。具体来讲，数字化给企业带来的影响主要包括：产品，从交易层面向客户需求的创造与满足转变；市场，从扩大占有率向统筹更多小微市场的高水平垄断转变；客户，从销售商品向建立互动关系转变；行业，从事后、事中解决问题向主动研判、预警转变。

三是生态驱动模式。进入生态驱动模式，企业基于产品和服务驱动力，通过科技赋能，实现能源电力服务品质始终与用户需求的精准、快速匹配，该阶段主要执行力在于：端对端服务，即从获客开始到金融服务完成的全流程都要参与；多方协作，即从单一产品和场景的赋能转向打通各个环节、整合多方资源形成合力。

最终是迭代驱动模式。进入迭代驱动阶段，企业组织呈现"自组织性""自适应性""主动性""智能性"等特点，以更加柔性、更加开放的方式主动向更高运作水平升级。此阶段，组织能够不断发现规律并进行优化：在不断供需对接及组织相应优化调整过程中，组织内固化或相似点逐渐沉淀为企业可复用能力，其逻辑可应用于更高层次调度和

框架之中。

（五）依托多元用工策略，推动对企业员工的赋能

1. 发挥人资部门的业务伙伴作用和专业部门的用工管理主体作用

对于人资部门，在一些新兴业务领域探索采用人力资源三支柱模式（HR 共享服务中心+HR 业务合作伙伴+HR 专家），从业务流程、组织和管控模式上对传统的人力资源管理体系进行创新升级，加强人资管理部门与业务部门的双向反馈，发挥人资管理者在业务伙伴、绩效教练等方面对业务部门的支撑力度，实现人力资源体系从职能型向业务伙伴型转变。

对于专业部门，未来业务部门将是用人的第一责任部门，需要在用工管理过程中承担更多职责，提高业务部门管理者在人才甄选培养、考核激励方面的管理能力，促进业务部门与人资部门在企业用工管理中形成合力。一方面可以建立专业部门与人资部门联合培养机制，以专业领域实际需求为导向；另外，需要强化各层级业务部门负责人选拔人才、培养人才的职责，形成人资与业务部门共同培养人才的良好局面。

2. 完善内部退出与转岗机制

借鉴日本企业终身雇佣制，在履行社会责任、为社会提供就业岗位、保证队伍稳定的约束条件下，建立内部退出与转岗机制，为被技术替代的劳动密集型岗位职工，提供内部再就业渠道。一是将退出转岗与绩效考核结合，对基层岗位实行竞争上岗，促进内部竞争、激发活力，同时为转岗职工提供内部再就业机会。二是将退出转岗与再培训结合，由专业部门与人资部门共同设计培训课程与考核方式，开展持证上岗培训、不达标再培训等，提高培训的针对性与有效性。三是将退出转岗与薪酬待遇结合，薪随岗动，对于转岗的职工，其收入待遇实行"能增能减"，切实反应岗位价值与人力资本效率效益。

3. 进一步丰富用工方式，建立生态化人才供应链

一是丰富新技术紧缺人才的用工方式。数字技术方面，企业内部人才储备无法满足新技术新战略对人才的迫切需求，需要进一步丰富用工来源渠道，积极拓展投资企业外派、关联企业借用、实习、平台用工等用工方式。能源电力技术方面，需要在已有内部人力资源市场基础上，进一步拓展工作任务分包、在线用工等系统内各单位间的共享用工模式，实现各地区、各单位间人才资源的价值共享。

二是有效利用外部人力资源供给。在企业传统用工方式的基础上，进一步拓展高校科研机构、业务合作伙伴、人力资源第三方供应商等外部人力资源供给，积极探索共享用工模式，实现人才为我所有到为我所用的转变。

五、主要结论及建议

(一) 研究结论

一是，数字时代下的技术环境、制度环境和市场环境发生了重大变化，对技术密集型的能源电力企业带来了数字技术融合下生产力与生产关系的双重提升、业态外延式扩张与业务组织模式转向快速迭代与协同融合的发展挑战与要求。

二是，能源电力企业未来整体组织管理趋势将转向数字化、平台化、生态化和赋能型的"三化一赋能"发展趋势。

三是，"三化一赋能"下的能源电力企业中总部、区域公司、前端组织的职能将转向战略型总部、全能型区域公司、战斗型前端。

四是，数字时代下能源电力企业管理创新，重点聚焦与企业中台建设、数字部门成长、能源生态圈构建、内部市场推广、业务驱动模式省级、多元化的用工策略配合等。

(二) 主要建议

对能源电力企业，建议加快组织变革、业态创新、中台建设、技术突破、灵活用工等五项制度改革综合试点，推动更大强度的"放管服"。建议加强"转型引导性"的考核导向，推动总部和子/分公司、牵头部门和参与部门、整体战略推进和具体任务方案、试点探索和总结推广、改革任务推进和机构职能调整的配套联动。

对政府管理部门，建议出台市场、财税、金融等相关政策推动能源互联网发展，并试点适当放松监管，促进能源电力相关新模式、新业态的涌现与发展。

参考文献

[1] 彼得·德鲁克. 管理的实践. 北京：机械工业出版社，2018：1-312.

[2] 詹姆斯·布里克利. 管理经济学与组织架构（第4版）. 北京：人民邮电出版社，2014：1-432.

[3] 迈克尔·韦德等. 全数字化赋能：迎击颠覆者的竞争战略. 北京：中信出版社，2019：1-321.

[4] 曾鸣. 智能商业. 北京：中信出版社，2018：1-389.

[5] 穆胜. 释放潜能：平台型组织的进化路线图. 北京：人民邮电出版社，2018：1-311.

[6] 穆胜. 重塑海尔：可复制的组织进化路径. 北京：人民邮电出版社，2018：1-315.

以资本运作助力国有企业"量质"齐升

——诚通基金改革创新实践

2016 年 9 月，受国务院国资委委托，由中国诚通集团作为主发起人，联合招商局集团、兵器工业集团、中国石化、国家能源集团、中国移动、中国中车集团、中交集团、金融街集团和建信投资等 9 家股东共同发起设立中国国有企业结构调整基金（以下简称"国调基金"或"基金"），基金总规模 3500 亿元，首期规模 1310 亿元。诚通基金管理有限公司（以下简称"诚通基金"）于 2016 年 3 月成立，是诚通集团全资子公司，受托作为国调基金管理人。

国调基金、诚通基金的设立和发展均得益于改革氛围，得益于国有资本管理体制改革、得益于诚通集团作为国有资本运营公司试点的勇于担当和锐意改革，这些因素促成诚通基金能够突破传统国有企业投资上的束缚，大胆探索，取得了显著的成效。

一、基金成立背景：肩负战略使命，助力结构调整

在全球经济增速放缓的趋势下，中国经济发展也进入了"新常态"。2011 年下半年起我国 GDP 增速步入个位数增长阶段，这就意味着经济发展要由"质"的提高来推动，结构调整、创新驱动将成为经济增长的主要动力。

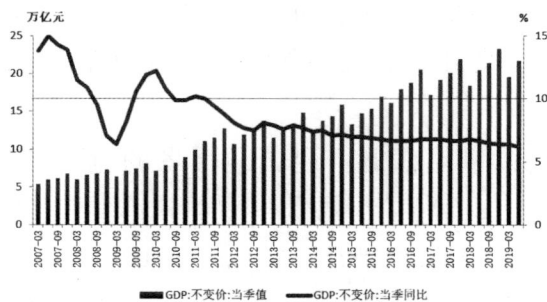

图 1　2007 年以来中国 GDP 季度变化情况

数据来源：WIND 资讯

面对宏观经济形势的变化，国有企业"大而全""小而全"、战线过长、资源分散、竞争力不强等长期累积而成的结构问题亟待解决，优化布局结构调整的任务仍然艰巨。

2013年，党的十八届三中全会提出："完善国有资产管理体制，以管资本为主加强国有资产监管，改革国有资本授权经营体制，组建若干国有资本运营公司，支持有条件的国有企业改组为国有资本投资公司。"这标志着以国有资本运营公司推动国有企业布局结构调整已形成广泛共识。2015年10月，国务院印发《关于改革和完善国有资产管理体制的若干意见》，进一步阐明了国有资本投资、运营公司的实施路径。2016年2月，中国诚通、中国国新两家央企作为首批唯二的国有资本运营公司试点单位开始启动相关工作。

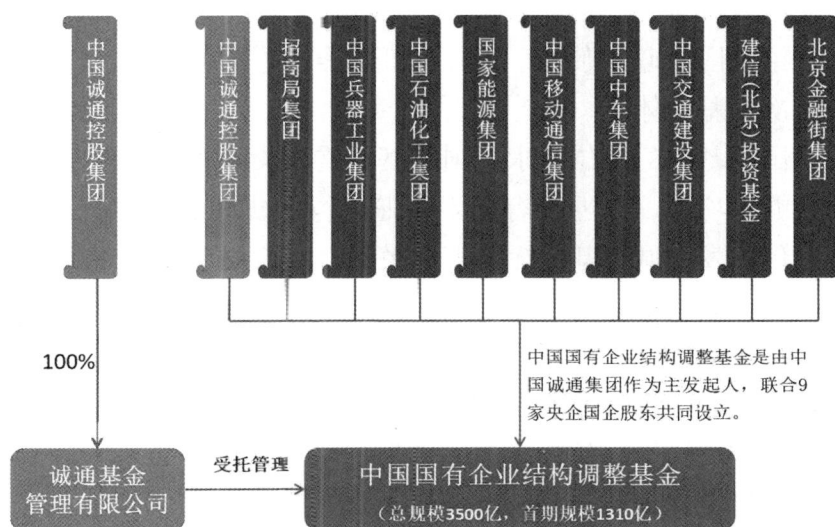

图2　国调基金架构图

国调基金是中国诚通集团作为国有资本运营公司的重要抓手，既不同于市场化的私募股权基金单纯以赚取投资收益为目标，也不同于政府引导基金以扶持特定行业、引导产业投资、带动区域发展为目标，而是同时肩负战略性和收益性双重使命。国调基金是国务院批准的国家级基金，一方面要服务于国家战略部署，服务央企和地方重点国企转型升级；另一方面要通过专业化投资运作，取得令股东满意的回报。诚通基金作为国调基金的管理人，要以基金灵活的机制、高效的运营，助力中国诚通开展国有资本运营平台试点工作，提升国有资本运营效率，实现国有资本合理流动和保值增值。

二、基金成立之初：明确自身定位，做好顶层设计

管理一支体量超千亿规模的基金，对于任何一个基金管理公司来说都是一个巨大的

挑战，而管理国调基金这种具有特殊使命定位的国家级基金更是难上加难。诚通基金成立伊始就深刻认识到，首先要深刻领会国调基金的战略定位，围绕这个定位进行深入研究探索加强顶层设计，谋定而后动，保证公司各项工作开展高效而有序。

（一）制定符合自身定位的科学战略

近年来，随着政府引导基金的兴起，中央企业和地方国企发起设立的私募股权基金也得到了迅速发展，这些带有国资背景的私募股权基金已经成为基金行业内重要的新生力量。据不完全统计，截至 2018 年底，仅中央企业及其占股 50% 以上（含极个别持股 49%）的下级公司设立的私募基金管理人超过 100 家，目标规模超过 1.89 万亿①。目前已成立的国有私募股权基金，在组织形式上，以股份公司、有限合伙两类为主；在功能定位上，分别承担了不同的政策使命，基本上形成了投资引导基金、产业发展基金、企业创新基金三个层次的基金体系。

按照国务院对国调基金的定位要求，国调基金重点支持央企行业整合、专业化重组、产能调整、国际并购等项目，促进国有骨干企业、行业优化布局，提高产业集中度。由国调基金的功能定位出发，诚通基金无论管理模式、机构设置还是团队建设均着眼于此。

首先，国调基金、诚通基金均采用公司制的组织形式，严格按照《公司法》的有关要求建立了规范的法人治理结构。相比较于市场常见的有限合伙制、契约制基金，其优势主要体现在：1. 公司制基金主要依据《公司法》设立，有较为完备的法律依据和监管支持，公司制法人治理结构易为各方参与主体所接受，减少不必要的争端。2. 公司制私募股权投资基金资产稳定性较强。如国调基金的资本金根据公司章程规定在 2 年内分三笔逐步到位，相比较于有限合伙制基金其资本金按照项目投资进度缴付投资款的情形，有利于避免部分投资人未能按期缴付投资款的违约情况出现，从而实现基金投资资金的长期稳定供应。

国调基金层面，内设股东大会、董事会、监事会、投资决策委员会及经理层。基金管理公司层面，内设党委会、董事会、监事会、经理层、投资决策委员会及各职能部门，形成分工明确、相互制衡的安排，按照市场化、规范化、专业化的管理导向，建立职责清晰、精简高效、运行专业的管控模式。同时管理公司设置纪委和纪检办公室，加强纪检监督工作，在治理架构层面加强国有资产管理。

---

① 我们通过关键词检索，查询国务院国资委、中国知网、企查查官网及部分中央企业私募股权基金官网等网站，根据公开报道、企业基本信息等，作出本部分不完全统计。受限于材料获取有限，基金名称、总规模统计可能存在部分偏差。

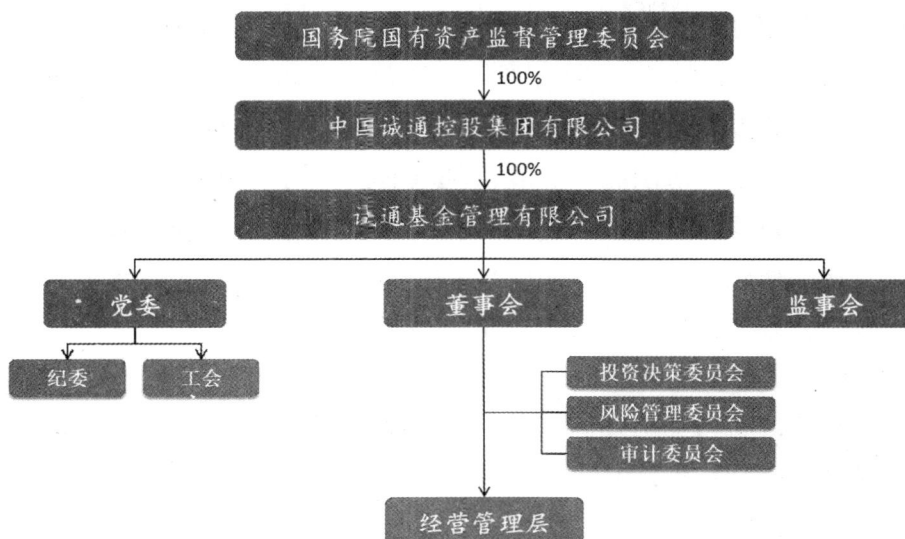

图3 诚通基金组织结构图

其次，诚通基金结合《中共中央 国务院关于深化国有企业改革的指导意见》《国务院办公厅关于推动中央企业结构调整与重组的指导意见》《国务院关于推进国有资本投资、运营公司改革试点的实施意见》等多个重要文件的指示精神，在前期做了大量深入细致的研究分析，结合自身的实际情况明确四大投资方向：一是积极布局关系国家安全、国民经济命脉的重要行业和关键领域，发挥国有资本的引领和带动作用；二是支持供给侧结构性改革，以市场化方式助力央企改革脱困，促进企业高质量发展；三是积极参与国有企业混合所有制改革，助力中国特色现代国有企业制度建设；四是其他具有经济效益和社会效益的项目。具体投资模式上，重点从以下几个方面开展：一是支持中央及地方重点国有企业强强联合、产业链整合、专业化整合等并购重组项目；二是支持中央及地方重点国有企业进行技术改造、转型升级、创新发展等项目；三是支持中央及地方重点国有企业国际化经营、落实"走出去"战略；四是发掘中央及地方重点国有企业清理退出过程中具有投资价值的项目；五是与中央企业以及境内外优秀资产管理机构共同开展专注于特定领域的子基金投资。

再则，在治理机制上，通过加强和改进党建工作，实现党的领导与公司治理有效融合；在管理机制上，完善投研一体化模式、强化风险控制体系、创新投后管理模式、重视高标准团队建设、严格财务管理体系等举措来提高管理的有效性和高效率，打造一流的营运管理能力。

（二）建立符合国资监管要求的制度体系

没有规矩，不成方圆。基金的规范运作离不开严谨的制度，它既要与业务执行相协调，又要与风险防控相匹配。从主体来看，国有企业发起设立或参与的私募股权基金，属于国有资产处置行为，应符合国资监管的一般规定。但截至目前，尚未有专项文件规范国有私募股权基金的投资运作行为，因此诚通基金的一系列制度不是简单复制成熟基金公司的现成文本，而是针对国有私募股权基金的实际情况做了切实的改善。

自成立以来，国调基金累计形成重要制度文件 15 项，诚通基金累计形成制度文件 32 项，每项制度的制定都充分考虑了国资监管的有关政策要求，重点参考了《中华人民共和国企业国有资产法》《企业国有资产评估管理暂行办法》《中央企业投资监督管理办法》《中央企业违规经营投资责任追究实施办法（试行）》等，确保了国调基金和管理公司规范运营。其中，国调基金方面主要是关于基金成立的《发起人协议》《公司章程》和《股东大会议事规则》《董事会议事规则》《监事会议事规则》等制度文件，以及约束管理人行为的《中国国有企业结构调整基金财务管理办法（试行）》《中国国有企业结构调整基金风险管理办法（试行）》《中国国有企业结构调整基金投资决策管理办法》等。诚通基金方面，在流程制度上，对投前、投中、投后管理流程进行梳理，编制《投委会议事规则》《直投项目投后管理监督办法》《子基金投后管理办法》等；在风险管理方面，制定《股权投资风险管理规范》《子基金投资风险管理规范》以及《诚通基金管理有限公司派出人员和委派代表管理办法（试行）》等优化风险管理体系；在财务制度方面，制订了《财务管理办法》《资金管理办法》等完整、规范的制度文件，搭建符合国调基金特点的项目估值和会计核算体系。

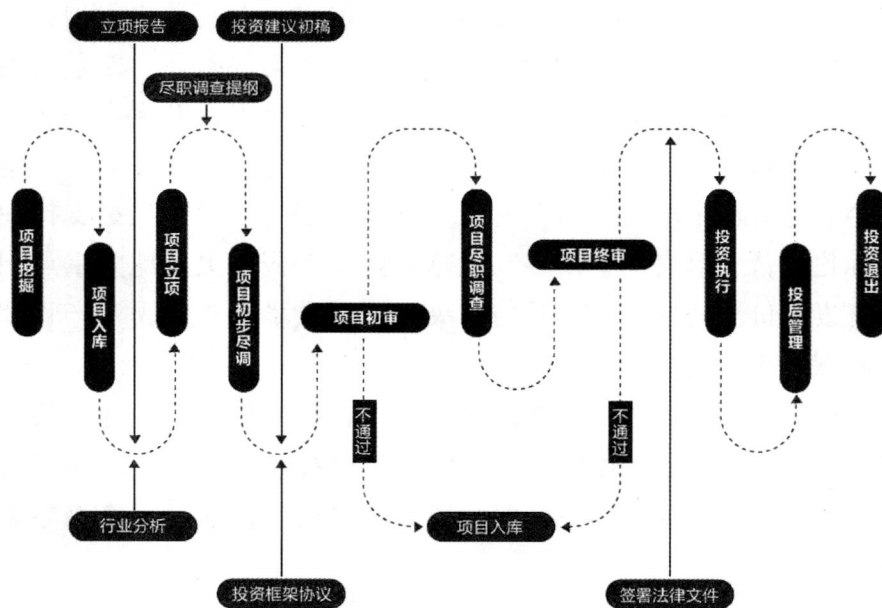

图 4　诚通基金投资决策流程图

三、基金改革实践：完善治理机制，创新管理模式

私募股权基金对管理的高效性和运营的专业性要求很高，所以一家基金管理公司的治理机制和管理模式是否优秀会直接影响到基金的运作效果。诚通基金在优化治理结构、强化监督机制的同时，打造了领先的投研联动体系、完善的风险管理体系、创新的投资管理体系、有效的人力管理体系、规范的财务管理体系5大体系，形成一套符合基金运营特点和国有企业改革方向的管理模式，确保基金的战略性、收益性、稳健性和专业性目标的协调实现和投资工作的顺利开展。

（一）努力实现党建与公司治理的有效融合

对于大多采用公司制组织形式的国有私募股权基金来说，如何在坚持党的领导、加强党的建设的同时，又能充分发挥基金的市场化作用，达到预期的目标，是摆在国有私募股权基金党委面前的一个重大课题，至今尚未有成熟的模式可供借鉴。

诚通基金作为中国诚通的全资子公司，坚定贯彻执行党中央的方针政策，把坚持党的领导、加强党的建设贯穿基金发展的各个方面，在这方面进行了有益的探索和实践，努力做到以高质量党建引领企业高质量发展。

一是落实国有企业党建工作会精神。首先诚通基金认真落实"党建工作进章程"，确保党组织在公司治理中的法定地位，坚持党对企业的领导不动摇。

二是完善制度不断优化决策机制。通过修订《诚通基金管理有限公司党委会议事规则》《诚通基金管理有限公司"三重一大"决策制度实施办法（试行）》等制度，在科学决策的前提下，将党组织研究讨论作为公司决策重大事项的前置程序。除在董事会和总经理办公会决策前对"三重一大"事项进行前置研究外，公司党委还结合基金管理公司业务特点，在投资决策委员会决策前，重点对基金的投资方向、投资风险、投资策略和资产配置进行前置把关，做到既维护基金投资决策的独立性和专业性，又保障党委参与重大决策发挥的领导作用。

三是坚持党管干部与市场化选聘有机统一原则。由公司党委制定干部工作的路线、方针、政策，指导人事制度改革，进行重大人事任免，保证党对干部人事工作的领导权和对重要干部的管理权。同时，坚持市场化选人用人，坚持正确的选人用人导向，坚持事业为上，以事择人、人岗相适，注重培养专业能力和专业精神，倡导业绩导向，为基金打造一支忠诚于国家、忠诚于股东、忠诚于公司、忠诚于岗位的高素质专业化的管理队伍。

四是加强公司内部基层党组织建设。把党的建设工作深入推进到公司的各个领域。在集团党委的统一领导下，结合部门设置，设立了4个党支部。公司党委指导支部积极

尝试、创新组织开展活动，利用基金纽带，积极与中央企业、子基金、受资企业联合开展党建活动，通过交流破冰、思想碰撞实现学习提升和业务促进双重成效，不断发挥支部的战斗堡垒作用。

（二）打造五大运营体系优化管理模式

1. 完善的风险管理体系

诚通基金在风险管控上采取多层次、分阶段、多维度、递进式、全覆盖的策略，通过全面监控，加强道德风险和操作风险管理，对道德风险实施零容忍。运营三年来，在已完成近千亿规模的签约项目上，未出现一起风险事件，体现了诚通基金高超的风险管控能力，在国有私募股权基金中树立了良好的口碑。

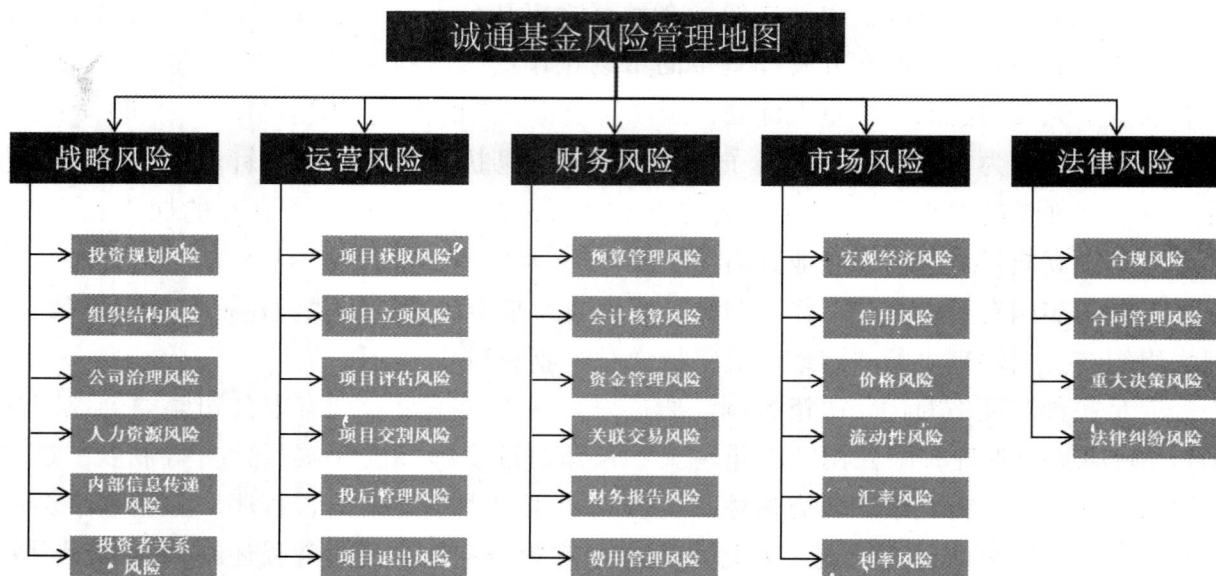

图5　诚通基金风险管理地图

其主要措施包括：

一是多层次：制定国调基金和诚通基金双层投资决策机制，审慎把好投资决策关，规范投资决策程序。诚通基金内部设立了投资决策委员会，有权对单笔投资金额权限以内的项目进行决策；权限以上的项目由国调基金的投资决策委员会进行决策；单个子基金投资规模或单笔项目累计投资金额超过基金注册资本15%的特殊或重大项目则由国调基金股东会特别决议。通过制定双层投资决策机制，以及管理公司内部立项、综合论证以及投决会议等制度安排，有效规范国调基金投资决策程序，严格控制决策风险，提高投资决策效率。

二是分阶段：风险部门严格履行国资监管规定，从项目立项阶段到退出阶段，开展全流程风险监控工作。除投前开展合规评价、出具合规报告、提出独立风险评价意见外，还联合其他部门组织开展项目综合论证会，并积极参与项目投后管理和退出阶段工作。

三是多维度：风险部门除全程参与项目的立项、决策、管理、退出流程外，还时刻跟踪市场趋势和基金组合的变化，定期梳理和统计当前投资组合的整体情况，从行业配置情况、投资策略选择、项目平均规模及变化趋势等多个维度进行连续跟踪分析，从中发现潜在问题，并提出独立意见和建议。针对临时发现的个别项目隐患，风险团队会采取预警及其他必要措施加以防控。

四是递进式：基金开展业务初期，项目数量较少，风险管理主要围绕制度建设和针对具体项目的风险评价开展工作；随着投资业务数量逐渐增加，资产组合逐步形成，风险管理也根据需要进一步拓展。例如，针对基金当前组合中上市权益比重较大的情况，风险部门开发了基金内部的上市权益组合指数，用于实时跟踪基金持有的股票组合价值波动；采用风险价值法（Value at Risk），衡量上市权益的风险敞口和资产组合风险。随着基金未来业务的发展变化，风险管理部门还将根据需要不断调整风险控制方法，以适应基金发展需求。

五是全覆盖：风险部门除了全程介入投资项目外，还全面覆盖管理公司业务的各关键环节，包括现金管理、顾问选聘、决策流程控制、内幕交易防范等，努力将基金打造为更规范、更专业的市场化基金。

2. 领先的投研联动体系

作为国内最大股权基金的管理机构，诚通基金非常重视建立自己高水平的研究团队，为基金提供从宏观经济、投资策略、行业研究到项目分析的宽领域、全链条的研究覆盖和决策支持。按照股权投资基金的定位与需求，诚通基金建立了规范的股权投资买方研究架构，着眼于研究"有深度、有精度、有远度"的目标，构建起宏观经济、金融市场、国企改革、行业及公司研究的框架，定期发布研究报告。

截至目前，研究团队在业内首次提出私募股权基金的资本配置规划，制定了《国调基金资产配置研究》，报告通过对比中国与美日德韩等发达国家的产业结构差异，综合考虑产业所处的生命周期、政策环境支持、全球产业转移趋势、人口结构变化等因素，并结合中国和发达国家各行业 GDP 占比趋势、增长速度等现状，计算出不同行业未来的增长空间（最主要因素）、变化趋势、年化增长率后，最终得出适合于国调基金的资产配置策略。同时研究部还针对国调基金的投资模式，开展母基金投资策略、资管新规对募资的影响分析等专项研究，并完成了新能源汽车、船舶工业、新消费、人工智能等多项行业深度研究。

此外，诚通基金还与国务院国资委、国家级行业协会及金融企业的研究机构等建立了广泛联系，整合外部研究和咨询资源，开展研究方法和研究工具使用方面的培训，在项目筛选初期，深入参与研究、尽职调查工作，联合组织投资项目综合论证会，提供独立的投资意见等，在公司内部建立起了良好的投研联动机制，为基金投资工作的精准推进提供了有力支撑。

3. 创新的投资管理体系

经过两年高强度、高效率的运行后，诚通基金新设了投资管理部，专职负责所投项目的投后管理工作。通过搭建有效的投后管理机制，保障投资增值行动能按照投资方案中的计划有序执行，提升被投企业和相关资产的价值；同时通过提供公司治理、资本运作等专业化增值服务，贯穿于投资的整个进程，使项目价值最大化。

一是对子基金和直投项目分类管理。国调基金的规模大、项目数量多，直投项目由投资团队作为投后管理主体，在此基础上由投资管理部对其投后管理工作进行持续监督，加强规范和统筹。专项子基金项目存续时间长、阶段性特征明显，投前投后需要的管理要素差异大，由投资管理部作为投后管理主体，可以密切跟踪子基金的运营状况，以便及时发现潜在问题并采取应对措施，从而加强基金盈利的确定性。

二是对子基金项目穿透管理。投资管理部定期对各子基金管理人进行走访，对子基金所投项目进行现场考察，及时掌握子基金的投资运营情况。通过穿透式的管理，也加深了对子基金所处行业和所投项目的理解，在强化风险控制的同时，挖掘潜在投资机会，有助于更好地实现通过投资子基金延伸投资触角的初心。严把资金交割关口，每一轮出资前确保基金运转正常，潜在风险得到合理控制，最大限度保障国调基金的权益。

三是投管角色贯穿项目周期。投后管理实行专管员制，由特定人员负责对特定项目持续跟踪管理，确保对项目情况全面深入了解。专管员从项目立项后介入，在项目投出前以观察员的身份进行跟踪，并联合其他部门组织开展项目综合论证会。人员的相对固定和对项目的早期介入，确保了各管理阶段的有序衔接。

四是建立定期总结汇报制度。投后管理部对基金所投项目分类别建立了月度信息快报机制，并按季度编制深度分析报告，其中针对在管子基金分别建立独立台账，及时更新关键信息，并每周于总经理办公会上汇报各支子基金的最新情况。通过定期报告、考察、列席会议等方式，掌握被投企业状况和投后管理活动的开展情况，做到心中有数，同时督促投后管理主体及时落实公司的各项要求。

五是注重投后赋能。诚通基金定位于积极股东，参与被投企业的公司治理并为企业持续提供高水平的附加服务。依托国调基金与中央企业、地方国有企业、头部投资机构的紧密关系，主动对子基金和被投企业进行资源对接。通过主办行业论坛、嫁接业务渠道等方式，在国调基金与合作伙伴之间形成一个深度合作、频繁互动、互相帮衬的"朋友圈"，充分发掘各自平台的优势，助推长远发展。同时通过参加股东大会表决、委派董事或监事等方式行使股东权利，形成以资本为纽带的投资与被投资关系，实现基金"关注项目退出、做厚投资回报"的目标。

4. 有效的人力管理体系

私募股权基金工作的开展主要依靠投资人的专业判断，人才在投资管理中起重要作用。诚通基金始终高度重视市场化、专业化的人才队伍建设，形成了特色鲜明的人才管理机制，不拘一格降人才。为打造与国调基金相称的市场化专业管理团队，诚通基金通过广泛的市场调研，参照市场规律结合我司情况，制定了《招聘管理办法》，以此严把管理公司"入门关"，坚持人员配置专业化、人才招聘市场化的原则。本着开放、融合的精神，通过社会公开招聘、猎头推荐等多种渠道陆续引进了一批有丰富国内外学习工作经历，熟悉国有企业运行特点且具有良好投资行业背景的投资、研究、风控、法律、财务、人事等专业人才。同时结合同类国资投资机构做法，制定了符合国调基金特点的人才发展规划。目前公司员工中，硕士及以上学历占总人数的88%，前台和中、后台的人员比例约为3:2，业务部门架构也在由传统的部门制向市场中主流的团队制平稳过渡中。

为留住并用好人才，诚通基金根据国资委和股东单位的要求，以正向激励为主，对标同行业制定了市场化导向的绩效考核体系和薪酬体系。薪酬激励方面，基金对标国内同行业机构，制定了覆盖短中长期的薪酬激励机制，特聘请世界知名人力资源咨询公司怡安翰威特，建立并落实了严格的绩效考核体系和具有诚通基金特色的市场化项目模拟跟投机制，制定《公司员工投资项目绩效管理办法》，实现团队和基金的利益有效捆绑，从根本上营造干事者有机会、能干事者有舞台、干成事者有位置的良好氛围。

另一方面诚通基金坚持党对人才工作的领导，持续加强对来自不同领域人才的教育培训工作，加快新员工与团队融合，使国调基金的使命定位深入到每位员工的内心，营造敢于担当、积极进取的良好工作氛围。

5. 规范的财务管理体系

诚通基金制订了完整、规范的财务管理制度文件，搭建了符合投资性主体、国调基金特点的项目估值和会计核算体系，确保基金从投资项目交割、资金管理，到基金财务预算、项目估值和会计核算、税务处理等全方位财务管理工作规范有序开展。

针对国调基金资本金金额大、到位快、流动性需求高等特点，诚通基金制定严谨、规范的投资交割流程规则，严把投资财务交割关。同时针对百亿计资金，专门建立了一套现金管理办法及细则，在大量市场调研基础上，建立"白名单"制度，实现了基金账面闲置资金现金管理工作规范化、透明化，在确保资金安全性和流动性的前提下，有效提高了基金的整体收益水平。

四、基金投资成效：落实战略部署，有效发挥作用

截至2019年上半年，国调基金累计立项84个，已投决项目71个，实现项目交割63笔，交割金额683亿元，已累计退出项目成本25亿元，净收益约10亿元，平均年化收益

率超过30%。国调基金所投项目中，投入到国有企业的比重达到86%，涉及超过30家中央企业，总投资金额近600亿元，在推动国有骨干企业结构调整、助力国有企业改革脱困、参与混合所有制改革、布局战略性新兴产业等方面取得了显著的成效。

（一）重点布局重要行业和关键领域，发挥国有资本引领和带动作用

国调基金重点在国防军工、资源、能源、粮食等关系国家安全的领域；高端装备制造、交通、建筑、通信、节能环保等关系国计民生和国民经济命脉的领域进行了有效布局。积极参与了包括中车集团、兵器集团所属北化股份、中国广核、中国中冶、中国国航、南方航空、中国电建、国电南瑞、上海电力、沙隆达、中石化油服、中储智运等项目战略性财务投资，有效推动央企的产业集聚和转型升级。其中，中国中车集团"上为大国重器，下担产业引擎"，承载着振兴国家高端装备制造业的使命，国调基金联合中车集团、吉林金控共同搭建国调吉林中车产业发展基金，重点围绕高端智能制造、数字产业进行布局，促进东北地区产业升级。而国电南瑞是国家电网系统内首家上市公司，是国内电力二次设备的龙头企业，并在电网自动化、智能化领域具有领先地位，国调基金投资12亿元参与其重大资产重组事项，支持公司向上游核心半导体关键技术延伸，为国内芯片自主化和公司未来业绩提供有力支撑。中国广核是我国在运装机规模最大的核电开发商与运营商，是中国核电行业最大的参与者，是控股股东中国广核集团核能发电业务最终整合的唯一平台，公司管理的在运、在建核电装机容量份额为国内市场第一，公司入选"创建世界一流示范企业"名单。国调基金出资8.38亿元参与了公司上市前的战略配售，支持中广核电力进一步发展核电装机容量，充分发展新技术和提高自主创新能力。2019年8月26日，中国广核成功登陆A股市场，共募集资金125.74亿元，是2016年以来最大的H股回A股项目，也刷新了今年A股IPO记录。

（二）以市场化方式助力央企改革脱困，推进供给侧结构性改革

党中央提出推进供给侧结构性改革的目的是为了推动市场在资源配置中发挥决定性作用，在此基础上，进一步激发市场主体活力，落实创新驱动发展战略。国调基金先后累计投入140多亿元，引领并撬动社会资本上百亿元，通过市场化债转股、产业发展基金等多种方式帮助央企降低负债率，改善资本结构，引入良好的市场化机制，实现高质量发展。

一是参与市场化债转股项目。中国船舶重工集团（以下简称"中船重工"）下属的中国重工市场化债转股项目是国家发改委牵头的第一单真正的市场化债转股，也是金融行业"脱虚向实"的里程碑项目。国调基金出资22余亿元，增资大船重工、武船重工等几家中国重工下属企业，协助其调整资产负债结构。通过对中国重工子公司债转股的实施，提高了上市公司资产质量，其资产负债率由交易前的68.74%降低为58.73%；保持

了母公司对标的公司的控制力，提升了其持续健康发展的能力。之后，国调基金出资11.5亿元参与了中国船舶工业集团（以下简称"中船集团"）下属两家上市公司中国船舶、中船防务的市场化债转股项目，在有效缓解债务压力的同时，保证了中船集团的控股地位。2019年7月，中船重工与中船集团宣布筹划战略性重组，"两船"合并正式提上日程。而中国铁路物资（集团）总公司项目，是在新设立的平台公司层面实施债转股，通过归集公司旗下优质资产，推进中国铁物进行内部资源整合，集中精力做好主业，增强持续发展能力。此外，国调基金出资15亿元参与了中国中铁市场化债转股项目，在降低企业财务杠杆的同时还参与到公司治理当中，支持企业发展。

二是成立专项基金。中铝洛铜是中国铝业旗下铜加工板块的重要环节。国调基金出资搭建中铝铜产业发展基金并投资于中铝洛铜，通过权益性资金的注入和市场化机制的引入，帮助中铝洛铜减轻债务负担、提升运营效率和产品结构、增强市场竞争力，以此为契机推动我国铜加工产业的供给侧结构性改革。

（三）积极参与国有企业混合所有制改革，助力中国特色现代国有企业制度建设

混改，是新一轮国有企业改革的重要突破口。混改的目的是要以混促改，加快转换企业经营机制，特别是在完善公司治理、市场化选人用人、加强激励有效性等方面发挥积极的作用，通过国有资本和社会资本的有效结合，促进各种所有制资本取长补短、相互促进、共同发展。

国调基金一直高度关注央企混改进展。2016年9月发改委召开混改专题会，确定了包括联通集团在内的第一批混改名单。国调基金及时把握住联通集团混改的投资机遇，最终以129.75亿元受让联通集团所持中国联通A股部分股份，成为其第三大股东。"混"不能仅停留在表面，更要注重"改"的内涵。联通集团的混改方案撬动了阿里、腾讯、百度、京东等互联网企业和垂直行业领先公司共同参与，改选后的董事会成员中联通背景占3席，非联通背景的占5席，形成了多元化的董事会团队，实现了不同资本相互融合和股权的有效制衡。同时，积极拓展与战略投资者的协同性合作，如与阿里、腾讯开展"沃云"公有云产品和混合云产品合作；与阿里、腾讯、网宿等分别成立云粒智慧、云景文旅、云际智慧等合资公司，深化资本合作，以轻资产模式加快拓展产业互联网领域的发展机会，为公司未来创新发展积蓄动能。2018年，中国联通实现营业利润119.21亿元，同比增长687.8%，实现归属母公司股东净利润40.81亿元，同比增长858.3%，经营业绩实现"V"形反转，步入高质量发展的快车道。而中粮资本混改项目是国务院深化改革领导小组实施的重要混改试点项目，也是中粮集团作为国有资本投资公司试点加速混改的重要标志。国调基金出资8亿元参与中粮资本混改，成为其第五大股东，很快，中粮资本完成此次混改后实现了上市重组的资本运作方案。此外，国调基金出资12

亿元参与华能资本服务有限公司增资，助力公司进一步发挥金融在产业项目孵化、企业降本增效、资源高效配置方面的独特优势，并成功实现旗下长城证券在深圳交易所挂牌上市；联合国风投、上汽、北汽、建信基金、中信金石、华能资本等产业投资与战略投资人共同参加五矿集团所属长远锂科的混改引战，支持五矿集团布局新能源汽车产业链的战略核心板块，打造新能源电池正极材料发展平台。

（四）积极投资战略新兴产业，促进结构调整产业升级

国调基金根据《"十三五"国家战略性新兴产业发展规划》的有关要求，将投资向战略新兴行业延伸，截至目前，完成了在集成电路、芯片制造、新能源、新材料、生物医药、金融科技、互联网+、智能制造等战略性新兴行业的有效布局，推动战略性新兴产业成为促进经济社会发展的强大动力。投资了工业富联、大疆创新、药明康德、威马汽车、欧冶云商等优质行业龙头企业。其中，药明康德是全球领先的制药以及医疗器械研发开放式能力和技术平台企业，其服务范围覆盖从概念产生到商业化生产的整个流程，是全球为数不多的"一体化、端到端"新药研发服务平台之一；大疆创新是全球顶尖、具备无人机飞行平台和影像系统自主研发能力的中国企业，以技术创新实力为全球所认可，是中国制造业具备国际领先优势及国际品牌影响力的一张名片。通过投资这些行业龙头，国调基金充分发挥国有资本的引领作用，推动发展壮大新兴支柱产业。同时围绕央企优质板块，合作搭建特色专项子基金，包括与国药资本共同搭建的国药中生基金；与江苏省国信集团、紫金投资集团、浦口区政府共同发起设立的国调南京智芯基金；以及五矿元鼎新能源新材料基金、金浦并购基金等。

五、基金经验启示：守初心担使命，勇探索继前行

成立三年来，面对复杂多变的国内外形势，诚通基金能快速发展成管理规范、能力专业的基金管理公司，迅速在行业内和市场上建立起影响力，主要基于：

（一）始终不忘初心使命

成立之初，诚通基金全体员工首先紧锣密鼓学习国家重大战略规划以及国资国企改革政策文件，按照国调基金的使命定位明确了清晰的投资方向和投资策略；同时，投资团队以组为单位，按照覆盖行业的不同划分对接的央企名单，通过密集拜访、调研，了解央企的发展战略和发展需求，并将了解到的情况与基金的定位相匹配，做好项目储备和筛选。这样就保证了国调金的投资方向不偏移，始终守住服务国家战略、服务央企国企的初心和使命。

（二）始终坚持市场化改革方向

改组组建国有资本投资、运营公司，是以管资本为主改革国有资本授权经营体制的重要内容，是国有企业改革的重要举措。新一轮国有企业改革的目标之一就是要减少行政化管理手段，突出市场化运营。而国调基金的组建、诚通基金的成立，就是在此轮改革大背景下诞生的，自成立起就含着“市场化”的基因。

诚通基金的市场化经营反映在人员招聘、激励约束机制、决策流程等方面。从人员队伍来看，诚通基金人员均采取市场化招聘，员工的激励与约束均采取市场化的方式，建立了高水平、专业化的团队的选聘、留任和发展机制。从投资决策来看，首先是决定重大项目的国调基金投资决策委员会成员来自各个股东方，诚通集团在 12 票中仅有 3 票，制衡机制自然形成；在坚持专业化投资决策流程的基础上，国调基金给予诚通基金投资决策委员会合理的决策权力，提高了决策效率。

（三）始终坚持专业化运作

作为国内最大规模的私募股权投资基金管理人，专业化管理水平的提高永无止境。从中国诚通集团到基金的管理团队，都在不断提出提高专业管理水平的要求。诚通基金首先通过市场化招聘到有较为丰富金融及产业投资经验的专业化人才，专业化人才到位之后，重点从以下几个方面提高专业化水平：一是明确投资理念。建立以战略投资为主、价值创造为辅的核心理念，主动为央企及国有骨干企业的结构调整、产业升级、机制创新和资产对接进行前瞻性布局。二是建立完整管理流程，充分确保投资决策的审慎性和高效性，从项目储备、立项、尽调、投决、交割、收益、退出等方面，建立了一整套风险管理和内部控制体系。三是强调研究能力。一方面，专门成立了研究部门，保证研究的专注度和专业性；另一方面研究团队和投资团队深度合作，投研一体化，有力支撑基金投资业务的开展，同时投资业务又反过来对研究的要求也不断提高，形成良性循环。四是以开放的心态，构建合作共赢的生态圈。仅从中央企业看，中国诚通集团和诚通基金先后集中走访调研了近 70 家央企。中央企业亦积极配合，提出合作方案，建立长效沟通机制。

下一步，诚通基金将继续砥砺前行，为国有私募股权基金的良好运行探索出可复制、可推广的经验和模式。

大事记

IV

2019 年中国企业改革发展大事记

1 月

1 月 2 日　中共中央政治局常委、国务院总理李克强主持召开国务院常务会议，部署对标国际先进水平促进综合保税区升级，打造高水平开放新平台；决定推出便利化改革措施，解决企业反映强烈的注销难问题。

1 月 2 日　新华社报道，日前，国家卫生健康委、国家发展改革委等 12 部门联合发布《关于加快落实仿制药供应保障及使用政策工作方案》。《方案》提出，根据临床用药需求，2019 年 6 月底前，发布第一批鼓励仿制的药品目录，引导企业研发、注册和生产。2020 年起，每年年底前发布鼓励仿制的药品目录。

1 月 3 日　嫦娥四号探测器自主着陆在月球背面南极–艾特肯盆地内的冯·卡门撞击坑内，实现人类探测器首次在月球背面软着陆。

1 月 4 日　中共中央政治局常委、国务院总理李克强到中国银行、中国工商银行、中国建设银行考察，并在银保监会主持召开座谈会。李克强先后来到中行营业厅和工行、建行的普惠金融事业部，了解小微企业贷款规模、成本和便利情况，对他们瞄准小微企业融资难点、运用互联网+等创新模式、增加小微企业贷款和降低成本予以肯定。李克强说，稳就业主要靠千千万万小微企业，小微企业发展离不开普惠金融支持。普惠金融是利国利民的大事业，前景无限。他勉励几家国有大型银行要带头为民营、小微企业提供细致周到的服务，借鉴国际经验，打造普惠金融金字招牌，促进市场主体活力的普遍增强，提振企业发展的信心。

1 月 4 日　中国人民银行决定下调金融机构存款准备金率 1 个百分点，2019 年一季度到期的中期借贷便利（MLF）不再续做。此次降准及相关操作净释放约 8000 亿元长期增量资金，可以有效增加小微企业、民营企业等实体经济贷款资金来源，有利于支持实体经济发展。

1 月 6 日　科技部部长王志刚表示，科技部将鼓励支持民营企业参与国家重大科技任务，充分发挥民营企业机制体制灵活、市场敏感度高等特点，推动高校和科研院所成果在民营企业转移转化，加快形成具有市场竞争力的产品。

1月7日　权健事件等联合调查组消息，权健自然医学科技发展有限公司实际控制人束某某等18名犯罪嫌疑人已被依法刑事拘留。权健集团被自媒体指出涉嫌虚假宣传、传销等诸多问题，引起广泛关注。

1月7-9日　中美双方在北京举行经贸问题副部级磋商。双方积极落实两国元首重要共识，就共同关注的贸易问题和结构性问题进行了广泛、深入、细致的交流，增进了相互理解，为解决彼此关切问题奠定了基础。双方同意继续保持密切联系。

1月8日　中共中央、国务院在北京隆重举行国家科学技术奖励大会。中共中央总书记、国家主席、中央军委主席习近平等为获奖代表颁奖。中共中央政治局常委、国务院总理李克强代表党中央、国务院在大会上讲话。韩正主持大会。

1月8日　市场监管总局联合工业和信息化部、公安部、民政部、住房和城乡建设部、农业农村部、商务部、文化和旅游部、卫生健康委、广电总局、中医药管理局、网信办等部委共同联合开展整治保健市场乱象百日行动，自1月8日起，将在全国范围内集中开展为期100天的联合整治，加大对保健市场重点行业、重点领域、重点行为的事中事后监管力度，依法严厉打击虚假宣传、虚假广告、制售假冒伪劣产品等扰乱市场秩序、欺诈消费者等各类违法行为。

1月9日　国务院总理李克强主持召开国务院常务会议，决定再推出一批针对小微企业的普惠性减税措施；部署加快发行和用好地方政府专项债券，支持在建工程及补短板项目建设并带动消费扩大；听取保障农民工工资支付情况汇报，部署做好治欠保支工作。会议决定，对小微企业推出一批新的普惠性减税措施。一是对小型微利企业年应纳税所得额不超过100万元、100万元到300万元的部分，分别减按25%、50%计入应纳税所得额，使税负降至5%和10%。二是对主要包括小微企业、个体工商户和其他个人的小规模纳税人，将增值税起征点由月销售额3万元提高到10万元。三是允许各省（区、市）政府对增值税小规模纳税人，在50%幅度内减征资源税、城市维护建设税、印花税、城镇土地使用税、耕地占用税等地方税种及教育费附加、地方教育附加。四是扩展投资初创科技型企业享受优惠政策的范围。五是为弥补因大规模减税降费形成的地方财力缺口，中央财政将加大对地方一般性转移支付。上述减税政策可追溯至2019年1月1日，实施期限暂定三年，预计每年可再为小微企业减负约2000亿元。

1月9日　国务院总理李克强在中南海紫光阁会见美国特斯拉公司首席执行官马斯克。李克强祝贺特斯拉上海工厂日前开工建设。他表示，这是中国新能源汽车领域放开外资股比后的首个外商独资项目。希望特斯拉公司成为中国深化改革开放的参与者、中美关系稳定发展的推动者。

1月10日　国家知识产权局集中发布专利、商标、地理标志、集成电路布图设计2018

年度统计数据。2018 年，我国发明专利申请量为 154.2 万件，共授权发明专利 43.2 万件，其中国内发明专利授权 34.6 万件；商标注册申请量为 737.1 万件，商标注册量 500.7 万件，其中国内商标注册 479.7 万件；批准保护地理标志产品 67 个，注册地理标志商标 961 件，核准使用地理标志产品专用标志企业 223 家；集成电路布图设计发证 3815 件，同比增长 42.9%。国内（不含港澳台）发明专利拥有量共计 160.2 万件，每万人口发明专利拥有量达到 11.5 件；国内有效商标注册量（不含国外在华注册和马德里注册）达到 1804.9 万件，每万户市场主体商标拥有量达到 1724 件；累计批准地理标志产品 2380 个，累计注册地理标志商标 4867 件，核准专用标志使用企业 8179 家。

1 月 11 日　嫦娥四号着陆器与玉兔二号巡视器在鹊桥中继星支持下顺利完成互拍，地面接收图像清晰完好，中外科学载荷工作正常，探测数据有效下传，搭载科学实验项目顺利开展，达到工程既定目标，标志着嫦娥四号任务圆满成功。

1 月 14 日　新华社报道，日前，国务院办公厅印发《关于深入开展消费扶贫助力打赢脱贫攻坚战的指导意见》。《指导意见》指出，消费扶贫是社会各界通过消费来自贫困地区和贫困人口的产品与服务，帮助贫困人口增收脱贫的一种扶贫方式，是社会力量参与脱贫攻坚的重要途径。大力实施消费扶贫，有利于动员社会各界扩大贫困地区产品和服务消费，调动贫困人口依靠自身努力实现脱贫致富的积极性，促进贫困人口稳定脱贫和贫困地区产业持续发展，助力贫困地区打赢脱贫攻坚战。

1 月 14 日　国务院新闻办公室召开的新闻发布会上，国家航天局副局长、探月工程副总指挥吴艳华表示，中国将继续实施月球探测工程，突破探测器地外天体自动采样返回技术，2019 年年底前后将发射嫦娥五号，实现区域软着陆及采样返回，探月工程将实现绕、落、回三步走目标。

1 月 14 日　海关总署发布数据显示，我国 2018 年外贸进出口总值 30.51 万亿元，比 2017 年的历史高位多出 2.7 万亿元，同比增长 9.7%，规模再创历史新高。

1 月 14-15 日　国务院国资委在北京召开中央企业地方国资委负责人会议。会议指出，国资监管系统企业全年实现营业收入 54.8 万亿元，同比增长 10.3%，实现利润总额 3.4 万亿元，同比增长 13.2%；中央企业实现营业收入 29.1 万亿元，同比增长 10.1%，实现利润总额 1.7 万亿元，同比增长 16.7%，创历年最好水平；供给侧结构性改革扎实推进，企业高质量发展取得积极成效；国资国企改革重点任务加快落实落地，企业内生活力和发展动力进一步增强；国有资产监管体制机制进一步完善，监管效能持续提高；党的领导党的建设全面加强，为国有企业改革发展提供了坚强政治保证。会议指出，2019 年要强化风险管控，严控债务、金融业务、法律、安全稳定和环保等各类风险，坚决守住不发生重大风险的底线；强化自主创新，加快新旧动能转换，大力开展关键核心技术攻关，推动制造业转型升级、高质量发展；强化实业主业，增强战略引领，优化国有资本布局结构，推进瘦身健体提质增效；强化改革政策落地，加快建设中国特色现代国有企业制度，深化综合性改革，积极推进混合所有制改革和股权多元化，不断激发企业内生活力发展动力；强化管理提升，全面提升企业内控体系有效性，加强基础管理、质量管理，努力向世界一流水平迈进；强化监管职能转变，把增强活力和强化监管有机统一起来，不断提升国资监管系统性针对性有效性；要全面提升党建工作质量，坚决推动全面从严治党向纵深发展。

1月16日 国务院国资委公布《中央企业工资总额管理办法》，对央企工资总额决定机制和管理制度体系进行全面改革。《办法》明确对中央企业工资总额实行分类管理。对主业处于充分竞争行业和领域的商业类中央企业工资总额预算原则上全部实行备案制管理，由企业董事会在依法依规的前提下，自主决定年度工资总额预算，国资委由事前核准转变为事前引导、事中监测和事后监督；对主业处于关系国家安全、国民经济命脉的重要行业和关键领域、主要承担重大专项任务的商业类中央企业和以提供公共产品或服务为主的公益类中央企业，工资总额预算继续实行核准制管理；对开展国有资本投资、运营公司或者混合所有制改革等试点的中央企业，提出可以探索实行更加灵活高效的工资总额管理方式。《办法》明确中央企业工资总额实行分级管理体制，国资委负责管制度、管总量、管监督，中央企业负责管内部自主分配、管预算分解落实、管具体操作执行。《办法》还规定对中央企业工资总额预算主要按照效益决定、效率调整、水平调控三个环节进行调整。

1月17日 国务院办公厅印发《国家组织药品集中采购和使用试点方案》。《方案》选择北京、天津、上海、重庆、沈阳、大连、厦门、广州、深圳、成都和西安 11 个城市，从通过质量和疗效一致性评价（含按化学药品新注册分类批准上市，简称一致性评价，下同）的仿制药对应的通用名药品中遴选试点品种，国家组织药品集中采购和使用试点。

1月17日 财政部、国家税务总局印发《关于实施小微企业普惠性税收减免政策的通知》。《通知》规定，对月销售额 10 万元以下（含本数）的增值税小规模纳税人，免征增值税；对小型微利企业年应纳税所得额不超过 100 万元的部分，减按 25% 计入应纳税所得额，按 20% 的税率缴纳企业所得税；对年应纳税所得额超过 100 万元但不超过 300 万元的部分，减按 50% 计入应纳税所得额，按 20% 的税率缴纳企业所得税。

1月18日 中共中央总书记、国家主席、中央军委主席习近平近日在京津冀考察，主持召开京津冀协同发展座谈会并发表重要讲话。他强调，要从全局的高度和更长远的考虑来认识和做好京津冀协同发展工作，增强协同发展的自觉性、主动性、创造性，保持历史耐心和战略定力，稳扎稳打，勇于担当，敢于创新，善作善成，下更大气力推动京津冀协同发展取得新的更大进展。

1月21日 省部级主要领导干部坚持底线思维着力防范化解重大风险专题研讨班在中央党校开班。中共中央总书记、国家主席、中央军委主席习近平在开班式上发表重要讲话强调，坚持以新时代中国特色社会主义思想为指导，全面贯彻落实党的十九大和十九届二中、三中全会精神，深刻认识和准确把握外部环境的深刻变化和我国改革发展稳定面临的新情况新问题新挑战，坚持底线思维，增强忧患意识，提高防控能力，着力防范化解重大风险，保持经济持续健康发展和社会大局稳定，为决胜全面建成小康社会、夺取新时代中国特色社会主义伟大胜利、实现中华民族伟大复兴的中国梦提供坚强保障。

1 月 21 日　新华社报道，近日，国务院办公厅印发《无废城市建设试点工作方案》。《方案》指出，无废城市是以创新、协调、绿色、开放、共享的新发展理念为引领，通过推动形成绿色发展方式和生活方式，持续推进固体废物源头减量和资源化利用，最大限度减少填埋量，将固体废物环境影响降至最低的城市发展模式，也是一种先进的城市管理理念。《方案》提出，在全国范围内选择 10 个左右有条件、有基础、规模适当的城市，在全市域范围内开展无废城市建设试点。到 2020 年，系统构建无废城市建设指标体系，探索建立无废城市建设综合管理制度和技术体系，形成一批可复制、可推广的无废城市建设示范模式。

1 月 21 日　国家统计局发布数据显示，2018 年我国全年国内生产总值 900309 亿元，按可比价格计算，比上年增长 6.6%，实现了 6.5% 左右的预期发展目标。分季度看，一季度同比增长 6.8%，二季度增长 6.7%，三季度增长 6.5%，四季度增长 6.4%。分产业看，第一产业增加值 64734 亿元，比上年增长 3.5%；第二产业增加值 366001 亿元，增长 5.8%；第三产业增加值 469575 亿元，增长 7.6%。全年全国规模以上工业增加值比上年实际增长 6.2%，增速缓中趋稳。全年全国服务业生产指数比上年增长 7.7%，保持较快增长。全年社会消费品零售总额 380987 亿元，比上年增长 9.0%，保持较快增长。全年全国固定资产投资（不含农户）635636 亿元，比上年增长 5.9%，增速比前三季度加快 0.5 个百分点。全年货物进出口总额 305050 亿元，比上年增长 9.7%；贸易总量首次超过 30 万亿元，创历史新高。全年居民消费价格比上年上涨 2.1%，处于温和上涨区间，低于 3% 左右的预期目标。全年城镇新增就业 1361 万人，比上年多增 10 万人，连续 6 年保持在 1300 万人以上，完成全年目标的 123.7%。全年全国居民人均可支配收入 28228 元，比上年名义增长 8.7%，扣除价格因素实际增长 6.5%，快于人均 GDP 增速，与经济增长基本同步。全年全国一般公共预算收入 183352 亿元，比上年增长 6.2%。

1 月 22 日　10 时 10 分，一架"奖状 680"校验飞机平稳降落在北京大兴国际机场西一跑道上，留下了第一道飞机轮胎印迹，意味着北京新机场第一场校验任务圆满完成，机场工程建设即将进入验收移交阶段。

1 月 23 日　中共中央总书记、国家主席、中央军委主席、中央全面深化改革委员会主任习近平主持召开中央全面深化改革委员会第六次会议并发表重要讲话。他强调，党的十一届三中全会是划时代的，开启了改革开放和社会主义现代化建设历史新时期。党的十八届三中全会也是划时代的，开启了全面深化改革、系统整体设计推进改革的新时代，开创了我国改革开放的全新局面。要对标到 2020 年在重要领域和关键环节改革上取得决定性成果，继续打硬仗，啃硬骨头，确保干一件成一件，为全面完成党的十八届三中全会部署的改革任务打下决定性基础。会议审议通过了《在上海证券交易所设立科创板并试点注册制总体实施方案》《关于在上海证券交易所设立科创板并试点注册制的实施意见》《关于鼓励引导人才向艰苦边远地区和基层一线流动的意见》《关于统筹推进自然资源资产产权制度改革的指导意见》《关于构建市场导向的绿色技术创新体系的指导意见》和《中央全面深化改革委员会 2019 年工作要点》《中央全面深化改革委员会 2018 年工作总结报告》《党的十八大以来全面深化改革落实情况总结评估报告》等文件。

1月23日 IMT-2020（5G）推进组发布了 5G 技术研发试验第三阶段测试结果。5G 技术研发试验第三阶段测试结果表明，5G 基站与核心网设备均可支持非独立组网和独立组网模式，主要功能符合预期，达到预商用水平。

1月24日 新华社受权发布《中共中央 国务院关于支持河北雄安新区全面深化改革和扩大开放的指导意见》。《指导意见》指出，系统推进体制机制改革和治理体系、治理能力现代化，推动雄安新区在承接中促提升，在改革发展中谋创新，把雄安新区建设成为北京非首都功能集中承载地、京津冀城市群重要一极、高质量高水平社会主义现代化城市，发挥对全面深化改革的引领示范带动作用，走出一条新时代推动高质量发展的新路径，打造新时代高质量发展样板。

1月25日 新华社报道，近日，国务院印发《关于促进综合保税区高水平开放高质量发展的若干意见》。《意见》明确，对标高质量发展要求，完善政策，拓展功能，创新监管，培育综合保税区产业配套、营商环境等综合竞争新优势。加快综合保税区创新升级，打造对外开放新高地，推动综合保税区发展成为具有全球影响力和竞争力的加工制造中心、研发设计中心、物流分拨中心、检测维修中心、销售服务中心。《意见》围绕五大中心发展目标提出 21 项任务举措。

1月25日 新华社报道，国务院国资委日前明确 10 家中央企业为创建世界一流示范企业，将在未来 3 年左右的时间有针对性地铺开多领域综合性改革举措，重点探索培育具有全球竞争力的世界一流企业的有效途径。此次选定的 10 家企业包括航天科技、中国石油、国家电网、中国三峡集团、国家能源集团、中国移动、中航集团、中国建筑、中国中车集团和中广核。

1月27日 世界最大跨度铁路混凝土斜拉桥、国内首座大跨度铁路双塔混凝土斜拉桥—乐清湾港区铁路支线工程瓯江特大桥主桥于 1 月 27 日凌晨顺利合龙。瓯江特大桥全长1193.72 米、主桥桥长 584 米、主跨 300 米，大桥主桥的顺利合龙，标志着乐清湾港区铁路支线工程将进入全面铺轨阶段。

1月28日 国家发展改革委会同工业和信息化部、商务部等 10 部委联合印发《进一步优化供给推动消费平稳增长 促进形成强大国内市场的实施方案（2019 年）》。《实施方案》提出六个方面 24 项具体措施，以顺应居民消费升级的大趋势，更好满足人民群众对美好生活的向往。一是多措并举促进汽车消费，更好满足居民出行需要。二是补足城镇消费供给短板，更好满足城镇化和老龄化需求。三是促进农村消费提质升级，拉动城乡消费联动发展。四是加强引导支持，带动新品消费。五是扩大优质产品和服务供给，更好满足高品质消费需求。六是完善政策体系，进一步优化消费市场环境。

1月28日 国家统计局发布数据显示，2018 年全国规模以上工业企业实现利润总额 66351.4 亿元，比上年增长 10.3%。规模以上工业企业中，国有控股企业实现利润总额 18583.1 亿元，比上年增长 12.6%；集体企业实现利润总额 102.2 亿元，下降 1%；股份制企业实现利润总额 46975.1 亿元，增长 14.4%；外商及港澳台商投资企业实现利润总额 16775.5 亿元，增长 1.9%；私营企业实现利润总额 17137 亿元，增长 11.9%。

1月29日 工业和信息化部部长苗圩在国务院新闻办举办的新闻发布会上介绍，2018 年，全国规模以上工业增加值同比增长 6.2%，处于近三年平均增长区间；利润方面，全国规模以上工业企业实现利润总额同比增长 10.3%，其中，制造业利润增长 8.7%。主营业务收入利润率为 6.49%，同比提高 0.11 个百分点。高技术制造业、装备制造业增加值同比分别增长 11.7% 和 8.1%，其中电子制造业增长 13.1%，均明显快于整体工业增速。

1月29日 据工业和信息化部网站信息显示，2018 年，电信业务总量达到 65556 亿元（按照 2015 年不变单价计算），比上年增长 137.9%，增速同比提高 61.2 个百分点。电信业务收入累计完成 13010 亿元，比上年增长 3.0%。

1月30日 国务院总理李克强主持召开国务院常务会议，听取清理拖欠民营企业中小企业账款工作汇报，要求加大清欠力度完善长效机制；推出进一步压减不动产登记办理时间的措施，更加便利企业和群众办事；通过《报废机动车回收管理办法（修订草案）》。

1月30日 证监会发布《关于在上海证券交易所设立科创板并试点注册制的实施意见》。《实施意见》强调，在上交所新设科创板，坚持面向世界科技前沿、面向经济主战场、面向国家重大需求，主要服务于符合国家战略、突破关键核心技术、市场认可度高的科技创新企业。重点支持新一代信息技术、高端装备、新材料、新能源、节能环保以及生物医药等高新技术产业和战略性新兴产业，推动互联网、大数据、云计算、人工智能和制造业深度融合，引领中高端消费，推动质量变革、效率变革、动力变革。《实施意见》明确，在科创板试点注册制，合理制定科创板股票发行条件和更加全面深入精准的信息披露规则体系。

证监会和上海证券交易所正在按照《实施意见》要求，有序推进设立科创板并试点注册制各项工作。

1月30-31日 中共中央政治局委员、国务院副总理、中美全面经济对话中方牵头人刘鹤带领中方团队与美国贸易代表莱特希泽带领的美方团队在华盛顿举行经贸磋商。双方在两国元首阿根廷会晤达成的重要共识指引下，讨论了贸易平衡、技术转让、知识产权保护、非关税壁垒、服务业、农业、实施机制以及中方关切问题。双方牵头人重点就其中的贸易平衡、技术转让、知识产权保护、实施机制等共同关心的议题以及中方关切问题进行了坦诚、具体、建设性的讨论，取得重要阶段性进展。双方还明确了下一步磋商的时间表和路线图。

1 月 31 日   《上海市生活垃圾管理条例》全文公布，自 2019 年 7 月 1 日起施行。《条例》将生活垃圾分为可回收物、有害垃圾、湿垃圾、干垃圾四类。《条例》将通过法律的强制性，推动垃圾分类，包括固化共识性的管理要求、明确各类责任主体、强制源头减量、落实分类体系的全程监管等。2019 年，上海市将以条例实施为契机，实现上海市生活垃圾分类区域全覆盖，力争 70% 居住区的生活垃圾分类工作实现达标创建。

2 月

2 月 4 日   新华社报道，为进一步扶持自主就业退役士兵创业就业，财政部、国家税务总局、退役军人事务部日前联合发布通知，明确从 2019 年 1 月 1 日至 2021 年 12 月 31 日，自主就业退役士兵在创业就业时可享受税收优惠政策。

2 月 5 日   新华社报道，为进一步支持和促进重点群体创业就业，财政部、国家税务总局、人力资源社会保障部和国务院扶贫办近日联合发布通知称，从 2019 年 1 月 1 日至 2021 年 12 月 31 日，重点群体创业就业可享受税收优惠政策。

2 月 7 日   新华社报道，国家发展改革委、商务部会同有关方面开展了《外商投资产业指导目录》《中西部地区外商投资优势产业目录》修订工作，并在合并两个目录基础上形成了新的《鼓励外商投资产业目录（征求意见稿）》，现向社会公开征求意见。本次修订总的导向是，适应利用外资新形势新需求，扩大鼓励外商投资范围，优化外商投资产业和区域结构，促进外商投资稳定增长。全国鼓励外商投资产业目录积极鼓励外商投资更多投向现代农业、先进制造、高新技术、现代服务业等领域，充分发挥外资在传统产业转型升级、新兴产业发展中的作用，促进经济高质量发展。中西部地区外商投资优势产业目录注重发挥地方特色资源等优势，积极支持中西部地区、东北地区承接国际、东部地区外资产业转移，促进沿边开发开放，加强与一带一路沿线国家投资合作，发展外向型产业集群，推动开放型经济发展。

2 月 7 日   新华社报道，上海方面对上海新兴医药股份有限公司生产的涉事批次静注人免疫球蛋白进行的艾滋病、乙肝、丙肝三种病毒核酸检测，结果均为阴性；江西方面对患者的艾滋病病毒核酸检测，结果为阴性。国家药监局 5 日接到国家卫生健康委通报，上海新兴医药股份有限公司生产的一批次静注人免疫球蛋白（批号：20180610Z）艾滋病病毒抗体检测为阳性。国家药监局立即要求上海市药监局对上海新兴开展现场检查，组织对同批原料血浆生产的产品和相邻批次产品进行检验，并派出督导检查组抵达上海、江西，督促指导地方药监部门开展调查处置工作。

2 月 11 日   国务院总理李克强主持召开国务院常务会议，听取 2018 年全国两会建议提案办理工作汇报，推进提升政府施政水平；要求狠抓今年脱贫攻坚任务落实，为打赢脱贫攻坚战奠定坚实基础；部署加强癌症早诊早治和用药保障的措施，决定对罕见病药品给予增值税优惠;决定支持商业银行多渠道补充资本金,增强金融服务实体经济和防风险能力。会议指出,从 3 月 1 日起,对首批 21 个罕见病药品和 4 个原料药,参照抗癌药对进口环节减按 3% 征收增值税,国内环节可选择按 3% 简易办法计征增值税。会议决定,支持商业银行多渠道补充资本金,进一步疏通货币政策传导机制,在坚持不搞大水漫灌的同时,促进加强对民营、小微企业等的金融支持。

2 月 14 日 新华社报道,近日,中共中央办公厅、国务院办公厅印发了《关于加强金融服务民营企业的若干意见》,并发出通知,要求各地区各部门结合实际认真贯彻落实。《意见》强调,要加大金融政策支持力度,着力提升对民营企业金融服务的针对性和有效性;强化融资服务基础设施建设,着力破解民营企业信息不对称、信用不充分等问题;完善绩效考核和激励机制,着力疏通民营企业融资堵点;积极支持民营企业融资纾困,着力化解流动性风险并切实维护企业合法权益。

2 月 14 日 国务院办公厅印发《关于有效发挥政府性融资担保基金作用切实支持小微企业和三农发展的指导意见》。《指导意见》针对当前我国融资担保行业存在的业务聚焦不够、担保能力不强、银担合作不畅、风险分担补偿机制有待健全等问题,明确了相关举措。

2 月 14—15 日 中共中央政治局委员、国务院副总理、中美全面经济对话中方牵头人刘鹤与美国贸易代表莱特希泽、财政部长姆努钦在北京举行第六轮中美经贸高级别磋商。双方认真落实两国元首阿根廷会晤共识,对技术转让、知识产权保护、非关税壁垒、服务业、农业、贸易平衡、实施机制等共同关注的议题以及中方关切问题进行了深入交流。双方就主要问题达成原则共识,并就双边经贸问题谅解备忘录进行了具体磋商。双方表示,将根据两国元首确定的磋商期限抓紧工作,努力达成一致。

2 月 15 日 国家主席习近平在人民大会堂会见来华进行新一轮中美经贸高级别磋商的美国贸易代表莱特希泽和财政部长姆努钦。习近平指出,中美两国谁也离不开谁,合则两利,斗则俱伤,合作是最好的选择。对于双方经贸分歧和摩擦问题,我们愿意采取合作的方式加以解决,推动达成双方都能接受的协议。当然,合作是有原则的。

2 月 16 日 国务院国资委主任肖亚庆应邀出席亚布力中国企业家论坛开幕式时表示,要紧紧抓住国家发展重要战略机遇期,以更坚定的信心、更开放的姿态推动各种所有制企业加强合作,共同推动经济发展。肖亚庆强调,企业实现可持续发展,要善于在竞争中加强合作、在合作中实现共赢。近年来,国务院国资委积极推动中央企业按照高质量发展的要求,紧紧围绕培育具有全球竞争力的世界一流企业的目标,以推进供给侧结构性改革为主线,以提高质量效益和核心竞争力为中心,不断深化企业改革,加快创新发展,调整优化布局结构,做强做优实业主业,企业内生活力和发展动力不断增强,高质量发展基础进一步夯实。国务院国资委支持民营企业、外资企业积极参与到中央企业改革发展进程中来,共同探索包括混合所有制在内的各种深度合作的途径和方法。同时,也积极支持中央企业通过股权合作、项目合作等多种方式参与到民营企业、外资企业发展中去,扎扎实实把企业的事做好，为中国经济发展作出新的更大贡献。

2月16日 中国经济 50 人论坛 2019 年年会在北京举行。本届年会的主题是：如何实现六稳，保持经济长期向好。

2月18日 中共中央、国务院印发了《粤港澳大湾区发展规划纲要》，并发出通知，要求各地区各部门结合实际认真贯彻落实。《规划纲要》用 11 个章节对粤港澳大湾区发展作了全面规划，包括建设国际科技创新中心、加快基础设施互联互通、构建具有国际竞争力的现代产业体系、推进生态文明建设、建设宜居宜业宜游的优质生活圈、紧密合作共同参与一带一路建设、共建粤港澳合作发展平台等。

2月18日 人力资源社会保障部、教育部、司法部、卫生健康委、国务院国资委、国家医保局、全国总工会、全国妇联、最高人民法院印发《关于进一步规范招聘行为促进妇女就业的通知》。《通知》对招聘环节中就业性别歧视的具体表现进一步作出了细化规定。明确要求各类用人单位、人力资源服务机构在拟定招聘计划、发布招聘信息、招用人员过程中，不得限定性别（国家规定的女职工禁忌劳动范围等情况除外）或性别优先，不得以性别为由限制妇女求职就业、拒绝录用妇女，不得询问妇女婚育情况，不得将妊娠测试作为入职体检项目，不得将限制生育作为录用条件，不得差别化地提高对妇女的录用标准。

2月20日 中共中央总书记、国家主席、中央军委主席习近平在北京人民大会堂会见探月工程嫦娥四号任务参研参试人员代表。他强调，太空探索永无止境。我国广大科技工作者、航天工作者要为实现探月工程总目标乘胜前进，为推动世界航天事业发展继续努力，为人类和平利用太空、推动构建人类命运共同体贡献更多中国智慧、中国方案、中国力量。

2月20日 国务院总理李克强主持召开国务院常务会议，要求制定涉企法规规章和规范性文件必须听取相关企业和行业协会商会意见，使政府决策更符合实际和民意；决定再取消和下放一批行政许可事项、在全国全面开展工程建设项目审批制度改革；部署推动家政服务增加供给、提高质量的措施，促进扩内需、惠民生。会议指出，促进家政服务扩容提质，事关千家万户福祉，是适应老龄化快速发展和全面二孩政策实施需求的重要举措，有利于扩消费、增就业。一要促进家政服务企业进社区，鼓励连锁发展，提供就近便捷的家政服务。二要加强家政服务技能培训，推动质量提升。三要推进家政服务标准化，推广示范合同。

2月20日 新华社报道，国家发展改革委等 18 个部门日前联合印发《加大力度推动社会领域公共服务补短板强弱项提质量 促进形成强大国内市场的行动方案》，从公共服务短板、弱项和质量水平等三个方面促进形成强大国内市场。《方案》指出，到 2020 年，我国将基本实现基本公共服务能力全覆盖、质量全达标、标准全落实、保障应担尽担，实现非基本公共服务付费可享有、价格可承受、质量有保障、安全有监管。《方案》部署了 27 项具体任务，涵盖托育、教育、医疗、养老、家政等多个民生重点领域，同时发布了 18 个部门的重点任务分工方案，责任到位，目标明确。

2 月 21-24 日　习近平主席特使、中共中央政治局委员、国务院副总理、中美全面经济对话中方牵头人刘鹤与美国贸易代表莱特希泽、财政部长姆努钦在华盛顿举行第七轮中美经贸高级别磋商。双方进一步落实两国元首阿根廷会晤达成的重要共识，围绕协议文本开展谈判，在技术转让、知识产权保护、非关税壁垒、服务业、农业以及汇率等方面的具体问题上取得实质性进展。在此基础上，双方将按照两国元首指示做好下一步工作。

2 月 22 日　中共中央总书记习近平主持召开中共中央政治局会议，讨论国务院拟提请第十三届全国人民代表大会第二次会议审议的《政府工作报告》稿，审议《关于 2018 年中央巡视工作领导小组重点工作情况报告》《关于中央脱贫攻坚专项巡视情况的综合报告》和《党政领导干部考核工作条例》。会议强调，今年是新中国成立 70 周年，是全面建成小康社会、实现第一个百年奋斗目标的关键之年。面对新形势新任务新挑战，做好政府工作，要坚持稳中求进工作总基调，坚持新发展理念，坚持推动高质量发展，坚持以供给侧结构性改革为主线，坚持深化市场化改革、扩大高水平开放，加快建设现代化经济体系，继续打好三大攻坚战，着力激发微观主体活力，创新和完善宏观调控，统筹推进稳增长、促改革、调结构、惠民生、防风险工作，保持经济运行在合理区间，进一步稳就业、稳金融、稳外贸、稳外资、稳投资、稳预期，提振市场信心，增强人民群众获得感、幸福感、安全感，保持经济持续健康发展和社会大局稳定，为全面建成小康社会收官打下决定性基础，以优异成绩庆祝中华人民共和国成立 70 周年。

2 月 22 日　中共中央政治局就完善金融服务、防范金融风险举行第十三次集体学习。中共中央总书记习近平在主持学习时强调，要深化对国际国内金融形势的认识，正确把握金融本质，深化金融供给侧结构性改革，平衡好稳增长和防风险的关系，精准有效处置重点领域风险，深化金融改革开放，增强金融服务实体经济能力，坚决打好防范化解包括金融风险在内的重大风险攻坚战，推动我国金融业健康发展。

2 月 22 日　美国总统特朗普会见正在美国进行第七轮中美经贸高级别磋商的习近平主席特使、中共中央政治局委员、国务院副总理、中美全面经济对话中方牵头人刘鹤。刘鹤转达习近平主席致特朗普总统的口信。习近平在口信中指出，近一段时间以来，两国经贸团队落实我同总统先生在阿根廷会晤达成的共识，开展了密集经贸磋商，取得积极进展。两国和国际社会对此普遍反响积极。希望双方继续本着相互尊重、合作共赢的态度，再接再厉，相向而行，达成互利双赢的协议。特朗普表示，美中关系极其重要，当前两国关系十分良好。本轮高级别经贸磋商取得巨大进展，同时仍有不少工作需要完成。为此，双方已决定将本轮磋商延长两天。

2 月 24 日　新华社报道，美国总统特朗普在其推特账户上宣布，他将推迟 3 月 1 日上调中国输美商品关税的计划。

2 月 26 日　新华社报道，2018 年我国服务进出口总额超过 5 万亿元人民币，规模再创历史新高，连续 5 年保持全球第二位。

2月27日 新华社报道，人力资源社会保障部相关数据显示，在全国城乡居民养老保险参保人数的 52392 万人中，其中实际领取待遇人数 15898 万人，有 4900 多万贫困人员直接受益；工程建设领域在建、新开工建设项目参保率均在 99% 以上；全年失业保险基金共向 40.2 万名失业农民工发放一次性生活补助 18.2 亿元。

2月27—28日 新舟 700 飞机项目详细设计阶段工作通过专家评审，首架机将于 2019 年 9 月总装下线，并开展首飞准备工作，力争在年底前实现首飞目标。新舟 700 飞机是航空工业自主研制的新一代 70 座级涡桨支线飞机，是国家民用飞机两干两支发展战略的重要组成部分。

3月

3月1日 证监会发布《科创板首次公开发行股票注册管理办法（试行）》和《科创板上市公司持续监管办法（试行）》。《注册管理办法》共 8 章 81 条，主要内容包括：一是明确科创板试点注册制的总体原则，规定股票发行适用注册制。二是以信息披露为中心，精简优化现行发行条件，突出重大性原则并强调风险防控。三是对科创板股票发行上市审核流程做出制度安排，实现受理和审核全流程电子化，全流程重要节点均对社会公开，提高审核效率，减轻企业负担。四是强化信息披露要求，压实市场主体责任，严格落实发行人等相关主体在信息披露方面的责任，并针对科创板企业特点，制定差异化的信息披露规则。五是明确科创板企业新股发行价格通过向符合条件的网下投资者询价确定。六是建立全流程监管体系，对违法违规行为负有责任的发行人及其控股股东、实际控制人、保荐人、证券服务机构以及相关责任人员加大追责力度。《持续监管办法》共 9 章 36 条，主要内容包括：一是明确适用原则。科创板上市公司（以下简称科创公司）应适用上市公司持续监管的一般规定，《持续监管办法》与证监会其他相关规定不一致的，适用《持续监管办法》。二是明确科创公司的公司治理相关要求，尤其是存在特别表决权股份的科创公司的章程规定和信息披露。三是建立具有针对性的信息披露制度，强化行业信息和经营风险的披露，提升信息披露制度的弹性和包容度。四是制定宽严结合的股份减持制度。适当延长上市时未盈利企业有关股东的股份锁定期，适当延长核心技术团队的股份锁定期；授权上交所对股东减持的方式、程序、价格、比例及后续转让等事项予以细化。五是完善重大资产重组制度。科创公司并购重组由上交所审核，涉及发行股票的，实施注册制；规定重大资产重组标的公司须符合科创板对行业、技术的要求，并与现有主业具备协同效应。六是股权激励制度。增加了可以成为激励对象的人员范围，放宽限制性股票的价格限制等。七是建立严格的退市制度。根据科创板特点，优化完善财务类、交易类、规范类等退市标准，取消暂停上市、恢复上市和重新上市环节。

3月1日 国务院国资委印发《中央企业负责人经营业绩考核办法》。新的《考核办法》，按照推动高质量发展、创建世界一流企业的要求，进一步突出效益效率、创新驱动、实业主业、国际化经营、服务保障考核导向，重点完善了四个方面内容：一是对表高质量发展的内涵，多角度构建年度与任期相结合的高质量发展考核指标体系。二是进一步健全对标考核机制，强化国际对标行业对标应用。三是坚持深化分类考核和差异化考核，对不同功能和类别的企业，突出不同考核重点和考核指标要求。四是进一步加大正向激励力度，强化业绩升、薪酬升、业绩降、薪酬降，完善考核奖励和任期精神激励等措施，鼓励探索创新，激发和保护企业家精神。

3月1日 剥离国有企业办社会职能和解决历史遗留问题专项小组召开会议。专项小组组长、国务院国资委主任肖亚庆主持会议并讲话，强调要以习近平新时代中国特色社会主义思想为指导，贯彻落实国务院国有企业改革领导小组和全国国有企业改革座谈会的工作部署，聚焦重点难点问题，集中力量攻坚克难，确保2020年前基本完成剥离国有企业办社会职能和解决历史遗留问题。

3月1日 国家统计局公布了31省份2018年GDP数据。从GDP总量来看，位居榜首的广东GDP逼近10万亿元；从GDP增速来看，18个省份GDP增速超过全国水平，西部地区依然抢眼；从预期目标来看，多数省份今年GDP目标有所下调，14省份将今年GDP增速目标定为有上下限的区间值。

3月1日 国家信息中心发布《中国共享经济发展年度报告（2019）》。数据显示，2018年我国共享经济交易规模29420亿元，比上年增长41.6%。从市场结构来看，生活服务、生产能力、交通出行三个领域共享经济交易规模位居前三，分别为15894亿元、8236亿元和2478亿元。从发展速度来看，生产能力、共享办公、知识技能三个领域增长最快，分别较2017年增长97.5%、87.3%和70.3%。共享经济参与者人数约7.6亿人，参与提供服务者人数约7500万人，同比增长7.1%。平台员工数为598万人，同比增长7.5%。

3月5-15日 第十三届全国人民代表大会第二次会议在北京召开，李克强作《政府工作报告》。报告指出，2019年经济社会发展的主要预期目标是：国内生产总值增长6%-6.5%；城镇新增就业1100万人以上，城镇调查失业率5.5%左右，城镇登记失业率4.5%以内；居民消费价格涨幅3%左右；国际收支基本平衡，进出口稳中提质；宏观杠杆率基本稳定，金融财政风险有效防控；农村贫困人口减少1000万以上，居民收入增长与经济增长基本同步；生态环境进一步改善，单位国内生产总值能耗下降3%左右，主要污染物排放量继续下降。报告指出，2019年要扎实做好十项工作：一是继续创新和完善宏观调控，确保经济运行在合理区间；二是激发市场主体活力，着力优化营商环境；三是坚持创新引领发展，培育壮大新动能；四是促进形成强大国内市场，持续释放内需潜力；五是对标全面建成小康社会任务，扎实推进脱贫攻坚和乡村振兴；六是促进区域协调发展，提高新型城镇化质量；七是加强污染防治和生态建设，大力推动绿色发展；八是深化重点领域改革，加快完善市场机制；九是推动全方位对外开放，培育国际经济合作和竞争新优势；十是加快发展社会事业，更好保障和改善民生。大会通过《外商投资法》，国家主席习近平签署第 26 号主席令公布这部法律。

3 月 5 日 国家发展改革委向十三届全国人大二次会议作《关于 2018 年国民经济和社会发展计划执行情况与 2019 年国民经济和社会发展计划草案的报告》，明确提出深化石油天然气体制改革，组建国家石油天然气管网公司，实现管输和销售分开。

3 月 7 日 中共中央总书记、国家主席、中央军委主席习近平参加十三届全国人大二次会议甘肃代表团审议时，就脱贫攻坚强调指出，现在距离 2020 年完成脱贫攻坚目标任务只有两年时间，正是最吃劲的时候，必须坚持不懈做好工作，不获全胜、决不收兵。要坚定信心不动摇。要咬定目标不放松。要整治问题不手软。要落实责任不松劲。要转变作风不懈怠。

3 月 9 日 十三届全国人大二次会议新闻中心举行记者会，国务院国资委主任肖亚庆，副主任翁杰明，秘书长、新闻发言人彭华岗就国有企业改革发展相关问题回答中外记者提问。肖亚庆强调，国有企业是独立的市场主体，自主经营、自负盈亏、自担风险、自我约束、自我发展，这是我们始终的方针。国有企业与其他所有制企业同样参与市场竞争，同样受到法律保护。中国的法律法规没有专门针对中国国有企业补贴的规定，中央企业也没有基于所有制的补贴。目前国家相关部门正在清理和规范各种补贴，以利于为各类不同所有制、不同规模的企业营造公平竞争的环境和条件，有利于提高企业的竞争力。

3 月 10 日 中共中央总书记、国家主席、中央军委主席习近平参加十三届全国人大二次会议福建代表团审议时强调，要营造有利于创新创业创造的良好发展环境。要向改革开放要动力，最大限度释放全社会创新创业创造动能，不断增强我国在世界大变局中的影响力、竞争力。要坚持问题导向，解放思想，通过全面深化改革开放，给创新创业创造以更好的环境，着力解决影响创新创业创造的突出体制机制问题，营造鼓励创新创业创造的社会氛围，特别是要为中小企业、年轻人发展提供有利条件，为高技术企业成长建立加速机制。要坚持两个毫不动摇，落实鼓励引导支持民营经济发展的各项政策措施，为各类所有制企业营造公平、透明、法治的发展环境，营造有利于企业家健康成长的良好氛围，帮助民营企业实现创新发展，在市场竞争中打造一支有开拓精神、前瞻眼光、国际视野的企业家队伍。

3 月 10 日 长征系列运载火箭成功实现 300 次飞行。从 1970 年首飞至今，长征系列运载火箭先后有 17 型基础级火箭和 5 型上面级投入使用，成功将 506 个航天器送入预定轨道，具备了发射低、中、高不同轨道、不同类型载荷的能力，运载能力、发射频度、成功率、入轨精度和适应能力均已达到世界一流水平，已成为中国第一、世界知名、在国际高科技产业具有自主知识产权的品牌。

3 月 11 日 中国民用航空局发出通知，鉴于印尼狮航空难和埃塞俄比亚空难均为新交付不久的波音 737-8 飞机，且均发生在起飞阶段，具有一定的相似性，本着对安全隐患零容忍、严控安全风险的管理原则，为确保中国民航飞行安全，要求国内运输航空公司于 11 日 18 时前暂停波音 737-8 飞机的商业运行。

3 月 12 日　中共中央政治局委员、国务院副总理、中美全面经济对话中方牵头人刘鹤应约与美国贸易代表莱特希泽、财政部长姆努钦通话，双方就文本关键问题进行具体磋商，并确定了下一步工作安排。

3 月 13 日　国务院办公厅印发《关于在制定行政法规规章行政规范性文件过程中充分听取企业和行业协会商会意见的通知》。《通知》要求各地区、各部门推进政府职能转变和放管服改革，保障企业和行业协会商会在制度建设中的知情权、参与权、表达权和监督权，营造法治化、国际化、便利化的营商环境，在制定有关行政法规、规章、行政规范性文件过程中，要充分听取企业和行业协会商会意见。

3 月 14 日　财政部和国家税务总局联合印发《关于粤港澳大湾区个人所得税优惠政策的通知》。《通知》明确，广东省、深圳市按内地与香港个人所得税税负差额，对在大湾区工作的境外（含港澳台）高端人才和紧缺人才给予补贴，该补贴免征个人所得税。

3 月 14 日　中共中央政治局委员、国务院副总理、中美全面经济对话中方牵头人刘鹤应约与美国贸易代表莱特希泽、财政部长姆努钦进行第三次通话，双方在文本上进一步取得实质性进展。

3 月 18 日　我国首座跨越地震活动断层、抗震设防烈度最高、设计基本风速最大的跨海大桥—海南海文大桥举行正式通车仪式，标志着海澄文一体化经济圈的重要交通控制性工程正式投入使用。海文大桥由中交集团所属中咨集团采用 PMC 模式进行全过程咨询管理，中交集团所属 7 家单位参建。

3 月 19 日　中共中央总书记、国家主席、中央军委主席、中央全面深化改革委员会主任习近平主持召开中央全面深化改革委员会第七次会议并发表重要讲话。他强调，当前，很多重大改革已经进入推进落实的关键时期，改革任务越是繁重，越要把稳方向、突出实效、全力攻坚，通过改革有效解决困扰基层的形式主义问题，继续把增强人民群众获得感、幸福感、安全感放到突出位置来抓，坚定不移推动落实重大改革举措。会议审议通过了《关于新时代推进西部大开发形成新格局的指导意见》《关于扩大高校和科研院所科研相关自主权的若干意见》《关于促进人工智能和实体经济深度融合的指导意见》《石油天然气管网运营机制改革实施意见》等文件。

3 月 20 日　国务院总理李克强主持召开国务院常务会议，确定《政府工作报告》责任分工，强调狠抓落实确保完成全年发展目标任务；明确增值税减税配套措施，决定延续部分已到期税收优惠政策并对扶贫捐赠和污染防治第三方企业给予税收优惠。会议决定，一是进一步扩大进项税抵扣范围，将旅客运输服务纳入抵扣，增加纳税人当期可抵扣进项税。对主营业务为邮政、电信、现代服务和生活服务业的纳税人，按进项税额加计 10% 抵减应纳税额，政策实施期限暂定截至 2021 年底。确保所有行业税负只减不增。二是对政策实施后纳税人新增的留抵税额，按有关规定予以退还。三是相应调整部分货物服务出口退税率、购进农产品适用的扣除率等。同时，加大对地方转移支付力度，重点向中西部地区和困难县市倾斜。会议还决定，一是延续 2018 年执行到期的对公共租赁住房、农村饮水安全工程建设运营、国产抗艾滋病病毒药品等的税收优惠政策。二是从 2019 年 1 月 1 日至 2022 年底，对企业用于国家扶贫开发重点县、集中连片特困地区县和建档立卡贫困村的扶贫捐赠支出，按规定在计算应纳税所得额时据实扣除；对符合条件的扶贫货物捐赠免征增值税。三是从 2019 年 1 月 1 日至 2021 年底，对从事污染防治的第三方企业，减按 15% 税率征收企业所得税。

3 月 21 日　财政部、国家税务总局、海关总署联合发布《关于深化增值税改革有关政策的公告》，宣布今年增值税税率下调将于 4 月 1 日正式启幕，并公布了一系列深化增值税改革的配套举措。

3 月 21 日　江苏盐城市响水县陈家港镇天嘉宜化工有限公司化学储罐发生爆炸事故，并波及周边 16 家企业。截至 23 日 7 时，事故已造成 64 人死亡，救治的伤员中危重 21 人、重伤 73 人。事故发生后，党中央、国务院高度重视。正赴国外访问途中的中共中央总书记、国家主席、中央军委主席习近平立即作出重要指示，要求江苏省和有关部门全力抢险救援，搜救被困人员，及时救治伤员，做好善后工作，切实维护社会稳定。要加强监测预警，防控发生环境污染，严防发生次生灾害。

3 月 21 日　商务部新闻发言人在例行新闻发布会上说，中共中央政治局委员、国务院副总理、中美全面经济对话中方牵头人刘鹤与美国贸易代表莱特希泽、财政部长姆努钦近期就中美经贸问题举行多轮电话磋商。双方商定，莱特希泽、姆努钦将于 3 月 28 日至 29 日应邀访华，在北京举行第八轮中美经贸高级别磋商。刘鹤副总理将于 4 月初应邀访美，在华盛顿举行第九轮中美经贸高级别磋商。

3 月 24 日　中国发展高层论坛 2019 年年会在北京开幕。本届论坛由国务院发展研究中心主办，主题是坚持扩大开放、促进合作共赢。国家发展改革委副主任宁吉喆在中国发展高层论坛 2019 年年会上表示，将扩大重点领域混合所有制改革的试点范围。深入推进电力、油气、铁路领域改革，自然垄断行业根据不同行业特点实行网运分开，将竞争性业务推向市场。财政部部长刘昆在中国发展高层论坛 2019 年年会上说，我国将从 2019 年 5 月 1 日起下调城镇职工基本养老保险单位缴费比例，各地可从 20% 降到 16%，切实减轻企业社保缴费比例。

3 月 25 日　国务院总理李克强会见出席中国发展高层论坛 2019 年年会的境外代表并同他们座谈。李克强指出，中国现在仍然是世界上最大的发展中国家，过去 40 年取得的巨大成就得益于改革开放。中国开放的大门会越开越大。我们出台外商投资法，就是要以法律手段更好保护外商投资，按照竞争中性原则一视同仁、公平地对待所有外商投资，明确采用准入前国民待遇和负面清单做法，明确非禁即入原则。同时，我们将根据对外开放需要和外商反应，继续出台一系列具体落实举措，加强外商合法权益保护。

3 月 26 日 国务院总理李克强主持召开国务院常务会议，落实降低社会保险费率部署，明确具体配套措施；确定今年优化营商环境重点工作，更大激发市场活力；通过《中华人民共和国食品安全法实施条例（草案）》。

3 月 26 日 财政部、工业和信息化部、科技部、国家发展改革委印发《关于进一步完善新能源汽车推广应用财政补贴政策的通知》，要求地方应完善政策，过渡期（2019 年 3 月 26 日至 2019 年 6 月 25 日）后不再对新能源汽车（新能源公交车和燃料电池汽车除外）给予购置补贴。

3 月 26-29 日 博鳌亚洲论坛 2019 年年会在海南博鳌举行。28 日，国务院总理李克强在海南博鳌出席博鳌亚洲论坛 2019 年年会开幕式，并发表题为《携手应对挑战 实现共同发展》的主旨演讲。李克强强调，对外开放是中国的基本国策。外商投资法是中国打造法治化、国际化、便利化营商环境的重要举措。我们将抓紧制定相关配套法规，确保年底前完成，2020 年 1 月 1 日与外商投资法同时实施。我们将进一步放宽外资市场准入，全面实施准入前国民待遇加负面清单管理制度；持续扩大金融业、现代服务业等领域对外开放；平等对待内外资企业，大力加强知识产权保护，切实维护外商合法权益；保持港澳台投资政策连续性稳定性，一如既往支持港澳台资企业发展；加快提升贸易便利化水平，今年要明显降低通关成本，提高通关效率。

3 月 27 日 在出席博鳌亚洲论坛期间，中共中央政治局常委、国务院总理李克强在海南省海口考察。他强调，要坚持以习近平新时代中国特色社会主义思想为指导，深入贯彻全国两会精神，落实政府工作报告确定的各项任务，进一步推进改革开放，更大激发市场主体活力，破解发展和民生难题，增强经济发展动力，提升人民群众获得感。

3 月 28 日 新华社报道，国务院国资委主任肖亚庆在博鳌亚洲论坛 2019 年年会上表示，中央企业的公司制改革已全面完成，已有 83 家央企建立了规范的董事会，有 46 家央企对 3300 多名经理实现了契约化管理，在控股的 81 家上市公司实行了股权激励。第四批混改试点名单即将公布。截至目前，已有三批共 50 家混改试点企业，其中包括 21 家地方国有企业。第四批混改试点名单数量将超过 100 家。

3 月 28 日 国家发展改革委发布第 23 号令，废止《煤炭经营监管办法》。

3 月 28-29 日 中共中央政治局委员、国务院副总理、中美全面经济对话中方牵头人刘鹤与美国贸易代表莱特希泽、财政部长姆努钦在北京共同主持第八轮中美经贸高级别磋商，双方讨论了协议有关文本，并取得新的进展。

3 月 29 日 财政部印发《财政部关于修改〈事业单位国有资产管理暂行办法〉的决定》，对《事业单位国有资产管理暂行办法》进行了修改，赋予国家设立的研究开发机构、高校对其持有的科技成果自主管理的权限，简化有关评估程序，明确有关定价公开机制和故意低价处置国有资产行为的处理措施。

3 月 29 日 郑州粮批公司、安钢集团、郑煤集团、河南国资集团与市场化选聘的高级经营管理人员进行了签约。这是在河南省国资委指导下的首批市场化选聘高级经营管理者。

3 月 30 日 日前，国务院国资委党委召开巡视工作会议暨 2019 年第一轮巡视动员部署会，总结 2018 年巡视工作，部署 2019 年重点任务。会议宣布，国务院国资委党委 2019 年第一轮巡视将派出 6 个巡视组，对中国农业发展集团有限公司、中国交通建设集团有限公司、中国华录集团有限公司、华侨城集团有限公司、中国铁路通信信号集团有限公司、中国国际工程咨询有限公司等 6 家中央企业党委开展常规巡视。

3 月 30 日 全球双千兆第一区开通仪式在上海市虹口区举行，上海市副市长吴清拨通了首个 5G 手机通话，这意味着上海成为全国首个中国移动 5G 试用城市。现场拨通的全球首个不换卡不换号、基于中国移动 5G 网络的手机间通话，首次实现了基于现网升级的 5G 核心网、业务系统和 5G 手机的电话互通，完成了 5G 终端与无线网的优化适配。

4 月

4 月 1 日 《求是》杂志发表中共中央总书记、国家主席、中央军委主席习近平的重要文章《关于坚持和发展中国特色社会主义的几个问题》。文章强调，道路问题是关系党的事业兴衰成败第一位的问题，道路就是党的生命。

4 月 1 日 十九届中央第三轮巡视 15 个巡视组完成对国务院国资委、国家能源局、国家国防科技工业局等 3 个中央单位和航天科技、航天科工、航空工业集团、中船工业等 42 家中管企业的进驻工作，十九届中央第三轮巡视全面展开。

4 月 2 日 经党中央、国务院批准，武警水电部队组建为国有企业后，使用中国安能建设总公司名称。目前，已完成公司制改制，更名为中国安能建设集团有限公司，列入国务院国资委代表国务院履行出资人职责的企业名单。

4 月 2 日 国务院国资委党委和教育部联合开展的领导干部上讲台—国企公开课 100 讲、国企骨干担任校外辅导员活动在清华大学启动。首批选择 50 家中央企业和 50 所高校结对，邀请国企领导上讲台讲授公开课，选聘国企骨干担任校外辅导员，积极促进青年学生全面正确理解党的路线、方针、政策，深入了解国情、党情、社情、企情，让高校学生不断增进对国有企业的信任，广泛凝聚起做强做优做大国有资本、培育具有全球竞争力的世界一流企业的思想共识。

4 月 3 日 国务院总理李克强主持召开国务院常务会议。会议决定，从 4 月 9 日起，调降对个人携带进境的行李和邮递物品征收的行邮税税率，其中对食品、药品等商品，税率由 15% 降至 13%；纺织品、电器等由 25% 降为 20%。会议指出，为使《外商投资法》有效实施，适应深化放管服改革、优化营商环境要求，须有序修改相关法律及配套法规和政策。会议通过《行政许可法》《商标法》《建筑法》《电子签名法》等一批法律修正案草案，决定提请全国人大常委会审议。

4 月 3-5 日　新华社报道，中共中央政治局委员、国务院副总理、中美全面经济对话中方牵头人刘鹤与美国贸易代表莱特希泽、财政部长姆努钦在华盛顿共同主持第九轮中美经贸高级别磋商。双方讨论了技术转让、知识产权保护、非关税措施、服务业、农业、贸易平衡、实施机制等协议文本，取得新的进展。双方决定就遗留的问题通过各种有效方式进一步磋商。4 日，美国总统特朗普会见刘鹤。刘鹤转达习近平主席对特朗普总统的诚挚问候以及致特朗普总统的口信，希望双方经贸团队继续本着相互尊重、平等互利的精神，解决好双方关切的问题，及早完成中美经贸协议文本谈判。

4 月 4 日　中共中央政治局常委、国务院副总理韩正会见美国埃克森美孚公司董事长兼首席执行官伍德伦。韩正表示，对外开放是中国的基本国策。中国已经全面实施准入前国民待遇加负面清单管理制度，积极吸引外商投资。欢迎埃克森美孚公司在华扩大投资合作，建设大型独资石化项目。

4 月 4 日　国务院办公厅印发《降低社会保险费率综合方案》。《方案》明确，自 2019 年 5 月 1 日起，降低城镇职工基本养老保险单位缴费比例。同时，继续阶段性降低失业保险和工伤保险费率。

4 月 7 日　新华社报道，近日，中共中央办公厅、国务院办公厅印发了《关于促进中小企业健康发展的指导意见》。《指导意见》强调，按照竞争中性原则，打造公平便捷营商环境，进一步激发中小企业活力和发展动力。认真实施中小企业促进法，纾解中小企业困难，稳定和增强企业信心及预期，加大创新支持力度，提升中小企业专业化发展能力和大中小企业融通发展水平，促进中小企业健康发展。

4 月 8 日　国家发展改革委发布《2019 年新型城镇化建设重点任务》。《重点任务》指出，2019 年我国将继续加大户籍制度改革力度，在此前城区常住人口 100 万以下的中小城市和小城镇已陆续取消落户限制的基础上，城区常住人口 100 万至 300 万的大城市要全面取消落户限制；城区常住人口 300 万至 500 万的大城市要全面放开放宽落户条件，并全面取消重点群体落户限制。超大特大城市要调整完善积分落户政策，大幅增加落户规模、精简积分项目。

4 月 9 日　国务院总理李克强在布鲁塞尔欧洲理事会总部同欧洲理事会主席图斯克、欧盟委员会主席容克共同主持第二十一次中国-欧盟领导人会晤。李克强表示，中国一贯重视欧洲，始终支持欧盟国家选择的一体化道路，坚定致力于同欧盟深化互利共赢的全面战略伙伴关系。开放的中欧为彼此创造机遇，合作的中欧为世界带来繁荣。

4 月 9 日　中国国企混合所有制改革基金正在筹备设立中，首期规模有望达 800 亿元。由中国国新牵头设立的双百企业发展基金也在积极筹备。在国资基金系助力下，国企混改以及资产证券化有望再提速。国务院国资委数据显示，目前国有资本运营公司共发起设立 6 只基金，总规模近 9000 亿元。

4月10日 教育部、国家发展改革委、财政部、市场监管总局联合印发《关于在院校实施学历证书+若干职业技能等级证书制度试点方案》，部署启动学历证书+若干职业技能等级证书（1+X 证书）制度试点，深化复合型技术技能人才培养培训模式和评价模式改革。《试点方案》提出，自 2019 年开始，重点围绕服务国家需要、市场需求、学生就业能力提升，从 10 个左右职业技能领域做起，稳步推进 1+X 证书制度试点工作。

4月10日 5G 智能制造生产线在武汉启动，由中国移动湖北公司与中国信科集团联合打造的基于 5G 的工业互联网应用 5G 智慧工厂正式进入生产阶段，标志着我国在 5G 工业互联网方面不仅拥有了创新研发实力，也同时具备了生产应用能力。5G 工业互联网联合创新实验室也于当天成立。

4月14日 新华社讯，近日，中共中央办公厅、国务院办公厅印发了《关于统筹推进自然资源资产产权制度改革的指导意见》。《指导意见》要求，以完善自然资源资产产权体系为重点，以落实产权主体为关键，以调查监测和确权登记为基础，着力促进自然资源集约开发利用和生态保护修复，加强监督管理，注重改革创新，加快构建系统完备、科学规范、运行高效的中国特色自然资源资产产权制度体系，为完善社会主义市场经济体制、维护社会公平正义、建设美丽中国提供基础支撑。

4月15日 北京至雄安新区城际铁路开始铺轨，预计 9 月京雄城际（北京段）与北京大兴国际机场将同步开通运营。

4月15-17日 中共中央总书记、国家主席、中央军委主席习近平在重庆考察，主持召开解决两不愁三保障突出问题座谈会并发表重要讲话。他强调，脱贫攻坚战进入决胜的关键阶段，各地区各部门务必高度重视，统一思想，抓好落实，一鼓作气，顽强作战，越战越勇，着力解决两不愁三保障突出问题，扎实做好今明两年脱贫攻坚工作，为如期全面打赢脱贫攻坚战、如期全面建成小康社会作出新的更大贡献。

4月16日 国务院办公厅印发《关于推进养老服务发展的意见》。《意见》指出，按照 2019 年政府工作报告对养老服务工作的部署，健全市场机制，持续完善居家为基础、社区为依托、机构为补充、医养相结合的养老服务体系，确保到 2022 年在保障人人享有基本养老服务的基础上，有效满足老年人多样化、多层次养老服务需求，老年人及其子女获得感、幸福感、安全感显著提高，《意见》提出了六个方面共 28 条具体政策措施。

4月17日 国务院总理李克强主持召开国务院常务会议，听取 2019 年全国两会建议提案承办情况汇报，要求更好汇聚众智促进经济社会平稳健康发展；确定进一步降低小微企业融资成本的措施，加大金融对实体经济的支持。

4月17日 国家医保局发布《2019 年国家医保药品目录调整工作方案》。《方案》明确，药品目录调整涉及西药、中成药、中药饮片三个方面，具体包括药品调入和药品调出两项内容。以国家药监局批准上市的药品信息为基础，不接受企业申报或推荐，不收取评审费和其他各种费用。

4 月 18 日 中国国新战略重组大公国际资信评估有限公司签约仪式在京举行，中国国新收购大公资信 58%的股份，成为其控股股东。

4 月 18 日 市场监管总局会同公安部、农业农村部、海关总署、国家版权局、国家知识产权局等部门印发了《加强网购和进出口领域知识产权执法实施办法》。《实施办法》坚持问题导句，针对当前网购和进出口领域侵权行为线上线下一体化运作，跨区域、链条化等特点，提出 6 个方面工作措施。

4 月 19 日 中共中央总书记习近平主持召开中共中央政治局会议，分析研究当前经济形势，部署当前经济工作；听取 2018 年脱贫攻坚成效考核等情况汇报，对打好脱贫攻坚战提出要求；审议《中国共产党宣传工作条例》。会议强调，做好全年经济工作，要紧紧围绕贯彻落实中央经济工作会议精神，稳中求进、突出主线、守住底线、把握好度，坚持宏观政策要稳、微观政策要活、社会政策要托底的总体思路，统筹国内国际两个大局，做好稳增长、促改革、调结构、惠民生、防风险、保稳定各项工作。要通过改革开放和结构调整的新进展巩固经济社会稳定大局。要细化巩固、增强、提升、畅通八字方针落实举措，注重以供给侧结构性改革的办法稳需求，坚持结构性去杠杆，在推动高质量发展中防范化解风险，坚决打好三大攻坚战。宏观政策要立足于推动高质量发展，更加注重质的提升，更加注重激发市场活力，积极的财政政策要加力提效，稳健的货币政策要松紧适度。会议要求，要把推动制造业高质量发展作为稳增长的重要依托，引导传统产业加快转型升级，做强做大新兴产业。要有效支持民营经济和中小企业发展，加快金融供给侧结构性改革，着力解决融资难、融资贵问题，引导优势民营企业加快转型升级。要坚持房子是用来住的、不是用来炒的定位，落实好一城一策、因城施策、城市政府主体责任的长效调控机制。要以关键制度创新促进资本市场健康发展，科创板要真正落实以信息披露为核心的证券发行注册制。

4 月 19 日 国务院印发《改革国有资本授权经营体制方案》。《方案》提出了改革国有资本授权经营体制的主要举措。一是优化出资人代表机构履职方式。二是分类开展授权放权。其中，对国有资本投资、运营公司，一企一策有侧重、分先后地向符合条件的企业开展授权放权。对其他商业类和公益类企业，要充分落实企业的经营自主权。对其中已完成公司制改制、董事会建设较规范的企业，要逐步落实董事会职权。三是加强企业行权能力建设。四是完善监督监管体系。通过搭建实时在线的国资监管平台，整合监督资源，严格责任追究，实现对国有资本的全面有效监管。

4 月 20 日 我国在西昌卫星发射中心用长征三号乙运载火箭，成功发射第 44 颗北斗导航卫星。这是北斗三号系统的首颗倾斜地球同步轨道卫星，是长征系列运载火箭的第 302 次飞行，也是长征三号甲系列运载火箭的第 100 次飞行。

4 月 22 日 中共中央总书记、国家主席、中央军委主席、中央财经委员会主任习近平主持召开中央财经委员会第四次会议，研究全面建成小康社会补短板问题和中央经济工作会议精神落实情况。习近平在会上发表重要讲话强调，全面建成小康社会取得决定性进展，要正确认识面临的短板问题，聚焦短板弱项，实施精准攻坚。要勇于破题、善于解题，抓好中央经济工作会议精神的贯彻落实。

4 月 22 日　生态环境部、国家发展改革委、工业和信息化部、财政部、交通运输部联合印发《关于推进实施钢铁行业超低排放的意见》。《意见》提出，推动现有钢铁企业超低排放改造，到 2020 年底前，重点区域钢铁企业超低排放改造取得明显进展，力争 60% 左右产能完成改造；到 2025 年底前，重点区域钢铁企业超低排放改造基本完成，全国力争 80% 以上产能完成改造。

4 月 22 日　推进一带一路建设工作领导小组办公室发表《共建一带一路倡议：进展、贡献与展望》报告。报告指出，2013 年至 2018 年，中国与沿线国家货物贸易进出口总额超过 6 万亿美元，年均增长率高于同期中国对外贸易增速，占中国货物贸易总额的比重达到 27.4%；中国企业对沿线国家直接投资超过 900 亿美元，在沿线国家完成对外承包工程营业额超过 4000 亿美元。

4 月 22 日　亚洲基础设施投资银行（亚投行）宣布，亚投行理事会已经批准科特迪瓦、几内亚、突尼斯和乌拉圭为新一批成员。至此，亚投行成员达到 97 个。

4 月 23 日　《经济参考报》消息，为进一步完善有利于钢铁行业兼并重组的政策环境，我国将发布《促进钢铁行业兼并重组指导意见》。《指导意见》将按照企业为主体、政府引导、市场化运作的原则，着力解决当前阻碍钢铁业兼并重组的难点问题。包括鼓励有条件的企业实施跨区域、跨所有制的兼并重组，加快钢铁行业转型升级，并明确鼓励市场化基金参与相关重组事宜。

4 月 24 日　一带一路国际智库合作委员会成立大会在北京召开。国家主席习近平向大会致贺信。

4 月 25–28 日　第二届一带一路国际合作高峰论坛在北京召开。26 日，国家主席习近平发表题为《齐心开创共建一带一路美好未来》的主旨演讲，强调共建一带一路为世界各国发展提供了新机遇，也为中国开放发展开辟了新天地。习近平宣布，中国将采取一系列重大改革开放举措，促进更高水平对外开放。我们将更广领域扩大外资市场准入，更大力度加强知识产权保护国际合作，更大规模增加商品和服务进口，更加有效实施国际宏观经济政策协调，更加重视对外开放政策贯彻落实。

4 月 25 日　一带一路企业家大会在北京举行。国务院国资委主任肖亚庆介绍，中央企业通过参与共建一带一路加快了自身国际化进程，带动了沿线国家经济增长，也为促进全球化发挥了重要作用。来自 80 多个国家和地区的政府部门、商协会、企业及有关国际组织的 850 余名代表参加本次企业家大会。

4 月 29 日　国家统计局发布 2018 年农民工监测调查报告。数据显示，2018 年农民工总量为 28836 万人，比上年增加 184 万人，增长 0.6%。农民工增量比上年减少 297 万人，总量增速明显比上年回落 1.1 个百分点。

4 月 30 日 国务院总理李克强主持召开国务院常务会议，确定使用 1000 亿元失业保险基金结余实施职业技能提升行动的措施，提高劳动者素质和就业创业能力；讨论通过高职院校扩招 100 万人实施方案，加快培养各类技术技能人才促进扩大就业。

4 月 30 日 国家发展改革委、工业和信息化部、国家能源局联合印发《关于做好 2019 年重点领域化解过剩产能工作的通知》。《通知》要求，尚未完成压减粗钢产能目标的地区和中央企业，力争在 2019 年全面完成任务；尚未完成煤炭去产能目标的地区和中央企业，在 2020 年底前完成任务；继续大力淘汰关停不达标落后煤电机组。加快分类处置僵尸企业，确保 2020 年底前完成全部处置工作。

4 月 30 日 国务院减轻企业负担部际联席会议日前印发《2019 年全国减轻企业负担工作实施方案》。《方案》明确，要落实减税降费 2 万亿元的政策措施，确保主要行业税负有明显降低；持续推进清欠专项行动；进一步优化营商环境，降低企业的制度性交易成本；通过调查评估和监督检查，推动惠企减负政策落实。

4 月 30 日 由中国国新牵头发起，中央企业、地方国企以及社会资本共同出资的国企改革双百行动发展基金正式签约落地。双百基金总规模 600 亿元人民币、首期规模 300 亿元，主要出资方包括央企、地方国企、国内金融机构和民营企业，投资对象为双百企业，投资将聚焦于战略性新兴产业、非上市企业股权多元化和混合所有制改革以及上市公司并购重组等，将以市场化手段助力国企改革走向纵深。

4 月 30 日－5 月 1 日 中共中央政治局委员、国务院副总理、中美全面经济对话中方牵头人刘鹤与美国贸易代表莱特希泽、财政部长姆努钦在北京举行第十轮中美经贸高级别磋商。双方按照既定安排，将于下周在华盛顿举行第十一轮中美经贸高级别磋商。

5 月

5 月 1 日 中国人民银行党委书记、中国银保监会主席郭树清日前接受记者采访时表示，在深入研究评估的基础上，近期拟推出 12 条银行业保险业对外开放新措施，进一步扩大银行业保险业对外开放，丰富市场主体、激发市场活力。

5 月 4 日 新华社报道，综合各地旅游部门、通信运营商、线上旅行服务商数据，经文化和旅游部综合测算，2019 年五一假日期间全国国内旅游接待总人数 1.95 亿人次，按可比口径增长 13.7%；实现旅游收入 1176.7 亿元，按可比口径增长 16.1%。

5 月 5 日 国务院总理李克强主持召开国务院常务会议，明确政策举措力争今年底前基本取消全国高速公路省界收费站，便利群众出行提高物流效率；部署以制度创新持续减少和规范证明事项，进一步优化政务服务和营商环境；听取职业病防治工作汇报，要求更有力保障职工健康权益。

5月5日 新华社受权发布《中共中央 国务院关于建立健全城乡融合发展体制机制和政策体系的意见》。《意见》提出,到 2022 年,城乡融合发展体制机制初步建立,城乡要素自由流动制度性通道基本打通,城市落户限制逐步消除;到 2035 年,城乡融合发展体制机制更加完善,城镇化进入成熟期,城乡发展差距和居民生活水平差距显著缩小。城乡有序流动的人口迁徙制度基本建立;到本世纪中叶,城乡融合发展体制机制成熟定型。

5月5日 新华社报道,日前,国务院总理李克强签署国务院令,公布《政府投资条例》,自 2019 年 7 月 1 日起施行。《条例》共 7 章 39 条,包括总则、政府投资决策、政府投资年度计划、政府投资项目实施、监督管理、法律责任和附则。《条例》明确,政府投资资金应当投向市场不能有效配置资源的社会公益服务、公共基础设施、农业农村、生态环境保护、重大科技进步、社会管理、国家安全等公共领域的项目,以非经营性项目为主。制定《条例》是深化投融资体制改革的重点任务之一。

5月6日 商务部、公安部、海关总署印发《关于支持在条件成熟地区开展二手车出口业务的通知》,正式启动二手车出口工作,并公布了首批 10 个开展二手车出口业务的地区。

5月7日 国务院办公厅转发交通运输部等部门《关于加快道路货运行业转型升级促进高质量发展的意见》。《意见》聚焦当前道路货运行业发展面临的突出问题,从 5 个方面部署了 14 项重点工作任务。一是深化货运领域放管服改革。二是推动新旧动能接续转换。三是加快车辆装备升级改造。四是改善货运市场从业环境。五是提升货运市场治理能力。

5月8日 国务院总理李克强主持召开国务院常务会议,部署推进国家级经济技术开发区创新提升,打造改革开放新高地;决定延续集成电路和软件企业所得税优惠政策,吸引国内外投资更多参与和促进信息产业发展。会议要求有关部门要抓紧研究完善下一步促进集成电路和软件产业向更高层次发展的支持政策。

5月8日 工业和信息化部、国务院国资委印发《关于开展深入推进宽带网络提速降费 支撑经济高质量发展 2019 专项行动的通知》。《通知》要求开展双 G 双提同网同速精准降费,移动网络流量平均资费降低 20% 以上。

5月9日 国务院办公厅印发《关于促进 3 岁以下婴幼儿照护服务发展的指导意见》。《意见》强调,发展婴幼儿照护服务的重点是为家庭提供科学养育指导,并对确有照护困难的家庭或婴幼儿提供必要的服务。要强化政策引导和统筹引领,优先支持普惠性婴幼儿照护服务机构。按照儿童优先原则,最大限度地保护婴幼儿,确保婴幼儿的安全和健康。《意见》提出,到 2020 年,婴幼儿照护服务的政策法规体系和标准规范体系初步建立,建成一批具有示范效应的婴幼儿照护服务机构。到 2025 年,婴幼儿照护服务的政策法规体系和标准规范体系基本健全,多元化、多样化、覆盖城乡的婴幼儿照护服务体系基本形成。

5月9—10日 第十一轮中美经贸高级别磋商在华盛顿举行。中共中央政治局委员、国务院副总理、中美全面经济对话中方牵头人刘鹤在磋商结束后对媒体表示,中美关系十分重要，经贸关系是中美关系的压舱石和推进器。合作是双方唯一正确的选择，但合作是有原则的，在重大原则问题上中方决不让步。中方强烈反对美方加征关税的做法，中方将不得不采取必要反制措施。

5 月 10 日　中共中央政治局常委、国务院总理李克强主持召开专题座谈会，就减税降费政策实施情况听取企业负责人意见建议。李克强指出，当前经济运行总体平稳，积极因素在增加，但国际环境不确定因素也在增加，国内经济存在下行压力，既要坚定信心，又要正视困难。要进一步稳就业、稳金融、稳外贸、稳外资、稳投资、稳预期，因时因势更有针对性地实施宏观调控，依靠改革开放激发市场主体活力、增强内生动力，应对各种困难挑战，保持经济平稳运行。

5 月 10 日　为期三天的 2019 年中国品牌日活动在上海启动，主题是中国品牌，世界共享；加快品牌建设，引领高质量发展；聚焦国货精品，感受品牌魅力，集中展示 200 多家知名自主品牌企业的国货精品。中共中央政治局常委、国务院总理李克强对活动作出重要批示。批示指出：加强品牌建设，促进先进制造业和现代服务业发展，是顺应消费升级、释放国内市场巨大潜力、推进高质量发展的重要举措。要引导企业大力弘扬专业精神、工匠精神，坚守诚信，追求卓越，在市场公平竞争、消费者自主选择中涌现更多享誉世界的中国品牌，让中国与世界共享更好的中国产品与服务。

5 月 10 日　新华社报道，美方已将对 2000 亿美元中国输美商品加征的关税从 10% 上调至 25%，中方对此深表遗憾，将不得不采取必要反制措施。第十一轮中美经贸高级别磋商正在进行中，希望美方与中方相向而行、共同努力，通过合作和协商办法解决存在的问题。

5 月 12 日　新华社报道。国家医保局会同财政部日前印发《关于做好 2019 年城乡居民基本医疗保障工作的通知》，要求稳步提升待遇保障水平，大病保险政策范围内报销比例由 50% 提高至 60%。

5 月 13 日　中共中央总书记习近平主持召开中共中央政治局会议，决定从今年 6 月开始，在全党自上而下分两批开展不忘初心、牢记使命主题教育。会议审议了《长江三角洲区域一体化发展规划纲要》。会议指出，开展不忘初心、牢记使命主题教育，根本任务是深入学习贯彻习近平新时代中国特色社会主义思想，锤炼忠诚干净担当的政治品格，团结带领全国各族人民为实现伟大梦想共同奋斗。这次主题教育要贯彻守初心、担使命，找差距、抓落实的总要求，达到理论学习有收获、思想政治受洗礼、干事创业敢担当、为民服务解难题、清正廉洁作表率的目标。要将力戒形式主义、官僚主义作为主题教育重要内容，教育引导党员干部牢记党的宗旨，坚持实事求是的思想路线，树立正确政绩观，真抓实干，转变作风。要把学习教育、调查研究、检视问题、整改落实贯穿全过程。会议指出，长三角是我国经济发展最活跃、开放程度最高、创新能力最强的区域之一，在全国经济中具有举足轻重的地位。长三角一体化发展具有极大的区域带动和示范作用，要紧扣一体化和高质量两个关键，带动整个长江经济带和华东地区发展，形成高质量发展的区域集群。

5 月 13 日 国务院关税税则委员会发布公告，2019 年 5 月 9 日，美国政府宣布，自 2019 年 5 月 10 日起，对从中国进口的 2000 亿美元清单商品加征的关税税率由 10% 提高到 25%。为捍卫多边贸易体制，捍卫自身合法权益，中方不得不对原产于美国的部分进口商品调整加征关税措施。经党中央、国务院批准，国务院关税税则委员会决定，自 2019 年 6 月 1 日 0 时起，对已实施加征关税的 600 亿美元清单美国商品中的部分，提高加征关税税率，分别实施 25%、20% 或 10% 加征关税。对之前加征 5% 关税的税目商品，仍继续加征 5% 关税。

5 月 14 日 国务院总理李克强主持召开国务院常务会议，部署进一步推动网络提速降费，发挥扩内需稳就业惠民生多重效应；确定发挥企业主体作用提高创新能力的措施，推进产业提质升级。

5 月 14 日 国家统计局发布数据，2018 年全国城镇非私营单位就业人员年平均工资为 82461 元，比上年增加 8143 元，名义增长 11.0%，增速比 2017 年提高 1 个百分点。扣除价格因素，2018 年全国城镇非私营单位就业人员年平均工资实际增长 8.7%。

5 月 15 日 全国打击侵犯知识产权和制售假冒伪劣商品工作领导小组办公室发布《中国知识产权保护与营商环境新进展报告（2018）》。全国打击侵权假冒工作领导小组办公室主任、国家市场监督管理总局副局长甘霖在国务院新闻办公室举行的新闻发布会上介绍，中国知识产权保护水平进一步提高，营商环境进一步改善，创新创业热情进一步激发，经济发展质量进一步提升。世界知识产权组织发布的《2018 全球创新指数报告》显示，中国排名第 17，较 2017 年提升 5 位，首次跻身全球创新指数 20 强。

5 月 15 日 美国商务部以国家安全为由，将华为公司及其 70 家附属公司列入出口管制实体名单。华为对此回应说，限制华为不会让美国更安全，也不会使美国更强大，只会使美国在 5G 网络建设中落后于其他国家。此前，美国商务部将部分中国实体列入美国出口管制的实体名单。

5 月 16 日 《求是》杂志发表中共中央总书记、国家主席、中央军委主席习近平的重要文章《深入理解新发展理念》。文章指出，要着力实施创新驱动发展战略；要着力增强发展的整体性协调性；要着力推进人与自然和谐共生；要着力形成对外开放新体制；要着力践行以人民为中心的发展思想。

5 月 16 日 第三届世界智能大会在天津开幕。国家主席习近平致信指出，中国高度重视创新发展，把新一代人工智能作为推动科技跨越发展、产业优化升级、生产力整体跃升的驱动力量，努力实现高质量发展。

5 月 16 日 新华社报道，近日，中共中央办公厅、国务院办公厅印发《数字乡村发展战略纲要》。《纲要》提出，到 2020 年，数字乡村建设取得初步进展。全国行政村 4G 覆盖率超过 98%，农村互联网普及率明显提升。到 2025 年，初步建成一批兼具创业孵化、技术创新、技能培训等功能于一体的新农民新技术创业创新中心，培育形成一批农村电商产品品牌，基本形成乡村智慧物流配送体系。到 2035 年，城乡数字鸿沟大幅缩小。到本世纪中叶，全面建成数字乡村，助力乡村全面振兴。

5 月 16 日 新华社报道，交通运输部、中国人民银行、国家发展改革委、公安部、国家市场监管总局、银保监会日前联合印发了《交通运输新业态用户资金管理办法（试行）》，对用户资金收取、开立专用存款账户存管，以及建立联合工作机制强化监管等方面作出具体规定，从源头防范用户资金风险、加强用户权益保障，促进交通运输新业态健康稳定发展。

5 月 17 日 瑞幸咖啡在美国纳斯达克上市，交易代码 LK，IPO 发行价 17 美元/股，总发行规模 3300 万股，加上同步私募配售 5000 万美元，共募集资金 6.95 亿美元，市值达 42.5 亿美元。这是今年在纳斯达克 IPO 融资规模最大的亚洲公司，也是全球最快 IPO 公司。

5 月 20 日 新华社发布《中共中央 国务院关于深化改革加强食品安全工作的意见》。《意见》强调，必须深化改革创新，用最严谨的标准、最严格的监管、最严厉的处罚、最严肃的问责，进一步加强食品安全工作，确保人民群众舌尖上的安全。《意见》部署了食品安全放心工程建设攻坚行动，用 5 年左右时间，集中力量实施 10 项行动，以点带面治理餐桌污染，力争取得明显成效。

5 月 20 日 美国商务部发布为期 90 天的临时通用许可，推迟对华为及其附属公司现有在美产品和服务所实施的交易禁令。中国商务部新闻发言人对此表示，中方反对泛化国家安全概念和滥用出口管制措施，将坚决维护中国企业的合法权利。面对美国的 90 天临时执照，华为公司创始人、CEO 任正非说，华为从来不想在全球市场上单打独斗，但也做好了应对极端情况的准备。

5 月 20 日 中国民用航空局局长冯正霖与欧盟轮值主席国代表、罗马尼亚驻欧盟大使奥多贝斯车，欧盟委员会负责交通事务的委员布尔茨在布鲁塞尔共同签署了《中华人民共和国政府和欧洲联盟民用航空安全协定》和《中华人民共和国政府和欧洲联盟关于航班若干方面的协定》。这两个协定的签署是落实第二十一次中欧领导人会晤联合声明的具体举措，是中国与欧盟首次在民航领域签署协定。

5 月 20-22 日 中共中央总书记、国家主席、中央军委主席习近平在江西考察，主持召开推动中部地区崛起工作座谈会并发表重要讲话。他强调，要坚持以新时代中国特色社会主义思想为指导，贯彻新发展理念，在供给侧结构性改革上下更大功夫，在实施创新驱动发展战略、发展战略性新兴产业上下更大功夫，积极主动融入国家战略，推动高质量发展，不断增强中部地区综合实力和竞争力，奋力开创中部地区崛起新局面。

5 月 21 日 国务院办公厅印发《深化收费公路制度改革取消高速公路省界收费站实施方案》。《实施方案》指出，要按照远近结合、统筹谋划、科学设计、有序推进、安全稳定、提效降费的原则，明确技术路线，加快工程建设，力争 2019 年底前基本取消全国高速公路省界收费站。

5 月 22 日　国务院总理李克强主持召开国务院常务会议，确定深入推进市场化法治化债转股的措施，支持企业纾困化险、增强发展后劲；部署进一步推动社会办医持续健康规范发展，增加医疗服务供给、促进民生改善。会议指出，一是建立债转股合理定价机制，创新债转股方式，扩大债转优先股试点，鼓励对高杠杆优质企业及业务板块优先实施债转股，促进更多项目签约落地。二是完善政策，允许通过具备条件的交易场所开展转股资产交易。三是积极吸引社会力量参与市场化债转股，优化股权结构，依法平等保护社会资本权益。支持金融资产投资公司发起设立资管产品并允许保险资金、养老金等投资。探索公募资管产品依法合规参与债转股。鼓励外资入股实施机构。会议确定，允许在职或停薪留职医务人员申办医疗机构；今明两年在北京、上海、沈阳等 10 个城市开展诊所备案管理试点等。

5 月 22 日　《十三届全国人大常委会贯彻落实〈中共中央关于建立国务院向全国人大常委会报告国有资产管理情况制度的意见〉五年规划（2018-2022）》正式对外发布。

5 月 22 日　新华社报道，财政部、国家税务总局日前发布公告，明确集成电路设计企业和软件企业税收优惠政策。

5 月 22 日　即日起，12306 网站在前期试点的基础上，将铁路候补购票服务扩大到所有旅客列车。

5 月 22 日　中缅国际通道大（理）至临（沧）铁路首座 3000 米以上隧道—墨家营隧道顺利贯通，标志着全线建设取得重大进展。大临铁路中缅国际通道组成部分，是云南省八出省五出境铁路网的重要通道，线路全长 202 公里，设计时速为每小时 160 公里，为国家 I 级电气化铁路，桥隧占线路总长的 87.25%。

5 月 23 日　新华社报道，国家邮政局等七部门近日出台《关于推进邮政业服务乡村振兴的意见》。《意见》提出，到 2022 年，邮政服务乡乡有局所、建制村直通邮，快递服务乡乡有网点、村村通快递，实现建制村电商寄递配送全覆盖。

5 月 23 日　我国时速 600 公里高速磁浮试验样车在青岛下线。这标志着我国在高速磁浮技术领域实现重大突破。

5 月 23 日　新华社报道，由中国科学院空天信息研究院研制的系留浮空器新技术正式应用于日前在西藏纳木错开展的第二次青藏高原综合科学考察研究中，23 日凌晨达到海拔 7003 米的高度。这一高度也是世界范围内已知的同类型同量级浮空器驻空高度的世界纪录。执行此次任务的极目一号是高原体验版，体积 2300 立方米，是自主研制的流线型浮空器在青藏高原的首次应用。

5 月 24 日　中共中央政治局常委、国务院总理李克强在山东济南主持召开部分地方减税降费工作座谈会，部署进一步落实好减税降费各项政策。李克强指出，亿万市场主体是稳就业的顶梁柱、是增长的发动机，确保更大规模减税降费落实到位、激发市场主体活力，关系经济社会大局。一要算好当前账和长远账，二要算好中央账和地方账。

5 月 24 日　新华社报道，近日，国务院办公厅印发《职业技能提升行动方案（2019-2021 年）》。2019 年至 2021 年要开展各类补贴性职业技能培训 5000 万人次以上，其中 2019 年培训 1500 万人次以上。

5 月 24 日　国家发展改革委、国家能源局、住房城乡建设部、市场监管总局等四部委联合发布《油气管网设施公平开放监管办法》指出，国家鼓励和支持各类资本参与投资建设纳入统一规划的油气管网设施，提升油气供应保障能力。

5 月 24 日　新华社报道，继中国东航、国航、南航和厦航向波音公司提出索赔后，山东航空、深圳航空、昆明航空、海南航空、福州航空、祥鹏航空、奥凯航空 7 家航空公司 23 日已陆续确认，就波音 737MAX 停飞以及前期订购的 737MAX 延迟交付造成的损失提出了赔偿要求。

5 月 26 日　2019 年中国国际大数据产业博览会在贵州省贵阳市开幕，国家主席习近平向会议致贺信。习近平指出，当前，以互联网、大数据、人工智能为代表的新一代信息技术蓬勃发展，对各国经济发展、社会进步、人民生活带来重大而深远的影响。各国需要加强合作，深化交流，共同把握好数字化、网络化、智能化发展机遇，处理好大数据发展在法律、安全、政府治理等方面挑战。

5 月 28 日　2019 年中国国际服务贸易交易会在北京开幕，国家主席习近平向交易会致贺信。习近平强调，中国致力于促进更高水平对外开放，坚定支持多边贸易体制，将在更广领域扩大外资市场准入，积极打造一流营商环境。

5 月 28 日　国务院《关于推进国家级经济技术开发区创新提升打造改革开放新高地的意见》。

5 月 28 日　四川移动联合中移（成都）产业研究院、四川省人民医院研发的全国首个 5G 应急救援系统已在四川省人民医院急救中心投入使用。

5 月 29 日　中共中央总书记、国家主席、中央军委主席、中央全面深化改革委员会主任习近平主持召开中央全面深化改革委员会第八次会议并发表重要讲话。他强调，当前，我国改革发展形势正处于深刻变化之中，外部不确定不稳定因素增多，改革发展面临许多新情况新问题。我们要保持战略定力，坚持问题导向、因势利导、统筹谋划、精准施策，在防范化解重大矛盾和突出问题上出实招硬招，推动改革更好服务经济社会发展大局。会议审议通过了《关于创新和完善宏观调控的指导意见》《关于在山西开展能源革命综合改革试点的意见》《关于深化影视业综合改革促进我国影视业健康发展的意见》《关于加强创新能力开放合作的若干意见》《关于治理高值医用耗材的改革方案》《关于改革完善体制机制加强粮食储备安全管理的若干意见》《关于完善建设用地使用权转让、出租、抵押二级市场的指导意见》《关于加快农业保险高质量发展的指导意见》等文件。

5 月 29 日　国务院总理李克强主持召开国务院常务会议，部署进一步促进社区养老和家政服务业加快发展的措施，决定对养老、托幼、家政等社区家庭服务业加大税费优惠政策支持。

5月30日 我国新型深远海综合科学考察实习船东方红3船在江南造船（集团）有限责任公司交船。这是我国自主创新研发和自主建造的新一代科学考察实习船，是国内首艘、世界第4艘获得船舶水下辐射噪声最高等级-静音科考级（Silent-R）证书的科考船，是世界上获得这一等级证书的排水量最大的海洋综合科考船。

5月31日 不忘初心、牢记使命主题教育工作会议在北京召开。中共中央总书记、国家主席、中央军委主席习近平出席会议并发表重要讲话。习近平强调，党的十九大决定，以县处级以上领导干部为重点，在全党开展不忘初心、牢记使命主题教育。他强调，为中国人民谋幸福，为中华民族谋复兴，是中国共产党人的初心和使命，是激励一代代中国共产党人前赴后继、英勇奋斗的根本动力。开展不忘初心、牢记使命主题教育，要牢牢把握守初心、担使命，找差距、抓落实的总要求，牢牢把握深入学习贯彻新时代中国特色社会主义思想、锤炼忠诚干净担当的政治品格、团结带领全国各族人民为实现伟大梦想共同奋斗的根本任务，努力实现理论学习有收获、思想政治受洗礼、干事创业敢担当、为民服务解难题、清正廉洁作表率的具体目标，确保这次主题教育取得扎扎实实的成效。

5月31日 商务部新闻发言人在专题新闻发布会上说，根据相关法律法规，中国将建立不可靠实体清单制度。对不遵守市场规则、背离契约精神、出于非商业目的对中国企业实施封锁或断供，严重损害中国企业正当权益的外国企业、组织或个人，将列入不可靠实体清单。具体措施将于近期公布。

5月31日 国务院国资委副主任翁杰明就美对我新一轮加征关税影响答记者问。翁杰明强调，中国法律法规没有专门针对国有企业补贴的规定，中央企业也没有基于所有制的补贴。对于产业补贴，有关部门正在开展清理、规范工作，这将有利于为不同所有制、不同规模的各类企业营造公平的市场环境。

6月

6月1日 根据国务院关税税则委员会2019年第3号公告，中国已于2019年6月1日起，对原产于美国的部分进口商品提高加征关税税率。根据公告，国务院关税税则委员会对原产于美国约600亿美元进口商品清单中的部分商品，分别实施加征25%、20%、10%的关税。对之前加征5%关税的税目商品，仍实施加征5%的关税。

6月1日 新华社报道，最近，美国联邦快递在我国发生未按名址投递快件行为，严重损害用户合法权益，已违反我国快递业有关法规。国家有关部门决定立案调查。

6月2日 国务院新闻办公室发布《关于中美经贸磋商的中方立场》白皮书，旨在全面介绍中美经贸磋商基本情况，阐明中国对中美经贸磋商的政策立场。

6月2日 中国宝武钢铁集团对马钢集团实施战略重组，安徽省国资委将马钢集团51%股权无偿划转至中国宝武。通过本次收购，中国宝武将直接持有马钢集团51%股权，间接成为马钢股份控股股东。

6月3日 中共中央总书记、国家主席、中央军委主席习近平近日对垃圾分类工作作出重要指示。习近平强调，实行垃圾分类，关系广大人民群众生活环境，关系节约使用资源，也是社会文明水平的一个重要体现。习近平指出，推行垃圾分类，关键是要加强科学管理、形成长效机制、推动习惯养成。要加强引导、因地制宜、持续推进，把工作做细做实，持之以恒抓下去。

6月3日 国务院国资委印发《国务院国资委授权放权清单（2019年版）》，重点选取了5大类、35项授权放权事项列入《清单》，包括规划投资与主业管理（8项）；产权管理（12项）；选人用人（2项）；企业负责人薪酬管理、工资总额管理与中长期激励（10项）；重大财务事项管理（3项）等。《清单》结合企业的功能定位、治理能力、管理水平等企业改革发展实际，分别针对各中央企业、综合改革试点企业、国有资本投资、运营公司试点企业以及特定企业相应明确了授权放权事项。同时，明确集团公司要对所属企业同步开展授权放权，做到层层松绑，全面激发各层级企业活力。

6月5日 国务院总理李克强主持召开国务院常务会议，确定按照创新驱动发展战略要求把大众创业万众创新引向深入的措施；部署抓好农业生产、保障农产品有效供给，要求全面做好防汛抗旱工作；通过《中华人民共和国固体废物污染环境防治法（修订草案）》。会议确定了把双创引向深入的5个方面措施。

6月5日 国家医保局、财政部、国家卫生健康委、国家中医药局联合印发《关于印发按疾病诊断相关分组付费国家试点城市名单的通知》，确定了30个城市作为疾病诊断相关分组（DRG）付费国家试点城市。

6月5日 我国在黄海海域用长征十一号海射运载火箭，将技术试验卫星捕风一号A、B星及五颗商业卫星顺利送入预定轨道，试验取得成功，这是我国首次在海上实施运载火箭发射技术试验。

6月6日 中共中央政治局常委、国务院总理、国务院振兴东北地区等老工业基地领导小组组长李克强主持召开领导小组会议，研究部署进一步推动东北振兴工作。李克强指出，全面振兴东北要靠改革开放。国家将在东北地区率先开展营商环境试评价。各部门要在简政放权上给予东北更大支持。国家将设立东北振兴专项转移支付给予倾斜支持。要加快推进国企国资改革取得突破，分类施策解决好历史遗留问题，壮大民营经济。做好沿海经济带和沿边开放大文章，采取更大力度开放措施，打造重点面向东北亚的开放合作高地。

6月6日 新华社报道，商务部发布《关于美国在中美经贸合作中获益情况的研究报告》。《报告》指出，中美双边贸易中，顺差在中国，利益在双方。美国从中美经贸合作中获益巨大。

6月6日 工业和信息化部正式向中国电信、中国移动、中国联通、中国广电发放 5G 商用牌照，批准四家企业经营第五代数字蜂窝移动通信业务。我国正式进入 5G 商用元年。

6月7日 第二十三届圣彼得堡国际经济论坛全会 7 日在圣彼得堡举行。国家主席习近平发表了题为《坚持可持续发展 共创繁荣美好世界》的致辞，强调面对世界百年未有之大变局，中方愿同国际社会一道，合力打造开放多元的世界经济，努力建设普惠包容的幸福社会，致力构建人与自然和谐共处的美丽家园，携手开辟崭新的可持续发展之路。

6月10日 新华社报道，近日，中共中央办公厅、国务院办公厅印发了《关于做好地方政府专项债券发行及项目配套融资工作的通知》。《通知》明确，在严控地方政府隐性债务（以下简称隐性债务）、坚决遏制隐性债务增量、坚决不走无序举债搞建设之路的同时，加大逆周期调节力度，厘清政府和市场边界，鼓励依法依规市场化融资，科学实施政策组合拳，加强财政、货币、投资等政策协同配合。

6月11日 新华社报道，住房和城乡建设部等 9 部门近日印发《关于在全国地级及以上城市全面开展生活垃圾分类工作的通知》，在 46 个重点城市先行先试的基础上，决定自 2019 年起在全国地级及以上城市全面启动生活垃圾分类工作。到 2025 年，全国地级及以上城市基本建成生活垃圾分类处理系统。

6月11日 交通部召开专题新闻发布会表示，我国建制村通客车率已达到 98.02%，今年全国 260 个地级以上城市将实现交通一卡通互联互通。

6月12日 国务院总理李克强近日主持召开国务院常务会议，部署加快建设社会信用体系构建相适应的市场监管新机制。会议要求，要以统一社会信用代码为标识，依法依规建立权威、统一、可查询的市场主体信用记录，并依法互通共享，打破部门垄断和信息孤岛。规范认定并设立市场主体信用黑名单，强化跨行业、跨领域、跨部门联合惩戒，对失信主体要坚决依法依规惩治直至逐出市场。推进互联网+监管，利用大数据等技术对失信行为早发现、早提醒、早处置，提高监管及时性、精准性、有效性。

6月12日 被誉为中国铁路发展集大成者、智能高铁示范工程的京张高铁实现全线轨道贯通。京张高铁是我国首条智能高铁，是京津冀协同发展的重要基础工程，是 2022 年北京冬奥会的重要交通保障设施。线路全程 174 公里，起点位于北京北站，终点在 2022 年北京冬奥会另一举办地张家口。

6月13日 李克强在浙江杭州出席 2019 年全国大众创业万众创新活动周，并发表重要讲话。李克强指出，大众创业万众创新实质是通过改革解放和发展生产力，调动亿万市场主体积极性和社会创造活力，更大限度激发每个人的潜能潜质。双创是创新发展的重要抓手。要鼓励创投、风投基金为双创加油助力。

6月13日 科创板在上海证券交易所正式开板。

6月16日 中船重工七一六所与宁波慈星股份有限公司携手，历时两年时间，先后攻克了机器人缝纫控制技术、视觉识别技术以及系统集成技术，成功研制出应用于汽车内饰自动缝纫的 3D 缝纫机器人，成功打破了国外企业垄断，成为国内目前唯一掌握相关技术的企业。

6 月 17 日　中国证监会和英国金融行为监管局发布了《联合公告》，原则批准上海证券交易所和伦敦证券交易所开展互联互通存托凭证业务（沪伦通），沪伦通正式启动。证监会表示，启动沪伦通是我国资本市场改革开放的重要探索，也是中英金融领域务实合作的重要内容，对拓宽双向跨境投融资渠道，促进中英两国资本市场共同发展，助力上海国际金融中心建设，都将产生重要和深远的影响。

6 月 18 日　国家主席习近平应约同美国总统特朗普通电话。习近平指出，双方应该在相互尊重、互惠互利基础上，推进以协调、合作、稳定为基调的中美关系。在经贸问题上，双方应通过平等对话解决问题，关键是要照顾彼此的合理关切。

6 月 18 日　中国铁路总公司改制设立的中国国家铁路集团有限公司在京挂牌。公司注册资本为人民币 17395 亿元，以铁路客货运输为主业，实行多元化经营。

6 月 19 日　国务院总理李克强主持召开国务院常务会议，部署推进城镇老旧小区改造，顺应群众期盼改善居住条件；确定提前完成农村电网改造升级任务的措施，助力乡村振兴；要求巩固提高农村饮水安全水平，支持脱贫攻坚、保障基本民生。

6 月 19 日　新华社报道，近日，中共中央办公厅印发了《关于鼓励引导人才向艰苦边远地区和基层一线流动的意见》。

6 月 20 日　国家卫生健康委公示了《第一批鼓励仿制药品目录建议清单》，清单内共 34 种药物，包括艾滋病治疗药物利匹韦林、阿巴卡韦和白血病治疗药物硫唑嘌呤。

6 月 20 日　证监会网站发布消息　就修改《上市公司重大资产重组管理办法》向社会公开征求意见。为进一步理顺重组上市功能、激发市场活力，证监会对现行监管规则的执行效果开展了系统性评估，拟进一步提高《重组办法》的适应性和包容度，主要修改内容包括取消重组上市认定标准中的净利润指标、进一步缩短累计首次原则计算期间、推进创业板重组上市改革、恢复重组上市配套融资等。

6 月 20 日　中国移动发布的 2018 年可持续发展报告称，中国移动正在大力推进 5G+计划，预计 2019 年 9 月底前将在超过 40 个城市推出不换卡、不换号的 5G 服务。

6 月 21 日　最高人民法院举行新闻发布会，正式发布并实施《最高人民法院关于为设立科创板并试点注册制改革提供司法保障的若干意见》。《意见》从依法保障以市场机制为主导的股票发行制度改革顺利推进、依法提高资本市场违法违规成本、建立健全与注册制改革相适应的证券民事诉讼制度等方面提出了 17 条举措。这是最高法历史上首次为资本市场基础性制度改革安排而专门制定的系统性、综合性司法文件。

6 月 22 日　国家发展改革委等部门联合印发《加快完善市场主体退出制度改革方案》。《方案》明确，逐步建立起覆盖各类市场主体的便利、高效、有序的退出制度，市场主体退出渠道进一步畅通，市场主体退出成本明显下降，无效低效市场主体加快退出，为构建市场机制有效、微观主体有活力、宏观调控有度的经济体制提供有力支撑。《方案》提出，研究建立个人破产制度，重点解决企业破产产生的自然人连带责任担保债务问题。

6月22日 中船重工大船集团为招商轮船建造的凯征轮交付，这是全球首艘30.8万吨超大型智能原油船（VLCC）。凯征轮通过构建服务智能系统的网络信息平台，实现了船舶航行辅助自动驾驶、智能液货管理、综合能效管理、设备运行维护、船岸一体通信五大智能功能。是全球第一艘获得中国船级社 i-SHIP（I，N，M，Et，C，）及 OMBO 一人驾驶船级符号的 VLCC，填补了国际智能 VLCC 的空白。

6月22日 新华社报道，华为美国公司日前在美国华盛顿特区地区法院起诉美国商务部，认为美国商务部扣押华为设备并迟迟不作出相关决定的行为非法。法院公开的诉讼文件显示，2017年，华为将包括一台计算机服务器和一台以太网交换机在内的多件原产于中国的电信设备运往美国加利福尼亚州一家独立实验室检测，完成检测后计划将设备运回。当年9月，这些设备在运回中国的途中被美国商务部以调查是否需要出口许可为由，扣押于阿拉斯加州安克雷奇市。

6月24日 中共中央政治局委员、国务院副总理、中美全面经济对话中方牵头人刘鹤应约与美国贸易代表莱特希泽、财政部长姆努钦通话。双方按照两国元首通话的指示，就经贸问题交换意见。双方同意继续保持沟通。

6月25日 国务院召开全国深化放管服改革优化营商环境电视电话会议。中共中央政治局常委、国务院总理李克强发表重要讲话。李克强说，简政放权、放管结合、优化服务是处理好政府与市场关系的重大改革之举。当前国际环境深刻变化，要办好自己的事、有效应对风险挑战，必须以习近平新时代中国特色社会主义思想为指导，认真贯彻党中央、国务院决策部署，坚定不移推进改革开放，把放管服改革、优化营商环境作为促进六稳的重要举措，更大激发市场主体活力、增强竞争力、释放国内市场巨大潜力，顶住下行压力，保持经济平稳运行，促进高质量发展。

6月25日 近日，由中国通号为欧洲匈塞铁路量身打造的匈塞铁路 ETCS-2（欧洲列车运行控制系统）系统实验室在塞尔维亚首都贝尔格莱德落成，这是我国企业在海外建成的首个高铁列车运行控制系统实验室，将共享我国高铁建设的丰富案例库经验，为采用欧洲 ETCS-2 及列控系统标准建设的匈塞铁路提供核心技术支撑。

6月25日 我国在西昌卫星发射中心用长征三号乙运载火箭成功将北斗三号第2颗倾斜地球同步轨道（IGSO-2）卫星送入预定轨道，发射取得圆满成功。

6月26日 国务院总理李克强主持召开国务院常务会议，确定进一步降低小微企业融资实际利率的措施，决定开展深化民营和小微企业金融服务综合改革试点；部署支持扩大知识产权质押融资和制造业信贷投放，促进创新和实体经济发展；决定扩大高职院校奖助学金覆盖面、提高补助标准并设立中等职业教育国家奖学金。会议决定，中央财政采取以奖代补方式，支持部分城市开展为期3年的深化民营和小微企业金融服务综合改革试点，在扩大民营和小微企业融资规模、提高便利度、降低融资成本、完善风险补偿机制、金融服务创新等方面进行探索，引导更多金融资源支小助微。

6 月 28 日 二十国集团领导人第十四次峰会在日本大阪举行。国家主席习近平出席并发表题为《携手共进，合力打造高质量世界经济》的重要讲话。习近平强调，当前，中国经济稳中向好。我们将进一步推出若干重大举措，加快形成对外开放新局面，努力实现高质量发展。第一，进一步开放市场。第二，主动扩大进口。第三，持续改善营商环境。第四，全面实施平等待遇。第五，大力推动经贸谈判。中国有信心走好自己的路、办好自己的事，同世界各国和平共处、合作共赢，共建人类命运共同体，为创造世界经济更加美好的明天不懈努力。

6 月 28 日 金砖国家领导人会晤在大阪举行。国家主席习近平、巴西总统博索纳罗、俄罗斯总统普京、印度总理莫迪、南非总统拉马福萨出席。五国领导人围绕金砖伙伴关系、全球治理、科技创新合作等深入交换意见，达成广泛共识。习近平指出，当前，国际形势正处于一个复杂严峻时期。世界经济总体保持增长，但不确定性不稳定性显著增加。金砖国家应该扎扎实实做好自己的事，增强发展韧性和抵御外部风险的能力。

6 月 29 日 国家主席习近平同美国总统特朗普在大阪举行会晤。两国元首就事关中美关系发展的根本性问题、当前中美经贸摩擦以及共同关心的国际和地区问题深入交换意见，为下阶段两国关系发展定向把舵，同意推进以协调、合作、稳定为基调的中美关系。作为世界前两大经济体，中美之间的分歧要通过对话磋商，寻找彼此都能接受的办法解决。

6 月 29 日 十三届全国人大常委会第十一次会议表决通过了疫苗管理法，自 2019 年 12 月 1 日起施行。这是我国对疫苗管理进行的专门立法，将对疫苗实行最严格的管理制度，坚持安全第一、风险管理、全程管控、科学监管、社会共治。

6 月 30 日 国家发展改革委、商务部联合印发《外商投资准入特别管理措施（负面清单）（2019 年版）》，统一列出股权要求、高管要求等外商投资准入方面的特别管理措施。全国外资准入负面清单条目由 48 条减至 40 条，压减比例 16.7%。负面清单进一步缩短，外商投资范围更进一步扩大。进一步推进服务业扩大对外开放，放宽采矿业、制造业、交通运输业等准入措施。同日，印发《自由贸易试验区外商投资准入特别管理措施（负面清单）（2019 年版）》。

6 月 30 日 国家发展改革委、商务部联合印发《鼓励外商投资产业目录（2019 年版）》。《目录》包括全国鼓励外商投资产业目录和中西部地区外商投资优势产业目录。总条目 1108 条，其中全国目录 415 条，与 2017 年版相比增加 67 条、修改 45 条；中西部目录 693 条，与 2017 年版相比增加 54 条、修改 165 条，较大幅度增加鼓励外商投资领域，支持外资更多投向高端制造、智能制造、绿色制造等领域。

7 月

7月1日 新华社报道，中国重工、中国船舶、中国动力、中船科技、中国应急披露公告称，于7月1日接控股股东通知：中船集团正与中船重工筹划战略性重组，有关方案尚未确定，方案亦需获得相关主管部门批准。上述相关上市公司皆强调，本次控股股东战略性重组事项正处于筹划阶段，有关事项具有不确定性。

7月1日 我国新一轮3000亿元规模的降费举措正式落地。按照国务院的部署，本轮降费措施包括车库、车位等不动产所有权登记收费、商标续展注册费收费、因私普通护照等出入境证照收费、国家重大水利工程建设基金和民航发展基金征收、中央所属企事业单位文化事业建设费、移动网络流量和中小企业宽带资费、一般工商业平均电价、铁路货物执行运价、港口收费、公民身份信息认证收费等。

7月2日 2019世界新能源汽车大会在海南博鳌召开。国家主席习近平致贺信，对大会的召开表示热烈祝贺。习近平强调，中国坚持走绿色、低碳、可持续发展道路，愿同国际社会一道，加速推进新能源汽车科技创新和相关产业发展，为建设清洁美丽世界、推动构建人类命运共同体作出更大贡献。

7月3日 国务院总理李克强主持召开国务院常务会议，听取赋予自由贸易试验区更大改革创新自主权落实情况汇报，支持自贸试验区在改革开放方面更多先行先试；部署完善跨境电商等新业态促进政策，适应产业革命新趋势推动外贸模式创新。

7月5日 机构国债和零售国债在中国澳门中国银行大厦举行的国家财政部人民币零售国债，中国澳门首发开售仪式上相继顺利开售，标志着中央政府首次在中国澳门成功发行人民币国债。

7月5日 新华社报道，2019年上半年，我国日均新设企业1.94万户，同比增长7.1%。截至6月底，全国有各类市场主体1.16亿户。

7月8日 经国务院批准，中国保利集团有限公司与中国中丝集团有限公司实施重组，中国中丝集团有限公司整体无偿划转进入中国保利集团有限公司，不再作为国资委直接监管企业。

7月9日 中共中央政治局委员、国务院副总理、中美全面经济对话中方牵头人刘鹤应约与美国贸易代表莱特希泽、财政部长姆努钦通话，就落实两国元首大阪会晤共识交换意见。

7月10日 国务院总理李克强主持召开国务院常务会议，确定进一步稳外贸措施，以扩大开放助力稳增长稳就业；要求切实做好降低社保费率工作，决定全面推开划转部分国有资本充实社保基金；部署中央预算执行和其他财政收支审计查出问题整改工作。会议决定，今年全面推开将中央和地方国有及国有控股大中型企业和金融机构的10%国有股权，划转至社保基金会和地方相关承接主体，并作为财务投资者，依照规定享有收益权等权利。

7 月 11 日　我国第一艘自主建造的极地科学考察破冰船—雪龙 2 号在上海交付，并将于今年底首航南极，我国极地考察现场保障和支撑能力取得新的突破。

7 月 12 日　海关总署发布数据显示，2019 年上半年，我国外贸进出口总值 14.67 万亿元人民币，比去年同期增长 3.9%。其中，出口 7.95 万亿元，增长 6.1%；进口 6.72 万亿元，增长 1.4%；贸易顺差 1.23 万亿元，扩大 41.6%。民营企业在外贸领域持续发力，正成为我国对外贸易增长的中流砥柱。上半年，我国民营企业进出口增长 11%，外贸占比较去年同期提升了 2.7 个百分点，超过外商投资企业，成为我国外贸第一大市场主体。

7 月 15 日　中共中央政治局常委、国务院总理李克强在北京主持召开经济形势专家和企业家座谈会，分析当前经济运行情况，就做好下一步经济工作听取意见建议。李克强指出，要坚持实施积极的财政政策、稳健的货币政策和就业优先政策，适时预调微调，运用好逆周期调节工具。要切实兑现全年减税降费近 2 万亿元的承诺，稳定企业预期。疏通货币政策传导渠道，降低中小微企业融资成本。多措并举稳定和扩大就业。要破解多重难题、保持经济在高基数上平稳运行，关键靠更大力度改革开放。要以改善民生为导向，培育新的消费热点和投资增长点。

7 月 15 日　新华社报道，近日，中共中央办公厅、国务院办公厅印发了《党政主要领导干部和国有企事业单位主要领导人员经济责任审计规定》，并发出通知，要求各地区各部门认真遵照执行。

7 月 15 日　国家统计局发布数据显示，经初步核算，上半年我国国内生产总值 450933 亿元，按可比价格计算，同比增长 6.3%。分季度看，一季度同比增长 6.4%，二季度增长 6.2%。国民经济运行在合理区间，延续了总体平稳、稳中有进发展态势。

据新华社 7 月 16 日报道，近日，国务院办公厅印发《关于加快推进社会信用体系建设构建以信用为基础的新型监管机制的指导意见》。《意见》指出，要按照依法依规、改革创新、协同共治的原则，以加强信用监管为着力点，创新监管理念、监管制度和监管方式，建立健全贯穿市场主体全生命周期，衔接事前、事中、事后全监管环节的新型监管机制，不断提升监管能力和水平，进一步规范市场秩序，优化营商环境，推动高质量发展。《意见》提出了四个方面政策措施。一是创新事前环节信用监管；二是加强事中环节信用监管；三是完善事后环节信用监管；四是强化信用监管的支撑保障。

7 月 17 日　国务院总理李克强主持召开国务院常务会议，确定支持平台经济健康发展的措施，壮大优结构促升级增就业的新动能；部署进一步加强知识产权保护工作，切实保护各类市场主体合法权益。

7 月 18 日　新华社报道，中共中央政治局委员、国务院副总理、中美全面经济对话中方牵头人刘鹤应约与美国贸易代表莱特希泽、财政部长姆努钦通话，就落实两国元首大阪会晤共识及下一步磋商交换意见。

7月20日 国务院金融稳定发展委员会办公室对外宣布，为贯彻落实党中央、国务院关于进一步扩大对外开放的决策部署，按照宜快不宜慢、宜早不宜迟的原则，在深入研究评估的基础上，推出 11 条金融业对外开放措施，包括：（1）允许外资机构在华开展信用评级业务时，可以对银行间债券市场和交易所债券市场的所有种类债券评级。（2）鼓励境外金融机构参与设立、投资入股商业银行理财子公司。（3）允许境外资产管理机构与中资银行或保险公司的子公司合资设立由外方控股的理财公司。（4）允许境外金融机构投资设立、参股养老金管理公司。（5）支持外资全资设立或参股货币经纪公司。（6）人身险外资股比限制从 51% 提高至 100% 的过渡期，由原定 2021 年提前到 2020 年。（7）取消境内保险公司合计持有保险资产管理公司的股份不得低于 75% 的规定，允许境外投资者持有股份超过25%。（8）放宽外资保险公司准入条件，取消 30 年经营年限要求。（9）将原定于 2021 年取消证券公司、基金管理公司和期货公司外资股比限制的时点提前到 2020 年。（10）允许外资机构获得银行间债券市场 A 类主承销牌照。（11）进一步便利境外机构投资者投资银行间债券市场。

7月22日 上午 9 时 30 分，科创板正式开市，首批 25 家公司在上海证券交易所挂牌上市交易，标志着中国资本市场注册制改革全面落地。截至收盘，科创板当日成交额突破 485 亿元。25 只科创板股票全天涨幅均超过 80%，平均涨幅约 140%，其中 16 只股票涨幅翻倍。

7月24日 中共中央总书记、国家主席、中央军委主席、中央全面深化改革委员会主任习近平主持召开中央全面深化改革委员会第九次会议并发表重要讲话。会议审议通过了《国家科技伦理委员会组建方案》《关于强化知识产权保护的意见》《关于促进中医药传承创新发展的意见》《关于深化农村公共基础设施管护体制改革的指导意见》《长城大运河、长征国家文化公园建设方案》《关于在国土空间规划中统筹划定落实三条控制线的指导意见》《关于加快建立网络综合治理体系的意见》《区域医疗中心建设试点工作方案》《国家产教融合建设试点实施方案》《关于支持深圳建设中国特色社会主义先行示范区的意见》《中国-上海合作组织地方经贸合作示范区建设总体方案》。

7月24日 国务院总理李克强主持召开国务院常务会议，确定进一步治理违规涉企收费的措施，大力清除企业不合理负担；部署深化区域金融改革试点，增强金融服务改革开放和经济发展能力。

7月25日 由北京星际荣耀空间科技有限公司研制的双曲线一号遥一长安欧尚号运载火箭在中国酒泉卫星发射中心成功发射，按飞行时序将两颗卫星及有效载荷准确送入预定轨道，发射任务取得圆满成功，实现了我国民营运载火箭的新突破。

7月26日 人力资源社会保障部、最高人民法院等多部门日前共同下发《关于实施护薪行动全力做好拖欠农民工工资争议处理工作的通知》。《通知》要求，全国各级人力资源社会保障部门、人民法院、工会、企业代表组织要采取统一行动，切实解决拖欠农民工工资劳动争议处理过程中调解结案难、调查取证难、裁审衔接难等问题，完善协商、调解、仲裁、诉讼相互协调、有序衔接的多元处理机制，依法保障农民工劳动报酬权益。

7 月 27 日 经国务院国有企业改革领导小组第二次会议审议通过，上海、深圳区域性国资国企综合改革试验和沈阳国资国企重点领域和关键环节改革专项工作已正式启动。上海综改试验坚持市场化、专业化、国际化、法制化的导向，突出完善国资管理体制、开展国有资本授权经营体制改革、激发员工内生动力等着力点，重点推进深化经营性国有资产集中统一监管，扩大员工持股试点范围，探索科技成果分享机制，拓宽外部董事来源渠道等领域改革，推动形成国资国企综合改革合力。深圳综改试验以提高国有资本效率、增强国有企业活力为中心，以建立符合社会主义市场经济要求的国有资产管理体制和国有企业经营机制为重点，着力推进一类一策优化国资监管，探索运用限制性股票、超额利润分享、中长期业绩奖金等多种方式建立长效激励约束机制，创新管理层和核心骨干持股改革，健全企业科技创新投入视同利润考核机制。沈阳专项改革围绕落实全面振兴东北地区等老工业基地的目标要求，积极稳妥推进混合所有制改革，进一步提升国有经济活力、控制力和抗风险能力，坚持提升企业核心竞争力，全面解决历史遗留问题，充分激发东北老工业基地的活力。

7 月 29 日 中共中央在中南海召开党外人士座谈会，就当前经济形势和下半年经济工作听取各民主党派中央、全国工商联负责人和无党派人士代表的意见和建议。中共中央总书记习近平主持座谈会并发表重要讲话。他强调，要增强信心、保持定力、坚定底气，统筹国内国际两个大局，坚持稳中求进工作总基调，促进经济持续健康发展。既要看到经济运行中的困难和问题，又要看到我国经济长期向好的趋势没有变，坚定不移深化供给侧结构性改革，培育新的经济增长点，扎扎实实推动经济高质量发展。

7 月 29 日 按照国务院常务会议部署，财政部联合科技部、工业和信息化部、人民银行、银保监会日前印发通知，开展财政支持深化民营和小微企业金融服务综合改革试点城市工作，中央财政给予奖励资金支持，试点期限暂定为 2019 年至 2021 年。同时，鼓励有条件的省份参照开展省级试点工作。

7 月 30 日 中共中央总书记习近平主持召开中共中央政治局会议，分析研究当前经济形势，部署下半年经济工作，审议《中国共产党问责条例》和《关于十九届中央第三轮巡视情况的综合报告》。会议指出，当前我国经济发展面临新的风险挑战，国内经济下行压力加大，必须增强忧患意识，把握长期大势，抓住主要矛盾，善于化危为机，办好自己的事。会议强调，做好下半年经济工作意义重大。要坚持稳中求进工作总基调，坚持以供给侧结构性改革为主线，坚持新发展理念、推动高质量发展，坚持推进改革开放，坚持宏观政策要稳、微观政策要活、社会政策要托底的总体思路，统筹国内国际两个大局，统筹做好稳增长、促改革、调结构、惠民生、防风险、保稳定各项工作，促进经济持续健康发展。要实施好积极的财政政策和稳健的货币政策。财政政策要加力提效，继续落实落细减税降费政策。货币政策要松紧适度，保持流动性合理充裕。

7 月 30 日至 31 日　中共中央政治局委员、国务院副总理、中美全面经济对话中方牵头人刘鹤与美国贸易代表莱特希泽、财政部长姆努钦在上海举行第十二轮中美经贸高级别磋商。双方按照两国元首大阪会晤重要共识要求，就经贸领域共同关心的重大问题进行了坦诚、高效、建设性的深入交流。双方还讨论了中方根据国内需要增加自美农产品采购以及美方将为采购创造良好条件。双方将于 9 月在美举行下一轮经贸高级别磋商。

7 月 31 日　国务院总理李克强主持召开国务院常务会议，部署加大力度落实就业优先政策，持续保持比较充分的就业；确定适应群众需要促进商品消费和文化旅游的措施，更大释放最终需求潜力。

7 月 31 日　海峡两岸旅游交流协会在文化和旅游部官方网站发布公告表示，鉴于当前两岸关系，决定自 2019 年 8 月 1 日起暂停 47 个城市大陆居民赴台个人游试点。对此，国台办发言人马晓光 8 月 1 日应询表示，民进党当局不断推进台独活动，严重破坏了大陆居民赴台个人游试点的基础和条件。

8 月

8 月 2 日　商务部新闻发言人就美方拟对 3000 亿美元中国输美商品加征 10% 关税发表谈话，表示美方此举严重违背中美两国元首大阪会晤共识，背离了正确的轨道，无益于解决问题，中方对此强烈不满、坚决反对。如果美方加征关税措施付诸实施，中方将不得不采取必要的反制措施，坚决捍卫国家核心利益和人民根本利益，一切后果全部由美方承担。

8 月 5 日　人民币兑美元离岸和在岸汇率先后突破 7 的整数关口。央行行长易纲表示，近期，国际经济形势和贸易摩擦出现了一些新的情况，市场预期也随之发生了一些变化。受此影响，8 月以来许多货币对美元出现了贬值，人民币汇率也受到了一定程度的影响，这个波动是市场驱动和决定的。央行有关负责人表示，汇率波动是常态，人民银行有经验、有信心、有能力保持人民币汇率在合理均衡水平上基本稳定。

8 月 5 日　商务部发布数据显示，2019 年上半年，我国服务贸易总额达 26124.6 亿元，同比增长 2.6%。其中，出口 9333.7 亿元，增长 9%；进口 16790.8 亿元，下降 0.6%；逆差 7457.1 亿元，下降 10.5%。

8 月 6 日　人民银行发表声明称，北京时间 8 月 6 日，美国财政部将中国列为汇率操纵国，中方对此深表遗憾。这一标签不符合美财政部自己制订的所谓汇率操纵国的量化标准，是任性的单边主义和保护主义行为，严重破坏国际规则，将对全球经济金融产生重大影响。

8 月 8 日　国务院办公厅印发《关于促进平台经济规范健康发展的指导意见》。《意见》提出五个方面措施：一是优化完善市场准入条件，降低企业合规成本；二是创新监管理念和方式，实行包容审慎监管；三是鼓励发展平台经济新业态，加快培育新的增长点；四是优化平台经济发展环境，夯实新业态成长基础；五是切实保护平台经济参与者合法权益，强化平台经济发展法治保障。

8 月 9 日 中共中央、国务院印发《关于支持深圳建设中国特色社会主义先行示范区的意见》。《意见》确定了深圳的战略定位，即：高质量发展高地、法治城市示范、城市文明典范、民生幸福标杆、可持续发展先锋。《意见》提出深圳的发展目标是：到 2025 年，深圳经济实力、发展质量跻身全球城市前列，研发投入强度、产业创新能力世界一流，文化软实力大幅提升，公共服务水平和生态环境质量达到国际先进水平，建成现代化国际化创新型城市。到 2035 年，深圳高质量发展成为全国典范，城市综合经济竞争力世界领先，建成具有全球影响力的创新创业创意之都，成为我国建设社会主义现代化强国的城市范例。到本世纪中叶，深圳以更加昂扬的姿态屹立于世界先进城市之林，成为竞争力、创新力、影响力卓著的全球标杆城市。

8 月 9 日 华为公司在广东东莞松山湖举行的华为开发者大会上正式发布自主研发的鸿蒙操作系统。华为消费者业务 CEO、华为技术有限公司常务董事余承东介绍，鸿蒙系统是基于微内核的全场景分布式 OS，可按需扩展，实现更广泛的系统安全，主要用于物联网，特点是低时延，甚至可到毫秒级乃至亚毫秒级。

8 月 13 日 中共中央政治局委员、国务院副总理、中美全面经济对话中方牵头人刘鹤应约与美国贸易代表莱特希泽、财政部长姆努钦通话。中方就美方拟于 9 月 1 日对中国输美商品加征关税问题进行了严正交涉。双方约定在未来两周内再次通话。

8 月 15 日 针对美国贸易代表办公室宣布将对约 3000 亿美元自华进口商品加征 10% 关税，国务院关税税则委员会有关负责人表示，美方此举严重违背中美两国元首阿根廷会晤共识和大阪会晤共识，背离了磋商解决分歧的正确轨道。中方将不得不采取必要的反制措施。

8 月 16 日 国务院总理李克强主持召开国务院常务会议，部署运用市场化改革办法推动实际利率水平明显降低和解决融资难问题；确定加强常用药供应保障和稳定价格的措施，确保群众用药需求和减轻负担。

8 月 17 日 由中国航天科技集团有限公司所属中国运载火箭技术研究院抓总研制的捷龙一号遥一火箭在我国酒泉卫星发射中心成功发射，以一箭三星方式顺利将三颗卫星送入预定轨道。这是捷龙一号运载火箭执行的首次飞行任务，也是我国商业火箭领域国家队的全新探索。

8 月 19-20 日 中共中央政治局常委、国务院总理李克强在黑龙江省委书记张庆伟、省长王文涛陪同下，在牡丹江、哈尔滨考察。李克强强调，要坚持以习近平新时代中国特色社会主义思想为指导，贯彻党中央、国务院部署，更大力度推动改革开放创新，推动东北全面振兴。他强调，实现东北全面振兴，关键还是靠改革开放创新，要大力优化营商环境聚人气，既留住本地人才，也吸引全国人才再闯关东来创业创新，不仅要提高大企业竞争力，还要促进民营中小企业蓬勃发展，推动新旧动能转换。

8 月 21 日 国务院总理李克强主持召开国务院常务会议，决定在自由贸易试验区开展证照分离改革全覆盖试点，部署扩大养老服务供给促进养老服务消费，确定稳定生猪生产和猪肉保供稳价措施。会议指出，要按照党中央、国务院部署，深化放管服改革，推进证照分离，破解准入不准营，这有利于打造市场化法治化国际化营商环境，也是稳就业的有力措施。会议决定，从 12 月 1 日起，在全国自贸试验区开展证照分离改革全覆盖试点，对中央层面设定的全部 523 项涉企经营许可事项，推动照后减证和简化审批。一是取消对外贸易经营者备案登记等 13 项审批。二是将报关企业注册登记等 8 项审批改为备案。三是对人力资源服务许可等 60 项审批实行告知承诺制。四是对其余 442 项审批采取压减材料和时限、延长或取消有效期、网上办理、取消现场核验等优化服务措施。五是对上述涉企经营许可事项全部纳入清单管理，向社会公开并定期调整。

8 月 21 日 商务部表示，截至目前，世界 500 强公司中已有约 490 家在华投资，约占总体数量的 98%。

8 月 22 日 2019 中国民营企业 500 强峰会在西宁举行。峰会以不忘创业初心 坚定报国之志为主题，发布了 2019 中国民营企业 500 强中国民营企业制造业 500 强中国民营企业服务业 100 强榜单。榜单显示，华为、海航、苏宁位列 2019 中国民营企业 500 强前三名；华为、正威、恒力集团位列 2019 中国民营企业制造业 500 强前三名；海航、苏宁、恒大集团有限公司位列中国民营企业服务业 100 强榜单前三名。

8 月 23 日 国务院办公厅印发《关于进一步激发文化和旅游消费潜力的意见》。《意见》指出，要以习近平新时代中国特色社会主义思想为指导，顺应文化和旅游消费提质转型升级新趋势，深化文化和旅游领域供给侧结构性改革，提升文化和旅游消费质量水平，不断激发文化和旅游消费潜力，以高质量文化和旅游供给增强人民群众的获得感、幸福感。《意见》提出了 9 项激发文化和旅游消费潜力的政策举措。

8 月 23 日 国务院关税税则委员会决定，对原产于美国的 5078 个税目、约 750 亿美元商品，加征 10%、5% 不等关税，分两批自 2019 年 9 月 1 日 12 时 01 分、12 月 15 日 12 时 01 分起实施。

8 月 26 日 中共中央总书记、国家主席、中央军委主席、中央财经委员会主任习近平主持召开中央财经委员会第五次会议，研究推动形成优势互补高质量发展的区域经济布局问题、提升产业基础能力和产业链水平问题。习近平在会上发表重要讲话强调，要根据各地区的条件，走合理分工、优化发展的路子，落实主体功能区战略，完善空间治理，形成优势互补、高质量发展的区域经济布局。要充分发挥集中力量办大事的制度优势和超大规模的市场优势，打好产业基础高级化、产业链现代化的攻坚战。

8 月 26 日 国务院印发《中国（山东）、（江苏）、（广西）、（河北）、（云南）、（黑龙江）自由贸易试验区总体方案》。《总体方案》指出，在山东、江苏、广西、河北、云南、黑龙江等 6 省区设立自由贸易试验区，是党中央、国务院作出的重大决策，是新时代推进改革开放的战略举措。《总体方案》提出了各有侧重的差别化改革试点任务。30 日，山东、江苏、广西、河北、云南、黑龙江六省区的 6 个新设自由贸易试验区正式揭牌。

8 月 26-29 日　2019 中国国际智能产业博览会在重庆国际博览中心举行。国家主席习近平致贺信强调，中国高度重视智能产业发展，加快数字产业化、产业数字化，推动数字经济和实体经济深度融合。中国愿同国际社会一道，共创智能时代，共享智能成果。本届博览会主题是智能化：为经济赋能，为生活添彩。展会将突出国际化、专业性、体验感，向广大企业和观众展示新技术、新动能、新前景。

8 月 27 日　新华社报道，中国信息通信研究院在 2019 中国国际智能产业博览会上发布的《中国 5G 应用发展白皮书》显示，去年我国数字产业化规模达到 6.4 万亿元，占 GDP 比重为 7.1%；产业数字化规模超过 24.9 万亿元，占 GDP 比重为 27.6%。

8 月 27 日　国务院办公厅印发《关于加快发展流通促进商业消费的意见》。《意见》指出，党中央、国务院高度重视发展流通扩大消费。为推动流通创新发展，优化消费环境，促进商业繁荣，激发国内消费潜力，更好满足人民群众消费需求，促进国民经济持续健康发展，《意见》提出了 20 条稳定消费预期、提振消费信心的政策措施。

8 月 28 日　国务院总理李克强主持召开国务院常务会议，部署深化放管结合加强事中事后监管，促进公平竞争提升市场效率；决定再取消一批工业产品生产许可证，更大释放市场主体创新创造活力；确定进一步促进体育健身和体育消费的措施，部署推动在线教育健康发展促进教育公平。

8 月 29-31 日　2019 世界人工智能大会在上海举行。来自全球人工智能领域的顶尖科学家、行业专家及著名企业家围绕智联世界，无限可能的大会主题，聚焦技术创新、行业落地、产业赋能、发展升级等人工智能热门方向和议题进行深入探讨交流，打造世界顶尖人工智能合作交流平台。

8 月 31 日　国务院金融稳定发展委员会召开会议，研究金融支持实体经济、深化金融体制改革、加强投资者合法权益保护等问题，部署有关工作。

9 月

9 月 1 日　中国企业联合会、中国企业家协会在山东济南举办 2019 中国 500 强企业高峰论坛，连续 18 年发布中国企业 500 强榜单，共涉及 76 个行业，其中制造业企业入围 244 家，服务业企业入围 173 家。从所有制结构上看，国有企业 265 家，民营企业 235 家，中国石化、中国石油、国家电网位列前三位。

9 月 3 日　新华社报道报道，由中交一公局集团承建的孟州黄河大桥首片 80 米钢箱梁日前架设成功。这次架设是我国建桥史上首次采用特大型架桥机双幅整孔架设 80 米钢箱梁，这项国际先进的技术对我国桥梁施工具有重大的意义。

9月4日　国务院总理李克强主持召开国务院常务会议，部署精准施策加大力度做好六稳工作；确定加快地方政府专项债券发行使用的措施，带动有效投资支持补短板扩内需。

9月5日　中共中央政治局委员、国务院副总理、中美全面经济对话中方牵头人刘鹤应约与美国贸易代表莱特希泽、财政部长姆努钦通话。双方同意 10 月初在华盛顿举行第十三轮中美经贸高级别磋商，此前双方将保持密切沟通，工作层将于 9 月中旬开展认真磋商，为高级别磋商取得实质性进展做好充分准备。双方一致认为，应共同努力，采取实际行动，为磋商创造良好条件。

9月6日　人民银行宣布，为支持实体经济发展，降低社会融资实际成本，决定于 9 月 16 日全面下调金融机构存款准备金率 0.5 个百分点；同时，为促进加大对小微、民营企业的支持力度，再额外对仅在省级行政区域内经营的城市商业银行定向下调存款准备金率 1 个百分点。

9月6日　首艘国产极地探险邮轮命名交付仪式在江苏海门举行。由招商局工业集团制造的 1 号邮轮被命名为格雷格·莫蒂默号，并交付给船东美国 SunStone 公司。

9月9日　中共中央总书记、国家主席、中央军委主席、中央全面深化改革委员会主任习近平主持召开中央全面深化改革委员会第十次会议并发表重要讲话。他强调，落实党的十八届三中全会以来中央确定的各项改革任务，前期重点是夯基垒台、立柱架梁，中期重点在全面推进、积厚成势，现在要把着力点放到加强系统集成、协同高效上来，巩固和深化这些年来我们在解决体制性障碍、机制性梗阻、政策性创新方面取得的改革成果，推动各方面制度更加成熟更加定型。

9月9-10日　证监会在北京召开全面深化资本市场改革工作座谈会。会议提出了当前及今后一个时期全面深化资本市场改革的 12 个方面重点任务，包括：充分发挥科创板的试验田作用，大力推动上市公司提高质量，补齐多层次资本市场体系的短板，狠抓中介机构能力建设，加快推进资本市场高水平开放，推动更多中长期资金入市，切实化解股票质押、债券违约、私募基金等重点领域风险，进一步加大法治供给，加强投资者保护，提升稽查执法效能，大力推进简政放权，加快提升科技监管能力。

9月10日　国家外汇管理局宣布，经国务院批准，决定取消合格境外机构投资者（QFII）和人民币合格境外机构投资者（RQFII）投资额度限制。外汇局表示，此次全面取消合格境外投资者投资额度限制，是国家外汇管理局在合格境外投资者外汇管理领域的又一重大改革举措。今后，具备相应资格的境外机构投资者，只需进行登记即可自主汇入资金开展符合规定的证券投资，境外投资者参与境内金融市场的便利性将再次大幅提升，中国债券市场和股票市场也将更好、更广泛地被国际市场接受。

9 月 11 日　国务院总理李克强主持召开国务院常务会议，要求紧扣群众关切进一步保障好基本民生；决定出台城乡居民匜保高血压糖尿病门诊用药报销政策，减轻数亿患者负担；部署深入推进医养结合发展，更好满足老年人健康和养老需求。会议决定，对参加城乡居民基本医保的 3 亿多高血压、糖尿病患者，将其在国家基本医保用药目录范围内的门诊用药统一纳入医保支付，报销比例提高至 50% 以上。

9 月 12 日　国务院印发《关于加强和规范事中事后监管的指导意见》。《意见》指出，要坚持以习近平新时代中国特色社会主义思想为指导，持续深化放管服改革，坚持放管结合、并重，把更多行政资源从事前审批转到加强事中事后监管上来，加快构建权责明确、公平公正、公开透明、简约高效的事中事后监管体系，形成市场自律、政府监管、社会监督互为支撑的协同监管格局，切实管出公平、管出效率、管出活力，促进提高市场主体竞争力和市场效率，推动经济社会持续健康发展。

9 月 12 日　科技部印发《关于促进新型研发机构发展的指导意见》。《意见》提出，符合条件的新型研发机构，可按要求申报国家科技重大专项、国家重点研发计划、国家自然科学基金等各类政府科技项目、科技创新基地和人才计划；按照《中华人民共和国促进科技成果转化法》等规定，通过股权出售、股权奖励、股票期权、项目收益分红、岗位分红等方式，激励科技人员开展科技成果转化。《意见》鼓励设立科技类民办非企业单位（社会服务机构）性质的新型研发机构；鼓励地方通过中央引导地方科技发展专项资金，支持新型研发机构建设运行；鼓励国家科技成果转化引导基金，支持新型研发机构转移转化利用财政资金等形成的科技成果。

9 月 12 日　美国总统特朗普当地时间 9 月 11 日晚宣布，将对 2500 亿美元中国输美商品上调关税时间从 10 月 1 日推迟到 10 月 15 日。中共中央政治局委员、国务院副总理刘鹤表示，中方对此表示欢迎。全世界期盼中美磋商取得进展，双方工作层将于下周见面，围绕贸易平衡、市场准入、投资者保护等共同关心的问题进行认真交流。13 日，中方支持相关企业从即日起按照市场化原则和 WTO 规则，自美采购一定数量大豆、猪肉等农产品，国务院关税税则委员会将对上述采购予以加征关税排除。

9 月 17 日　新华社报道，应美方邀请，中央财办副主任、财政部副部长廖岷拟于本周三率团访美，与美方就中美经贸问题进行磋商，为 10 月份在华盛顿举行的第十三轮中美经贸高级别磋商做准备。

9 月 18 日　新华社报道，中共中央总书记、国家主席、中央军委主席习近平近日在河南考察时强调，要认真贯彻落实党中央决策部署，坚持稳中求进工作总基调，坚持新发展理念，统筹做好稳增长、促改革、调结构、惠民生、防风险、保稳定各项工作，打好三大攻坚战，促进经济持续健康发展和社会和谐稳定，不断增强人民群众获得感、幸福感、安全感，在中部地区崛起中奋勇争先，谱写新时代中原更加出彩的绚丽篇章。在考察郑州煤矿机械集团股份有限公司时，习近平强调，制造业是实体经济的基础，实体经济是我国发展的本钱，是构筑未来发展战略优势的重要支撑。要坚定推进产业转型升级，加强自主创新，发展高端制造、智能制造，把我国制造业和实体经济搞上去，推动我国经济由量大转向质强，扎扎实实实现两个一百年奋斗目标。

9月19日 新华社报道，近日，中共中央、国务院印发了《交通强国建设纲要》，并发出通知，要求各地区各部门结合实际认真贯彻落实。《纲要》提出，到 2020 年，完成决胜全面建成小康社会交通建设任务和十三五现代综合交通运输体系发展规划各项任务，为交通强国建设奠定坚实基础。从 2021 年到本世纪中叶，分两个阶段推进交通强国建设。到 2035 年，基本建成交通强国。到本世纪中叶，全面建成人民满意、保障有力、世界前列的交通强国。

9月19日 国务院办公厅印发《关于做好优化营商环境改革举措复制推广借鉴工作的通知》，结合京沪两地优化营商环境改革举措的典型经验做法，提出 13 项在全国复制推广的改革举措，23 项供全国借鉴的改革举措，要求各地区、各部门复制推广借鉴。

9月20日 国务院发出《关于中国—上海合作组织地方经贸合作示范区建设总体方案的批复》，同意在山东青岛建立中国—上海合作组织地方经贸合作示范区，打造一带一路国际合作新平台，拓展国际物流、现代贸易、双向投资、商旅文化交流等领域合作，更好发挥青岛在一带一路新亚欧大陆桥经济走廊建设和海上合作中的作用，加强我国同上海合作组织国家互联互通，着力推动形成陆海内外联动、东西双向互济的开放格局。

9月20日 2019 世界制造业大会在安徽省合肥市开幕，国家主席习近平致贺信。习近平指出，当前，全球制造业正经历深刻变革，各国需要加强合作、互学互鉴，共同把握新一轮科技和产业革命机遇，增强制造业技术创新能力，推动制造业质量变革、效率变革、动力变革。习近平强调，中国高度重视制造业发展，坚持创新驱动发展战略，把推动制造业高质量发展作为构建现代化经济体系的重要一环。中方愿同各方一道，推动制造业新技术蓬勃发展，为促进全球制造业高质量发展、实现共享共赢作出积极贡献。

9月22日 国家智能网联汽车（武汉）测试示范区在江城武汉揭牌，百度、海梁科技、深兰科技等企业获得武汉市交通部门颁发的自动驾驶车辆商用牌照。这是武汉在无人驾驶商业化应用领域迈出的关键一步。今后，无人驾驶车辆不仅可在开放道路进行载人测试，也可进行商业化运营探索。

9月23日 在庆祝中华人民共和国成立 70 周年之际，中共中央总书记、国家主席、中央军委主席习近平前往北京展览馆，参观伟大历程 辉煌成就—庆祝中华人民共和国成立 70 周年大型成就展。他强调，新中国成立 70 年来，我们党不忘初心、牢记使命，团结带领全国各族人民战胜了一个又一个艰难险阻，创造了一个又一个彪炳史册的人间奇迹，中华民族迎来了从站起来、富起来到强起来的伟大飞跃。70 年来我国取得的历史性成就、发生的历史性变革，充分说明只有中国共产党才能领导中国，只有社会主义才能救中国，只有改革开放才能发展中国、发展社会主义、发展马克思主义，只有中国特色社会主义道路才能引领中国走向繁荣富强。

9月25日 北京大兴国际机场投运仪式在北京举行。中共中央总书记、国家主席、中央军委主席习近平出席仪式，宣布机场正式投运并巡览航站楼，代表党中央向参与机场建设和运营的广大干部职工表示衷心的感谢、致以诚挚的问候。习近平强调，大兴国际机场能够在不到5年的时间里就完成预定的建设任务，顺利投入运营，充分展现了中国工程建筑的雄厚实力，充分体现了中国精神和中国力量，充分体现了中国共产党领导和我国社会主义制度能够集中力量办大事的政治优势。新中国70年何等辉煌！中国共产党领导中国人民实现了一个又一个不可能，创造了一个又一个难以置信的奇迹。奇迹是干出来的，社会主义是干出来的。中国共产党和中国人民有雄心、有自信继续奋斗，朝着实现两个一百年奋斗目标、实现中华民族伟大复兴的中国梦奋勇前进。实践充分证明，中国人民一定能，中国一定行。

9月26日 国务院总理李克强主持召开国务院常务会议，部署加强市场价格监测预测预警，保持物价基本稳定，保障基本民生；决定完善燃煤发电上网电价形成机制，促进电力市场化交易，降低企业用电成本；核定第八批全国重点文物保护单位。会议决定，抓住当前燃煤发电市场化交易电量已占约50%、电价明显低于标杆上网电价的时机，对尚未实现市场化交易的燃煤发电电量，从明年1月1日起，取消煤电价格联动机制，将现行标杆上网电价机制，改为基准价+上下浮动的市场化机制。基准价按各地现行燃煤发电标杆上网电价确定，浮动范围为上浮不超过10%、下浮原则上不超过15%。

9月26日 新华社报道，在大庆油田发现60周年之际，中共中央总书记、国家主席、中央军委主席习近平发来贺信，代表党中央向大庆油田广大干部职工、离退休老同志及家属表示热烈的祝贺，并致以诚挚的慰问。习近平在贺信中指出，60年前，党中央作出石油勘探战略东移的重大决策，广大石油、地质工作者历尽艰辛发现大庆油田，翻开了中国石油开发史上具有历史转折意义的一页。60年来，几代大庆人艰苦创业、接力奋斗，在亘古荒原上建成我国最大的石油生产基地。大庆油田的卓越贡献已经镌刻在伟大祖国的历史丰碑上，大庆精神、铁人精神已经成为中华民族伟大精神的重要组成部分。

9月26日 332米高的全球最高混凝土桥塔——贵州平塘至罗甸高速公路控制性工程平塘特大桥成功合龙。平塘特大桥全长2135米，桥面宽30.2米，规划双向4车道，是一座三塔双索面叠合梁斜拉桥。三座桥塔的高度分别为320米、332米和298米，相当于在峡谷之中建了三座100多层高的大楼。该桥由中交第二公路工程局和贵州桥梁集团共同承建。平塘特大桥通车后，平塘到罗甸的通行时间将从2个半小时缩短至1小时，将成为连接贵州南部的交通要道，对助推滇黔桂石漠化片区脱贫攻坚具有重要意义。

9月27日 国务院金融稳定发展委员会召开第八次会议，研究深化金融体制改革、增强金融服务实体经济能力等问题，部署下一步重点工作。

9月28日 世界上一次性建成并开通运营里程最长的重载铁路——浩勒报吉至吉安铁

路（即原蒙西至华中地区铁路）开通运营，我国铁路版图新增一条纵贯南北的能源运输大通道。浩吉铁路运用智能综合调度、智能牵引供电、基础设施智能运维、融合北斗的工务基础设施监测、智能大脑平台、综合安全大数据等多项技术，标志着我国货运铁路综合智能化关键技术取得新突破。

10 月

10 月 1 日 庆祝中华人民共和国成立 70 周年大会在北京天安门广场隆重举行，20 余万军民以盛大的阅兵仪式和群众游行欢庆共和国 70 华诞。中共中央总书记、国家主席、中央军委主席习近平发表重要讲话并检阅受阅部队。习近平在讲话中指出，70 年前的今天，毛泽东同志在这里向世界庄严宣告了中华人民共和国的成立，中国人民从此站起来了。这一伟大事件，彻底改变了近代以后 100 多年中国积贫积弱、受人欺凌的悲惨命运，中华民族走上了实现伟大复兴的壮阔道路。70 年来，全国各族人民同心同德、艰苦奋斗，取得了令世界刮目相看的伟大成就。今天，社会主义中国巍然屹立在世界东方，没有任何力量能够撼动我们伟大祖国的地位，没有任何力量能够阻挡中国人民和中华民族的前进步伐。1 日晚，庆祝中华人民共和国成立 70 周年联欢活动在北京天安门广场盛大举行。

10 月 3 日 新华社报道，国家发展改革委、交通运输部近日联合印发《关于做好物流降本增效综合改革试点工作的通知》，决定在山西、江苏、浙江、河南、重庆、四川等 6 省（市）组织开展物流降本增效综合改革试点，试点期为 2019 年 9 月至 2021 年 8 月。相关试点省（市）将按照《通知》确定的重点任务，在事权范围内研究制定切实可行的创新改革举措，破除物流降本增效的瓶颈制约；对涉及国务院相关部门事权、突破现行规章制度和规范性文件的创新性政策诉求及建议，将定期汇总后报送国家发展改革委、交通运输部。

10 月 3 日 中国石油塔里木油田公司博孜 9 井试井成功，获高产工业油气流，日产天然气 41.82 万立方米、凝析油 115.15 立方米，成为塔里木油田一年内在天山南部发现的又一个千亿方级大气田，这是塔里木盆地的第二个万亿方大气区。

10 月 7 日 新华社报道，经文化和旅游部综合测算，国庆 7 天长假期间，全国共接待国内游客 7.82 亿人次，同比增长 7.81%；实现国内旅游收入 6497.1 亿元，同比增长 8.47%。受景区降价、高速免费、文旅融合和监管有力等积极因素影响，游客满意度和获得感稳步提升。

10 月 7 日 美国商务部宣布将 8 家中国企业列入美国贸易管制黑名单，禁止与美国企业合作。这 8 家中国企业涉及人工智能、人脸识别及安防监控等高技术产业领域，具体包括：大华科技、海康威视、科大讯飞、旷视科技、商汤科技、厦门美亚柏科信息有限公司、依图科技、颐信科技有限公司。

10 月 8 日 国务院总理李克强主持召开国务院常务会议，审议通过《优化营商环境条例（草案）》，以政府立法为各类市场主体投资兴业提供制度保障，围绕市场主体需求，聚焦转变政府职能，将近年来"放管服"改革中行之有效的经验做法上升为法规，并对标国际先进水平，确立对内外资企业等各类市场主体一视同仁的营商环境基本制度规范。

10 月 10 日 中共中央政治局委员、国务院副总理、中美全面经济对话中方牵头人刘鹤与美国贸易代表莱特希泽、财政部长姆努钦开始新一轮中美经贸高级别磋商。本轮高级别磋商定于 10 日至 11 日在华盛顿举行，双方团队此前已开始工作层磋商。

10 月 11 日 2019 中国国际数字经济博览会在河北省石家庄市开幕，国家主席习近平致贺信。习近平强调，中国高度重视发展数字经济，在创新、协调、绿色、开放、共享的新发展理念指引下，中国正积极推进数字产业化、产业数字化，引导数字经济和实体经济深度融合，推动经济高质量发展。希望与会代表深化交流合作，探讨共享数字经济发展之道，更好造福世界各国人民。

10 月 11 日 中共中央政治局常委、国务院总理、国家能源委员会主任李克强主持召开国家能源委员会会议，研究进一步落实能源安全新战略，审议通过推动能源高质量发展实施意见，部署今冬明春保暖保供工作。李克强指出，技术创新和体制机制创新是能源高质量发展的重要推动力。要加快能源开发利用关键技术和重大装备攻关，探索先进储能、氢能等商业化路径，依托互联网发展能源新产业新业态新模式。深入推进能源领域市场化改革，放宽油气勘探开发和油气管网、液化天然气（LNG）接收站、储气调峰设施投资建设以及配售电业务市场准入，鼓励各类社会资本积极参与。对标国际先进水平进一步缩短企业获得电力的时间。推动建立主要由市场决定能源价格的机制。优化能源市场监管，落实安全生产责任。

10 月 10-11 日 中共中央政治局委员、国务院副总理、中美全面经济对话中方牵头人刘鹤与美国贸易代表莱特希泽、财政部长姆努钦在华盛顿举行新一轮中美经贸高级别磋商。双方在两国元首重要共识指导下，就共同关心的经贸问题进行了坦诚、高效、建设性的讨论。双方在农业、知识产权保护、汇率、金融服务、扩大贸易合作、技术转让、争端解决等领域取得实质性进展。双方讨论了后续磋商安排，同意共同朝最终达成协议的方向努力。

10 月 15 日 国务院印发《关于修改〈中华人民共和国外资保险公司管理条例〉和〈中华人民共和国外资银行管理条例〉的决定》。《决定》明确，外国保险集团公司可以在中国境内设立外资保险公司；境外金融机构可以入股外资保险公司；外国银行可以在中华人民共和国境内同时设立外商独资银行和外国银行分行，或者同时设立中外合资银行和外国银行分行；外国银行分行可以吸收中国境内公民每笔不少于 50 万元人民币的定期存款。

10月16日 首届世界科技与发展论坛在北京召开。国家主席习近平向大会致贺信指出，当前，新一轮科技革命和产业变革不断推进，科技同经济、社会、文化、生态深入协同发展，对人类文明演进和全球治理体系发展产生深刻影响。以科技创新推动可持续发展成为破解各国关心的一些重要全球性问题的必由之路。

10月16日 国务院总理李克强主持召开国务院常务会议，听取今年减税降费政策实施汇报，要求确保为企业减负担、为发展增动能；部署以更优营商环境进一步做好利用外资工作。会议决定，全面取消在华外资银行、证券公司、基金管理公司业务范围限制，落实好新修改的外资银行和外资保险公司管理条例。优化汽车外资政策，保障内外资汽车制造企业生产的新能源汽车享受同等市场准入待遇。

10月17日 国务院国资委发布数据显示，前三季度中央企业累计实现营业收入22.1万亿元，同比增长5.3%，连续7个月保持在5%以上；累计实现净利润10567亿元，同比增长7.4%，效益增速比1-8月加快0.5个百分点，有32家中央企业净利润增幅超过20%，48家企业净利润增幅超过10%，呈向好趋势；完成固定资产投资1.6万亿元，同比增长6.8%；研发投入同比增长25%。通信企业落实提速降费等要求，流量平均资费降幅已超过30%，降费约3000亿元；电网企业落实降电价政策，一般工商业电价已较年初下降10%，降低社会用电成本约360亿元。

10月18日 2019工业互联网全球峰会在辽宁沈阳召开。国家主席习近平致贺信指出，当前，全球新一轮科技革命和产业革命加速发展，工业互联网技术不断突破，为各国经济创新发展注入了新动能，也为促进全球产业融合发展提供了新机遇。中国高度重视工业互联网创新发展，愿同国际社会一道，持续提升工业互联网创新能力，推动工业化与信息化在更广范围、更深程度、更高水平上实现融合发展。

10月18日 证监会印发《关于修改〈上市公司重大资产重组管理办法〉的决定》。本次修改，旨在准确把握市场规律，理顺重组上市功能，发挥资本市场服务实体经济功能作用，积极支持深圳建设中国特色社会主义先行示范区，是落实全面深化资本市场改革总体方案的重要举措。主要修改内容包括：一是简化重组上市认定标准，取消净利润指标。二是将累计首次原则计算期间进一步缩短至36个月。三是允许符合国家战略的高新技术产业和战略性新兴产业相关资产在创业板重组上市，其他资产不得在创业板实施重组上市交易。创业板上市公司实施相关重大资产重组，应当符合《重组办法》第十三条第二款第一项、第三项、第四项、第五项有关要求，所购买资产对应的经营实体应当是股份有限公司或者有限责任公司，且符合《首次公开发行股票并在创业板上市管理办法》规定的其他发行条件。四是恢复重组上市配套融资。五是丰富重大资产重组业绩补偿协议和承诺监管措施，加大问责力度。此外，明确科创板公司并购重组监管规则衔接安排，简化指定媒体披露要求。

10 月 18 日　中央企业混合所有制改革项目专场推介会成功举行。274 个中央企业混改项目在推介会上集中亮相，拟引入社会资本规模超 2000 亿元，来自电力、航空、电信等行业领域的 6 个代表性项目进行了现场路演。30 余个电力、石油、天然气、铁路、民航、电信、军工等七大重点领域混改试点项目也在本次推介会上集中发布，拟引入社会资本超 300 亿元。

10 月 18 日　国务院国资委举办中央企业工业文化遗产（信息通信行业）名录发布活动，20 个项目入选名录。这是国资委第三次发布中央企业工业文化遗产名录，是促进中央企业工业文化遗产保护利用的重要举措，是推动中央企业工业文化传承创新的积极实践。

10 月 19 日　首届跨国公司领导人青岛峰会在山东青岛召开，国家主席习近平致贺信指出，在中国改革开放 40 多年的历史进程中，跨国公司作为重要参与者、见证者、受益者，发挥了积极作用。习近平强调，中国开放的大门只会越开越大，营商环境只会越来越好，为全球跨国公司创造的机遇只会越来越多。我们欢迎全球企业家来华投资兴业，努力实现互利共赢、共创美好未来。

10 月 20—22 日　第六届世界互联网大会在浙江乌镇开幕。国家主席习近平致贺信指出，今年是互联网诞生 50 周年。当前，新一轮科技革命和产业变革加速演进，人工智能、大数据、物联网等新技术新应用新业态方兴未艾，互联网迎来了更加强劲的发展动能和更加广阔的发展空间。发展好、运用好、治理好互联网，让互联网更好造福人类，是国际社会的共同责任。各国应顺应时代潮流，勇担发展责任，共迎风险挑战，共同推进网络空间全球治理，努力推动构建网络空间命运共同体。本次大会以智能互联开放合作—携手共建网络空间命运共同体为主题。

10 月 20 日　国家数字经济创新发展试验区启动会在第六届世界互联网大会（乌镇峰会）召开，河北省（雄安新区）、浙江省、福建省、广东省、重庆市、四川省等 6 个国家数字经济创新发展试验区接受授牌，启动试验区建设工作。会议发布了《国家数字经济创新发展试验区实施方案》，要求各试验区坚持新发展理念，坚持推动高质量发展，坚持以深化供给侧结构性改革为主线，结合各自优势和结构转型特点，在数字经济要素流通机制、新型生产关系、要素资源配置、产业集聚发展模式等方面开展大胆探索，充分释放新动能。

10 月 23 日　国务院总理李克强日前签署国务院令，公布《优化营商环境条例》，自 2020 年 1 月 1 日起施行。《条例》重点针对我国营商环境的突出短板和市场主体反映强烈的痛点难点堵点问题，对标国际先进水平，从完善体制机制的层面作出相应规定。一是明确优化营商环境的原则和方向，二是加强市场主体保护，三是优化市场环境，四是提升政务服务能力和水平，五是规范和创新监管执法，六是加强法治保障。

10 月 24 日　中共中央政治局就区块链技术发展现状和趋势进行第十八次集体学习。

中共中央总书记习近平在主持学习时强调，区块链技术的集成应用在新的技术革新和产业变革中起着重要作用。我们要把区块链作为核心技术自主创新的重要突破口，明确主攻方向，加大投入力度，着力攻克一批关键核心技术，加快推动区块链技术和产业创新发展。

10月25日 经国务院批准，中国船舶工业集团有限公司与中国船舶重工集团有限公司实施联合重组。

10月25日 证监会宣布，将从优化发行融资制度、完善市场分层等五方面对全国中小企业股份转让系统（简称新三板）进行全面改革。改革后将允许符合条件的创新层企业向不特定合格投资者公开发行股票。同时设立精选层，在精选层挂牌一定期限，且符合交易所上市条件和相关规定的企业，可以直接转板上市。

10月28-31日 中国共产党第十九届中央委员会第四次全体会议在北京举行。全会听取和讨论了习近平受中央政治局委托作的工作报告，审议通过了《中共中央关于坚持和完善中国特色社会主义制度 推进国家治理体系和治理能力现代化若干重大问题的决定》。全会强调，我国国家制度和国家治理体系具有多方面的显著优势，主要是：坚持党的集中统一领导，坚持人民当家作主，坚持全面依法治国，坚持全国一盘棋，坚持各民族一律平等，坚持公有制为主体、多种所有制经济共同发展和按劳分配为主体、多种分配方式并存，坚持共同的理想信念、价值理念、道德观念，坚持以人民为中心的发展思想，坚持改革创新、与时俱进，坚持德才兼备、选贤任能，坚持党指挥枪，坚持一国两制，坚持独立自主和对外开放相统一。全会提出，坚持和完善社会主义基本经济制度，推动经济高质量发展。公有制为主体、多种所有制经济共同发展，按劳分配为主体、多种分配方式并存，社会主义市场经济体制等社会主义基本经济制度，既体现了社会主义制度优越性，又同我国社会主义初级阶段社会生产力发展水平相适应，是党和人民的伟大创造。必须坚持社会主义基本经济制度，充分发挥市场在资源配置中的决定性作用，更好发挥政府作用，全面贯彻新发展理念，坚持以供给侧结构性改革为主线，加快建设现代化经济体系。要毫不动摇巩固和发展公有制经济，毫不动摇鼓励、支持、引导非公有制经济发展，坚持按劳分配为主体、多种分配方式并存，加快完善社会主义市场经济体制，完善科技创新体制机制，建设更高水平开放型经济新体制。全会要求，探索公有制多种实现形式，推进国有经济布局优化和结构调整，发展混合所有制经济，增强国有经济竞争力、创新力、控制力、影响力、抗风险能力，做强做优做大国有资本。深化国有企业改革，完善中国特色现代企业制度。形成以管资本为主的国有资产监管体制，有效发挥国有资本投资、运营公司功能作用。

11 月

11 月 3 日　第三届中国企业改革发展论坛在济南举行。本届论坛以加快新旧动能转换、推动高质量发展为主体，采取 1 个主题论坛+5 个平行论坛的 1+5 框架结构，围绕中国经济高质量发展，讨论交流混合所有制改革企业形象科技创新改革创新 5G 时代等热点话题。其间，有关单位发布了《中央企业高质量发展报告》《山东新旧动能转换情况报告》《中国企业传播分析报告》和《国企改革历程 1978-2018》《改革实践：国资国企改革试点案例集》。

11 月 5-11 日　第二届中国国际进口博览会在上海国家会展中心开幕。国家主席习近平出席开幕式并发表题为《开放合作　命运与共》的主旨演讲，强调各国要以更加开放的心态和举措，共建开放合作、开放创新、开放共享的世界经济，重申中国开放的大门只会越开越大，中国坚持以开放促改革、促发展、促创新，持续推进更高水平的对外开放。

附　录

V

习近平：关于《中共中央关于坚持和完善中国特色社会主义制度 推进国家治理体系和治理能力现代化若干重大问题的决定》的说明

受中央政治局委托，我就《中共中央关于坚持和完善中国特色社会主义制度 推进国家治理体系和治理能力现代化若干重大问题的决定》起草情况向全会作说明。

一、决定稿起草背景和考虑

我们刚刚庆祝了中华人民共和国成立 70 周年。新中国 70 年取得的历史性成就充分证明，中国特色社会主义制度是当代中国发展进步的根本保证。从党和国家事业发展的全局和长远出发，中央政治局决定这次中央全会专题研究坚持和完善中国特色社会主义制度、推进国家治理体系和治理能力现代化问题，主要有以下几方面考虑。

第一，这是实现"两个一百年"奋斗目标的重大任务。建设社会主义现代化国家、实现中华民族伟大复兴，是我们党孜孜以求的宏伟目标。自成立以来，我们党就团结带领人民为此进行了不懈奋斗。随着改革开放逐步深化，我们党对制度建设的认识越来越深入。1980 年，邓小平同志在总结"文化大革命"的教训时就指出："领导制度、组织制度问题更带有根本性、全局性、稳定性和长期性。""制度好可以使坏人无法任意横行，制度不好可以使好人无法充分做好事，甚至会走向反面。" 1992 年，邓小平同志在南方谈话中说："恐怕再有三十年的时间，我们才会在各方面形成一整套更加成熟、更加定型的制度。"党的十四大提出："在九十年代，我们要初步建立起新的经济体制，实现达到小康水平的第二步发展目标。再经过二十年的努力，到建党一百周年的时候，我们将在各方面形成一整套更加成熟更加定型的制度。"党的十五大、十六大、十七大都对制度建设提出明确要求。

党的十八大以来，我们党把制度建设摆到更加突出的位置，强调"全面建成小康社会，必须以更大的政治勇气和智慧，不失时机深化重要领域改革，坚决破除一切妨碍科学发展的思想观念和体制机制弊端，构建系统完备、科学规范、运行有效的制度体系，使各方面制度更加成熟更加定型"。党的十八届三中全会首次提出"推进国家治理体系和治理能力现代化"这个重大命题，并把"完善和发展中国特色社会主义制度、推进国家治理体系和治理能力现代化"确定为全面深化改革的总目标。党的十八届五中全会进一步强调，"十三五"时期要实现"各方面制度更加成熟更加定型，国家治理体系和治理能力现代化取得重大进展，各领域基础性制度体系基本形成"。

党的十九大作出到本世纪中叶把我国建成富强民主文明和谐美丽的社会主义现代化强国的战略安排，其中制度建设和治理能力建设的目标是：到 2035 年，"各方面制度更加完善，国家治理体系和治理能力现代化基本实现"；到本世纪中叶，"实现国家治理体系和治理能力现代化"。党的十九届二中、三中全会分别就修改宪法和深化党和国家机构改革作出部署，在制度建设和治理能力建设上迈出了新的重大步伐。党的十九届三中全会指出："我们党要更好领导人民进行伟大斗争、建设伟大工程、推进伟大事业、实现伟大梦想，必须加快推进国家治理体系和治理能力现代化，努力形成更加成熟更加定型的中国特色社会主义制度。这是摆在我们党面前的一项重大任务。"现在，我们党有必要对坚持和完善中国特色社会主义制度、推进国家治理体系和治理能力现代化进行系统总结，提出与时俱进完善和发展的前进方向和工作要求。

第二，这是把新时代改革开放推向前进的根本要求。在改革开放 40 多年历程中，党的十一届三中全会是划时代的，开启了改革开放和社会主义现代化建设历史新时期；党的十八届三中全会也是划时代的，开启了全面深化改革、系统整体设计推进改革的新时代，开创了我国改革开放的新局面。党的十八届三中全会推出 336 项重大改革举措。经过 5 年多的努力，重要领域和关键环节改革成效显著，主要领域基础性制度体系基本形成，为推进国家治理体系和治理能力现代化打下了坚实基础。同时，也要看到，这些改革举措有的尚未完成，有的甚至需要相当长的时间去落实，我们已经啃下了不少硬骨头但还有许多硬骨头要啃，我们攻克了不少难关但还有许多难关要攻克，我们决不能停下脚步，决不能有松口气、歇歇脚的想法。我在庆祝改革开放 40 周年大会上强调，要"坚持方向不变、道路不偏、力度不减，推动新时代改革开放走得更稳、走得更远"。这就要求从全面建设社会主义现代化国家的战略需要出发，对全面深化改革工作进一步作出部署。

相比过去，新时代改革开放具有许多新的内涵和特点，其中很重要的一点就是制度建设分量更重，改革更多面对的是深层次体制机制问题，对改革顶层设计的要求更高，对改革的系统性、整体性、协同性要求更强，相应地建章立制、构建体系的任务更重。新时代谋划全面深化改革，必须以坚持和完善中国特色社会主义制度、推进国家治理体系和治理能力现代化为主轴，深刻把握我国发展要求和时代潮流，把制度建设和治理能力建设摆到更加突出的位置，继续深化各领域各方面体制机制改革，推动各方面制度更加成熟更加定型，推进国家治理体系和治理能力现代化。

第三，这是应对风险挑战、赢得主动的有力保证。古人讲，"天下之势不盛则衰，天下之治不进则退"。当今世界正经历百年未有之大变局，国际形势复杂多变，改革发展稳定、内政外交国防、治党治国治军各方面任务之繁重前所未有，我们面临的风险挑战之严峻前所未有。这些风险挑战，有的来自国内，有的来自国际，有的来自经济社会领域，有的来自自然界。我们要打赢防范化解重大风险攻坚战，必须坚持和完善中国特色社会主义制度、推进国家治理体系和治理能力现代化，运用制度威力应对风险挑战的冲击。

基于上述考虑，今年2月28日、3月29日，中央政治局常委会、中央政治局先后召开会议，决定党的十九届四中全会专题研究坚持和完善中国特色社会主义制度、推进国家治理体系和治理能力现代化问题，并决定成立文件起草组，在中央政治局常委会领导下进行文件起草工作。

二、起草过程

今年4月3日，文件起草组召开第一次全体会议，文件起草工作正式启动。4月7日，党中央发出通知，就全会议题征求各地区各部门意见和建议。各方面共反馈意见109份，大家就坚持和完善中国特色社会主义制度、推进国家治理体系和治理能力现代化的重大成就和历史经验、必须坚持的重大原则和根本制度、基本制度、重要制度以及面临的主要问题和重大任务、需要采取的重要举措等提出了不少有价值的意见和建议。

各方面认为，在庆祝中华人民共和国成立70周年之际，党的十九届四中全会重点研究坚持和完善中国特色社会主义制度、推进国家治理体系和治理能力现代化问题并作出决定，体现了党中央高瞻远瞩的战略眼光和强烈的历史担当，对决胜全面建成小康社会、全面建设社会主义现代化国家，对巩固党的执政地位、确保党和国家长治久安，具有重大而深远的意义。

文件起草组成立6个多月来，认真研读相关重要文献，系统总结我国革命、建设、改革进程中的制度演变、制度创新，特别是深入总结党的十八大以来党中央领导全党全国人民坚持和完善中国特色社会主义制度，推进国家治理体系和治理能力现代化取得的重大理论成果、实践成果、制度成果，整理消化各方面反馈的意见和建议，开展专题研究，反复讨论修改决定稿。

根据中央政治局会议决定，9月初，决定征求意见稿下发党内一定范围征求意见，包括征求部分党内老同志意见。各方面认真组织学习讨论，各地区各部门共反馈意见118份。9月25日，我主持召开党外人士座谈会，当面听取了各民主党派中央、全国工商联负责人和无党派人士意见，与会同志提交了 10 份发言材料。

文件起草组对收到的所有意见和建议进行了认真整理。经汇总，各方面共提出修改意见 1948 条，扣除重复意见后为 1755 条，其中原则性意见 380 条，具体修改意见 1375 条。

从征求意见反馈情况看，各方面对决定稿给予充分肯定。大家一致认为，决定稿准确把握我国国家制度和国家治理体系的演进方向和规律，突出坚持和完善党的领导制度，抓住了国家治理的关键和根本；突出守正创新、开拓进取，彰显了中国特色社会主义制度自信；突出系统集成、协同高效，体现了强烈的问题导向和鲜明的实践特色。决定稿回答了"坚持和巩固什么、完善和发展什么"这个重大政治问题，既阐明了必须牢牢坚持的重大制度和原则，又部署了推进制度建设的重大任务和举措，坚持根本制度、基本制度、重要制度相衔接，统筹顶层设计和分层对接，统筹制度改革和制度运行，体现了总结历史和面向未来的统一、保持定力和改革创新的统一、问题导向和目标导向的统一，必将对推动各方面制度更加成熟更加定型、把我国制度优势更好转化为国家治理效能产生重大而深远的影响。

在征求意见过程中，各方面提出了许多好的意见和建议，主要有以下几个方面。一是建议在概括出的我国国家制度和国家治理体系的显著优势中，增写全面深化改革、全面依法治国的内容。二是建议对完善科技制度加以突出强调，以充分发挥科技创新引领作用。三是建议更加重视保障粮食安全、乡村振兴、农业农村优先发展等重要制度安排。四是建议更加重视运用人工智能、互联网、大数据等现代信息技术手段提升治理能力和治理现代化水平。五是建议围绕坚持党管干部原则，就完善干部管理制度、激励干部担当作为和狠抓落实、培养干部斗争精神和斗争本领提出要求。六是建议加强我国国家制度和国家治理体系的理论研究和宣传教育。七是建议把贯彻落实这次全会精神同推动党的十八大以来党中央部署的各项改革任务紧密结合起来，形成一体推动、一体落实的整体部署和工作机制。

党中央责成文件起草组认真研究和吸纳各方面意见和建议。文件起草组逐条分析各方面所提意见和建议，力求做到能吸收的尽量吸收。经反复研究推敲，对决定稿作出增写、改写、文字精简 283 处，覆盖各方面意见和建议 436 条。

决定稿起草期间，中央政治局常委会召开 3 次会议，中央政治局召开 2 次会议进行审议，形成了提交这次全会审议的决定稿。

三、决定稿的基本框架

决定稿总体考虑是，紧扣"坚持和完善中国特色社会主义制度、推进国家治理体系和治理能力现代化"这个主题，从党的十九大确立的战略目标和重大任务出发，着眼于坚持和巩固中国特色社会主义制度、确保党长期执政和国家长治久安，着眼于完善和发展中国特色社会主义制度、全面建设社会主义现代化国家，着眼于充分发挥中国特色社会主义制度优越性、推进国家治理体系和治理能力现代化，全面总结党领导人民在我国国家制度建设和国家治理方面取得的成就、积累的经验、形成的原则，重点阐述坚持和完善支撑中国特色社会主义制度的根本制度、基本制度、重要制度，部署需要深化的重大体制机制改革、需要推进的重点工作任务。

决定稿由 15 部分构成，分为三大板块。第一板块为第一部分，是总论，主要阐述中国特色社会主义制度和国家治理体系发展的历史性成就、显著优势，提出新时代坚持和完善中国特色社会主义制度、推进国家治理体系和治理能力现代化的重大意义和总体要求。第二板块为分论，聚焦坚持和完善支撑中国特色社会主义制度的根本制度、基本制度、重要制度，安排了 13 个部分，明确了各项制度必须坚持和巩固的根本点、完善和发展的方向，并作出工作部署。第三板块为第十五部分和结束语，主要就加强党对坚持和完善中国特色社会主义制度、推进国家治理体系和治理能力现代化的领导提出要求。

希望同志们深刻领会党中央精神，紧紧围绕"坚持和巩固什么、完善和发展什么"进行讨论，提出建设性的修改意见和建议，共同把这次全会开好。

（新华社北京 11 月 5 日）

李克强：在全国深化"放管服"改革优化营商环境电视话会议上的讲话

推进"放管服"改革，优化营商环境，对于保持我国经济平稳运行、促进经济社会健康发展具有重要意义，我们每年都要就此主题召开一次全国性的电视电话会议。这次会议的主要任务是，以习近平新时代中国特色社会主义思想为指导，认真贯彻党中央、国务院决策部署，回顾过去一年"放管服"改革和优化营商环境工作情况，部署下一阶段工作任务。

一、深入推进"放管服"改革，着力优化营商环境

经济社会发展的动力，源于市场主体的活力和社会创造力，这很大程度上取决于营商环境。营商环境是发展的体制性、制度性安排，其优劣直接影响市场主体的兴衰、生产要素的聚散、发展动力的强弱。通过深化"放管服"改革来优化营商环境，从根本上说就是解放和发展生产力。近些年，面对错综复杂的国际形势和国内经济下行压力，在以习近平同志为核心的党中央坚强领导下，我们始终保持战略定力，坚持不搞"大水漫灌"式强刺激，深入贯彻新发展理念，大力度深化改革扩大开放，其中一个关键性举措就是持续推进"放管服"改革。这实际上是一场刀刃向内的政府自我革命，旨在重塑政府和市场的关系，使市场在资源配置中起决定性作用，更好发挥政府作用。

几年来，我们不断放宽市场准入，大幅削减行政审批事项，彻底终结非行政许可审批，全面改革商事制度，实行全国统一的市场准入负面清单制度；全面实施"双随机、一公开"监管，加强信用体系建设；优化政务服务，提升服务效率。同时，将"放管服"改革与大规模减税降费，特别是由点到面推开的"营改增"结合起来；与对中小企业实行普惠性优惠政策、清理涉企收费和降低融资、用能、上网、物流等成本结合起来；与实施创新驱动发展战略、广泛开展大众创业万众创新结合起来，协同发力，有效激发了市场主体活力和社会创造力；同时，随着我国营商环境不断改善，国际营商环境排名

大幅上升，增强了对外资的吸引力。这些对于扩大就业、推进经济转型升级、实现经济稳中向好起到了关键支撑作用。这几年地方在推动经济发展中，逐步把注意力更多放在推进"放管服"改革、优化营商环境上，更大激发市场主体的活力。通过刚才几位省政府主要负责同志的发言可以看到，地方结合实际积极探索，推出了许多独具特色、深受企业和群众欢迎的好经验好做法。

在充分肯定成绩的同时，我们也要清醒地看到，深化"放管服"改革、转变政府职能的成效仍是初步的，优化营商环境还要付出艰苦努力。目前各种市场准入限制、审批许可、不合理的管理措施还是较多，影响企业投资兴业和群众创业创新。市场监管不公、检查任性、执法不力等问题依然突出，一些领域竞争不公平、市场秩序混乱，假冒伪劣、坑蒙拐骗等问题仍然存在。公共服务也有不少短板，一些政府和部门服务意识不强、办事效率不高，工作拖沓敷衍、推诿扯皮，企业和群众意见较多。我们到基层，还是能听到有各种各样的反映。我国营商环境与国际先进水平相比仍有较大差距，有些指标排名还比较靠后。在当前国际形势特别是国际经贸环境发生深刻变化的情况下，我们要提高国际竞争力，要保持和增强引资吸引力，就必须在深化"放管服"改革上有更大突破，在优化营商环境上有更大进展。

今年我国发展面临的环境更加严峻复杂，可以预料和难以预料的风险挑战更多。对此，党中央、国务院作出一系列重要决策部署。今年以来，我国经济运行总体平稳，发展中的积极因素在增加，但是不确定不稳定因素也在增加，特别是外部环境挑战上升成为最大的不确定因素，我国经济平稳运行的态势还不稳固，面临新的下行压力。应对这些风险挑战，根本上是办好我们自己的事，保持经济平稳运行。怎么保持平稳运行？过去40多年我国发展取得举世瞩目的巨大成就，关键靠的是改革开放。实现把我国建设成为富强民主文明和谐美丽的社会主义现代化强国目标，更离不开改革开放。改革开放事关中华民族长远和根本利益，不管世界风云如何变幻、形势如何复杂，不管国内发展遇到什么样的困难和挑战，我们都必须坚定不移把改革开放推向前进，通过改革开放来激发市场主体的活力，把亿万人民群众的积极性创造性调动起来，把国内近14亿人口的巨大市场潜力挖掘出来。深化"放管服"改革和优化营商环境是改革开放的一个关键举措，是正确处理政府和市场关系的重大改革之举，也是当前实现"六稳"、办好我们自己的事的重要举措，要坚持不懈深入推进。

深化"放管服"改革，必须以习近平新时代中国特色社会主义思想为指导，全面贯彻党的十九大和十九届二中、三中全会精神，增强"四个意识"，坚定"四个自信"，做到"两个维护"，认真贯彻落实中央经济工作会议和《政府工作报告》部署，坚持新发展理念，推动高质量发展，建设现代化经济体系，推进政府职能深刻转变，大幅减少微观管理事务和具体审批事项，最大限度减少政府对市场资源的直接配置和对市场活动的直接干预，加强公正监管，提高政务服务能力和水平，持续优化营商环境，更大激发市场活力、增强内生动力、释放内需潜力，促进经济社会持续健康发展。

总结这几年"放管服"改革的经验，找准下一步继续优化营商环境的方向，要注重把握好以下两点。

一是坚持市场化、法治化、国际化原则。这是优化营商环境的努力方向。市场化就要破除不合理体制机制障碍，更大激发市场主体活力和社会创造力。市场化本身有一个过程，虽然我国社会主义市场经济体制已经初步建立，但市场体系还不健全，市场发育还不充分。要坚持市场化改革方向，让市场在资源配置中起决定性作用，加快建立健全统一开放、竞争有序的现代市场体系。顶住经济下行压力、保持经济平稳运行，政府的主要着力点还是要围着市场主体转，以权利公平、机会公平、规则公平保障公平准入，以加强公正监管促进公平竞争，以优化公共服务便利投资兴业，把市场主体的活力激发出来。法治化就要营造公开透明、公平公正的法治环境，给市场主体以稳定的预期。要做到规则公开透明，政府所有规则和标准原则上都应该公开，不公开是例外，让市场主体知晓并按照规则和标准去做。要做到监管公平公正，在法律面前各类市场主体一律平等，政府对各类市场主体一视同仁。要依法保护各类所有制企业合法权益，让市场主体放心安心去发展创造。国际化就要持续扩大开放。中国经济已经深度融入世界经济，必须不断拓展开放领域、提升开放水平，维护以规则为基础、以世贸组织为核心的多边贸易体制，积极参与世贸组织规则的完善。我们的营商环境要与国际先进水平对标，加强与国际通行经贸规则对接，这样不仅能更多吸引外资，也有利于我们的企业在国际市场大平台上参与竞争、提高国际竞争力，实现我发展利益。

二是坚持行"简约"之道。大道至简，政简易从。反过来讲，政繁就难行。不论是放是管还是服，都要抓住"简约"这一要领。简政放权就是要把该放的权放给市场和社会，这样政府可以腾出更多力量来加强事中事后监管、提供公共服务。监管也要体现"简约"的精神，把它贯彻到监管理念、规则和执法当中。我们要简政放权，但决不是放任不管，而是管的过程中要删繁就简、透明高效、便民利企。

二、推动简政放权向纵深发展，进一步放出活力

经过近几年不懈努力，简政放权成效明显，但还要继续深化，把该放的权彻底放出去，把该减的事项坚决减下来，把该清的障碍加快清除掉，持续为市场主体松绑、铺路。

一是进一步放宽市场准入，大力压减行政许可和整治各类变相审批。我们已经实行了全国统一的市场准入负面清单制度，但是清单事项仍然偏多，清单之外的障碍也还不少。现在中央和地方层面设定的行政许可中，还有不少是不必要的。国务院部门要带头进一步压减行政许可，今年要再取消下放一批。对保留的许可事项也要逐项明确许可范围、条件、环节等，能简化的都要尽量简化。继续压减工业生产许可证，今年要把许可

证的种类再压减一半以上。大力清理简并种类过多、划分过细的资质资格许可事项。

当前还需要引起重视、加以解决的一个突出问题是，虽然行政许可事项取消了，但是大量的备案、登记、年检、认定等部门管理措施还普遍存在，甚至有些方面还在增加，规则不透明，流程也不规范，办理起来很麻烦。还有一些管理措施带有过去计划经济色彩，比如，有企业反映，进口一些高端仪器设备、关键零部件需要办理进口环节的免税，年初就得向有关部门报额度计划，如果年中进行调整，超出计划就不能免税。这类事情还有不少。要摸清部门管理措施的底数，逐步把该减的减下来。对确需保留的要实行清单管理，并向社会公开。

二是着力打通企业开办经营和投资建设这两大重点领域的堵点。我们这几年推进"放管服"改革，包括全面推进商事制度改革，催生了大量市场主体。与 2013 年相比，目前我们的市场主体数量增加了一倍，达到一亿一千多万户。当然，市场主体并不会无限增长下去，在竞争中是有生有死、优胜劣汰的，有一些该退出的就退出。同时要看到，我们的市场主体确实有中国自身的特点，一亿一千多万市场主体里有 7600 万是个体工商户，按一家个体工商户平均两三个人就业算，加起来就容纳了 2 亿左右人口的就业；企业有 3600 多万户，其中 90% 是中小微企业，他们对于扩大就业、拓展内需都起到了不可替代的作用。做好"六稳"工作，首先就是稳就业，稳就业不能全靠大企业，主要还是靠大量的个体工商户和中小微企业，这是我们在稳就业方面走出的一条有效路子。过去就不了业都找政府，现在这么多的个体工商户、这么量大面广的中小微企业，对就业的确起了主要支撑作用。不仅如此，这些个体工商户、中小微企业还打通了市场的"细微末节"，使内需更大释放出来。中国为什么对外资有吸引力，就是因为中国的市场规模大、发展潜力大。当然，大中企业特别是大型企业作为骨干支撑也很重要。所以我一直讲，大企业要顶天立地，小企业要铺天盖地；大企业是红花，个体工商户和小微企业是绿叶，红花绿叶应该交相辉映，这样才能更好释放内需潜力、激发市场活力。因此，我们要继续大力培育新的市场主体。

现在市场主体培育和发展仍面临一些问题。一个比较突出的问题是"准入不准营"的情况依然存在。企业拿了营业执照以后，往往还有很多证件要办不能马上开业。这几年我们推行的"证照分离"改革，对解决这个问题是有成效的，下一步要继续推进，重点是"照后减证"。要进一步压减企业开办时间，今年要压减到 5 个工作日以内，有条件的地方压减到 3 个工作日。我到东部沿海的大城市看到，有的地方已经压减到 1 个工作日。这实际上也给政府管理提出了高标准、高要求。能够这么短时间办好营业执照，离不开信用体系的支撑。有的地方反映，现在有人拿着别人的身份证去开办企业，然后把税收、债务推到别人身上，这主要是因为我们的社会信用体系还不健全、信息公开透明度还不够。同时我们还需要完善市场主体的退出通道，促进优胜劣汰。另一个比较突出的问题是工程建设项目审批周期长、程序繁琐。近年我们采取了一系列改革措施，今年在全国全面开展工程建设项目审批制度改革，上半年要使审批时间压缩到 120 个工作日以内。但这在世界上还只是中等水平，有条件的地方还要进一步压缩审批时间。今年一季度投资稳定增长，但是最近两个月增幅又有所下降，我们要转变发展方式、推动经济转型升级，不能过度依赖投资，但有效投资还是必要的。扩大投资不是光靠投钱就行了，一些投资之所以不能按时形成实物量，对经济的支撑作用不够，其中一个原因就是审批环节多、时间慢，导致项目迟迟开不了工。工程建设要考虑安全及其他必要条件，在此前提下，要通过改革缩短审批时间。这实际上也考验着政府的管理能力。

三是协同推进更大规模减税降费和"放管服"改革。实施更大规模减税降费和"放管服"改革，都是为了激发市场主体活力。前段时间我到几个省去调研，并召开了企业和地方座谈会。企业普遍反映，减税降费是我们应对风险挑战、顶住经济下行压力最直接、最公平、最普惠、最有效的办法。增值税改革从 4 月 1 日开始实施，5 月份就见到了效果。尽管不同行业减税力度不一样，但是对各类所有制企业一视同仁，而且很快就到位，这对稳住上半年经济起了很大作用。我们也通过增加安排地方政府专项债券筹集资金等扩大投资，但这个投入主要是用来支持重点项目建设，在规模上不能超出地方政府可负担的债务水平，否则会给将来发展留下后遗症。而且在这种方式下，企业免不了要跑地方和部门申请资金、申请立项审批等，政策效应发挥有一个过程。相比而言，减税降费效果很直接、很明显、很公平。我也了解到，大多数企业把通过减税降费减少的成本，主要用来增投入、搞研发、稳就业，这也符合我们的政策导向。另一方面，在减税降费过程中的确出现了部分地方财政收支矛盾，有的还比较突出。今年中央政府通过多种方式筹集了 1 万亿元以上的资金，地方政府也采取了上缴特定国有企业利润、置换国有资产等措施。不管财政多困难，我们一定要保证减税降费落到位，决不能再增加收费项目，决不能让不合理收费抵消减税降费政策效果。一些地方政府给企业设门槛、监管不规范，实际上就是为了增加非税收入。如果一些地方不是用特定收入而是靠收费导致非税收入出现非正常增长，将冲销减税降费效果，这很大程度上也反映出"放管服"改革还不到位。因此，减税降费要与"放管服"改革协同推进，着力清理各类审批许可事项，规范监管行为，治理各种不合理收费，形成优化营商环境的合力。

三、加强公正监管，切实管出公平

公平公正是中国特色社会主义的内在要求，也是社会主义市场经济的应有之义。市场经济应该是法治经济，市场机制有效运转、市场主体公平竞争才能激发活力，这些都需要保障公平、实施公正监管。

一要健全公开透明的监管规则和标准体系。公开透明才能有利于公平竞争。如果监管规则和标准秘而不宣，市场主体就会无所适从；如果标准制订得不合理、不科学，市场主体做不到，就会"绕着走"，市场竞争就可能无序；如果执法者自由裁量权太大，就必然导致寻租甚至滋生腐败。所以，有关部门要分领域抓紧制订全国统一、简明易行的监管规则和标准，并一定要充分公开。对那些边界宽泛、执行弹性大的监管规则和标准，要抓紧清理规范和修订完善。

二要创新公平公正的监管方式，严格规范行政执法。推进监管的法治化，要求改革监管方式。这几年，我们一直推行"双随机、一公开"监管，效果明显，但是也出现一些新情况，有的地方监管部门担心医未抽查到的市场主体出问题被问责，一边搞"双随机、一公开"监管，一边还在坚持传统的巡查监管，加重了企业负担，这就与改革初衷相违背了。所以要抓紧完善柜关制度和工作机制，推动日常监管"双随机、一公开"全覆盖。与此同时，我们要对重点领域进行重点监管，特别是对疫苗、药品、特种设备、危险化学品等涉及到人民生命安全、社会关注度高的领域，要实行全主体、全品种、全链条的严格监管。

在推进有效监管、公正公平监管的过程中，要加强社会信用体系建设。社会上各种证明甚至是假证明曾一度满天飞、隹龙混杂，原因之一在于我们的社会信用体系不健全。要大力推进社会信用体系建设，推行承诺制，让市场主体和公民讲诚信，自主承诺。对违背承诺、搞虚假承诺甚至坑蒙拐骗的，一经发现就要严厉惩罚。还要加快推进"互联网+监管"，不少地方都积累了好的经验，要及时加以总结推广。

三要坚持对新兴产业实行包容审慎监管。当前，我们正处在新一轮产业革命的过程中，新技术、新业态、新模式蓬勃发展、日新月异，很多是未知大于已知。对此，不能不监管，但要采取包容审慎的办法，在监管中找到新生事物发展规律，该处置的处置，该客观对待的客观对待，不简单封杀，但也决不是放任不管。这些年，电子商务、移动支付等新业态蓬勃发展，有一些问题也是在所难免的，有了问题就解决问题，该加强监管的要加强，同时更重要的是以包容审慎监管推动其健康发展。

总之，监管是一篇大文章。监管做好了，公平竞争就能得到保障，市场经济体制就更加完善，这也有利于我们的企业更好参与国际竞争。竞争是公平的、监管是公正的、市场是法治化的，就能让市场主体既有活力，也有竞争力。各级政府和有关部门都要坚持"放"和"管"两手抓，哪一手都不能松。"放"现在还是不够，该放的还要放，放出市场活力；"管"也要不断完善，该管的要管到位，管出市场公平。实际上，活力和公平是相辅相成的，公平的市场环境一定会激发出市场主体更多活力、提高其竞争力。而且这种竞争力是在公平市场下的竞争力，不是靠走捷径、找门道甚至坑蒙拐骗得来的，这样才能真正使我们市场主体的竞争力不断增强。

四、大力优化政府服务，努力服出便利

提供公平可及、优质高效的服务，是让人民过上好日子的必然要求，政府责无旁贷。要创新服务方式、提高服务效能，为企业发展和群众办事增便利。

一要切实增强服务意识。我们党是全心全意为人民服务的政党，我们的政府是人民的政府，这最终要体现到服务能力和水平的提升上。各级政府要主动为人民服务、主动为市场主体服务。人不是生活在真空里，对群众来说，每天开门就有柴米油盐酱醋茶这几件事；对企业来说，最关心的就是成本、盈利等事情，如果政府不把这些方面作为服务的落脚点，那为人民服务的宗旨就难以落到实处。要从企业和群众的需求出发，从他们的实际困难出发，实实在在为他们排忧解难。政府工作人员不能老是想着怎么对自己有利，门难进、脸难看，甚至吃拿卡要，这是绝对不允许的，对此我们一直在整治。从根本上讲，要增强服务意识。我到一些地方政务服务大厅调研看到，办事人员的服务意识在不断增强，他们很清楚自己的职责就是为市场主体和人民群众提供便利化服务。这是政府工作人员应有的觉悟。

二要大力提升政务服务效率。要针对群众办事来回跑、环节多材料多、政府服务效率低等问题，对政务服务的流程、方式等进行系统化改革。要加快打造全国政务服务"一张网"，在更大范围实现"一网通办"、异地可办。全国一体化在线政务服务平台是网上办事的重要支撑，当然这是个综合性平台，具体办事主要还是集中在市县等层级。现在很多地方已经实现了"一网通办""最多跑一次"，群众办理水电气、身份证等很多事项，都可以通过手机 APP 或在网上办理，确需现场办的再到政务大厅办，这样就大大提高了政府服务效率，也带动提高了市场运行效率。当然，在这个过程中要注意保护商业秘密和个人隐私。一些带有垄断性质的供电、供水、供气、供暖等公用事业单位及医院、银行等服务机构，也要从方便市场主体和人民群众出发，提高服务质量和效率。比如，当前我国企业办电时间通过"放管服"改革已有了较明显的缩短，但进一步压缩仍有较大空间，还有一些机制性问题需要改革。我国电力供应能力是比较强的，现在经济有下行压力，电力需求的增长也在放缓，要开拓市场，就应该大大缩短企业获得电力的时间，提高相关政策透明度，提升办电服务水平。水气暖等的办理也都要这么做，大力推行 APP 办事、移动支付等，这方面的潜力很大。

我们一直讲，真正有效率的政府服务是"少花钱、多办事"，甚至"不花钱、办成事"，这才是真本事。在当前经济面临下行压力的情况下，必要的投资项目是要抓，要围绕短板领域和民生期盼扩大有效投资，但更重要的是要通过"放管服"改革，少花钱、不花钱把制度性、体制性等"软环境"优化，让市场主体主动增加投入、带动就业，这比政府直接干更灵敏、更稳定、更有效。因此，我们一定要在深化"放管服"改革、提

高服务效能方面下更大功夫。

三要通过深化"放管服"改革有效增加公共服务供给。当前国际竞争日趋激烈，应对不断增加的外部不确定、不稳定因素，根本上还得靠把我们自己的事情办好，把市场主体的活力激发出来，把市场主体的竞争力提升上去，把市场潜力特别是内需的潜力挖掘出来。近两年，大型基础设施项目保持稳定的投资规模。大型基础设施投资对经济发展可以起到一定的带动作用，但这是需要一个过程的。服务业是个大市场。我们要更多面向民生服务等领域，培育新的经济增长点。改革开放以来，人民生活水平有了很大提高，大家对此都有切身感受。各种票证取消了，生活用品样式多了，人均住房面积也从几平米提高到几十平米。当然，还有相当一部分贫困人口，我们要继续推进脱贫攻坚。现在我们的恩格尔系数已经下降到30%以内，这意味着老百姓吃穿方面的支出比重在下降。中低收入人群生活支出仍然压力不小，但中国人口众多，消费需求多样化，相当一部分人对服务的需求在快速上升。在提高人民群众生活质量、开拓服务市场上要多想办法，这方面潜力非常大。另外，新一轮产业革命的最大特点之一就是按照消费者需求进行个性化定制、多样化生产，这不光适用于产品领域，也适用于服务领域，把这个市场开拓出来，实际上也是提高人民生活水平和质量。现在许多外国企业家到中国来，并不是特别热衷参与一些大型投资项目建设，也不仅是想进入产品市场，而是希望我们更多开放服务业市场。他们对医疗服务、甚至家政服务等"末端"市场很感兴趣。这些都是面向千家万户的"毛细血管"，涉及到每个人的生活和消费，他们看到了这是一块"大肥肉"，我们自己更要挖掘和用好这块市场的潜力，一定要跟增加公共服务供给、提高供给质量结合起来。政府要加大投入，完善公共服务体系，为人民群众提供基本公共服务，保障困难群众基本生活，兜住底线。同时，要创新服务提供方式，发挥市场机制作用，引导鼓励更多社会资本进入，形成扩大供给合力，更好满足群众多样化需求。这是一篇很大的文章。

例如城镇老旧小区改造方面，居民的需求很大。许多二三十年前建设的楼房、小区标准相对不高，亟需改造水电路气，有的还需加装电梯，改善公共设施和社区服务。据估计，目前有上亿人口居住在需要改造的老旧小区，总建筑面积约40亿平方米，投资规模很大，这对于改善居民生活、保持房地产市场平稳运行都有好处。同时，要让老百姓特别是2亿多老龄人口生活得便利，配套服务也要跟上。这方面的需求很多，我国7600万个体工商户是怎么发展起来的，很多是在为社区居民提供各种服务。"放管服"改革要在这方面发力，在尊重社区居民意愿的基础上，加强各级政府引导支持，积极发挥社会力量和市场力量的作用，分城施策，大力发展养老、托幼、家政和"互联网+教育"、"互联网+医疗"等服务。这既是为人民服务，也是拓展内需潜力。

在全球化大背景下，服务业必须扩大开放，政府服务、企业服务水平都要瞄准国际先进水平来提升。市场开放后必然带来更激烈的竞争。过去我们放开产品市场，对制造业企业一开始也带来冲击，但在竞争过程中我们的企业越战越强，最终提升了自身水平，逐步从中低端向中高端迈进，我们的服务业也要在国际竞争中进一步提升质量和水平。

发展服务业、有效增加公共服务供给是我们保持经济平稳运行的一个重要举措，希望大家都重视起来，注重市场的细微末节，注重群众多样化需求，让人民过上好日子。

五、强化责任担当，确保"放管服"改革不断取得新成效

现在全党正在开展"不忘初心、牢记使命"主题教育。各地区各部门要以这次主题教育为动力，找差距、抓落实，用干事创业敢担当、为民服务解难题的实际行动，推动"放管服"改革不断深化、营商环境持续优化。

一要凝心聚力克难前行。放权比加权难，这是必然规律。管得公平、管得公正也不容易。深化"放管服"改革、转变政府职能，是刀刃向内的革命，既要对利益格局进行调整，又要进行权责关系的重塑、管理模式的再造，还要改变许多政府工作人员多年延续的思维定势和工作习惯，面临的困难很多。各级政府及其工作人员要以"苟利社稷，不顾其身"的担当、背水一战的决心、大道至简的智慧推进改革，以专业精神、工匠精神把改革举措做细做实做到位。

二要扎实推动改革举措落地生根。深化"放管服"改革决不能搞形式主义、花架子。衡量改革成效，不是看开了多少会、发了多少文、提了多么响亮的口号，关键要看企业开办时间压缩了多少、投资项目审批提速了多少、市场主体负担减轻了多少、群众办事方便了多少。过去一些地方的政务服务中心，表面上把几个部门集中到一起，让老百姓来大厅办事，但到底事情能不能办、办事效率有多高并不清楚。现在确实不一样了，通过推行"互联网+政务服务"、政务公开、网上留痕等措施，老百姓办事方便了，满意度也确实提高了。各有关方面必须见真章、求实效，要把"放管服"改革、优化营商环境各项举措落实情况，作为今年国务院大督查的重点。继续用好督查奖惩这个有效办法，对成效明显的加大表扬和政策激励力度，对不作为乱作为延误改革的要严肃问责。

三要大力推进改革协同配套。当前，企业和群众反映突出的问题之一，就是部门地方之间政策不配套、行动不协同，造成不少改革举措难以落实。国务院部门要主动做好上下左右的协调配合，及时指导帮助地方解决改革中遇到的难题，消除"中梗阻"，打通改革"最后一公里"。今年要结合开展营商环境诉求处理百项行动，在这方面下更大功夫，破解一批痛点难点。

四要鼓励支持各地大胆创新。各地发展基础和条件不同，需要破解的难题、改革的侧重点也不一样，要从实际出发，积极开展差异化探索，推出更多带有本地特色的创新

举措。通过这几年"放管服"改革实践，很多地方创造了好经验，比如"一网通办"、"最多跑一次"等，群众和企业都有切身感受。但不少地方反映，很多领域对地方改革授权不到位，试点任务交给了地方，但最终审批权仍在国家部委，许多地方提出的有含金量的改革措施被砍掉了，整体改革效应难以发挥，也束缚了地方手脚。今年要进一步加大向地方放权特别是综合授权的力度，充分调动和发挥地方推进改革发展的积极性、主动性和创造性。

五要强化改革的法治保障。抓紧研究制订《优化营商环境条例》，用法治化办法把改革成果固定下来。地方也可以考虑通过制定地方性法规，将实践证明行之有效、人民群众满意、市场主体支持的改革举措固化下来，形成更多不可逆的改革成果。对滞后于改革要求、不利于优化营商环境、制约新产业新业态新模式发展的有关规定，要加快清理修改。对与改革决策相抵触的行政法规、部门规章和规范性文件，要应改尽改、应废尽废。涉及到修改法律的，要与改革方案同步提出修法建议。

当前，保持经济社会持续健康发展，特别是顶住经济下行压力的任务十分艰巨。我们必须不断深化改革、扩大开放，坚定不移办好自己的事情，不断发展壮大自己，这是我们取胜的根本之道。让我们更加紧密地团结在以习近平同志为核心的党中央周围，以习近平新时代中国特色社会主义思想为指导，积极进取、扎实工作，推动"放管服"改革和优化营商环境取得更大成效，为完成全年经济社会发展主要目标任务、庆祝新中国成立70周年、决胜全面建成小康社会打下更加坚实的基础。

刘鹤主持召开国务院国有企业改革领导小组第三次会议 贯彻落实党的十九届四中全会精神研究部署下一步国有企业改革工作

11月12日，中共中央政治局委员、国务院副总理、国务院国有企业改革领导小组组长刘鹤主持国务院国有企业改革领导小组第三次会议并讲话，国务委员、国务院国有企业改革领导小组副组长王勇出席会议并讲话。会议传达学习党的十九届四中全会精神，研究部署了下一步国有企业改革工作。

会议认为，今年以来，在以习近平同志为核心的党中央坚强领导下，各地方、各部门和广大国有企业坚持以习近平新时代中国特色社会主义思想为指导，认真贯彻落实党中央、国务院关于国有企业改革的一系列决策部署，推动国有企业改革的各项工作，取得了新的成效。

会议强调，党的十九届四中全会对坚持和完善中国特色社会主义制度、推进国家治理体系和治理能力现代化作出了重大战略部署，在优化政府职责、推进布局优化和结构调整、完善分配制度、促进公平竞争、有效防范风险、鼓励科技创新、积极参与国际竞争、强化人力资本、妥善解决历史遗留问题等方面，对国有企业改革提出了明确要求。现在大政方针已定，关键是狠抓落实。国务院国有企业改革领导小组各成员单位要认真学习、深入领会。

会议要求，要切实把思想和行动统一到习近平总书记的重要讲话和党的十九届四中全会精神上来，以高度的政治责任感和使命感，坚持国有企业市场化改革方向不动摇，推动国有企业改革向纵深发展。未来三年是关键的历史阶段，要落实好国有企业改革顶层设计，抓紧研究制定国有企业改革三年行动方案，明确提出改革的目标、时间表、路线图。要从国家整体战略出发，按照建立中国特色现代国有企业制度的要求，聚焦解放和发展生产力，全面增强国有经济竞争力、创新力、控制力、影响力、抗风险能力。在推进混合所有制改革、加强国资国有企业监管、增强研发创新能力、强化财务硬约束、削减和规范补贴、完善激励机制、提高劳动生产率和资金回报率等重点领域和关键环节，提出明确的任务举措，制定量化、可考核的具体指标。

会议还讨论了其他事项。

财政部　税务总局
《关于实施小微企业普惠性税收减免政策的通知》

财税〔2019〕13 号

各省、自治区、直辖市、计划单列市财政厅（局），新疆生产建设兵团财政局，国家税务总局各省、自治区、直辖市和计划单列市税务局，为贯彻落实党中央、国务院决策部署，进一步支持小微企业发展，现就实施小微企业普惠性税收减免政策有关事项通知如下：

一、对月销售额 10 万元以下（含本数）的增值税小规模纳税人，免征增值税。

二、对小型微利企业年应纳税所得额不超过 100 万元的部分，减按 25% 计入应纳税所得额，按 20% 的税率缴纳企业所得税；对年应纳税所得额超过 100 万元但不超过 300 万元的部分，减按 50% 计入应纳税所得额，按 20% 的税率缴纳企业所得税。

上述小型微利企业是指从事国家非限制和禁止行业，且同时符合年度应纳税所得额不超过 300 万元、从业人数不超过 300 人、资产总额不超过 5000 万元三个条件的企业。

从业人数，包括与企业建立劳动关系的职工人数和企业接受的劳务派遣用工人数。所称从业人数和资产总额指标，应按企业全年的季度平均值确定。具体计算公式如下：

季度平均值 =（季初值+季末值）÷2

全年季度平均值 = 全年各季度平均值之和÷4

年度中间开业或者终止经营活动的，以其实际经营期作为一个纳税年度确定上述相关指标。

三、由省、自治区、直辖市人民政府根据本地区实际情况，以及宏观调控需要确定，对增值税小规模纳税人可以在 50% 的税额幅度内减征资源税、城市维护建设税、房产税、城镇土地使用税、印花税（不含证券交易印花税）、耕地占用税和教育费附加、地方教育附加。

四、增值税小规模纳税人已依法享受资源税、城市维护建设税、房产税、城镇土地使用税、印花税、耕地占用税、教育费附加、地方教育附加其他优惠政策的，可叠加享受本通知第三条规定的优惠政策。

五、《财政部税务总局关于创业投资企业和天使投资个人有关税收政策的通知》（财税〔2018〕55 号）第二条第（一）项关于初创科技型企业条件中的"从业人数不超过 200 人"调整为"从业人数不超过 300 人"，"资产总额和年销售收入均不超过 3000 万元"调整为"资产总额和年销售收入均不超过 5000 万元"。

2019 年 1 月 1 日至 2021 年 12 月 31 日期间发生的投资，投资满 2 年且符合本通知规定和财税〔2018〕55 号文件规定的其他条件的，可以适用财税〔2018〕55 号文件规定的税收政策。

2019 年 1 月 1 日前 2 年内发生的投资，自 2019 年 1 月 1 日起投资满 2 年且符合本通知规定和财税〔2018〕55 号文件规定的其他条件的，可以适用财税〔2018〕55 号文件规定的税收政策。

六、本通知执行期限为 2019 年 1 月 1 日至 2021 年 12 月 31 日。《财政部税务总局关于延续小微企业增值税政策的通知》（财税〔2017〕76 号）、《财政部税务总局关于进一步扩大小型微利企业所得税优惠政策范围的通知》（财税〔2018〕77 号）同时废止。

七、各级财税部门要切实提高政治站位，深入贯彻落实党中央、国务院减税降费的决策部署，充分认识小微企业普惠性税收减免的重要意义，切实承担起抓落实的主体责任，将其作为一项重大任务，加强组织领导，精心筹划部署，不折不扣落实到位。要加大力度、创新方式，强化宣传辅导，优化纳税服务，增进办税便利，确保纳税人和缴费人实打实享受到减税降费的政策红利。要密切跟踪政策执行情况，加强调查研究，对政策执行中各方反映的突出问题和意见建议，要及时向财政部和税务总局反馈。

财政部　税务总局

2019 年 1 月 17 日

中共中央办公厅 国务院办公厅印发
《关于加强金融服务民营企业的若干意见》的通知

中办发〔2019〕6号

各省、自治区、直辖市党委和人民政府，中央和国家机关各部委，解放军各大单位、中央军委机关各部门，各人民团体：

《关于加强金融服务民营企业的若干意见》已经中央领导同意，现印发你们，请结合实际认真贯彻落实。

中共中央办公厅
国务院办公厅
2019年1月25日

关于加强金融服务民营企业的若干意见

民营经济是社会主义市场经济的重要组成部分，在稳定增长、促进创新、增加就业、改善民生等方面发挥着不可替代的作用。党中央、国务院始终高度重视金融服务民营企业工作。各地区各部门及各金融机构认真落实，出台措施，积极支持民营企业融资，取得一定成效，但部分民营企业融资难融资贵问题仍然比较突出。为深入贯彻落实党中央、国务院决策部署，切实加强对民营企业的金融服务，现提出如下意见。

一、总体要求

（一）指导思想

以习近平新时代中国特色社会主义思想为指导，全面贯彻党的十九大和十九届二中、三中全会精神，落实中央经济工作会议和全国金融工作会议要求，坚持基本经济制度，坚持稳中求进工作总基调，围绕全面建成小康社会目标和高质量发展要求，毫不动摇地巩固和发展公有制经济，毫不动摇地鼓励、支持、引导非公有制经济发展，平等对待各类所有制企业，有效缓解民营企业融资难融资贵问题，增强微观主体活力，充分发挥民营企业对经济增长和创造就业的重要支撑作用，促进经济社会平稳健康发展。

（二）基本原则

—公平公正。坚持对各类所有制经济一视同仁，消除对民营经济的各种隐性壁垒，不断深化金融改革，完善金融服务体系，按照市场化、法治化原则，推动金融资源配置与民营经济在国民经济中发挥的作用更加匹配，保证各类所有制经济依法公平参与市场竞争。

—聚焦难点。坚持问题导向，着力疏通货币政策传导机制，重点解决金融机构对民营企业"不敢贷、不愿贷、不能贷"问题，增强金融机构服务民营企业特别是小微企业的意识和能力，扩大对民营企业的有效金融供给，完善对民营企业的纾困政策措施，支持民营企业持续健康发展，促进实现"六稳"目标。

—压实责任。金融管理部门要切实承担监督、指导责任，财政部门要充分发挥财税政策作用并履行好国有金融资本出资人职责，各相关部门要加强政策支持，督促和引导金融机构不断加强和改进对民营企业的金融服务。各省（自治区、直辖市）政府要认真落实属地管理责任，因地制宜采取措施，促进本地区金融服务民营企业水平进一步提升。金融机构要切实履行服务民营企业第一责任人的职责，让民营企业有实实在在的获得感。

—标本兼治。在有效缓解当前融资痛点、堵点的同时，精准分析民营企业融资难融资贵背后的制度性、结构性原因，注重优化结构性制度安排，建立健全长效机制，持续提升金融服务民营企业质效。

（三）主要目标

通过综合施策，实现各类所有制企业在融资方面得到平等待遇，确保对民营企业的金融服务得到切实改善，融资规模稳步扩大，融资效率明显提升，融资成本逐步下降并稳定在合理水平，民营企业特别是小微企业融资难融资贵问题得到有效缓解，充分激发民营经济的活力和创造力。

二、加大金融政策支持力度，着力提升对民营企业金融服务的针对性和有效性

（一）实施差别化货币信贷支持政策

合理调整商业银行宏观审慎评估参数，鼓励金融机构增加民营企业、小微企业信贷投放。完善普惠金融定向降准政策。增加再贷款和再贴现额度，把支农支小再贷款和再贴现政策覆盖到包括民营银行在内的符合条件的各类金融机构。加大对民营企业票据融资支持力度，简化贴现业务流程，提高贴现融资效率，及时办理再贴现。加快出台非存款类放贷组织条例。支持民营银行和其他地方法人银行等中小银行发展，加快建设与民营中小微企业需求相匹配的金融服务体系。深化联合授信试点，鼓励银行与民营企业构建中长期银企关系。

（二）加大直接融资支持力度

积极支持符合条件的民营企业扩大直接融资。完善股票发行和再融资制度，加快民营企业首发上市和再融资审核进度。深化上市公司并购重组体制机制改革。结合民营企业合理诉求，研究扩大定向可转债适用范围和发行规模。扩大创新创业债试点，支持非上市、非挂牌民营企业发行私募可转债。抓紧推进在上海证券交易所设立科创板并试点注册制。稳步推进新三板发行与交易制度改革，促进新三板成为创新型民营中小微企业融资的重要平台。支持民营企业债券发行，鼓励金融机构加大民营企业债券投资力度。

（三）提高金融机构服务实体经济能力

支持金融机构通过资本市场补充资本。加快商业银行资本补充债券工具创新，支持通过发行无固定期限资本债券、转股型二级资本债券等创新工具补充资本。从宏观审慎角度对商业银行储备资本等进行逆周期调节。把民营企业、小微企业融资服务质量和规模作为中小商业银行发行股票的重要考量因素。研究取消保险资金开展财务性股权投资行业范围限制，规范实施战略性股权投资。聚焦民营企业融资增信环节，提高信用保险和债券信用增进机构覆盖范围。引导和支持银行加快处置不良资产，将盘活资金重点投向民营企业。

三、强化融资服务基础设施建设，着力破解民营企业信息不对称、信用不充分等问题

（一）从战略高度抓紧抓好信息服务平台建设

依法开放相关信息资源，在确保信息安全前提下，推动数据共享。地方政府依托国

家数据共享交换平台体系，抓紧构建完善金融、税务、市场监管、社保、海关、司法等大数据服务平台，实现跨层级跨部门跨地域互联互通。健全优化金融机构与民营企业信息对接机制，实现资金供需双方线上高效对接，让信息"多跑路"，让企业"少跑腿"。发展各类信用服务机构，鼓励信用服务产品开发和创新。支持征信机构、信用评级机构利用公共信息为民营企业提供信用产品及服务。加大守信激励和失信惩戒力度。

（二）采取多种方式健全地方增信体系

发挥国家融资担保基金引领作用，推动各地政府性融资担保体系建设和业务合作。政府出资的融资担保机构应坚持准公共定位，不以营利为目的，逐步减少反担保等要求，对符合条件的可取消反担保。对民营企业和小微企业贷款规模增长快、户数占比高的商业银行，可提高风险分担比例和贷款合作额度。鼓励有条件的地方设立民营企业和小微企业贷款风险补偿专项资金、引导基金或信用保证基金，重点为首贷、转贷、续贷等提供增信服务。研究探索融资担保公司接入人民银行征信系统。

（三）积极推动地方各类股权融资规范发展

积极培育投资于民营科创企业的天使投资、风险投资等早期投资力量，抓紧完善进一步支持创投基金发展的税收政策。规范发展区域性股权市场，构建多元融资、多层细分的股权融资市场。鼓励地方政府大力开展民营企业股权融资辅导培训。

四、完善绩效考核和激励机制，着力疏通民营企业融资堵点

（一）抓紧建立"敢贷、愿贷、能贷"长效机制

商业银行要推动基层分支机构下沉工作重心，提升服务民营企业的内生动力。尽快完善内部绩效考核机制，制定民营企业服务年度目标，加大正向激励力度。对服务民营企业的分支机构和相关人员，重点对其服务企业数量、信贷质量进行综合考核。建立健全尽职免责机制，提高不良贷款考核容忍度。设立内部问责申诉通道，为尽职免责提供机制保障。授信中不得附加以贷转存等任何不合理条件，对相关违规行为一经查实，严肃处理。严厉打击金融信贷领域强行返点等行为，对涉嫌违法犯罪的机构和个人，及时移送司法机关等有关机关依法查处。

（二）有效提高民营企业融资可获得性

新发放公司类贷款中，民营企业贷款比重应进一步提高。贷款审批中不得对民营企业设置歧视性要求，同等条件下民营企业与国有企业贷款利率和贷款条件保持一致。金

融监管部门按法人机构实施差异化考核，形成贷款户数和金额并重的考核机制。发现数据造假的，依法严肃处理相关机构和责任人员。国有控股大型商业银行要主动作为，加强普惠金融事业部建设，落实普惠金融领域专门信贷政策，完善普惠金融业务专项评价机制和绩效考核制度，在提高民营企业融资可获得性和金融服务水平等方面积极发挥"头雁"作用。

（三）减轻对抵押担保的过度依赖

商业银行要坚持审核第一还款来源，把主业突出、财务稳健、大股东及实际控制人信用良好作为授信主要依据，合理提高信用贷款比重。商业银行要依托产业链核心企业信用、真实交易背景和物流、信息流、资金流闭环，为上下游企业提供无需抵押担保的订单融资、应收应付账款融资。

（四）提高贷款需求响应速度和审批时效

商业银行要积极运用金融科技支持风险评估与信贷决策，提高授信审批效率。对于贷款到期有续贷需求的，商业银行要提前主动对接。鼓励商业银行开展线上审批操作，各商业银行应结合自身实际，将一定额度信贷业务审批权下放至分支机构；确需集中审批的，要明确内部时限，提高时效。

（五）增强金融服务民营企业的可持续性

商业银行要遵循经济金融规律，依法合规审慎经营，科学设定信贷计划，不得组织运动式信贷投放。健全信用风险管控机制，不断提升数据治理、客户评级和贷款风险定价能力，强化贷款全生命周期的穿透式风险管理，在有效防范风险前提下加大对民营企业支持力度。加强享受优惠政策低成本资金使用管理，严格监控资金流向，防止被个别机构或个人截留、挪用甚至转手套利，有效防范道德风险。加强金融监管与指导，处理好支持民营企业发展与防范金融风险之间关系。

五、积极支持民营企业融资纾困，着力化解流动性风险并切实维护企业合法权益

（一）从实际出发帮助遭遇风险事件的企业摆脱困境

加快实施民营企业债券融资支持工具和证券行业支持民营企业发展集合资产管理计划。研究支持民营企业股权融资，鼓励符合条件的私募基金管理人发起设立民营企业发展支持基金。支持资管产品、保险资金依法合规通过监管部门认可的私募股权基金等机

构，参与化解处置民营上市公司股票质押风险。对暂时遇到困难的民营企业，金融机构要按照市场化、法治化原则，区别对待，分类采取支持处置措施。

（二）加快清理拖欠民营企业账款

坚持边界清晰、突出重点、源头治理、循序渐进，运用市场化、法治化手段，抓紧清理政府部门及其所属机构（包括所属事业单位）、大型国有企业（包括政府平台公司）因业务往来与民营企业形成的逾期欠款，确保民营企业有明显获得感。政府部门、大型国有企业特别是中央企业要做重合同、守信用的表率，认真组织清欠，依法依规及时支付各类应付未付账款。要加强政策支持，完善长效机制，严防新增拖欠，切实维护民营企业合法权益。

（三）企业要主动创造有利于融资的条件

民营企业要依法合规经营，珍惜商业信誉和信用记录。严格区分个人家庭收支与企业生产经营收支，规范会计核算制度，主动做好信息披露。加强自身财务约束，科学安排融资结构，规范关联交易管理。不逃废金融债务，为金融支持提供必要基础条件。

（四）加强对落地实施的监督检查

各地区各部门及各金融机构要树牢"四个意识"，坚定"四个自信"，坚决做到"两个维护"，坚持问题导向，明确责任，确定时限，狠抓落实。推动第三方机构开展金融服务民营企业政策落实情况评估，提高政策落实透明度。及时总结并向各地提供可复制易推广的成功案例和有效做法。对贯彻执行不力的，要依法依规予以严肃问责，确保各项政策落地落细落实。

国务院国有资产监督管理委员会令

第 40 号

《中央企业负责人经营业绩考核办法》已于 2018 年 12 月 14 日经国务院国有资产监督管理委员会第 159 次主任办公会议审议通过，现予公布，自 2019 年 4 月 1 日起施行。

主　任　肖亚庆

2019 年 3 月 1 日

中央企业负责人经营业绩考核办法

第一章　总　则

第一条　坚持以习近平新时代中国特色社会主义思想为指导，全面贯彻党的十九大精神和党中央、国务院关于深化国有企业改革、完善国有资产管理体制的一系列重大决策部署，切实履行企业国有资产出资人职责，维护所有者权益，落实国有资产保值增值责任，建立健全有效的激励约束机制，引导中央企业实现高质量发展，加快成为具有全球竞争力的世界一流企业，根据《中华人民共和国公司法》《中华人民共和国企业国有资产法》《企业国有资产监督管理暂行条例》等有关法律法规和《中共中央 国务院关于深化国有企业改革的指导意见》以及深化中央管理企业负责人薪酬制度改革等有关规定，制定本办法。

第二条　本办法考核的中央企业负责人，是指经国务院授权由国务院国有资产监督管理委员会（以下简称国资委）履行出资人职责的企业（以下简称企业）中由中央或者国资委管理的人员。

第三条 企业负责人经营业绩考核遵循以下原则：

（一）坚持质量第一效益优先。牢固树立新发展理念，以供给侧结构性改革为主线，加快质量变革、效率变革、动力变革，不断做强做优做大国有资本。

（二）坚持市场化方向。遵循市场经济规律和企业发展规律，健全市场化经营机制，充分发挥市场在资源配置中的决定性作用，强化正向激励，激发企业活力。

（三）坚持依法依规。准确把握出资人监管边界，依法合规履行出资人职权，坚持以管资本为主加强国有资产监管，有效落实国有资产保值增值责任。

（四）坚持短期目标与长远发展有机统一。切实发挥企业战略引领作用，构建年度考核与任期考核相结合，立足当前、着眼长远的考核体系。

（五）坚持国际对标行业对标。瞄准国际先进水平，强化行业对标，不断提升企业在全球产业发展中的话语权和影响力，加快成为具有全球竞争力的世界一流企业。

（六）坚持业绩考核与激励约束紧密结合。坚持权责利相统一，建立与企业负责人选任方式相匹配、与企业功能性质相适应、与经营业绩相挂钩的差异化激励约束机制。

第四条 年度经营业绩考核和任期经营业绩考核采取由国资委主任或者其授权代表与企业主要负责人签订经营业绩责任书的方式进行。

第二章 考核导向

第五条 突出效益效率，引导企业加快转变发展方式，优化资源配置，不断提高经济效益、资本回报水平、劳动产出效率和价值创造能力，实现质量更高、效益更好、结构更优的发展。

第六条 突出创新驱动，引导企业坚持自主创新，加大研发投入，加快关键核心技术攻关，强化行业技术引领，不断增强核心竞争能力。

第七条 突出实业主业，引导企业聚焦主业做强实业，加快结构调整，注重环境保护，着力补齐发展短板，积极培育新动能，不断提升协调发展可持续发展能力。

第八条 突出国际化经营，引导企业推进共建"一带一路"走深走实，加强国际合作，推动产品、技术、标准、服务、品牌走出去，规范有序参与国际市场竞争，不断提升国际化经营水平。

第九条 突出服务保障功能，引导企业在保障国家安全和国民经济运行、发展前瞻性战略性产业中发挥重要作用。鼓励企业积极承担社会责任。

第十条 健全问责机制，引导企业科学决策，依法合规经营，防范经营风险，防止国有资产流失，维护国有资本安全。

第三章　分类考核

第十一条　根据国有资本的战略定位和发展目标，结合企业实际，对不同功能和类别的企业，突出不同考核重点，合理设置经营业绩考核指标及权重，确定差异化考核标准，实施分类考核。

第十二条　对主业处于充分竞争行业和领域的商业类企业，以增强国有经济活力、放大国有资本功能、实现国有资本保值增值为导向，重点考核企业经济效益、资本回报水平和市场竞争能力，引导企业优化资本布局，提高资本运营效率，提升价值创造能力。

第十三条　对主业处于关系国家安全、国民经济命脉的重要行业和关键领域、主要承担重大专项任务的商业类企业，以支持企业可持续发展和服务国家战略为导向，在保证合理回报和国有资本保值增值的基础上，加强对服务国家战略、保障国家安全和国民经济运行、发展前瞻性战略性产业情况的考核。适度降低经济效益指标和国有资本保值增值率指标考核权重，合理确定经济增加值指标的资本成本率。承担国家安全、行业共性技术或国家重大专项任务完成情况较差的企业，无特殊客观原因的，在业绩考核中予以扣分或降级处理。

第十四条　对公益类企业，以支持企业更好地保障民生、服务社会、提供公共产品和服务为导向，坚持经济效益和社会效益相结合，把社会效益放在首位，重点考核产品服务质量、成本控制、营运效率和保障能力。根据不同企业特点，有区别地将经济增加值和国有资本保值增值率指标纳入年度和任期考核，适当降低考核权重和回报要求。对社会效益指标引入第三方评价，评价结果较差的企业，根据具体情况，在业绩考核中予以扣分或降级处理。

第十五条　对国有资本投资、运营公司，加强落实国有资本布局和结构优化目标、提升国有资本运营效率以及国有资本保值增值等情况的考核。

第十六条　对科技进步要求高的企业，重点关注自主创新能力的提升，加强研发投入、科技成果产出和转化等指标的考核。在计算经济效益指标时，可将研发投入视同利润加回。

第十七条　对结构调整任务重的企业，重点关注供给侧结构性改革、主业转型升级、新产业新业态新模式发展，加强相关任务阶段性成果的考核。

第十八条　对国际化经营要求高的企业，加强国际资源配置能力、国际化经营水平等指标的考核。

第十九条　对资产负债水平较高的企业，加强资产负债率、经营性现金流、资本成本率等指标的考核。

第二十条　对节能环保重点类和关注类企业，加强反映企业行业特点的综合性能耗、主要污染物排放等指标的考核。

第二十一条 对具备条件的企业，运用国际对标行业对标，确定短板指标纳入年度或任期考核。

第二十二条 建立健全业绩考核特殊事项清单管理制度。将企业承担的保障国家安全、提供公共服务等事项列入管理清单，对当期经营业绩产生重大影响的特殊事项，在考核时予以适当处理。

第四章　目标管理

第二十三条 国资委按照企业发展与国民经济发展速度相适应、与国民经济重要支柱地位相匹配、与高质量发展要求相符合的原则，主导确定企业经营业绩总体目标（以下简称总体目标）。

第二十四条 企业考核目标值应与总体目标相衔接，根据不同功能企业情况，原则上以基准值为基础予以核定。

第二十五条 考核基准值根据企业功能定位，兼顾企业经营性质和业务特点，依据考核指标近三年完成值、客观调整因素和行业对标情况综合确定。

第二十六条 年度净利润、经济增加值等指标目标值可设置为三档。

第一档：目标值达到历史最好水平，或者明显好于上年完成值且增幅高于总体目标增幅。

第二档：目标值不低于基准值。

第三档：目标值低于基准值。

经行业对标，目标值处于国际优秀水平或国内领先水平的，不进入第三档。

第二十七条 国资委将年度净利润、经济增加值等指标目标值与考核计分、结果评级紧密结合。

第一档目标值，完成后指标得满分，同时根据目标值先进程度给予加分奖励。

第二档目标值，完成后正常计分。

第三档目标值，完成后加分受限，考核结果不得进入 A 级。

第二十八条 净利润等经济效益指标的目标值与工资总额预算挂钩，根据目标值的先进程度确定不同的工资总额预算水平。

第五章　考核实施

第二十九条 企业负责人经营业绩考核工作由国资委考核分配工作领导小组组织实施。

第三十条 年度经营业绩考核以公历年为考核期，任期经营业绩考核以三年为考核期。

第三十一条 经营业绩责任书内容：

（一）双方的单位名称、职务和姓名；

（二）考核内容及指标；

（三）考核与奖惩；

（四）责任书的变更、解除和终上；

（五）其他需要约定的事项。

第三十二条　经营业绩责任书签订程序：

（一）考核期初，企业按照国资委经营业绩考核要求，将考核期内考核目标建议值和必要的说明材料报送国资委。

（二）国资委对考核目标建议值进行审核，并就考核目标值及有关内容同企业沟通后予以确定。

（三）由国资委主任或者其授权代表同企业主要负责人签订经营业绩责任书。

第三十三条　考核期中，国资委对经营业绩责任书执行情况实施预评估，对考核目标完成进度不理想的企业提出预警。

第三十四条　建立重大事项报告制度。企业发生较大及以上生产安全责任事故和网络安全事件、重大及以上突发环境事件、重大及以上质量事故、重大资产损失、重大法律纠纷案件、重大投融资和资产重组等，对经营业绩产生重大影响的，应及时向国资委报告。

第三十五条　经营业绩完成情况按照下列程序进行考核：

（一）考核期末，企业依据经审计的财务决算数据，形成经营业绩总结分析报告报送国资委。

（二）国资委依据经审计并经审核的企业财务决算报告和经审查的统计数据，结合总结分析报告，对企业负责人考核目标的完成情况进行考核，形成考核与奖惩意见。

（三）国资委将考核与奖惩意见反馈给企业。企业负责人对考核与奖惩意见有异议的，可及时向国资委反映。国资委将最终确认的考核结果在一定范围内公开。

第三十六条　落实董事会对经理层的经营业绩考核职权。

（一）授权董事会考核经理层的企业，国资委与董事会授权代表签订年度和任期经营业绩责任书，董事会依据国资委考核要求并结合本企业实际对经理层实施经营业绩考核。

（二）国资委根据签订的经营业绩责任书和企业考核目标完成情况，确定企业主要负责人年度和任期经营业绩考核结果。

（三）董事会根据国资委确定的经营业绩考核结果，结合经理层个人履职绩效，确定经理层业绩考核结果和薪酬分配方案。

第三十七条　董事会应根据国资委经营业绩考核导向和要求，制订、完善企业内部的经营业绩考核办法，报国资委备案。

第六章　奖　惩

第三十八条　年度经营业绩考核和任期经营业绩考核等级分为 A、B、C、D 四个级别。A 级企业根据考核得分，结合企业国际对标行业对标情况综合确定，数量从严控制。

第三十九条　国资委依据年度和任期经营业绩考核结果对企业负责人实施奖惩。经营业绩考核结果作为企业负责人薪酬分配的主要依据和职务任免的重要依据。

第四十条　企业负责人的薪酬由基本年薪、绩效年薪、任期激励收入三部分构成。

第四十一条　对企业负责人实行物质激励与精神激励。物质激励主要包括与经营业绩考核结果挂钩的绩效年薪和任期激励收入。精神激励主要包括给予任期通报表扬等方式。

第四十二条　企业负责人的绩效年薪以基本年薪为基数，根据年度经营业绩考核结果并结合绩效年薪调节系数确定。

第四十三条　绩效年薪按照一定比例实施按月预发放。国资委依据年度经营业绩半年预评估结果对企业负责人预发绩效年薪予以调整。

第四十四条　任期激励收入根据任期经营业绩考核结果，在不超过企业负责人任期内年薪总水平的 30% 以内确定。

第四十五条　对科技创新取得重大成果、承担重大专项任务和社会参与作出突出贡献的企业，在年度经营业绩考核中给予加分奖励。

第四十六条　对经营业绩优秀以及在科技创新、国际化经营、节能环保、品牌建设等方面取得突出成绩的，经国资委评定后对企业予以任期激励。

第四十七条　连续两年年度经营业绩考核结果为 D 级或任期经营业绩考核结果为 D 级，且无重大客观原因的，对企业负责人予以调整。

第四十八条　企业发生下列情形之一的，国资委根据具体情节给予降级或者扣分处理；违规经营投资造成国有资产损失或其他严重不良后果，按照有关规定对相关责任人进行责任追究处理；情节严重的，给予纪律处分或者对企业负责人进行调整；涉嫌犯罪的，依法移送国家监察机关或司法机关查处：

（一）违反《中华人民共和国会计法》《企业会计准则》等有关法律法规规章，虚报、瞒报财务状况的；

（二）企业法定代表人及相关负责人违反国家法律法规和规定，导致发生较大及以上生产安全责任事故和网络安全事件、重大及以上突发环境事件、重大质量责任事故、重大违纪和法律纠纷案件、境外恶性竞争、偏离核定主业盲目投资等情形，造成重大不良影响或者国有资产损失的。

第四十九条　鼓励探索创新，激发和保护企业家精神。企业实施重大科技创新、发展前瞻性战略性产业等，对经营业绩产生重大影响的，按照"三个区分开来"原则和有关规定，可在考核上不做负向评价。

第七章　附　则

第五十条　企业在考核期内经营环境发生重大变化，或者发生清产核资、改制重组、主要负责人变动等情况，国资委可以根据具体情况变更经营业绩责任书的相关内容。

第五十一条　对混合所有制企业以及处于特殊发展阶段的企业，根据企业功能定位、改革目标和发展战略，考核指标、考核方式可以"一企一策"确定。

第五十二条　中央企业专职党组织负责人、纪委书记（纪检监察组组长）的考核有其他规定的，从其规定。

第五十三条　国有资本参股公司、被托管和兼并企业中由国资委管理的企业负责人，其经营业绩考核参照本办法执行。

第五十四条　各省、自治区、直辖市和新疆生产建设兵团国有资产监督管理机构，设区的市、自治州级国有资产监督管理机构对国家出资企业负责人的经营业绩考核，可参照本办法并结合实际制定具体规定。

第五十五条　本办法由国资委负责解释，具体实施方案另行制定。

第五十六条　本办法自 2019 年 4 月 1 日起施行。《中央企业负责人经营业绩考核办法》（国资委令第 33 号）同时废止。

国家税务总局
关于深化增值税改革有关事项的公告

国家税务总局公告 2019 年第 14 号

现将深化增值税改革有关事项公告如下：

一、增值税一般纳税人（以下称纳税人）在增值税税率调整前已按原 16%、10% 适用税率开具的增值税发票，发生销售折让、中止或者退回等情形需要开具红字发票的，按照原适用税率开具红字发票；开票有误需要重新开具的，先按照原适用税率开具红字发票后，再重新开具正确的蓝字发票。

二、纳税人在增值税税率调整前未开具增值税发票的增值税应税销售行为，需要补开增值税发票的，应当按照原适用税率补开。

三、增值税发票税控开票软件税率栏次默认显示调整后税率，纳税人发生本公告第一条、第二条所列情形的，可以手工选择原适用税率开具增值税发票。

四、税务总局在增值税发票税控开票软件中更新了《商品和服务税收分类编码表》，纳税人应当按照更新后的《商品和服务税收分类编码表》开具增值税发票。

五、纳税人应当及时完成增值税发票税控开票软件升级和自身业务系统调整。

六、已抵扣进项税额的不动产，发生非正常损失，或者改变用途，专用于简易计税方法计税项目、免征增值税项目、集体福利或者个人消费的，按照下列公式计算不得抵扣的进项税额，并从当期进项税额中扣减：

不得抵扣的进项税额＝已抵扣进项税额×不动产净值率

不动产净值率＝（不动产净值÷不动产原值）×100%

七、按照规定不得抵扣进项税额的不动产，发生用途改变，用于允许抵扣进项税额项目的，按照下列公式在改变用途的次月计算可抵扣进项税额。

可抵扣进项税额＝增值税扣税凭证注明或计算的进项税额×不动产净值率

八、按照《财政部税务总局 海关总署关于深化增值税改革有关政策的公告》（财政部 税务总局 海关总署公告 2019 年第 39 号）规定，适用加计抵减政策的生产、生活性服务业纳税人，应在年度首次确认适用加计抵减政策时，通过电子税务局（或前往办税服务厅）提交《适用加计抵减政策的声明》（见附件）。适用加计抵减政策的纳税人，同时兼营邮政服务、电信服务、现代服务、生活服务的，应按照四项服务中收入占比最高的业务在《适用加计抵减政策的声明》中勾选确定所属行业。

九、本公告自 2019 年 4 月 1 日起施行。《不动产进项税额分期抵扣暂行办法》（国家税务总局公告 2016 年第 15 号发布）同时废止。

附件：适用加计抵减政策的声明

国家税务总局

2019 年 3 月 21 日

附件

适用加计抵减政策的声明

纳税人名称：＿＿＿＿＿＿＿＿＿＿＿＿

纳税人识别号（统一社会信用代码）：＿＿＿＿＿＿＿＿＿＿＿＿

本纳税人符合《财政部税务总局 海关总署关于深化增值税改革有关政策的公告》（财政部 税务总局 海关总署公告 2019 年第 39 号）规定，确定适用加计抵减政策。行业属于（请从下表勾选，只能选择其一）：

行业	选项
邮政服务业	
电信服务业	—
其中：1. 基础电信业	
2. 增值电信业	
现代服务业	—
其中：1. 研发和技术服务业	
2. 信息技术服务业	
3. 文化创意服务业	
4. 物流辅助服务	

行业	选项
5. 有形动产租赁服务业	
6. 鉴证咨询服务业	
7. 广播影视服务	
生活服务业	—
其中：1. 文化艺术业	
2. 体育业	
3. 教育	
4. 卫生	
5. 旅游业	
6. 娱乐业	
7. 餐饮业	
8. 住宿业	
9. 居民服务业	
10. 社会工作	
11. 公共设施管理业	
12. 不动产出租	
13. 商务服务业	
14. 专业技术服务业	
15. 代理业	
16. 其他生活服务业	

　　本纳税人用于判断是否符合加计抵减政策条件的销售额占比计算期为_____年_____月至_____年_____月，此期间提供邮政服务、电信服务、现代服务、生活服务销售额合计_____元，全部销售额_____元，占比为_____%。

　　以上声明根据实际经营情况作出，我确定它是真实的、准确的、完整的。

年　　月　　日

（纳税人签章）

中共中央办公厅 国务院办公厅印发
《关于促进中小企业健康发展的指导意见》

新华社北京 4 月 7 日电 近日，中共中央办公厅、国务院办公厅印发了《关于促进中小企业健康发展的指导意见》，并发出通知，要求各地区各部门结合实际认真贯彻落实。

《关于促进中小企业健康发展的指导意见》全文如下。

中小企业是国民经济和社会发展的生力军，是扩大就业、改善民生、促进创业创新的重要力量，在稳增长、促改革、调结构、惠民生、防风险中发挥着重要作用。党中央、国务院高度重视中小企业发展，在财税金融、营商环境、公共服务等方面出台一系列政策措施，取得积极成效。同时，随着国际国内市场环境变化，中小企业面临的生产成本上升、融资难融资贵、创新发展能力不足等问题日益突出，必须引起高度重视。为促进中小企业健康发展，现提出如下意见。

一、指导思想

以习近平新时代中国特色社会主义思想为指导，全面贯彻党的十九大和十九届二中、三中全会精神，坚持和完善我国社会主义基本经济制度，坚持"两个毫不动摇"，坚持稳中求进工作总基调，坚持新发展理念，以供给侧结构性改革为主线，以提高发展质量和效益为中心，按照竞争中性原则，打造公平便捷营商环境，进一步激发中小企业活力和发展动力。认真实施中小企业促进法，纾解中小企业困难，稳定和增强企业信心及预期，加大创新支持力度，提升中小企业专业化发展能力和大中小企业融通发展水平，促进中小企业健康发展。

二、营造良好发展环境

（一）进一步放宽市场准入。坚决破除各种不合理门槛和限制，在市场准入、审批许可、招标投标、军民融合发展等方面打造公平竞争环境，提供充足市场空间。不断缩减市场准入负面清单事项，推进"非禁即入"普遍落实，最大程度实现准入便利化。

（二）主动服务中小企业。进一步深化对中小企业的"放管服"改革。继续推进商事制度改革，推动企业注册登记、注销更加便利化。推进环评制度改革，落实环境影响登记表备案制，将项目环评审批时限压缩至法定时限的一半。落实好公平竞争审查制度，营造公平、开放、透明的市场环境，清理废除妨碍统一市场和公平竞争的各种规定和做法。主动服务企业，对企业发展中遇到的困难，要"一企一策"给予帮助。

（三）实行公平统一的市场监管制度。创新监管方式，寓监管于服务之中。避免在安监、环保等领域微观执法和金融机构去杠杆中对中小企业采取简单粗暴的处置措施。深入推进反垄断、反不正当竞争执法，保障中小企业公平参与市场竞争。坚决保护企业及其出资人的财产权和其他合法权益，任何单位和个人不得侵犯中小企业财产及其合法收益。严格禁止各种刁难限制中小企业发展的行为，对违反规定的问责追责。

三、破解融资难融资贵问题

（一）完善中小企业融资政策。进一步落实普惠金融定向降准政策。加大再贴现对小微企业支持力度，重点支持小微企业 500 万元及以下小额票据贴现。将支小再贷款政策适用范围扩大到符合条件的中小银行（含新型互联网银行）。将单户授信 1000 万元及以下的小微企业贷款纳入中期借贷便利的合格担保品范围。

（二）积极拓宽融资渠道。进一步完善债券发行机制，实施民营企业债券融资支持工具，采取出售信用风险缓释凭证、提供信用增进服务等多种方式，支持经营正常、面临暂时流动性紧张的民营企业合理债券融资需求。探索实施民营企业股权融资支持工具，鼓励设立市场化运作的专项基金开展民营企业兼并收购或财务投资。大力发展高收益债券、私募债、双创专项债务融资工具、创业投资基金类债券、创新创业企业专项债券等产品。研究促进中小企业依托应收账款、供应链金融、特许经营权等进行融资。完善知识产权质押融资风险分担补偿机制，发挥知识产权增信增贷作用。引导金融机构对小微企业发放中长期贷款，开发续贷产品。

（三）支持利用资本市场直接融资。加快中小企业首发上市进度，为主业突出、规范运作的中小企业上市提供便利。深化发行、交易、信息披露等改革，支持中小企业在新三板挂牌融资。推进创新创业公司债券试点，完善创新创业可转债转股机制。研究允许挂牌企业发行可转换公司债。落实创业投资基金股份减持比例与投资期限的反向挂钩制度，鼓励支持早期创新创业。鼓励地方知识产权运营基金等专业化基金服务中小企业创新发展。对存在股票质押风险的企业，要按照市场化、法治化原则研究制定相关过渡性机制，根据企业具体情况采取防范化解风险措施。

（四）减轻企业融资负担。鼓励金融机构扩大出口信用保险保单融资和出口退税账户质押融资，满足进出口企业金融服务需求。加快发挥国家融资担保基金作用，引导担保机构逐步取消反担保，降低担保费率。清理规范中小企业融资时强制要求办理的担保、保险、评估、公证等事项，减少融资过程中的附加费用，降低融资成本；相关费用无法减免的，由地方财政根据实际制定鼓励降低取费标准的奖补措施。

（五）建立分类监管考核机制。研究放宽小微企业贷款享受风险资本优惠权重的单户额度限制，进一步释放商业银行投放小微企业贷款的经济资本。修订金融企业绩效评价办法，适当放宽考核指标要求，激励金融机构加大对小微企业的信贷投入。指导银行业金融机构夯实对小微业务的内部激励传导机制，优化信贷资源配置、完善绩效考核方案、适当降低利润考核指标权重，安排专项激励费用；鼓励对小微业务推行内部资金转移价格优惠措施；细化小微企业贷款不良容忍度管理，完善授信尽职免责规定，加大对基层机构发放民营企业、小微企业贷款的激励力度，提高民营企业、小微企业信贷占比；提高信贷风险管控能力、落实规范服务收费政策。

四、完善财税支持政策

（一）改进财税对小微企业融资的支持。落实对小微企业融资担保降费奖补政策，中央财政安排奖补资金，引导地方支持扩大实体经济领域小微企业融资担保业务规模，降低融资担保成本。进一步降低创业担保贷款贴息的政策门槛，中央财政安排资金支持地方给予小微企业创业担保贷款贴息及奖补，同时推进相关统计监测和分析工作。落实金融机构单户授信1000万元及以下小微企业和个体工商户贷款利息收入免征增值税政策、贷款损失准备金所得税税前扣除政策。

（二）减轻中小企业税费负担。清理规范涉企收费，加快推进地方涉企行政事业性收费零收费。推进增值税等实质性减税，对小微企业、科技型初创企业实施普惠性税收减免。根据实际情况，降低社会保险费率，支持中小企业吸纳就业。

（三）完善政府采购支持中小企业的政策。各级政府要为中小企业开展政府采购项下融资业务提供便利，依法及时公开政府采购合同等信息。研究修订政府采购促进中小企业发展暂行办法，采取预算预留、消除门槛、评审优惠等手段，落实政府采购促进中小企业发展政策。在政府采购活动中，向专精特新中小企业倾斜。

（四）充分发挥各类基金的引导带动作用。推动国家中小企业发展基金走市场化、公司化和职业经理人的制度建设道路，使其支持种子期、初创期成长型中小企业发展，在促进中小企业转型升级、实现高质量发展中发挥更大作用。大力推进国家级新兴产业发展基金、军民融合产业投资基金的实施和运营，支持战略性新兴产业、军民融合产业领域优质企业融资。

五、提升创新发展能力

（一）完善创新创业环境。加强中央财政对中小企业技术创新的支持。通过国家科技计划加大对中小企业科技创新的支持力度，调整完善科技计划立项、任务部署和组织管理方式，大幅度提高中小企业承担研发任务的比例。鼓励大型企业向中小企业开放共享资源，围绕创新链、产业链打造大中小企业协同发展的创新网络。推动专业化众创空间提升服务能力，实现对创新创业的精准支持。健全科技资源开放共享机制，鼓励科研机构、高等学校搭建网络管理平台，建立高效对接机制，推动大型科研仪器和实验设施向中小企业开放。鼓励中小企业参与共建国家重大科研基础设施。中央财政安排资金支持一批国家级和省级开发区打造大中小企业融通型、专业资本集聚型、科技资源支撑型、高端人才引领型等特色载体。

（二）切实保护知识产权。运用互联网、大数据等手段，通过源头追溯、实时监测、在线识别等强化知识产权保护，加快建立侵权惩罚性赔偿制度，提高违法成本，保护中小企业创新研发成果。组织实施中小企业知识产权战略推进工程，开展专利导航，助推中小企业技术研发布局，推广知识产权辅导、预警、代理、托管等服务。

（三）引导中小企业专精特新发展。支持推动中小企业转型升级，聚焦主业，增强核心竞争力，不断提高发展质量和水平，走专精特新发展道路。研究制定专精特新评价体系，建立动态企业库。以专精特新中小企业为基础，在核心基础零部件（元器件）、关键基础材料、先进基础工艺和产业技术基础等领域，培育一批主营业务突出、竞争力强、成长性好的专精特新"小巨人"企业。实施大中小企业融通发展专项工程，打造一批融通发展典型示范和新模式。围绕要素汇集、能力开放、模式创新、区域合作等领域分别培育一批制造业双创平台试点示范项目，引领制造业融通发展迈上新台阶。

（四）为中小企业提供信息化服务。推进发展"互联网+中小企业"，鼓励大型企业及专业服务机构建设面向中小企业的云制造平台和云服务平台，发展适合中小企业智能制造需求的产品、解决方案和工具包，完善中小企业智能制造支撑服务体系。推动中小企业业务系统云化部署，引导有基础、有条件的中小企业推进生产线智能化改造，推动低成本、模块化的智能制造设备和系统在中小企业部署应用。大力推动降低中西部地区中小企业宽带专线接入资费水平。

六、改进服务保障工作

（一）完善公共服务体系。规范中介机构行为，提升会计、律师、资产评估、信息等各方面中介服务质量水平，优先为中小企业提供优质高效的信息咨询、创业辅导、技术支持、投资融资、知识产权、财会税务、法律咨询等服务。加强中小企业公共服务示范平台建设和培育。搭建跨部门的中小企业政策信息互联网发布平台，及时汇集涉及中小企业的法律法规、创新创业、财税金融、权益保护等各类政策和政府服务信息，实现中小企业政策信息一站式服务。建立完善对中小企业的统计调查、监测分析和定期发布制度。

（二）推动信用信息共享。进一步完善小微企业名录，积极推进银商合作。依托国家企业信用信息公示系统和小微企业名录，建立完善小微企业数据库。依托全国公共信用信息共享平台建设全国中小企业融资综合信用服务平台，开发"信易贷"，与商业银行共享注册登记、行政许可、行政处罚、"黑名单"以及纳税、社保、水电煤气、仓储物流等信息，改善银企信息不对称，提高信用状况良好中小企业的信用评分和贷款可得性。

（三）重视培育企业家队伍。继续做好中小企业经营管理领军人才培训，提升中小企业经营管理水平。健全宽容失败的有效保护机制，为企业家成长创造良好环境。完善人才待遇政策保障和分类评价制度。构建亲清政商关系，推动企业家参与制定涉企政策，充分听取企业家意见建议。树立优秀企业家典型，大力弘扬企业家精神。

（四）支持对外合作与交流。优化海关流程、简化办事手续，降低企业通关成本。深化双多边合作，加强在促进政策、贸易投资、科技创新等领域的中小企业交流与合作。支持有条件的地方建设中外中小企业合作区。鼓励中小企业服务机构、协会等探索在条件成熟的国家和地区设立"中小企业中心"。继续办好中国国际中小企业博览会，支持中小企业参加境内外展览展销活动。

七、强化组织领导和统筹协调

（一）加强支持和统筹指导。各级党委和政府要认真贯彻党中央、国务院关于支持中小企业发展的决策部署，积极采取有针对性的措施，在政策、融资、营商环境等方面主动帮助企业解决实际困难。各有关部门要加强对中小企业存在问题的调研，并按照分工要求抓紧出台解决办法，同时对好的经验予以积极推广。加强促进中小企业发展工作组织机构和工作机制建设，充分发挥组织领导、政策协调、指导督促作用，明确部门责任和分工，加强监督检查，推动政策落实。

（二）加强工作督导评估。国务院促进中小企业发展工作领导小组办公室要加强对促进中小企业健康发展工作的督导，委托第三方机构定期开展中小企业发展环境评估并向社会公布。各地方政府根据实际情况组织开展中小企业发展环境评估。

（三）营造良好舆论氛围。大力宣传促进中小企业发展的方针政策与法律法规，强调中小企业在国民经济和社会发展中的重要地位和作用，表彰中小企业发展和服务中小企业工作中涌现出的先进典型，让企业有更多获得感和荣誉感，形成有利于中小企业健康发展的良好社会舆论环境。

国务院关于印发改革国有资本
授权经营体制方案的通知

国发〔2019〕9号

各省、自治区、直辖市人民政府，国务院各部委、各直属机构：

现将《改革国有资本授权经营体制方案》印发给你们，请认真贯彻落实。

国务院

2019 年 4 月 19 日

改革国有资本授权经营体制方案

按照党中央、国务院关于深化国有企业改革的决策部署，近年来，履行国有资本出资人职责的部门及机构（以下称出资人代表机构）坚持以管资本为主积极推进职能转变，制定并严格执行监管权力清单和责任清单，取消、下放、授权一批工作事项，监管效能有效提升，国有资产管理体制不断完善。但也要看到，政企不分、政资不分的问题依然存在，出资人代表机构与国家出资企业之间权责边界不够清晰，国有资产监管越位、缺位、错位的现象仍有发生，国有资本运行效率有待进一步提高。党中央、国务院对此高度重视，党的十九大明确提出，要完善各类国有资产管理体制，改革国有资本授权经营体制。为贯彻落实党的十九大精神，加快推进国有资本授权经营体制改革，进一步完善国有资产管理体制，推动国有经济布局结构调整，打造充满生机活力的现代国有企业，现提出以下方案。

一、总体要求

(一) 指导思想

以习近平新时代中国特色社会主义思想为指导，全面贯彻党的十九大和十九届二中、三中全会精神，坚持和加强党的全面领导，坚持和完善社会主义基本经济制度，坚持社会主义市场经济改革方向，以管资本为主加强国有资产监管，切实转变出资人代表机构职能和履职方式，实现授权与监管相结合、放活与管好相统一，切实保障国有资本规范有序运行，促进国有资本做强做优做大，不断增强国有经济活力、控制力、影响力和抗风险能力，培育具有全球竞争力的世界一流企业。

(二) 基本原则

——坚持党的领导。将坚持和加强党对国有企业的领导贯穿国有资本授权经营体制改革全过程和各方面，充分发挥党组织的领导作用，确保国有企业更好地贯彻落实党和国家方针政策、重大决策部署。

——坚持政企分开政资分开。坚持政府公共管理职能与国有资本出资人职能分开，依法理顺政府与国有企业的出资关系，依法确立国有企业的市场主体地位，最大限度减少政府对市场活动的直接干预。

——坚持权责明晰分类授权。政府授权出资人代表机构按照出资比例对国家出资企业履行出资人职责，科学界定出资人代表机构权责边界。国有企业享有完整的法人财产权和充分的经营自主权，承担国有资产保值增值责任。按照功能定位、治理能力、管理水平等企业发展实际情况，一企一策地对国有企业分类授权，做到权责对等、动态调整。

——坚持放管结合完善机制。加快调整优化出资人代表机构职能和履职方式，加强清单管理和事中事后监管，该放的放权到位、该管的管住管好。建立统一规范的国有资产监管制度体系，精简监管事项，明确监管重点，创新监管手段，提升监管水平，防止国有资产流失，确保国有资产保值增值。

(三) 主要目标

出资人代表机构加快转变职能和履职方式，切实减少对国有企业的行政干预。国有企业依法建立规范的董事会，董事会职权得到有效落实。将更多具备条件的中央企业纳入国有资本投资、运营公司试点范围，赋予企业更多经营自主权。到2022年，基本建成与中国特色现代国有企业制度相适应的国有资本授权经营体制，出资人代表机构与国家出资企业的权责边界界定清晰，授权放权机制运行有效，国有资产监管实现制度完备、标准统一、管理规范、实时在线、精准有力，国有企业的活力、创造力、市场竞争力和风险防控能力明显增强。

二、优化出资人代表机构履职方式

国务院授权国资委、财政部及其他部门、机构作为出资人代表机构，对国家出资企业履行出资人职责。出资人代表机构作为授权主体，要依法科学界定职责定位，加快转变履职方式，依据股权关系对国家出资企业开展授权放权。

（一）实行清单管理

制定出台出资人代表机构监管权力责任清单，清单以外事项由企业依法自主决策，清单以内事项要大幅减少审批或事前备案。将依法应由企业自主经营决策的事项归位于企业，将延伸到子企业的管理事项原则上归位于一级企业，原则上不干预企业经理层和职能部门的管理工作，将配合承担的公共管理职能归位于相关政府部门和单位。

（二）强化章程约束

依法依规、一企一策地制定公司章程，规范出资人代表机构、股东会、党组织、董事会、经理层和职工代表大会的权责，推动各治理主体严格依照公司章程行使权利、履行义务，充分发挥公司章程在公司治理中的基础作用。

（三）发挥董事作用

出资人代表机构主要通过董事体现出资人意志，依据股权关系向国家出资企业委派董事或提名董事人选，规范董事的权利和责任，明确工作目标和重点；建立出资人代表机构与董事的沟通对接平台，建立健全董事人才储备库和董事选聘、考评与培训机制，完善董事履职报告、董事会年度工作报告制度。

（四）创新监管方式

出资人代表机构以企业功能分类为基础，对国家出资企业进行分类管理、分类授权放权，切实转变行政化的履职方式，减少审批事项，强化事中事后监管，充分运用信息化手段，减轻企业工作负担，不断提高监管效能。

三、分类开展授权放权

出资人代表机构对国有资本投资、运营公司及其他商业类企业（含产业集团，下同）、公益类企业等不同类型企业给予不同范围、不同程度的授权放权，定期评估效果，采取扩大、调整或收回等措施动态调整。

（一）国有资本投资、运营公司

出资人代表机构根据《国务院关于推进国有资本投资、运营公司改革试点的实施意见》（国发〔2018〕23号）有关要求，结合企业发展阶段、行业特点、治理能力、管理基础等，一企一策有侧重、分先后地向符合条件的企业开展授权放权，维护好股东合法权益。授权放权内容主要包括战略规划和主业管理、选人用人和股权激励、工资总额和重大财务事项管理等，亦可根据企业实际情况增加其他方面授权放权内容。

战略规划和主业管理。授权国有资本投资、运营公司根据出资人代表机构的战略引领，自主决定发展规划和年度投资计划。国有资本投资公司围绕主业开展的商业模式创新业务可视同主业投资。授权国有资本投资、运营公司依法依规审核国有资本投资、运营公司之间的非上市公司产权无偿划转、非公开协议转让、非公开协议增资、产权置换等事项。

选人用人和股权激励。授权国有资本投资、运营公司董事会负责经理层选聘、业绩考核和薪酬管理（不含中管企业），积极探索董事会通过差额方式选聘经理层成员，推行职业经理人制度，对市场化选聘的职业经理人实行市场化薪酬分配制度，完善中长期激励机制。授权国有资本投资、运营公司董事会审批子企业股权激励方案，支持所出资企业依法合规采用股票期权、股票增值权、限制性股票、分红权、员工持股以及其他方式开展股权激励，股权激励预期收益作为投资性收入，不与其薪酬总水平挂钩。支持国有创业投资企业、创业投资管理企业等新产业、新业态、新商业模式类企业的核心团队持股和跟投。

工资总额和重大财务事项管理。国有资本投资、运营公司可以实行工资总额预算备案制，根据企业发展战略和薪酬策略、年度生产经营目标和经济效益，综合考虑劳动生产率提高和人工成本投入产出率、职工工资水平市场对标等情况，结合政府职能部门发布的工资指导线，编制年度工资总额预算。授权国有资本投资、运营公司自主决策重大担保管理、债务风险管控和部分债券类融资事项。

政府直接授权的国有资本投资、运营公司按照有关规定对授权范围内的国有资本履行出资人职责，遵循有关法律和证券市场监管规定开展国有资本运作。

（二）其他商业类企业和公益类企业

对未纳入国有资本投资、运营公司试点的其他商业类企业和公益类企业，要充分落实企业的经营自主权，出资人代表机构主要对集团公司层面实施监管或依据股权关系参与公司治理，不干预集团公司以下各级企业生产经营具体事项。对其中已完成公司制改制、董事会建设较规范的企业，要逐步落实董事会职权，维护董事会依法行使重大决策、选人用人、薪酬分配等权利，明确由董事会自主决定公司内部管理机构设置、基本管理制度制定、风险内控和法律合规管理体系建设以及履行对所出资企业的股东职责等事项。

四、加强企业行权能力建设

指导推动国有企业进一步完善公司治理体系，强化基础管理，优化集团管控，确保各项授权放权接得住、行得稳。

（一）完善公司治理

按照建设中国特色现代国有企业制度的要求，把加强党的领导和完善公司治理统一起来，加快形成有效制衡的公司法人治理结构、灵活高效的市场化经营机制。建设规范高效的董事会，完善董事会运作机制，提升董事会履职能力，激发经理层活力。要在所出资企业积极推行经理层市场化选聘和契约化管理，明确聘期以及企业与经理层成员双方的权利与责任，强化刚性考核，建立退出机制。

（二）夯实管理基础

按照统一制度规范、统一工作体系的原则，加强国有资产基础管理。推进管理创新，优化总部职能和管理架构。深化企业内部三项制度改革，实现管理人员能上能下、员工能进能出、收入能增能减。不断强化风险防控体系和内控机制建设，完善内部监督体系，有效发挥企业职工代表大会和内部审计、巡视、纪检监察等部门的监督作用。

（三）优化集团管控

国有资本投资公司以对战略性核心业务控股为主，建立以战略目标和财务效益为主的管控模式，重点关注所出资企业执行公司战略和资本回报状况。国有资本运营公司以财务性持股为主，建立财务管控模式，重点关注国有资本流动和增值状况。其他商业类企业和公益类企业以对核心业务控股为主，建立战略管控和运营管控相结合的模式，重点关注所承担国家战略使命和保障任务的落实状况。

（四）提升资本运作能力

国有资本投资、运营公司作为国有资本市场化运作的专业平台，以资本为纽带、以产权为基础开展国有资本运作。在所出资企业积极发展混合所有制，鼓励有条件的企业上市，引进战略投资者，提高资本流动性，放大国有资本功能。增强股权运作、价值管理等能力，通过清理退出一批、重组整合一批、创新发展一批，实现国有资本形态转换，变现后投向更需要国有资本集中的行业和领域。

五、完善监督监管体系

通过健全制度、创新手段，整合监督资源，严格责任追究，实现对国有资本的全面有效监管，切实维护国有资产安全，坚决防止国有资产流失。

（一）搭建实时在线的国资监管平台

出资人代表机构要加快优化监管流程、创新监管手段，充分运用信息技术，整合包括产权、投资和财务等在内的信息系统，搭建连通出资人代表机构与企业的网络平台，实现监管信息系统全覆盖和实时在线监管。建立模块化、专业化的信息采集、分析和报告机制，加强信息共享，增强监管的针对性和及时性。

（二）统筹协同各类监督力量

加强国有企业内部监督、出资人监督和审计、纪检监察、巡视监督以及社会监督，结合中央企业纪检监察机构派驻改革的要求，依照有关规定清晰界定各类监督主体的监督职责，有效整合企业内外部监督资源，增强监督工作合力，形成监督工作闭环，加快建立全面覆盖、分工明确、协同配合、制约有力的国有资产监督体系，切实增强监督有效性。

（三）健全国有企业违规经营投资责任追究制度

明确企业作为维护国有资产安全、防止流失的责任主体，健全内部管理制度，严格执行国有企业违规经营投资责任追究制度。建立健全分级分层、有效衔接、上下贯通的责任追究工作体系，严格界定违规经营投资责任，严肃追究问责，实行重大决策终身责任追究制度。

六、坚持和加强党的全面领导

将坚持和加强党的全面领导贯穿改革的全过程和各方面，在思想上政治上行动上同党中央保持高度一致，为改革提供坚强有力的政治保证。

（一）加强对授权放权工作的领导

授权主体的党委（党组）要加强对授权放权工作的领导，深入研究授权放权相关问题，加强行权能力建设，加快完善有效监管体制，抓研究谋划、抓部署推动、抓督促落实，确保中央关于国有资本授权经营体制改革的决策部署落实到位。

（二）改进对企业党建工作的领导、指导和督导

上级党组织加强对国有企业党建工作的领导，出资人代表机构党组织负责国家出资企业党的建设。国家出资企业党组织要认真落实党中央、上级党组织、出资人代表机构党组织在党的领导、党的建设方面提出的工作要求。在改组组建国有资本投资、运营公司过程中，按照"四同步""四对接"的要求调整和设置党的组织、开展党的工作，确保企业始终在党的领导下开展工作。

（三）充分发挥企业党组织的领导作用

企业党委（党组）要切实发挥领导作用，把方向、管大局、保落实，依照有关规定讨论和决定企业重大事项，并作为董事会、经理层决策重大事项的前置程序。要妥善处理好各治理主体的关系，董事会、经理层等治理主体要自觉维护党组织权威，根据各自职能分工发挥作用，既要保证董事会对重大问题的决策权，又要保证党组织的意图在重大决策中得到体现。董事会、经理层中的党员要坚决贯彻落实党组织决定，向党组织报告落实情况。在推行经理层成员聘任制和契约化管理、探索职业经理人制度等改革过程中，要把坚持党管干部原则和发挥市场机制作用结合起来，保证党对干部人事工作的领导权和对重要干部的管理权，落实董事会、经理层的选人用人权。

七、周密组织科学实施

各地区、各部门、各出资人代表机构和广大国有企业要充分认识推进国有资本授权经营体制改革的重要意义，准确把握改革精神，各司其职、密切配合，按照精细严谨、稳妥推进的工作要求，坚持一企一策、因企施策，不搞批发式、不设时间表，对具备条件的，成熟一个推动一个，运行一个成功一个，不具备条件的不急于推进，确保改革规范有序进行，推动国有企业实现高质量发展。

（一）加强组织领导，明确职责分工

国务院国有企业改革领导小组负责统筹领导和协调推动国有资本授权经营体制改革工作，研究协调相关重大问题。出资人代表机构要落实授权放权的主体责任。国务院国有企业改革领导小组各成员单位及有关部门根据职责分工，加快研究制定配套政策措施，指导推动改革实践，形成合力共同推进改革工作。

（二）健全法律政策，完善保障机制

加快推动国有资本授权经营体制改革涉及的法律法规的立改废释工作，制定出台配套政策法规，确保改革于法有据。建立健全容错纠错机制，全面落实"三个区分开来"，充分调动和激发广大干部职工参与改革的积极性、主动性和创造性。

（三）强化跟踪督导，确保稳步推进

建立健全督查制度，加强跟踪督促，定期总结评估各项改革举措的执行情况和实施效果，及时研究解决改革中遇到的问题，确保改革目标如期实现。

（四）做好宣传引导，营造良好氛围

坚持鼓励探索、实践、创新的工作导向和舆论导向，采取多种方式解读宣传改革国有资本授权经营体制的方针政策，积极宣介推广改革典型案例和成功经验，营造有利于改革的良好环境。

各省（自治区、直辖市）人民政府要按照本方案要求，结合实际推进本地区国有资本授权经营体制改革工作。

金融、文化等国有企业的改革，按照中央有关规定执行。

关于印发《国务院国资委授权放权清单（2019 年版）》的通知

国资发改革〔2019〕52 号

各中央企业，各省、自治区、直辖市及计划单列市和新疆生产建设兵团国资委：

为深入贯彻党中央、国务院关于深化国资国企改革的决策部署，落实《国务院关于印发改革国有资本授权经营体制方案的通知》（国发〔2019〕9 号）精神，加快实现从管企业向管资本转变，更好履行出资人职责，进一步加大授权放权力度，切实增强微观主体活力，我委制定了《国务院国资委授权放权清单（2019 年版）》（以下简称《清单》），现印发给你们，并将有关事项通知如下：

一、分类开展授权放权

《清单》结合企业的功能定位、治理能力、管理水平等企业改革发展实际，分别针对各中央企业、综合改革试点企业、国有资本投资、运营公司试点企业以及特定企业相应明确了授权放权事项。同时，集团公司要对所属企业同步开展授权放权，做到层层"松绑"，全面激发各层级企业活力。

二、加强行权能力建设

各中央企业要坚持中国特色现代国有企业制度，把加强党的领导和完善公司治理统一起来，加快形成有效制衡的公司法人治理结构、灵活高效的市场化经营机制。要夯实管理基础，优化集团管控，健全完善风险、内控和合规体系，确保各项授权放权接得住、行得稳。

三、完善监督管理体系

国务院国资委将加强事中事后监管，采取健全监管制度、统筹监督力量、严格责任追究、搭建实时在线的国资监管平台等方式，确保该放的放权到位、该管的管住管好，实现授权与监管相结合、放活与管好相统一。

四、建立动态调整机制

国务院国资委将加强跟踪督导，定期评估授权放权的执行情况和实施效具，采取扩大、调整或收回等措施动态调整授权放权事项。

请各中央企业结合实际抓好贯彻落实，工作中遇到的情况和问题及时报告国务院国资委。

各地国资委要按照国发〔2019〕9 号文件要求，结合实际积极推进本地区国有资本授权经营体制改革，制定授权放权清单，赋予企业更多自主权，促进激发微观主体活力与管住管好国有资本有机结合。国务院国资委将加强指导督促，推动授权放权工作有序开展、全面落实。

国务院国资委

2019 年 6 月 3 日

国务院国资委授权放权清单（2019 年版）

一、对各中央企业的授权放权事项

序号　授权放权事项

1. 中央企业审批所属企业的混合所有制改革方案（主业处于关系国家安全、国民经济命脉的重要行业和关键领域，主要承担重大专项任务的子企业除外）。

2. 中央企业决定国有参股非上市企业与非国有控股上市公司的资产重组事项。

3. 授权中央企业决定集团及所属企业以非公开协议方式参与其他子企业的增资行为及相应的资产评估（主业处于关系国家安全、国民经济命脉的重要行业和关键领域，主要承担重大专项任务的子企业除外）。

4. 中央企业审批所持有非上市股份有限公司的国有股权管理方案和股权变动事项

（主业处于关系国家安全、国民经济命脉的重要行业和关键领域，主要承担重大专项任务的子企业除外）。

5. 中央企业审批国有股东所持有上市公司股份在集团内部的无偿划转、非公开协议转让事项。

6. 中央企业审批国有参股股东所持有上市公司国有股权公开征集转让、发行可交换公司债券事项。

7. 中央企业审批未导致上市公司控股权转移的国有股东通过证券交易系统增持、协议受让、认购上市公司发行股票等事项。

8. 中央企业审批未触及证监会规定的重大资产重组标准的国有股东与所控股上市公司进行资产重组事项。

9. 中央企业审批国有股东通过证券交易系统转让一定比例或数量范围内所持有上市公司股份事项，同时应符合国有控股股东持股比例不低于合理持股比例的要求。

10. 中央企业审批未导致国有控股股东持股比例低于合理持股比例的公开征集转让、发行可交换公司债券及所控股上市公司发行证券事项。

11. 授权中央企业决定公司发行短期债券、中长期票据和所属企业发行各类债券等部分债券类融资事项。对于中央企业集团公司发行的中长期债券，国资委仅审批发债额度，在额度范围内的发债不再审批。

12. 支持中央企业所属企业按照市场化选聘、契约化管理、差异化薪酬、市场化退出的原则，采取公开遴选、竞聘上岗、公开招聘、委托推荐等市场化方式选聘职业经理人，合理增加市场化选聘比例，加快建立职业经理人制度。

13. 支持中央企业所属企业市场化选聘的职业经理人实行市场化薪酬分配制度，薪酬总水平由相应子企业的董事会根据国家相关政策，参考境内市场同类可比人员薪酬价位，统筹考虑企业发展战略、经营目标及成效、薪酬策略等因素，与职业经理人协商确定，可以采取多种方式探索完善中长期激励机制。

14. 对商业一类和部分符合条件的商业二类中央企业实行工资总额预算备案制管理。

15. 中央企业审批所属科技型子企业股权和分红激励方案，企业实施分红激励所需支出计入工资总额，但不受当年本单位工资总额限制、不纳入本单位工资总额基数，不作为企业职工教育经费、工会经费、社会保险费、补充养老及补充医疗保险费、住房公积金等的计提依据。

16. 中央企业集团年金总体方案报国资委事后备案，中央企业审批所属企业制定的具体年金实施方案。

17. 中央企业控股上市公司股权激励计划报国资委同意后，中央企业审批分期实施方案。

18. 支持中央企业在符合条件的所属企业开展多种形式的股权激励，股权激励的实际收益水平，不与员工个人薪酬总水平挂钩，不纳入本单位工资总额基数。

19. 中央企业决定与借款费用、股份支付、应付债券等会计事项相关的会计政策和会计估计变更。

20. 授权中央企业（负债水平高、财务风险较大的中央企业除外）合理确定公司担保规模，制定担保风险防范措施，决定集团内部担保事项，向集团外中央企业的担保事项不再报国资委备案。但不得向中央企业以外的其他企业进行担保。

21. 授权中央企业（负债水平高、财务风险较大的中央企业除外）根据《中央企业降杠杆减负债专项工作目标责任书》的管控目标，制定债务风险管理制度，合理安排长短期负债比重，强化对所属企业的资产负债约束，建立债务风险动态监测和预警机制。

二、对综合改革试点企业的授权放权事项（包括国有资本投资、运营公司试点企业、创建世界一流示范企业、东北地区中央企业综合改革试点企业、落实董事会职权试点企业等）

序号　授权放权事项

1. 授权董事会审批企业五年发展战略和规划，向国资委报告结果。中央企业按照国家规划周期、国民经济和社会发展五年规划建议，以及国有经济布局结构调整方向和中央企业中长期发展规划要求，组织编制本企业五年发展战略和规划，经董事会批准后实施。

2. 授权董事会按照《中央企业投资监督管理办法》（国资委令第 34 号）要求批准年度投资计划，报国资委备案。

3. 授权董事会决定在年度投资计划的投资规模内，将主业范围内的计划外新增投资项目与计划内主业投资项目进行适当调剂。相关投资项目应符合负面清单要求。

4. 授权董事会决定主业范围内的计划外新增股权投资项目，总投资规模变动超过10%的，应及时调整年度投资计划并向国资委报告。相关投资项目应符合负面清单要求。

三、对国有资本投资、运营公司试点企业的授权放权事项

序号　授权放权事项

1. 授权董事会按照企业发展战略和规划决策适度开展与主业紧密相关的商业模式创新业务，国资委对其视同主业投资管理。

2. 授权董事会在已批准的主业范围以外，根据落实国家战略需要、国有经济布局结构调整方向、中央企业中长期发展规划、企业五年发展战略和规划，研究提出拟培育发展的 1-3 个新业务领域，报国资委同意后，视同主业管理。待发展成熟后，可向国资委申请将其调整为主业。

3. 授权董事会在 5%-15% 的比例范围内提出年度非主业投资比例限额，报国资委同意后实施。

4. 授权国有资本投资、运营公司按照国有产权管理规定审批国有资本投资、运营公司之间的非上市企业产权无偿划转、非公开协议转让、非公开协议增资、产权置换等事项。

5. 授权董事会审批所属创业投资企业、创业投资管理企业等新产业、新业态、新商业模式类企业的核心团队持股和跟投事项，有关事项的开展情况按年度报国资委备案。

6. 授权中央企业探索更加灵活高效的工资总额管理方式。

四、对特定企业的授权放权事项

序号　授权放权事项

1. 对集团总部在中国香港地区、中国澳门地区的中央企业在本地区的投资，可视同境内投资进行管理。

2. 授权落实董事会职权试点中央企业董事会根据中央企业负责人薪酬管理有关制度，制定经理层成员薪酬管理办法，决定经理层成员薪酬分配。企业经理层成员薪酬管理办法和薪酬管理重大事项报国资委备案。

3. 授权落实董事会职权试点中央企业董事会对副职经理人员进行评价，评价结果按一定权重计入国资委对企业高管人员的评价中。

4. 授权行业周期性特征明显、经济效益年度间波动较大或者存在其他特殊情况的中央企业，工资总额预算可以探索按周期进行管理，周期最长不超过三年，周期内的工资总额增长应当符合工资与效益联动的要求。

关于印发《加快完善市场主体退出制度改革方案》的通知

发改财金〔2019〕1104号

各省、自治区、直辖市人民政府，国务院各部委、各直属机构：

为深入学习习近平新时代中国特色社会主义思想，全面贯彻党的十九大和十九届二中、三中全会精神，畅通市场主体退出渠道，降低市场主体退出成本，激发市场主体竞争活力，完善优胜劣汰的市场机制，推动经济高质量发展，经国务院同意，现将《加快完善市场主体退出制度改革方案》印发你们，请认真组织实施，抓好任务落实。

国家发展改革委
最高人民法院
工业和信息化部
民　政　部
司　法　部
财　政　部
人力资源社会保障部
人　民　银　行
国　资　委
税　务　总　局
市场监管总局
银　保　监　会
证　监　会
2019 年 6 月 22 日

加快完善市场主体退出制度改革方案

市场主体退出制度是现代化经济体系的重要组成部分。为进一步畅通市场主体退出渠道，降低市场主体退出成本，激发市场主体竞争活力，完善优胜劣汰的市场机制，推动经济高质量发展，经国务院同意，现就加快完善市场主体退出制度提出如下改革方案。

一、总体要求

（一）指导思想

以习近平新时代中国特色社会主义思想为指导，全面贯彻党的十九大和十九届二中、三中全会精神，统筹推进"五位一体"总体布局，协调推进"四个全面"战略布局，坚持稳中求进工作总基调，坚持新发展理念，坚持推动高质量发展，坚持以供给侧结构性改革为主线，以促进资源优化配置和提高资源使用效率为目标，按照市场化、法治化原则，建立健全市场主体退出制度，提高市场重组、出清的质量和效率，促进市场主体优胜劣汰和资源优化配置，推动经济高质量发展和现代化经济体系建设。

（二）基本原则

——坚持市场化改革。充分发挥市场配置资源的决定性作用，规范市场竞争秩序，减少市场扭曲，完善优胜劣汰的市场机制，促进生产要素和资源由无效低效市场主体向高效市场主体流动，最大程度发挥各类要素和资源潜力。更好发挥政府作用，创新调控、监管、服务方式，为市场主体依法退出营造良好的制度环境。

——坚持法治化方向。加快完善市场主体退出的法律法规，尊重和保障市场主体自主经营权利。有效衔接各类法律法规和相关政策，有效降低市场主体退出交易成本。在市场机制不能有效发挥作用的领域，通过合理运用公共政策，引导或强制低效无效市场主体依法有序退出，同时畅通退出权利救济途径。

——坚持约束与激励并举。强化市场纪律，促进市场主体审慎经营，防止盲目激进经营和过度负债。对经营失败的诚实市场主体给予适当宽容，使退出市场主体承担合理有限责任，保留再创业机会，保护创新创业的积极性。

——坚持保护各方合理权益。处理好企业职工、各类债权人、股东以及其他利益相关方之间的权利义务关系，切实防范逃废债等道德风险，确保各方依法公平合理分担退出成本，保障市场主体退出稳妥有序、风险可控。同时着眼全局和长期利益，提高退出效率，防止因利益纠葛久拖不决导致多输局面。

（三）总体目标

逐步建立起与现代化经济体系相适应，覆盖企业等营利法人、非营利法人、非法人组织、农民专业合作社、个体工商户、自然人等各类市场主体的便利、高效、有序的退出制度，市场主体退出渠道进一步畅通，市场主体退出成本明显下降，无效低效市场主体加快退出，为构建市场机制有效、微观主体有活力、宏观调控有度的经济体制提供有力支撑。

二、规范市场主体退出方式

按照市场化法治化原则，进一步明确市场主体退出方式，完善规范退出的条件、标准和具体程序，使各类市场主体均有适当的退出方式和渠道。

（一）规范自愿解散退出

企业等营利法人、非营利法人和非法人组织在其设立章程中应按照意思自治原则依法对解散事由作出约定，当解散事由出现时，除法律另有规定外，由市场主体按照治理程序决议解散，自愿退出市场。

（二）建立健全破产退出渠道

在进一步完善企业破产制度的基础上，研究建立非营利法人、非法人组织、个体工商户、自然人等市场主体的破产制度，扩大破产制度覆盖面，畅通存在债权债务关系的市场主体退出渠道。

（三）稳妥实施强制解散退出

严格限定市场主体因政府公共政策规定而强制解散退出的条件，稳妥处置退出后相关事宜，依法保护市场主体产权。统一市场主体强制解散退出的标准和程序。对强制解散退出应设定救济程序，依法保障退出市场主体和利益相关方的合法权益。

（四）明确特定领域退出规则

因公共安全、产业调控、区域发展、技术标准、环境保护等公共利益需要，有关机关可以依法强制或引导市场主体从特定生产领域、业务领域退出。研究在相关法规和政策中进一步明确特定领域退出的触发条件、补偿机制。

三、健全清算注销制度

市场主体出现解散事由，应按程序依法组织清算组开展清算。市场主体无法就自行清算达成一致或相关责任主体怠于履行清算义务的，企业等市场主体的股东或债权人可以依法申请法院指定清算组进行强制清算。清算结束后，清算组应依法及时申请注销登记。清算过程中符合破产条件的，应依法及时转入破产程序。

（一）完善市场主体清算机制

强化市场主体履行清算义务的责任，根据市场主体不同性质和类型，明确清算程序的启动条件和清算期限、清算义务人的权利义务。建立清算义务人怠于履行清算义务时的法律责任追究机制。完善公司解散清算与破产清算程序的衔接机制。（最高人民法院、国家发展改革委、司法部、市场监管总局等按职责分工负责）

（二）完善注销登记制度

提高注销登记制度的便利程度，加大技术平台投入，利用现代信息技术减少或取消现场办理环节，大幅降低市场主体退出的交易成本。进一步探索简化普通注销程序，研究通过改革清算公告发布渠道、减少公告等待时间、对符合条件的市场主体豁免提交清算报告等方式，进一步完善普通注销制度。研究探索在法律法规中增加关于企业简易注销登记程序等相关规定的必要性和可行性。研究建立市场主体强制退出制度，完善相关法律法规，对因经营异常、违法失信而被吊销营业执照、责令关闭的企业和个体工商户等市场主体，依照法定程序实施强制退出。（市场监管总局牵头负责）

四、完善破产法律制度

市场主体达到法定破产条件，应当依法通过破产程序进行清理，或推动利益相关方庭外协议重组，以尽快盘活存量资产，释放资源要素。对陷入财务困境但仍具有经营价值和再生希望的企业，支持债权人、债务人及利益相关方利用破产重整或庭外协议重组等方式，推动企业债务、股权结构和业务重组，恢复生产经营。对丧失经营价值和再生无望的企业，要及时通过破产程序实现市场出清。

（一）完善企业破产制度

完善企业破产启动与审理程序。完善破产程序启动制度，厘清政府、法院、债务人、债权人和破产管理人在破产程序中的权利义务。企业符合破产条件时，应依法及时启动破产程序，不得设定超出法律规定的条件和程序。研究规定企业和企业高级管理人员等相关责任主体在企业陷入财务困境时负有及时申请破产清算或重整义务的必要性和可行性。总结执行转破产实践经验，明确执行转破产制度的法律地位。完善破产程序中债权清偿顺位规则。建立破产简易审理程序，实行破产案件繁简分流。完善跨境破产和关联企业破产规则，推动解决跨境破产、复杂主体破产难题。完善破产企业有关人员法律责任制度，严厉打击恶意逃废债等违法违规行为。（最高人民法院、国家发展改革委、司法部、中国银保监会等按职责分工负责）研究建立预重整和庭外重组制度。完善金融机构债权人委员会制度，明确金融机构债权人委员会制度和庭内债权人委员会制度的程序转换和决议效力认可机制。研究建立预重整制度，实现庭外重组制度、预重整制度与破产重整制度的有效衔接，强化庭外重组的公信力和约束力，明确预重整的法律地位和制度内容。（最高人民法院、国家发展改革委、司法部、中国人民银行、中国银保监会、中国证监会等按职责分工负责）完善企业破产重整制度。倡导积极重建的破产重整理念，切实解决企业破产污名化问题，充分利用破产重整制度促进企业重组重生。细化完善重整程序实施规则，明确强制批准重整计划的审查标准和法律依据，规范法院对重整计划的强制批准权。完善重整程序中的分组表决机制。优化管理人制度和管理模式，明确管理人与债务人、债权人之间的权利界限，合理发挥债务人在重整程序中的作用。建立吸收具备专业资质能力的人员参与重整企业经营管理的机制，促进重整企业保持经营价值。（最高人民法院、国家发展改革委、司法部、中国人民银行、中国银保监会、中国证监会等按职责分工负责）

（二）分步推进建立自然人破产制度

研究建立个人破产制度，重点解决企业破产产生的自然人连带责任担保债务问题。明确自然人因担保等原因而承担与生产经营活动相关的负债可依法合理免责。逐步推进建立自然人符合条件的消费负债可依法合理免责，最终建立全面的个人破产制度。（国家发展改革委、司法部、中国人民银行、中国银保监会等按职责分工负责）

（三）加强司法与行政协调配合

完善司法与行政协调机制。地方各级人民政府应积极支持陷入财务困境、符合破产条件的企业进行重整或破产清算。鼓励地方各级人民政府建立常态化的司法与行政协调机制，依法发挥政府在企业破产程序中的作用，协调解决破产过程中维护社会稳定、经费保障、信用修复、企业注销等问题，同时避免对破产司法事务的不当干预。（各地方人民政府负责）明确政府部门破产行政管理职能。在总结完善司法与行政协调机制实践经验的基础上，进一步明确政府部门承担破产管理人监督管理、政府各相关部门协调、债权人利益保护、特殊破产案件清算以及防范恶意逃废债等破产行政管理职责。（各地方人

民政府负责）

（四）加强司法能力及中介机构建设

加强破产审判能力建设。深化破产审判机制改革，根据各地审判实践需要，在条件成熟的中级人民法院积极推动组建破产案件专业审判团队，优化破产案件专业审判团队的职责和内部管理体系。加强对破产审判专业人员的培训和专业队伍的建设，完善对破产审判法官的考核机制。（各省级人民政府、最高人民法院等按职责分工负责）大力培育破产管理人队伍。进一步细化完善管理人职责，明确管理人履职过程中发现恶意逃废债等违法行为时依法提请法院移送侦查的职责，进一步优化破产管理人名册制度、管理人选任机制和管理人报酬制度，积极开展管理人履职能力培训工作，支持和推动管理人行业自律组织建设，强化对管理人的履职考核和动态监督管理，督促管理人提高责任意识和履职能力。（国家发展改革委、最高人民法院等按职责分工负责）

五、完善特殊类型市场主体退出和特定领域退出制度

（一）建立健全金融机构市场化退出机制

完善金融机构市场化退出的程序和路径。完善相关法律法规，明确对问题金融机构退出过程中接管、重组、撤销、破产处置程序和机制，探索建立金融机构主体依法自主退出机制和多层次退出路径。及时有效发挥存款保险制度和相关行业保障基金的作用。（财政部、中国人民银行、中国银保监会、中国证监会等按职责分工负责）完善金融机构资产、负债、业务的概括转移制度。依托存款保险制度和保险保障基金、证券投资者保障基金、信托业保障基金等相关行业保障基金，进一步完善金融机构强制退出时的储蓄存款合同、保险合同、证券业务合同、资产管理业务合同、信托财产和信托事务等各类合同和业务的转移接续。（中国人民银行、中国银保监会、中国证监会等按职责分工负责）建立金融机构风险预警及处置机制。明确风险处置的触发条件，制定退出风险处置预案，丰富风险处置工具箱，建立健全信息共享机制。完善金融机构市场化退出损失分担机制，明确股东和无担保债权人应先于公共资金承担损失。（财政部、中国人民银行、中国银保监会、中国证监会等按职责分工负责）

（二）完善国有企业退出机制

推动国有"僵尸企业"破产退出。对符合破产等退出条件的国有企业，各相关方不得以任何方式阻碍其退出，防止形成"僵尸企业"。不得通过违规提供政府补贴、贷款等方式维系"僵尸企业"生存，有效解决国有"僵尸企业"不愿退出的问题。国有企业退出时，金融机构等债权人不得要求政府承担超出出资额之外的债务清偿责任。（各地方人

民政府、最高人民法院、国家发展改革委、财政部、中国人民银行、国务院国资委、中国银保监会等按职责分工负责）完善特殊类型国有企业退出制度。针对全民所有制企业、厂办集体企业存在的出资人已注销、工商登记出资人与实际控制人不符、账务账册资料严重缺失等问题，明确市场退出相关规定，加快推动符合条件企业退出市场，必要时通过强制清算等方式实行强制退出。（国务院国资委、国家发展改革委牵头，有关部门按职责分工负责）

（三）健全非营利法人和非法人组织等退出机制

进一步细化非营利法人、非法人组织解散清算制度，推动非营利法人、非法人组织及时注销。参考企业法人破产制度，推动建立非营利法人、农民专业合作社、合伙企业等非法人组织破产制度。（最高人民法院、市场监管总局、民政部等按职责分工负责）

（四）完善特定领域退出机制

规范特定领域退出程序。建立政策成本效益和成本有效性分析10制度，审慎评估因公共利益而要求经营者退出特定生产或业务领域的必要性，按照比例原则以成本最小化的方式达成政策目标，尽量避免影响市场主体正常生产经营活动。（国家发展改革委、工业和信息化部、中国人民银行、中国银保监会等按职责分工负责）完善特定领域依法退出机制。对竞争性领域，审慎使用强制退出方式，主要通过激励性措施引导实现特定领域退出；因公共利益确需强制退出的，应依法建立补偿机制，保障退出市场主体和其利益相关方的合法权益。对垄断性行业和其他实行许可管理的行业，应在行业监管规则中明确经营者退出标准，并定期开展宣查，经营者达到退出标准的，应依法退出特定生产或业务领域；行业监管规则中应同时明确因公共利益需退出的事由、程序和补偿标准，作为经营者准入条件，当事由出现时，应按法定程序退出并按标准进行补偿。（国家发展改革委、工业和信息化部、中国人民银行、中国银保监会等按职责分工负责）

六、健全市场主体退出甄别和预警机制

（一）完善市场主体优劣甄别机制

加强社会信用体系建设。大力弘扬诚信文化，使市场主体树立守法诚实经营理念，自觉遵守商业道德，加强守信联合激励和失信联合惩戒等机制建设，使守信者处处畅通、失信者寸步难行。（国家发展改革委、中国人民银行牵头负责）完善竞争政策。加强对实施垄断、开展不正当竞争行为的监管，严格依法查处各类垄断行为和滥用行政权力排除、限制竞争行为，提高市场竞争的充分性与公平性。（市场监管总局牵头负责）规范产业政

策。针对市场不能有效发挥作用的领域制定有关政策规定，突出功能性、预测性，审慎使用可能造成市场扭曲的政策工具，对出台涉及市场主体经济活动的政策措施，严格进行公平竞争审查，完善市场竞争环境和营商环境，防止由政府越位和过度干预造成逆向选择。（国家发展改革委、工业和信息化部、市场监管总局等按职责分工负责）

（二）建立市场主体退出预警机制

强化企业信息披露义务。提高企业财务和经营信息透明度，强化信息披露义务主体对信息披露真实性、准确性、完整性的责任要求。公众公司应依法向公众披露财务和经营信息。非公众公司应及时向股东和债权人披露财务和经营信息。鼓励非公众公司特别是大型企业集团、国有企业参照公众公司要求公开相关信息。强化企业在陷入财务困境时及时向股东、债权人等利益相关方的信息披露义务。（各地方人民政府、国家发展改革委、中国人民银行、市场监管总局、国务院国资委、中国银保监会、中国证监会等按职责分工负责）建立企业信用综合评价机制。推动信用评级行业规范健康发展，支持信用评级机构开展企业综合信用评价。鼓励引导有关行业主管部门、行业协会商会、高等院校、科研机构以及信息中介机构研究建立反映市场主体财务状况和经营效率的评价指标。（国家发展改革委、中国人民银行牵头负责）建立企业债务风险监测预警机制。依托全国信用信息共享平台、国家企业信用信息公示系统和金融信用信息基础数据库、失信被执行人数据库等信用信息平台，整合相关数据信息，加强对一定债务规模以上企业债务风险的监测，加快一定债务规模以上企业的负债、担保、涉诉等信息在一定范围内依法公开和部门间共享，鼓励企业自主对外披露更多利于债务风险判断的信息。（国家发展改革委牵头，最高人民法院、中国人民银行、市场监管总局、中国银保监会等按职责分工负责）建立自然人债务风险监测预警机制。加强对居民部门债务水平和债务结构的分析监测，完善自然人债务风险评价指标和预警机制，建立社会公众财务风险管理及理财能力教育培训机制，防范自然人过度负债风险，处理好债权人权益保护与债务人生存权保护之间的关系。（国家发展改革委、中国人民银行、中国银保监会等按职责分工负责）

七、完善市场主体退出关联权益保障机制

（一）建立健全社会安全网

指导退出企业做好劳动关系处理，积极稳妥解决社会保险关系转移接续、拖欠职工工资等问题，切实保障退出企业职工的合法权益。（各地方人民政府、人力资源和社会保障部等按职责分工负责）

（二）依法保护金融债权人利益

明确金融债权人委员会法律地位。推动银行、证券、保险、信托等领域的金融债权人组建相对统一的金融债权人委员会。明确金融债权人委员会的法律地位、议事规则和程序，通过统一的金融债权人委员会加强与债务人的沟通协调，避免金融债务过度累积，防范恶意逃废债，有效监控债务风险，维护金融债权人合法权益。（中国银保监会牵头，中国人民银行、国家发展改革委、中国证监会等按职责分工负责）促进金融债权人积极推动市场主体退出。鼓励银行、证券、保险、信托等领域的金融债权人积极参与破产程序，支持金融债权人加强对企业等市场主体债务风险的监测，推动金融债权人积极化解市场主体债务风险，促进市场主体及时出清。（中国银保监会牵头，中国人民银行、国家发展改革委、中国证监会等按职责分工负责）

（三）切实防范国有资产流失

按照市场化法治化原则，完善国有资产价值发现和监督机制，进一步健全完善国有资产流失责任认定及追究制度，规范国有资产登记、转让、清算、退出等程序和交易行为，发挥专业化中介机构作用，涉及资产评估的，应当依法履行资产评估程序。在市场主体退出过程中，坚持国有资产市场化定价原则，鼓励通过产权、股权、证券市场发现和合理确定资产价格，促进国有资产保值增值。优化国有资产退出审批机制和程序，提高审批效率，强化信息公开，加强社会监督，防止因内部人控制、利益输送等造成国有资产流失。（各地方人民政府、财政部、国务院国资委等按职责分工负责）

八、完善市场主体退出配套政策

（一）完善信用记录与信用修复制度

完善重整企业信用修复机制。进一步健全和完善相关制度，使重整成功的企业不再被纳入金融、税务、市场监管、司法等系统的黑名单，实现企业信用重建。（国家发展改革委、中国人民银行牵头负责，最高人民法院、市场监管总局、税务总局等按职责分工负责）完善市场主体退出责任人信用记录机制。对市场主体退出过程中恶意逃废债特别是恶意逃废职工债务、过失导致国有资产流失、未按规定及时履行清算义务等违法违规行为责任人，建立信用记录，纳入全国信用信息共享平台、国家企业信用信息公示系统和金融信用信息基础数据库。建立直接责任人员失信行为联合惩戒机制。结合自然人破产制度建设，建立健全自然人破产信用记录及信用修复制度，形成以信用为核心的自然人市场行为正向激励约束机制。（国家发展改革委、中国人民银行牵头，最高人民法院、

市场监管总局、税务总局、中国银保监会等按职责分工负责）

（二）完善市场主体退出相关财政税收政策

优化企业破产重整税收政策环境。梳理企业破产重整税收支持政策，做好政策宣传解读工作，落实好亏损弥补和特殊性税务处理等税收政策，为企业破产重整营造良好环境。（财政部牵头，税务总局按职责分工负责）探索研究破产经费筹措机制。鼓励有条件的地方探索建立破产经费筹措机制，对破产财产不足以支付破产费用的市场主体，可通过筹措经费帮助支付有关费用。（各地方人民政府牵头负责）

（三）完善市场主体退出资产资源优化利用制度

构建多元化资产流转平台。引导各类资产进入产权交易市场，充分发挥产权交易市场的价格发现、价值实现功能，为市场主体退出过程中资产流转和变现创造良好市场基础。（各地方人民政府、国家发展改革委、国务院国资委、中国证监会等按职责分工负责）完善市场主体退出涉及的市场交易制度。依法支持上市公司通过并购重组实现退出。依法支持重整上市公司通过重大资产交易安排、股份发行等方式开展融资，规范上市公司股东减持行为。完善上市公司退市监管制度，畅通市场主体的上市和退市渠道。（中国证监会、最高人民法院牵头负责）

（四）健全社会公示和监督制度

健全社会公示。依托全国信用信息共享平台、国家企业信用信息公示系统，建立健全市场主体主动注销和强制退出的公告、异议等制度。推进部门共享市场主体退出相关信息，完善市场主体退出公示制度和退出后相关责任人失信惩戒记录公示制度。（国家发展改革委、市场监管总局牵头负责）推动社会监督。对不依法办理注销登记的市场主体、被吊销营业执照的市场主体以及不依法清算的市场主体，依法及时向社会公示，接受社会监督。（国家发展改革委、民政部、市场监管总局等按职责分工负责）

九、组织实施

（一）加强党的领导

各地区、各部门要充分认识完善市场主16体退出制度的重要意义，增强"四个意识"，坚定"四个自信"，做到"两个维护"，认真落实党中央、国务院有关决策部署，加快完善市场主体退出制度，促进市场主体优胜劣汰和资源优化配置。

（二）完善法律体系

市场主体退出制度体系涉及多领域法律法规，要及时启动各相关领域法律法规的立法修订程序，切实形成协同一致、相互支撑的法律体系，为市场主体依法退出提供充分的法律保障。

（三）落实工作责任

国家发展改革委要做好统筹协调工作，各地区、各部门要按照职能划分，抓紧落实改革方案，拟定工作计划，确保相关改革事项按时完成。

国务院办公厅关于加快推进社会信用体系建设构建以信用为基础的新型监管机制的指导意见

国办发〔2019〕35 号

各省、自治区、直辖市人民政府，国务院各部委、各直属机构：

为加强社会信用体系建设，深入推进"放管服"改革，进一步发挥信用在创新监管机制、提高监管能力和水平方面的基础性作用，更好激发市场主体活力，推动高质量发展，经国务院同意，现提出如下意见。

一、总体要求

以习近平新时代中国特色社会主义思想为指导，深入贯彻落实党的十九大和十九届二中、三中全会精神，按照依法依规、改革创新、协同共治的基本原则，以加强信用监管为着力点，创新监管理念、监管制度和监管方式，建立健全贯穿市场主体全生命周期，衔接事前、事中、事后全监管环节的新型监管机制，不断提升监管能力和水平，进一步规范市场秩序，优化营商环境，推动高质量发展。

二、创新事前环节信用监管

（一）建立健全信用承诺制度

在办理适用信用承诺制的行政许可事项时，申请人承诺符合审批条件并提交有关材料的，应予即时办理。申请人信用状况较好、部分申报材料不齐备但书面承诺在规定期限内提供的，应先行受理，加快办理进度。书面承诺履约情况记入信用记录，作为事中、事后监管的重要依据，对不履约的申请人，视情节实施惩戒。要加快梳理可开展信用承诺的行政许可事项，制定格式规范的信用承诺书，并依托各级信用门户网站向社会公开。鼓励市场主体主动向社会作出信用承诺。支持行业协会商会建立健全行业内信用承诺制度，加强行业自律。（各地区各部门按职责分别负责）

（二）探索开展经营者准入前诚信教育

充分利用各级各类政务服务窗口，广泛开展市场主体守法诚信教育。为市场主体办理注册、审批、备案等相关业务时，适时开展标准化、规范化、便捷化的法律知识和信用知识教育，提高经营者依法诚信经营意识。开展诚信教育不得收费，也不得作为市场准入的必要条件。（各地区各部门按职责分别负责）

（三）积极拓展信用报告应用

鼓励各类市场主体在生产经营活动中更广泛、主动地应用信用报告。在政府采购、招标投标、行政审批、市场准入、资质审核等事项中，充分发挥公共信用服务机构和第三方信用服务机构出具的信用报告作用。探索建立全国统一的信用报告标准，推动信用报告结果实现异地互认。（发展改革委、人民银行牵头，各地区各部门按职责分别负责）

三、加强事中环节信用监管

（一）全面建立市场主体信用记录

根据权责清单建立信用信息采集目录，在办理注册登记、资质审核、日常监管、公共服务等过程中，及时、准确、全面记录市场主体信用行为，特别是将失信记录建档留痕，做到可查可核可溯。（各地区各部门按职责分别负责）完善法人和非法人组织统一社会信用代码制度，以统一社会信用代码为标识，整合形成完整的市场主体信用记录，并通过"信用中国"网站、国家企业信用信息公示系统或中国政府网及相关部门门户网站等渠道依法依规向社会公开。完成12315市场监管投诉举报热线和信息化平台整合工作，大力开展消费投诉公示，促进经营者落实消费维权主体责任。（发展改革委、市场监管总局负责）

（二）建立健全信用信息自愿注册机制

鼓励市场主体在"信用中国"网站或其他渠道上自愿注册资质证照、市场经营、合同履约、社会公益等信用信息，并对信息真实性公开作出信用承诺，授权网站对相关信息进行整合、共享与应用。经验证的自愿注册信息可作为开展信用评价和生成信用报告

的重要依据。(发展改革委牵头,各部门按职责分别负责)

(三) 深入开展公共信用综合评价

全国信用信息共享平台要加强与相关部门的协同配合,依法依规整合各类信用信息,对市场主体开展全覆盖、标准化、公益性的公共信用综合评价,定期将评价结果推送至相关政府部门、金融机构、行业协会商会参考使用,并依照有关规定向社会公开。推动相关部门利用公共信用综合评价结果,结合部门行业管理数据,建立行业信用评价模型,为信用监管提供更精准的依据。(发展改革委牵头,各部门按职责分别负责)

(四) 大力推进信用分级分类监管

在充分掌握信用信息、综合研判信用状况的基础上,以公共信用综合评价结果、行业信用评价结果等为依据,对监管对象进行分级分类,根据信用等级高低采取差异化的监管措施。"双随机、一公开"监管要与信用等级相结合,对信用较好、风险较低的市场主体,可合理降低抽查比例和频次,减少对正常生产经营的影响;对信用风险一般的市场主体,按常规比例和频次抽查;对违法失信、风险较高的市场主体,适当提高抽查比例和频次,依法依规实行严管和惩戒。(各地区各部门按职责分别负责)

四、完善事后环节信用监管

(一) 健全失信联合惩戒对象认定机制

有关部门依据在事前、事中监管环节获取并认定的失信记录,依法依规建立健全失信联合惩戒对象名单制度。以相关司法裁判、行政处罚、行政强制等处理结果为依据,按程序将涉及性质恶劣、情节严重、社会危害较大的违法失信行为的市场主体纳入失信联合惩戒对象名单。加快完善相关管理办法,明确认定依据、标准、程序、异议申诉和退出机制。制定管理办法要充分征求社会公众意见,出台的标准及其具体认定程序以适当方式向社会公开。支持有关部门根据监管需要建立重点关注对象名单制度,对存在失信行为但严重程度尚未达到失信联合惩戒对象认定标准的市场主体,可实施与其失信程度相对应的严格监管措施。(各部门按职责分别负责)

(二) 督促失信市场主体限期整改

失信市场主体应当在规定期限内认真整改,整改不到位的,按照"谁认定、谁约谈"的原则,由认定部门依法依规启动提示约谈或警示约谈程序,督促失信市场主体履行相关义务、消除不良影响。约谈记录记入失信市场主体信用记录,统一归集后纳入全国信

用信息共享平台。大力推进重点领域失信问题专项治理，采取有力有效措施加快推进整改。（各部门按职责分别负责）

（三）深入开展失信联合惩戒

加快构建跨地区、跨行业、跨领域的失信联合惩戒机制，从根本上解决失信行为反复出现、易地出现的问题。依法依规建立联合惩戒措施清单，动态更新并向社会公开，形成行政性、市场性和行业性等惩戒措施多管齐下，社会力量广泛参与的失信联合惩戒大格局。重点实施惩戒力度大、监管效果好的失信惩戒措施，包括依法依规限制失信联合惩戒对象股票发行、招标投标、申请财政性资金项目、享受税收优惠等行政性惩戒措施，限制获得授信、乘坐飞机、乘坐高等级列车和席次等市场性惩戒措施，以及通报批评、公开谴责等行业性惩戒措施。（发展改革委牵头，各地区各部门按职责分别负责）

（四）坚决依法依规实施市场和行业禁入措施

以食品药品、生态环境、工程质量、安全生产、养老托幼、城市运行安全等与人民群众生命财产安全直接相关的领域为重点，实施严格监管，加大惩戒力度。对拒不履行司法裁判或行政处罚决定、屡犯不改、造成重大损失的市场主体及其相关责任人，坚决依法依规在一定期限内实施市场和行业禁入措施，直至永远逐出市场。（发展改革委牵头，各地区各部门按职责分别负责）

（五）依法追究违法失信责任

建立健全责任追究机制，对被列入失信联合惩戒对象名单的市场主体，依法依规对其法定代表人或主要负责人、实际控制人进行失信惩戒，并将相关失信行为记入其个人信用记录。机关事业单位、国有企业出现违法失信行为的，要通报上级主管单位和审计部门；工作人员出现违法失信行为的，要通报所在单位及相关纪检监察、组织人事部门。（各地区各部门按职责分别负责）

（六）探索建立信用修复机制

失信市场主体在规定期限内纠正失信行为、消除不良影响的，可通过作出信用承诺、完成信用整改、通过信用核查、接受专题培训、提交信用报告、参加公益慈善活动等方式开展信用修复。修复完成后，各地区各部门要按程序及时停止公示其失信记录，终止实施联合惩戒措施。加快建立完善协同联动、一网通办机制，为失信市场主体提供高效便捷的信用修复服务。鼓励符合条件的第三方信用服务机构向失信市场主体提供信用报告、信用管理咨询等服务。（发展改革委牵头，各地区各部门按职责分别负责）

五、强化信用监管的支撑保障

（一）着力提升信用监管信息化建设水平

充分发挥全国信用信息共享平台和国家"互联网+监管"系统信息归集共享作用，对政府部门信用信息做到"应归尽归"，推进地方信用信息平台、行业信用信息系统互联互通，畅通政企数据流通机制，形成全面覆盖各地区各部门、各类市场主体的信用信息"一张网"。依托全国信用信息共享平台和国家"互联网+监管"系统，将市场主体基础信息、执法监管和处置信息、失信联合惩戒信息等与相关部门业务系统按需共享，在信用监管等过程中加以应用，支撑形成数据同步、措施统一、标准一致的信用监管协同机制。（发展改革委、国务院办公厅牵头，各地区各部门按职责分别负责）

（二）大力推进信用监管信息公开公示

在行政许可、行政处罚信息集中公示基础上，依托"信用中国"网站、中国政府网或其他渠道，进一步研究推动行政强制、行政确认、行政征收、行政给付、行政裁决、行政补偿、行政奖励和行政监督检查等其他行政行为信息 7 个工作日内上网公开，推动在司法裁判和执行活动中应当公开的失信被执行人、虚假诉讼失信人相关信息通过适当渠道公开，做到"应公开、尽公开"。（各地区各部门按职责分别负责）

（三）充分发挥"互联网+"、大数据对信用监管的支撑作用

依托国家"互联网+监管"等系统，有效整合公共信用信息、市场信用信息、投诉举报信息和互联网及第三方相关信息，充分运用大数据、人工智能等新一代信息技术，实现信用监管数据可比对、过程可追溯、问题可监测。鼓励各地区各部门结合实际，依法依规与大数据机构合作开发信用信息，及时动态掌握市场主体经营情况及其规律特征。充分利用国家"互联网+监管"等系统建立风险预判预警机制，及早发现防范苗头性和跨行业跨区域风险。运用大数据主动发现和识别违法违规线索，有效防范危害公共利益和群众生命财产安全的违法违规行为。鼓励通过物联网、视联网等非接触式监管方式提升执法监管效率，实现监管规范化、精准化、智能化，减少人为因素，实现公正监管，杜绝随意检查、多头监管等问题，实现"进一次门、查多项事"，减少对监管对象的扰动。（国务院办公厅、发展改革委、市场监管总局牵头，各部门按职责分别负责）

（四）切实加大信用信息安全和市场主体权益保护力度

严肃查处违规泄露、篡改信用信息或利用信用信息谋私等行为。加强信用信息安全

基础设施和安全防护能力建设。建立健全信用信息异议投诉制度，对市场主体提出异议的信息，信息提供和采集单位要尽快核实并反馈结果，经核实有误的信息要及时予以更正或撤销。因错误认定失信联合惩戒对象名单、错误采取失信联合惩戒措施损害市场主体合法权益的，有关部门和单位要积极采取措施消除不良影响。（各地区各部门按职责分别负责）

（五）积极引导行业组织和信用服务机构协同监管

支持有关部门授权的行业协会商会协助开展行业信用建设和信用监管，鼓励行业协会商会建立会员信用记录，开展信用承诺、信用培训、诚信宣传、诚信倡议等，将诚信作为行规行约重要内容，引导本行业增强依法诚信经营意识。推动征信、信用评级、信用保险、信用担保、履约担保、信用管理咨询及培训等信用服务发展，切实发挥第三方信用服务机构在信用信息采集、加工、应用等方面的专业作用。鼓励相关部门与第三方信用服务机构在信用记录归集、信用信息共享、信用大数据分析、信用风险预警、失信案例核查、失信行为跟踪监测等方面开展合作。（发展改革委、民政部、人民银行按职责分别负责）

六、加强信用监管的组织实施

（一）加强组织领导

各地区各部门要把构建以信用为基础的新型监管机制作为深入推进"放管服"改革的重要举措，摆在更加突出的位置，加强组织领导，细化责任分工，有力有序有效推动落实。完善信用监管的配套制度，并加强与其他"放管服"改革事项的衔接。负有市场监管、行业监管职责的部门要切实承担行业信用建设和信用监管的主体责任，充分发挥行业组织、第三方信用服务机构作用，为公众监督创造有利条件，整合形成全社会共同参与信用监管的强大合力。（发展改革委牵头，各地区各部门按职责分别负责）

（二）开展试点示范

围绕信用承诺、信用修复、失信联合惩戒、信用大数据开发利用等重点工作，组织开展信用建设和信用监管试点示范。在各地区各部门探索创新的基础上，及时总结、提炼、交流开展信用建设和信用监管的好经验、好做法，在更大范围复制推广。（发展改革委牵头，各地区各部门按职责分别负责）

（三） 加快建章立制

推动制定社会信用体系建设相关法律，加快研究出台公共信用信息管理条例、统一社会信用代码管理办法等法规。建立健全全国统一的信用监管规则和标准，及时出台相关地方性法规、政府规章或规范性文件，将信用监管中行之有效的做法上升为制度规范。抓紧制定开展信用监管急需的国家标准。（发展改革委、司法部牵头，各地区各部门按职责分别负责）

（四） 做好宣传解读

各地区各部门要通过各种渠道和形式，深入细致向市场主体做好政策宣传解读工作，让经营者充分理解并积极配合以信用为基础的新型监管措施。加强对基层和一线监管人员的指导和培训。组织新闻媒体广泛报道，积极宣传信用监管措施及其成效，营造良好社会氛围。（发展改革委牵头，各地区各部门按职责分别负责）

国务院办公厅

2019 年 7 月 9 日

关于进一步做好中央企业控股上市公司
股权激励工作有关事项的通知

国资发考分规〔2019〕102号

各中央企业：

为深入贯彻习近平新时代中国特色社会主义思想和党的十九大精神，认真落实党中央、国务院决策部署，积极支持中央企业控股上市公司建立健全长效激励约束机制，充分调动核心骨干人才的积极性，推动中央企业实现高质量发展，根据有关法律法规规定，现就进一步做好中央企业控股上市公司（以下简称上市公司）股权激励工作的有关事项通知如下：

一、科学制定股权激励计划

（一）中央企业应当结合本集团产业发展规划，积极推动所控股上市公司建立规范、有效、科学的股权激励机制，综合运用多种激励工具，系统构建企业核心骨干人才激励体系。股权激励对象应当聚焦核心骨干人才队伍，应当结合企业高质量发展需要、行业竞争特点、关键岗位职责、绩效考核评价等因素综合确定。中央和国资委管理的中央企业负责人不纳入股权激励对象范围。

（二）股权激励方式应当按照股票上市交易地监管规定，根据所在行业经营规律、企业改革发展实际等因素科学确定。一般为股票期权、股票增值权、限制性股票等方式，也可以结合股票交易市场其他公司实施股权激励的进展情况，探索试行法律、行政法规允许的其他激励方式。

（三）鼓励上市公司根据企业发展规划，采取分期授予方式实施股权激励，充分体现激励的长期效应。每期授予权益数量应当与公司股本规模、激励对象人数，以及权益授予价值等因素相匹配。中小市值上市公司及科技创新型上市公司，首次实施股权激励计划授予的权益数量占公司股本总额的比重，最高可以由 1% 上浮至 3%。上市公司两个完整年度内累计授予的权益数量一般在公司总股本的 3% 以内，公司重大战略转型等特殊需要的可以适当放宽至总股本的 5% 以内。

（四）上市公司应当按照股票上市交易地监管规定和上市规则，确定权益授予的公平市场价格。股票期权、股票增值权的行权价格按照公平市场价格确定，限制性股票的授予价格按照不低于公平市场价格的 50% 确定。股票公平市场价格低于每股净资产的，限制性股票授予价格原则上按照不低于公平市场价格的 60% 确定。

（五）上市公司应当依据本公司业绩考核与薪酬管理办法，结合公司经营效益情况，并参考市场同类人员薪酬水平、本公司岗位薪酬体系等因素，科学设置激励对象薪酬结构，合理确定激励对象薪酬水平、权益授予价值与授予数量。董事、高级管理人员的权益授予价值，境内外上市公司统一按照不高于授予时薪酬总水平（含权益授予价值）的 40% 确定，管理、技术和业务骨干等其他激励对象的权益授予价值，由上市公司董事会合理确定。股权激励对象实际获得的收益，属于投资性收益，不再设置调控上限。

二、完善股权激励业绩考核

（一）上市公司应当建立健全股权激励业绩考核及激励对象绩效考核评价体系。股权激励的业绩考核，应当体现股东对公司经营发展的业绩要求和考核导向。在权益授予环节，业绩考核目标应当根据公司发展战略规划合理设置，股权激励计划无分次实施安排的，可以不设置业绩考核条件。在权益生效（解锁）环节，业绩考核目标应当结合公司经营趋势、所处行业发展周期科学设置，体现前瞻性、挑战性，可以通过与境内外同行业优秀企业业绩水平横向对标的方式确定。上市公司在公告股权激励计划草案时，应当披露所设定业绩考核指标与目标水平的科学性和合理性。

（二）上市公司应当制定规范的股权激励管理办法，以业绩考核指标完成情况为基础对股权激励计划实施动态管理。上市公司按照股权激励管理办法和业绩考核评价办法，以业绩考核完成情况决定对激励对象全体和个人权益的授予和生效（解锁）。

三、支持科创板上市公司实施股权激励

（一）中央企业控股科创板上市公司实施股权激励，原则上按照科创板有关上市规则制定股权激励计划。

（二）科创板上市公司以限制性股票方式实施股权激励的，若授予价格低于公平市场价格的 50%，上市公司应当适当延长限制性股票的禁售期及解锁期，并设置不低于公司

近三年平均业绩水平或同行业 75 分位值水平的解锁业绩目标条件。

（三）尚未盈利的科创板上市公司实施股权激励的，限制性股票授予价格按照不低于公平市场价格的 60%确定。在上市公司实现盈利前，可生效的权益比例原则上不超过授予额度的 40%，对于属于国家重点战略行业、且因行业特性需要较长时间才可实现盈利的，应当在股权激励计划中明确提出调整权益生效安排的申请。

四、健全股权激励管理体制

（一）中央企业集团公司应当切实履行出资人职责，根据国有控股上市公司实施股权激励的有关政策规定，通过规范的公司治理程序，认真指导所属各级控股上市公司规范实施股权激励，充分调动核心骨干人才创新创业的积极性，共享企业改革发展成果。

（二）中央企业控股上市公司根据有关政策规定，制定股权激励计划，在股东大会审议之前，国有控股股东按照公司治理和股权关系，经中央企业集团公司审核同意，并报国资委批准。

（三）国资委不再审核股权激励分期实施方案（不含主营业务整体上市公司），上市公司依据股权激励计划制定的分期实施方案，国有控股股东应当在董事会审议决定前，报中央企业集团公司审核同意。

（四）国资委依法依规对中央企业控股上市公司股权激励实施情况进行监督管理。未按照法律、行政法规及相关规定实施股权激励计划的，中央企业应当督促上市公司立即进行整改，并对公司及相关责任人依法依规追究责任。在整改期间，中央企业集团公司应当停止受理该公司实施股权激励的申请。

（五）国有控股股东应当要求和督促上市公司真实、准确、完整、及时地公开披露股权激励实施情况，不得有虚假记载、误导性陈述或者重大遗漏。上市公司应当在年度报告中披露报告期内股权激励的实施情况和业绩考核情况。中央企业应当于上市公司年度报告披露后，将本企业所控股上市公司股权激励实施情况报告国资委。

（六）本通知适用于国资委履行出资人职责的中央企业，与本通知不一致的，按照本通知执行。

国资委

2019 年 10 月 24 日

关于印发《中央企业混合所有制改革操作指引》的通知

国资产权〔2019〕653 号

各中央企业:

为深入贯彻落实党中央、国务院关于积极发展混合所有制经济的决策部署,稳妥有序推进混合所有制改革,国资委在总结中央企业混合所有制改革工作的基础上,制定了《中央企业混合所有制改革操作指引》。现印发给你们,供参考。

国资委

2019 年 10 月 31 日

中央企业混合所有制改革操作指引

为贯彻落实党中央、国务院关于积极发展混合所有制经济的决策部署,稳妥有序推进中央企业混合所有制改革,促进各种所有制资本取长补短、相互促进、共同发展,夯实社会主义基本经济制度的微观基础,按照《中共中央、国务院关于深化国有企业改革的指导意见》(中发〔2015〕22 号)、《国务院关于国有企业发展混合所有制经济的意见》(国发〔2015〕54 号)等文件精神和有关政策规定,结合中央企业混合所有制改革实践,制定本操作指引。中央企业所属各级子企业通过产权转让、增资扩股、首发上市(IPO)、上市公司资产重组等方式,引入非公有资本、集体资本实施混合所有制改革,相关工作参考本操作指引。

一、基本操作流程

中央企业所属各级子企业实施混合所有制改革，一般应履行以下基本操作流程：可行性研究、制定混合所有制改革方案、履行决策审批程序、开展审计评估、引进非公有资本投资者、推进企业运营机制改革。以新设企业、对外投资并购、投资入股等方式实施混合所有制改革的，履行中央企业投资管理有关程序。

（一）可行性研究

拟实施混合所有制改革的企业（以下简称拟混改企业）要按照"完善治理、强化激励、突出主业、提高效率"的总体要求，坚持"因地施策、因业施策、因企施策，宜独则独、宜控则控、宜参则参，不搞拉郎配，不搞全覆盖，不设时间表"的原则，依据相关政策规定对混合所有制改革的必要性和可行性进行充分研究，一企一策，成熟一个推进一个。

积极稳妥推进主业处于充分竞争行业和领域的商业类国有企业混合所有制改革，国有资本宜控则控、宜参则参；探索三业处于重要行业和关键领域的商业类国有企业混合所有制改革，保持国有资本控股地位，支持非公有资本参股；根据不同业务特点，有序推进具备条件的公益类国有企业混合所有制改革；充分发挥国有资本投资、运营公司市场化运作专业平台作用，积极推进所属企业混合所有制改革。

可行性研究阶段，企业应按照有关文件规定，对实施混合所有制改革的社会稳定风险作出评估。

（二）制定混合所有制改革方案

拟混改企业应制定混合所有制改革方案，方案一般包括以下内容：企业基本情况，混合所有制改革必要性和可行性分析，改革基本原则和思路，改革后企业股权结构设置，转变运营机制的主要举措，引进非公有资本的条件要求、方式、定价办法，员工激励计划，债权债务处置方案，职工安置方案，历史遗留问题解决方案，改革风险评估与防范措施，违反相关规定的追责措施，改革组织保障和进度安排等。

制定方案过程中，要科学设计混合所有制企业股权结构，充分向非公有资本释放股权，尽可能使非公有资本能够派出董事或监事；注重保障企业职工对混合所有制改革的知情权和参与权，涉及职工切身利益的要做好评估工作，职工安置方案应经职工大会或者职工代表大会审议通过；科学设计改革路径，用好用足国家相关税收优惠政策，降低改革成本。必要时可聘请外部专家、中介机构等参与。

（三）履行决策审批程序

混合所有制改革方案制定后，中央企业应按照"三重一大"决策机制，履行企业内部决策程序。拟混改企业属于主业处于关系国家安全、国民经济命脉的重要行业和关键领域、主要承担重大专项任务子企业的，其混合所有制改革方案由中央企业审核后报国资委批准，其中需报国务院批准的，由国资委按照有关法律、行政法规和国务院文件规定履行相应程序；拟混改企业属于其他功能定位子企业的，其混合所有制改革方案由中央企业批准。

（四）开展审计评估

企业实施混合所有制改革，应合理确定纳入改革的资产范围，需要对资产、业务进行调整的，可按照相关规定选择无偿划转、产权转让、产权置换等方式。企业混合所有制改革前如确有必要开展清产核资工作的，按照有关规定履行程序。

拟混改企业的资产范围确定后，由企业或产权持有单位选聘具备相应资质的中介机构开展财务审计、资产评估工作，履行资产评估项目备案程序，以经备案的资产评估结果作为资产交易定价的参考依据。

（五）引进非公有资本投资者

拟混改企业引进非公有资本投资者，主要通过产权市场、股票市场等市场化平台，以公开、公平、公正的方式进行。通过产权市场引进非公有资本投资者，主要方式包括增资扩股和转让部分国有股权。通过股票市场引进非公有资本投资者，主要方式包括首发上市（IPO）和上市公司股份转让、发行证券、资产重组等。中央企业通过市场平台引进非公有资本投资者过程中，要注重保障各类社会资本平等参与权利，对拟参与方的条件要求不得有明确指向性或违反公平竞争原则的内容。

（六）推进运营机制改革

混合所有制企业要完善现代企业制度，健全法人治理结构，充分发挥公司章程在公司治理中的基础性作用，各方股东共同制定章程，规范企业股东（大）会、董事会、监事会、经理层和党组织的权责关系，落实董事会职权，深化三项制度改革；用足用好用活各种正向激励工具，构建多元化、系统化的激励约束体系，充分调动企业职工积极性。转变混合所有制企业管控模式，探索根据国有资本与非公有资本的不同比例结构协商确定具体管控方式，国有出资方强化以出资额和出资比例为限、以派出股权董事为依托的管控方式，明确监管边界，股东不干预企业日常经营。

二、"混资本"相关环节操作要点

（一）资产审计评估

1. 财务审计。实施混合所有制改革，应当按照《国务院办公厅转发国务院国有资产监督管理委员会关于规范国有企业改制工作意见的通知》（国办发〔2003〕96 号）、《国务院办公厅转发国资委关于进一步规范国有企业改制工作实施意见的通知》（国办发〔2005〕60 号）等规定，开展财务审计工作。

（1）关于选聘审计机构。选聘审计机构应采取差额竞争方式，综合考察和了解其资质、信誉及能力。选聘的审计机构近两年内在企业财务审计中没有违法、违规记录，未承担同一混合所有制改革项目的评估业务，与企业不存在经济利益关系。

（2）关于审计报告。审计报告应为无保留意见的标准审计报告。拟上市项目或上市公司的重大资产重组项目，评估基准日在 6 月 30 日（含）之前的，需出具最近三个完整会计年度和本年度截至评估基准日的审计报告；评估基准日在 6 月 30 日之后的，需出具最近两个完整会计年度和本年度截至评估基准日的审计报告。其他经济行为需出具最近一个完整会计年度和本年度截至评估基准日的审计报告。

2. 资产评估。实施混合所有制改革，应当按照《中华人民共和国资产评估法》《企业国有资产评估管理暂行办法》（国资委令第 12 号）等规定，开展资产评估工作。

（1）评估机构选聘及委托。中央企业应当采取差额竞争方式在本企业评估机构备选库内选聘评估机构。选聘的评估机构应具有与企业评估需求相适应的资质条件、专业人员和专业特长，近 3 年内没有违法、违规执业国有资产评估项目记录；掌握企业及所在行业相关的法律法规、政策、经济行为特点和相关市场信息；与混合所有制改革相关方无经济利益关系。评估对象为企业股权的资产评估项目，由产权持有单位委托，其中涉及增资扩股事项的，可由产权持有单位和增资企业共同委托。

（2）评估备案管理权限。经国资委批准的混合所有制改革涉及的资产评估项目，由国资委负责备案；经中央企业批准的混合所有制改革涉及的资产评估项目，由中央企业负责备案；被评估企业涉及多个国有股东的，经协商一致，可以由持股比例最大的国有股东办理备案手续。

（3）重点关注事项。一是评估基准日选取应尽量接近混合所有制改革的实施日期。如果后期发生对评估结果产生重大影响的事项，应调整评估基准日或评估结果。二是评估范围应与混合所有制改革方案、决策文件、评估业务委托约定书等确定的范围一致。三是纳入评估的房产、土地、矿产资源等资产应当权属明晰、证照齐全。符合划拨用地条件的国有划拨土地使用权，经所在地县级以上人民政府批准可继续以划拨方式使用。

四是涉及企业价值的资产评估项目，原则上应当采用两种以上评估方法。五是资产评估项目备案前，应当按照资产评估项目公示制度履行公示程序。

（二）通过产权市场实施混合所有制改革

1. 产权交易机构选择。非上市企业通过产权转让、增资扩股方式实施混合所有制改革应按照《企业国有资产交易监督管理办法》（国资委 财政部令第 32 号）、《关于印发〈企业国有产权交易操作规则〉的通知》（国资发产权〔2009〕120 号）等有关规定，在国资委确定的可以从事相关业务的产权交易机构中公开进行。从事中央企业产权转让业务的机构有北京产权交易所、天津产权交易中心、上海联合产权交易所和重庆联合产权交易所；从事中央企业增资扩股业务的机构有北京产权交易所和上海联合产权交易所。

2. 信息披露。进场交易项目要严格按照规定在产权交易机构进行信息披露。企业混合所有制改革方案确定后，可合理选择信息发布时机，及早披露相关信息。产权转让项目正式信息披露时间不少于 20 个工作日，涉及企业实际控制权转移的应进行信息预披露，时间不少于 20 个工作日。增资扩股项目信息披露时间不少于 40 个工作日。

3. 投资人遴选。拟混改企业要合理确定投资人的遴选方式。产权转让项目可采取拍卖、招投标、网络竞价等方式，增资扩股项目可采取竞价、竞争性谈判、综合评议等方式。投资人遴选过程中，对战略投资人主要关注与企业发展战略、经营目标、主营业务等方面的匹配和协同情况，对财务投资人主要关注资金实力和财务状况等。

4. 重点关注事项。

（1）企业增资与产权转让同步进行。企业混合所有制改革后继续保持国有控股地位的，如增资过程中国有股东拟同步转让其所持有的少部分企业产权，统一按照增资流程操作，产权转让价格应与增资价格保持一致。

（2）商业秘密保护。在配合意向投资人尽职调查过程中，如涉及拟混改企业商业秘密，应按照《关于印发〈中央企业商业秘密保护暂行规定〉的通知》（国资发〔2010〕41 号）要求，与相关方签订保密协议，保护自身权益。

（3）交易价格。产权转让项目首次正式挂牌底价不得低于经备案的评估结果，信息披露期满未征集到受让方拟降价的，新的挂牌底价低于评估结果 90% 时，应经混合所有制改革批准单位同意；交易价格确定后，交易双方不得以期间损益等理由对交易价格进行调整。增资扩股项目的交易价格以评估结果为基础，结合意向投资人的条件和报价等因素综合确定，并经企业董事会或股东会审议同意。

（三）通过股票市场实施混合所有制改革

通过股票市场发行证券、转让上市公司股份、国有股东与上市公司资产重组等方式实施混合所有制改革，应按照《上市公司国有股权监督管理办法》（国资委 财政部 证监会令第 36 号）及证券监管的有关规定履行程序。

1. 发行证券。通过发行证券形式实施混合所有制改革，可以采取首发上市（IPO）、国有股东以所持上市公司股票发行可交换公司债券、上市公司发行股份购买非国有股东所持股权、增发和发行可转换公司债券等方式。采取首发上市（IPO）方式的，应当按照要求履行国有股东标识管理程序。符合国家战略、拥有关键核心技术、科技创新能力突出、主要依靠核心技术开展生产经营、具有稳定商业模式、市场认可度高、社会形象良好、具有较强成长性的企业，可积极申请在科创板上市。

2. 上市公司股份转让。应坚持公开、公平、公正原则，一般采取公开征集方式进行。国有股东履行内部决策程序后，书面通知上市公司，由其依法披露、进行提示性公告。国有股东将转让方案、可行性研究报告、内部决策文件、拟发布的公开征集信息等内容通过国资委产权管理综合信息系统报国资委同意后，书面通知上市公司发布公开征集信息，内容主要包括拟转让股份权属情况和数量、受让方应当具备的资格条件、受让方的选择规则、公开征集期限等。公开征集信息中对受让方资格条件不得设定指向性或违反公平竞争要求的条款。收到拟受让方提交的受让申请和受让方案后，国有股东成立由内部职能部门及独立外部专家组成的工作小组，严格按照已公告的规则选择确定受让方。转让价格不低于上市公司提示性公告日前 30 个交易日的每日加权平均价格的算术平均值及最近一个会计年度经审计的每股净资产值中的较高者。

3. 国有股东与上市公司资产重组。国有股东应按照符合国有股东发展战略及有利于提高上市公司质量和核心竞争力等原则，在与上市公司充分协商基础上，科学策划重组方案，合理选择重组时机。国有股东履行内部决策程序后，书面通知上市公司，由其依法披露并申请停牌，并按照相关规定履行国资委预审核、上市公司董事会审议预案、对外披露预案、复牌、资产评估及备案、董事会审议草案、对外披露草案、集团公司或国资委审批重组方案、股东大会审议重组方案、报送证券监管机构审核等程序。资产重组发行股份价格在符合证券监管规则基础上，按照有利于维护包括国有股东在内的全体股东权益的原则确定。

通过股票市场实施混合所有制改革应做好信息披露工作，切实防控内幕交易，其中涉及的投资人遴选、商业秘密保护等事项按照"通过产权市场实施混合所有制改革"中明确的原则操作。

三、"改机制"相关环节操作要点

（一）关于混合所有制企业公司治理和管控方式

1. 混合所有制企业法人治理结构。混合所有制企业要建立健全现代企业制度，坚持以资本为纽带、以产权为基础完善治理结构，根据股权结构合理设置股东（大）会、董事会、监事会，规范股东会、董事会、监事会、经理层和党组织的权责关系，按章程行权、依规则运行，形成定位清晰、权责对等、运转协调、制衡有效的法人治理结构。充分发挥公司章程在公司治理中的基础性作用，国有股东根据法律法规和公司实际情况，与其他股东充分协商，合理制定章程条款，切实维护各方股东权利。充分发挥非公有资本股东的积极作用，依法确定非公有资本股东提名和委派董事、监事的规则，建立各方参与、有效制衡的董事会，促进非公有资本股东代表能够有效参与公司治理。

2. 混合所有制企业管控方式。中央企业要科学合理界定与混合所有制企业的权责边界，避免"行政化""机关化"管控，加快实现从"控制"到"配置"的转变。国有股东要在现代企业制度框架下按照市场化规则，以股东角色和身份参与企业决策和经营管理，不干预企业日常经营。通过股东（大）会表决、推荐董事和监事等方式行使股东权利，实施以股权关系为基础、以派出股权董事为依托的治理型管控，加强股权董事履职支撑服务和监督管理，确保国有股权董事行权履职体现出资人意志。依法保障混合所有制企业自主经营权，落实董事会对经理层成员选聘、业绩考核和薪酬管理等职权。对于国有参股的混合所有制企业，结合实际健全完善管理体制、落实董事会职责权限、加强经理层成员和国有股权董事监督管理，并在公司章程中予以明确。

3. 混合所有制企业党的建设。中央企业混合所有制改革要把建立党的组织、开展党的工作作为必要前提。根据不同类型混合所有制企业特点，明确党组织的设置方式、职责定位和管理模式。按照党章及党内法规制度要求，结合实际，推动混合所有制企业党组织和工作有效覆盖，设置党的工作机构，配齐配强专兼职党务工作人员，保证必需的党建工作经费，确保党的活动能够正常开展。

（二）关于三项制度改革

1. 建立市场化选人用人机制，实现管理人员能上能下。推动混合所有制企业在更大范围实行经理层成员任期制和契约化管理，具备条件的建立职业经理人制度，积极探索建立与市场接轨的经理层激励制度。树立正确的选人用人导向，建立健全内部管理人员考核评价机制，实现"能者上、庸者下、平者让"。完善职业发展通道，为内部管理人员搭建能上能下平台。

2. 健全市场化用工制度，实现员工能进能出。建立健全以合同管理为核心、以岗位管理为基础的市场化用工制度。拓宽人才引进渠道，严格招聘管理，严把人员入口，不断提升引进人员质量。合理确定用工总量，盘活用工存量，畅通进出渠道，构建正常流动机制，不断提升用工效率和劳动生产率。

3. 建立市场化薪酬分配机制，实现收入能增能减。落实中央企业工资总额管理制度改革要求，建立健全与劳动力市场基本适应、与企业经济效益和劳动生产率挂钩的工资决定和正常增长机制。完善市场化薪酬分配制度，优化薪酬结构，坚持向关键岗位和核心骨干倾斜，坚持与绩效考核紧密挂钩，合理拉开收入分配差距，打破高水平"大锅饭"。统筹推进上市公司股权激励、科技型企业股权分红、员工持股等中长期激励措施，用好用足相关政策，不断增强关键核心人才的获得感、责任感、荣誉感。

（三）关于激励约束机制

鼓励混合所有制企业综合运用国有控股混合所有制企业员工持股、国有控股上市公司股权激励、国有科技型企业股权和分红激励等中长期激励政策，探索超额利润分享、项目跟投、虚拟股权等中长期激励方式，注重发挥好非物质激励的积极作用，系统提升正向激励的综合效果。

1. 混合所有制企业员工持股。员工持股应按照《关于印发〈关于国有控股混合所有制企业开展员工持股试点的意见〉的通知》（国资发改革〔2016〕133号）稳慎开展。坚持依法合规、公开透明，增量引入、利益绑定，以岗定股、动态调整，严控范围、强化监督等原则。优先支持人才资本和技术要素贡献占比较高的科技型企业开展员工持股。员工持股企业应当具备以下条件：主业处于充分竞争行业和领域的商业类企业；股权结构合理，非公有资本股东所持股份应达到一定比例，公司董事会中有非公有资本股东推荐的董事；公司治理结构健全，建立市场化的劳动人事分配制度和业绩考核评价体系，形成管理人员能上能下、员工能进能出、收入能增能减的市场化机制，营业收入和利润90%以上来源于所在企业集团外部市场。员工持股总量原则上不高于公司总股本的30%，单一员工持股比例原则上不高于公司总股本的1%。

2. 中央企业控股上市公司股权激励。中央企业控股上市公司应按照证监会和国资委有关规定规范实施股权激励，建立健全长效激励约束机制，充分调动核心骨干人才创新创业的积极性。股权激励对象要聚焦核心骨干人才队伍，结合企业高质量发展需要、行业竞争特点、关键岗位职责、绩效考核评价等因素综合确定。股权激励方式一般为股票期权、股票增值权、限制性股票等方式，也可以探索试行法律、行政法规允许的其他激励方式。中小市值上市公司及科技创新型上市公司，首次实施股权激励计划授予的权益数量占公司股本总额的比重，最高可以由1%上浮至3%。上市公司两个完整会计年度内累计授予的权益数量一般在公司总股本的3%以内，公司重大战略转型等特殊需要的可以适当放宽至总股本的5%以内。股权激励对象实际获得的收益不再设置调控上限。中央企业控股上市公司根据有关政策规定，制定股权激励计划，在股东大会审议之前，国有控股股东按照公司治理和股权关系，经中央企业审核同意，并报国资委批准。除主营业务整体上市公司外，国资委不再审核上市公司股权激励分期实施方案，上市公司依据股权激励计划制定的分期实施方案，国有控股股东应当在董事会审议决定前，报中央企业审核同意。

3. 国有科技型企业股权和分红激励。鼓励符合条件的国有科技型企业按照国家相关规定，实施股权和分红激励，充分调动科研骨干和关键人才的积极性和创造性。明确激励政策导向，以推动形成有利于自主创新和科技成果转化的激励机制为主要目标，根据科技人才资本和技术要素贡献占比及投入产出效率等情况，合理确定实施企业范围和激励对象，建立导向清晰、层次分明、重点突出的中长期激励体系。优先支持符合《"十三五"国家科技创新规划》战略布局和中央企业"十三五"科技创新重点研发方向，创新能力较强、成果技术水平较高、市场前景较好的企业或项目实施股权和分红激励。综合考虑职工岗位价值、实际贡献、承担风险和服务年限等因素，重点激励在自主创新和科技成果转化中发挥主要作用的关键核心技术、管理人员。科学选择激励方式，鼓励符合条件的企业优先开展岗位分红激励，科技成果转化和项目收支明确的企业可选择项目分红激励，在积累试点经验的基础上稳妥实施、逐步推进股权激励。合理确定总体激励水平，从经营发展战略以及自身经济效益状况出发，分类分步推进股权和分红激励工作，坚持效益导向和增量激励原则，根据企业人工成本承受能力和经营业绩状况，合理确定激励水平。规范制度执行，中央企业开展股权和分红激励要按照《关于印发〈国有科技型企业股权和分红激励暂行办法〉的通知》（财资〔2016〕4 号）等有关规定，不得随意降低资格条件。

四、相关支持政策

（一）关于财税支持政策

发展改革委、国资委会同有关部门共同制定出台了《关于深化混合所有制改革试点若干政策的意见》（发改经体〔2017〕2057 号）、《国家发展改革委办公厅关于印发<国有企业混合所有制改革相关税收政策文件汇编>的通知》（发改办经体〔2018〕947 号），对混合所有制改革过程中符合税法规定条件的有关情形，可享受相应的财税政策支持，主要包括：股权（资产）收购、合并、分立、债务重组、债转股等，可享受企业所得税递延纳税优惠政策；涉及以非货币性资产对外投资确认的非货币性资产转让所得，可享受 5 年内分期缴纳企业所得税政策；符合税法规定条件的债权损失在计算企业所得税应纳税所得额时扣除；通过合并、分立、出售、置换等方式，将全部或者部分实物资产以及与其相关联的债权、负债和劳动力，一并转让给其他单位和个人，其中涉及的货物、不动产、土地使用权转让，不征收增值税、营业税；符合条件的股权收购、资产收购、按账面净值划转股权或资产等，可适用特殊性税务处理政策；混合所有制改革涉及的土地增值税、契税、印花税，可享受相关优惠政策。

（二）关于土地处置支持政策

企业推进混合所有制改革过程中涉及的土地处置事项，按照《国务院关于促进企业兼并重组的意见》（国发〔2010〕27号）、《国务院关于进一步优化企业兼并重组市场环境的意见》（国发〔2014〕14号）、《国务院关于全民所有自然资源资产有偿使用制度改革的指导意见》（国发〔2016〕82号）等相关规定办理，主管部门对拟混改企业提出的土地转让、改变用途等申请，将依法依规加快办理相关用地和规划手续。拟混改企业拥有国有划拨土地使用权的，经主管部门批准，可根据行业和改革需要，分别采取出让、租赁、国家作价出资（入股）、授权经营和保留规划用地等方式进行处置；重点产业调整和振兴规划确定的混合所有制改革事项涉及的国有划拨土地使用权，经省级以上主管部门批准，可以国家作价出资（入股）方式处置；涉及因实施城市规划需要搬迁的工业项目，经主管部门审核批准，可收回原国有土地使用权，并以协议出让或租赁方式为原土地使用权人重新安排工业用地；涉及事业单位等改制为企业的，允许实行国有企业改制土地资产处置政策。

混合所有制改革具有较强探索性和挑战性，涉及面广、政策性强、影响广泛、社会关注度高。中央企业要坚持解放思想、实事求是，积极稳妥统筹推进，鼓励探索、勇于实践，建立健全容错纠错机制，宽容在改革创新中的失误。要坚持依法合规操作，注重发挥内外部监督合力，做到规则公开、过程公开、结果公开，防止暗箱操作、低价贱卖、利益输送、化公为私、逃废责务，杜绝国有资产流失。要及时跟踪改革进展，评估改革成效，推广改革经验，加快形成可复制、可推广的模式和经验。

附件：混合所有制改革涉及的法律法规制度目录

附件

混合所有制改革涉及的法律法规制度目录

一、法律、法规

1. 中华人民共和国公司法
2. 中华人民共和国证券法
3. 中华人民共和国企业国有资产法

4. 中华人民共和国资产评估法

5. 国有资产评估管理办法（国务院令第 91 号）

二、国务院文件

1. 国务院关于促进企业兼并重组的意见（国发〔2010〕27 号）

2. 国务院关于进一步优化企业兼并重组市场环境的意见（国发〔2014〕14 号）

3. 国务院关于国有企业发展混合所有制经济的意见（国发〔2015〕54 号）

4. 国务院关于全民所有自然资源资产有偿使用制度改革的指导意见（国发〔2016〕82 号）

5. 国务院办公厅转发国务院国有资产监督管理委员会关于规范国有企业改制工作意见的通知（国办发〔2003〕96 号）

6. 国务院办公厅转发国资委关于进一步规范国有企业改制工作实施意见的通知（国办发〔2005〕60 号）

7. 国务院办公厅转发证监会等部门关于依法打击和防控资本市场内幕交易意见的通知（国办发〔2010〕55 号）

8. 国务院办公厅关于加强和改进企业国有资产监督防止国有资产流失的意见（国办发〔2015〕79 号）

9. 国务院办公厅关于印发中央企业公司制改制工作实施方案的通知（国办发〔2017〕69 号）

三、部门规章、规范性文件

1. 国有企业清产核资办法（国资委令第 1 号）

2. 企业国有资产评估管理暂行办法（国资委令第 12 号）

3. 中央企业境外国有产权管理暂行办法（国资委令第 27 号）

4. 企业国有资产交易监督管理办法（国资委 财政部令第 32 号）

5. 中央企业投资监督管理办法（国资委令第 34 号）

6. 中央企业境外投资监督管理办法（国资委令第 35 号）

7. 上市公司国有股权监督管理办法（国资委 财政部 证监会令第 36 号）

8. 中央企业违规经营投资责任追究实施办法（试行）（国资委令第 37 号）

9. 关于印发《国土资源部关于加强土地资产管理促进国有企业改革和发展的若干意见》的通知（国土资发〔1999〕433 号）

10. 关于印发《国有企业清产核资经济鉴证工作规则》的通知（国资评价〔2003〕78 号）

11. 关于印发《国有控股上市公司（境外）实施股权激励试行办法》的通知（国资发分配〔2006〕8 号）

12. 关于印发《国有控股上市公司（境内）实施股权激励试行办法》的通知（国资

发分配〔2006〕175号）

13. 关于加强企业国有资产评估管理工作有关问题的通知（国资发产权〔2006〕274号）

14. 关于规范国有控股上市公司实施股权激励制度有关问题的通知（国资发分配〔2008〕171号）

15. 关于印发《企业国有产权交易操作规则》的通知（国资发产权〔2009〕120号）

16. 关于企业国有资产评估报告审核工作有关事项的通知（国资产权〔2009〕941号）

17. 关于印发《中央企业商业秘密保护暂行规定》的通知（国资发〔2010〕41号）

18. 关于印发《中央企业资产评估项目核准工作指引》的通知（国资发产权〔2010〕71号）

19. 关于建立国有企业改革重大事项社会稳定风险评估机制的指导意见（国资发〔2010〕157号）

20. 关于规范中央企业选聘评估机构工作的指导意见（国资发产权〔2011〕68号）

21. 关于中央企业国有产权置换有关事项的通知（国资发产权〔2011〕121号）

22. 关于加强上市公司国有股东内幕信息管理有关问题的通知（国资发产权〔2011〕158号）

23. 关于印发《企业国有资产评估项目备案工作指引》的通知（国资发产权〔2013〕64号）

24. 关于促进企业国有产权流转有关事项的通知（国资发产权〔2014〕95号）

25. 关于印发《国有科技型企业股权和分红激励暂行办法》的通知（财资〔2016〕4号）

26. 关于进一步深化中央企业劳动用工和收入分配制度改革的指导意见（国资发分配〔2016〕102号）

27. 关于印发《关于国有控股混合所有制企业开展员工持股试点的意见》的通知（国资发改革〔2016〕133号）

28. 关于做好中央科技型企业股权和分红激励工作的通知（国资发分配〔2016〕274号）

29. 关于印发《中央企业实施混合所有制改革有关事项的规定》的通知（国资发产权〔2016〕295号）

30. 关于印发《中央科技型企业实施分红激励工作指引》的通知（国资厅发考分〔2017〕47号）

31. 关于深化混合所有制改革试点若干政策的意见（发改经体〔2017〕2057号）

32. 关于扩大国有科技型企业股权和分红激励暂行办法实施范围等有关事项的通知

（财资〔2018〕54 号）

33. 国家发展改革委办公厅关于印发《国有企业混合所有制改革相关税收政策文件汇编》的通知（发改办经体〔2018〕947 号）

34. 关于印发《关于深化中央企业国有资本投资公司改革试点工作意见》的通知（国资发资本〔2019〕28 号）

35. 关于印发《关于深化中央企业国有资本运营公司改革试点工作意见》的通知（国资发资本〔2019〕45 号）

70 年 70 企 70 人——
中国杰出贡献企业家、中国杰出贡献企业榜单

为全面贯彻落实党的十九大和十九届二中、三中全会精神，坚持以习近平新时代中国特色社会主义思想为指导，充分发挥企业的市场经济主体作用，大力弘扬优秀企业家精神，全面总结、集中展示 70 年来我国企业和企业家为建设中国特色社会主义事业所作出的突出贡献，中国企业改革与发展研究会、网易传媒、《中国产经新闻》报社共同组织开展《70 年 70 企 70 人—中国答卷》庆祝中华人民共和国 70 周年主题活动。

2019 年 3 月启动此活动后，采用线上线下联动推广，多维度延伸传播，通过中国企业改革与发展研究会网站、网易新闻和网易新闻客户端等网络媒体矩阵、社交媒体集群、户外大屏集群、《中国产经新闻》报等进行广泛传播，同时录制、发布了杰出企业家访谈节目。经过企业申报、机构推荐、专家评审的工作流程，形成 70 年 70 企 70 人—中国杰出贡献企业家、中国杰出贡献企业榜单。

2019 年 10 月 26 日在北京雁栖湖国际会展中心举行"中国企业高质量发展论坛—暨 70 年 70 企 70 人发布盛典"上，作为献礼建国 70 周年的主题活动，隆重发布了"70 年 70 企 70 人—中国杰出贡献企业家、中国杰出贡献企业"榜单。各相关媒体对"70 年 70 企 70 人—中国杰出贡献企业家、中国杰出贡献企业"主题活动的开展进行了持续、系统的宣传和报道。

70 年 70 企 70 人——中国杰出贡献企业家名单

（排名不分先后）

序号	姓名	单位	职务
1	马明哲	中国平安保险（集团）股份有限公司	董事长兼首席执行官
2	马蔚华	招商银行	原行长

续表

序号	姓名	单位	职务
3	王　卫	顺丰控股股份有限公司	董事长
4	王　兴	美团点评	创始人兼 CEO
5	王文京	用友网络科技股份有限公司	董事长兼总经理
6	王玉锁	新奥集团股份有限公司	董事局主席
7	王传福	比亚迪股份有限公司	董事长兼总裁
8	王建宙	中国移动通信集团	原董事长
9	方洪波	美的集团	董事长兼总裁
10	孔庆伟	中国太平洋保险（集团）股份有限公司	党委书记、董事长
11	宁高宁	中国中化集团有限公司	董事长
12	朱共山	协鑫（集团）控股有限公司	董事长
13	刘汉元	通威集团有限公司	董事局主席
14	刘永好	新希望集团	董事长
15	刘庆峰	科大讯飞股份有限公司	董事长
16	刘明忠	中国第一重型机械集团有限公司	党委书记、董事长
17	刘振亚	国家电网有限公司	原董事长
18	刘捷明	福建省电子信息（集团）有限责任公司	原董事长
19	许立荣	中国远洋海运集团有限公司	党组书记、董事长
20	许泽玮	九一科技集团	创始人、董事长、CEO
21	许家印	恒大集团	党委书记、董事局主席
22	芮晓武	中国电子信息产业集团有限公司	党组书记、董事长
23	严　彬	华彬集团	董事长
24	李　宁	李宁有限公司	李宁品牌创始人，董事长兼联席行政总裁
25	李书福	吉利控股集团	董事长

序号	姓名	单位	职务
26	李东生	TCL	创始人、董事长
27	李晓鹏	中国光大集团股份公司	党委书记、董事长
28	李海鹰	四川航空集团有限责任公司	党委书记、董事长
29	李耀强	中国盐业集团有限公司	党委书记、董事长
30	杨惠妍	碧桂园集团	联席主席
31	汪滔	深圳市大疆创新科技有限公司	董事长
32	汪建平	中国能源建设集团有限公司	党委书记、董事长
33	沈仁康	浙商银行	党委书记、董事长
34	沈南鹏	红杉资本	全球执行合伙人
35	宋鑫	中国黄金集团有限公司	党委书记、董事长
36	宋志平	中国建材集团有限公司	党委书记、董事长
37	张近东	苏宁控股集团	董事长
38	张瑞敏	海尔集团	董事局主席兼首席执行官
39	张懿宸	中信资本控股有限公司	董事长兼首席执行官
40	陈东升	泰康保险集团股份有限公司	董事长兼首席执行官
41	陈凯旋	广州立白企业集团有限公司	董事长
42	陈宗年	杭州海康威视数字技术股份有限公司	董事长
43	范铠瑜	烟台阿波罗生物药业科技有限公司	总经理
44	季克良	中国贵州茅台酒厂（集团）有限责任公司	原董事长
45	周厚健	海信集团	董事长
46	周鸿祎	三六零安全科技有限公司	创始人、董事长兼 CEO
47	宗庆后	娃哈哈集团	董事长
48	南存辉	正泰集团股份有限公司	董事长
49	柳传志	联想控股股份有限公司	董事长

序号	姓名	单位	职务
50	段永基	四通控股有限公司	主席兼行政总裁
51	姜建清	中国工商银行	原董事长
52	洪崎	中国民生银行股份有限公司	董事长
53	柴永森	双星集团有限责任公司	党委书记、董事长、总经理
54	徐和谊	北京汽车集团有限公司	党委书记、董事长
55	徐念沙	中国保利集团有限公司	党委书记、董事长
56	高红卫	中国航天科工集团	董事长
57	郭广昌	复星国际有限公司	董事长
58	曹德旺	福耀玻璃工业集团股份有限公司	董事长
59	梁建章	携程集团	联合创始人、董事局主席
60	梁稳根	三一集团有限公司	董事长
61	董明珠	珠海格力电器股份有限公司	董事长兼总裁
62	蒋锡培	远东控股集团有限公司	创始人、董事局主席、党委书记
63	程维	滴滴出行	创始人、CEO
64	傅成玉	中国石油化工集团公司	原董事长、党组书记
65	傅育宁	华润（集团）有限公司	董事长
66	鲁伟鼎	万向集团公司	CEO
67	雷军	小米集团	董事长兼 CEO
68	熊群力	中国电子科技集团有限公司	党组书记、董事长
69	潘刚	内蒙古伊利实业集团股份有限公司	党委书记、董事长、总裁
70	魏建军	长城汽车股份有限公司	董事长

70 年 70 企 70 人——中国杰出贡献企业

（排名不分先后）

序号	单位名称
1	中国航空工业集团有限公司
2	中国船舶工业集团有限公司
3	国家电网有限公司
4	中国长江三峡集团有限公司
5	中国建材集团有限公司
6	中国电子信息产业集团有限公司
7	东风汽车集团有限公司
8	中国宝武钢铁集团有限公司
9	中国远洋海运集团有限公司
10	中国中化集团有限公司
11	中国五矿集团有限公司
12	中国通用技术（集团）控股有限责任公司
13	国家开发投资集团有限公司
14	华润（集团）有限公司
15	中国商用飞机有限责任公司
16	中国中煤能源集团有限公司
17	中国钢研科技集团有限公司
18	中国盐业集团有限公司
19	中国中车集团有限公司
20	中国铁路通信信号集团有限公司
21	中国交通建设集团有限公司
22	中国信息通信科技集团有限公司

序号	单位名称
23	中国能源建设集团有限公司
24	中国华录集团有限公司
25	北新集团建材股份有限公司
26	中国航天科工集团公司第二研究院
27	中国平安保险（集团）股份有限公司
28	上海汽车集团股份有限公司
29	中国中信集团有限公司
30	联想控股股份有限公司
31	中国太平洋保险（集团）股份有限公司
32	美的集团
33	苏宁控股集团
34	海尔集团
35	小米集团
36	比亚迪股份有限公司
37	TCL 集团股份有限公司
38	中国光大集团股份公司
39	长城汽车股份有限公司
40	吉利控股集团
41	复星国际有限公司
42	顺丰控股股份有限公司
43	新希望集团
44	华夏幸福基业股份有限公司
45	内蒙古伊利实业集团股份有限公司
46	美团点评

序号	单位名称
47	万华化学集团股份有限公司
48	杭州海康威视数字技术股份有限公司
49	徐州工程机械集团有限公司
50	远东控股集团有限公司
51	特变电工股份有限公司
52	海信集团有限公司
53	携程集团
54	前海人寿保险股份有限公司
55	中联重科股份有限公司
56	正泰集团股份有限公司
57	李宁有限公司
58	杭州娃哈哈集团有限公司
59	河北衡水老白干酒业股份有限公司
60	科大讯飞股份有限公司
61	广州立白企业集团有限公司
62	泰康保险集团股份有限公司
63	南方基金管理股份有限公司
64	上海微创医疗器械（集团）有限公司
65	雪松国际信托股份有限公司
66	万向集团公司
67	长江实业（集团）有限公司
68	正威国际集团
69	双星集团有限责任公司
70	四通控股有限公司

后 记

中国企业改革与发展研究会组织编写的《中国企业改革发展2019蓝皮书》同大家见面了。《中国企业改革发展2018蓝皮书》出版后获得了各界普遍的好评，使我们增强了信心。2019"蓝皮书"仍然坚持已有的风格，并且所编所选各项报告研究更有深度、更加细致，更加充分的反映了2019年企业改革发展的特点，真实记录了当年我国企业改革发展波澜壮阔的时事状况，力求更好满足读者的需求。

《中国企业改革发展2019蓝皮书》主报告由吉林大学中国国有经济研究中心提供；分报告采编于吉林大学中国国有经济研究中心相关研究、《2019中国企业改革发展优秀成果》《2019中国企业信用发展报告》，以及来自国务院国资委研究中心、中国可持续发展工商理事会等机构的特约研究稿件；企业案例采编于《2019中国企业改革发展优秀成果》、特约研究稿件；企业发展大事记采编于《中国国有企业改革大事记（索引）》、媒体搜索等；附录为公开发布的政策文件、报道和成果。蓝皮书组织编辑是一项系统工程，涉及人员较多，除上述成果的提供单位、研究撰写者外，许金华、李华、杨永萍、李政、王志钢、刘方勤、刘栋栋、张静、杨铭铨、曲新、华中南、杨丹峰、程亚男、郭蕾等同志，对蓝皮书编辑出版工作付出了大量的智慧和辛勤劳动，在此一并表示感谢！

企业强则国家强，企业改革无止境、企业发展无极限，蓝皮书是中企研倾力隆重推出的重磅年度研究产品，尽管我们定会持续努力，但我们还缺少经验，我们持开放的组织编辑思路，我们希望把她办得越来越好，因此，我们翘首盼望您多提改进完善的宝贵意见和建议，欢迎您加入参与今后的组织编写工作。

2019 年 12 月